현대사회와 윤리

- 이론과 쟁점 -

현대사회와 윤리, 제4판

— 이론과 쟁점 —

Moral Philosophy: Theories and Issues, 4/E

Emmett Barcalow 지음

이남원·김진경·정미경·최성희 옮김

CENGAGE Learning™ 박학사

Australia • Brazil • Japan • Korea • Mexico • Singapore • Spain • United Kingdom • United States

CENGAGE Learning™

Moral Philosophy: Theories and Issues, 4th Edition
Emmett Barcalow

This edition first published in 2009 jointly by
Cengage Learning Korea Limited and Pak Hak Sa.

Cengage Learning is a leading provider of customized learning solutions with office locations around the globe, including Singapore, the United Kingdom, Australia, Mexico, Brazil, and Japan. Locate your local office at: www.cengage.com/global

Cengage Learning Korea Ltd.
Suite 1801 Seokyo Tower Building
353-1, 22 Seokyo-Dong, Mapo-Ku
Seoul 121-837, Korea
Tel: (82) 2 322 4926
Fax: (82) 2 322 4927

ISBN-13: 978-89-91633-53-7

Cengage Learning products are represented in Canada by Nelson Education, Ltd.

For product information, visit www.cengageasia.com

Printed in Korea
1 2 3 4 12 11 10 09

역자 서문

이 책 『현대사회와 윤리』는 『Moral Philosophy: Theories and Issues』(Emmett Barcalow, Thomson, 2007)의 제4판을 번역한 것이다.

처음에는 이 책을 번역할 계획이 없었다. 비교적 평이한 내용의 영어로 된 윤리학 저서를 읽으면서 영어 감각도 잃지 않고, 최근에 자주 논의되는 응용 윤리의 내용도 살펴보는 것이 목적이었다. 그러나 읽을수록 상당히 재미있는 책이라는 느낌을 갖게 되었다. 그래서 단순히 읽는 데 그치기보다는 번역을 해 보는 것이 어떨까 하는 의견이 제시되었으며, 모두가 동의하여 읽은 내용을 그때그때 컴퓨터에 담기 시작하였다.

저자도 서문에서 밝히고 있지만 이 책은 대학생들의 윤리학 이해를 위한 입문서이다. 즉 윤리학 고전을 읽기에는 아직 능력이 닿지 않고, 매우 어려운 윤리학 이론을 접하는 데에도 다소 어려움을 느끼는 학생들의 교재용으로 발간된 책이다.

그러나 누구나 쉽게 이해할 수 있는 낮은 수준의 책은 아니다. 도덕철학이라는 책의 제목이 시사하고 있듯이, 이 책의 특징은 몇몇 도덕철학 또는 윤리학의 기본 이론을 소개할 뿐만 아니라, 이 이론을 현대의 다양한 윤리 문제에 응용하는 데 있다. 가장 빈번하게 응용되는 윤리 이론은 덕윤리, 공리주의윤리, 칸트의 윤리이다. 거의 매 장마다 이 이론들이 등장하고 있다. 그 이외에도 윤리적 이기주의, 실재론적 윤리학, 회의주의 윤리학, 직관주의 윤리학, 자연법에 근거한 윤리학, 신 명령설 등이 소개·분석되고 있다.

번역자가 보기에 이 책은 세 가지 의도를 가지고 있다. 첫째, 고전 윤리 이론 중 중요한 부분을 소개하고 분석하는 일이다. 둘째, 현대에서 논의되고 있는 윤리학의 주요 분야를 소개하고 분석하는 일이다. 이 책에는 환경 윤리, 생명 의료 윤리 등 많이 논의되고 있는 주제뿐 아니라 전쟁 윤리, 사형제도와 관련된 윤리적 논의, 인권의 문제, 성 윤리, 경제적 불평등의 문제, 인종차별의 문제, 페미니즘의 문제, 배려 윤리 등 매우 다양한 주제가 망라되어 있다. 이러한 구성은 윤리학 분야에 대한 다양한 이해를 시도하려는 학생들에게 도움이 되리라 생각된다. 셋째, 고전 윤리학을 현대 윤리학에 응용하는 일이다.

더 나아가서 이 책은 어떤 상황에서 도덕 문제가 발생하는가에 대한 명석한 분석을 제공한다. 그리고 도덕 문제의 해결에서 '좋은 이유'의 제시가 얼마나 중요한지에 대한 설득력 있는 분석도 제공한다. '좋은 이유'는 여러 측면에서 제시될 수 있다. 그러나 하나의 도덕적 결정에는 '좋은 이유'도 있을 수 있지만, '나쁜 이유'도 있을 수 있다. 중요한 것은 이것을 전체적으로 아울러 결정을 내리는 일이다. 이것은 마치 저울을 다는 것과 같은 이치를 담고 있다. 좋은 이유와 나쁜 이유를 저울의 양측에 올려놓았을 때, 어느 쪽이 내려가고 어느 쪽이 올라가느냐에 따라 옳고 그름을 판단하는 것과 같은 것이다. 여기에서 등장하는 개념이 '전체를 고려한 단칭 도덕 판단'이다.

그 이외에 이 책의 특징은 윤리 문제를 일상적인 사례에 비추어서 설명하고 있다는 것이다. 이런 점 때문에 독자들은 지루함이나 어려움 없이 윤리 문제에 흥미롭게 접근할 수 있을 것이다. 또한 각 장마다 개요가 소개되어 있는 것이 특징이다. 개요를 통해서 독자들은 각 장을 읽을 때 무엇이 중요하고, 무엇을 이해해야 하는가를 미리 알 수 있다. 독자들에 대한 배려가 돋보이는 부분이다.

마지막으로, 본 번역서의 출판에 도움을 주신 분들에게 감사드린다. 먼저 최근 어려운 도서 시장의 상황에도 불구하고 본 번역서의 출판을 기꺼이 허락해 주신 박학사의 구본하 사장님께 감사드린다. 출판을 권유하고 판권 계약에 도움을 주신 톰슨 출판사 한국 지사의 정경한 지사장님과 추연민 부장님께도 감사드린다. 번역이 완료된 뒤 전체 원고를 읽고 어색한 부분에 대해 지적을 해 준 교육대학원생 이수현 양에게도 감사드린다. 꼼꼼하게 교정을 보아 주신 박학사 편집진에게도 감사드린다. 지원금으로 우리의 독서에 도움을 주신 부산대학교 한국민족문화연구소의 배려에도 감사드린다. 이 모든 도움에도 불구하고 오역, 문장상 어색함 등의 문제가 있다면 전적인 책임은 번역자들에게 있음을 밝혀 둔다.

2009년 1월

부산대 미리내골 한 연구실에서

저자 서문

나는 내 윤리학 수업에서 겪었던 문제들 때문에 이 책의 초판을 썼다. 나는 일반적으로 발췌집의 형태로 원전을 사용해서 강의를 시작하였다. 불행하게도 나는 학생들 대부분이 자신이 읽은 내용을 이해하는 데 큰 곤란을 느낀다는 사실을 알게 되었다. 그런 이유 때문에 학생들 대부분은 더 이상 발췌문을 읽지 않았다. 자신에게 배당된 부분을 계속 읽어 내려갔던 대부분의 학생들은 원저자의 논증을 이해하고 따라잡는 능력의 부족 때문에 좌절감을 느꼈다. 또 다른 문제는 그 저서들이 너무 추상적이고 이론적이라는 것이다. 내가 윤리 이론에만 초점을 맞추면, 학생들은 논의하고 싶은 것은 현실 문제라고 투덜댔다. 결국 나는 짤막한 경우를 제외하고는 원전을 읽히려는 시도를 포기했다.

우선 나는 도덕 문제에 대한 논문의 발췌에 눈을 돌렸다. 그러나 그 논문들은 도덕 이론에 대한 관심이 매우 적었다. 그다음 나는 어떤 특정 저자의 텍스트에 눈을 돌렸다. 왜냐하면 원전과 달리 그런 텍스트는 지난 시대의 철학 전문가나 교육받은 대중을 위해 쓰인 것이 아니라, 오늘날의 대학생들을 위해 쓰인 것이기 때문이다. 그러나 그런 텍스트 중 어떤 것도 나나 학생들을 위해서 쓰인 것은 아닌 것처럼 보였다. 결국 나는 나 자신의 교재를 쓰기로 마음먹었다.

로드맵

이 책은 도덕 논증의 구조와 함께 시작하며, 도덕 판단이 이유를 요구한다는 기본 전제를 깔고서 시작한다. 그런 다음 도덕 이유의 표준 모델을 논의한다. 도덕 이유에는 존재에 관한 비평가적(nonevaluative) 주장과 도덕 원칙이 둘 다 포함된다. 또한 제1장은 학생들에게 공평·보편성과 같은 개념들을 소개한다. 그리고 기본 도덕 원칙과 직관주의의 논의로 끝을 맺는다. 그다음 이 책은 자연법과 자연법 이론으로 넘어가며, 대부분의 사람들에게 도덕적 정당화와 반성의 출발점이 되는 것, 즉 종교로 넘어간다. 제2장은 도덕적 반성에서 종교의 중요성은 인정하지만, 결국에는 도덕적 정당화의 세속적 형식을 탐구할 필요가 있다는 취지의 결론을 내린다.

자연이나 신법(神法)에 의존해서 도덕의 기초를 제시할 수 없다면, 여러 가지 형식의 윤리적 회의주의의 결과가 종종 나타난다. 제3장은 실재론, 니힐리즘, 주관주의, 상대주의를 담고 있다. 제4장은 몇몇 이기주의 이론을 검토한다. 제5장은 공리주의, 제6장은 칸트의 도덕 이론을 검토하며, 제7장은 덕 이론에 초점을 맞춘다. 제8장은 보다 현대의 담론인 인권에서 핵심적인 도덕적·정치적 문제에 대한 접근을 시도한다. 초점은 유엔인권헌장에 맞추어져 있다. 도덕 이론의 마지막 장인 제9장은 페미니즘과 성 평등성을 다룬다.

제10장은 결혼하지 않은 채 갖는 성관계에 대해 논의하고, 성이 행복의 도달·포르노그래피·간통·매춘·동성애·동성 간의 결혼에서 하는, 또는 해야 하는 역할에 대한 논의도 포함한다. 제11장은 삶과 죽음에 관한 세 가지 문제, 즉 낙태·자살·안락사의 문제를 다룬다. 제12장은 일련의 사회적·정치적 문제들에 대한 논의와 함께 시작한다. 이 장은 경제적 평등·빈곤·기회균등의 문제를 다룬다. 제13장은 인종차별주의와 차별철폐조처라는 어려운 문제를 다룬다. 제14장은 사형제도 문제를 다루고, 제15장은 전쟁과 평화, 제16장은 환경 위기의 문제를 다룬다. 제16장 이후에는 도덕적 의사결정의 지침, 사례연구를 생각하기 위한 지침과 일련의 사례연구를 다룬다[이 내용은 책의 분량을 고려하여 번역하지 않았음].

많은 학생들은, 사람들은 여러 가지 상이한 견해를 가지겠지만, 하나의 견해를 가지는 것이 이야기의 종결이라고 생각한다. 학생들은 "그것이 그 점에 관해 내가 생각한 거야. 당신은 당신이 원하는 대로 생각할 수 있고, 나는 내가 원하는 대로 생각할 수 있어."라고 이야기하고 있는 것처럼 보인다. 이 책은 어떤 문제에 대해 하나의 의견을 가지는 것은 이야기의 끝이 아니라 시작이라는 것을 학생들에게 보여 주고자 한다. 중요한 물음은 "당신이 생각하고 있는 것이 무엇인가?"라기보다는 "그런 생각이 어떤 정당성을 가지는가?, 즉 당신이 생각하는 것이 합리적인가 불합리한가, 정당화되는가 정당화되지 않는가?"이다. 도덕 철학이든 아니면 다른 분야든 철학의 주요 작업은 창조적인 기획과 비판적인 기획 모두를 포괄한다. 창조적 기획은 철학적 물음에 대한 대답을 혹은 철학적 문제들에 대한 해결책을 명료화한다. 비판적 기획은 각각의 대답이나 해결책에 대한 찬반의 정당한 이유들을 조심스럽게 탐구함으로써 대답이나 해결책의 여러 대안이 진리인지, 합리적인지를 평가한다. 나는 학생들에게 두 기획 모두를 진지하게 검토하라고 독려한다.

각 장은 도덕 문제와 함께 시작하여, 학생들이 각 장에서 배웠던 것을 삶의 생생한 현장에 응용하도록 만들어진 연습문제와 함께 계속 공부하기 위해서 더 읽어야 할 문헌의 목록으로 끝난다. 대부분의 연습문제는 토론에도 적합하다. 도덕 이론에 관한 장들의 대부분은 인터넷으로 활용할 수 있는 자료에 대한 정보도 제공하고 있다.

제4판에 추가된 내용

각 장에 개요가 추가되었다. 또한 제4판에서 대부분의 장은 그 장의 내용과 관련된 도덕 문제의 실제 생활 사례와 함께 시작된다. 예컨대 제7장은 독극물 약사인 로버트 코트니의 이야기로 시작된다.

제1장은 기본 도덕 원칙의 정당화에 대한 내용을 단순화하기 위해서, 그리고 전체를 고려한 단칭 도덕 판단(all-things-considered singular moral judgement)과 그 판단의 정당성을 강화하기 위해서 완전히 다시 썼다. 제4판에서는 기본 도덕 원칙의 정당화에 대한 제1장의 논의에 직관주의만 포함되어 있다. 단칭 도덕 판단의 정당화에서 도덕 원칙의 논리적 구조에 대한 도널드 데이비슨(Donald Davidson)의 분석이 새로 추가된다. 그의 분석에 따르면, "훔치는 것은 나쁘다."와 같은 원칙은 "이 행위가 훔치는 행위라고 하는 사실은 훔치는 것이 나쁘다고 생각할 한 가지 이유이다."로 분석된다. 이것은 단칭 도덕 판단에 관한 추리가 상이한 대상들의 무게를 비교하는 것과 유사한 과정이라고 생각하는 데 도움이 된다. 그것은 어떤 행위의 옳은 측면이 가지는 이유들의 무게와 그른 측면이 가지는 이유들의 무게를 비교할 것을 요구한다. 여기서 이유는 도덕 판단의 형식을 취한다.

제2장은 종교적 형식의 자연법 이론과 세속적 형식의 자연법 이론의 논의만을 담기 위하여 대체로 다시 썼다. 제3장의 내용은 동일하다. 그러나 명료성과 논리적 구조를 개선하기 위해 텍스트가 개정되었다.

제7장은 덕과 악덕에 관한 장으로서 덕의 통일에 대한 소크라테스의 견해에 대한 논의를 담고 있으며, 존 맥도웰(John McDowell)의 견해를 주목한다. 이 견해에

따르면, 품성은 도덕 문제가 나타나는 상황을 보는 방식에 영향을 미친다. 그의 견해로는 다른 품성을 가진 사람들은 세계를 다르게 본다는 것이다.

제14장의 주제는 범죄와 처벌에서 사형제도로 변경되었다. 살인자의 생명의 권리 박탈 여부에 대한 논의, 다시 말해 살인자는 죽음의 처벌을 받아야 마땅한지 여부에 대한 논의가 확장되었다. 심문 과정에서의 고문·잔학·잔인·비열한 처우에 대한 논의가 제15장에 추가되었다.

기존의 사례연구 중 다수가 제외되었으며, 여러 가지 새롭고 광범위한 사례가 추가되었다. 사례 중에는 맥웨인 회사에 관한 것, 미국의 관타나모만·아프가니스탄·이라크에서 구금하며 자행되었다는 고문에 대한 주장이 포함되어 있다.

감사의 말

원고의 교정 과정에서 여러 가지 도움 말씀을 주신 세인트필립스 대학의 패트 아스펠, 노스웨스트비스타 대학의 클린트 더너건, 노스웨스트미시간 대학교의 스코트 어브, 앨라배마 대학교의 H. 스코트 헤스티볼드에게 감사드린다. 이전 판의 원고 교정 때 도움을 주신 훔볼트 주립대학교의 수잔 J. 암스트롱, 브룩데일 공공대학의 진 배즐리, 펜실베이니아 클라리온 대학교의 줄리아 J. 바르코비악, 샌안토니오 대학의 로널드 R. 콕스, 미들랜드 루터란 대학의 에릭 R. 에거트슨, 마켓 대학교의 수잔느 E. 포스터, 노스이스턴일리노이 대학교의 로저 W. 길먼, 하일랜드 공공대학의 브렌다 S. 하인스, 캐피틀 대학교의 피터 혼, 오스틴 소재 텍사스 대학교의 로버트 케인, 듀페이지 대학의 존 모드쉬들러, 곤자가 대학교의 웨인 P. 포멀류, 사우스이스트미주리 주립대학교의 밤비 로빈슨, 파크랜드 대학의 브루스 B. 서틀, 시애틀 대학교의 로절린 트레이노, 캐피틀 대학교의 브라이언 윌리스에게도 감사드린다. 물론 텍스트에서 어떤 잘못이나 적절치 못한 곳이 발견된다면 그것은 전적으로 나의 책임이다(비난을 감수하겠다).

차 례

제 6 장 칸트의 도덕 이론 135

제 7 장 덕과 악덕 161

제 1 장

도덕과 도덕적 추리

- 단칭(singular, 單稱) 도덕 판단과 도덕 원칙 간의 구별 이해
- 기본 도덕 원칙과 다른(기본적인 것이 아닌) 도덕 원칙 간의 차이점 이해
- 도덕 논증의 구조 및 두 유형의 전제, 즉 사례의 기술(記述)과 도덕 원칙 이해
- 도덕 원칙의 논리적 구조 이해
- 전체를 고려한 단칭 도덕 판단(all-things-considered singular moral judgement)의 본성 이해
- 도덕적 관점에서 공평성이 차지하는 위치 이해
- 공평성과 보편성 간의 차이점 이해
- 도덕 이론 중 직관주의(intuitionism) 이해

I. 서론

1998년 9월, 18세의 캐쉬와 그의 친구 스트로메이어는 네바다의 도박 카지노에 있었다. 그들은 술에 취해 있었다. 새벽 3시경 그들은 비디오 게임방에서 비디오 게임을 하고 있는 7세의 소녀 셰리스를 만났다. 그 아이의 아버지는 도박을 하고 있었다. 아버지가 도박에 빠져 있는 동안 그들은 셰리스와 종이 타월을 던지는 등의 놀이를 시작하였다. 조금 뒤 그 여자 아이가 캐쉬와 스트로메이어의 뒤에 바싹 붙어 남성 휴게실로 뛰어가는 장면이 보안 카메라에 포착되었다. 그들이 들어간 지 몇 분 후에 캐쉬가 남성 휴게실에서 나와 바깥을 배회하는 장면이 포착되었다. 24분 후에 스트로메이어가 나오는 것도 포착되었다. 보안 카메라는 셰리스가 살아서 바깥으로 나오는 것

을 보여 주지 않았다.

캐쉬의 증언에 따르면, 스트로메이어는 남성 휴게실에서 셰리스를 잡아채어 손으로 입을 강제로 막았고, 그 아이를 칸막이 방으로 끌고 들어갔다. 캐쉬는 다음 칸막이 방으로 들어가서 칸막이 너머를 힐끗 보았다. 스트로메이어는 필사적으로 뿌리치는 어린 소녀의 옷을 벗겼다. 캐쉬는 스트로메이어에게 그만두라고 말했다고 증언했다. 스트로메이어가 자신의 주의를 무시하자, 캐쉬는 남성 휴게실에서 나와 밖에서 기다렸다. 스트로메이어는 24분 후에 남성 휴게실에서 나왔고, 그 아이가 성가시게 굴어 죽였다고 친구에게 말했다. 캐쉬의 유일한 질문은 "걔가 깨어나지 않았니?"였다.

셰리스의 시신이 발견되었을 때, 보안 카메라는 스트로메이어와 캐쉬를 향해 있었다. 스트로메이어는 기소되었고, 나중에 그는 후회하면서 잘못을 저질렀으며 술과 마약 탓이라고 말했다. 그러나 캐쉬는 기소되지 않았다. 대부분의 다른 주와 마찬가지로 네바다 주에는 사람들에게 범죄 행위를 중단시키라고 요구하는 법률이 없기 때문이다. 스트로메이어와 달리 캐쉬는 후회도 하지 않았고 죄책감도 느끼지 않았다. 그의 주장을 요약하면, 자신은 그 아이를 성가시게 하지도 않았고 죽이지도 않았다는 것이다. 단지 스트로메이어를 제지하기 위한 어떠한 행동도 하지 않았을 뿐이라는 것이다. 그 후 「로스앤젤레스 타임스」의 리포터는 그에게 셰리스에 대해 동정심을 느꼈는지 물어보았다. 그는 먼저 자신의 문제를 걱정했고, 다른 사람의 문제로 인해 잠을 설치지 않을 것이라고 대답했다. 인터뷰에서 자신의 새로운 명성 혹은 악명은 자신이 입학한 대학에서 여성들을 만나는 데 도움이 될 것이라고 말했다. 대중들의 비난이 극에 달했을 때에도 나쁜 짓은 결코 한 적이 없다고 계속 강변했다.[1)]

II. 도덕 판단

인간이기에 우리는 도덕 판단 또는 평가를 한다. 우리는 이런 일을 하지 않을 수 없다. 그렇게 하는 것이 인간 본성의 일부이기 때문이다. 스트로메이어와 캐쉬가 도덕적으로 나쁜 짓을 했는지에 대한 의견을 가지지 **않은** 사람을 상상하기는 어려운 일이다. 그들이 도덕적으로 나쁜 짓을 했는지에 대한 우리의 의견이 바로 도덕 판단의 예가 된다.

---

1) *Time.com*, Law section (7 September 1998).

우리는 언제나 무언가를 판단한다. 예를 들어, 당신은 이 일거리를 잡을 것인지 저 일거리를 잡을 것인지, 데이트한 사람과 결혼을 할지 말지, 어떤 지역에 살지, 집을 살 것인지 아니면 전세를 얻어야 할지를 결정해야만 할 것이다. 무엇을 할 것인지를 결정할 때, 무엇이 더 나을지 혹은 무엇이 최선이 될지에 대해 판단을 한다.

위에서 언급한 많은 판단들은 우리가 신중한 판단, 즉 자기이해관계나 신중함의 관점에서 내려진 판단이라고 부르는 것이다. 우리는 신중한 관점에서 무언가를 판단할 때, 어떤 대안이 자신에게 최선이 될지를 확인하고자 한다. 우리의 관점은 너무나 다양하고, 우리의 판단 또한 너무나 다양하다. 당신은 지루하다는 이유로 나쁜 책이라고, 흥분된다는 이유로 좋은 영화라고, 잘못된 행동이나 소홀함으로 인해 한쪽 편 사람들에게만 불공정하게 적용되기 때문에 정의롭지 못한 법률이라고, 말이 명확하지 못하다는 이유로 2류급 교사라고 평가할지도 모른다. 여기서 관심의 대상이 되는 판단은 도덕 판단, 즉 도덕적 관점에서 내려지는 도덕 판단이다.

1. 도덕 판단에 대한 철학적 질문

캐쉬가 셰리스를 구하지 않은 것은 잘못된 일이라고 판단한다면, 생각이 깊은 사람들의 마음에서는 필연적으로 다양한 철학적 의문이 생겨난다. 우선 그 판단이 참인지 아니면 거짓인지에 관한 의문이 생겨난다. "우리가 실수한 것은 아닌지? 캐쉬가 셰리스를 구하지 않은 것이 나쁘다고 우리가 믿는다 하더라도, 우리의 신념과 달리 그는 아무런 잘못도 하지 않은 것은 아닌지?" 이러한 의문은 캐쉬가 나쁘다는 판단이나 주장이 참이거나 거짓이라는 것을, 그리고 도덕 판단을 내리는 사람들이 옳거나 옳지 않을 수도 있다는 것을 전제한다. 도덕 판단을 도덕 신념으로 간주한다면, 우리는 누군가의 도덕 신념이 참이며 그럴 경우 그 신념은 옳은 것이라고 생각한다. 하지만 그렇지 않은 경우 그 신념은 거짓이고, 따라서 틀린 것이라고 생각한다.

그러나 이러한 의문은 또 다른 의문으로 이어진다. 도덕 판단에 대해 참이라거나 거짓이라고 말할 수 있을지? 오히려 그런 판단에 대해서는 참이라거나 거짓이라고 말할 수 없는 것은 아닌지? 아마도 도덕 판단은 단지 참이거나 거짓이 될 수 있는 종류의 판단은 아닐 것이다. 예를 들어, "담배를 피워서는 안 된다."는 명령은 참도 거짓도 아니다. 아마도 도덕적 진리는 없을 것이다. 그렇다면 캐쉬가 나쁜 짓을 했다는 우리의 판단이 참인 것도 아니고, 그렇다고 해서 자신은 나쁜 짓을 하지 않았다는 캐쉬의 주장 또한 참인 것도 아니다.

이러한 문제의 해결을 위해서, 도덕 판단이 참이거나 거짓이라고 생각하는 이유들을 검토할 필요가 있고, 도덕 판단은 참도 아니고 거짓도 아니라고 생각하는 이유들을 검토할 필요가 있다. 어느 쪽에 더 나은 이유가 있는지, 혹은 어느 쪽 견해가 찬성의 입장에서 더 나은 논증을 펴는지 확실히 해야 한다.

도덕 판단이 참도 거짓도 아니라면 "그것들의 지위는 무엇인가?"라는 의문이 자연스럽게 생겨난다. 설사 모든 도덕적 판단들이 참도 아니고 거짓도 아니라 하더라도, 그 판단들이 동일한 정도로 자의적(恣意的)인가, 아니면 어떤 판단이 다른 판단보다 더 합리적인가? 만약 어떤 판단이 다른 판단들보다 더 합리적이라면, 더 합리적이라는 것을 측정할 수 있는 방법은 있는가? 예를 들어, 캐쉬가 셰리스를 구하지 않은 것에 대해 캐쉬가 나쁘다고 판단하는 것이 더 합리적인지, 아니면 나쁘지 않다고 판단하는 것이 더 합리적인지를 물어볼 수 있다.

그러나 도덕 판단들이 참이거나 거짓이라는 결론에 도달했다고 가정하자. 그때 "도덕적 진리와 거짓을 구별하는 방법은 있는가?" 라는 자연스러운 의문이 발생한다. 다른 식으로 표현한다면, 우리는 도덕적 옳음과 그름 사이를 어떻게 구분하는가? 도덕적 옳음과 그름을 구별할 검증 방법이 있는가? 만약 있다면 그것은 무엇이고, 그것을 어떻게 신뢰할 수 있는가? 사람들이 도덕적 지식(knowledge)을 가지고 있다고 말할 수 있는가? 그리고 가끔은 옳은 것은 무엇이고 그른 것은 무엇인지를 사람들이 실제로 알(know) 수 있는가?

이러한 것들은 우리가 대답하고자 시도하는 기초적인 의문 중 일부이다. 그러나 이러한 주제들을 연구해 가면서 몇 가지 신중한 구별이 필요하다는 사실을 알게 될 것이고, 때로는 하나의 의문에 대답하기 위해서 몇 가지 선행하는 의문을 먼저 해결할 필요가 있다는 사실을 알게 될 것이다.

2. 여러 유형의 도덕 판단

(1) 단칭 도덕 판단, 매개 도덕 원칙, 기본 도덕 원칙

우리가 부딪히게 되는 첫 번째 복잡한 문제는 여러 유형의 도덕 판단이 있다는 것이다. 한 유형의 도덕 판단에 대해 참일 수 있는 것이 다른 유형의 도덕 판단에 대해 반드시 참인 것은 아니다. 첫째, 단칭 도덕 판단과 도덕 원칙을 구별할 필요가 있다. 캐쉬가 셰리스를 구하지 않은 것이 잘못이었다고 판단한다면, 당신은 단칭 도덕 판단을 내리고 있는 셈이다. 단칭 도덕 판단은 특정한 사람이 특정한 행동을 하거나 하지 않는 것과 같은 특수하고 구체적 사항에 대한 판단이다. 단칭 도덕 판단은 구체적인 공간과 시간에 위치하고 있는 것에 대한 판단이다. 다른 한편으로, 무고한 아이들을 구하는 것이 가능한데도 그러지 않은 것은 나쁘다와 같이 일반화, 즉 어떤 **유형**의 행동이나 행동하지 않음에 대한 판단을 할 수도 있다. 그러한 일반화가 도덕 원칙이다.

단칭 도덕 판단과 도덕 원칙은 다양한 방식으로 표현될 수 있다. 예를 들어, 옳고 그름의 개념을 사용하는 대신에, 나는 "캐쉬는 셰리스를 구했어야 했다."거나 "셰리스를 구할 의무가 캐쉬에게 있다."와 같이 말할 수 있다. 앞으로 보게 되겠지만, 도덕 판단을 내리는 데 우리는 방대한 수의 개념을 사용하게 될 것이다.

도덕 판단들은 판단되는 대상이 무엇이냐에 따라서도 달라질 수 있다. 우리는 스트로메이어와 캐쉬에 대해서 그랬던 것처럼 행한 것과 행하지 않은 것에 대해 판단을 내릴 수 있다. 그러나 우리는 또한 사람을 판단할 수 있다. 그와 같은 판단들은 보통 사람의 품성이라 부르는 것에 초점을 맞춘다. 당신은 캐쉬가 나쁜 사람 혹은 사악한 사람이었다고 말할 수도 있을 것이고, 아니면 그의 품성의 일부에 초점을 맞추어 그를 잔인하다고, 비겁하다고, 냉혹하다고 말할 수도 있을 것이다. 사람에 대한 판단은 특정한 사람에 대한 단칭 도덕 판단의 형식을 취할 수도 있지만, 또한 어떤 유형의 사람 혹은 어떤 유형의 품성적 특성에 적용되는 일반화나 원칙의 형식을 취할 수도 있다. 그러므로 나는 비겁한 사람은 비열하다고, 냉혹한 사람은 나쁘다고 말할 수 있을 것이다.

뒤에서 보게 되겠지만, 결국 자연스러운 추리 과정을 거치면 소위 **매개**(mediate) 도덕 원칙과 기본 도덕 원칙 간에 차이가 있다는 결론에 이르게 된다. 간단하게 말해서, 내가 도덕 원칙에 대해 말할 때 나는 매개 원칙을 염두에 둘 것이다. 내가 기본 원칙에 대해 말할 때는 그 원칙을 기본적인 것으로 볼 것이다.

3. 도덕 판단과 도덕적 이유

우리는 하나의 기본 가정에서 출발할 것이다. 누군가가 도덕 판단을 내린다면, 그는 그렇게 판단할 훌륭한 이유들이 있다는 것을 전제하거나 그러한 이유들이 있다는 견해를 취한다. 이러한 가정을 받아들여야 하는가?

누군가가 어떤 특정한 행동이 도덕적으로 그른 것(단칭 도덕 판단)이라고 말했다고 생각해 보자. 그러고 나서 그는 "그러나 그것이 나쁘다고 생각할 절대적인 이유가 없다."고 말했다고 생각해 보자. 확실히 이것은 적어도 매우 모순적이다. 그것이 나쁘다고 생각할 이유가 전혀 없는데도 그것이 도덕적으로 나쁜 일이 도대체 어떻게 가능하겠는가?

만약 어떤 사람이 심각하게 "비록 그것이 나쁘다고 생각할 이유가 없다 할지라도 그것은 도덕적으로 나쁘다."고 말한다면, 우리는 이 문장을 생각하고 입 밖으로 내거나 쓸 때 같은 것을 의미한다고 생각하지 않을 것이다. 아마도 우리는 "도덕적으로 나쁘다" "이유"와 같은 개념들을 사용할 때 다른 것을 의미하거나, 혹은 "있다" "없다" 라는 용어를 사용할 때 다른 어떤 것을 의미할 것이다. 내가 어떤 것이 도덕적으로 나쁘다는 개념을 사용하는 경우, 그것이 나쁘다고 생각할 이유가 반드시 있다. 그것이 나쁘다고 생각할 이유가 없는데도 그것이 도덕적으로 나쁘게 될 수 있다고 생각한다면, 아무 의미 없는 짓을 하고 있는 것이다.

그러나 도덕적 판단을 하는 사람이 그런 판단의 이유가 있다는 입장을 취하거나 그런 이유가 있다는 것을 전제한다고 말할 때, 나는 그 사람이 그러한 이유를 토대로 해서 의식적으로 그런 판단을 내렸다고 생각하지는 않는다. 또한 나는 그 사람이 판단을 하는 순간 그 이유가 무엇인지를 알고 있었다고 생각하지는 않는다. 오히려 요점은, 만약 그가 그것에 대해 조심스럽게 숙고한다면, 판단을 뒷받침할 이유를 스스로 확인할 수 있게 될 것이라는 견해를 그가 취했다고 하는 점이다. 만약 숙고한 이후에도 그 이유를 떠올릴 수 없고, 이로부터 그것을 뒷받침할 이유가 없다고 결론 내린다면, 그는 자신의 판단을 철회할 것이다.

만약 도덕적 판단의 이유가 틀림없이 있다면, 우리는 어떤 생각을 하게 될까? 여기서 논의되는 그런 종류의 이유는 단순한 설명적 이유가 아니라 정당화 이유이다. 정당화 이유는 판단이나 행동에 대한 합리성과 정당성을 준다. 한 유형의 사례를 살펴보면, 그 사례는 어떤 주장이 참이라고 생각할 이유를 제공한다. 예를 들어, 머리 위에 짙은 먹구름이 있다는 사실은 비가 올 것이라고 생각할 이유(비가 올 것이라는 주장이 참이라고 생각할 이유)이다. 이유에 대한 다른 유형의 사례를 살펴보면, 그런 사례에는 행위를 합리적이게끔 하는 행위 이유가 포함된다. 예를 들어, 빌딩이 화염 속에 싸여 있다는 사실은 빌딩을 떠나야 할 이유(소방관이 아니라면)이다.

설명적 이유는 합리성을 주지 않는다. 예를 들어, 당신이 어떤 것을 믿게끔 세뇌 당했기 때문에 그것을 믿는다고 내가 말한다면, 나는 당신의 신념이 참이라고 생각할 정당화 이유를 제공하는 것이 아니라 당신의 신념을 설명하고 있다. 유사한 이야기지만, 만약 당신이 불안했기 때문에 무의식적으로 입사 신청서에 낙서를 했다고 내가 말한다면, 나는 당신의 행동을 합리적이게끔 하는 이유를 제공하는 것이 아니라 당신이 왜 그렇게 했는지를 설명하고 있는 것이다. 논의의 초점이 되는 도덕적 이유는 설명적 이유가 아니라 정당화 이유이다.

III. 도덕 논증

정당화 이유에 대해 일반적이고 외관상 자연스러운 방식으로 생각하기 위해서는 논증에서 전제들을 구체화할 필요가 있다. 예를 들어, 캐쉬가 셰리스를 구하지 않은 것이 나쁘다는 단칭 도덕 판단에 대한 논증 구성 방법을 고려해 보자.

1. 셰리스는 생명이 위험에 처해 있는 무고한 어린이다.
2. 캐쉬는 어떠한 비용을 들이지 않고도, 자신을 위험에 빠뜨리지 않고도 아이의 생명을 구할 수 있었지만, 그렇게 하지 않았다.
3. 어떠한 **비용을 들이지 않고도, 자신을 위험에 빠뜨리지도 않고도** 생명이 위험한 무고한 어린이를 구하지 않은 것은 나쁘다.
4. 그러므로 캐쉬가 셰리스를 구하지 않은 것은 나빴다.

결론, 즉 단칭 도덕 판단은 이러한 전제들로부터 도출되는 듯이 보인다. 전제는 캐쉬가 셰리스를 구하지 않은 것이 잘못이었다고 생각할 정당화 이유들로 구성된다.

도덕 논증에서 전제들은 두 가지 다른 형식을 취한다. 처음 두 가지는 사례가 어떠한지에 대한 주장이다. 그것들은 사실에 대한 기술(description)이라고 부를 수 있는 것이다. 세 번째 전제 혹은 이유는 도덕 원칙이다. 그렇다면 우리는 도덕 논증(하나의 도덕 판단을 결론으로 가지는)에서 두 가지 유형의 이유 혹은 전제가 있다고 말할 것이다. 즉 사실에 대한 기술과 도덕 원칙이 그것이다.

도덕 논증의 형식은 자신이 어떠한 나쁜 짓도 하지 않았다고 생각하기 위해서 캐쉬가 제안했던 바 있을 수 있는 논증에서 나타난다.

1. 생명이 위험한 다른 사람을 구하라고 요구하는 법률은 없다.
2. 어떻게 하라고 요구하는 법률이 없다면, 그것을 하지 않는 것은 불법이 아니다.
3. 그러므로 셰리스를 구하지 않은 것은 불법이 아니다.
4. **만약 어떤 것이 불법이 아니라면, 그것은 도덕적으로 나쁘지 않다.**
5. 그러므로 셰리스를 구하지 않은 것은 도덕적으로 나쁘지 않았다.

이 논증에서, 첫 번째 두 가지 이유 혹은 전제는 사실에 대한 기술이다. (혹은 아마도 두 번째는 우리가 "불법"을 어떻게 정의하는가에 대한 기술이다.) 세 번째 이유는 도덕 원칙이다. 도덕 원칙은 다른 형식의 도덕 판단이다.

아래에서는 캐쉬와의 가상적 논의에서 그가 호소한 도덕 원칙, 즉 만약 어떤 것이 불법이 아니라면 그것은 도덕적으로 잘못된 것도 아니라는 원칙이 그럴듯한가를 살펴볼 것이다. 현재로서 나는, 단칭 도덕 판단을 정당화할 때 도덕 원칙에 호소해서 그렇게 한다는 기본적인 사실에 초점을 맞추고자 한다.

겉보기와는 달리, 도덕 원칙의 논리적 형식을 이해하는 것이 중요하다. 거짓말하는 것이 잘못이라는 도덕 원칙을 살펴보자. 표면적으로 그것은 거짓말하는 모든 행동이 잘못이라고 말하는 것처럼 보인다. 그러나 잘 생각해 보면, 우리들 대부분은 거짓말하는 모든 행동이 잘못이라고 생각하지는 않는다. 만약 무고한 생명을 살리기 위한 유일한 방법이기 때문에 거짓말을 한다면 그 경우는 어떠한가? 그러나 만약 거짓말하는 모든 행동이 다 잘못인 것은 아니라고 한다면, 거짓말하는 것이 잘못이라는 도덕 원칙은 단지 거짓된 원칙에 불과하다는 결론이 도출되는가?

20세기 미국 철학자 도널드 데이비슨(Donald Davidson)에 따르면, 만약 내가 거짓말하는 것이 나쁘다고 말한다면, 내가 의미하는 것은 다음과 같다. 무언가가 거짓말이라는 사실은 그것이 나쁘다고 생각할 **한 가지** 이유이다. 다시 말해, 그 행위가 거짓말하는 행위라는 사실은 그것이 옳음의 측면에서보다는 나쁨의 측면에서 고려된다. 그리고 당신이 말했던 그것이 거짓말이라는 사실은, 당신이 말했던 것이 빠른 속도로 내뱉어진 것이라는 사실과는 달리, 도덕적으로 중립적인 것이 아니다. 그러므로 만약 내가 무고한 사람을 죽음에서 구하지 않은 것이 나쁘다고 말할 경우, 내가 말하고자 하는 것은, 어떤 행위가 무고한 사람을 구하게 될 것이라는 사실은 그것을 하지 않은 것이 나쁘다고 생각할 **한 가지** 이유가 된다는 것이다.

그러나 이것은 단칭 도덕 판단을 복잡하게 만든다. 구체적인 상황에서는 하나보다 더 많은 원칙들이 적용될 수 있다. 예를 들면, 문을 닫은 약국의 문을 부수고 들어가 약을 훔쳐야만 무고한 생명, 즉 당신 자식의 생명을 구할 수 있다고 가정해 보자. 당신은 문을 부수고 들어가는 것이 도둑질하는 것과 마찬가지로 잘못이라는 것을 믿고 있지만, 구할 수 있는데도 무고한 생명, 특히 당신 아이의 생명이 위험에 처하도록 내버려 두고 생명을 구하지 않는 것 또한 잘못이라는 것을 믿고 있다고 가정해 보자. 당신이 어떤 행동을 하든 잘못된 행동인 것처럼 보인다. 왜냐하면 어떤 행동을 하든 당신은 자신이 믿고 있는 도덕 원칙을 위반하고 있기 때문이다. 그러나 아이를 죽게 내버려 두는 것과 약을 훔치는 것은 실제로 같은 잘못인가?

1. 전체를 고려한 단칭 도덕 판단

데이비슨이 한 것처럼, 즉 무언가는 그것이 옳거나 나쁘다고 생각할 **한 가지** 이유라고 진술하는 것이 도덕 원칙이라면, 위에서 나타난 충돌은 좀 더 다루기 쉬워질 것이다. 가상 상황에서, 약을 훔치기 위해 약국의 문을 부수고 들어가는 것이 잘못이라고 생각할 이유와 그렇게 하지 않는 것(그러면 아이는 죽을 것이다)이 잘못이라고 생각할 이유가 있다. 그때 우리는 "전체를 고려한" 단칭 도덕 판단을 내려야 한다. 다시 말해, 우리는 어떤 행동이 잘못이라고 생각할 이유와 그 행동이 옳다고 생각할 이유의 무게를 측정하고, 어떤 이유들이 더 나은지 또는 더 "무거운지"를 결정해야 한다. 만약 약을 훔치는 것에 찬성하는 도덕적 이유가 약을 훔치는 것에 반대하는 도덕적 이유보다 무게가 더 무겁다면, 전체를 고려한 판단은 그 행동이 옳다고 진술할 것이다. 반면 그것에 반대하는 도덕적 이유가 그것에 찬성하는 도덕적 이유보다 무게가 더 무겁다면, 전체를 고려한 도덕 판단은 약국의 문을 부수고 들어가 약을 훔치는 것이 잘못이라고 진술할 것이다. 되풀이해서 말하자면, 단칭 도덕 판단을 내려야만 할 때, 그것은 전체를 고려한 판단이 되어야만 한다. 그렇다면 또한 판단을 하기 위해 의거하게 되는 도덕 원칙에 따를 경우, 어떤 행동이나 상황, 즉 거짓말하거나, 훔치거나, 무고한 아이를 죽음에 이르게 하는 그런 행위나 상황의 특징이나 특징들을 식별할 수 있고, 그것의 옳고 그름에 대한 찬반의 이유나 이유들을 확인할 수 있게 된다. 어떤 이유들이 훌륭한지를 결정하기 위해서는 찬성 이유와 반대 이유를 서로 비교해 보아야 한다.

2. 절대적 도덕 원칙

절대적 도덕, 다시 말해 어떤 상황에서도 나쁘다고 할 수밖에 없는 행동 유형이 있는가에 대한 논쟁이 있다. 예를 들어, 어떤 이유에서도 또는 어떤 상황에서도 거짓말하는 것이 잘못이라면, 거짓말하는 것이 잘못이라는 도덕 원칙은 **절대적**이다. 다른 한편으로 거짓말하는 것이 잘못이 아닌 상황이 있을 경우, 거짓말하는 것에 반대하는 원칙은 절대적이지 않다. 예컨대 원칙이 절대적이라면, 의사가 환자에게 거짓말하는 것은 그 결과에 관계없이 항상 잘못이다.

데이비슨이 서술하는 식의 도덕 원칙의 논리적 구조가 제시된다면, 절대적 도덕 원칙이 있을 가능성은 거의 없어 보인다. 구체적인 상황에서는 도덕 원칙들이 서로 충돌할 것이고, 어떤 원칙들에 의해서도 압도될 수 없는 그런 원칙이 있으리라 생각하기가 쉽지 않다. 살인이 나쁜 짓이라는 도덕 원칙이 적용된 참으로 끔찍한 예를 들어 보자. 동료 죄수를 죽여야 하는 선택에 직면한 한 죄수를 상상해 보자. 동료 죄수를 죽일 경우 그는 자신과 다른 죄수들 열 명의 생명을 구할 수 있고, 그렇지 않으면 그를 체포한 사람은 그와 지명된 죄수 그리고 열 명의 다른 죄수들을 죽일 것이다. 만약 그것이 다른 사람들을 구하기 위한 유일한 방법이라면, 동료 죄수를 죽이는 것이 잘못이라는 것을 나로서는 납득하기 힘들다. (이러한 사례에서 나는 무엇이 옳은지를 모르겠다.)

사람을 죽이는 것에 반대하는 일반적인 원칙이 포함된 좀 덜 복잡한 다른 사례를 살펴보자. 탈옥한 죄수가 당신의 아이를 죽이려고 하고, 그것을 막을 유일한 방법은 그를 죽이는 것이라고 가정해 보자. 다른 인간을 죽이는 것이 일반적으로는 잘못이라는 우리의 신념에도 불구하고 그를 죽이는 것은 잘못일까? 요점은 다음과 같다. 도덕 원칙들은 어떤 행동이 나쁘다거나 옳다고 생각할 이유를 제공하지만, 그것들은 전체 무게를 달기 위해서 저울에서 추가하거나 감해야 하는 분동(分銅)과 같은 역할을 할 뿐이라는 것이다.

3. 보편성

거의 없을 것 같지만, 절대적 도덕 원칙이 있다면 그것은 보편적이다. 다시 말해, 절대적 도덕 원칙이 적용된다면 모든 사람에게 적용된다. 만약 어떤 행동이 사람을 죽이는 행동이라는 그 사실이 그 행동을 나쁘다고 생각할 이유라면, 그것은 당신이 살인자이고 내가 희생자이건 당신이 희생자이고 내가 살인자이건 간에 그 행동이 나쁘다고 생각할 이유가 된다. 이러한 사실은 언제나 "역풍"을 맞게 되지, "순풍"을 맞지는 않는다.

캐쉬로 돌아가 보면, 도덕 원칙의 보편성은 일관성을 위해서, 캐쉬가 만약 자신이 셰리스의 입장이고 다른 사람이 그를 구하기 위해 어떤 행동도 하지 않았더라도, 잠재적 구조자의 구조하지 않은 행동은 잘못이 아니라고 주장하지 않으면 안 된다고 진술한다. 생명이 위험한 어떤 사람을 구하지 않은 것이 잘못이 아니라면, 그것은 캐쉬가 잠재적 구조자이건 희생자이건 간에 참이다(또는 적용 가능하다).

IV. 도덕 논증의 평가

모든 도덕 논증들은 어느 것이건 똑같은 정도로 설득력이 있는가(아니면 없는가)? 꼭 같지 않다. 즉 도덕 논증을 평가하는 몇 가지 방법이 있고, 이 평가에 따를 경우 어떤 논증은 더 설득력이 있고, 어떤 논증은 더 설득력이 없다.

1. 도덕과 무관한 주장은 참이거나 합리적이어야 한다

첫째, 도덕과 무관한 주장, 즉 사실에 관한 주장은 자주 기술적(descriptive)이라 불리는데, 그 주장의 참 또는 거짓(또는 합리성)에 따라 평가되어야 할 필요가 있다. 예를 들어, 자신을 옹호하면서 셰리스를 구하기 위해 안전요원과 접촉을 시도했지만 도와달라는 자신의 간청이 무시되었다는 주장을 하고 있는 캐쉬를 생각해 보자. 이 주장은 거짓이다. 그래서 어떤 잘못도 하지 않았다는 이유로 이런 주장을 편다면, 그것은 설득력 있는 이유가 아니다. 유사하게, 셰리스를 구하기 위해 카지노 안전요원과 접촉을 시도했다면 자신의 생명이 위험했을 것이라고 캐쉬가 주장한다고 가정해 보자. 이 또한 거짓이다. 정당화 이유는 참이어야 한다. 정당화 이유가 거짓이라면, 정당화하리라고 기대했던 것이 실제로는 결코 정당화될 수 없을 것이다.

때로는 어떤 주장이 참인지 거짓인지를 확실하게 알지 못하는 경우가 있다. 그런 경우 우리의 판단을 활용하여 그 주장이 개연적인지, 그럴듯한지, 합리적인지를 결정해야 한다. 그럴듯하지 않거나 비합리적이라면 그 주장은 훌륭한 정당화 이유가 아니다. 예를 들어, 셰리스가 살아남는다면 히틀러와 경쟁할 만한 대량학살자가 될 것이라는 사실을 알기 때문에, 캐쉬는 그 아이를 구하기 위한 어떤 행동도 하지 않았으며, 그래서 자신은 세상에 은혜를 베푼 사람이라고 말하고 있다고 가정해 보자. 우리는 캐쉬의 주장이 거짓이라고 확신을 가지고 말할 수 있는 입장에 있지 않다. 그러나 그의 주장에 대한 어떠한 증거도 없고, 캐쉬에게 미래를 예언하는 신뢰할 만한 방법이 있다는 주장의 증거도 없기 때문에, 그의 주장은 결코 설득력을 가지지 않는다는 나의 생각에 여러분도 동의할 것이라 본다. 그러므로 그의 주장은 훌륭한 정당화 이유가 아니다.

2. 연역적 타당성과 귀납적 강도

논증의 전제들과 결론 사이에 올바른 관계가 존재한다는 것이 두 번째 요구 사항이다. 가장 강한 관계는 연역적 타당성(validity)이다. 어떤 논증이 연역적으로 타당하다면, 모든 전제가 참일 경우 그것의 결론은 절대로 거짓일 수가 없다. 여기서 윤리와 관계없는 예를 들어 보자.

1. 모든 개들에게는 벼룩이 있다.
2. 렉스는 개다.
3. 그러므로 렉스에게는 벼룩이 있다.

모든 전제들이 참(참이 아닐 수도 있다)이라면 결론은 반드시 참이다. 그러므로 이 논증은 타당하다.

다른 예를 들어 보자.

1. 어떤 것이 불법이 아니라면, 그것은 도덕적으로 잘못이 아니다.
2. 누군가를 구하지 않는 것은 불법이 아니다.
3. 그러므로 누군가를 구하지 않는 것은 도덕적으로 잘못이 아니다.

모든 훌륭한 논증들이 연역적으로 타당한 것은 아니다. 예를 들어, 형사가 존을 살인자로 지목할 만한 증거를 열 가지 가지고 있고, 살인자가 아니라는 증거는 전혀 없다고 가정해 보자. 그것은 존이 살인자라는 것을 보장하지는 않지만, 그것을 다소 개연적으로 만들며 아마도 매우 개연적으로 만든다. 모든 전제들이 참이라면 결론은 참이 될 가능성이 있고, 그렇다면 그것은 귀납적으로 강한 논증이다. 귀납적 강도(strength)는 정도의 문제이다. 어떤 논증은 다른 논증보다 더 강하다.

아마 이것은 통계적인 논증들을 고려할 때 가장 분명해진다. 아래의 두 논증을 비교해 보자.

1. 영어 전공자의 98%는 책 읽기를 좋아한다.
2. 질은 영어 전공자이다.
3. 그러므로 (아마도) 질은 책 읽기를 좋아한다.

1. 대학 신입생의 75%는 25세 이하이다.
2. 질은 대학 신입생이다.
3. 그러므로 (아마도) 질은 25세 이하이다.

두 논증 모두 전제들이 결론을 개연적으로 만들기 때문에 강하다. 그러나 첫 번째 논증이 두 번째 논증보다 강하다.

도덕 논증의 결론이 전체를 고려한 단칭 도덕 판단이라면, 그 논증은 표준적인 연역적으로 타당한 논증과 유사하다기보다는, 가설을 뒷받침하고 가설에 어긋나는 증거 조각들을 검토·비교하는 형사의 논증과 훨씬 유사할 것이다. 즉 훌륭한 논증이라면, 그 논증은 연역적으로 타당한 논증이라기보다 귀납적으로 강한 논증이 될 것이다.

3. 건전성과 설득력

용어의 용법을 살펴보자. 건전한 논증은 전제들이 모두 참인 연역적으로 타당한 논증인 경우도 있고, 전제들이 모두 참인 귀납적으로 강한 논증인 경우도 있다. 전제 중 하나라도 거짓이면 그것은 건전한 논증이 될 수 없다. 마지막으로, 설득력 있는 논증은 건전한 논증이며, 동시에 이용 가능한 관련 정보 모두를 고려하는 논증이다.

V. 도덕 판단의 개념

우리는 도덕 판단과 도덕 논증에 대해 말한다. 또한 도덕 신념·도덕 원칙·도덕 규칙·도덕법칙·도덕 규약·도덕 의무·도덕 권리 등에 대해 언급할 수 있다. 우리는 담론과 사고를 도덕에 속하는 영역과 도덕에 속하지 않는 영역으로 묵시적으로 나눈다. 또한 도덕 영역과 도덕 영역이 아닌 것을 대비시킨다. 예를 들어, 나는 좋은 책을 이야기할 때는 아마 미학적 기준을 적용하지만, 좋은 사람을 이야기할 때는 확실히 도덕 기준을 적용한다. 전자는 미학의 영역이고 후자는 도덕의 영역이다. 내가 법적 의무 및 권리와 도덕적 의무 및 권리를 나눈다면, 전자는 법의 영역에 속하고 후자는 도덕의 영역에 속한다.

그러나 도덕의 영역과 다른 영역은 어떻게 나누는가? 다양한 논리적 요구와 개념적 요구가 제안되었다. 그중 하나는 도덕 영역이 공평성의 영역이라는 것이다.

1. 공평성과 도덕적 관점

캐쉬가 셰리스를 구하기 위해 아무 일도 하지 않으리라 마음먹었을 때, 자신은 셰리스의 긴급 상황에 관심이 없었다는 점을 분명히 했다. 그는 오직 순전히 이기적인 또는 자기이해(自己利害)적인 관점에서만 행동했다. 많은 철학자들은 정의(定義)상 도

덕 판단과 **도덕** 행위의 개념은 자기이해관계에 의해서만 좌우되는 것이 **아닌** 판단이라고 주장한다. **도덕** 판단의 **자격**을 위해 그 사람은 **공평성**의 관점에서 판단해야 한다. 그래서 캐쉬가 **도덕 관점**(말하자면 자기이해적 관점과 대립되는 것으로서)**에서 볼 때** 어떠한 잘못도 하지 않았다고 주장한다면, 그는 **공평성의 관점에서 볼 때도** 어떠한 잘못도 하지 않았다고 주장하는 셈이 된다. (물론 캐쉬는 **도덕** 판단을 내리기를 거부할 수도 있다.)

우리는 캐쉬가 도덕적으로 올바른지 그른지가 그가 적절한 도덕적 동기를 가졌는지에 좌우된다고 생각하고 싶을 수도 있겠지만, 그리고 적절한 도덕적 동기는 단순히 자기이해적 동기가 아니라 공평한 동기라고 생각하고 싶겠지만, 그러한 유혹을 뿌리쳐야 한다. 그의 행위나 행위하지 않음(omission)이 도덕적으로 옳은지 그른지의 문제와 그의 동기 사이에는 아무 연관성이 없다. 그가 셰리스를 구했다면, 그의 동기가 무엇인지에 관계없이 옳은 것이 될 것이다. 그가 그 아이의 이익에 관한 관심과 염려보다는 단순히 자기이해관계에서 그 아이를 구했다 하더라도 그의 행동은 옳을 것이다. 동기는 사람의 행동이 아니라 사람에 대한 판단(선한 또는 악한, 칭찬받을 만한 또는 비난받을 만한 것으로서)과 연관성이 있다.

공평한 관점에서 판단한다면, 당신은 영향권 내에 있는 모든 사람들의 이해를 계산하고, 개개인의 이해를 동등하게 평가한다. 게임의 심판관이나 법정의 재판관은 중립적인, 즉 어떤 사람의 편에 기울지 않는 좋은 예가 될 것이다. 내가 다른 팀과 경기를 하는 한 팀의 코치라면 나는 공평한 입장에 있지 않다. 나는 편향되어 있으며 나의 편향성은 의식적이든 무의식적이든 나의 판단에 영향을 미칠 것이다. 분명히 자신에게만 관심을 가졌던 캐쉬는 이러한 경우와는 반대가 될 것이다. 그러나 공평성은 단순히 이기심에만 반대되는 것이 아니다. 오직 내 가족 또는 내가 인정하는 어떤 집단에게만 매우 이타적인 경우가 있을 수 있다.

역사 속 끔찍한 잔혹 행위의 일부는 편견이나 편파성 때문에 생겨났다. 가장 잘 알려진 예는 아마 유대인에 대한 나치의 학살일 것이다. 나치 개개인은 캐쉬와는 달리 자기이해에만 관심을 가지지 않았을 것이다. 그보다 많은 나치들은 전적으로 자신들의 국가 또는 자신들의 "인종"을 선호하는 편견을 가졌고, 동료 독일인들이나 동료 "아리안" 구성원들의 이익만을 고려했다. 독일인 또는 아리안이 아닌 사람들의 이익에 관심을 갖거나 고려를 하지 않았다. 다른 예를 들어 보자. 제1차 세계대전 발생 전과 대전 기간 동안 아르메니아 사람들에 대한 터키인의 학살, 1980년대 후반과 1990년대 초반에 보스니아에서 발생한 "인종 청소", 1990년대 초 르완다에서의 대량학살,

미국에서의 흑인 노예제, 그리고 유럽 이주민들에 의한 토착 인디언 취급 방식(죽이고 땅을 빼앗은) 들이 그것이다. 이러한 잔혹 행위에 책임이 있는 사람들이 공평성의 관점에서 판단했더라면, 그들은 결코 자신의 행동이 도덕적으로 옳다고 판단할 수 없었을 것이다.

많은 철학자들이 지적하고 있는 것처럼 도덕은 한편으로는 우리의 이익이나 우리 친구와 우리 가족 구성원들의 이익과, 다른 한편으로는 초면인 사람들 또는 이웃의 이익 사이에 있어 100% 절대적으로 공평해야 할 것을 요구하지는 않는다. 이것은 행동의 옳고 그름이 사람의 동기에 달려 있는 것이 아니라는 입장과 연결된다. 이웃 아이의 치열교정을 위해서가 아니라 내 아이의 치열교정을 위해 돈을 지불한다면, 나는 순전히 공평성의 관점에서 행동하지는 않았지만 도덕적 관점에서 비난받을 일은 아니다. 나는 이웃의 아이보다 내 아이를 더 편애한다. 그러나 공평성의 관점에서 판단했을 때, 나의 행동은 도덕적으로 받아들일 수 있을 것이다(나의 생각으로는). 부모가 무엇을 할지 그리고 자신의 돈을 어떻게 소비할지를 결정할 때 자기 아이의 이익을 더 챙기는 것은 공평성의 관점에서 옹호된다. (물론 제한은 있다. 내 아이의 장기 이식에 적합한 심장을 얻기 위해서 이웃 아이를 죽인다면, 나는 내 아이의 이익 증가를 위해 이웃 아이의 너무 많은 이익을 희생시키고 있다.) 그래서 받아들일 수 없는 불공평과 받아들일 수 있는 불공평을 구분할 필요가 있다. 그러므로 마릴린 프리드먼(Marilyn Friedman)이 제시하고 있는 것처럼[2] 이것을 구분하는 가장 쉬운 방법은, 특수한 상황의 경우는 예외가 되겠지만, 성·인종·민족·성적 취향·카스트·경제 계층·종교·나이에 토대를 두는 것들과 같은, 우리 모두 받아들일 수 없다고 동의한 특수한 형태의 불공평성을 확인하는 것이다. 프리드먼에 따르면, 도덕적 숙고와 행위에서의 공평성의 요구는 우리가 편견이라고 명명하는 것, 명명할 수 있는 것을 **최소화하는** 것이다.

공평성의 요구는 도덕 논증에서 중요한 역할을 할 수 있다. 도덕이 요구하는 그런 유형의 공평성의 관점에서 판단하면 문제가 되는 견해를 가지지 않게 될 것이라는 점을 보여 줌으로써, 우리는 우리 자신이나 다른 사람들의 도덕 견해를 합리적으로 비판할 수 있다. 도덕적 신념이나 주장이 공평성의 관점에서 판단했을 경우 수용될 수 없는 것이라면, 그것은 도덕 견해로부터 정당화되거나 합리적일 수 없다.

---

2) Marilyn Friedman, *What Are Friends For? Feminist Perspective on Personal Relationships and Moral Theory* (Ithaca, NY: Cornell University Press, 1993), p. 31.

공평성의 요구는 도덕 판단과 행동에서 지침을 제공하는 데 도움이 된다. 무엇을 할지를 결정할 때, 그것이 공평성의 관점에서 수용되는지 스스로 물어볼 수 있다. 만약 수용되지 않는다면, 그것은 도덕적으로 잘못이다. 다시 말해 공평한 사람이 그것이 잘못된 것이라고 생각하면, 그것은 잘못된 것이다. 유사하지만, 나는 다른 사람의 행동, 예를 들어 캐쉬의 행동을 판단하기 위해 그러한 방법을 사용할 수 있다. 나는 그의 행동이 공평성의 관점에서 도덕적으로 허용할 수 있는 것으로 생각될 수 있는지 물을 수 있다. 공평한 사람이 캐쉬가 셰리스를 구하지 않은 것이 잘못이라고 생각한다면, 그것은 잘못이다. 물론 공평한 사람이라는 생각은 이상적인 것이기 때문에(완벽하게 공평한 사람은 거의 없다), 공평한 사람이 무슨 생각을 할 것인지를 결정하는 문제가 남게 된다.

2. 손해, 이익, 도덕

도덕 영역이라는 개념의 또 한 가지 특징은 반드시 손해와 이익의 문제가 발생하는 맥락과 관련되어 있다는 것이다. 즉 도덕 판단은 도덕 문제에 대한 판단이다. 그러나 그것은 문제를 도덕 문제로 만드는 것이 무엇인지에 대한 질문으로 자연스럽게 연결된다.

내가 화가라고 가정하자. 그리고 있는 그림에서 어떤 색조의 빨간색을 사용할지를 고민하고 있다고 가정하자. 그것은 도덕적 문제인가? 또는 내가 오늘 수업에 코트를 입고 넥타이를 매야 할지를 고민하고 있다고 가정하자. 그것은 도덕적 문제인가? 확실히 아니다. 그러나 아니라면 왜 아닌가? 나의 선택이 무엇이든 그것이 사람들의 중요한 이익에 많은 영향을 미치지 않을 것이기 때문이 아닌가? 어떤 색조의 빨간색을 사용하든, 코트를 입고 넥타이를 매든 관계없이, 어떤 사람도 손해를 보거나 이익을 보지 않을 것이다.

그러나 복장의 문제를 도덕 문제로 변형시킬 수 있다. 정신이상의 테러리스트가 내가 오늘 수업에 코트를 입고 넥타이를 매지 않는다면 누군가를 죽일 것이라고 경고했다고 가정해 보자. 그렇다면 그것은 도덕 문제이다.

이것과 연관해 다른 특징을 살펴보자. 무언가가 누군가를 해롭게 한다는 사실은 도덕적 관점에서 볼 때 중립적이지 않다. 그 사실은 전체를 고려하는 판단에 도달하기 위해서 이유들의 무게를 검토할 때, 어떤 행동이 **잘못**이라고 또는 **옳다**고 생각할 이유로서 간주될 수 있다. 그것은 어느 쪽인가? 확실하지만 우리의 도덕 개념에 따르면 그것은 어떤 행동이 나쁘다고 생각할 이유로서 간주된다. 마찬가지로, 무언가가 누군가에게 이익을 준다는 사실은 도덕적 관점에서 볼 때 중립적이지 않다. 그것은 도덕 이유들의 무게를 잴 때 올바른 쪽으로 계산되는가 아니면 잘못이라는 쪽으로 계산되는가? 확실히 그것은 그 무언가가 잘못이기보다는 올바르다고 생각할 이유로 간주된다. 사실 잘 생각해 보면, 많은 사람들은 아래의 두 가지 중요한 주장에 대해 의견의 일치를 보일 것이다.

> 필연적으로, 어떤 행위가 손해를 야기한다는 사실은 그것이 도덕적으로 옳다기보다 잘못이라고 생각할 이유가 된다.
>
> 필연적으로, 어떤 행위가 이익이 된다는 사실은 그것이 도덕적으로 잘못이라기보다 옳다고 생각할 이유가 된다.

어린아이를 고문하는 것이 나쁜지에 대해 다른 사람과 논쟁하는 경우를 상상해 보자. 당신은 고문은 매우 해로운 것이라고 이야기하고, 다른 사람은 이러한 당신의 견해에는 동의하지만, 그것이 바로 어린아이를 고문하는 것은 나쁜 짓이 아니라고 그가 생각하는 이유라고 말하고 있다고 가정해 보자. 우리는 이러한 반응을 어떻게 이해할 수 있는가? 공평성이 주어진다면, 누가 이롭게 되는지 또는 누가 해롭게 되는지는 문제되지 않는다. 공평성은 전체를 고려하는 단칭 도덕 판단에 도달하는 데 있어 동일한 역할을 수행한다.

손해는 행복을 줄인다. 이익은 행복을 증가시킨다. 여기서 말하는 행복은 육체적인 것일 수도 있고 심리적인 것일 수도 있다. 육체적 손해에는 죽음·부상·질병·장애 그리고 육체적 고통 등이 있다. 행동은 심리적인 해악을 일으킬 수 있다. 즉 (1) 외로움·두려움·우울·희망 없음·절망·불행·화·슬픔과 같은 고통스런 심리적 상태를 야기하거나 강화시킨다. 그리고 (2) 자기 확신·자기존중·자존·행복·자기 가치의 느낌과 같은 긍정적 심리 상태를 침식시킨다.

명백한 사실이지만, 손해를 끼치는 것이 도덕적으로 그르다고 항상 생각하는 것은 아니다. 그러나 일반적으로는 그렇다. 왜냐하면 우리는 손해를 능가할 이익이 있을 것이라고 생각하기 때문이다. 바늘을 가지고 찌르는 것은 해로운 일이지만, 만약 그것이 당신이 필요로 하는 약을 제공하는 유일한 방법이라면 의사가 바늘로 당신을 찌르는 것은 도덕적으로 잘못된 일이 아니다. 예상되는 이익은 바늘로 인한 짧고 가벼운 고통(손해)을 능가한다. 마찬가지로, 어떤 사람을 죽이는 것은 손해를 야기하지만 사형제도를 찬성하는 사람은 심각한 범죄를 저질러 온 사람을 죽이는 것은 잘못이 아니라고 생각한다. 왜냐하면 그들은 이익이 손해를 능가한다고 생각하기 때문이다. 다시 말해, 전체를 고려하는 판단에서 누군가가 손해를 본다는 사실은 단지 한 가지 고려 요인일 뿐이다. 그 행동이 옳다는 편에 서 있는 요인들이 그 행동이 잘못이라는 편에 있는 무게를 능가할는지 모른다.

마지막으로, 이것은 도덕적 관점에서 볼 때 누가 "고려되는지" 무엇이 "고려되는지"의 질문에 대해 대답하는 수단을 제공한다. 공평한 도덕 판단을 내릴 때 누구의 이익을 계산에 넣어야 하는가? 대답은 손해를 보거나 이롭게 될 수 있는 것은 무엇이든 계산에 넣어야 하는 것처럼 보인다. 예를 들어, 만약 다른 인종·민족·종교의 사람들이 우리의 행동으로 해롭게 되거나 이롭게 될 수 있다면 그들의 이익은 무시되거나 평가 절하될 수 없다. 그러나 그것은 또한 도덕적 관점에서 계산되는 이익은 인간에만 국한된 것이 아니라는, 대단히 실제적인 가능성을 열어 둔다. 예를 들어, 어떤 사람이 살아 있는 모든 것들이 손해를 보게 될 수 있거나 이익을 볼 수 있다는 것을 설득력 있는 논증을 통해서 보여 줄 수도 있다. 만약 그렇다면 공평하게 되기 위해서 우리는 도덕적 관점에서 판단할 때 살아 있는 모든 것의 이익을 계산에 넣어야 한다.

3. 도덕과 자유

세 번째로 많이 논의되는 요구 사항은 자유에 관련된 것이다. 그 문제는 도덕 판단을 할 때 평가의 대상이 정확하게 무엇인지에 초점이 맞추어진다. 표준적으로 그것은 자유로운 행위이다. 통상적으로, 고양이가 쥐를 죽이기 전에 쥐를 "갖고 노는" 것을 보더라도, 우리는 고양이나 고양이의 행위에 대해 도덕 판단을 내리지 않는다. 왜 그런가? 고양이는 자유로운 행위자가 아니고 쥐를 갖고 놀기 위해서 "자유로운 선택"을 하지 않았기 때문이다. 대신에 우리는 고양이의 행동은 본능적이라고, 뇌 속에 배선(配線)되어 있는 것이라고 말한다. 동일한 점이 자유로운 행위를 할 수 없는 다른 동물들에 대해서도 언급될 수 있다. 동물들이나 동물들의 행위를 도덕적 관점에서 판단하는 것은 적절하지 않다.

이제 또 다른 삶의 형식을 고려해 보자. 밀턴(Milton)의 『실락원(Paradise Lost)』에서, 다른 천사들과 마찬가지로 영적인 존재인 사탄은 신에게 반역하고 하늘나라에서 추방된다. 후에 그는 순진한 아담과 하와를 타락시켜 결국 에덴동산에서 추방되도록 한다. 시를 읽으면서 우리는 자연스럽게 사탄과 그의 행위를 도덕적 관점에서 판단한다. (또한 우리는 아담과 하와를 도덕적 관점에서 판단한다.) 사탄과 고양이의 차이점은 무엇인가? 사탄은 소위 자유의지를 가진다. 그의 행위는 의식적인 선택의 결과이다. 그는 욕구와 충동의 맹공을 반성하고 그것에 저항할 수 있는 능력을 가졌다. 고양이에게는 그럴 능력이 없다. 사탄이 아담과 하와를 고문하고 싶은 강한 욕구를 느꼈더라도, 그는 그렇게 하지 않을 선택 능력을 가졌다. 마지막으로 우리는 또다시 캐쉬를 지목할 수 있다. 우리는 그와 그의 행위를 도덕적 관점에서 판단하는데, 그렇게 하는 유일한 이유는 그를 자유로운 행위자라고 가정하기 때문이다.

우리는 행위 방식을 자유롭게 선택할 수 있는 존재를 도덕 행위자라고 부를 것이다. 도덕 판단은 판단자인 동시에 판단되는 자인 도덕 행위자의 존재를 전제한다.

사람이 자유의지를 가지는지는 **형이상학**이라고 불리는 철학의 영역에서 활발하게 논쟁거리가 되는 문제이다. 어떤 사람들은 인간의 자유의지는 환상이라고 주장해왔다. 역사적으로 두 노선의 논증이 있어 왔는데, 하나는 신학적인 것이고 다른 하나는 과학적인 것이다. 일부 신학자들은 신은 우주의 가장 작은 세부 사항에 이르기까지 계획해 왔고, 신에 의해서 의지(意志)되지 않은 어떠한 것도 발생하지 않는다고 주장해 왔다. 결과적으로 일단 영원한 신이 사건의 계열을 의지한다면, 그러한 사건들은 필연적으로 그 계열에서 발생할 것이다. 그러나 그것은 또한 사건들과 마찬가지로 모든 인간 행위까지도 포함하고 있는 것처럼 보인다. 그래서 무엇을 행하든 간에 우리는 필연적으로 그렇게 할 수밖에 없다.

과학에 토대를 두고 있는 두 번째 노선의 논증은 모든 사건은 원인을 가진다는 것과 원인은 결과를 "물리적으로 필연적이게끔" 한다는 가정과 함께 출발한다. 예를 들어, 일정한 압력하에 있는 맑은 물이 0℃ 아래로 내려갈 때 언다는 것은 자연법칙이다. 그래서 만약 일정한 압력에서 컵 속의 맑은 물의 온도가 0℃ 아래로 내려간다면 물은 얼어야만 한다. **결과**는 얼어 있는 물이다. **원인**은 온도가 떨어지는 것이다. 이러한 노선의 논증에 따르면, 모든 인간의 행위는 원인을 가지는 사건이다. 예를 들어 당신이 수업 중에 손을 든다고 가정해 보자. 왜 손을 드는가? 당신은 선생님의 질문에 대답하고 싶고, 당신은 손들지 않으면 호명되지 않으리라는 것을 안다. 원인은 질문에 답하고자 하는 당신의 욕구이고, 그렇게 하기 위해서 당신의 손을 들어야만 한다는 당신의 신념이다.

명백히, 인간의 많은 행위의 원인은 훨씬 더 복잡하다. 즉 행위를 일으키는 복합적 요인들을 가진다. 당신의 전공 선택에 대한 설명을 생각해 보자. 찬반의 균형이 당신이 선택한 영역 쪽으로 기울어졌다. 모든 이유들과 그것들의 상대적 무게가 주어질 경우, 당신의 선택에 영향을 미치는 일부 요인이 달라진다면 확실히 당신은 다른 선택을 할 수밖에 없을 것이다. 또는 자유의지의 반대자들은 그렇게 주장한다.

우리가 자유의지를 가지는지 여부는 신학적 그리고 과학적 "사실들"에 달려 있지만, 이 외에도 우리가 자유로운 선택에 대해 말할 때 "자유롭다"는 말로써 우리가 의미하는 것이 정확하게 무엇인가에도 달려 있다. 그러나 부인하기 어려운 것처럼 보이는 것은 도덕은 자유를 전제한다는 사실이다. 인간의 자유가 환상에 불과하다면, 아마도 고양이에 대해 도덕 판단을 내리는 것이 정당하지 않은 것과 마찬가지로 인간에 대한 도덕 판단을 내리는 것도 정당하지 않을 것이다.

VI. 도덕적 불일치

1. "우리" 의견의 일치에 호소

한 번 이상 나는 "우리가" 믿는 것 또는 "우리가" 의견에서 일치하는 것에 호소했다. 예를 들어, 나는 앞에서 "우리"가 의견에서 일치하는 편파성의 여러 형태(인종차별 등)는 도덕 관점에서 볼 때 허용될 수 없는 것임을 이미 언급했었다. "우리"는 누구인가? 나는 모든 인간 존재, 또는 좀 더 나은 표현을 쓰면 모든 합리적 행위자나 도덕 행위자라고 말할 수 있었으면 한다. 그러나 여러분과 나는 도덕 문제에 상당한 불일치가 있다는 것을 알고 있다. 내가 "우리"에 대해 말할 때, 사실상 나는 나와 의견이 일치하는 사람들을 말하고 있는 것이다.

나의 기본 도덕 견해 중 대부분은 아니지만 상당수는 "나의" 문화에서 일반화된 것이다. 그래서 내가 "우리"의 의견이 일치한다고 말할 때 아마 내가 온당하게 의미할 수 있는 유일한 것은, "나의 문화"에 속하는 대부분의 사람들은 의견이 일치한다는 그것이다. 그것은 21세기 미국 문화인가? 21세기 서구 문화인가? 아마도 그것은 훨씬 더 제한적일 것이다. 21세기 미국의 대학 교육을 받은 백인 중산 계급 문화. 이렇게까지 제한한다면, "우리"의 신념에 대한 호소는 아마도 거의 정당성을 확보할 수 없을 것이다.

그러나 나는 아마도 "우리" 의견의 일치에 호소해서는 안 되고, 오히려 우리가 공평하게 판단하고 사실에 대한 적절한 지식을 가지고서 의견 일치를 보는 것에 호소해야 할 것이다. 그러나 그렇다면, 사실에 대한 적절한 지식을 가진 공평한 사람이 무슨 판단을 내릴지를 내가 안다고 주장하고 있지는 않은지? 내가 그것을 알 수 있을까?

이러한 반대를 진정시키기 위해서 다음과 같은 방식으로 생각해 보자. 만약 "우리"가 무언가에 대해 의견의 일치를 보인다고 내가 주장하고, 이것을 사용하여 어떤 것을 정당화하고자 한다면, 그것을 독자인 **여러분에게** 제출된 문제로 간주하라. **여러분이** 반성의 결과 같은 의견을 갖는지 어떤지를 내가 묻고 있다고 생각하라. 여러분을 제외하고는 다른 누가 나의 의견과 일치하든 일치하지 않든 나는 걱정할 필요가 없다.

2. 왜 사람들의 의견이 불일치하는가?

우리는 도덕적 불일치를 어떻게 설명할 수 있는가? 그것의 범위는 어느 정도 되는가?

우리는 일치보다는 불일치에 더 주목하고 불일치를 더 기억하는 경향이 있는 것처럼 보인다. 생각보다는 도덕 판단에서의 의견 일치가 훨씬 많을 수 있다. 예를 들어, 스트로메이어가 셰리스를 괴롭히고 살인한 짓이 나쁘지 않다고 믿는 사람이 얼마나 되겠는가? 심지어 스트로메이어와 캐쉬조차도 술과 마약에 빠지지 않았더라면, 그 짓이 나쁜 짓이라는 데 동의했을 것이라는 점을 주목해 보자. 실제로 연구해 본 적은 없지만, 사람들에게 사례를 설명한다면 그들의 성, 인종, 민족적 배경, 종교 또는 계급에 상관없이 실제로 어떠한 사람도 스트로메이어가 나쁜 짓을 하지 않았다고 믿을 사람은 하나도 없을 것이라고 나는 단언한다. 유사한 이야기지만, 캐쉬가 셰리스를 구하기 위한 어떠한 조처도 취하지 않은 것이 잘못이 아니라고 믿는 사람이 얼마나 되겠는가? 캐쉬가 믿고 있는 것과는 달리, 많은 사람들은 그의 의견에 동의하지 않을 것이다. 다시 말해서, 실제로 연구해 본 적은 없지만, 많은 사람들은 캐쉬가 아무 조처도 취하지 않은 것이 잘못이었다고 판단하는 데 의견의 일치를 보일 것이라고 나는 단언한다.

도덕적 불일치를 설명할 때, 단칭 도덕 판단에 대한 의견 일치와 도덕 원칙에 대한 의견 일치를 구별할 필요가 있다. 많은 사례에서 도덕적 불일치의 예들은 궁극적으로 광범위한 일치의 영역을 전제할 것이다.

때로 불일치는 도덕 원칙들과는 전혀 무관하다. 60세를 넘기면 부모를 죽이는 부족이 있다고 가정하자. 우리는 그것이 잘못이라고 생각하지만 그들은 아니라고 생각한다. 왜? 그들은 부모를 존중하고 존경해야 한다고 생각하지 않는가? 그들은 이 점에 관해 우리와 의견의 일치를 볼 수 있다. 그러나 사람들은 죽을 당시의 육체적 상태를 영원히 유지할 것이라고 그들이 믿는다고 가정하자. 60세가 넘으면 다양한 장애와 부상의 가능성은 해마다 상당히 증가한다. 불구가 될 것이고, 눈이 멀게 될 것이며, 귀가 멀고, 노화 현상으로 인한 고통이 커질 것이다. 부모가 그 같은 상태로 영원히 시간을 보내는 것을 어느 사랑하는 자식이 원할까? 그들은 아직 건강하고 나이가 더 들어 무능해지기 전에 부모를 죽이는 것이 부모를 더 사랑하는 것이라고 주장할 수 있다. 우리가 일치하지 않는 것은 사실의 문제이지 도덕 원칙이 아니다.

마찬가지로, 정부가 일할 능력이 없는 사람들에게 보조금을 지급해야 하는지에 대해 우리 사이에 의견이 불일치한다고 가정해 보자. 왜? 나는 그것이 건전하지 못한 의존성을 증진시키고, 많은 사람들로 하여금 스스로 노동력을 사용하지 않도록 할 것이기 때문에 잘못이라고 생각할 수도 있다. 당신은 그것이 내가 예상하는 나쁜 결과에 이르지 않는다고 믿고, 그러한 사람을 정부가 돕지 않는다면 그들 가운데 많은 사람들이 죽게 될 것이라고 믿기 때문에, 그것이 옳다고 믿을지도 모른다. 요점은 불일치에 대한 토대가 전혀 "도덕적인" 것이 아니라는 것이다.

사람들이 의견 일치가 되지 않는 또 다른 이유는 판단의 결과와 그런 판단에 근거한 결정이 가끔은 자신의 이해관계에 매우 심각하게 영향을 주기 때문이다. 우리의 물질적 풍요가 지구가 구형인지에 의해 강하게 영향을 받게 될 것이라고 가정해 보자. 지구가 구형이라면 당신은 풍요를 얻을 것이지만 나는 잃을 것이다. 지구가 구형인지에 대한 우리의 불일치의 가망성은 훨씬 더 높게 나타날 것이다. 더욱 현실주의적 관점에서 접근해 보면, 혹자는 다음처럼 주장할 수 있다. 지구 온난화에 대한 불일치의 일부는, 만약 지구가 위험한 방식으로 따뜻해지고 온난화가 인간의 활동으로 인해 일차적으로 야기된다는 가설이 참이라면, 어떤 사람들은 많은 것을 잃게 될 것이라는 사실 때문에 생겨난다.

때때로 불일치는 상이한 원칙들에 상이한 의미를 부여하는 사람들로 인해 생겨난다. 다시 말해 그들은 도덕 원칙들을 받아들이는 데 있어서는 일치할지 모르지만, 그것들이 충돌할 때 어느 원칙이 우선해야 되느냐에 대해서는 그렇지 않다. 예를 들어, 우리는 자율성이나 자유가 중요한 도덕적 가치라는 데에는 일치할지 모르나, 자신의 삶을 마감하기로 결정한 사람들에게 적용될 때는 그런 가치에 다른 의미를 부여할 수도 있다. 즉 어떤 사람들은 자신의 삶을 마감하는 일을 허용해서는 안 된다고 생각하고, 어떤 사람들은 허용해야 한다고 생각한다.

VII. 도덕과 법률

캐쉬와 우리의 가상적 대화에서, 그는 어떤 것이 불법이 아니라면 그것은 또한 도덕적으로 잘못이 아니라고 주장함으로써 셰리스를 구하지 않은 자신의 행위를 변호했다. 그것은 참인가? 도덕적으로 옳은 것과 잘못인 것은 인간 법률이 금지하는 것 또는 요구하는 것과 동일한가? 일부 사례에 초점을 맞춘다면, 그것은 그럴듯한 것처럼 보일 수 있다. 살인·고문·강간·유괴·도둑질에 반대하는 법률의 경우 그렇다. 이것들은 또한 도덕적으로 잘못인 것이다. 그래서 불법임과 동시에 부도덕한 것이다. 그렇다면 그것은 무언가가 불법일 때에만 부도덕하다는 것을 보여 주는 것은 아닌지? 대부분의 사람은 반대되는 예들을 생각해 볼 수 있기 때문이 아니라고 말한다.

첫째, 미국에서 법률은 관할권에 따라 달라진다. 캘리포니아의 법률은 매사추세츠의 법률과 동일하지 않다. 미국의 법률은 중국의 법률과 같지 않다. 법률은 또한 시간이 지남에 따라 변한다. 오늘날 미국의 법률은 남북 전쟁 이전에 존재했던 것들과 다르다. 오늘날 독일의 법률은 나치 시대(1933~1945)에 존재했던 것과 다르다. 대부분의 사람들은 도덕적으로 올바른 것과 잘못인 것은 공간이나 시간에 따라 달라지지 않는다고 주장한다. 둘째, 법률은 정치의 맥락 속에 있는 사람들이 만든 것이다. 그 맥락에서 상이한 집단의 힘이 법률의 내용을 결정한다. 법률은 정치적 권력자에 의해 통과되거나 영향력 있는 집단 간의 협상과 타협의 산물이다. 미국과 같은 민주주의에서조차 부유한 법인과 개인은 자신들에게 이익을 주는 법률을 통과시키기 위해 힘을 사용할 수 있다. 부유한 개인과 법인은 어떤 것을 법률로 만들 힘을 가질 뿐만 아니라, 어떤 것을 도덕적으로 옳거나 잘못인 것으로 만들 힘을 가진다고 말하는 것은 받아들이기 어렵지 않겠는가?

그러나 가장 설득력 있게 생각하기 위해서는 구체적 사례를 들어 보는 것이 좋겠다. 남북 전쟁 이전에 남부 지방에서 아프리카 출신을 노예로 삼는 것은 불법이 아니었지만, 오늘날 거의 모든 사람들은 노예제가 도덕적으로 지금도 잘못이고 과거에도 잘못이었다는 데 의견이 일치한다. 나치 독일 시대에 유대인 학살은 법률에 위반되는 것이 아니었지만, 오늘날 거의 모든 사람들은 유대인 학살이 부도덕할 뿐 아니라 그 당시에도 부도덕했다는 데 의견의 일치를 보인다. 노예제와 학살이 부도덕하다는 것은 너무나도 확실해서, 우리는 이러한 판단과 충돌하는 어떠한 원칙도 받아들일 수 없다고 느낀다. 그러나 만약 캐쉬의 원칙이 정당하다면, 아프리카 출신을 노예로 삼는 것도 유대인을 학살하는 것도 모두 도덕적으로 잘못된 것이 아니다. 이 모두를 고려해 보면 캐쉬의 원칙은 결코 받아들일 수 없는 것처럼 보인다. 법률과 도덕은 동일하지 않다.

VIII. 기본 도덕 원칙

도덕 논증 논리에서 우리는 도덕 원칙에 기대어서 단칭 도덕 판단을 정당화한다. 앞에서 어떤 특수한 도덕 원칙이 참이라는 또는 우리에게 구속력을 행사한다는 주장 등 어떤 도덕 주장에 대해서도 이유를 대라고 요구할 수 있다고 말했었다. 즉 도덕 원칙의 정당화가 요구되는 것이다. 우리는 단칭 도덕 판단을 정당화하는 것과 동일한 방법으로 대부분의 도덕 원칙들을 정당화할 수 있다. 즉 세계가 존재하는 방식에 대한, 도덕과 무관한 주장과 도덕 원칙 둘 다를 전제(premise)로서 가지는 논증을 구성함으로써 도덕 원칙을 정당화할 수 있다.

1. 거짓말은 사람들에게 손해를 끼친다.
2. 사람들에게 손해를 끼치는 것은 도덕적으로 나쁘다.
3. 그러므로 거짓말은 도덕적으로 나쁘다.

(거짓말이 나쁘다고 주장할 때, 어떤 행위가 거짓말하는 행위라는 사실은 그것이 잘못이라고 생각할 한 가지 이유라고 진술하고 있음을 상기하라.) 첫 번째 전제는 사태에 대한 진술, 즉 세계에 대한 기술이다. 두 번째 전제는 도덕 원칙, 즉 거짓말은 나쁘다는 원칙보다 더 일반적인 원칙이다. 사람들에게 손해를 끼치는 것이 나쁘다는 원칙은 거짓말을 해서는 안 된다는 원칙을 정당화할 뿐 아니라, 유괴·살인·강간·학살·도둑질 등을 금지하는 원칙을 정당화하는 데도 적용될 수 있다.

그러나 아마도 정당화는 어느 지점에선가 멈추어야 한다. 많은 철학자들의 주장에 따르면 그것은 기본(basic) 도덕 원칙들에서 멈추어야 한다. 기본 도덕 원칙은 다른, 기본적인 것이 아닌 도덕 원칙을 정당화할 수 있지만, 보다 일반적인 도덕 원칙에 기대어서 정당화될 수 없다.

기본 도덕 원칙이 있다면 다양한 질문들이 생긴다. 단지 하나만 있는지 아니면 다수가 있는지? 기본 도덕 원칙(들)의 내용은 무엇인지? 즉 정확하게 그것이 무엇을 말하는지? 기본 도덕 원칙은 정당화될 수 있는지? 정당화된다면 어떻게 되는지?

앞으로 검토하게 될 여러 가지 도덕 이론들, 즉 중요한 이론인 공리주의와 칸트주의는 단지 하나의 기본 도덕 원칙이 있다는 생각에 의거한다. 여기서 우리는 기본 도덕 원칙이 여럿 있다는 생각에 초점을 맞출 것이다. 초점을 좁혀 가기 위해서 **직관주의**(intuitionism)적 견해를 검토할 것이다.

IX. 직관주의

직관주의에 따르면 기본 도덕 원칙들은 자명하다(self-evident). (어떤 유형의 직관주의에 따르면 기본 도덕 원칙이 자명한 것은 물론이고, 전체를 고려한 단칭 도덕 판단과 기본적인 것이 아닌 도덕 원칙도 자명하다. 우리는 기본 도덕 원칙만 자명하다고 주장하는 직관주의 형식에 초점을 맞출 것이다.) 제퍼슨(Jefferson)의 〈독립선언서〉의 유명한 구절은 자명성에 호소하고 있다. "우리는 모든 인간은 평등하게 창조되었다는 것, 그들은 창조주로부터 어떤 양도할 수 없는 권리들을 부여받았다는 것, 이러한 것들 가운데에는 생명·자유·행복의 추구…가 있다는 것 등 이러한 진리들은 자명하다고 주장한다." 그러나 만약 기본 도덕 원칙이 자명하다고 말한다면 그것이 의미하는 것은 무엇인가?

제퍼슨은 자명한 "진리"에 대해 말하고 있고, 그래서 우리는 그것이 자명한 기본 도덕 원칙의 진리라고 말할 수 있다. 기본 도덕 원칙은 자명하게 참이라고 말하고 있는 것이다.

자명성의 문제와 씨름하기 전에, 단지 분명하다(evident)는 것이 무엇인가라는 질문과 함께 출발해야만 한다. 예컨대 비가 곧 올 것이라는 사실이 분명하다고 말한다면 그것이 의미하는 바는 무엇인가? 확실하게 의미하는 것은 비가 오리라는 증거가 있다는 것이다. (몰려오는 먹구름·번개·몰아치는 바람·천둥소리가 증거일 것이다.) 무언가가 분명하다면 그것에 대한 증거가 있는 것이다. 그러나 우리는 그것보다 조금 강한 무언가를 이야기한다. 그것을 명백하게 하는 어떤 종류의 혹은 얼마만큼의 증거, 즉 그것이 명백하다고 믿는 것을 정당화하는 것을 보장하기 위한 충분한 증거가 있다는 것을 의미하는 것처럼 보인다.

두 명의 형사가 살인 사건을 조사하고 있다고 가정해 보자. 한 사람은 "살인자가 창문을 통해서 들어온 것이 분명하다."고 말한다. 확실히 그는 살인자가 창문을 통해 들어왔다는 것을 명백하게 하는 쉽게 눈에 띄는 증거가 있다는 것을 의미하고, 살인자가 창문을 통해서 들어왔다는 것을 의심하는 것은 합리적이지 않다는 것을 의미한다.

뒷받침하는 증거가 있는 것이 분명한 것이다. 그 형사에게 의문을 제기하면, 그는 왜 자신이 살인자가 창문을 통해 들어 온 것이 분명하다고 생각하는지를 설명하기 위해 열려진 창문, 바닥의 깨진 유리, 진흙 신발 자국을 예로 들 수 있다. 그러나 무언가가 자명하다면, 그것은 그 자체를 넘어선 혹은 그 자체 외에 추가된 뒷받침 증거가 없다. 이것은 결정적으로 중요한데, 누구도 그런 신념의 정당화를 위해서 자명한 것 그 자체를 넘어서는 증거를 결코 필요로 하지 않기 때문이다.

아래의 두 가지 주장을 대조해 보자. (1) 내일 정오 이곳에 비가 올 것이다. (2) 내일 정오 이곳에 비가 오거나 아니면 오지 않을 것이다. 어느 쪽이 참인가? 나는 내일 정오까지 첫 번째가 참인지의 여부를 알지 못할 것이다. 왜 그런가? 나는 비가 올 것인지, 오지 않을 것인지를 알기 위해서 내일 정오 여기의 날씨가 어떻게 될지를 알아야만 한다. 떨어지는 빗물, 젖은 거리, 나의 머리 위에 떨어지는 빗물의 느낌, 지붕 위로 떨어지는 빗물 소리 등등을 알아야만 한다. 단순히 주장이나 문장 그 자체를 보는 것만으로 그것이 참인지 거짓인지를 알 수 없다. 나는 주장 그 자체를 넘어서는 혹은 그것에 추가되는 증거가 필요하다.

그러나 나는 두 번째가 참이라는 것을 안다. 나는 내일까지 기다리지 않아도 되고, 그것이 참인지 거짓인지 알기 위해서 또는 그런 신념을 정당화하기 위해서 증거를 들여다보지 않아도 된다. 우리는 두 번째 주장이 자명하다고 말할 수 있다. 어떤 주장이 자명하다면 증거를 들여다보지 않더라도 진리임이 결정되고, 주장 자체를 넘어선 증거가 없더라도 그런 신념은 정당화된다.

어떤 사람이 나에게 내일 여기 비가 오거나 아니면 오지 않는다는 주장이 참임을 증명할 증거를 요구한다면, 나는 그것이 참이 되는 이유를 설명할 수는 있지만 실제로 증거를 줄 수는 없다. "이것이거나 저것이거나 두 가지 중 하나다."의 의미가 주어진다면, 비가 오는 경우도 참이고 비가 오지 않는 경우도 참이다. 단지 두 가지 가능성만 있을 뿐이며, 두 가지의 가능성 중 어느 쪽이 현실로 나타나든 그 주장은 참이다. 그래서 내일 무슨 일이 일어나든 비가 올 것이라는 것도 참이고 그렇게 되지 않더라도 참이다.

"내일 비가 오거나 오지 않거나 둘 중 하나이다."와 같은 주장은 단순히 참이 아니라 필연적으로 참이다. 무슨 일이 일어나든 그것이 거짓이 될 가능성은 없다. 철학자들은 그것이 단지 현실 세계에서뿐만 아니라 가능한 모든 세계에서도 참이라고 말한다. 필연적으로 참이 되는 주장들은 자명하다고 일컬어진다. 그 주장을 이해한다면 우리는 그것이 진리임을 즉각적으로 "알" 수 있다.

다른 예를 들어 보자. (3) 모든 미혼 남자는 독신이다. (4) 모든 미혼 남자는 고독하다. 나는 미혼 남자들이 고독한지 알기 위해서 일부 미혼 남자들을 조사할 때까지는 (4)가 참인지 알 수 없다. 고독하지 않은 사람을 하나라도 발견한다면 (4)는 거짓이다. 그러나 단 한 명의 미혼 남자의 조사 없이도, 최소한 내가 **미혼 남자**라는 용어의 의미를 알고 있다면 (3)이 참이라는 것을 알 수 있다. 어떤 사람이 결혼했다면 그는 미혼 남자일 수 없기 때문에, 아무리 오랫동안 찾아다녀도 절대로 결혼한 미혼 남자를 발견할 수 없을 것이라는 사실을 나는 안다. 독신이라는 것은 "미혼 남자"의 의미의 일부이다. 우리는 "모든 미혼 남자들은 결혼하지 않았다."는 것은 정의상 참이라고 말할 수 있다. 그것은 필연적으로 참이고 그러므로 자명하다. 보다 철학적인 예를 보기 위해, 아퀴나스(Aquinas)의 주장을 살펴보자. 그는 "천사"의 의미가 주어진다면 천사가 비물질적이라는 것은 자명하다고 말했다.

직관주의자들에 따르면 자명한 기본 도덕 원칙이 있다. 우리는 증거가 없더라도 그것이 참이라는 것을 알 수 있다. 더 구체적으로, 그것이 참이라는 것을 증명하는 도덕적 논증, 즉 다른 도덕 원칙과 사실에 대한 주장으로부터 그것을 도출해 내는 도덕적 논증이 없더라도 그 원칙이 참이라는 것을 알 수 있다. 이러한 원칙은 필연적으로 참이다.

추상적인 면을 다소 피하기 위해 직관주의자들이 자명하다고 주장하는 원칙들의 예를 살펴보자. 영국 철학자 로스(W. D. Ross, 1877~1971)는 필연적으로 참인, 그래서 자명한 (적어도?) 일곱 가지 기본 도덕 원칙이 있다고 주장했다. 그는 우리가 아래의 도덕 의무를 가지는 것은 자명하다고 주장했다.

1. 우리의 이전 행위들 때문에 다른 사람에게 지는 의무
   a. 성실의 의무(약속, 계약 등을 지킬 의무)
   b. 보상의 의무(우리로 인해 손해를 입은 사람에게 보상할 의무)
   c. 감사의 의무(우리에게 선행을 베푼 것에 대한 감사함을 표시할 의무)
2. 우리의 이전 행동과 무관하게 다른 사람에게 지는 의무
   a. 선행의 의무(도움이 필요한 사람을 도울 의무)
   b. 악행 금지의 의무(다른 사람에게 손해를 끼치지 않을 의무)
   c. 정의의 의무(다른 사람을 정당하게 대할 의무)
3. 우리 자신에 대한 의무(자신의 육체적·지적·도덕적 능력을 향상시켜 우리의 완

전한 잠재성을 달성할 의무)

로스는 이것들은 **조건부적**(prima facie) 의무라고 부른다. 다시 말해 그것들은 우리가 가질 의무이지만, 구체적인 상황에서 우리의 의무들이 서로 충돌을 일으키며, 그 경우에는 하나 혹은 그 이상의 것이 무시될 때도 있다. 예를 들어, 나는 환자를 치료하는 의사이고, 환자의 병이 말기이며, 그가 아마도 6개월 이내에 죽게 될 가능성이 매우 높고 1년 안에는 반드시 죽게 될 것이라는 진실을 그에게 말해야 하는지를 결정하려 한다고 가정해 보자. 그러나 이 환자는 우울증 증상이 있고, 만약 내가 진실을 그대로 말한다면 그는 모든 희망을 포기할 것이다. 환자가 희망을 가지는 경우, 희망이 없다고 느낄 때보다 더 오래 살고 더 높은 삶의 질을 가진다. 결국 이 환자는 나에게 자신이 곧 죽게 되더라도 진실을 알지 않았으면 한다고 이야기했다.

진실을 말할 의무가 나에게 있다고 하는 데 동의한다고 가정해 보자. 그것은 이 상황에서 내가 진실을 말해야 한다는 것을 의미하는가? 반드시 그런 것은 아니다. 나는 또한 다른 의무를 가지는데, 그런 것들 중 일부는 나를 반대 방향으로 끌고 간다. 나는 다른 사람을 도울 의무가 있고, 이 경우에는 계속 살 수 있다는 희망을 주는 것이 돕는 것이다. 나는 또한 손해를 끼치지 않을 의무가 있다. 진실은 아마도 그의 생명을 단축시킬 것이고 삶의 질을 낮출 것이므로 확실히 손해가 될 것이다. 결국 나는 이 환자에게 진실을 말하겠다는 약속이나 동의를 하지 않았고, 그래서 성실의 의무를 위반한 것처럼 보이지는 않는다.

그러나 내가 한 약속에 대해 그것을 지켜야 할 조건부적 성실의 의무를 가진다는 것은 필연적으로 참이고 그리하여 자명한 것인가? 다시 말해, 어떤 것을 행하겠다고 약속한 경우, 내가 그것을 행할 도덕적 의무를 가진다는 것은(구체적 상황에서 의무가 무시될 수도 있다 하더라도) 필연적으로 참인가? 확실히 그것은 어떤 사람이 무언가를 행할 도덕적 의무를 가진다고 말하는 것이 무엇을 의미하는지에 따라 달라진다. 우리의 목적을 위해서 우리는 어떤 것을 행할 도덕적 의무가 있다는 것은, 그렇게 하지 않을 경우 그것은 도덕적으로 잘못이라는 것을 의미한다고 말할 것이다. 그다음으로, 그것은 다음을 의미한다. 전체를 고려한 단칭 도덕 판단에 도달하기 위한 노력에서 당신이 무언가를 하겠다고 약속했다는 사실은, 그것을 항상 행할 것이라는 쪽에 무게중심이 있다는 것을 의미한다. 대신에 당신이 그것을 행하지 않았다면, 당신이 그것을 약속했다는 사실은 그것을 행하지 않은 것이 도덕적으로 잘못이라는 의미를 함축한다.

그러나 기본 도덕 원칙들이 필수적으로 참이고 자명하다면 모든 사람은 그것이 필연적으로 참이라는 데 동의해야 하지 않을까? 기본 도덕 원칙들이 필연적으로 참이라는 것을 부인하는 사람이 있다면, 그것이 참이 아니라는 것을 증명하는 것은 아닐까? 그렇다. 나는 내가 그것을 이해하지 못하기 때문에 그것이 필연적으로 참이라는 주장을 믿지 않을 수도 있다. 필연적으로 참이고 자명하다는 것은, 우리가 그것을 이해하는 한에서만 신념의 방식에서 "저항할 수 없는 것"이다. "비가 오거나 오지 않을 것이다."가 필연적으로 참이라는 것을 알기 위해서, 나는 "아니다" 그리고 "이것 혹은 저것"의 의미를 이해해야 한다. 또한 어떤 의미에서 우리의 지성은 우리의 감정에 의해 영향을 받을 수 있다. 어떤 주장이 필연적으로 참이 아니라는 것이 나에게 이익이 된다면, 그것은 그 주장이 필연적으로 참이라는 것을 아는 나의 능력을 방해할지도 모른다. "도덕적 맹목"에 대해 이야기할 때, 그것은 우리가 고려했던 것 중 일부이다.

직관주의는 필연적으로 참이기 때문에 자명하게 참인 많은 기본 도덕 원칙들이 있다는 주장이다. 내가 그러한 용어를 사용하고 있는바, 직관주의는 우리가 어떻게 이러한 기본 도덕 원칙들을 아는지에 대한 질문에 대해 어떤 언급도 하지 않는다. 더 구체적으로 말하면, 직관주의자들은 우리가 "육감" 혹은 우리로 하여금 기본 도덕 원칙들을 알거나 "볼" 수 있게 하는 도덕감(moral sense)과 같은 것을 가진다고 주장하지 않는다. 좀 더 온건하게 그리고 전통의 선상에서 이해한다면, 직관주의에 따를 경우 이성은 기본 도덕 원칙을 포함한 필연적인 진리를 인식하는 원천이다.

직관주의자에 따르면, 누군가가 약속을 깨는 것이 도덕적으로 전혀 나쁘지 않다고 말한다면 그는 약속을 하는 것, 약속을 깨는 것, 도덕적 그름, 도덕적 의무에 대한 개념 및 관련된 다른 개념들을 전혀 이해하지 못하는 사람이다. 이와 유사하게, 누군가가 사람을 해롭게 하는 것, 도움이 필요할 때 돕지 않는 것, 자기 때문에 해를 입은 사람에게 보상해 주지 않는 것, 은혜를 입고도 감사를 표시하지 않는 것, 부당한 짓을 하는 것에 대하여 도덕적으로 전혀 그르지 않다고 말한다면, 직관주의자들은 이러한 주장들이 사용하고 전제하는 개념들의 네트워크를 그는 전혀 이해하지 못한다고 말할 것이다. 우리와 그가 동일한 단어를 사용한다 하더라도, 이러한 도덕 개념들을 사용할 때 우리가 의미하는 것과 그가 의미하는 것은 동일하지 않다.

1. 기본 도덕 원칙은 하나인가 다수인가?

로스는 그가 기본적이고 자명한 것으로 생각한 일곱 가지 원칙들의 목록을 작성한다. 우리는 그와 같은 직관주의자들을 "다원주의자"라고 부를 것이다. 다른 한편으로, 어떤 사람들은 그 원칙이 무엇인가에 관해서는 의견의 일치를 보이지는 않지만, 필연적으로 참이고 자명한 기본 원칙은 단 하나밖에 없다고 생각한다. 그들은 로스가 말한 도덕 원칙을 우리가 가지고 있다고 하는 점에 대해 동의하고 있으며, 그 원칙들이 참이 아니라 거짓이라고 생각하고 있지 않다. 오히려 그들은 이러한 의무들 혹은 원칙들이 참이지만, 이 원칙들은 어떤 더 기본적인 도덕 원칙으로부터 도출될 수 있다고 생각한다. 우리는 뒤에서 이러한 이론들의 일부를 검토할 것이다.

2. 기본 도덕 원칙은 참되지도 정당화되지도 않는가?

직관주의에 대해 하나의 대안을 제시하는 사람들은 도덕적 논증에서 정당화의 연쇄를 끝낼 기본 도덕 원칙들은 필연적으로 참인 것은 아니고, 심지어는 아예 참이 아니며, 이 원칙들에 대한 신념은 정당화되지 않는다고 말한다. 오히려 그것들은 정당화되는 것이 아니라, 심리학적으로 설명될 수도 있는 임의적인 가설에 불과하다. 아마도 우리가 배웠던 것이기 때문에 그것들을 믿을지도 모른다. 그들은 이들 원칙이 다른 도덕 원칙에 호소해서는 정당화될 수 없다고 직관주의자들이 생각한 점에 대해서는 옳다고 본다. 그러나 그들의 견해에 따르면, 그것이 의미하는 바는 그런 원칙들이 전혀 정당화될 수 없다는 것이다. 우리는 그 원칙들을 믿고 그것들이 참이라고 생각하지만, 그 원칙들이 참이라고 생각할 정당화 이유가 없다. 우리는 단지 그것들을 믿고, 그것들로부터 다른 도덕 원칙이 도출된다는 의미에서 그 원칙들을 기본적인 것으로 취급할 뿐이다. 우리는 제3장에서 이런 이론들을 검토할 것이다. 비객관주의(nonobjectivist) 혹은 비인지주의(noncognitivist) 이론이 그것이다.

3. 기본 도덕 원칙에 대한 의견의 일치

나는 독자들이 로스가 말한, 다른 사람에 대한 적어도 여섯 가지 도덕 의무가 우리에게 있다는 데 의견의 일치를 본다고 가정할 것이다. (로스의 일곱 번째 의무는 뒤에서 논의할 것이다.) 즉 나는 우리가 다음에 대해 의견의 일치를 보고 있다고 가정할 것이다.

어떤 행위가 계약을 유지하지 못하는 행위라는 사실은 그 행위가 도덕적으로 나쁘다고 생각할 한 가지 이유이다.

어떤 행위가 자신 때문에 손해를 입은 사람들에 대한 적절한 보상이 아닌 행위라는 사실은 그 행위가 도덕적으로 나쁘다고 생각할 한 가지 이유이다.

어떤 행위가 은혜를 입고도 감사를 표시하지 않는 행위라는 사실은 그 행위가 도덕적으로 나쁘다고 생각할 한 가지 이유이다.

어떤 행위가 다른 사람을 돕지 않는 행위라는 사실은 그 행위가 도덕적으로 나쁘다고 생각할 한 가지 이유이다.

어떤 행위가 다른 사람에게 손해를 끼치는 행위라는 사실은 그 행위가 도덕적으로 나쁘다고 생각할 한 가지 이유이다.

어떤 행위가 부당하다는 사실은 그 행위가 도덕적으로 나쁘다고 생각할 한 가지 이유이다.

다시 말해, 나는 우리가 전체를 고려한 단칭 도덕 판단에 도달하기 위해 사용하는 도덕적 옳음/그름을 측정하는 저울의 어느 쪽 측면에 각 요소들이 속해 있는지에 대해 의견의 일치를 보고 있다고 가정할 것이다. 우리는 도덕 논증에서 그리고 우리가 이 원칙들을 필연적으로 참이고 자명하다고 생각하는지 어떤지의 추리에서 그 판단들을 이용할 수 있다.

그러나 우리가 이것에 의견의 일치를 본다 하더라도 얼마나 많은 의문들이 답이 없는 채로 남아 있는지 주목해 보자. 예를 들어, 충분하고 적절한 보상의 기준은 만들어지지 않았다. 눈은 눈으로가 보상 규칙의 구체적인 예가 된다. 감사의 표시에 대한 생각을 들어 보자. “감사하다”는 말로 충분한가? 다른 사람을 돕는 경우, 만약 도움을 필요로 하는 모든 사람을 돕지 않고 일부만 돕는다면 나는 잘못된 어떤 것을 행하는 것인가? 얼마나 도와주는 것이 의무인지 그 한계가 있는가? 위험과 희생을 받아들여야 하는가? 어떤 행위가 정당한지 어떤지를 어떻게 결정하는가?

이것으로부터 배우게 되는 하나의 중요한 교훈은 이런 원칙들을 마치 묘책처럼 사용할 수 없다는 것이다. 원칙의 적용과 까다로운 질문의 대답에 상당한 판단이 요구된다. 이러한 질문에 대한 대답은 자명하지 않을는지 모른다.

4. 우리 자신에 대한 의무

로스는 우리에게 다른 사람에 대한 도덕적 의무가 있을 뿐만 아니라 우리 스스로에 대한 도덕적 의무도 있다는 것이 필연적으로 참이고 자명하다고 주장한다. 특히 우리는 우리 스스로를 향상시킬 도덕적 의무를 가진다. 캐쉬의 사례를 예로 들어 보자. 우리는 그가 자신의 의무를 수행하지 않았고, 동정심이 부족했으며, 다른 사람의 이해관계에 무관심했다는 점에서 도덕적으로 결함이 있다고 생각한다고 가정해 보자. 로스는 캐쉬가 자신의 결함을 인정하는 경우 그의 품성을 향상시킬 도덕적 의무, 그리고 충분히 반성하여 자신의 도덕적 결함에 대한 자기 인식에 도달할 도덕적 의무를 가진다고 말할 것이다. 누군가가 자신의 도덕적 결함을 인정하지만 그것에 대해 어떤 것도 행할 마음이 없다면, 잘못된 무언가가 있는 것이다.

그러나 거기에는 이것 이상의 무언가가 있다. 로스는 또한 우리의 재능과 잠재성을 낭비하지 않아야 할 도덕적 의무가 우리에게 있다고 생각한다. 내 생각으로 로스는 대부분의 사람이 광범위한 잠재적 능력을 가진다는 것에 동의할 것이다. 당신은 좋은 의사·좋은 음악가·좋은 경영인·좋은 배우가 될 잠재력이 있다. 당신은 아마도 이처럼 종류가 다른 능력 모두를 실현시킬 수 없을 것이다. 그러므로 당신은 그것 모두를 실현할 도덕적 의무를 가지지 않지만, 로스에 따르면 당신은 그것들 가운데 적어도 한 가지를 실현할 그리고 일반적으로 일을 수행하는 잠재적 능력을 실현할 도덕적 의무를 가진다. 이러한 의무가 금하는 것은 우리에게 재능과 능력을 실현할 기회가 왔는데도 그 모두를 낭비하는 것이다. 의도적으로 모든 시간을 도박 게임이나 텔레비전 시청에 써 버린다면 당신은 자신의 재능을 낭비하는 것이고, 로스는 이것이 자기 자신에 대한 도덕적 의무를 위반한다는 점에서 잘못이라고 생각한다.

로스가 들고 있는 의무 중 우리 자신에 대한 도덕적 의무는 아마 가장 논쟁이 되는 의무일 것이다. 많은 철학자들은 자기 자신에 대한 도덕 의무가 있다고 말하는 것을 이해할 수 없다고 생각한다. 그러나 로스의 견해는, 그가 제안하고 있는 의무는 우리가 받아들이지만 그것이 실제로 자기 자신에 대한 의무라는 점은 거부한다면 보다 설득력을 가질 수 있을 것이다. 즉 그 의무는 타자에 대한 의무라고 말할 수 있다. 왜냐하면 우리가 어떤 상태에 있느냐는 것 그리고 우리가 어떤 행위를 하느냐는 것은 아주 여러 가지 방식으로 다른 사람들에게 영향을 미치기 때문이다. 내가 도덕적으로 결함이 있고 계속 그런 식으로 있게 된다면, 즉 나의 모든 재능을 낭비하고 나의 잠재력 중 어떤 것도 실현하지 않는다면, 그것은 나에게만 영향을 미치지 않을 것이다. 분명히 말해서 캐쉬의 도덕적 결함은 다른 사람에게 영향을 미쳤다. 좋은 의사, 좋은 경영인, 좋은 배우가 될 수도 있었는데 이 중 어떤 것도 되지 않았다면, 여러분은 할 수도 있었던 다른 사람에 대한 기여를 하지 못한 셈이 된다.

로스에 동의해서 우리 자신을 향상시킬 의무가 있고 잠재력을 실현할 의무가 있다고 말하더라도, 이런 의무를 가지는 것이 필연적으로 참이고 자명하다는 주장에 대해서 많은 사람들은 강력하게 동의하지 않을 것이다. 만약 이 점에 대해 로스의 견해에 동의하지 않으면, 그는 그러한 의무들이 있는지 어떤지에 대한 문제를 좀 더 진지하게 고려하라고 우리에게 요청할 수는 있겠으나 그 이상은 하지 못한다. 그는 누군가가 도덕적 결함을 고치지 않고 그의 모든 잠재력을 낭비하는 것이 그 사람이 나쁘게 행동했다고 생각할 이유라는 것을 우리가 실제로 거부할 수 있는지를 반성해 보라고 요구할 수도 있었을 것이다. 불행하게도 그것은 직관주의의 잘 알려진 한계점 중 하나이다. 어느 지점에 이르면, 우리는 한 사람은 어떤 원칙이 필연적으로 참이고 자명하다고 말하는 반면에 다른 사람은 이것을 거부하는 상황에 직면하게 될는지도 모른다.

5. 반성적 균형

20세기 미국 철학자 존 롤즈(John Rawls)에 따르면, 도덕적 행위자로서 우리의 목표는 우리의 단칭 도덕 판단과 도덕 원칙 사이의 "반성적 균형"을 만들어 내고 유지해야 하는 것이다. (도덕 판단뿐 아니라 감정·정서·도덕과 무관한 신념이 포함되어야 일관성이 가능해진다.)

예컨대 나의 아내가 교전 중인 적국의 스파이라는 것을 내가 알게 되었다고 가정하자. 나는 나의 조국을 사랑하고, 나의 아내를 사랑한다. 사랑하는 사람에게 충실해야 하고 조국에 충실해야 한다고 나는 믿는다. 우리는 사랑하는 사람이나 조국에 해를 끼쳐서는 안 된다. 나는 선택에 직면한다. 나는 그녀의 비밀을 지킬 수 있지만, 그것은 조국에 엄청난 해를 끼칠 것이다. 나는 당국에 그녀의 비밀을 폭로할 수 있지만, 그것은 그녀에게 상당한 해를 끼칠 것이다. 내가 당국에 고발하고, 곧 이어서 그녀에게 피하라고 경고함으로써 그녀가 탈출할 수도 있고, 아니면 경고하지 않음으로써 그녀가 체포되고 재판에 회부되어 벌을 받게 될 수도 있다. 아내가 계속 적의 스파이로 활동하면 많은 사람들이 상당히 해를 입을 것이라고 나는 믿는다. 그녀가 체포된다면 법의 심판을 받을 가능성이 상당히 크다. 어떻게 하는 것이 옳은가?

내가 국가에 대한 충실이 사랑하는 사람에 대한 충실에 앞선다는 신념을 갖고 있다고 가정하자. 나의 생각으로는 스파이는 나쁜 짓에 대한 벌을 주기 위해서도, 그리고 스파이 짓을 계속하지 못하도록 하기 위해서도 법의 심판을 받아야 한다. 나는 범죄자가 탈출하는 것이 나쁘다고 믿는다. 그러나 나는 고발 전에 아내에게 경고해 주어 처벌에서 벗어날 수 있어야 한다고 믿는다. 일관성을 위해서는 원칙 중 일부를 포기하거나, 아내에게 경고를 해서 탈출할 수 있도록 도와야 한다는 나의 판단을 포기하지 않으면 안 된다.

연습문제

연습문제 1~4까지의 도덕 논증을 구성하면서, 사실이 무엇인가에 관한 비평가적(nonevaluative) 신념과 도덕 원칙 둘 다에 반드시 호소하라. 필요하다면 논증에서 사용하는 개념을 명료화하라.

1. 캐쉬가 셰리스를 구하지 않았을 때, 그는 도덕적으로 나쁜 짓을 했는가?
2. 2001년 6월, 텍사스 주지사는 텍사스 주의회에서 통과한 법안, 즉 IQ 70 이하로 통상 정의되는 정신장애자인 사람에게 중형을 부과하는 것을 불법으로 만드는 법안에 대해 거부권 행사를 했다. 첫째, 주지사의 거부권을 옹호하는 논증을 구성하라. 그리고 그것에 반대하는 논증을 구성하라. 당신은 어떤 논증이 더 강하다고 생각하는가? 왜 그런가? 당신은 주지사의 거부권에 동의하는가? 왜 동의하는가? 왜 동의하지 않는가?
3. 남자 고등학생 여러 명이 약간 장애를 가진 것으로 알려진 18세 여성에게 이야기를 걸어 성관계를 가졌다. (그 여성을 조안이라고 부르자.) 그들은 힘이나 강제를 사용하지 않았기 때문에, 또한 그녀가 자유롭게 동의했다고 생각했기 때문에, 자신들이 결코 나쁜 짓을 하지 않았다고 믿었다. 그들은 다음처럼 논증한다.

   조안은 18세이고 우리와 성관계를 갖는 것에 대해 자유의사를 가지고 동의했다. 자유의사를 가지고 동의한 18세 이상의 여성과 성관계를 갖는 것은 나쁘지 않다. 그러므로 우리가 조안과 성관계를 갖는 것은 나쁘지 않다.

   당신은 동의하는가? 왜 동의하는가? 왜 동의하지 않는가? 자신의 견해를 방어하는 논증을 구성해 보라. 남학생들의 논증에 대해 비판할 것이 있다면 비판하고,

그 이유를 제시하라.

4. 담배 회사가 어린아이와 청소년에게 담배를 파는 것은 도덕적으로 나쁜가?

5. 티모시는 엄마의 생명을 구하기 위한 경우가 아니라면 낙태는 부도덕하다고 주장한다. 자신이 싫어하는 프리다가 생명의 위험이 없는데도 낙태를 했다는 사실을 알게 되었을 때, 그는 그녀의 행동이 부도덕하다고 강하게 비난했다. 그러나 그가 아주 좋아하는 글로리아가 비슷한 상황에서 낙태를 했다는 것을 알게 되었을 때, 그는 그녀가 부도덕한 짓을 하지 않았다고 주장했다. 티모시의 도덕 판단에는 결함이 있는가? 결함이 있다면 설명하라.

6. 당신은 어떤 도덕 원칙들도 필연적으로 참이고 자명하다고 생각하는가?

7. 약속을 지키는 것이 당신의 의무라면, 약속을 깨는 것은 항상 나쁜가?

8. "눈은 눈으로"는 보복의 원칙이다. 많은 사람들은 그것이 적절한 원칙이라고 생각한다. 그러나 다른 사람들은 그렇게 생각하지 않는다. 간디는 우리가 그 원칙을 따르게 되면 세상은 곧 맹목에 빠지게 된다고 말했다. 예수는 산상수훈에서 그것을 받아들이지 않았으며, "다른 뺨마저 돌려 대어라."라고 말했다. 그것은 적절한 보복의 원칙인가?

제 2 장

자연법과 신명령설

- 스토아학파, 홉스, 필리파 풋의 자연법 이론 이해
- 자연법 이론에서 "자연적" "반(反)자연적"이란 용어의 의미 이해와 이 용어들과 도덕적 옳음, 그름의 관계 이해
- 신학적 자연법 이론과 세속적 자연법 이론의 차이 이해
- 도덕에 관한 신명령설 이해

I. 서론

1. 생명복제와 유전공학

1997년 세상은 최초의 복제 동물("돌리"라는 이름의 양)의 존재를 알고는 깜짝 놀랐다. 돌리는 다른 양의 비수정란에서 발달했기 때문에, 돌리의 유전적 구조는 자기 어버이의 구조와 동일했다. 이와 달리 다른 양들은 암놈과 수놈의 짝짓기에 의해 생겨나게 되고, 이때 새끼양은 암수 부모 양의 혼합 형태를 띠게 된다. 사실상 돌리는 암수 부모의 거의 정확한 복사물인 셈이다. 또한 돌리는 양의 자궁이 아니라 세균 배양용 페트리 접시에서 삶을 시작했다. 많은 사람들은 돌리의 임신 방식에 찬성하지 않았다.

최근에 최초의 복제 개 탄생이 발표되었다. 이것은 흥미로운 가능성을 제기한다. 애완동물에 애착을 가진 사람들은 애완동물이 죽더라도 그 동물을 잃지 않는다. 그 동물이 죽기 전에 그 동물의 복제, 즉 똑같은 복제물을 만들어 낼 수 있다.

개와 고양이는 어떤 경험을 하느냐에 따라서 영향을 받기 때문에, 자기 어버이

의 정확한 신체적 복제물로서 삶을 시작한 복제 개가 반드시 정확한 복제물로 존재하지는 않을 것이다. 그러나 복제 개의 경험이 부모 개와 거의 같다면 복제 개는 거의 근접한 복제물이 될 것이다. 그러나 사람들은 애완동물을 복제해야 하는가? 많은 사람들은 그래서는 안 된다고 생각한다.

인간 복제의 가능성은 큰 걱정거리로 남는다. 사고로 어린 나이에 죽은 아이가 있다고 가정해 보자. 당신의 아이가 죽기 전에 정확한 유전적 복제물을 만들어 냄으로써 그 아이의 복제를 만들어 내는 것이 가능하다면, 당신은 그렇게 하겠는가? 당신은 그렇게 해야 하는가?

공상과학 소설의 예를 들어 보자. 한 억만장자가 죽음에 임박했다. 의사가 그에게 그가 복제될 수 있다고 말한다. 복제 인간은 억만장자의 기억을 전혀 갖고 있지 않을 것이며, 복제 인간의 성격과 개성은 경험의 영향을 받기 때문에 억만장자와 동일하지는 않겠지만, 그의 모든 유전자는 그가 죽은 후 오랫동안 살게 되는 그 아이에게 그대로 전달될 것이다. 그는 자신의 전 재산을 그 아이에게 남길 수 있으며, 자신의 성격과 개성을 가장 잘 살릴 수 있을 것 같은 방식으로 그 아이를 양육할 후견인을 지정할 수 있다. 그가 이렇게 하는 것은 도덕적으로 옳은가?

마지막 예를 들어 보자. 어떤 회사가 자궁 내의 배아를 유전학적으로 더 뛰어나게 만들 수 있다고 가정해 보자. 그 회사는 지능·운동 능력·창의성 등을 향상시킬 수 있다. 또한 회사는 다양한 여러 가지 치명적 질병에 대한 면역성도 줄 수 있다. 그 배아에 유전적인 이상(異狀), 예를 들면 앞을 볼 수 없게 되거나 정신지체가 될 것 같은 이상이 있다면, 회사는 그것들을 바로잡을 수 있다. 그게 잘하는 일인가 잘못하는 일인가? 자궁 내의 배아를 유전학적으로 더 뛰어나도록 하는 것은 도덕적으로 옳은가?

그런 행위들을 비난하는 많은 이들은 반(反)자연적이라고 말하며, 자연에 반하기 때문에 도덕적으로 옳지 않다고 말한다. 일부 사람들은 그런 행위를 하는 사람들이 신인 양 행동하고 있지만 인간은 신이 될 수 없다고 하면서 그런 행위들을 비난한다.

2. 성형수술

인간이 나이를 먹는 것은 자연스러운 일이다. 그리고 나이를 먹음으로써 어떤 특징적인 결과가 나타난다. 많은 사람들은 머리카락이 빠진다. 모든 사람들의 피부에 어느 정도는 주름이 지며, 근육이 줄어들고 골밀도가 떨어진다. 체력·지구력·활력이 감퇴한다. 그러나 그 모든 노화의 자연스런 결과들을 막아 줄 약을 만들 수 있다고 해 보

자. 그것이 수백 년 아니 수천 년 동안 젊음의 모든 신체적 특징들을 그대로 유지할 수 있게 해 준다고 가정해 보자. 이를 비난하는 사람들은 그런 약을 만들어서 사용하는 것은 반자연적이므로 올바르지 않다고 말할 수도 있다.

이런 약은 공상과학 소설의 영역에 있지만, 얼굴 주름을 펴는 것, 콜라겐 주입, 실리콘이나 식염수의 가슴 주입, 발모제, 성기능 강화제 등은 공상과학 소설 속에 있는 것이 아니다. 또한 많은 운동선수들은 운동 능력을 향상시켜 주는 약을 먹기도 한다. 가슴 보형물을 넣는 것이나 성기능 또는 운동 능력을 향상시켜 주는 약을 먹는 것은 반자연적이다. 그런 것이 반자연적이라면, 그렇게 하는 것만으로도 도덕적으로 나쁜 일을 저지르는 것인가?

하나의 중요한 철학적 전통에 따르면, 자연의 법칙은 기본 도덕 원칙이다. 자연적인 것은 도덕적으로 올바르고 좋은 반면, 반자연적인 것은 도덕적으로 그르며 바람직하지 않다.

3. 동성 간의 결혼

미국의 몇몇 주들은 동성 간의 결혼을 합법화했다. 다른 주들은 그것을 금하고, 결혼이란 한 남성과 한 여성 간의 결합이라고 규정했다. 일부 반대자들은 한 남성과 한 여성 간의 관례적인 결혼은 자연적인 데 반해 동성 간의 결혼은 반자연적이라고 주장한다. 반자연적인 것은 나쁘고 자연적인 것이 옳다고 믿기 때문에, 그들은 동성 간의 결혼을 반대한다.

이와 관련된 중요한 문제는 동성애이다. 아마도 게이와 레즈비언만이 동성 간의 결혼으로 이익을 얻게 될 것이다. 그러나 많은 미국인들은 동성애가 반자연적이고, 반자연적이기 때문에 부도덕하다고 믿는다. 동성 간의 결혼과 동성애가 반자연적이고, 그래서 부도덕한가?

II. 스토아학파

지성적인 뿌리가 기원전 3, 4세기 고대 그리스까지 거슬러 올라가는 고대 스토아철학자들은 자연이 규준이 되어야 한다고 주장했다. 그들은 자연이 어떤 일정한 도덕적 가치와 행위규칙을 세웠다고 생각했다. 은유적으로 표현하면, 자연이 우리에게 명령한다.

하지만 자연이 무엇을 요구하고 무엇을 금지하는지는 고사하고, 자연이 무엇인지를 우리는 어떻게 이해해야 할까? 우리가 알고 있는 것처럼 어떤 수준에서 보면, 자연이 아주 작은 것(원자 그리고 원자보다 작은 미립자)에서부터 아주 큰 것(태양계와 은하계)에 이르기까지의 물질들로 이루어져 있다는 것은 명백하다. 그러나 자연은 또한 과정 안에서 자신의 모습을 드러낸다. 시간이 경과하면서 우주를 구성하고 있는 물리적 사물들의 속성과 관계가 변화한다. 예를 들어, 한 사람이 태어나고, 어린아이에서 청소년으로, 청소년에서 성숙한 어른으로, 성숙한 어른에서 늙은이로 변모하고 나서, 그다음엔 죽는다. 마찬가지로 나무는 봄에 잎이 나고, 가을에는 단풍이 들고, 결국 대지에 떨어져 나뭇가지가 다시 앙상해진다.

과정과 변화는 자연에 본질적인 것이다. 그러나 우리는 이런 자연적 과정과 변화를 어떻게 이해해야 하는가? 자연적 과정과 변화는 전적으로 우연적이고 무질서한가? 아니면 패턴이 있는가? 스토아철학자들은 어떤 작용적 원리(힘 또는 에너지라 부를 수 있는 것)가 물질의 변화를 일으키는 원인으로 작용하지 않는다면 그 물질은 변화할 수 없고 비활성화할 것이라고 생각했다. 예를 들면, 하나의 나뭇잎이 나무에서 자라거나 그 색이 변화한다면, 스토아철학자들은 그것을 그렇게 하게끔 하는 비물질적인 힘(power)이 존재하지 않으면 안 된다고 생각했다. 태양의 운행, 더운 것이 찬 것으로 혹은 습한 것이 건조한 것으로 변하는 외부의 공기, 사슴을 추적할 때 늑대 다리의 움직임에 대해 생각해 보면 이와 똑같은 것이 적용된다. 하나의 변화는 또 다른 것에 의해 야기되며, 그것은 앞선 변화에 의해 야기되었고 이런 것들이 아득히 먼 과거로 계속해서 이어진다. 각각의 변화는 비활성 물질에 작용하는 또는 비활성 물질을 통해서 작용하는 어떤 비물질적인 힘이나 능력의 활동에 따른 결과이다. 그런 까닭에 스토아철학자들은 원인 없는 변화가 없다고 믿었다. 그들은 원인 없는 변화는 무(無)에서 유(有)의 창조와 같은 것이며, 그것은 불가능하다고 말했다. 더군다나, 원인들은 결과를 필연적으로 낳는다. 다시 말해, 원인이 있다면 반드시 결과가 생겨야 한다. 예를 들어, 유리잔에 담긴 순수 물의 온도를 0℃ 이하로 떨어뜨린다면 물은 틀림없이 얼어붙는다.

변화와 과정은 패턴을 갖는다. 양식은 무질서하기보다는 질서정연하다. 겨울 다음에 봄이 온다. 봄 다음에 여름이, 여름 다음에 가을이, 가을 다음에 겨울이 온다. 봄은 결코 여름 다음에 오지 않는다. 물은 기온이 0℃ 이하로 떨어질 때 언다. 기온이 그보다 높으면 얼지 않는다. 그래서 기온이 0℃ 이하로 떨어질 때 항상 언다. 사람은 젊음에서 늙음으로 가는 것이지 결코 늙음에서 젊음으로 가지 않는다. 던져진 돌은 떨어지지 절대로 솟아오르지 않는다.

자연은 규칙들을 보여 준다. 그것은 무질서하기보다는 질서정연하다. 의심할 여지 없이, 자연질서의 가장 중요한 측면은 그것이 생명에 개방되어 있다는 것이다. 자연질서는 곤충·새·뱀·물고기·포유동물과 같은 많은 생명체가 있는 체계를 생성하고 유지한다. 사실 자연질서는 마치 우리가 조우하는 각양각색의 생명체 유형을 유지하기 위해 설계된 것처럼 보인다. 그렇지만 설계는 설계자를 필요로 한다.

스토아철학자들은 존재하는 모든 것과 생성하는 모든 것이 지성의 산물이라고 믿었다. 신이 모든 것을 고안했고 모든 것을 명령한다. 사실상 스토아철학자들은 신이 모든 것에 스며들어 있다고 믿었다. 신은 우주 안 어디에나 존재하며, 우주를 구성하는 수동적이고 비활성의 물질 속에서 생성하는 모든 것의 원인이 되는 작용 원리이다. 어떤 스토아철학자들은 아주 분명히 "세계와 하늘은 신의 실체이다."[1]라고 생각했다. 그렇다면 발생하는 모든 것은 신의 작용 때문에 발생하고 우주에 대한 신의 의도의 일부로서 발생한다.

사건들은 신이 확립했던 자연법에 따라서 전개된다. 사물들의 자연질서는 신에 의해 확립되고 유지되기 때문에, 스토아철학자들은 그것이 틀림없이 선하며 신의 의도와 계획을 따른다고 믿었다. 무리지어 살고 있는 늑대들을 가장 힘센 수컷이 통제한다면, 그것은 자연적 질서의 일부이고, 신은 그러한 방식을 원했다. 그것은 최선임에 틀림없다. 그것은 늑대들이 현재 살고 있는 방식일 뿐만 아니라 늑대가 살아가야만 하는 방식이다. 늑대가 곰처럼 혼자 살아간다면, 그것은 자연에 반(反)하여 살아가는 것이며 그것은 선이 아니다. 모든 것은 사물들의 자연적 질서를 따르고 있을 뿐만 아니라 그것을 반드시 따라야 한다.

어떤 자연법[칙]은 불가항력적이다. 그것을 어기는 것은 불가능하다. 예컨대, 물이 언덕으로 올라가거나 물의 온도가 0℃ 이하로 떨어질 때 액체로 유지되는 것은 가능하지 않다. 물고기가 대기 중에서 숨을 쉬거나 고양이가 물속에서 숨을 쉬는 것은 불가능하다. 불가항력적인 자연법에 관하여 우리에게 그것에 따라 행동하기를 강권하는 것은 이치에 맞지 않다. 왜냐하면 우리는 그렇게 할 수밖에 없기 때문이다. 인간 행위를 평가하는 기준에 관해서 말한다면, 스토아철학자들은 불가항력적인, 즉 우리가 준거해서 살아가지 **않으면 안 되는** 자연법만을 염두에 둘 수는 없다. 인간 행위의

1) Diogenes Laertius in *The Hellenistic Philosophers*, Edited by A. A. Long and D. N. Sedley (Cambridge, England: Cambridge University Press, 1987), p. 266.

평가에서 그들이 염두에 두는 자연법들은 우리가 어기거나 위반할 수 있는 법임에 틀림없다.

종종 우리는 어떤 일정한 패턴이나 규칙성은 그것이 항상 필연적인 것은 아니고 대부분의 시간에 그렇기 때문에 자연스럽다고 말한다. 뉴잉글랜드에서 겨울에 눈이 내리는 것은 자연스럽지만 눈이 내리지 않는 겨울이 종종 있을 수도 있다. 우리는 아마도 그러한 겨울을 반자연적이라고 말할 것이다.

그러나 자연/반자연이라는 이분법은 단지 통계치에만 근거를 둔 것은 아니다. 스토아철학자의 관점에서 본다면, 우주는 신이 어떤 목적을 가지고 창조했다. 인간은 신과 이성을 공유하기 때문에, 인간은 우주에서 가장 특별하고 중요한 부분이다. 우주에서 그 밖의 다른 모든 것들은 인간의 행복을 증진시키기 위해 설계된 것이다. 따라서 동물들은 인간에 봉사하기 위해 창조되었다. 스토아철학자 크리시포스(Chrysippus)에 따르면, 개는 우리의 사냥을 돕기 위해 창조되었고, 표범·곰·사자는 우리에게 용기 있는 행동의 실습 기회를 주도록 창조되었다.[2] 이와 유사하게, 아마도 스토아철학자들은 나무가 그늘·요리와 난방용 땔감·선박·주택·가구를 만들기 위한 재료를 제공하기 위해 창조되었다고 말할 것이다.

직접적으로 인간을 이롭게 하는 것들에게 이익이 되는 것은 간접적으로 우리를 돕는다. 예를 들면, 새는 인간에게 음식·스포츠·장식품·오락을 제공한다. 새들의 먹이가 되는 벌레들은 우리에게 직접적인 이득이 되는 새들을 이롭게 함으로써 간접적으로 인간을 이롭게 한다.

그래서 각각의 것들은 그것의 기능을 충분히 발휘토록 해 줄 특징을 갖도록 설계되지 않으면 안 된다. 우리에게 용기 있는 행동의 실습 기회를 제공해 주기 위해 곰과 표범은 자신들을 위험하고 무섭게 만들어 줄 특징, 예를 들어 날카로운 이빨과 발톱을 가져야 한다. 무언가가 그것이 하도록 설계되어 있었던 것을 하고 있고, 올바른 특징을 가지는 한에서만 그것이 하도록 설계되어 있었던 것을 할 수 있다면, 자연에 따라 작용하고 있는 것이다. 그래서 표범과 곰이 사람들을 위협하는 것은 자연스러운 것이고, 그래서 표범과 곰이 날카로운 발톱과 이빨을 갖는 것은 자연스럽다.

무언가가 인간의 이익에 도움이 되기 위해서 그것은 존재하지 않으면 안 된다. 따라서 살아 있는 생명체에 대해 말하자면, 스토아철학자들은 각각의 것들이 자신의 존재를 유지하기 위해서 자기 보존 본능에 필요한 본래적 충동을 가진다고 주장했다.

---

2) Ibid., p. 329.

스토아철학자들은 여러 종류의 생물체들이 있다고 보았는데, 그것들은 오늘날 종(種)이라고 부른다. 한 종의 구성원을 생존할 수 있도록 하는 것이 반드시 다른 종의 구성원을 생존할 수 있도록 하지는 않을 것이다. 가령, 북극곰을 열대 지방에 두면 북극곰은 죽을 것이다. 악어를 북극에 둔다면 악어도 죽을 것이다. 바다표범에게 풀을 먹이려고 하면 바다표범은 죽을 것이다. 소에게 물고기를 먹이려고 하면 소는 죽을 것이다.

어떤 종류의 생명체가 있다고 가정해 보자. 그 생명체가 계속 존재하기 위해서 그리고 그렇게 하도록 설계되었던 것을 행하기 위해서, 그 생명체는 특유의 삶의 방식이나 그런 종류의 것들에 독특한 "자연[본성]", 즉 그것이 따르지 않으면 안 되는 삶의 방식을 가질 것이다. 예를 들어, 물고기의 삶의 방식 또는 자연[본성]의 부분은 물속에서 살고 헤엄치는 것이다. 그런데 살아 있는 생명체가 살아남기 위해 필요한 방식으로 살고 행동하지 않으면 안 되거나(must) 그렇게 살고 행동해야(should) 한다는 것은 당연한 것처럼 보인다. 그러나 그 생명체가 그렇게 하도록 설계되어 있는 방식으로 살고 행동하지 않으면 안 되거나 그렇게 살고 행동해야 하는지는 덜 분명하다. 살아 있는 모든 생명체가 여러 측면에서 인간을 돕도록 설계되고 의도되었다는 스토아철학자들의 생각은 논쟁의 여지가 상당히 있다.

스토아철학자들은 모든 것은 신이 창조했기 때문에 "고유한 기능"을 가진다고 믿었다. 살아 있는 생명체의 일부에 대해 이야기해 본다면, 그들의 고유한 기능에 대해 이야기하는 것은 이치에 맞다. 이런 기능들은 각각의 부분이 삶에 대해 제공하는 기여이며, 전체 생명체에 대한 기능 작용이다. 그리하여 심장은 포유동물에서 피를 순환시키는 고유한 기능을 가진다. 피는 세포 조직에 산소를 공급하는 고유한 기능을 가진다. 그러나 각각의 살아 있는 유기체가 인간을 돕도록 또는 우주 전체를 돕도록 설계된 고유한 기능을 가진다는 생각은 설득력이 부족하다. 예컨대 표범이 용맹스러움에 대한 실습을 우리에게 제공하는 고유 기능을 가지고 있다는 생각은 억지인 것처럼 보인다. 호저(豪豬)의 고유 기능이나 민들레의 고유 기능은 무엇인가?

그러나 윤리학에 관해서 스토아철학자들은 물론 인간에 초점을 맞추고 있다. 그들은 인간 삶과 행위 방식에서 자연적인 것이 옳다고 주장했다. 그리고 반자연적인 것은 옳지 않다고 주장했다. 그렇다면 그다음에는 인간에게 자연적인 것은 우리로 하여금 우리의 고유한 기능을 수행하도록 하는 것이다. 그러나 우리는 어떤 기능을 하도록 설계되어 있는가?

"인류"라는 표현에는 우리가 기능을 가지고 있다는 것이 명백하지 않을 수도 있지만, 그러나 누군가의 아들, 형제 내지는 부모라고 표현된다면, 우리가 어떤 기능을 가지고 있다는 스토아철학자들의 주장은 보다 분명하게 보일 수도 있다. 예컨대, 부모로서 잘 기능하기 위해서는 자기 아이들의 행복을 보다 더 증진하기 위한 행동을 해야 한다. 아버지가 자기 아이들의 관심을 등한시한다면, 그는 아버지로서의 고유한 기능을 하지 않은 것이다. 그래서 에픽테토스(Epictetus)는 우리가 시민·친구·농부로서 할 수 있는 각각의 역할에 대해 그 역할에 적합한 어떤 행위들이 있다고 말했다. 우리의 이성은 우리가 해야 할 그 역할에 적합한 것과 부적합한 것을 구별할 수 있게 한다. 그래서 이성은 나에게 친구의 비밀을 폭로하는 것은 부적합하다고 말한다. 왜냐하면 비밀의 폭로는 친구라는 사실과 양립할 수 없기 때문이다.

그러나 "인류"라고 기술하는 한에서의 인간을 고려한다면 어떻게 되겠는가? 아주 분명히 크리시포스는 인류로서 인간의 가장 중요한 기능은 아이를 낳는 것이라고 생각했다. 아이를 낳지 않는다면 우리는 멸종하게 될 것이다. 그런 까닭에 그는 우리가 자식을 갖는 것이 자연스러운 것이라고 말했다. 또한 우리는 사회적 존재이기 때문에, 생존하고 더 잘 살아 나가며 아이를 낳을 수 있게끔 하는 가족과 공동체를 형성하는 것은 자연스러운 것이다. 어떤 행동 양식들은 우리를 공동체의 일부로 남아 있게 하는 반면에, 다른 행위 양식들은 아마도 우리를 추방하거나 죽음에 이르게 할 것이기 때문에, 공동체 안에서 구성원들을 안전하게 하는 방식으로 행동하는 것은 자연스럽고 올바른 것이다. 예를 들어, 공동체에서 다른 사람의 물건을 훔친다면 아마도 벌을 받게 될 것이다.

몇몇 스토아철학자들은 또한 우리 인간에게만 이성이 있기 때문에, 우리는 우주와 신에 대해 숙고하는 고유한 기능을 갖고 있다고 주장했다. 본성상 우리는 생각하고 인식하게끔 설계되었다. 그러므로 그것은 우리의 고유한 기능이다. 그렇다면 우리에게 자연스러운 것은 우리로 하여금 생각하고 인식할 수 있게 하는 능력을 발휘하는 것이다. 그리고 이 능력들을 유지하고 발전시킬 방식으로 사는 것이다. 따라서 항상 술에 취해 있는 것은 우리로 하여금 이러한 능력들을 발휘할 수 없게 가로막고 육체적으로 파괴하는 위협이 되기 때문에 자연에 반하는 것이다.

최종적으로, 스토아철학자들은 자연스러운 것과 우리에게 올바른 것은 이성에 순종하는 것이라고 주장함으로써 그들의 주장을 요약한다. 이성은 명령을 한다. 어떤 행위와 행위하지 않음은 이성에 반한다. 이성은 그것들을 금지한다. 우리가 이성의 명령을 따르는 것은 자연스럽고 옳은 것이고, 이성의 명령을 거스르는 것은 자연에 반하는 것이며 옳지 않은 것이다. 그러나 이성이 금지하거나 명령하는 것이 있다면 그것이 무엇인지에 대해서는 격렬한 논쟁이 있으며, 마찬가지로 인간인 한 우리가 어떤 고유한 기능을 가지고 있는지 여부에 대해서도 격렬한 논쟁이 있다.

III. 토마스 아퀴나스

스토아학파의 사상은 토마스 아퀴나스(Thomas Aquinas, 1225~1274)에게 영향을 미쳤다. 아퀴나스에 따르면, 신은 각각의 것들이 고유한 목적을 갖도록 창조했다. 또한 각각의 고유한 활동, 즉 그것이 자신의 고유한 목적에 도달할 수 있도록 하는 데 목표가 맞추어진 활동을 수행하는 경향을 가지도록 창조했다. 이는 각각의 것들의 전체와 부분 모두에 적용된다.

인간의 창조물을 생각해 보자. 우리는 그것들을 창조할 때 어떤 고유한 목적을 부여했다. 그 목적은 우리가 만든 창조물의 기능이 된다. 장도리의 고유한 목적은 나무에 못을 박는 것과 나무에서 못을 빼는 것이다. 드라이버의 고유한 목적은 어떤 물질에 나사를 돌려 박는 것과 나사를 돌려 빼는 것이다. 창조물의 각 부분은 이러한 창조물들이 고유한 목적을 실현하도록 설계되었다. 드라이버는 잡을 수 있도록 된 목적과 나사 머리의 홈에 꼭 들어맞도록 하는 다른 목적을 가진다. 장도리는 하나의 목적 안에 잡아당길 수 있는 갈퀴와 못의 머리를 치기 위한 단단한 둥근 표면 둘 다를 가진다. 불가능하지는 않겠지만, 못을 박기 위해서 드라이버를 사용하거나 나사를 돌려 넣기 위해서 장도리를 사용하기는 어렵다.

아퀴나스는 신이 목적이나 기능을 가지지 않은 것은 창조하지 않았을 것이라고 생각했다. 그러므로 설사 우리가 그것의 목적 또는 기능이 무엇인지 알지 못한다 하더라도 창조된 모든 것은 기능—고유한 목적—을 가진다. 그러나 우리는 종종 어떤 무언가가 무엇을 할 수 있는지를 이해함으로써 근거 있는 추측을 할 수 있다. 아마 신이 설계했기 때문에 그것은 그런 일을 할 수 있을 것이다. 풀은 어떤 동물의 먹이가 될 수 있고, 따라서 그것은 아마도 그러한 동물에게 먹이가 되도록 설계되었다. 그것이 풀의 기능 또는 목적, 즉 풀의 고유한 목적이다. 유사하게 개는 집을 지키거나 양 떼를 지킬 수 있기 때문에 집을 지키거나 양 떼를 지키는 것은 아마도 최소한 개의 고유한 목적 중의 하나이다. 말은 쟁기와 마차를 끌고 사람을 옮길 수 있기 때문에, 그것은 아마도 말의 고유한 목적 중 하나이다. 개가 양을 지킬 수 있기 위해서, 개는 사나워야만 하고 양은 온순해야만 한다. 인간을 이동시키기 위해서 말은 크고 강하며 다루기 쉬워야 한다.

아퀴나스에 따르면, 어떤 것이 고유한 목적에 도달하거나 기능을 수행할 수 있도록 하는 방식으로 행동하는 것은 언제나 자연스럽고 올바른 것이다. 말이 쟁기를 끄는 것은 자연스럽다. 그래서 말로 하여금 쟁기를 끌도록 하는 것은 잘못된 것이 아니다. (그러나 만약 어떤 말이 쟁기를 끌 수 없도록 태어났다면 어떻게 될 것인가? 그것은 그 말에게 있어서 결점이다.) 어떤 것이 자연적 목적을 촉진하는 방식으로 행동하지 않는 경우, 그것이 언제나 나쁜지의 여부는 그렇게 명확하지 않다. 만약 어떤 사람이 말을 사서 단지 들판에서 풀을 뜯어 먹도록 내버려 둔다면, 그래서 말이 주인을 위해 끌거나 이동시키는 어떤 일도 하지 않는다면, 어떻게 될 것인가? 이것이 나쁜지 어떤지는 결코 분명하게 드러나지 않는다. 아마도 아퀴나스는 어떤 것이 고유한 목적을 실현하도록 하는 것을 행하는 것은 항상 허용되는 것이지만 필연적으로 요구되는 것은 아니라고 생각할 것이다.

아퀴나스에 따르면, 인간의 고유한 목적은 행복이다. 우리는 행복해지기 위해 창조되었다. 그러나 우리는 죽을 수밖에 없는 물질적 신체와 불멸의 비물질적 정신의 결합체이기 때문에, 우리의 고유한 목적은 현세에서 행복을 실현하는 데만 제한되지 않는다. 우리의 고유한 목적은 영원한 행복이다. 그러므로 우리로 하여금 영원한 행복에 도달하도록 하는 것을 행하는 것은 자연스럽고 올바른 것이지만, 우리로 하여금 영원한 행복을 실현하지 못하도록 방해하는 것을 행하는 것은 자연에 반하는 것이고 잘못된 것이다.

우리로 하여금 영원한 행복에 도달하게 하는 것은 신과의 완전한 일치이다. 그러나 그것은 우리로 하여금 신을 알고 신을 사랑할 것을 요구한다. 신을 알고 사랑한다면, 우리는 신이 확립해 온 도덕법칙, 즉 "신의 마음속에 존재"하는 도덕법칙을 자연스럽게 따를 것이다. 신의 법칙을 따르지 않는 것은 우리가 신과의 일치에 도달하는 것을 방해하고, 따라서 신의 법칙을 따르지 않는 것은 우리가 고유한 목적에 도달하지 못하도록 한다는 점에서 자연에 반하는 것이다. 아퀴나스에 따르면, 신은 "인간의 마음속에 문자화된" 여러 자명한 기본적인 또는 제1의 도덕법칙들을 확립했고, 그것들 가운데 가장 근본적인 것은 우리가 선을 행하고 악을 행하지 말아야 한다는 것이다. 다른 제1 법칙들은 우리는 신을 사랑해야 하고, 우리의 이웃을 사랑해야 하며, 다른 사람에게 해를 끼쳐서는 안 된다는 것이다. 이러한 제1 법칙으로부터 살인·도둑질·거짓말을 금지하는 법칙과 부모님을 존경하고 자비를 행하도록 요구하는 법칙, 즉 제2 법칙이 도출될 수 있다.

대부분의 도덕법칙(자연법)은 우리와 다른 사람들의 관계를 다룬다. 그런 법칙들의 목적은 우리가 평화와 조화 속에 함께 살도록 하는 것이다. 우리는 자연적으로[본성상] 사회적 존재이기 때문에 집단 속에서 함께 살고 있다. 우리가 그것의 한 부분인 집단의 파괴를 일으키지 않는 방식으로 행동하는 것은 중요하다. 아퀴나스에 따르면, 우리는 이러한 법칙들에 대한 지식을 신의 계시에 의해 획득할 수 있거나 그 자체 신의 이성의 반영인 우리의 이성을 구사함으로써 획득할 수 있다. 그리고 우리는 사회적 존재인 동시에 이성적 존재이기 때문에 이성의 명령에 따르는 것이 자연스럽다.

그러나 어떤 도덕법칙은 우리와 다른 사람들의 관계에 관여하지 않는다. 그런 법칙 중 일부는 신과 우리의 관계를 규정한다. 그것은 거짓된 신과 우상 숭배의 금지를 포함한다. 이것은 신이 우리에게 그것을 계시하는 한에서만 알 수 있는 도덕법칙이다. 그런 법칙 중 다른 일부는 우리 자신에게만 영향을 미치는 우리의 행위를 규정한다. 그것은 자기 파괴의 금지를 포함한다. 우리는 신에 의해 각인된, 우리 스스로를 보존할 자연적 경향을 가지기 때문에, 이러한 자연적 경향에 반하도록 행동하고 자기 파괴적인 방식으로 행동하는 것은 자연에 반하는 것이다. 아퀴나스는 이것은 신의 계시에 의해서도 인간의 이성에 의해서도 인식될 수 있다고 생각한다.

만약 제1 도덕법칙이 우리의 마음에 문자화된 것이라면, 그리고 제2 도덕법칙이 사회적 존재로서의 인간 본성[자연]에 따라서 더불어 살게끔 하는 기능이라는 점을 고려해 볼 때, 이러한 제1 법칙의 명백한 함축(obvious implications)이라면, 사람들 간에 도덕 문제에 대해 의견이 일치하지 않는 이유는 무엇인가? 아퀴나스는 우리가 물려받은 나쁜 관습, 우리가 습득한 나쁜 습관, 죄와 같은 것들은 도덕법칙을 따르는 것은 고사하고 도덕법칙을 인식하는 우리의 능력을 방해할 수 있다고 주장했다.

우리가 자연적으로[본성상] 사회적 존재라는 사실은 사회적 조화를 위해 필수적인 다양한 도덕법칙들을 정당화하는 데 이용될 수 있다. 예를 들어, 우리는 사회적 존재이기 때문에 살인·도둑질·사기의 금지는 정당하고, 다른 사람들이 매우 필요로 하고 비용이나 희생이 적을 경우 우리는 때때로 다른 사람에게 자비로워야 하며 다른 사람을 도와야 한다는 요구는 정당한 것이다. 그러나 더 논쟁적인 문제가 발생할 때, 아퀴나스의 자연법 이론을 적용하는 것은 다양한 어려움을 드러낸다.

예를 들어, 그는 우리가 종족 보존의 자연적 경향을 가진다고 주장한다. 그러므로 종족 보존은 우리의 고유한 목적 중의 하나이다. 그러나 그것은 우리 각자가 종족 보존의 의무를 가진다는 것을 수반하는가, 아니면 우리가 종족 보존을 하는 것이 도덕적으로 허용될 수 있다는 것을 수반하는가? 분명한 사실이지만, 만약 아무도 종족 보존을 하지 않는다면 인간 종은 멸종하게 될 것이고, 추측컨대 신은 우리가 멸종되는 것을 원하지 않을 것이다. 만약 인류 그 자체가 종족 보존을 하지 못한다면, 그것은 나쁜 일이고 자연에 반하는 일이 될 것이다. 그러나 그것은 우리 각자가 종족 보존을 하는 것을 요구하지 않고, 단지 일부만이 종족 보존을 하는 것을 요구한다. 우리가 종족 보존의 자연적 경향을 가지기 때문에 아이가 없다는 것은 자연에 반하는 것이고 도덕적으로 잘못이라고 주장하는 것은 그럴듯한가?

무언가가 우리의 고유한 목적이라는 사실이 우리가 그것에 따라서 행동할 **의무가 있다**는 것을 수반하는지, 아니면 그것에 따라서 행동하는 것이 허용된다는 것만을 수반하는지 여부를 어떻게 알 수 있는가? 결국, "고유한"(proper, 라틴어 단어의 영어 번역)은 "허용 가능한"과 같은 것—그것은 결코 고유하지 않은 것이 아니다—을 함축하고 있는 것처럼 보인다. 그런 것이 우리에게 요구된다고 생각할 이유가 어디에 있는가? 아퀴나스가 신이 우리에게 우리의 고유한 목적에 따라서 행동할 것을 명령한다고 주장한다면, 회의론자는 "우리가 그것을 어떻게 알 수 있는가?"라고 물을 것이다.

아퀴나스는 우리가 종족 보존의 자연적 경향을 가진다는 주장으로부터 종족 보존이 우리의 고유한 목적 가운데 하나라는 것을 도출해 내는 것처럼 보인다. 그러나 모든 자연적 경향이 고유한 목적인가? 예를 들어 인간은 믿을 수 없을 정도로 잔인할 수 있다. 많은 사람들은 우리가 잔인성에 대한 자연적 경향을 가지지만 그것은 교육을 통해서만 제거될 수 있다고 생각한다. 잔인성이 자연적 경향이라면, 그것은 우리의 고유한 목적 가운데 하나인가? 그렇다면 잔인한 것은 올바르고 잔인하지 않은 것은 잘못인가? 그리고 우리가 어떤 방식으로 행동할 자연적 경향을 가진다는 사실이 이러한 행동 방식들이 우리의 고유한 목적 가운데 있다는 사실을 보장하지 않는다면, 어떤 행동들이 고유한 목적 중에 있고 어떤 행동들이 고유한 목적 중에 있지 않다는 것을 우리는 어떻게 알 수 있는가?

아퀴나스에 따르면, 전체 유기체만이 고유한 목적을 가지는 것이 아니라 그들의 부분 또한 고유한 목적을 가진다고 한다. 눈의 고유한 목적은 보는 것이고, 귀의 고유한 목적은 듣는 것이다. 인간의 성기는 어떠한가? 그것의 고유한 목적은 종족 보존을 하는 것이라고 한다. 종족 보존이 성기의 존재 목적이다. 많은 자연법 이론가들은 종족 보존의 고유한 목적에 반하는 방식으로 우리의 성기를 사용하는 것은 잘못이라고 주장한다. 그것은 사고(事故)로 인해 종족 보존(임신)이 되지 않도록 할 의도에서 성기를 사용하는 것을 의미하는 것처럼 보인다. 이것은 피임약이나 콘돔과 같은 출산 통제를 위한 인공적인 방법을 사용하는 것과 항문 성교나 구강 성교 같은 임신이 될 수 없는 섹스의 방식들은 도덕적으로 잘못이라는 주장을 정당화하기 위해 사용되어 왔다. 그러나 고유한 목적이라는 것이 어떤 방식으로 행동하도록 허용하는 것 이상을 의미하지 않는다면, 그것의 고유한 목적과 반대되는 방식으로 우리의 일부를 사용하는 것을 금지하는 것은, 누군가가 신이 우리에게 고유한 목적과 반대되는 방식으로 우리의 일부를 사용해서는 안 된다고 명령했다는 것을 주장하지 않는 한, 어떠한 근거도 없는 것처럼 보인다. 그러나 그것이 정당하다 하더라도, 우리가 그것이 참이라는 사실을 아는 방법이 있는가?

이 장에서 시작했던 문제들의 일부로 돌아가 보자. 우리는 아퀴나스의 자연법 이론을 복제와 같은 유전공학의 문제에 적용할 수 있는가? 하나의 가능성은 쥐와 같이 유전적으로 개량된 어떤 것은 쥐로 하여금 고유한 목적, 즉 새끼를 낳는 것에 반대되도록 행동하게 만든다고 말하는 것이다. 쥐를 유전적으로 개량하면, 그 쥐는 자신과 정확하게 닮은 새끼를 낳지 않는다. 이러한 전략이 가진 문제는 유전적 개량이 없더라도 한 쌍의 쥐는 정확하게 부모 쥐의 각각과 정확하게 닮은 새끼를 낳지 않을 것이라는 것이다. 그래서 쥐의 고유한 목적은 자신과 정확하게 닮은 새끼를 낳는 것이라고 할 수 없다. 만약 유전적으로 개량하는 것이 쥐로 하여금 종족 보존의 고유한 목적에 반대되는 행동을 하도록 만들지 않는다면, 쥐는 다른 고유한 목적, 즉 개량으로 인해 훼손될 다른 고유한 목적을 가지는가?

그러나 유전공학이 완전히 새로운 유기체의 종을 창조할 것이라는 두려움이 있을 수도 있다. 신이 아니라 인간이 그것을 창조한다면, 그것의 고유한 목적은 무엇인가? 인간이 창조한다면 그것은 고유한 목적을 가지게 될 것인가? 그리고 그것의 창조물은 본래 종의 절멸을 야기할 것인가? 만약 그렇다면 그 종의 고유한 목적은 신의 설계안에서 동일한 역할을 수행할 수 있는 대체의 종에 의하지 않고서는 실현될 수 없을 것이다.

이러한 걱정들은 지나친 것처럼 보인다. 만약 우리가 해양에 유출된 기름을 깨끗하게 하기 위해서 기름을 먹는 종류의 박테리아를 창조한다면, 우리는 그것의 고유한 목적이 기름을 먹어서 깨끗하게 하는 것이라고 말할 수 없는가? 그리고 또한 우리가 새로운 종을 창조하더라도 그것 때문에 원래의 종이 절멸하게 되지는 않을 것이다.

그러나 아마도 앞의 상황의 경우, 우리는 쥐의 고유한 목적에 반대되도록 행동하는 것이 아니라, 오히려 자연의 물리적 법칙이나 "자연적 질서"의 자연적 작동에 개입하는 것이다. 그러나 그것이 진정으로 의미하는 것은 무엇인가? 우리는 확실하게 자연의 법칙을 변경하지 않는다. 아니 그렇게 할 수도 없다. 예를 들어, 어떠한 사람도 중력의 법칙을 바꿀 수 없다. 유전공학이 자연의 물리적 법칙에 반대된다면, 우리는 유전공학을 행할 수 없기 때문에 이러한 법칙에 따라서 행동하고 있는 것이다. 그러나 인간이 인과적 역할을 수행하지 않고서 전개되는 사건들과 인과적 역할을 수행함으로써 전개되는 사건들을 구별할 수 있다. 강의 흐름이 인간의 개입으로 변경된다면 우리는 그것의 재배치에 있어 인과적 역할을 했다. 다른 한편으로, 우리가 어떤 것을 행하지 않고도 강의 흐름이 바뀌었다면 우리는 인과적 역할을 하지 않았다. 그것은 "자연적" 질서의 일부이다. 우리는 전자의 경우에는 개입을 하였고 후자의 경우에는 개입하지 않았다고 말할 수 있다.

그러나 인간이 이 세계에서 인과적 역할을 행하는 것은 잘못인가? 인과적 역할을 하는 것이 불가피할 때, 어떻게 해서 그것이 잘못이라고 할 수 있는가? 우리는 댐을 건설하고, 숲을 정화하며, 농작물을 수확하고, 박테리아 감염을 치료하기 위해 항생제를 사용하며, 고통 없이 수술하기 위해 마취제를 사용하고, 우울증을 줄이기 위해서 우울증 치료제를 사용하는 등의 경우에 자연법칙의 작동에 개입한다. 도대체 그것이 잘못이라고 생각할 이유가 있는가? 게다가 우리는 자연의 부분, 즉 자연 세계의 일부라는 것을 인정해야 한다. 하나의 중요한 의미에서 우리가 행하는 것은 다른 것들과 마찬가지로 자연적이다. 유전공학에 반대하기 위해서는 그것이 어떤 것의 "자연적 질서"에 반한다는 이유로는 충분하지 않고 그 이상의 이유가 있어야만 한다.

논증의 완전히 다른 선상은 유전공학이 해로운 결과를 가져올 높은 가능성을 가진다는 것이 될 것이다. 그러나 그렇게 되면 우리는 자연법 이론을 포기한다. 그 논증은 자연법의 작동에 개입하는 것을 금지하는 데 근거해서 유전공학을 비난하지는 않는다.

많은 철학자들에게 있어 아퀴나스의 이론의 궁극적 문제는 그것이 신학에 토대를 둔다는 것이다. 그 이론은 신이 존재 및 존재의 부분들에 "고유한 목적"을 제공하며, 그렇다면 신은 우리로 하여금 그것들의 목적과 우리의 고유한 목적들에 반대되도록 사용하거나 행동하지 못하도록 한다는 사상에 의거하고 있다. 그 이론은 또한 우리가 존재들의 "자연적 질서"를 변화시키는 것을 신이 금지한다는 것을 전제한다. 그러나 순수하게 세속적인 자연법 이론이 있다. 그중 하나가 바로 영국 철학자 토머스 홉스(Thomas Hobbes, 1588~1679)의 이론이다.

IV. 홉스

홉스에 따르면, 자연법은 "사람들의 합의 도출을 가능하게 하는 평화의 적절한 조항들이다."[3] 스토아철학자들 및 아퀴나스와 마찬가지로 홉스도 인간은 사회적 동물이라는 것을 인정한다. 고립된 존재로서 살아가는 것보다 공동체의 일부일 때 우리의 생존과 번영 가능성이 높아진다. 그러나 사회성은 위험성을 동반한다. 왜냐하면 다른 인간 존재만큼 위협적인 것은 없기 때문이다. 우리는 서로에게 끔찍한 것을 할 수 있다. 우리가 필요로 하는 공동체를 보존하기 위해서 모든 사람이 따라야 하는 어떤 규칙들이 있어야만 한다. 홉스에 따르면 이러한 규칙들이 자연법이다. 홉스는 그것을 다음과 같이 설명한다.

> 자연법은 … 이성에 의해서 발견된 가르침이나 일반 규칙이다. 이 이성은 사람으로 하여금 자신의 생명을 파괴하는 일을 하거나 자기 생명을 보존하는 수단들을 제거하지 못하게 하고, 자신의 생명을 가장 잘 보존할 수 있다고 생각되는 것을 빠뜨리지 않게 한다.[4]

그는 다음과 같이 자연법을 제시한다.

1. 다른 사람과 평화를 추구하라.
2. 다른 사람이 자신이 원하는 바의 권리를 기꺼이 포기한다면 당신도 당신이 원하는 바의 권리를 포기하라.
3. 당신이 하기로 약속한 것 또는 합의한 것을 행하라.
4. 다른 사람이 베푼 이익에 대해 감사를 표하라.
5. 공동체의 다른 구성원들에게 스스로를 적응시키려고 노력하라. (이것은 타협의 필요성을 함축하는 것처럼 보인다.)
6. 만약 당신에게 상해를 입힌 사람들이 진정으로 뉘우치고 용서를 구한다면 그들을 용서하라.
7. 단지 미래 선을 지키기 위해서만 복수를 하되 과거의 죄를 벌하지 마라.

---

3) Thomas Hobbes. *Leviathan*. Edited by Edwin Curley (Indianapolis, IN: Hackett, 1994), p. 78 (Part I, Chapter XIII, Paragraph 14).

4) Ibid., p. 79 (I, XIV, 3).

8. 다른 사람에 대한 경멸이나 증오를 표시하지 마라.
9. 거만하거나 지나친 자만심에 차 있지 마라.
10. 다른 사람이 가지지 않았으면 하는 권리는 당신 자신도 가지지 마라.
11. 다른 사람들 사이에 서서 판정을 내릴 때, 공평성을 유지하고 그들을 동등하게 대하라.
12. 나누어질 수 없는 것들은 공동으로 소유해야만 한다.
13. 재산과 권리의 문제들은 공평한 절차에 의해 결정되도록 하라.
14. 절차는 최초의 점유자에게 우선권을 주는 절차가 되든지 모든 사람들이 동의하는 절차가 되도록 하라.
15. 평화의 조정자 또는 중재자에게 안전한 행위를 제공하라.
16. 쟁론에서 재판관 또는 중재자가 결정하도록 하라. 힘에 의존하지 마라.
17. 당신 자신의 소송에서 재판관이 되고자 하지 마라.
18. 편견이 없고 공평한 사람들만이 재판관과 중재자가 되도록 하라.
19. 재판관은 증인의 증언을 검증함으로써 사실의 문제를 결정해야만 한다.

그는 모든 자연법은 소위 **은률**(silver rule)이라고 부르는 것—다른 사람이 당신에게 하기를 원하지 않는 것을 다른 사람에게 행해서는 안 된다—으로부터 유래될 수 있다고 말했다. 홉스에 따르면, 이러한 자연법을 위반하는 것은 공동체의 토대를 침식시킬 것이다. 이러한 법에 대한 위반이 인간 공동체의 토대를 침식하거나 파괴하는 것은 그것이 인간의 본성이기 때문이다. 예를 들어, 우리가 다른 사람의 자만심이나 거만함에 의해 또는 그들의 경멸에 의해 불쾌해지지 않는다면, 그리고 우리를 불쾌하게 했던 사람들을 불쾌한 감정 때문에 해롭게 하고자 하는 동기가 생겨나지 않는다면, 이러한 것들은 공동체에서 거의 위협이 되지 않을 것이다.

우리가 다른 사람과 평화를 추구하지 않는다면 그것은 영속적인 전쟁을 일으키게 되고, 우리 자신을 포함한 모든 사람의 삶은 홉스의 기억할 만한 구절처럼 "고독하고, 가난하고, 불쾌하고, 야만스러우며, 짧은" 삶이 될 것이다. 다른 사람과의 평화를 추구하지 않는 사람은 무법자가 될 것이다. 이와 마찬가지로, 만약 단지 제2의 자연법 항목처럼 우리가 원하는 바대로 행동한다면 불가피하게 다른 사람과 충돌하게 될 것이고, 그렇게 되면 우리가 당연히 피해야 하는 영속적인 전쟁을 야기할 것이다. 그러나 다른 사람이 또한 자신이 원하는 바의 권리를 기꺼이 포기하는 한, 우리에게는 우리 자신이 원하는 바의 권리를 포기할 이유가 생기게 된다. 당신은 포기하지만 다른 사람이 그러지 않는다면, 당신은 이용당하거나 해롭게 될 가능성이 상당히 높다. 그러므로 당신과 포기하기로 동의한 다른 사람들 사이에 합의가 있는 한, 당신 스스로도 포기할 이유가 있는 것이다. 일단 다른 사람과 합의를 한다면, 당신은 사회 계약의 일부가 되는 것이다. 제3의 자연법은 하기로 약속하거나 합의한 것을 당신이 행해야만 한다는 것을 말한다. 당신이 합의했다는 사실은 당신이 하기로 합의한 것을 행하도록 하는 의무 조항이 된다.

위에서 열거한 19조항의 자연법은 다른 사람에 대해 우리가 어떻게 행위해야 하는지를 다룬다. 또한 홉스는 만취와 무절제 같은 자기 파괴적인 행동을 금지하는 것과 같은 순전히 자신에게만 해당하는 자연법이 있다고 말한다. 그렇게 되는 까닭은 홉스에게 있어 자연법은 계몽된 자기 이익 또는 타산성의 원칙이기 때문이다. 자연은 자기 보전을 위한 동력을 우리 안에 심어 놓았고, 그래서 스스로를 보전하기 위해 행동하는 것은 이성적이고, 자기 파괴에 이르게 될 것 같은 방식으로 행동하는 것은 비이성적이다. 자기 자신에게 해당되는 것이 아니라 다른 사람에게 해당되는 자연법은 우리가 공동체에서 합리적으로 만족스러운 삶을 살기를 원하는 경우에 따라야 하는 규칙들이다. 당신이 이러한 규칙을 위반한다면 공동체를 혼란에 빠뜨릴 뿐만 아니라, 일종의 러시아 룰렛 게임을 하는 것과 같다. 왜냐하면 규칙을 위반할 경우 당신은 잡혀서 벌을 받게 될 위험에 처하기 때문이다. 이러한 규칙을 위반하는 사람들은 공동체의 나머지 사람들을 바보로 만드는 능력이 있기 때문에 그렇게 하는 것이고, 그들의 죄를 감시하는 공동체가 무능하기 때문에 그렇게 하는 것이다. 홉스는 이것은 어리석고 비이성적인 위험이라고 생각한다. 사람들은 자신의 지성과 영리함을 과대평가하는 반면 다른 사람의 지성과 영리함을 과소평가하고자 하는 경향이 있다.

홉스의 자연법 이론은 진실한 또는 합리적인 도덕성의 규칙을 발견하는 방식과 그것들은 채택하는 것을 정당화하는 방식을 제공한다. 우리는 사회나 공동체를 보존하기에 충분한 사회적 조화를 만들고 유지하기 위해 어떤 법이 필요한지를 확인하기 위해서 이성을 사용한다. 그러한 규칙은 올바른 규칙이다. 그렇지만 홉스가 인정하고 있듯이, 다른 공동체들은 다른 규칙들의 체계를 요구한다. 그래서 한 사회에서는 올바른 체계가 다른 사회에서는 올바르지 않은 것일 수도 있다. 또한 그는 다른 공동체와 전쟁을 하고 있지만 사회적 조화를 유지하고 있는 사회가 있을 수 있다는 점을 인정한다. 그러나 제1의 자연법, 즉 평화를 추구하라는 자연법은 집단들 간의 관계에도 적용되고 집단 내의 개인들 사이의 관계에도 적용된다.

홉스의 이론이 이 장에서 시작한 유전공학이나 동성 간의 결혼 문제와 같은 구체적인 도덕 문제들에 어떻게 적용될 수 있는가? 우리는 그런 도덕 문제들이 우리가 속해 있는 공동체의 생존 및 조화와 양립할 수 없는지 여부를 물어야 한다. 만약 과학자들이 유전공학이나 동성 간의 결혼에 종사한다면 우리의 공동체는 붕괴되고, 삶은 고독하고 가난하고 불쾌하고 야만적이며 짧아질 것인가?

아퀴나스와 마찬가지로, 홉스는 도덕 규칙이나 자연법이 인간을 행복하게 하는 기능을 가진다고 보았다. 그러나 아퀴나스는 인간을 비물질적인 영혼과 물질적인 신체의 결합으로 보았기 때문에, 그리고 신이 언젠가는 우리를 부활시킬 것이라고 믿기 때문에 영속적인 행복을 강조했던 반면, 홉스는 현세에서의 행복을 강조했다. 홉스는 우리 전체가 물질로 구성된다고 믿었던 유물론자이다. 따라서 그는 우리가 가질 수 있는 유일한 행복은 현세에서의 일시적인 행복이라고 생각했다.

V. 필리파 풋

현대 영국 철학자 필리파 풋(Philippa Foot)은 선의 개념을 도덕 평가의 토대로 간주하고 있으며 그녀가 문제 삼는 것은 "선한 행동은 무엇"이며, "선한 인간은 무엇"인가이다. 그렇지만 그녀는 자신이 자연적 선이라고 부른 것에 초점 맞추기를 원한다. 그녀의 질문에 대답하기 위한 열쇠는 우리 인간 종의 본질적 특성이라는 의미에서의 인간 본성의 특징을 밝히는 데 달려 있다. 여기에서 인간 종에 대한 확인은 "무엇이 특수한 종의 구성원들이 존재해야 하는 대로 존재하는 것인지, 무엇이 그들이 행해야만 하는 대로 행하는 것인지"[5]를 결정한다. (각각의 종은 고유한 목적을 가지고 있으며, 따라서 "벌의 목적은 무엇인가?"와 같은 질문이 의미를 가진다고 생각한 아퀴나스와 달리, 풋은 각각의 종은 기능 또는 목적을 가지고 있다고 말하지 않는다. 단지 각각의 종은 독특한 삶의 방식을 가지고 있다고 말한다.)

풋은, 우리가 살아 있는 유기체의 삶이나 행동에 대해 판단할 때, 그 평가는 유기체가 속해 있는 종의 삶의 형식에 근거한다고 주장한다. 풋에 따르면, "개별자가 존재**해야만 하는** 방식은 발달·자기 보존·번식을 위해 필요한 것이 무엇이냐에 따라 결정된다."[6] 각각의 종은 그 종의 구성원이 자기 보존과 번식의 기본적인 삶의 과정에 참

5) Philippa Foot, *Natural Goodness* (New York: Oxford University Press, 2001).

6) Ibid., p. 33.

여하는 방식을 결정하는 삶의 독특한 방식을 가진다. 예를 들어, 사슴의 자기 보존은 포식자를 따돌리기 위한 재빠름에 달려 있다. 느린 사슴은 풋이 말한 자연적 결함, 즉 그것이 생존하고 번식할 가능성을 줄이는 결함이라고 부르는 것을 가진다. 유사하게, 올빼미는 밤에 사냥을 한다. 그래서 올빼미는 어둠 속에서 볼 수 있는 눈을 가져야만 한다. 어둠 속에서 볼 수 없는 올빼미는 자연적 결함을 가진다. 그러므로 사슴이 재빠르게 되는 것은 선이고, 올빼미가 어둠 속에서 볼 수 있게 되는 것이 선이다. 이러한 것들이 자연적 선의 예이다. 그것들은 사슴이 재빠른 발을 가져야만 하고 올빼미가 어둠 속에서 볼 수 있게 되어야만 한다는 판단에 토대를 둔다. (사슴이 재빨라야만 하고 올빼미가 어둠 속에서 볼 수 있어야만 하는 것이 자연법이라고 말하는 것은 크게 과장된 것이 아닐 것이다.)

풋은 어떤 유기체, 예를 들어 무리를 지어 사냥하는 이리들은 협동하여 살아간다는 것을 지적한다. 사냥에 참여하기를 거부하는 이리는 아마도 생존하지 못할 것이다. 좀 더 정확하게 지적하자면, 만약 많은 또는 대부분의 늑대들이 그러한 방식으로 행동했다면 아마 전체 종이 멸종했을 것이다.

인간 삶의 형식은 어떠한가? 풋은 인간 삶의 방식은 다른 종의 방식들보다 더 풍부하고 복잡해서 인간의 "궁극적 선"의 형식은 생존이나 번식이라는 기초적인 삶의 과정을 넘어서는 것이라고 말한다. 그러나 인간의 본성[자연]이 합리적 존재라면, 그리고 이 합리적 존재는 사회의 일부로서 살아갈 필요가 있으며, 사랑과 우정 같은 사회적 연대를 필요로 한다면, 우리는 아마 필요로 하는 것을 얻기 위한 우리의 능력을 감소시키게 될 결함들에 초점을 맞출 수 있다. 만약 우리가 언어를 배울 수 없거나 글자를 인식할 수 없다면 어떤 일이 생길까? 다른 사람들을 이해할 수 없거나 그로 인해 보고 들을 수 없다면 어떤 일이 벌어질까? 풋은 결함(defect)보다는 **결핍**(deprivation)이라는 용어를 사용한다. 만약 우리에게 보는 것·듣는 것·말하는 것·언어를 이해하는 것·다른 사람을 이해하는 것·유머를 이해하는 것·다른 얼굴들을 구별하는 것·사실적 정보나 과거 경험을 기억하는 것을 할 수 있는 능력이 없다면, 우리는 결핍된 것이다. 그러므로 우리가 이러한 것들을 행할 수 있는 능력을 가지는 것과 우리가 이러한 능력을 가져야만 하는 것은 자연적으로[본성상] 선이다.

자연적으로 선인 것이나 자연적 결함 또는 결핍이라는 관점에서의 평가는 풋이 "궁극적" 인간 선이라고 언급하는 것에 기초해 있다. 만약 "궁극적" 인간 선을 획득하거나 경험할 인간의 기회를 방해하는 것이 있다면, 그것은 인간에게 있어 자연적 결핍이다. 그러나 우리가 행해야만 하는 것 또는 행할 수 있는 것의 표준 역할을 하는 궁극적 인간 선은 무엇인가? 그녀는 궁극적 선이 행복, 적어도 전통적으로 이해되는 행복이라는 생각을 확실하게 거부한다. 오히려 궁극적 선은 선한 삶을 살아가는 것이며, 그것은 행복한 삶과 동일한 것이 아니다. 그녀는 죽음의 순간에 매우 불행했던 철학자 루드비히 비트겐슈타인이 자신은 환상적인 삶을 살았다고 말했다는 사실과, 매일 나뭇잎을 줍는 것으로 행복한 시간을 보냈던 전전두뇌엽 절개수술을 받았던 환자를 치료했던 정신의학자의 일화를 상기시킨다. 그러나 그녀는 행복을 대체할 하나의 다른 개념을 제시하지 못하고 있다는 것을 인정한다. 그래서 그녀는 일정한 조건을 붙여 그것을 **심원한 행복**(deep happiness, 성숙한 인간의)이라고 부른다. 이러한 행복은 돼지나 아이의 행복과 구별된다. 아이는 만화책을 읽으면서 그리고 하루 종일 텔레비전을 보면서 행복해질 수 있지만, 그것은 풋이 마음에 두고 있는 심원한 행복이 아니다. 성숙한 인간(인간 종의 이런 삶의 형식이 우리를 이쪽으로 인도한다)은 훨씬 더 풍부한 것을 경험하고 행할 수 있는 능력을 가지고 있으며, 그래서 아이들을 행복하게 하는 것으로 행복해하지는 않을 것이다. 심리학적인 관점에서 볼 때, 그것은 만족·기쁨·만족감과 같은 상태를 포함하지만, 심원한 행복은 우리의 심리학적 상태에 의해서만 전적으로 결정되는 것이 아니다. 그것은 단지 "마음속"에만 있는 것이 아니다.

풋에 따르면, 심원한 행복이 궁극적 인간 선과 동일하다면, 그것은 우리가 가지고 있고 가졌던 정신 상태뿐만이 아니라 우리가 무엇을 행하는지, 어떻게 사는지를 포함해야만 한다. 풋은 지금은 사소하다고 생각하는 활동으로 평생을 보냈던 것을 후회하고, 동시에 그와 같은 활동들이 자신을 행복하게 만들었다는 것을 후회하는, 임종을 기다리는 한 사람의 예를 제시한다. 그는 지금 자신의 삶을 낭비했으며 좋은 삶을 살지 않았다고 느낀다. 그러므로 풋은 "심원한 행복의 가능한 대상은 인간 삶에서 기본적인 것, 집·가족 그리고 일과 우정 같은 것들이 되는 것처럼 보인다."[7]고 말한다. 그녀는 또한 아이들의 양육·예술적 창작·연구, 간단히 말해 우리가 "소중한" 것으로 생각하는 성향이 있는 사실상 어떤 것도 다 제시한다. 심원한 행복은 사랑과 우정, 자신이 중요하다고 여기는 일에 대한 만족, 창조적 활동으로부터 나온다. 풋은 또한 심원한 행복은 자부심과 명예 같은 감정들과 연결되어 있다고 생각한다. 그리고 언급하고 있지는 않지만, 그녀는 아마도 자기존중이라는 태도를 포함시킬 것이다. 그렇다면 우리는 그와 같은 삶을 살 수 있도록 하고, 그와 같은 것들을 행할 수 있게 하

7) Ibid., p. 88.

며, 심원한 행복을 가질 수 있도록 하는 그와 같은 감정이나 태도를 가질 능력을 가져야만 한다. 그녀는 또한 잔인성·부정직·비겁과 같은 전통적인 악덕은 심원한 행복에 이르는 것을 방해한다고 확신한다. (확실히 풋은 자신이 심원한 행복에 대해 완벽하고 적절한 설명을 제시했다고는 생각하지 않는다.)

그러나 이러한 도식은 어떻게 도덕적 옳음과 그름의 평가에서 예시되는 행동의 법칙과 연결되는가? 요점은 무언가가 우리가 도달할 수 있는 심원한 인간 행복에 도달하도록 도움을 줄 것이라는 사실은 우리에게 행동을 할 이유를 제공한다는 사실이다. 우리로 하여금 심원한 행복에 도달하도록 하는 방식으로 행동하는 것은 옳고, 심원한 행복에 도달하는 것을 방해할 것 같은 방식으로 행동하는 것은 그르다.

VI. 신명령설

아퀴나스의 자연법 이론은 신학, 궁극적으로 신이 명령하는 내용에 기반을 둔다. 신의 명령에 복종하는 것은 옳고 어기는 것은 나쁘다. 이것은 아마 가장 오래되고 넓게 수용된 도덕 이론들 중에 하나인 도덕성에 관한 신명령설로 연결된다. 예를 들면, 우리는 약 2,500년 전 그리스에서 쓰이고 상연되었던 소포클레스의 〈안티고네(Antigone)〉에서 신명령설을 본다. 영웅인 안티고네는 왕인 크레온의 명령을 고의로 어긴다. 왕은 권력을 잡기 위한 시도에 실패하여 죽임을 당한 오빠를 매장하지 못하도록 안티고네에게 명령했다. 그녀가 명령을 어기자 크레온은 화를 냈다. 왕은 왕의 명령을 어기는 것이 도덕적으로 나쁘다고 믿었다. 그러나 안티고네는 신들이 명령한 것을 했기 때문에 오빠를 매장한 자신의 행동이 옳다고 생각한다. 그녀가 속한 사회의 종교적 신념에 따르면, 어떤 육체가 올바른 종교적 의식에 따라 적절한 방식으로 매장되지 않으면 그 영혼은 해방되어 지하 세계로 들어가지 못한다. 신들의 왕인 제우스는 아버지·어머니·형제·자매와 같은 가까운 친척들을 적절한 의식으로 매장하라고 명령한다. 이것은 우리 가족들을 명예롭게 하고 존중하는 방법이다. 그래서 안티고네가 생각하듯이, 왕의 명령은 신들의 명령과 충돌한다. 그녀가 보기에는 신의 명령인, 신들이 세웠던 도덕 규칙이 우선권을 갖는 것은 명백하다. 크레온이 "그대가 감히 이 법을 어길 수 있나?"라고 물을 때, 안티고네는 다음처럼 답한다.

> 물론입니다.
> 제우스가 그렇게 명령했다고 믿지 않기 때문이지요. …

신들이 사람들을 위해 만들었던 법은 잘 만들어졌습니다. …
이 법들은 오늘 내일이 아니라 영원히 살아 있고,
언제 처음에 우리에게 나타났는지 누구도 모른답니다.8)

많은 세계의 주요한 종교들은 신(혹은 알라)의 말씀이라고 생각했던 소위 성전을 근거로 한다. 이 전통에 의하면, 신은 우리가 따라야 할 도덕법을 이루는 명령을 내렸다. 도덕법은 신의 명령이다. 유대교와 그리스도교 둘 다 십계명을 공유한다. 십계명에 추가해서, 그리스도교는 신약성경의 예수의 말씀과 행적을 삶의 지침으로 삼는다. 무슬림은 코란과 이슬람의 전통을 도덕적 지침으로 삼는다. 힌두교인들은 힌두 신들이 계시했다고 믿는 힌두교의 경전인 베다를 지침으로 삼는다.

두 종류의 신명령설이 있다. 한 견해에 의하면 신의 명령이 도덕적으로 옳고 나쁜 것들을 **형성한다**. 이 관점에 따르면, 훔치는 것이 나쁘다면 오로지 신이 훔치는 것을 금지하기 때문일 뿐이다. 만약 신이 훔치는 것을 금지하지 않았다면 훔치는 것은 나쁘지 않았을 것이다. 따라서 우리는 훔치는 것이 나쁘기 **때문에** 신이 훔치는 것을 금지했다고는 말할 수 없다. 이 견해에 의하면, 도덕적 옳고 그름은 전적으로 신에 달려 있다. 실제로 이것으로부터 수반되는 것은 **도덕적으로 나쁨**은 "신이 금지함" 이상을 의미하지 않는다는 사실이다. 이 관점에서, 만약 신이 존재하지 않았다면 **아무것도** 도덕적으로 옳거나 나쁘지 **않을** 것이다. 이 견해에 따라서 도덕적 지식을 살펴보면, 인간이 도덕적 지식을 얻게 되는 유일한 방법은 신이 인간에게 도덕적 지식을 계시했다는 것이다. 신의 계시가 없이는 어떤 도덕적 지식의 근원도 있을 수가 없다.

두 번째 견해에 의하면 신의 명령이 옳고 그름을 형성하지 않는다. 오히려 신은 어떤 것들이 도덕적으로 옳기 **때문에** 그것들을 하라고 명령하고, 그것들이 도덕적으로 나쁘기 **때문에** 그것들을 하는 것을 금지한다. 우리는 신의 명령에 복종한다. 왜냐하면 신이 도덕을 창조했기 때문이 아니라 신이 전지(全知)하고 오류를 저지르지 않기 때문—즉 신은 옳고 그름에 대한 완전한 지식을 가지고 있으므로, 신이 명령하는 것은 도덕적으로 옳다고 우리가 확신하기 때문—이다. 그러므로 신은 실수를 저지를 수 없다.

도발적으로 말한다면, 비록 신이 존재하지 않았다 하더라도 무엇이 도덕적으로

8) Sophocles, *Antigone*, Translated by Richard Emil Braun (New York: Oxford University Press, 1973), Lines 550-562.

옳고 그른지는 변함 없을 것이다. 신은 도덕적으로 옳고 그름을 만들었다기보다 무엇이 도덕적으로 옳고 그른지 안다.

이 견해에 따르면, 인간은 신의 계시를 통해서든 이성을 사용해서든 도덕적 진리들을 알 수 있게 된다. 그래서 우리는 신이 살인과 도둑질이 그르다는 것을 계시해서 살인과 도둑질은 나쁘다는 것을 알 수 있고, 아니면 우리는 절도와 살인은 그르다는 것을 독자적으로 이해할 수 있다. 그리고 비록 신이 살인과 도둑질을 금지하기 위해 존재하지 않았다 하더라도, 그것들은 여전히 도덕적으로 그른 것이었을 것이다.

1. 신명령설의 문제점

신명령설은 몇 가지 문제점에 직면한다.

물론 우리는 신이 존재한다는 것을 믿는 한에서만 도덕법이 신의 명령이라는 것을 인정할 수 있다. 누구나 다 그것을 믿는 것은 아니다. 무신론자(신이 존재하지 않는다고 믿는 사람들)와 불가지론자(신이 존재한다는 것을 믿지도 않고 신이 존재하지 않는다는 것을 믿지도 않는, 오히려 판단을 하지 않는 사람)도 있다. 도덕 논쟁에서 신의 명령에 호소하는 일은 우리의 논증의 대상이 되는 사람들이 신의 존재를 믿지 않는다면 실패하게 된다.

유신론자들 사이에서조차 신의 명령에 호소하는 일은 문제를 일으킬 수 있다. 유신론자들 간에 신이 무엇을 명령했는지에 대해 의견이 다를 수 있다. 문제는 우리가 신이 명령한 내용을 어떻게 아는가 하는 것이다. 우리는 종교가 신의 계시된 말씀이라고 생각한 것에 호소할 수 있다. 예를 들어 그리스도교는 성경을 참조할 수 있고 무슬림은 코란을 참조할 수 있다. 그러나 그런 경전이 사람들이 직면할 모든 도덕적 문제에 대한 명백한 지침을 제공하지는 않는다. 예를 들어 어떤 경전도 유전공학에 대해 언급하지는 않는다. 그러면 역시 경전들에 대한 해석이 필요하고, 사람들의 해석은 각기 상이할 수도 있다. 어느 해석이 정확한지를 아는 방법이 있는가? 예를 들어 산상수훈(山上垂訓, Sermon on the Mount)에서 예수가 말한다. "'눈은 눈으로, 이는 이로.' 하고 이르신 말씀을 너희는 들었다. 그러나 나는 너희에게 말한다. 악인에게 맞서지 마라. 오히려 누가 네 오른뺨을 치거든 다른 뺨마저 돌려 대어라."(마태 5장 38~39절). 우리는 이 구절을 중형을 비난하는 것이라고 해석해야 하는가? 유사한 이야기지만, 예수는 하늘로 가는 것을 보장받기 위하여 무엇을 해야 할지를 묻는 어떤 사람을 만났다. "예수님께서 그에게 이르셨다. '네가 완전한 사람이 되려거든, 가서 너의 재산을 팔아 가난한 이들에게 주어라. 그러면 네가 하늘에서 보물을 차지하게 될 것이다. 그리고 와서 나를 따르라.' 그러나 그 젊은이는 이 말씀을 듣고 슬퍼하며 떠나갔다. 그는 많은 재물을 가지고 있었기 때문이다. 예수님께서 제자들에게 말씀하셨다. '내가 진실로 너희에게 말한다. 부자는 하늘나라에 들어가기가 어려울 것이다. 내가 다시 너희에게 말한다. 부자가 하느님 나라에 들어가는 것보다 낙타가 바늘구멍으로 빠져나가는 것이 더 쉽다.'"[9](마태 19장 21~24절) 우리는 이 구절을 부자로 죽지 않을 것을 확실히 하기 위해 가난한 자들에게 재산을 줄 것을 사람들에게 요구하고 있다고 해석해야 할까? 그러나 경전에 대한 우리의 해석이 옳다는 보증을 할 수 있을까? 할 수 있다면 어떻게 하는가?

게다가, 다른 종교들은 어떤 말씀이 진짜 경전인지에 대해, 즉 신이나 신들의 말씀인지에 대해 의견이 다르다. 기독교인들과 유대인들은 힌두교 베다를 인정하지 않는다. 힌두교와 불교는 성경을 인정하지 않는다. 물론 무신론자들은 어떤 말씀도 신의 말씀이라는 것을 부인한다. 문제는 어떤 말씀이 진실로 경전—신의 말씀—인지를 아는 방법이 있는가 하는 것이다. 어떤 책이 그것은 신의 말씀이라고 주장하는 진술을 담고 있다고 해서, 그 책이 진짜 신의 말씀이라는 것을 증명하고 있는가? 그것들이 정말로 신의 말씀이라는 보여 줄 수 있는 어떤 증거가 있는가?

그러나 누군가가 어떤 종교의 경전을 진짜 신의 말씀으로서 받아들인다 하더라도, 그는 책 속의 모든 말이 신의 것이라고는 믿지 않을 수도 있다. 많은 진보적 개신교도들은 성경이 신의 영감을 받아서 쓰이게 되었지만, 인간의 목소리가 문단 가운데 간간이 신의 목소리와 함께 섞여 있다고 믿는다. 그러면 문제는 어떤 것이 진짜 신의 목소리인지, 그리고 어떤 것이 그저 인간의 목소리인지를 결정하는 것이다. 성전 안의 구절들이 정말로 신의 법을 계시할 수도 있지만, 그러나 적어도 성전을 받아썼던 인간들의 도덕적 신념이 포함되었을 가능성이 있다. 예를 들어, 성경 속에 어떤 구절이 우리에게 간음한 자들을 돌로 쳐서 죽이라고 지시한다면, 이것이 인간 저자의 말이 아니라 신의 말씀이라는 것을 확신할 방법이 있는가?

신의 법의 계시라고 생각하는 성경에 의지하지 않을 경우, 우리는 신이 들을 수 있고 이해 가능한 목소리로 우리에게 말할 것이라 기대하면서 우리의 양심에게 조언을 구할 수도 있다. 우리가 들은 것은 신의 목소리일 수도 있지만, 또한 우리의 도덕

9) *Holy Bible: The New Revised Standard Version* (New York: Oxford University Press, 1989).

적 전통과 교육을 반영하고 있는 우리 자신의 목소리일 수도 있다. 그것이 신의 목소리인지 아닌지를 결정할 방법이 있는가? 비록 그것이 신의 목소리라 하더라도, 우리가 들은 것은 바로 성경이 요구하는 그대로의 해석을 요구할 수도 있다. 우리의 해석이 정확한지 아닌지 결정할 방법이 있는가? 예를 들면, 남북 전쟁 전에 많은 남부인들의 양심은 노예로 있던 흑인은 도덕적으로 나쁘지 않다는 것을 아주 분명하게 남부인들에게 말했다. 아마 남부인들의 상당수는 그것이 신의 목소리라고 진심으로 믿었다. 오늘날 우리 중에 흑인을 노예로 부리는 것이 믿을 만하다고 생각하는 사람은 거의 없다. 이와 유사하게, 1950년대와 1960년대 시민권 투쟁의 시대 전과 시민권 투쟁 동안에 많은 백인 남부인들은 흑인들을 차별하는 것이 도덕적으로 나쁘지 않다는 것을 진심으로 믿었다. 추측컨대 남부인들의 양심은 선거권에 대한 인종차별법이 도덕적으로 나쁘지 않다고 남부인들에게 말했다. 그것은 신의 목소리인가? 오늘날 우리 중에 인종차별법이 믿을 만하다고 생각하는 사람은 거의 없다.

2. 종교와 의미 있는 삶

필리파 풋은 심원한 인간 행복이 자연적 선의 판단 기초라고 말했다. 그 심오한 행복은 인간의 삶과 과업이 유의미하고 중요하다는 생각을 담았다. 그러나 가끔은 삶이 상당히 의미 없고 중요하지 않은 것 같이 보이기도 한다. 인간의 삶이 행성 지구로 제한되어 있고, 지구는 수십억의 별들로 구성되어 있는 거대한 우주 속에 단지 하나의 아주 작은 행성, 즉 세계의 모든 대양에서 하나의 작은 물 입자가 그런 것처럼 전체를 포괄하는 관점에서 보면 결코 중요하지 않은 작은 점이라고 생각할 수도 있다. 우리는 우주에서 어떤 특권적 장소에 있지도 않다. 왜냐하면 우주에는 특권적 장소가 없기 때문이다. 우리는 아마 수억의 별들을 가지고 있는 보통의 은하계, 즉 수십억의 은하계 중 하나에 불과한 은하계 안에 있는 보통의 별을 돌고 있는 보통의 행성에서 살고 있다. 그래서 우주라는 관점에서 인간이 살고 있는 집은 아주 작고 인상적이지 못한 것처럼 보인다.

과학에 의거해서 인간 종 그 자체에 관해 말한다면, 인간 삶은 우주의 40억~50억 년의 역사에서 수만 내지 수십만 년 동안, 지구의 존재 중에 아주 작은 파편일 뿐인 시간 동안만 지구 위에서 존재해 왔다. 우리는 우리 없이 수십억 년에 걸쳐서 아주 잘 지내 왔던 것처럼 보이는 우주에 아주 최근에 덧붙여진 추가물에 불과하다. 인간 종은 지금부터 백만 년이나 수백만 년 후에도 여전히 여기에 존재할 수 있을까? 수억

년에 걸쳐서 지구를 다스렸지만 결국 공룡은 멸종했다. 같은 일이 인간 존재에게 일어날 수도 있다. 사실, 존재했던 종들의 95% 이상은 현재 멸종 상태이다. 아니면 인간 종은 사멸하지 않겠지만 상상할 수 없는 어떤 것으로 진화할 수도 있겠다. 그러나 우주를 식민지로 만들 수 없다면, 우리는 태양계에서 태양이 소멸하는 수십억 년이 지나면 명백하게 사멸할 운명에 처하게 된다. 왜냐하면 태양은 삶의 엔진이기 때문이다. 어떤 점에서 인간 종은 항상 존재해 왔고 항상 존재하게 될 목욕통 속의 비누 거품과 같은 것이다.

만약 이런 관점에서 접근할 경우 지구와 인간의 삶 일반이 하찮고 무의미하게 보인다면, 오늘 살아 있는 개인의 삶을 생각해 보라. 당신이 미국의 대통령이라고 하더라도 지금 존재하고 있는 60억~70억 가운데 단 한 명일 뿐이다. 수억의 사람들은 당신 앞에 왔다. 수 세기, 수천 년이 흐른 뒤에 당신 뒤에는 수백억, 수천억의 사람들이 올 것이다. 당신의 존재는 아마 당신이 태어나기 전에 흘렀고 당신이 죽은 뒤에 흐르게 될 수십억 년 중에서 백 년보다 더 짧을 것이다. 당신이 누구든 무엇을 하든, 어느 날 당신은 잊힐 것이다. 당신이 존재했다는 것을 어렴풋이나마 느낄 어느 누구도 살아 있지 않을 것이다. 수십 년 뒤가 될지 아니면 수천 년 뒤가 될지 모르지만, 결국 당신은 잊힐 것이다.

이런 생각을 하는 사람에게는, 적어도 우주적 관점에서 볼 때 인간 삶에 대해서 어떤 것도, 개인의 차원에서든 인간 종의 차원에서든 간에 중요하지 않다는 생각이 들 수도 있다. 그러나 많은 사람들에게 종교는 삶의 중요함과 삶의 의미—종교가 없었다면 있을 수 없는 삶의 중요함과 의미—를 제공해 줄 수 있다. (물론 다른 비종교적 고찰 또한 해결책, 즉 일반적으로는 인간의 삶을, 특수하게는 우리의 삶을 우주적 관점에서 판단하려고 시도하는 것은 적절하지 않다는 반성과 같은 해결책을 제공할 수도 있다.) 첫째, 비록 인간 종이 우주에서 아주 작은 점으로 제한된다 하더라도, 종교는 그 점이 신에게는 중요한 곳이라고 가르칠 수 있다. 마찬가지로, 인간이 우주와 지구에 비교적 늦게 온 존재라 하더라도, 종교는 그 늦은 존재가 신의 설계와 목적을 위한 일부로서 존재하게 되었다고 가르칠 수 있다. 인간은 신이 중요하게 생각한 것을 하기 위한 역할을 하는, 신이 사랑하고 가치 있게 생각하는 종이다. (인간은 고유한 목적을 가진다는 아퀴나스의 관점을 생각해 보라.) 인간 개개인에 대해서 이야기해 보면, 종교는 신이 각 사람을 사랑하고 가치 있게 생각하며, 게다가 인간 모두를 똑같이 사랑하고 가치 있게 생각한다고 가르칠 수 있다. 각자는 신의 설계에서 어떤 역할을 하게 된다. 비록 지상에서 인간의 위상이 미미하다 하더라도, 인간은 신의 목적에서 매우 중요한 역할을 할 수도 있다. 대부분의 종교들은 죽음에 관해서 우리의 육체가 죽은 뒤에 오랫동안 살아 있을 비물질적인 영혼을 가진다(또는 우리에게 그런 것이 있다)고 가르친다.

그렇기는 하지만, 우리가 인간 종의 삶이나 개개인의 삶이 의미 있고 중요하다고 생각하기 위해, 우리에게 종교가 필요한지 여부를 물어야 한다. 종교적 신념이 없더라도 삶은 의미 있고 중요할 수 있을까?

연습문제

1. 아마도 스토아철학자들은 자신의 아이들이나 부모를 학대하는 것은 자연에 반하는 것이고, 그렇기 때문에 도덕적으로 나쁘다고 이야기할 것이다. 그것이 어떤 점에서 자연에 반하는 것일 수 있을까? 자연에 반하는 일이 어째서 그런 일을 도덕적으로 나쁜 것으로 만드는가?
2. 아퀴나스가 주장하고 있는 것처럼 사람들은 고유한 목적을 가지는가? 고유한 목적을 가진다면, 우리의 고유한 목적은 무엇인가? 어떤 행위들이 옳은지 아니면 나쁜지에 관한 함축된 의미에는 어떤 것이 있는가?
3. 우리의 모든 부분이 고유한 목적을 가지는가? 고유한 목적을 가진다면, 목적과 반대되게 우리의 부분들을 사용하면 그것은 도덕적으로 나쁜가? 어떤 행위를 그 사물의 고유한 목적과 "반대되게" 만드는 것은 무엇인가?
4. 홉스는 자연법을 어떤 집단과 그것의 구성원들이 살아남고 성공하기 위해서 따르지 않으면 안 되는 규칙이라고 보았다. 그는 우리 각자가 자연법을 채택하고 자연법에 따라 살아가야 할 좋은 이유가 있다고 생각했다. 왜냐하면 그렇게 해야만 우리는 집단이나 사회에서 살아남을 수 있기 때문이다. 당신은 자연법의 이런 체계 안에 어떤 규칙들을 포함시킬 것인가?
5. 신이 존재하지 않는다면, 도덕적으로 금지되거나 요구되는 것은 하나도 없는가?
6. 신이 존재한다면, 신은 우리가 인간이 아닌 동물들을 어떻게 다루기를 원할까? 당신은 그것을 어떻게 아는가?
7. 어느 누구든 신의 법이 무엇인지를 아는가? 안다면 우리는 신의 법에 대한 지식을 어떻게 얻게 되는가?

8. 당신은 달라이 라마의 다음과 같은 말들에 대해 어떤 응답을 해야 할까?

나는 종교와 영성(靈性) 사이에 중요한 구분이 있어야 한다고 믿는다. 나는 종교가 이런저런 신앙 전통에 따른 구원을 요구하는 형태의 신앙에 관계한다고 생각한다. 그런 신앙 전통의 한 측면은 형이상학적 또는 초자연적 실재의 한 형식을 받아들인다. … 종교적 가르침·교의·의식(儀式)·기도 등은 이런 실재와 연관되어 있다.

나는 영성이 인간 정신의 성질들—예컨대 사랑과 자비·인내·관용·용서·자족·책임감·조화감—에 관계한다고 생각한다. 이런 것들은 자신과 다른 사람 모두에게 행복을 가져다준다. … 개인이 어떤 종교적 신념 체계나 형이상학적 체계에 의지하지 않고서도 아주 높은 정도로 이것들을 발전시키지 않을 이유가 없다. 이것이 내가 때때로 종교는 그것이 없더라도 우리가 지낼 수 있는 그 무엇이라고 말하는 이유이다. 우리가 그것 없이는 지낼 수 없는 것이 바로 이러한 기본적인 영적 성질들인 것이다.

… 우리가 주목하고 있는 각각의 성질들은 다른 사람들의 행복에 대한 암묵적인 관심에 의해 규정된다. … 그리하여 이러한 열거에 따른 영성적 실천은 한편으로는 다른 사람의 행복에 관한 관심으로부터 행위하는 일과 연관되어 있다. 다른 한편으로 그것은 우리의 변화를 수반하며, 그리하여 우리는 점점 더 기꺼이 그렇게 하려는 성향을 가지게 된다.[10)]

관련 자료

Robert M. Adams. *The Virtue of Faith*. New York: Oxford University Press, 1987.

Saint Augustine, *Confessions*. Translated by Henry Chadwick. New York: Oxford University Press, 1991.

J. B. Schneewind, ed. *Moral Philosophy from Montaigne to Kant*, Vols. 1 and 2. Cambridge: Cambridge University Press, 1990.

10) His Holiness the Dalai Lama, *Ethics for the New Millenium* (New York: Riverhead Books, 1999), pp. 22-23.

인터넷 자료

Christian Classics Ethereal Library (www.ccel.org/). A huge collection of important texts in the Christian tradition, all online.

David Hume, *The Natural History of Religion* (www.utm.edu/research/hume/wri/nhr/nhr.htm). The complete 1757 text online.

His Holiness the Dalai Lama of Tibet (www.earthlight.co.nz/hhdl/). A website containing a biography of the Dalai Lama, information about Tibet, and transcripts of several speeches.

제 3 장

실재론, 니힐리즘, 주관주의, 상대주의

- 도덕 실재론 이해
- 도덕적 진리[참]와 도덕적 사실의 개념에 대한 비판적 검토
- 도덕적 니힐리즘 이해
- 비인지주의와 논리실증주의 이해
- 도덕적 주관주의 이해
- 도덕적 상대주의 이해
- 니힐리즘, 주관주의, 상대주의 간의 구별
- 실재론, 니힐리즘, 주관주의, 상대주의를 옹호하는 이유와 반대하는 이유에 대한 이해

I. 서론

1998년 6월 7일 텍사스 재스퍼에 사는 장애인 49살 제임스 버드 주니어가 친구의 생일 파티에 참석한 후 밤늦게 집으로 걸어가고 있을 때, 세 명의 백인이 그에게 차를 태워 주겠다고 했다. 아마 그들 중 한 명 정도는 버드와 면식이 있었을지도 모른다. 버드는 몰랐겠지만, 그 세 사람은 백인 우월주의자였다. 그들은 버드를 사람들의 왕래가 없는 장소로 데리고 가서 단지 흑인이라는 이유로 구타했다. 그런 다음 픽업트럭 뒤에다 그의 발목을 묶고 울퉁불퉁한 길을 몇 마일이나 질질 끌고 다녔다. 병리학자의 법정 증언에 따르면, 버드는 "살이 찢겨지고 [뼈가] 아스팔트에 으깨져 갈라질 때 고통에서 벗어나기 위해 계속 몸부림쳤다."[1] 그는 거의 2마일을 매달려 끌려갔는

데, "머리, 어깨 그리고 오른쪽 팔이 도로변 콘크리트 배수관에 찢겨 나갈 때까지도 살아 있었다."[2)]

II. 도덕 실재론

그 살인자들 가운데 한 사람이 버드를 질질 끌고 가 죽게 한 데 대해 잘못한 것이 없다고 말했다면, 이에 동의하는 백인 우월주의자는 "그것은 참이다."라고 말할지도 모른다. 반면, 동의하지 않는 사람은 "그것은 거짓이다."라고 대답할 수도 있다. 그러나 도덕 판단을 나타내는 문장은 참 혹은 거짓인가? 도덕적 객관주의자라고도 일컬어지는 도덕 실재론자들은 그러한 문장들이 참이거나 거짓일 수 있다고 생각하지만, 우리 문화 속에 살고 있는 많은 사람들은 그것을 거부한다.

어떤 도덕적 진리가 있는지 여부에 대한 질문은 종종 또 다른 질문, 즉 어떤 도덕 판단이 다른 것들보다 더 정당화되는지 혹은 더 합리적인지 아닌지에 대한 질문과 연결되기도 한다. 도덕 판단이 참도 아니고 거짓도 아니라면, 어떤 도덕 판단이 다른 도덕 판단에 대해 더 정당화되거나 더 합리적일 가능성이 있는가? 그럴 수 있다는 것이 답인 것 같다. 예컨대 명령은 참도 아니고 거짓도 아니지만 우리는 그것이 정당하거나 합리적이라고 평가할 수 있고, 어떤 것에 대한 정당성 혹은 합리성을 다른 것의 정당성 혹은 합리성과 비교할 수 있다. 공포나 분노도 참 혹은 거짓이 아니긴 해도 마찬가지로, 공포나 분노와 같은 감정에 대한 합리성을 평가할 수 있다(비록 누군가가 공포나 분노를 느낀다고 주장하는 것이 참 혹은 거짓이라 해도). 제1장에서는 도덕 판단들이 정당화를 요구하는 것 같이 보인다는 점을 살펴보았다. 도덕 판단에 대한 정당성이 없다면 그것은 합리적이지 않다. 우리는 도덕 판단이 어떻게 도덕적 논증으로 정당화될 수 있는지도 살펴보았고, 모든 도덕적 논증들이 다 똑같이 설득력 있는 것도 아님을 보았다.

도덕 판단에 대한 정당화나 합리성이 도덕 판단의 참·거짓에 달려 있지 않다 하더라도 다른 문제들이 나타난다. 사람들은 자주 도덕 문제에 대해 자신의 견해를 바

---

1) "Jasper, Tex., and the Ghosts of Lynchings Past," *New York Times* (25 February 1999), Editorial.

2) "Pathologist Testifies Byrd Was Alive When Decapitated," *New York Times* (23 February 1999).

꾼다. 하지만 원래 가졌던 도덕 판단이 잘못되었다고 생각하는 경우 외에는 그가 왜 자신의 견해를 바꾸었는지를 이해하기는 어렵다. 예컨대 생각의 전환을 경험한 백인 우월주의자를 생각해 보자. 이전에 그는 흑인과 유대인에게 위해를 가하는 것이 그르지 않다고 믿었다. 그러나 지금은 그렇게 하는 것이 그르다고 생각한다. 그가 자신의 이전 도덕 판단에 대해 자신이 잘못된 판단을 내렸었다고 생각하는 것 말고 어떤 다른 태도를 취할 수 있을까? 그리고 현재의 도덕 판단에 대해 그것이 잘못된 판단이 아니라는 것 말고 어떤 다른 태도를 취할 수 있을까? 다시 말해, 그가 자신의 예전 도덕적 신념이 거짓이고 현재의 도덕적 신념이 참이라고 생각한다고 설명하는 것이 분명 자연스러워 보인다. 그러나 그것은 도덕 판단(소신이나 생각)이 옳을 수도 그릇될 수도 있다는 것을 전제하고 있다.

마찬가지로, 누군가와 어떤 도덕적 문제에 대해, 이를테면 낙태에 대해 이야기한다고 해 보자. 당신은 낙태가 종종 그릇되지만 항상 그른 것은 아니라고 생각하는 반면, 다른 사람은 낙태가 언제나 그릇된 것이라고 생각한다고 가정해 보자. 당신이 동의하지 않는다면, 그것은 당신이 자신은 참인 도덕적 신념을 갖고 있고, 다른 사람은 거짓된 도덕적 신념을 갖고 있다고 생각하고 있음을 수반하는 것처럼 보인다.

그렇다면, 도덕 판단이 참이거나 거짓일 수 있는가? 도덕 실재론은 참인가? "참이란 무엇인가?"라는 질문, 즉 "어떤 문장이든 그 문장이 참이라고 말할 때 우리가 주장하고 있는 바가 무엇인가?"에 대한 답변 없이 도덕 실재론을 평가하기란 어렵다. "참된 문장은 사실과 일치하는 반면에, 거짓 문장은 사실과 일치하지 않는다."고 말하고 싶어 할 수도 있겠지만, 그러나 참됨의 본성보다 사실의 본성이 더 명료하다는 증거가 어디에 있으며, 참됨의 본성보다 사실과 문장 사이의 "일치"의 본성이 더 명료하다는 증거가 어디에 있는가?

내 책상 위의 컵이 푸른색이라면 그것은 하나의 사실인가? 그리고 그것이 하나의 사실이라면, 그것은 세계가 존재하는 방식이다. 내 책상 위에 컵이 있고 그것은 푸르다는 성질을 가지고 있다. 이 사실은, 우리가 그렇게 생각하고 싶어 한다고 느낄는지 모르지만, 컵·내 책상·푸르다는 성질로 구성되었다. 그것들은 (적어도 일부는) 요소이거나 부분이다.

하나의 문장이 참인지 여부가 그것과 일치하는 또는 그것에 대응하는 사실이 존재한다는 것에 좌우된다면, 도덕 문장은 도덕적 사실들, 예컨대 버드를 질질 끌고 가서 죽음으로 몰고 간 것이 그릇되었다는 사실이 있을 때만 참일 수 있다. 그렇다면 그 도덕적 사실은 끌고 가는 것(하나의 사건)과 그릇되었다는 그것의 성질로 구성될 것이다. 그러나 많은 사람들에게 의문시되는 것은 "그릇되었다는 성질"이다. 그것은 분명 푸르다는 성질과는 다르다. "그릇되었다는 성질"은 "푸르다는 성질"만큼 "실재하는" 것인가?

나는 단지 보는 것만으로도 푸르다는 성질을 간파할 수 있다. 당신도 할 수 있다. 그러나 단지 보는 것만으로 그릇되다라는 성질을 간파할 수 있을까? 내가 그 컵을 본다는 또는 보았다는 것만으로도 그 컵이 푸르다는 성질을 가지고 있는지를 결정할 수 있다는 사실에 주목해 보자. 내가 질질 끌고 가는 것을 본다는 또는 보았다는 것만으로도 질질 끌고 가는 것이 잘못이라는 성질을 가지고 있다고 판단할 수 있을까? 만약 내가 실제로 질질 끌고 가는 것을 본 적이 없다면, 그것은 질질 끌고 감이 그릇되다라는 성질을 가지는지 여부를 내가 영원히 결정할 수 없다는 것을 의미하는가? 실제로 목격한 자들만이 그것이 그릇되었다는 성질을 말할 수 있을까? 만일 내가 그저 끌고 간다는 그 사실에 대해서만 생각하고 있다면 어떻게 될까? 그런 생각만으로 질질 끌고 감이 그릇되었다는 성질을 가지고 있는지 여부를 내가 결정할 수 있는가?

한 가지 문제는, 사실(fact)이란 우리가 시각화할 수 있는 또는 그림으로 그려질 수 있는 그 무엇이라고 생각하고 있다는 것이다. 그림으로 그려질 수 있는 사실이 있는지 여부를 우리는 결정할 수 있다. 예컨대 그림으로 그려질 수 있는 사실이란 보는 것만으로도 내 책상 위에 푸른 컵이 있다는 것을 확인할 수 있는 사실이다. 왜냐하면 그것은 그림으로 그려질 수 있기 때문이다. 질질 끌고 가는 것이 그릇되었다는 성질을 지녔다는 것이 사실인지 여부를 그것을 보는 것만으로 결정지을 수는 없다. 왜냐하면 그것은 그림으로 그려질 수 있는 것이 아니기 때문이다. (버드가 죽을 때까지 차에 매달려 끌려 다녔다는 사실은 그림으로 그려질 수 있지만, 끌려 다님이 그르다는 사실은 그림으로 그려질 수 있는 것이 아니다.) 그러나 무언가가 사실이 되기 위해서는 반드시 그림으로 그릴 수 있어야 하는가?

반드시 그런 것은 아니다. 5는 홀수이고 6은 짝수라는 것은 하나의 사실이다. 그러나 그 사실은 그림으로 그려질 수 없기에 단지 보는 것만으로는 그것을 간파할 수 없다. 마찬가지의 이야기지만, 미혼남의 그림과 미혼남이 아닌 동일한 사람의 그림이 어떻게 다른가? 어떤 사람이 미혼남이라는 사실은 그림으로 그려질 수 있는 것이 아니다. 나는 단지 보는 것만으로 그 사람이 미혼남의 성질을 갖고 있는지 여부를 말할 수 없다. 그것은 누군가가 미혼남이라는 것이 사실일 수 없음을 의미하는가? (그래서 어떤 사람이 미혼남이라고 주장하는 것은 참도 아니고 거짓도 아닌가?)

또한, 죽음을 두려워하는 사람의 그림은 동일한 그 사람이 죽음을 두려워하지 않을 경우의 그림과 어떻게 다른가? 나는 단지 그를 보는 것만으로는 그 사람이 죽음을 두려워하는지 여부를 말할 수 없다. 그것은 어떤 사람이 죽음을 두려워한다는 것이 사실일 수 없다는 것과 죽음을 두려워한다는 주장은 참도 아니고 거짓도 아니라는 것을 의미하는가? 그런 결론이 나오지 않는다면, 그림으로 그릴 수 있다는 것은 사실의 필요조건이 아니다. 그러므로 도덕적 성질의 있고 없음이 그림으로 그려질 수 없고, 따라서 단지 보는 것만으로는 확인될 수 없다 해도, 도덕적 사실이나 참인 도덕적 판단이 존재하지 않는다는 결론이 도출되는 것은 아니다.

미혼남이라는 성질에 대한 예를 통해 한 가지 가능한 전략이 제시된다. 우리는 미혼남이라는 것을 다른 성질들에 의해서 정의하는데, 그 성질들 대부분은 경험적으로 알 수 있다. 미혼남에 대한 정의의 일부를 말하자면, 그는 결혼하지 않은 사람이라는 것이다. 부정적인 주장을 증명하는 것은 불가능하지는 않겠지만 매우 어렵기 때문에 결혼했다는 성질에 초점을 맞출 것이다. 결혼했다는 것을 어떻게 정의할 수 있을까? 우리는 적어도 부분적으로는 다양한 법적 권리와 의무에 의해 결혼을 정의한다. 예컨대 두 사람이 결혼한다면, 그들은 서로의 경제적 재원의 일부에 대한 법적 권리를 갖는다. 그 두 사람이 서로 결혼했는지 여부를 어떻게 확인할 수 있는가? 그것을 결정하기 위해, 우리는 그들이 지역 법이나 그 지방의 관례에 의해 정해진 결혼 의식을 행했는지 여부를 확인해야만 한다. 예를 들면, 그들은 둘 다 결혼 의례를 행하기 전 일정 시기 안에 유효한 결혼 허가서에 서명을 해야만 한다. 그 의식은 결혼식을 수행할 수 있는 면허증이 있는 사람에 의해 수행되어야만 한다. 법적 요구 사항 중 충족되지 않은 것이 있다면 두 사람은 "정말로" 결혼한 것이 아니다. 그러나 두 사람이 결혼했다면 그들이 결혼한 것은 사실이고, 그들이 결혼했다는 주장은 참이거나 거짓이다.

그릇되다는 것은 아마도 결혼한다는 것처럼 하나의 성질일 것이고, 경험적인 용어로 정의될 수 있을 것이다. 예를 들어, 우리는 그릇됨을 사회적 조화를 증진하거나 사람들에게 가하는 위해를 최소화하려는 목적이나 기능을 가진 어떤 기준들을 침해하는 것이라고 정의할 수도 있다. 도덕적 사실의 관념을 덜 문젯거리로 만드는 방식으로 도덕적 용어를 그럴듯하게 정의할 수 있는지 여부는 이 책 어디에서도 상세하게 다루어질 수 없는 논쟁적이며 어려운 문제이다. 내가 강조하고 싶은 것은, 도덕적 성질을 푸르다는 성질에 따라서 생각하기보다는 결혼함의 성질에 따라서 생각하는 것이 도덕적 성질과 사실의 개념을 훨씬 덜 문젯거리로 만들 수도 있다는 점이다.

1. 도덕 판단이 참이거나 거짓일 수 있다고 생각하는 이유

도덕 판단이 참이거나 거짓일 수 있다고 생각하는 한 가지 이유는, 만약 그렇게 생각하지 않으면 기본적인 논리적 법칙, 이른바 배중률이 침해되는 것처럼 보인다는 것이다. 이 법칙에 따르면, 두 개의 모순된 문장은 둘 다 참일 수 없다. 하나는 틀림없이 참이고 다른 것은 거짓이다. 그러므로 "개는 포유동물이다."와 "개는 포유동물이 아니다."라는 문장을 생각해 보면 이 두 문장은 서로 모순된다. 그것들은 앞뒤가 맞지 않는다. 따라서 도저히 두 문장 모두가 참일 수 없는 것이다. 하나는 참이어야 하고 다른 하나는 거짓이어야 한다. 두 문장 모두가 참이라고 말하는 사람이 있다면, 우리는 그를 꼴통으로 보거나 아니면 "아니다"라는 의미를 그가 우리와 달리 사용한다고 추정해야만 한다.

유사하게, "노예제는 언제나 나쁘다."라는 판단과 "노예제가 항상 나쁘지는 않다."라는 두 개의 도덕 문장을 고려해 보자. 둘은 확실히 서로 모순되는 것으로 보인다. 서로 모순된다면 둘 다 참이 될 수는 없다. 그렇다면 하나는 참이어야 하고 다른 하나는 거짓이어야 한다(우리가 어느 쪽이 참인지를 절대적 확실성을 가지고서 알 수 없다 할지라도 그렇다).

다른 고찰은, 도덕 문장과 신념이 참도 아니고 거짓도 아니라면, 어떤 사람이 도덕적 문제에 대해 실수한다고 말하는 것은 사람들을 어리둥절하게 만든다는 것이다. 그리고 우리가 어떤 도덕적 문제에 대해 실수할 수 없다면, 사람들이 왜 자신의 견해를 바꾸었는지에 대한 이유를 설명하기가 곤란하다. 이제까지 우리들 대부분은 어떤 도덕 문제에 대한 견해를 적어도 여러 차례 바꾼 적이 있었다. 견해를 바꾸어 왔다면, 적어도 그것은 도덕적 실수를 할 수 있다고 우리가 **생각**하고 있다는 사실을 보여 주는 것처럼 보인다. 도덕적 실수를 할 수 있다고 생각한다면, 도덕 판단과 신념이 참·거짓이라는 견해가 옳지 않겠는가?

그렇다 하더라도 많은 사람들은 도덕 실재론을 거부한다. 그들이 대신 내세우는 이론은 무엇인가? 우리는 세 가지 이론, 즉 도덕적 니힐리즘·도덕적 주관주의·도덕적 상대주의를 고찰할 것이다.

III. 도덕적 니힐리즘

도덕적 니힐리스트들에 따르면, 도덕 판단은 참도 거짓도 아니기 때문에 어떠한 것도 도덕적으로 옳거나 그르지 않다. ("nihilism"이라는 단어는 "무(無)"를 뜻하는 라틴어 "*nihil*"에서 유래했다.) 이로부터 버드를 죽음에 이르도록 질질 끌고 간 것이 옳은 것도 아니요 그른 것도 아니라는 결론이 도출된다. 마찬가지로, 도덕적 니힐리스트가 사랑하는 사람을 새디스트가 고문하고 있다고 가정해 보자. 니힐리스트는 새디스트가 하는 것이 도덕적으로 그르다고 말하거나 생각할 수 없다. 사실상 어떠한 것도 도덕적으로 옳거나 그르지 않다면, 니힐리스트가 사랑하는 사람을 새디스트가 죽음에 이르도록 천천히 고문하는 것은 사실상 그릇된 것이 아니다.

왜 니힐리스트는 도덕 판단이 참도 아니고 거짓도 아니라고 생각하는가? **비인지주의자**(noncognitivist)라고 불리는 사람들은 도덕적 문장은 사실을 기술하거나 진술하는 데 사용되는 것이 아니기 때문에 참도 거짓도 아니라고 말한다. 오히려 그 문장들은 참·거짓으로 평가될 수 없는 다른 것을 행하기 위해 사용된다. 우리는 언어(문장)를 사용하여 많은 것들을 할 수 있다. 예를 들어, 우리는 사실(예컨대, 지금 시각은 정오이다)을 설명하기 위해서라기보다 "몇 시인가?"라고 묻기 위해 문장을 사용할 수 있다. 묻기 위해 사용하는 문장은 참도 아니고 거짓도 아니다. "몇 시인가?"라는 물음에 "그것은 참이다."라고 대답하는 사람을 상상해 보라. 우리는 추천하기 위해서, 명령하기 위해서, 예를 들어 "도약에 앞서서 보라."고 하기 위해서 언어를 사용할 수도 있다. 그 문장은 명령이기 때문에 참도 아니고 거짓도 아니다. 비인지주의자들은 "이것은 도덕적으로 옳다/그르다." 또는 "이것은 도덕적으로 선/악이다."와 같은 도덕 판단을 표현하기 위해 사용한 문장들은 참도 아니고 거짓도 아니라고 주장한다. 왜냐하면 그것들은 존재에 관해 주장하거나 사실을 진술하기 위해서 사용된 것이 아니라, 단지 도덕적 승인이나 비난과 같은 느낌이나 태도를 표출(express)하기 위해서 사용된 것이기 때문이다. 그러므로 "백인 우월주의자들이 버드를 죽음에 이르도록 질질 끌고 간 것"은 참 혹은 거짓이다. 왜냐하면 그것은 사태에 대해 가정된 사실을 진술하기 때문이다. 그런 사실이 있다면 그것은 참이다. 다른 한편으로, "백인 우월주의자들이 버드를 죽음에 이르도록 질질 끌고 간 것이 도덕적으로 그르다."는 것과 같은 문장들은 사태에 관한 가정된 사실이나 주장을 진술하고 있는 것이 아니다. 오히려 그 행동을 향한 화자나 필자의 부정적 태도나 느낌을 표출한다. 이런 관점에 따르면, "백인 우월주의자가 버드를 죽음에 이르도록 질질 끌고 간 것은 그른 것이었다."는 오히려 그들이 그를 죽음에 이르도록 질질 끌고 갔다고 말하고는 그다음에 부정적인 태도를 표출하기 위해서 "으악 끔찍스러워!" 혹은 자신의 엄지손가락을 아래로 내리는 몸짓 혹은 자신의 코를 잡는 것과 같은 것이다.

도덕적 문장은 누군가의 느낌이나 태도를 표출하는 것 말고 다른 용도로 사용되지는 않는가? 비인지주의자를 비판하는 사람들은 문장이 동시에 많은 목적들을 위해 사용될 수 있다는 점을 지적한다. 예를 들어, "다리가 약하다."는 다리를 기술하기 위해서 사용될 수도 있고, 부주의한 자동차 운전자에게 경고하기 위해서 사용될 수도 있다. "당신은 비만이다."는 기술하기 위해서 사용될 수도 있지만, 모욕을 주거나 경고하기 위해서 사용될 수도 있다. 그것들은 상호 간에 배타적이지 않다. 만약 이러한 문장들이 여러 가지 중에서 느낌이나 태도를 표출하기 위해 사용될 수 있다면, 그 문장들은 참도 아니고 거짓도 아니라는 귀결이 도출되는가? 약함과 비만의 의미, 그리고 다리의 약함과 사람의 비만에 대한 기준이나 표준에 대해 의견이 일치한다면, 그 문장들은 사실을 기술하거나 진술할 수 있고, 따라서 참이거나 거짓일 수 있다. 다시 말해 약한 다리의 기준이 주어진다면, 예를 들어 어느 정도의 무게를 지탱해야 하는데도 그 정도의 무게에서 붕괴 가능성이 매우 크다면, 다리가 약하다고 말하는 것은 다리가 강도 기준을 충족시키지 못하므로 약하다고 말하는 것을 의미한다. 강함과 약함의 정확한 경계 설정에 관한 의문, 즉 각각의 무게에서 어느 정도의 붕괴 가능성이 있는지에 대한 의문이 있을 수 있고, 따라서 우리는 주어진 다리가 약한지의 여부를 확신할 수는 없겠지만, 붕괴되지 않을 만큼의 근사치에 접근할 수는 있다. 많은 경우에 "다리가 약하다."는 문장은 기술하기 위해서뿐만 아니라 경고하기 위해서 사용된다 하더라도, 다리가 약한지의 여부는 곧바로 참이나 거짓이 될 것이다.

"노예제는 그릇된 것이다."와 같은 도덕적 문장은 "다리가 약하다."는 문장과 유사한가? 다시 말해, 비록 그 문장들이 태도를 표출한다 하더라도 또한 사실들을 기술하거나 진술하기 때문에 참이나 거짓이 될 수도 있는가? 요점은, 어떤 문장이 태도나 감정을 표출하기 위해 사용된다는 단순한 사실은 그것이 참도 아니고 거짓도 아니라는 사실을 증명하지 못한다는 것이다. 왜냐하면 그 문장을 태도나 감정을 표출하는 데 사용하는 것 이외에, 그것을 참이거나 거짓 되게 하는 다른 많은 것들을 하는 데 사용하는 일이 있을 수 있기 때문이다.

흥미롭게도, 우리가 다른 판단이 아니라 도덕 판단을 어떤 식으로 표출할 때 비인지주의는 명백히 참이다. "살인을 저지르지 마라." "도둑질하지 마라."와 같은 도덕규칙에 대해 이야기할 때, 우리는 명백하게 명령법을 사용하고 있지만, 그 명령법은 참도 아니고 거짓도 아니다. 그러나 잔인과 같은 이른바 "심한" 개념들을 사용하여 도덕 판단을 표출할 때, 명백히 우리는 평가하고 있는 동시에 기술하고 있는 것이다. "그는 잔인하다."는 설사 부정적인 태도를 표출하기 위해 사용된다 하더라도, 직접적으로 참이거나 거짓이 될 수 있다. (우리가 또한 지적해야 할 점은, 비인지주의자들이 어떤 도덕적 판단은 다른 도덕적 판단보다, 비록 그것이 참이거나 거짓은 아니지만 정당하거나 합리적이라고 말할 수 있다고 하는 사실이다. 이것은 우리가 어떤 명령이나 추천에 대해 그렇게 말할 수 있는 것과 꼭 같다. 비인지주의자들은 니힐리스트가 아니다. 왜냐하면 니힐리스트는 도덕적 판단은 도대체 참일 수도 없고 거짓일 수도 없다고 주장하고 있을 뿐만 아니라, 어떠한 도덕 판단도 다른 도덕적 판단보다 더 정당하거나 합리적일 수는 없다고 주장하기 때문이다.)

논리 실증주의(logical positivism)라고 알려진 운동에 호의적인 어떤 비인지주의자들은, 만약 어떤 문장이 관찰과 지각에 의해 검증 가능(verifiable)하거나 확증 가능(confirmable)하지 않다면, 그 문장은 의미 없다(meaningless)고 주장한다. 만약 그 문장이 의미 없다(혹은 **인식적 측면에서** 의미 없다)면, 그것은 참도 아니고 거짓도 아니다. "공이 빨간색이다."는 우리가 그 공을 봄으로써 그것이 빨간색인지의 여부를 말할 수 있기 때문에 검증 가능하거나 확증 가능하다. 그러므로 그 문장은 의미 있다. 다른 한편으로, "아기 믿음은 그것의 시끄러운 머리카락 손질을 가졌다."는 문장(또는 단어들의 연결)은 우리의 감각 사용에 의해서 검증 가능하거나 확증 가능하지 않다. 그러므로 그것은 의미가 없다. (우리는 봄으로써 아기 믿음이 시끄러운 머리카락 손질을 가지는지 어떤지를 검증하거나 확증할 수 없다. 아기의 믿음이란 것이 있는가? 어떤 믿음은 머리카락을 가지는가? 어떤 머리카락은 시끄러운가?) 그것은 의미가 없기 때문에 참도 거짓도 아니다.

이러한 비인지주의 철학자들에 의하면, 우리는 "노예제는 언제나 그르다."와 같은 도덕적 문장을 우리의 감각 사용에 의해서 검증하거나 확증할 수 없다. 그러므로 그러한 문장은 의미 없다. 따라서 그것은 참도 아니고 거짓도 아니다.

그러나 "아기 믿음은 그것의 시끄러운 머리카락 손질을 가졌다."의 예는 사태를 악화시킨 것처럼 보인다. 그것은 감각에 의해서 검증될 수 없기 **때문에** 의미 없는 것이 아니라, 의미 없기 때문에 감각에 의해서 검증될 수 없다. 여기서 물어야 할 것은, 어떤 문장이 우리의 감각에 호소하는 것으로는 검증되거나 확증될 수 없다는 바로 그 한 가지 때문에 그 문장은 의미가 없다고 생각할 수 있는, 도대체 어떤 이유가 있을 수 있느냐 하는 것이다. 오늘날 거의 모든 철학자들은 검증주의 주장을 거부한다. 사실상 그것은 자기 파멸적이다. "경험적으로 확증되거나 검증될 수 없는 문장은 의미가 없다."는 문장을 생각해 보자. 이 문장 자신은 경험적으로 확증되거나 검증될 수 있는가? 아니다. 그러므로 그 문장이 참이라면 그것은 의미가 없다! 그러므로 그것은 참이 아니다.

일부 철학자들은 또한 일부 비인지주의자들의 주장에 대해 반대한다. 왜냐하면 그런 비인지주의자들은 도덕 추리에서 지각과 관찰이 하는 역할을, 비록 그런 역할이 자연과학에서의 검증 및 확증과 정확하게 동일한 것은 아니라 하더라도, 간과하는 것처럼 보이기 때문이다. 도덕 판단을 내리는 이유들은 거의 언제나 확증될 수 있는 경험적 주장과 확증될 수 없는 경험적 주장을 포함한다. 예를 들어, 해로움에 대한 주장들은 일반적으로 도덕 추론에서 중요하다. 그리고 우리는 무언가가 해로운지 아닌지 그리고 그것이 얼마나 해로운지의 여부를 결정하기 위해서 관찰과 지각에 호소해야만 한다. (매개 도덕 원칙과 마찬가지로 모든 것을 고려한 단칭 도덕 판단에서 해로움에 대한 주장들의 역할을 고려해 보자.) 아마도 대부분의 철학자들은 도덕적 니힐리스트들이 그들의 예를 증명하지 못했다고 생각한다.

소크라테스의 대화록인 『테아이테토스(Theaetetus)』에서의 플라톤에 따르면, 그리스 철학자 프로타고라스(Protagoras)는 "인간은 만물의 척도이다. 존재하는 것은 존재하는 대로의, 존재하지 않는 것은 존재하지 않는 대로의 척도이다."[3]라고 주장했다. 대화에서 소크라테스는 자신의 생각으로는 프로타고라스가 의미한 것은 다음과 같은 것이 아닌가라고 이야기한다. "… 어떤 것이 나에게 드러나는 것에 따르면 그것은 나에게 그런 것이고, 당신에게 드러나는 것에 따르면 그것은 당신에게 그런 것이다."[4] 그러므로 당신이 덥다고 느끼는 날은 나에게 시원한 날일 수도 있다. 그러한 경우에 당신에게는 덥고 나에게는 시원하다. 만약 우리가 실재적으로(really) 어떤지, 즉 실재적으로 더운지 혹은 실재적으로 시원한지의 여부를 질문한다면, 프로타고라스는 그 질문이 그날이 **실재적으로** 그런 하나의 방식은 존재하지 않는다고 하는 잘못된 가정을 드러내고 있다고 말할 것이다. 실재적으로 덥지도 않고 실재적으로 시원하지도 않다. 그것은 상대적이다. 당신에게는 덥고 나에게는 춥다. 만약 세 번째 사람이 따뜻하다고 느끼고 네 번째 사람은 춥다고 느낀다면, 그때 그것은 또한 세 번째 사람에게는 따뜻하고 네 번째 사람에게는 춥다. 그러나 그날 그 자체로는 객관적으로 덥지도 따뜻하지도 시원하지도 춥지도 않다.

마찬가지로, 우리가 소설 『백경(Moby Dick)』에 대해 어떻게 생각하고 있는지를

3) Plato, *Theaetetus*, in *Plato: Complete Works*, John M. Cooper, trans. M. J. Levett, revised by Myles Burnyeat (Indianapolis, IN: Hackett, 1997), section 152a.

4) Ibid., 152a.

서로에게 질문한다고 가정해 보자. 당신은 그 소설이 매혹적이라고 느낄 수도 있고, 나는 지루하다고 느낄 수도 있다. 이 경우에 그것이 나에게는 지루하지만 당신에게는 그렇지 않다. 그러나 우리가 소설이 **실재적으로** 지루한지 **실재적으로** 지루하지 않은지의 여부를 질문한다고 가정해 보자. 프로타고라스는 우리가 잘못을 저질러 왔다고 말할 것이다. 그것은 객관적으로 이런저런 것이 아니다. 지루하다는 것은 철저히 상대적이다. 어떤 사람에게는 지루하고 다른 사람에게는 지루하지 않다.

그러나 소크라테스에 따르면, 프로타고라스의 상대주의는 날이 더운지 혹은 『백경』이 지루한지의 여부에 대한 물음 이상의 것에 적용된다. 소크라테스가 그를 해석한 것에 따르면, 프로타고라스는 어떤 사람에게는 참이 되는 것은 무엇이든지 그에게는 참이라고 주장한다. 사람은 잘못을 저지를 수도 없고 거짓된 신념을 가질 수도 없다. 그가 프로타고라스를 요약한 것에 따르면, "개인이 지각에 의해 판단한 것은 무엇이든지 그에게는 참이다. … 누구도 다른 사람의 경험을 그가 한 것보다 더 잘 평가할 수 없다. 또한 누구도 다른 사람의 판단을 검증하는 권위를 주장할 수 없고 그것이 옳은지 혹은 그른지의 여부를 알 수 없다. … 개인 자신만이 그 자신의 세계에 대해 판단할 수 있고, 그가 판단하는 것은 언제나 참이고 옳다. …"[5] 그러나 당신이 날아다니는 꿈을 꾸었고, 그러한 경험으로부터 자신이 실재적으로 날은 적이 있었다고 믿게 된다고 가정해 보자. 소크라테스에 따르면, 프로타고라스는 날아가는 당신에게 정확하게 "오, 당신이 잘못이다. 당신은 실재적으로 날지 않았다. 단지 나는 꿈을 꾸었을 뿐이다."라고 말할 수 없다. 당신이 날았다는 것은 당신에게는 참이고 나에게는 거짓이지만, "당신이 날았었나?"라는 질문에 대해 객관적으로 참인 대답도 없고 거짓된 대답도 없다. 모든 진리는 지각하는 사람에 대해 상대적이다. 우리는 어떤 것이 참(혹은 거짓)이라고 말하지 않아야만 한다. 대신에 우리는 그것을 상대적인 방식으로 표현해야 하고, 그것이 어떤 사람**에게는 또는** 어떤 사람을 **위해서는** 참이고, 다른 사람**에게는 또는** 다른 사람을 **위해서는** 거짓이라고 말해야만 한다.

그러나 우리는 어떤 사람이 실재적으로 날았는지 아니면 단지 나는 꿈을 꾼 것인지의 여부에 대한 주장보다는 도덕적 주장에 더 관심이 있다. 소크라테스의 진술에 따르면, 프로타고라스의 상대주의는 정의와 권리에 대한 도덕적 개념들에 대한 주장을 담고 있다. 프로타고라스에 따르면, "어떤 공동체든 그 공동체가 정의롭고 옳은 것으로 결정하고 그런 식으로 확립하는 것은 무엇이든지 간에, 그것은 실제로 그 공동

5) Ibid., section 161d.

체에 대해 정의롭고 옳은 것이며, 그 공동체가 그런 식으로 확립한 한에서 그 공동체에 대해서 정의롭고 옳은 것이다."[6] 이러한 긴장 속에 두 가지 다른 입장이 있다. 하나는 개인이 도덕적인 것들을 포함하여 만물의 척도라는 것이며, 반면 다른 것은 공동체가 만물의 척도라는 것이다. 우리는 첫 번째 입장—개인이 옳고 그름의 척도이다—을 **도덕적 주관주의**(moral subjectivism)라 부를 것이고, 두 번째 입장—공동체가 옳고 그름의 척도이다—은 **도덕적 상대주의**(moral relativism)라 부를 것이다.

도덕적 옳고 그름은 개인에 대해서나 집단에 대해서 상대적이라고 말하는 것은 도덕적 옳고 그름이 상황에 따라 상대적이라고 주장하는 또 다른 상대주의의 입장과 구별되어야만 한다.

후자의 견해에 따르면, 사물이 옳거나 그른 것은 절대적인 것이 아니다. 오히려 어떤 상황에서는 옳고 다른 상황에서는 그르다. 예를 들어, 사람이 돈을 훔치기 위해 무고한 사람을 죽인다면 살인은 그른 것이지만, 무고한 인질의 생명을 구하기 위해 테러리스트를 죽인다면 그르지 않다. 마찬가지로, 마약을 사기 위한 도둑질이라면 그르지만, 자신의 굶주린 아이를 먹이기 위한 것이라면 그르지 않다. 이러한 종류의 상대주의는 우리가 도덕적 주관주의와 도덕적 상대주의에 대해 말할 때 고려할 필요가 없다.

IV. 도덕적 주관주의

도덕적 주관주의자들은 개인이 옳거나 그르다고 믿는 것은 무엇이든지 그 개인에 대해서 옳거나 그르다고 주장한다. 어떤 개인이 옳다고 믿는 것이 "실재적으로" 옳은지 어떤지를 물어보자. 주관주의자들은 어떤 것도 "실재적으로" 옳거나 그르지 않다고 말한다. 다른 식으로 표현하면, 우리가 개인의 도덕적 신념이 "실재적으로" 참인지 아닌지를 묻는다면, 주관주의자들은 도덕적 신념과 도덕적 문장에 적용될 수 있는 "실재적인" 진리와 같은 것은 없다고 말한다. 즉 각 개인의 모든 도덕적 신념은 참이다. 어떤 도덕적인 신념도 거짓이 아니다. 그러나 주관주의자들이 염두에 두고 있는 진리는 이른바 **객관적** 진리가 아니라 **주관적** 진리이다.

어떤 신념이나 문장은 그것이 누군가의 신념이나 이해나 느낌과 관계없이 참일

6) Ibid., section 177d.

때, **객관적으로** 참이라고 말한다. 그것은 관찰자와 무관하게 실재 세계의 존재 방식이기 때문에 참이다. 예컨대 "지구에는 하나의 달이 있다."는 것은 객관적으로 참이다. 그것이 참인 것을 알기 위해 주위를 둘러보는 정신적 관찰자들이 없다 하더라도 여전히 참일 것이다. 유사하게, 만약 (초자연적인 힘을 가진) 마녀가 실재적으로 없다면, 마녀가 존재하지 않는다고 믿는 개인은 **객관적으로** 참된 신념을 가지고 있으며, 마녀가 존재한다고 믿는 개인은 **객관적으로** 거짓된 신념을 가지고 있는 것이다.

도덕적 주관주의자가 참이면 누구도 **객관적으로** 참이거나 거짓인 도덕적 신념을 가질 수 없다. 오히려 각자는 **주관적으로** 참인 신념을 가진다. 그러나 그것은 모순된 도덕 문장 둘 다 주관적으로 참일 수 있다는 점을, 그리고 모순이라 하더라도 두 문장 중 하나가 거짓인 경우는 생기지 않는다는 점을 수반하는(entail) 것처럼 보인다. 즉 나는 버드를 죽을 때까지 끌고 다닌 것이 나쁘다고 믿고, 어떤 백인 우월주의자는 그것이 나쁘지 않다고 믿는다면, 우리는 둘 다 정당하고 둘 다 **주관적으로** 참된 신념을 가지고 있다. 우리들 중 어느 누구도 **객관적으로** 참된 신념을 갖고 있는 것은 아니다. 또한 우리들 중에 어느 누구도 **객관적으로** 거짓된 신념을 가지고 있지도 않다.

도덕적 주관주의에 의하면 도덕 문제 판정의 최상의 그리고 유일한 법정은 개인 자신의 도덕 규준이다. 도덕적 사실(fact)은 존재하지 않는다. 개인이 승인한 표준을 제외하고는 그에게 적용하는 타당한 도덕 표준은 없다.

1. 도덕적 주관주의의 지지 이유

(1) 도덕적 신념은 느낌에 근거한다

도덕적 주관주의의 한 가지 공통된 논증은 다음과 같다.

1. 도덕적 신념은 오직 느낌에 기인한다.
2. 느낌은 주관적이고, 참도 거짓도 아니다.
3. 그러므로 도덕적 신념은 주관적이고, 참도 거짓도 아니다.

이 논증에는 몇 가지 문제가 있다. 첫째, "～에 기인한다"가 "～가 원인이 되어 발생한다"를 의미한다면, 첫 번째 전제가 참인지는 분명하지 않다. 많은 도덕적 신념은 가족·친구·종교 집단·선생님의 도덕적 가르침으로부터 배운 것들이다. 그 신념들은 어떤 느낌이 원인이 되어 발생한 것이 아닐 수도 있고, 어떤 느낌과도 결합되어 있지 않은 것일 수도 있다. 당신이 어릴 때 훔치는 것은 나쁘다는 가르침을 받았다면,

그것은 느낌에 기인한 신념이 아니다.

느낌은 가끔 도덕적 평가에서 어떤 역할을 하지만, 느낌만으로는 그런 역할이 이루어지지 못한다. 가끔은 경험·이성·상상력도 도덕 신념의 형성에 결정적인 역할을 하기도 한다. 다음 예를 생각해 보자. 미국에서 온 방문객이 길거리에서 나치 흉악범이 집에서 늙은 유대인을 끌어 내어 죽도록 때리는 것을 본다고 하자. 나치들은 자신들이 나쁜 짓을 전혀 하고 있지 않다고 믿는다. 미국에서 온 방문객은 그들이 나쁜 짓을 하고 있다고 믿는다. 나치들이 현재의 신념을 갖고 현재의 행동을 하는 이유 중 일부는, 그들이 유대인을 증오하고 죽도록 때리고 있는 노인에 대한 동정심과 연민이 부족하기 때문이라고 말할 수도 있겠다. 그러나 그들이 왜 유대인을 증오하고, 왜 동정심과 연민이 부족한지를 물어보아야 한다. 느낌 하나만으로는 대답이 되지 않는다. 그런 느낌들은 지각·상상력·신념·추론 등에 뿌리 박혀 있는 원인을 가지고 있다. 나치들은 유대인이 자신들의 사회를 파괴하고 있다고 믿게끔 세뇌되었기 때문에 그들을 미워할는지 모른다. 유대인 노인에 대한 연민이나 동정심이 부족한 것은 그의 고통을 상상하는 데 필요한 상상력의 부족에 기인한 것일 수도 있고, 유대인에 대한 신념 때문에 생겨난 것일 수도 있다. 마찬가지로, 미국에서 온 방문객은 유대인을 증오하지 않기 때문에, 그리고 죽도록 맞고 있는 노인에 대해 호의와 동정심을 가지고 있기 때문에 현재의 신념을 갖고 있을는지 모른다. 그러나 느낌 하나만으로는 대답이 되지 않는다. 느낌은 원인을 가진다.

두 번째 전제도 문제가 있다. 느낌은 참도 거짓도 아니다. 그렇다고 해서 느낌이 합리적이라고 평가될 수도, 비합리적이라고 평가될 수도 없다는 결론이 나오는 것은 아니다. 공포를 생각해 보자. 누군가가 쥐를 보고 격렬한 공포를 느낀다면, 쥐가 아무 위협도 취하지 않기 때문에 그 공포는 비합리적이다. 마찬가지로, 우리는 가끔 그들의 종교나 인종 때문에 사람들을 증오하는 것은 불합리하다고 주장한다. 유대인·아랍인·아프리카계 미국인·아시아인을 싫어하는 것은 거의 보편적으로 불합리한 것으로 간주된다. 어떤 도덕적 신념이 증오와 같은 느낌에 기인한다 하더라도, 그 도덕적 신념이 정당한지 또는 합리적인지 여부를 묻는 물음이 면제된다는 결론이 나오는 것은 아니다. 왜냐하면 그 느낌이 정당한지 또는 합리적인지를 물을 수 있기 때문이다.

마지막으로, 어떤 신념의 원인은 그것이 참인지의 여부와 거의 관계가 없다. 아들을 끔찍이 사랑하는 어머니가 오로지 아들을 사랑하기 때문에 아들이 극악한 죄를 짓지 않았다고 믿는 것을 상상해 보자. 단지 그녀의 느낌만이 아들의 결백을 믿는 근거이다. 그녀의 신념은 참도 거짓도 아니라는 결론이 나오는가? 물론 아니다. 그녀의 신념이 참인지 아닌지는 아들이 죄를 지었는지 아닌지에 달려 있다. 느낌에 기인한 신념이 도덕적 신념이라면 같은 논리가 적용된다.

(2) 사람들은 도덕 문제에 대해 의견이 일치하지 않는다

도덕적 주관주의의 논증에 따른다면, 어떤 문제에 대해 의견이 일치하지 않을 경우 그들 둘 다 똑같이 옳다는 귀결이 나온다. 그리고 모든 도덕 문제들에서 의견이 일치하지 않는 개인들을 발견할 수 있기 때문에, 개인이 도덕 문제에 대해 무엇을 믿든지 간에 그는 참된 신념을 가진다는 귀결이 도출된다.

어떤 문제에 대해 사람들 간에 의견이 일치하지 않는다는 단순한 사실에 의해서는 아무것도 증명되지 않는다. 사람들은 사실상의 모든 일에 대해 의견이 일치하지 않는다. 예컨대, 리 하비 오스왈드가 케네디 대통령을 죽였는지에 대한 사람들의 의견이 일치하지 않는다. 이러한 사실에서부터 그가 했던 주장이 참도 거짓도 아니라는 귀결이 도출되는 것은 아니다. 당신이 존재하지 않는다고 믿는 누군가가 있다고 가정해 보자. 이것은 생각만큼 이상한 일은 아니다. 예컨대 정신병자이며 그래서 당신을 상상의 인물이라고 생각하는 누군가에게 당신이 말을 걸고 있다고 상상해 보자. 그는 당신이 존재하지 않는다고 믿는다. 당신은 당신이 존재한다고 믿는다. 의견 불일치가 있다고 해서, 당신이 존재한다는 주장은 참도 거짓도 아니라는 결론이 나오겠는가? 아니 당신이 존재하는 것도 아니고 존재하지 않는 것도 아닌 일이 가능이나 하겠는가? 당신이 존재하는지에 대해 두 사람의 의견이 일치하지 않는다고 해서, 그 문제에 관한 한 진리가 없다는 결론이 나오는 것은 아니다. 그러므로 도덕 문제에 대해 의견이 일치하지 않는다고 해서 어떤 도덕 주장도 참도 아니고 거짓도 아니라는 결론이 도출되는 것은 아니다.

모든 도덕 문제에 대해 불일치가 있다고 해서 도덕 원칙의 수준에서도 항상 불일치가 있다고 생각해서는 안 된다. 특정한 도덕 문제에 대한 의견 불일치는, 사회들이 비도덕적 사실에 대해 상이한 신념을 가지는 경우, 그 사회들이 동일한 도덕 원칙을 받아들일 때조차도 생길 수 있다. A 사회는 인간을 제물로 바치는 것이 도덕적으로 옳다고 믿고 있는 반면에 우리는 그것이 도덕적으로 옳지 않다고 믿고 있다고 해서 상이한 기본 도덕 원칙이 있다는, 예컨대 그들은 우리보다도 인간 삶에 대해 더 낮은 도덕 가치를 부여한다는 결론이 나오는가? 아니다. 우리는 그렇게 믿지 않지만, 그들은 신들에게 주기적으로 인간을 제물로 바치지 않는다면 우주 전체가 파괴될 것이라고 믿을지도 모른다. 그들이 이런 신념을 갖지 않았더라면, 인간을 제물로 바치는 것이 도덕적으로 옳다는 신념을 가지지는 않았을 것이다. 다른 한편으로, 만약 우리가 그런 신념을 믿었다면 인간을 제물로 바치는 것이 도덕적으로 옳다고 믿었을 것이다. (그리고 우리가 의견이 일치하지 않는다고 해서 제물을 바치지 않는다면, 신들이 우주를 파괴할 것이라는 주장이 참도 거짓도 아니라는 결론이 도출될까?)

동일한 도덕 원칙을 다른 환경에 적용하기 때문에 도덕적 의견 불일치가 생기는 경우도 있다. 우리가 다루고 있지 않은 다른 유형의 도덕적 상대주의에 대해 생각해 보자. 그런 상대주의는 한 유형의 상황에서 도덕적으로 옳은 것이 다른 유형의 상황에서 도덕적으로 그르다고 주장한다. (이러한 상대주의에 따르면, 도덕적 옳고 그름은 상황에 연관되어 있지, 사회나 개인의 신념에 연관되어 있지 않다.) A 사회와 B 사회가 있다고 가정해 보자. A 사회는 출산 및 산아 제한의 신뢰할 만한 방법에 대해 광범위하고 정확한 정보를 가지고 있는, 기술적으로 상당히 진보한 풍요로운 사회이다. 인구 증가가 조절되어 왔고, 인구 과잉의 문제는 없다. 다른 한편으로, B 사회는 기술적으로 후진적이고 생존의 문턱에서 허덕이는, 근근이 현재 인구를 유지할 수 있는 사회이다. B 사회의 사람들은 출산에 대한 정확한 정보가 부족하고 산아 제한에 대한 신뢰할 만한 방법이 전혀 없다. 출산이 저지되지 않는다면 인구 성장으로 인하여 이용 가능한 자원의 부족 현상이 생기고, 그로 인해 광범위한 기아·영양실조·질병이 발생할 것이다. 그렇다면 우리가 유아 살해는 나쁜지 어떤지를 묻는다고 가정해 보자. A 사회에서 유아 살해는 도덕적으로 나쁘다는 의견의 일치가 쉽게 이루어지겠지만, B 사회에서는 다른 상황으로 인하여 유아 살해가 도덕적으로 나쁘다는 의견의 일치가 쉽게 이루어지지 않을 수도 있다. 두 사회가 어떤 도덕 문제에 대하여 의견이 불일치한다고 해서 그들이 다른 도덕 원칙을 수용하고 있다는 결론이 나오는 것은 아니다. 그러나 그들이 상이한 도덕 원칙을 받아들인다 하더라도 각 사회가 똑같이 참이거나 합리적인 도덕 신념을 가지고 있다는 귀결이 나오는 것은 아니다.

(3) 도덕 논쟁에서 누가 옳은지를 증명할 수 있는 사람은 아무도 없다

도덕적 주관주의자들은 다음의 논증을 제시할 수도 있다—즉 도덕 논쟁에서 누가 옳은지를 증명할 수 있는 사람은 아무도 없다. 누가 옳은지 아무도 증명할 수 없다면, 둘 다 옳거나 아니면 어느 쪽도 옳지 않다.

도덕 논쟁에서 누가 옳은지 아무도 증명할 수 없는가? 그것은 **증명**에 대해 우리가 무엇을 요구하는가에 좌우된다. 무언가가 확실하다(혹은 확실하게 참이다)는 것, 즉 우리가 도저히 실수할 수 없다는 것을 보여 줄 때만 그것을 증명하는 것이라고 제한해서 말한다면, 대부분의 사람들은 아마 우리가 도덕 논쟁에서 누가 옳은지 증명할 수 없다는 데 동의를 할 것이다. 그러나 아마도 우리는 도덕과 무관한 대부분의 논쟁에서도 누가 옳은지 증명할 수 없다. 도덕과 무관한 경우나 도덕의 경우 대부분에서 우리가 더 관심을 가지고 있는 것은 우리가 믿는 것에 대한 **적절한 정당화**(adequate justification)가 있느냐 하는 것이다. 우리가 찾고 있는 것은 확실성이 아니라 높은 가능성이다.

두 사회가 어떤 도덕 문제에 대하여 의견이 일치하지 않는다고 해서, 그들이 믿는 것에 대해 둘 모두가 정당하다는 귀결이 자동적으로 나오는 것은 아니다. 이 두 사회의 의견이 정당한지를 결정하기 위하여 우리는 그 의견이 정당화되는지를 찾아야만 한다. 둘 모두가 똑같이 정당화되는 일도 가능하겠지만, 한 사회가 다른 사회보다 도덕적 신념에서 훨씬 더 낫고 비중 있는 이유를 가지는 경우도 가능하다. 예컨대 한 사회의 도덕적 신념이 거짓되고 비합리적인, 도덕과 무관한 신념에 기인하는 것도 가능하다. 그 경우 그것을 정당화하는 일은 결함을 가진다. 아니면 하나의 주장이 다른 주장을 함축하지 않는데도 함축한다고 생각하는 추리상의 실수가 있을 수도 있다. 이 경우에 아마 이런 결함을 가지지 않았다는 자신의 도덕적 신념을 정당화한 그 사회는 자신의 경우를 "증명"한 셈이 될 것이다.

그러나 비록 느슨한 의미에서 누가 옳은지를 "증명할" 수 없다 하더라도, 둘 다 똑같이 옳다거나 어느 쪽도 옳지 않다고 하는 단순한 귀결로 이어지지 않는다. 우리는 신이 우주를 창조했는지, 다른 은하계에 지성적인 생명체가 있는지 여부에 대해 누가 옳은지 증명할 수 없는데도, 그러한 논쟁이 이루어지는 경우를 많이 본다. 그렇다고 해서 우리가 사실의 문제는 존재하지 않으며, 두 견해 모두 똑같이 옳거나 둘 다 옳지 않다는 생각을 가질 필요는 없다.

(4) 관용의 덕

많은 사람들은 다른 사람의 견해에 관해 관용적인 것은 훌륭한 일이고, 모든 사람이 자신이 믿는 바를 믿을 권리를 가지고 있다고 생각하고 있으며, 도덕 주관주의는 관용에 대한 강력한 근거를 제공한다고 생각한다. 이러한 논점으로부터 그들은 도덕 주관주의가 참이라는 생각으로 진행해 나갈 수도 있다. 그러나 하나의 이론을 받아들여서 그것으로 인해 좋은 결과가 나온다 하더라도, 그것 때문에 그 이론이 참이 되는 것은 아니다. 더욱이, 도덕적 주관주의를 받아들인다고 해서 상이한 견해에 대해 관용이 증가하는 결과가 생겨날지 어떨지는 결코 분명하지 않다.

도덕 주관주의는 관용의 덕을 위해 비옥한 근거를 제공하는가? 한편으로는 그렇게 보일 것이다. 왜냐하면 주관주의자는 독단적일 수 없고, 의견이 일치하지 않는 사람에 대해 잘못이라고 말할 수 없기 때문이다. 그러나 주관주의가 관용의 덕을 위한 비옥한 근거라고 하더라도, 그것이 유일하게 가능한 근거는 아니라는 것을 기억해두어야만 한다. 또한 주관주의적 근거 말고도 많은 근거가 있다. 좀 더 요점을 말한다면, 주관주의자는 어떤 것도 "정말로" 잘못이라고 말할 수 없기 때문에 오히려 관용의 덕에 대한 불안정한 근거를 제공한다. 왜냐하면 주관주의자는 비관용이 정말로 잘못이라고 말할 수 없기 때문이다. 주관주의자에 따르면, 우리가 관용적이어야 한다는 주장은 관용적이어서는 안 된다는 주장보다 더 객관적으로 참인 것이 아니다.

2. 도덕적 주관주의의 문제점

(1) 주관주의자에게 도덕적 신념이 있을 수 있을까?

도덕적 주관주의는 도덕적 신념을 가진다는 생각이나 도덕 판단을 내린다는 생각을 이해할 수 없는 것인 것처럼 생각하는 견해를 수용한다. 당신이 도덕적 주관주의라고 해 보자. 두 사람이 어떤 도덕적 문제에 대한 의견이 다를 때, 당신은 둘 모두 잘못된 주장을 펴고 있지 않다고 생각한다. 즉 둘 다 (주관적으로) 참인 신념을 가지고 있다. 당신과 내가 버드를 질질 끌고 가서 죽게 만드는 것이 옳은 것인지에 대해 의견이 다르다고 해 보자. 당신이 그것은 옳지 않았다고 **말한다**면, 그것이 옳지 않았다는 당신의 신념을 드러내는 것처럼 보인다. 도덕적 주관주의에 대한 당신의 신념에 추가해서, 당신은 버드를 끌고 다녀 죽음에 이르게 한 것이 옳지 않다고 믿지만, 그를 끌고 가서 죽음에 이르게 한 것이 나쁘지 않다는 주장도 참이라고 이야기하고 있다. 그럴 경우 나는 그를 끌고 가서 죽게 하는 것은 나쁜 일이라고 믿지만, 동일한 것이 그르지 않다고 하는 것도 참이라 믿는 것은 어떤 의미를 가질 수 있을까에 대해 의아하게 생각하게 된다. 만약 당신이 그것이 그르다고 믿으면서 그르지 않다고 믿는다면, 당신은 그것이 그르다고 믿고 있지 않은 셈이 된다. 그렇다면 우리는 진정으로 의견이 불일치하는 것이 아니다. 왜냐하면 불일치는 한 사람이 어떤 것을 믿고 다른 사람은 그 반대의 것을 믿는 것을 의미하기 때문이다.

(2) 도덕적 탐구

당신이 도덕적 문제, 예를 들면 교사가 자신이 가르치는 학생들 중 한 명과 성관계를 가지는 것이 잘못된 일인가에 대해 아직 결론을 내리지 못하고 있다고 해 보자. 그 질문에 대한 대답을 하기 위해 당신은 어떻게 해야 할까? 도덕적 주관주의가 옳다면 당신이 무엇을 믿는지, 왜 그렇게 생각하는지는 중요하지 않다. 당신이 믿는 것은 무엇이든지 다 (주관적으로) 옳고, 그래서 실수할 리가 없다는 점이 당신에게 보장된다. 그러므로 무엇을 믿어야 하나를 결정하기 위해 동전 한 개를 튕겨 올려 보든지, 당신 어머니에게 물어보든지, 여론을 참조하든지, 찬반의 비중을 달아 볼 건지는 중요하지 않다. 그러나 많은 사람들은 그것이 도덕적 탐구라는 진지한 업무를 조소거리로 만들어 버린다고 생각한다. 그들에 따르면, 도덕적 탐구는 이유들의 무게를 재는 일이어야 한다.

(3) 도덕 판단의 유형

모든 것을 고려한 단칭 도덕 판단, 매개 도덕 원칙, 기본 도덕 원칙을 구분한 것들을 상기해 보자. 도널드 데이비슨에 따르면, 가령 거짓말하는 것은 잘못이라는 매개 도덕 원칙들의 논리적 구조는 다음과 같다. 어떤 행위가 거짓말이라는 사실은 그것이 잘못이라고 생각하는 하나의 도덕적 이유이다. 그런데 주관주의자들에 따르면, "그것이 거짓말이라는 사실이 그것을 옳다고 생각하는 한 가지 도덕적 이유"라고 말하는 사람은 그것이 그르다고 생각할 한 가지 도덕적 이유라고 말하는 사람과 다를 바 없이 정당하다. 그러나 어떻게 그럴 수 있을까? 어떤 것이 거짓말이라는 사실을 그것의 그름의 눈금 쪽에 놓든 올바름의 눈금 쪽에 놓든 간에 똑같이 정당해지는 일이 어떻게 가능한가? 데이비슨에 따르면, 누군가가 어떤 것을 거짓말이라는 사실이 옳다고 생각할 한 가지 이유라고 말한다면, "거짓말"이나 "도덕적 이유"의 찬반에 대해 이야기할 때 우리가 동일한 것을 의미하고 있는지 심각하게 의심해 보아야 한다. "거짓말"이나 "도덕적 이유"로써 동일한 것을 의미하는 것이 아니라면, 우리는 정말로 의견이 다른 것이 아니다. 오히려 우리는 서로 비껴 나가고 있는 주장을 펴고 있는 것이다.

필리파 풋은, 만약 주관주의가 참이고 사람들이 "도덕적 이유"로써 동일한 것을 의미한다면 우리는 진짜 이상한 결과를 얻을 수 있다는 점을 지적했다. 예를 들어, 당신이 오늘 아침 왼쪽 양말을 오른쪽 양말보다 먼저 신었다는 사실이 오늘 당신이 하는 다른 모든 일들도 그르다고 생각할 하나의 도덕적 이유라고 누군가가 말하더라도, 주관주의자는 이에 대해 이의를 제기할 수 없다. 그러나 누군가 오른쪽 양말보다 왼쪽 양말을 먼저 신는지는 도덕적 관점과 분명 아무런 관련이 없다. 그것은 무언가의 옳거나 그름의 이유일 수 없다. 그것이 관련 있다고 생각하는 사람은 분명 우리가 도덕적 이유로써 의미하는 것과 동일한 것을 의미하고 있지 않다.

(4) 요약

설령 도덕적 참이라 하더라도 그것은 자명하거나 명백하지 않다. 많은 사람들은 주관주의에 반대하는 이유들이 도덕적 주관주의에 유리한 이유들보다 더 강하고 비중이 있다고 생각한다. 당신의 생각은 어떤가?

V. 도덕적 상대주의

문화적 상대주의에 따르면, 상이한 문화들은 상이한 도덕 원칙을 받아들이고 상이한 도덕 판단을 내린다. 그래서 상이한 문화들은 많은(그렇다고 반드시 모두는 아니지만) 도덕적 문제들에 대해 상이한 견해를 갖는다. 이러한 사실은 역사·인류학·다른 사회과학들로부터 얻은 풍부한 자료가 제시된다면 분명하게 사실로 드러날 것이다. 예컨대 어떤 문화들은 일부다처제를 도덕적으로 옳지 않다고 생각하는 반면, 다른 문화들은 그렇게 생각하지 않는다. 또 어떤 문화들은 노예제가 도덕적으로 그르다고 여기는 반면, 다른 문화들은 그렇게 생각하지 않는다.

문화적 상대주의가 참이라고 한다면, 그것이 함축하고 있는 것은 무엇인가? 어떤 사람들에 따르면, 문화적 상대주의는 도덕적 상대주의를 수반한다. 플라톤의 『테아이테토스』에서 프로타고라스가 주장한 바를 상기해 보자. 그의 상대주의적인 어떤 주장에 따르면, "인간은 만물의 척도이다." 그러나 다른 곳에서 그는 공동체가 만물의 척도라고 말했다. 소크라테스는 그것을 어느 한 특정 공동체가 도덕적 문제에 대해 생각하는 것은 무엇이든지 다 참이라는 의미로 이해했다. 그래서 객관적이거나 비상대적 참·거짓 같은 것은 없는 것으로 이해했다. 그 말은 공동체가 도덕 판단을 함에 있어 실수를 할 수 없고, 객관적으로 거짓된 도덕적 신념을 가질 수 없다는 것을 의미한다. 공동체가 생각하기에 도덕적으로 잘못된 것은 무엇이든 간에 (그 공동체에 대해서) 도덕적으로 그릇된 것이다. 도덕적 상대주의에 따르면, 모든 사회가 받아들여야 하는 보편적 도덕 원칙은 없다. 그렇다면 개인은 어떤가? 프로타고라스는 한 사회의 도덕이 개별 구성원들을 강제하고 있고, 그것이 그들에 대한 도덕적으로 참인 표준이라고 말하는 것 같다. 그러나 한 사회의 도덕 원칙들은 비록 그것들이 합법적으로 그 사회 구성원들의 행위와 도덕 판단을 지배한다 하더라도 다른 사회들에서는 적용되지 않는다. 이런 관점에서 볼 때, 그 사회가 받아들이는 도덕적 규준의 일부가 아닌 도덕적 표준이나 원칙들을 한 개인이나 사회에 적용하는 것은 결코 정당화되지 않는다.

따라서 "노예제는 말할 필요도 없이 나쁘다."라고 말하는 것처럼 비상대주의적인 도덕적 주장을 하는 것은 결코 정당화되지 않는다. 또한 그런 주장은 객관적으로 참일 수도 없다. 우리가 말할 수 있는 것은 기껏해야 다음과 같은 것이다. "이 사회에서 노예제는 도덕적으로 나쁘다." 이와 유사하게, 노예제가 도덕적으로 옳다고 믿는 사회에 대해 거짓되거나 비합리적인 도덕적 신념을 가지고 있다고 말하는 것은 합법적 근거를 가질 수 없다. 만약 그렇게 한다면, 우리는 그 사회의 도덕적 규준에 의해서가 아니라 우리의 도덕적 규준에 호소함으로써 그 사회를 판단하고 있는 것이다.

그러나 상대주의자들에 의하면, 우리의 도덕적 규준의 표준들을 사용해서 다른 사회의 도덕적 규준을 판단해서는 안 된다. 왜냐하면 우리의 도덕적 규준이 참이거나 합리적이거나 정당화되지 않는 것은 그들의 도덕적 규준이 그런 것과 마찬가지이기 때문이다. 기껏해야 우리가 할 수 있는 말은 우리 사회에서는 노예제가 나쁘다는 것이다. 상대주의자들에 따르면, 내가 살고 있는 사회는 노예제·여성들의 종속·자살폭탄·인종차별·종교 탄압을 도덕적으로 옳다고 생각하는 데 반해, 당신의 사회는 그것들을 도덕적으로 잘못된 것이라고 생각하더라도, 이 두 사회는 실수를 한 것도 아니요, 거짓된 신념을 갖고 있는 것도 아니다. 객관적 진리는 없다. 그러나 개별 사회의 도덕적 신념들은 "상대적으로" 참이다.

또한 몇몇 도덕적 상대주의자들은 개인의 도덕적 신념이 그 사람이 속한 사회의 도덕적 신념과 일치할 때에만 그것이 참이라고 주장한다. A 사회의 도덕적 규준에 따라 남성이 여성을 지배하는 것이 도덕적으로 옳은 반면, B 사회의 도덕적 규준에 따라 그것이 도덕적으로 그르다고 가정해 보자. 도덕적 상대주의에 의하면, 남성이 여성을 지배하는 것이 A 사회에서는 도덕적으로 옳고 B 사회에서는 도덕적으로 그르다. 브래드와 브랜다가 A 사회의 구성원이라고 해 보자. 브래드는 남성이 여성을 지배하는 것이 도덕적으로 옳다고 믿는 반면, 브랜다는 그것이 도덕적으로 그르다고 믿는다. 이런 유형의 도덕적 상대주의에 따르면, 브래드는 참인 도덕적 신념을 가지고 있고, 브랜다는 그릇된 도덕적 신념을 가지고 있다.

상대주의자의 주장이 참이라고 생각할 만한 어떤 이유들이 있는가?

1. 도덕적 불일치는 도덕적 상대주의를 수반하는가?

어떤 사람들은 많은 도덕적 문제들에 대해서 사회들 간에 의견 일치가 이루어지지 않는다는 사실로부터 도덕적 상대주의가 직접적으로 귀결한다고 생각하는 것처럼 보인다. 그러나 주관주의에 대해 살펴본 것처럼, 사람들의 견해가 일치하지 않는다는 사실로부터 그들 모두 옳다는 귀결이 나오는 것은 아니다. 사회 간 불일치의 경우도 마찬가지이다. 한 사회가 악마가 아니라 세균이 병을 유발한다고 믿는 반면 다른 사회는 악마가 병을 유발한다고 믿는다면, 두 사회 모두가 참된 신념을 갖는 일은 불가능할 것이다. 불일치한다는 사실만으로 두 사회 모두가 옳음에 틀림없다는 귀결이 나오는 것은 아니다.

또 하나 염두에 두어야 할 점은 도덕적 불일치가 반드시 도덕 원칙의 수준에서의 불일치를 포함하는 것은 아니라는 것이다. 특정한 도덕적 문제에 대한 불일치는 사회 간에 도덕과 무관한 사실에 대한 신념이 다를 경우, 동일한 도덕 원칙들을 받아들일 때에도 생겨날 수 있다. 만약 A 사회는 인간 제물이 도덕적으로 옳다고 믿고 우리는 그것이 그르다고 믿는다고 해서 우리와 A 사회 간에 기본 도덕 원칙이 다르다는 귀결이 나오는가? 예를 들어, A 사회는 인간 생명에 대해 우리보다도 더 낮은 가치를 부여하는가? 아니다. 그들은 주기적으로 신에게 인간을 제물로 바치지 않는다면 우주 전체가 파멸한다는 것을 믿는 반면, 우리는 믿지 않는 일이 있을 수 있다. 만약 그렇게 믿지 않았더라면, 그들은 인간 제물이 도덕적으로 옳다는 것을 믿지 않았을 것이다. 다른 한편으로, 만약 우리가 그렇게 믿었더라면 아마도 인간 제물이 도덕적으로 옳다고 믿었을 것이다.

(1) 도덕 논쟁에서 누가 옳은지를 증명할 수 있는 사람은 아무도 없다

도덕적 상대주의자들은 다음과 같이 논증한다. 누구도 어떤 사회가 도덕적 논쟁에서 옳은지를 증명할 수 없기 때문에, 우리는 그들 가운데 하나가 옳고 다른 것은 옳지 않다고 말할 수 없으며, 대신에 우리는 그들 모두가 옳다고 생각해야만 한다. 주관주의자들에 의해 사용된 이러한 논증에 대해 우리가 언급했던 동일한 것이 상대주의에 의해 사용된 논증에도 적용된다.

2. 관용은 덕이다

어떤 이들은 사람들이 다른 사회를 판단하거나 변화시키려고 노력하지 않아야만 한다고 생각하기 때문에, 그리고 도덕적 상대주의는 일종의 관용을 요구한다고 생각하기 때문에 도덕적 상대주의를 받아들인다. 우리들 가운데 많은 사람들은 문화를 변화시키려는 노력의 비참한 역사에 익숙하다. 예를 들어, 기독교 전도사들은 토착 미국인들을 개종시키고자 하였다. 그렇게 함에 있어 그들은 열등하다고 생각한 토착 미국인들의 문화를 파괴했다. 어떤 경우 그들은 그들 자신의 이미지로 토착 문화를 바꾸기 위해서 그것을 파괴했다. 마찬가지로 인도에서 영국인들은 일반적으로 인도의 문화를 경멸했다. 영국의 기준을 적용하면서 영국인 주인들은 전형적으로 인도인의 인성과 품성·종교·관습·인도의 제도 등이라고 생각했던 것을 경멸했다. 영국인은 인도인들의 선(善)을 위해 인도인을 지배함으로써, 인도인들의 문화를 보다 서구 유럽의 문화와 비슷하게 변화시킴으로써, 세계 속의 문명화되지 않은 사람들을 문명화시키는 것, 이른바 "백인들이 무거운 짐을 지는" 것이 의무라고 생각했다.

주관주의의 근거로서의 관용의 덕에 대해서 위에서 말했던 것은 상대주의의 근거에도 적용된다. 만약 다른 사회가 관용을 거부하고 다른 문화를 바꾸어야만 한다고 생각한다면, 상대주의자는 그것이 그르다고 말할 수 없다. 그것은 자신의 문화 규준에 관련해서는 상대적으로 그르지만, 상대주의자이기 때문에 그는 자기 사회의 도덕 규준이 다른 사회의 도덕 규준보다 더 참도 아니고 더 옳은 것도 아니라고 말해야만 한다.

3. 사람들은 그들 사회의 도덕적 규준에 순응해서는 안 되는가?

어떤 이들은 다음과 같은 이유 때문에 상대주의를 받아들인다. 즉 사람들이 사회의 도덕 규준에 순응해야만 한다고 생각하기 때문에, 그리고 사람들이 그러한 의무를 가진다는 것을 도덕적 상대주의가 수반한다고 자신들이 믿기 때문에, 도덕적 상대주의를 받아들인다. 그러나 도덕적 상대주의는 사람들이 그러한 의무를 가진다는 것을 수반하지 않는다. 도덕적 상대주의자는 사람들이 자기 사회의 규칙에 순응해야 한다고 말할 수 없다. 그것은 "상대주의적인" 주장이 아니다. 사람들이 자기 사회의 규칙 대부분에 순응해야 할 좋은 이유들이 있겠지만, 사람들이 모든 규칙에 순응해야만 한다고 생각하는 어떤 이유가 있는가? 마틴 루터 킹(Martin Luther King Jr.)과 간디(Gandhi) 같은 세계의 가장 위대한 도덕적 지도자들 중 몇몇은 사람들이 정의로운 규칙에는 복종해야만 하지만 그렇지 않은 규칙에 복종해서는 안 된다고 주장했다. 남북 전쟁 이전의 미국의 탈주 노예법은 도망친 노예를 숨겨 주는 것을 범죄로 규정하였고, 사람들이 도망친 노예들을 다시 노예를 만드는 제도에 협력하도록 요구했다. 그러한 법률에 도전하는 것은 도덕적으로 그른가?

더 나아가, 우리는 "사회의" 도덕 규준에 대한 생각을 비판적으로 살펴보아야만 한다. 그것은 그 사회의 모든 사람들이 받아들이는 규준이라는 것을 암시하는 것처럼 보이지만, 그러나 그와 같은 규준이 있는가? 그럴 것 같지는 않다. 어떠한 사회도 완벽하게 동질적이지는 않다. 많은 사회가 다양한 하위 집단으로 구성된다. 예를 들어, 미국의 북동부·남동부·극서부에 사는 사람들 사이에는 도덕적 신념에 중요한 차이점이 있다. 북동부에 사는 사람들 사이에도 중요한 차이점이 있다. 시골 사람들의 도덕적 신념은 종종 도시 사람들의 도덕적 신념과 다르다. 자유주의 프로테스탄트들의 도덕적 신념은 가톨릭 신자, 보수적인 프로테스탄트들의 신념과 다르다. 정통파 유대교인들의 도덕적 신념은 다른 유대인들의 도덕적 신념과 다르다. 그때 만약 우리가 미국의 도덕적 규준을 의미한다면, "우리 사회의" 도덕적 규준은 무엇인가? 그것은 단지 다수의 도덕적 신념일 뿐일 수도 있고, 아니면 영향력 있는 소수자의 도덕적 신념일 뿐일 수도 있다. 설사 우리 사회의 다수 사람들이 특정한 도덕적 문제에 대해 무엇을 믿는지를 안다고 하더라도, 그것이 단지 다수의 견해라는 이유만으로 우리에게 다수의 도덕적 신념에 순응해야 할 도덕적 의무가 있는가? 다수의 의견은 언제나 옳은가? 아니다. 고려할 사항은 그것이 옳거나 그르다고 믿는 사람들의 숫자가 아니라 오히려 논증의 무게이다.

4. 상대주의와 도덕적 탐구

당신이 아직 어떤 도덕적 문제에 대해 마음을 정하지 못했다고 가정해 보자. 예를 들면, 15세 소녀가 강간을 당했기 때문에 임신중절을 하는 것이 도덕적으로 그른지의 여부를 고심하고 있다고 가정해 보자. 당신은 그 질문에 대답하기 위해 어떻게 해야 하나? 도덕적 상대주의가 옳다면, 당신은 당신 사회에서 다수의 사람들이 그것에 대해 어떻게 믿는지를 알기 위해 여론조사로 대중의 견해를 물어야 한다. 다수가 그것이 그릇된 것이라고 믿는다면 그것은 그르다. 다수가 그르지 않다고 믿는다면 그것은 그르지 않다. 그러나 여론조사로 대중의 견해를 묻는 것이 그 질문에 대답하기 위한 최선의 방법인가? 오히려 15세 강간 희생자가 낙태를 하는 것이 그르다는 주장에 대한 찬반의 이유를 조심스럽게 검토하는 것이 더 낫지 않을까? 그러나 도덕적 탐구에서 이유들의 무게를 재는 것은 도덕적 상대주의와 양립할 수 없는 것처럼 보인다.

VI. 결론

우리는 도덕 실재론과 반실재론의 여러 형식, 즉 니힐리즘·주관주의·상대주의 중 어느 한쪽을 선택해야 하는 것처럼 보인다. 도덕적 이론 중 완전히 문제가 없는 이론은 없다. 각각의 이론은 지지자와 반대자, 강점과 약점을 가진다. 이상적 측면에서, 철학자들은 여러 주장이나 이론들의 찬반 논증과 이유들의 무게를 조심스럽게 잼으로써 무엇을 믿어야 할지를 결정하고자 하며, 모든 것을 고려할 때 무엇이 가장 합리적인지를 결정하고자 한다. 철학자의 역할을 자임하는 일, 그리고 도덕 이론 중 어느 것을 믿는 것이 가장 합리적인지를 결정하는 일은 이제 여러분의 몫이다.

연습문제

1. 도덕 실재론이 더 합리적인가 아니면 도덕적 반실재론이 더 합리적인가? 후자가 더 그럴듯하다면, 니힐리즘·주관주의·상대주의 중 어떤 이론이 가장 그럴듯한가?
2. 도덕적 주장은 도덕적 사실이 있을 때에만 참인가? 도덕적 성질과 도덕적 사실은 있는가? 만약 그렇다면, 도덕적 성질을 우리는 어떻게 이해해야 할까? 그런 성질이 있고 없음을 어떻게 발견할 수 있을까?
3. 관용은 덕인가? 그렇다면 관용은 도덕적 주관주의나 도덕적 상대주의가 참이라고 생각할 좋은 이유인가?
4. 도덕적 니힐리즘이나 주관주의는 도덕적 신념을 가질 수 있는가?

다음의 연습문제에 대해 도덕 실재론, 도덕적 니힐리즘, 도덕적 상대주의, 도덕적 주관주의의 관점에서 검토해 보라.

5. 일부 아랍 국가의 "종족법"에 따르면, 강간 희생자의 친척이 강간자를 살해하는 것은 도덕적으로 옳을 뿐만 아니라, 가족에게 부끄러운 일을 초래하기 때문에 친척이 강간 희생자를 죽이는 것도 마찬가지로 도덕적으로 옳다. 1996년에 요르단 강 서안 지구에서 돈으로 인한 말다툼 때문에 아이의 아버지에게 복수할 거리를 찾고 있었던 25세 청년에게 세 살 난 여아가 강간을 당했다. 종족법에 따르면, 아이의 친척이 아이를 살해하는 것은 도덕적으로 옳을 것이다. 아이의 친척들은 팔레스타인의 지도자 아라파트가 개입하여 살인을 저지르지 못하게 할 때까지 아이를 살해하려고 했다.[7] 강간 희생자를 살해하는 것은 도덕적으로 옳은가? 여성이 3세이든, 23세이든, 83세이든 관계가 있는가?

7. 시간을 되돌려서 히틀러가 대학살을 하고 제2차 세계대전을 일으키기 전에 당신이 그를 살해할 수 있다면, 그것은 옳은 일인가?

관련 자료

David Copp and David Zimmerman, eds. *Morality, Reason, and Truth*. Totowa, NJ: Rowman and Allanheld, 1984.

Stephen Darwall, *Philosophical Ethics*, Boulder, CO: Westview Press, 1998.

William Frankena. *Ethics*, 2d ed. Englewood Cliffs, NJ: Prentice-Hall, 1973. (특히 제6장을 보라.)

Gilbert Harman, *The Nature of Morality*. New York: Oxford University Press, 1977.(특히 제1-4, 8, 9장을 보라.)

John Ladd ed. *Ethical Relativism*, Belmont, CA: Wadsworth, 1973.

Ellen E. Paul, Fred Miller, and Jeffrey Paul. *Culture Pluralism and Moral Knowledge*. Cambridge, England: Cambridge University Press, 1994.

Louis Pojman. *Ethics: Discovering Right and Wrong*. Belmont, CA Wadsworth, 1990. (특히 제2장을 보라.)

Walter Sinnott-Armstrong and Mark Timmons. *Moral Knowledge? New Readings in Moral Epistemology*. Oxford: Oxford University Press, 1996.

David Wong. *Ethical Relativity*. Berkeley: University of California Press, 1984.

인터넷 자료

Ethics Update (http://ethics.acusd.edu). A Web page dedicated to both ethical theory and applied ethics. See the resources under ethical relativism.

Plato, *Protagoras* (http://classics.mit.edu/Plato/protagoras.html). The complete dialogue online.

7) "Palestinian Court Dispenses Justice," *Boston Sunday Globe* (20 October 1996), p. A6.

제 4 장

심리적 이기주의와 도덕적 이기주의

- 상식상의 도덕(commonsense morality) 개념 이해
- 심리적 이기주의의 그럴듯함 이해와 비판적 가치 평가
- 도덕적 이기주의의 그럴듯함 이해와 비판적 가치 평가
- 심리적 이기주의와 도덕적 이기주의의 관계 이해
- 심리적 이론과 도덕적 이론의 차이 이해와 식별

I. 상식상의 도덕

상식상의 혹은 관습적인 도덕이라고 부르는 것에 의하면, 우리들 자신—또는 우리가 동질감을 갖는 어떤 집단—을 이롭게 하기 위해 다른 이들을 해롭게 하는 것은 일반적으로 나쁘고, 도움이 절실히 필요하고 돕는 데 큰 비용이 들지 않을 때 다른 이들을 돕는 것은 일반적으로 옳다. 상식상의 도덕이 나쁘다고 여기는 해로운 행위의 예는 살인·고문·배신·테러·인종 청소·노예화·성폭행·절도·거짓말이다. 상식상의 도덕에 따르면 악이 모두 똑같은 것은 아니다. 고문은 절도보다 나쁘다. 그러한 행위로 당신이나 당신이 속한 집단이 이익을 본다고 해도 나쁘다는 사실은 달라지지 않는다. 그것들은 상식상의 도덕에서 보자면 여전히 나쁜 것이다. 마찬가지로 상식상의 도덕에서는 도움이 절실하지만 도움의 비용이 크지 않다면, 도와줌으로써 이익을 얻지 못하고 그로 인한 손실이 다소 있다 할지라도 다른 이들을 도와야 한다고 말한다. 어떤 사람이 물에 빠졌고 당신이 그 사람에게 밧줄을 던져서 구할 수 있다면, 상식상의 도덕은 당신이 그 사람을 구해서 얻는 것이 없고 그로 인해 다소간의 손해를 보더라도

(어쩌면 당신의 옷이 진흙투성이가 되어서 세탁비가 들지도 모르지만) 밧줄을 던져야 한다고 말한다. 당신이 수영을 잘하지 못하거나 심각한 위험에 처하게 된다면, 상식상의 도덕은 물에 빠진 사람을 구하기 위해 물에 뛰어들기를 요구하지 않는다. 하지만 상식상의 도덕에 따르면, 당신이 아무것도 하지 않는 것—그냥 가 버려서 그 사람을 익사하게 내버려 두는 것—은 나쁜 일이다. (다시 한 번 다음을 상기해 보자. 도움을 필요로 하는 사람을 도와야 한다는 원칙에 따르면, 전체를 고려하는 단칭 도덕 판단을 내리기 위해 그 행위 및 상황의 여러 측면들을 고려하고, 도움의 필요성이 증대된다고 판단되면, 도움을 주는 행위는 옳다.)

경우에 따라서 상식상의 도덕은 우리가 어떤 행위를 함으로써 이익을 얻지 못하거나, 그로 인해 비용이 든다고 하더라도 그 행위를 해야 한다고 명령한다. 마찬가지로, 그로 인해 이익을 얻을지라도 그런 일을 하지 말라고 명령한다. 상식상의 도덕은 다른 사람의 이익을 증진시키기 위해 혹은 다른 사람의 이익을 보호하기 위해 때로는 우리 자신의 이익을 희생해야 한다고 말한다.

그렇다면 상식상의 도덕은 옳은가? 어떤 사람들은 상식상의 도덕이 그르다고 주장한다. 즉 우리에게는 다른 사람들을 이롭게 하거나 보호하기 위해 자신의 이익을 희생해야 할 도덕적 의무가 없다는 것이다. 다른 사람을 해롭게 하는 것이 우리에게 이익이 된다면, 다른 사람을 해롭게 하는 것을 삼갈 의무가 없는 것이다. 또한 다른 사람을 돕는 것이 자기에게 이익이 되지 않으면, 다른 사람을 도와야 할 의무가 없다. 이러한 견해에서 보면, 자신을 이롭게 하기 위해 다른 사람을 해롭게 하는 것은 나쁘지 않다. 뿐만 아니라 다른 사람을 돕더라도 자신에게 이익이 되지 않는다면 그들을 돕지 않는 것은 잘못이 아니다. 앞으로 알게 되겠지만, 이 이론은 하나의 도덕적 관점으로부터 다음과 같이 주장한다. 도덕적 관점에서 판단해 볼 때 이익의 견지에서 자신의 최소한의 손실이나 이익이, 전체를 고려한 단칭 도덕 판단에서 다른 사람이 가장 당면한 필요성보다 우선한다. 도덕적 이기주의(Moral Egoism)의 이러한 주장은 상식상의 도덕과 충돌한다. 도덕적 이기주의가 옳은가? 아니면 상식상의 도덕이 옳은가?

도덕적 이기주의가 옳고 상식상의 도덕이 틀리다고 생각할 이유가 있는가? 한 가지 이유는 **당위**(ought)가 **가능**(can)을 함축한다는 원칙에 호소한다. 이 원칙에 따르면, **가능**할 때만 도덕적으로 **해야** 한다(그것을 해야 할 도덕적 의무가 있다)고 말하는 것을 뜻한다. 예컨대, 어떤 사람이 적어도 하루에 10분씩은 물속에서 호흡해야 한다(호흡해야 할 도덕적 의무가 있다)고 말했다고 가정해 보자. 이 주장은 그렇게 하는 것이 육체적으로 불가능하기 때문에 성립이 안 된다. 우리에게 육체적으로 불가능한 어떤 것을 해야 할 도덕적 의무가 있다고 주장하는 것은 성립이 안 되는 주장이다. 다른 한편으로, 식탁에 팔꿈치를 떼고서 먹을 수 있다면, 그렇게 할 도덕적 의무가 있다고 주장하는 것은 성립이 안 되는 주장은 아닐 것이다(확실히 그런 주장은 거짓되거나 불합리하겠지만, 성립이 안 되는 주장은 아니다). 마찬가지로, 몸이 가려울 때 참을 수 없다면, 긁어서는 안 될 도덕적 의무가 있다고 주장하는 것은 성립이 안 되는 주장일 것이다.

당위가 **가능**을 함축한다는 원칙은 상식상의 도덕에 대해 흥미로운 의미(implication)를 가진다. (심리적인 기질 때문에) 다른 사람들을 해롭게 하지 않거나 도와주기 위해 자신의 이익을 희생하는 것이 **불가능하다**면, "**당위**가 **가능**을 함축한다."는 원칙은 상식상의 도덕이 틀렸다는 사실을 수반한다. 도와줌으로써 이익을 얻지 못할 경우 다른 사람들을 돕는 것이 **불가능하다**고 한다면, 다른 사람들을 도와야 한다거나 그렇게 하지 않는 것이 도덕적으로 그르다고 말하는 것은 이치에 맞지 않다. 다른 사람을 해롭게 해서 우리에게 이익이 있을 경우 그렇게 하지 않는 것이 **불가능하다**면, 다른 사람들을 해롭게 하는 것을 삼가야 한다거나 그들을 해롭게 하는 것이 도덕적으로 그르다고 말하는 것은 이치에 닿지 않는다. 하지만 다른 사람을 이롭게 하기 위해 또는 해롭게 하지 않기 위해 때로는 자신의 이익을 희생하는 것이 **불가능하다**고 생각해야 할 이유가 어디에 있는가?

심리적 이기주의(Psychological Egoism) 이론으로부터, 그 이론이 참이라면, 사람들이 다른 사람을 이롭게 하기 위해 혹은 해롭게 하지 않기 위해 자신의 이익을 희생하는 것은 **불가능하다**는 사실이 논리적으로 도출될 수도 있다. 심리적 이기주의가 참이라면 그리고 그 이론이 사람들의 자기희생이 불가능하다는 것을 수반할 수 있다면, 상식상의 도덕은 틀린 것이고 도덕적 이기주의가 옳은 것이다. 그럼 도덕적 이기주의의 고찰에 앞서 심리적 이기주의부터 살펴보자.

II. 심리적 이기주의

심리적 이기주의는 인간 본성과 행동을 기술하는(descriptive) 이론인 데 반해, 도덕적 이기주의는 도덕적 옳고 그름에 관한 이론이다. 간혹 심리적 이기주의는 다음과 같은 이론으로 표현된다.

모든 사람들은 늘 이기적으로 행동한다.

이기적으로라는 말은 평가적으로 사용되기보다는 단지 기술적으로 사용된다. 왜냐하면 심리적 이기주의는 인간의 심리에 관한 이론이지 도덕적 옳고 그름에 관한 이론이 아니기 때문이다. 그것은 사람들이 어떻게 행동하는가에 관한 이론이지 어떻게 행동해야 하는가에 관한 이론은 아니다. 이 이론에 따르면, 우리는 늘 이기적으로 행동하는데, 그 이유는 그것이 인간의 본성이기 때문이라는 것이다. 인간의 본성은 어떤 "모습을 지니고" 있는가 하는 것이 문제이다. 그러나 어떤 행위를 **이기적**이라고 말하는 것은 무슨 뜻인가?

『웹스터 사전(Webster's Dictionary)』에 의하면, 이기적이라는 단어의 의미는 다음과 같다.

1. 자신에 대해 과도하게 또는 자기 자신에게만 관심을 갖는 것. 다른 이들에게는 전혀 마음을 쓰지 않고 자신의 이익, 쾌락, 행복을 추구하거나 이에 집중하는 것.
2. 타인을 고려하지 않고 자기 자신의 행복이나 이익에 대한 관심에서 생겨나는 것.[1]

이기적이라는 단어의 사전적 정의는 자신의 이익을 도모하거나 이를 지켜 내기 위해 다른 사람들의 이익을 **무시하는 것임**을 강조한다. 사람들이 누구나 이런 정의에 따라 이기적이라면, 상식상의 도덕은 **당위**가 **가능**을 함축한다는 이론에 위배되는가? 그런 것만은 아니다. 타인들의 이익을 무시하고 이익을 희생시키는 것에 대해 이야기할 때, 우리는 **일부의** 다른 사람들을 말하는가, **대부분의** 다른 사람들을 말하는가, 아니면 **모든** 다른 사람들을 말하는가? 그리고 **간혹**을 뜻하는가, **대개의 경우**를 뜻하는가, 아니면 **항상**을 뜻하는가? "**당위**가 **가능**을 함축한다."는 규칙은 당신이 **모든 사람들의** 이익을 **항상** 무시하는 경우에만 깨진다. 당신이 간혹 일부 어떤 사람들의 이익을 생각한다면, 분명 당신이 그렇게 행동하는 것은 **가능하다**. 인간은 항상 다른 모든 사람들의 이익을 무시한다는 의미에서 이기적인 것이 "틀림없는" 그런 식의 모습을 가진 존재인가? 분명히, 하나의 종(種)으로서의 우리 인간이 자기 자신을 제외한 어떤 이를 보살피는 일

---

1) *Merriam-Webster's Collegiate Dictionary*, 10th ed. (Springfield, MA: Merriam-Webster, 1994).

이 불가능한 경우에만 우리 인간은 그런 모습을 가진 존재가 되겠지만, 남을 돕는 것이 가능한 충분한 증거가 있는 것처럼 보인다. 비록 캐쉬(셰리스를 구하기 위해 어떤 일도 하지 않은)와 같은 사람들—자기 자신 말고는 어느 누구에게도 관심을 가지지 않는 사람들—이 있지만, 이런 사람들은 아주 소수에 불과한 것 같다. (만약 우리가 모두 캐쉬와 같다면, 우리 인간 종은 오래전에 멸종했을지도 모른다.) 우리는 대부분 다른 사람들을 배려한다—적어도 우리는 **일부** 몇몇 다른 사람들을 배려한다. 부모의 자식 사랑이나 한 성인이 다른 성인에 대해 갖는 로맨틱한 사랑을 한번 생각해 보라. 자신의 경우를 곰곰이 생각해 보라. 당신 자신 말고 당신이 배려하는 사람이 없는가?

자신의 이익만을 추구하는 행동이 항상 "이기적"인 것은 아님을 주목하라. 건강검진을 받으러 의사에게 가거나 승진을 위해 또는 초과 수당을 위해 초과 근무를 한다면, 당신은 자신의 이익을 늘리기 위해 행동하고 있는 것이지만, 당신이 다른 사람들의 중요한 이익을 무시하고 희생시키지 않는다면 이런 행동들은 전혀 이기적이지 않다.

아마도 심리적 이기주의에 대한 더 나은 정식은 다음과 같을 것이다.

모든 사람의 행동은 항상 궁극적으로 자신의 이익에 의거한다.

당신이 한 달에 두 번 토요일마다 지역 병원에서 자원봉사를 한다고 가정해 보라. 심리적 이기주의 정식에 의하면, 당신의 행동은 궁극적으로 자신의 이익에 의거한다. 이 말이 의미하는 바는 무엇인가?

사람들은 행동할 때 대개 어떤 이유 때문에 행동한다. 이유는 아주 다양할 수 있다. 격주 토요일마다 지역 병원에서 무보수로 자원봉사를 하는 세 사람이 있다고 하자. 그린은 많은 표를 기대하고 있는 정치가이기 때문에 자원봉사를 한다. 시간을 쪼개 병원에서 자원봉사를 함으로써, 그는 유권자들에게 이타주의자라는 인상을 줄 것이다. 브라운은 더 많은 거래를 따내고 싶은 여성 사업가이다. 그녀는 병원에서 자원봉사를 함으로써 잠재 고객들에게 훌륭한 인격자라는 인상을 심어 주고 싶어 한다. 마지막으로, 블랙은 병든 이들에게 측은한 마음과 동정심을 느낀다. 그녀는 고통을 줄이는 데 보탬이 되고 지역 공동체에 적극적으로 기여하고자 한다. 그녀는 지역 병원이 재정적으로 곤궁하고 일손이 부족함을 알고, 무보수 자원봉사자들이 그 부족분의 일부를 채워 주지 않는다면 환자가 고통을 받게 된다는 것을 안다. 그녀는 도움을 주고 싶어 하고, 그래서 격주로 토요일 자원봉사에 시간을 할애함으로써 환자를 도울 수 있다고 믿는다.

개인의 행동은, 만약 그 행동의 이유나 동기가 자신의 행복을 증대시키거나 행복이 감소되는 것을 막기 위한 것(자신에게 해가 되는 것을 막기 위한 것)이라면 자신의 이익에 의거한다. 언뜻 보기에 병원에서 무보수 자원봉사를 하는 것은 자신의 이익에 의거하지 **않는** 것처럼 보이는데, 이는 자원봉사자보다는 다른 사람들에게 이익이 되는 것처럼 보이기 때문이다. 그러나 자원봉사자의 실제 이유나 동기를 그들의 내면으로 들어가서 본다면, 그린과 브라운의 행동은 궁극적으로는 자신의 이익에 의거함을 알 수 있다. 그들은 시간을 쪼개어 자원봉사를 하고 있는데, 이는 자신들이 이익을 얻을 것이라고 믿기 때문이다. 그들의 의도는 다른 이들을 이롭게 함으로써 자신들의 이익을 챙긴다는 것이다. 만약 자원봉사를 함으로써 이익을 얻지 못한다면, 그들은 자원봉사를 하지 않을 것이다. 이들의 동기 또는 이유의 구조를 다음과 같이 도식화할 수 있을 것이다.

> 나는 이익을 챙기고 싶다. → 나는 자원봉사를 함으로써 이익을 얻을 것이다. → 나는 자원봉사를 한다. → 나는 이익을 얻고 다른 사람들도 이익을 얻는다.

자원봉사를 하는 행위의 주목적은 행위자 자신의 이익을 챙기는 것이지 다른 사람들의 이익을 챙기는 것이 아니다. 결과적으로 다른 사람들이 이익을 보겠지만, 다른 사람의 이익이 동기인 것은 아니다. 다른 사람들을 이롭게 하는 것은 목적(행위자 자신을 이롭게 하는 것)에 도달하기 위한 수단이지, 그 자체가 목적은 아니다. 두 경우에서는 행위가 이타적인 것처럼 보일 뿐이다. 궁극적으로 그것은 봉사자 자신에게 이익이 되며, 그런 행위의 의도는 봉사자 자신의 이익에 맞추어져 있다. 겉으로 보기에 이타적인 행위들은 궁극적으로 자신의 이익에 의거한다.

그러나 블랙의 경우는 어떠한가? 그녀의 행위 역시 궁극적으로 자신의 이익에 의거하는가? 설령 자신의 이익에 의거한다고 말할 수 있더라도, 분명한 사실은 블랙의 동기나 이유의 구조는 그린과 브라운의 그것과는 완전히 다르다는 사실이다. 그녀의 동기나 이유의 구조를 다음과 같이 도식화해 볼 수 있다.

> 나는 타인들을 이롭게 하고 싶다. → 나는 자원봉사를 함으로써 다른 사람들을 이롭게 할 것이다. → 나는 자원봉사를 한다. → 타인들은 이익을 얻고 나도 이익을 얻는다.

블랙의 주요 관심사는 자신보다도 다른 사람들을 이롭게 하는 것이다. 물론, 블랙은 자신의 행동으로부터 이익을 얻을 수도 있다. 왜냐하면 그녀는 다른 사람들을 도와준 결과 만족이나 행복을 얻기 때문이다. 그러나 블랙의 의도는 자신보다는 다른 사람들을 이롭게 하려는 것인데, 설령 행위의 결과로 그녀 역시 이익을 얻는다 하더라도 말이다. 그녀의 행위는 자신을 이롭게 하기 위해 착수된 것이라는 의미에서의 자신의 이익에 의거하지 **않았다**.

모든 사람들의 행위가 항상 궁극적으로 자신의 이익에 의거한다는 주장에서 다음과 같은 사실이 논리적으로 도출된다. 즉 우리가 다른 사람의 행위의 내면을 들여다볼 때마다, 그린과 브라운의 경우와 마찬가지로, 결국은 그 사람 자신의 이익을 증진시키려는 욕망에 의해 유발됨을 발견하게 될 것이라는 사실이 도출된다. **모든** 인간의 **모든** 행위에 관한 이런 무차별적인 일반화가 참이라고 생각할 만한 어떤 이유라도 있는가? 심리적 이기주의자들은 이런 주장을 뒷받침할 만한 증거를 가지고 있는가? 그런 증거는 어떤 형태의 증거인가? 이 이론에 대한 증거가 있거나, 심지어 그럴 가능성이 있을지는 결코 분명하지 않다. 만약 사람들이 내가 블랙의 것으로 추정한 동기의 구조를 가지고 있을 수 있다면, 심리적 이기주의는 옳지 않을 것이다.

그러나 이러한 형식의 심리적 이기주의가 참이라 할지라도, **당위**는 **가능**을 함축한다는 원칙을 상식상의 도덕이 어긴다는 결론이 도출되는가? 만약 심리적 이기주의가 참이라면, 인간 본성상 사람들이 다른 사람을 이롭게 하거나 다른 사람을 해롭게 하는 것을 삼가는 것은 물리적으로 불가능한가? 절대로 그렇지 않다. 다른 사람을 이롭게 하는 것이 당신 자신의 이익이 된다면—예컨대 그렇게 함으로써 재정상의 이익을 얻거나 행복해지기 때문에—당신은 그렇게 할 수 있다. 예를 들어, 누이에게 생일 선물을 주는 것이 당신을 행복하게 만든다면 당신은 누이에게 선물을 줄 것이다. 또한, 만약 사랑하고 있는 여성이 화재로 죽게 된다면, 그리고 그것이 당신을 불행하게 만들 것이라면, 당신은 그녀를 구하기 위해 기꺼이 생명의 위험을 무릅쓸 것이다. 마찬가지로, 다른 사람을 해롭게 하는 것이 이익이 되지 않는다면, 당신은 다른 사람을 해롭게 하지 않을 것이다. 그러므로 인간 본성이 사람들로 하여금 다른 사람을 돕는 것을 혹은 다른 사람을 해롭게 하지 않는 것을 못하게 하지는 않는다는 것이 명백한 것처럼 보인다. 그러나 자신의 이익과 상식상의 도덕이 엇갈리는 경우는 어떠한가? 상식상의 도덕은 자기에게 이익이 되더라도 다른 사람을 해롭게 해서는 안 되고, 자기에게 이익이 되지 않더라도 다른 사람을 도와야만 한다고 말한다. 이때 심리적 이기주의는 다음과 같은 의문을 제기한다. 만약 다른 사람을 이롭게 하는 것이 이익이 되지 않는다면, 인간 본성상 당신이 그들을 어쨌든 이롭게 하는 것은 물리적으로 가능한가? 마찬가지로, 다른 사람을 해롭게 하는 것이 이익이 된다면, 인간 본성상 당신이 그들을 어쨌든 해롭게 하지 않는 것은 물리적으로 가능한가?

우리의 신념은 우리 행위의 원인의 일부이다. 많은 사람들은 **도덕적** 신념을 가지고 있다고 생각한다. 어떤 사람은 다른 사람이 매우 필요로 할 때 자신으로 인해 다른 사람이 입게 되는 해를 최소화하고, 다른 사람을 돕는 것이 자신의 이익 일부를 희생하기를 요구한다 하더라도 다른 사람을 도와야 할 도덕적 의무가 자신에게 있다고 믿는다. 이러한 신념 때문에 그는 때때로 자신의 이익을 희생한다. 아마도 캐쉬는 이러한 신념을 가지지 않았기 때문에 그렇게 행동했을 것이다. 여기서 중요한 것은 대부분은 아니라 할지라도 많은 사람들이 이러한 도덕적 신념을 가진다는 것이다.

심리적 이기주의자들은 인간 본성(우리 인간의 심리)을 보편적이고 고정된 것으로 혹은 변할 수 없는 것으로 생각하는 것 같다. 그러나 심리적 이기주의를 반대하는 사람들은 인간 본성, 특히 우리의 심리적 본성이 매우 다양하고 변할 수 있다는 사실을 들어 이에 반대하고 있다. 히틀러(Adolf Hilter)와 마더 테레사(Mother Teresa)의 심리적 구조를 생각해 보자. 확실히 이 둘 사이에는 상당한 근본적 차이가 있다. 게다가 사람의 심리적 본성(그리고 도덕적 신념!)은 변할 수 있다. 극단적으로 말하면, 유전공학을 통해 전체 인간 종의 유전적 구조를 변형시키는 것이 가능할 수도 있다. 다소 덜 극적이고 덜 철저한 수준에서 이야기한다면, 개인의 심리적 구조(그리고 도덕적 신념)는 조건화·사회적 환경·교육과 경험에 의해 변할 수 있다. 한 사회에서나 일련의 사회적 환경에서 사는 사람들은 평균적으로 한 종류의 심리적 구조와 신념의 체계를 가지는 데 반해서, 다른 사회에서나 일련의 사회적 환경에서 사는 사람들은 매우 다른 종류의 심리적 구조와 신념 체계를 가질 것이다.

그러므로 상식상의 도덕이 **당위**는 **가능**을 함축해야 한다는 요구를 위반하고 있다고 생각할 하등의 좋은 이유도 없을 것이다. 상식상의 도덕이 틀렸다는 것을 옹호하기 위해 심리적 이기주의 이론이 사용될 수는 없다. 왜냐하면 이 이론은 사람들에게 인간의 본성상 물리적으로 할 수 없는 것을 하도록 요구하기 때문이다. 사람들은 상식상의 도덕이 자신에게 요구하는 것을 할 수 있다. 그렇다면 여기서 문제가 되는 것은 상식상의 도덕이 주장하는 것들이 옳은지 여부이다. 도덕적 이기주의자들은 그것들이 옳지 않다고 주장한다.

III. 도덕적 이기주의

심리적 이기주의는 인간 본성에 대한 이론이다. 도덕적 이기주의는 도덕에 대한 이론이다. 상식상의 도덕에 반대하는 도덕적 이기주의에 따르면, 우리 자신에게 이익이 된다고 믿는 것을 행하는 것은 언제나 도덕적으로 허용될 수 있다. 사람들은 다른 사람에 대한 도덕적 의무를 가지지 않는다. 도덕적 이기주의자들은 도덕은 결코 사람들에게 다른 사람을 돕거나 다른 사람을 해롭게 하지 않도록 하기 위해서 그들 자신의 이익을 희생하도록 요구하지 않는다고 주장한다. 오히려 도덕은 사람들로 하여금 자기에게 이익이 되는 것이면 무엇이든지 하도록 허용한다. 전체를 고려한 단칭 도덕판단을 내리기 위한 이유들의 경중을 따지는 데 있어 다른 사람의 이익은 전혀 고려대상이 되지 않는다. 단지 자신의 이익과 관련되는 이유만이 고려된다. 우리는 아래의 방식으로 캐쉬처럼 자신의 태도와 판단을 변호하는 사람을 상상할 수 있다.

> 그것은 정글, 먹고 먹히는 세상이다. 멋진 놈은 최후까지 남는다. 강한 놈은 약한 놈을 잡아먹고, 약한 놈은 이에 굴복한다. 당신은 다른 녀석을 돕기 위해 손을 뻗치면 안 된다. 왜냐하면 그는 당신을 물어뜯거나 당신을 붙잡고 같이 아래로 떨어질 것이기 때문이다. 세상은 당신에게 어떤 빚도 없고, 당신 또한 세상에 빚진 적이 없다. 유일한 규칙은 자신에게 이익이 되는 것을 찾아내는 것이다.

예를 들어, 심각한 결함이 있는 차를 고객에게 속여서 팔고자 하는 중고차 판매원을 생각해 보자. 그가 도덕적 이기주의자라면 차를 파는 데 도움이 되는 어떤 것도 그에게 이익이 되고, 따라서 도덕적으로 허용될 수 있다고 주장할 것이다. 왜냐하면 자신의 이익이 되는 것을 하는 것은 결코 잘못이 아니기 때문이다.

많은 상황에서 자신의 이익 추구는 잘못이 아니다. 적당히 먹는 것과 규칙적으로 운동하는 것은 이익이 되지만, 적당히 먹는 것과 규칙적으로 운동하는 것은 확실히 잘못이 아니다. 그러나 우리의 이익이 다른 사람의 이익과 충돌할 때 상황은 좀 덜 명료해진다. 예를 들어, 아파트 건물을 방화하고 보험금을 타는 것은 건물주에게는 이익이 되겠지만, 건물의 거주자, 소방 부서나 보험 회사에게는 이익이 되지 않는다. 사람들의 이익이 상충하는 경우, 다른 사람의 이익과 행복에 관계없이 자신에게 이익이 되는 것을 하는 것은 언제나 도덕적으로 허용될 수 있는가? 다른 사람의 이익에 초점이 맞추어진 이유들은 도덕적 고려 대상이 되지 않는가? 도덕적 이기주의는 다음을 수반한다. 즉 어떤 행위자가 도둑질·강간·고문·학대·살인이 자신에게 이익이 된다고 믿고, 고려될 수 있는 유일한 도덕적 이유들은 자기 이익일 뿐이라고 믿는다면, 그런 것들은 도덕적으로 허용될 수 있다는 것을 수반한다. 확실히 그것은 깜짝 놀랄 만한 주장이다. 자신의 이익이 되는 것을 단순히 찾아 나서는 것을 도덕이 허용한다고 생각할 무슨 이유가 있는가? 한 가지 이유는 사람들이 자신의 이익을 찾아 나선다면 궁극적으로 모든 사람이 이익을 보게 된다는 것이다.

1. 도덕적 이기주의와 공동선

자본주의의 지적 대부인 애덤 스미스(Adam Smith, 1723~1790)는 사람들이 자기 자신의 개인적 선에 초점을 맞출 때 공동선이 가장 잘 증진된다고 주장했다. 그의 주장에 따르면, 사람들이 자신의 이익을 추구할 때 모든 사람들이 전보다 형편이 나아지는, 의도하지 않은 결과가 나온다.

예를 들어, 조가 자신의 행복보다 샘을 행복하게 만드는 데 집중한다면 결과적으로 누구도 행복하게 되지 않을 것이다. 자신의 행복을 무시함으로써 조는 행복해지지 않을 것이다. 그리고 샘을 행복하게 만들기 위해 최선의 노력을 기울임에도 불구하고, 그는 성공하지 못할 것이다. 그는 무엇이 샘을 행복하게 만드는 것인지에 대해 실수할 수도 있고, 아니면 그의 목적이 옳다 하더라도 그의 방법이 효과적이지 않을 수도 있을 것이다. 스미스에 따르면, 각각의 개인은 다른 사람을 행복하게 하는 것보다 자신의 행복에 집중한다면 행복에 도달하게 될 가능성이 가장 높다. 그러므로 행복을 극대화하기 위한 최선의 방법은 각자가 자신의 행복에 집중하고 이웃의 행복은 —결국 자신을 행복하게 하는 것이 무엇인지, 어떻게 그것을 달성하는지를 가장 잘 안다고 생각될 수 있는—이웃에게 맡겨 두는 것이다. (스미스가 제시한 경제적 이유는 고려하지 않을 것이다.)

도덕적 이기주의에 대한 이러한 옹호는 여러 가지 문제점이 있다. 첫째, 도덕적 이기주의의 정당화는 적어도 도덕적 이기주의와 충돌하게 되는 것처럼 보이는 원칙들에 호소한다. 즉 정당화는 단지 우리에게 선이 되는 것에 의해서 진행되는 것이 아니라, **다른 사람**에게 선이 되는 것에 의해서 진행된다. 그러나 만약 도덕적 이기주의가 옳다면, 우리가 도덕적으로 해야 하는 것이나 해서는 안 되는 것을 고려할 때 다른 사람의 선은 계산에 포함되지 않아야 한다. 무엇을 할지를 고려할 때, 당신은 다른 사람을 위한 선이 무엇인지가 아니라 당신을 위한 선이 무엇인지에 대해 생각해야만 한다.

둘째, 논증은 다음과 같은 거짓 이분법에 근거를 두는 것처럼 보인다. 무엇을 할 것인지를 결정할 때, 당신은 오직 당신의 이익에만 초점을 맞추거나 아니면 오직 다른 사람의 이익에 초점을 맞추거나 둘 중 하나이다. 그 논증은 당신이 자신에게 이익이 되는 것을 할 수 있거나 아니면 다른 사람에게 이익이 되는 것을 할 수 있거나 둘 중 하나이지 두 가지 모두를 할 수는 없다고 진술하고 있다. 그러나 확실히 우리는 종종 둘 모두를 할 수 있다. 우리는 자신과 다른 사람들 모두를 행복하게 하는 것, 즉 자신과 다른 사람 모두를 이롭게 하는 것들을 할 수 있다.

셋째, 이 논증은 언제나 자신의 이익을 추구하는 것과 자신의 이익을 결코 추구하지 않는 것 둘 중 하나를 선택하지 않으면 안 된다고 잘못되게 주장한다. 사실 우리는 시간의 80~90%를 자신의 이익을 추구하기로 선택할 수도 있고, 아니면 시간의 10~20%를 다른 사람의 이익을 증진시키거나 보호하기로 선택할 수도 있다. 우리는 때로는 이것, 때로는 다른 것, 때로는 동시에 둘 모두를 할 수 있다.

마지막으로, 이 논증은 사람들이 자신을 행복하게 하는 매우 다양한 방법을 무시한다. 스스로를 행복하게 만드는 어떤 방법들은 무해하다. 들새를 관찰하기 위해 밖으로 나가거나 영화를 보기 위해 나간다면, 나는 어떤 사람에게도 해를 끼치지 않는다. 그러나 자신을 행복하게 하기 위한 어떤 방법들은 다른 사람에게 해가 된다. 어떤 사람이 어린이를 강간하는 데서 행복을 찾고자 한다고 가정해 보자. 그는 자신을 행복하게 하는 것은 해야 하고 강간한 어린이에게 미치는 결과는 무시해야 하는가? 상식상의 도덕에 따르면, 우리는 다른 사람에게 심각한 해로움이나 위험을 제공하는 방식으로 자신을 행복하게 해서는 안 된다. 자신의 이익을 추구하고 그것이 다른 사람에게 미치는 결과를 무시하는 것은 행복을 극대화하고 모든 사람의 형편을 더 낫게 할 것 같지 않다.

2. "도덕적" 이유의 의미

우리가 보아 온 것처럼, 미국 철학자 데이비슨은 의견의 불일치가 아주 근본적인 경우, 사용 단어들에 대해 우리가 의미하는 것이 동일한지 여부를 질문해야 한다고 생각한다. 사실상 도덕적 이기주의는 다른 사람의 이익과 관련된 이유들은 도덕적 고려의 대상이 되지 않는다고 주장한다. 그것은 다른 사람의 이익과 관련된 이유는 전혀 도덕적 이유가 아니라는 것을 의미한다. 도덕적 이기주의자는, 우리가 다른 사람을 해롭게 할 것이라는 사실이 그 행위를 나쁘다고 생각할 하나의 도덕적 이유로 간주되고, 우리가 다른 사람을 도울 것이라는 사실이 그 행위를 옳다고 생각할 하나의 도덕적 이유로 간주된다는 것을 부인하다. 유일한 도덕적 이유는 우리 자신의 이익과 관련되는 이유이다.

데이비슨의 요점은, 도덕적 이기주의자가 "도덕적 이유"에 대해 말할 때 그가 의미하는 것은 우리가 그것을 말할 때 의미하는 것과 동일하지 않다고 우리가 결론을 내려야만 한다는 사실이다. 우리 대부분이 이해하는 바의 도덕적 이유의 개념에 따르면, 우리가 어떤 사람을 해롭게 할 것이라는 사실은 명백하게 그것이 도덕적으로 나쁘다고 생각할 이유이고, 어떤 사람을 도울 것이라는 사실은 명백하게 그것이 도덕적으로 옳다고 생각할 이유이다. 우리는 이러한 것들을 **개념적**(conceptual) 진리라고 부를 것이다.

3. 도덕적 이기주의와 보편성

제1장에서 봤던 것처럼, 도덕 원칙들은 종종 보편적이라고 언급된다. 도덕 원칙은 모든 사람에게 적용된다. 도덕 원칙이 보편적이라면, 다른 사람에게 미치는 결과와 무관하게 자신에게 이익이 되는 것을 하는 것이 도덕적으로 허용될 경우, 다른 사람 또한 당신에게 미치는 결과와 관계없이 자신의 이익이 되는 것을 하는 것이 도덕적으로 허용될 수 있다. 도덕적 이기주의가 옳다면, 당신이나 당신이 사랑하는 사람을 고문하고 죽이는 사람은 그것이 그 사람의 이익이 되는 한 어떠한 잘못도 하지 않았다. 도덕적 이기주의자는, 어떤 사람의 행동이 그 이기주의자에게 심각하게 해를 끼칠 것이라는 사실은 그 사람이 도덕적으로 잘못된 어떤 것을 하고 있다고 생각할 이유가 아니라는 입장을 견지하게 된다. 도덕적 이기주의의 이러한 함축(implication)을 받아들일 수 없는 사람은 논리적 일관성을 위해서 도덕적 이기주의를 받아들일 수 없을 것이다.

4. 도덕적 이기주의와 사회적 조화

많은 사람들은 오직 자기이해관계만을 고려하는 관점은 도덕적 관점과 일치하지 않는다고 주장한다. 왜냐하면 도덕은 특수한 기능, 즉 사람들 사이의 충돌을 해결하여 그들이 조화롭게 더불어 살 수 있도록 하는 기능을 가지기 때문이다. 만약 모든 사람들이 자신의 행위가 다른 사람의 이익과 행복에 어떤 영향을 미치는지에 상관없이 자신에게 이익이 되는 것은 무엇이든지 한다면, 사람들은 평화롭게 더불어 살아갈 수 없을 것이다. 도덕의 기능을 수행하기 위해서, 도덕은 때로 사람들에게 다른 사람을 이롭게 하고 다른 사람을 보호하기 위해서 자신의 이익을 희생할 것을 요구한다. 예를 들어, 만약 모든 사람들이 자신에게 이익이 되는 경우 항상 도둑질하고 거짓말하고 약속을 어기며 사람을 학대하고 죽인다면 어떠한 집단도 살아남을 수 없다. 그러므로 많은 사람들이 그렇게 주장하듯이, 도덕은 사람들에게 자신의 개인적 선보다는 공동선을 따르도록 요구한다.

사무엘 푸펜도르프(Samuel Pufendorf, 1632~1688)는 다음처럼 말하고 있다. "자연(도덕)법은 어떤 것이 반드시 행해지지 않으면 안 된다고 주장한다. 왜냐하면 올바른 이성(right reason)은 바로 그것이 인간의 사회 존속을 위해 필요한 것이라고 생각하기 때문이다."[2] 자연법은 "이성적이고 사회적인 인간 본성에 적합한 것이어서 명예롭고 평화로운 사회는 자연법 없이는 인간 세상에 존재할 수 없다."[3] 푸펜도르프는 다음과 같이 주장한다.

> 인간은 참으로 자기 보존에 가장 열심인 동물이다. 인간은 원래 무력해서 동료의 도움 없이는 자신을 보호할 수 없다. 그래서 상호 이익을 증진시키는 데 매우 적합한 존재이다. 그러나 다른 한편으로는 확실히 사악하고 거만하며 쉽게 화를 내어서 다른 사람에게 상처를 주는 경향을 가진다. 그러므로 안전하게 되기 위해서 그는 사회적이지 않으면 안 된다. 즉 자신과 같은 사람들과 하나가 되지 않으면 안 된다. 다른 사람들이 자신을 해칠 좋은 방법을 고안하지 않도록, 오히려 그들이 자신의 이익을 유지하고 증진시킬 자세를 가지도록, 다른 사람 쪽으로 방향을 맞추어 스스로 행동하지 않으면 안 된다. 이러한 사회 존속의 법률 혹은 인간 사회의 훌륭한 구성원이 되기 위해서 각자가 어떻게 행위해야 하는지를 가르치는 법률을 자연법이라고 부른다.[4]

---

2) Samuel Pufendorf, "On the Duty of Man and Citizen," in *Moral Philosophy from Montaigne to Kant*, vol. 1., ed. J. B. Schneewind (Cambridge, England: Cambridge University Press, 1990), p. 158.

3) Ibid., p. 161.

4) Ibid., p. 163.

그리하여 푸펜도르프는 다음처럼 주장했다.

> 사람과 사람 간의 절대적 의무 중에 첫 번째 위치에 해당하는 것은 다음과 같다—어떠한 사람도 다른 사람에게 상해를 입혀서는 안 된다. 왜냐하면 이것은 모든 의무들 가운데 가장 포괄적인 것이기 때문이다. … 또한 그것은 마찬가지로 가장 필수적인 의무이다. 왜냐하면 그렇지 않고는 사회적 생활이 어떤 방식으로도 존립할 수 없기 때문이다. 나에게 이로움을 주지 못하는 사람과 더불어 … 그가 결코 나에게 상해를 입히지 않는 한, 나는 여전히 평화롭게 살 수 있다. … 그러나 나는 나에게 상해를 입히는 사람과 함께 결코 평화롭게 살 수 없다. …[5)]
>
> 더 나아가 두 번째 가장 근본적 의무는 모든 사람들은 그가 할 수 있는 능력을 가진 한 다른 사람의 이익을 증진시켜야 한다는 것이다. 왜냐하면 자연은 사람들을 일종의 혈족 관계로 만들었으므로, 다른 사람에게 상해를 입히지 않는 것만으로 충분할 수 없기 때문이다. 그러나 또한 우리는 다른 사람을 배려하지 않으면 안 된다. 그렇게 함으로써 상호 간의 자비심이 사람들의 마음속에 생겨날 수 있다.[6)]

많은 철학자들은 공동선과 자신의 개인적 선이 충돌하는 경우 자신에게 이익이 되는 것보다는 공동선을 위한 것을 행하도록 도덕이 요구한다고 주장해 왔다.

도덕적 이기주의는 이러한 견해와 직접적으로 모순된다. 도덕적 이기주의가 참이라면, 다른 사람의 이익과 행복을 철저히 무시하는 것은 도덕적으로 허용된다. 도덕적 이기주의에 대해 비판하는 사람들은 도덕적 이기주의자들의 사회적 삶은, 철학자 토머스 홉스(Thomas Hobbes, 1588~1679)의 저명한 문구에서처럼, "고독하고 가난하고 불결하고 야만적이며 짧은"[7)] 삶이 될 것이라고 주장한다.

---

5) Ibid., p. 165.

6) Ibid., p. 167.

7) Thomas Hobbes, *Leviathan* (New York: Collier, 1962), chap. 13, p. 100. (원본은 1651년에 출판되었음.)

5. 수정된 도덕적 이기주의

아인 랜드(Ayn Rand)와 그녀의 추종자 같은 도덕적 이기주의자들은 한층 더 온건한 입장을 취한다. 우리는 그들을 수정된 도덕적 이기주의자라고 한다. 아인 랜드는 다음과 같이 말한다. "사람—모든 사람—은 다른 사람의 목적을 위한 수단이 아니라, 그 자신이 목적인 존재이다. 그는 다른 사람들을 위해 그 자신을 희생하지도 자신을 위해 다른 사람을 희생시키지도 않으며, 그 자신을 위하여 존재해야 한다. 자신의 합리적인 이익 추구와 행복 추구는 그의 삶에서 최상의 도덕적 목적이다."[8]

그녀는 다른 곳에서 다른 사람을 위해 우리 자신을 "희생"하는 것에 대해 이야기하고 있는데, 이는 다음과 같은 의미인 것처럼 보인다. 즉 그녀의 견해에 따르면, 우리 자신에게 직접 이익이 되지 않는 것을 다른 사람을 위해서 할 때 우리는 언제나 다른 사람을 위해 우리 자신을 **희생하고** 있다. 그래서 우리가 노예가 되어 누군가 다른 사람의 이익을 위해 깨어 있는 모든 시간을 바치는 경우, 우리는 다른 사람을 위해 자신을 희생한 것이다. 또한 넘어져서 일어나는 누군가를 도왔지만 어떤 물질적인 보상이나 심리적인 보상도 받지 못하는 경우에는 자신을 희생하고 있는 것이다. 아인 랜드는 다른 사람들의 이익을 보호하거나 증진시키기 위해 우리의 이익을 항상 희생하는 것, 때때로 희생하는 것, 그리고 결코 희생하지 않는 것 사이에는 마치 어떤 차이도 없는 것처럼 종종 말한다. 아인 랜드는 우리가 다른 사람들을 위해 어쨌든 자신을 희생하고 있다면 자신을 위한 행복 달성의 기회를 포기하고 있는 것인 듯이 말한다.

대부분의 사람들은 다른 사람들을 위해 우리 자신을 항상 희생해야만 하는 것은 아니라는 점에 대해 아마도 동의할 것이다. 결국 모든 사람들은 자신의 삶이 행복하기를 원한다. 그리고 우리가 오직 다른 사람들을 위해서만 살면서 전혀 우리 자신을 위해서는 살지 않는다면, 행복할지는 모르겠으나 (테레사 수녀 같은 사람이 아니라면) 아마도 그렇게 많이 행복하지는 않을 것이다. 그러나 그것은 다른 사람에 대해 혹은 다른 사람을 위해 결코 우리 자신을 희생하지 않는 것이 유일한 대안이라는 것을 의미하지는 않는다. 비록 당신이 다른 사람에 대해 가끔은 자신을 희생한다 하더라도, 당신은 여전히 당신 삶에서 상당히 큰 행복에 도달할 수 있을 것이다. (많은 사람들은 다른 사람을 위해 가끔은 자신을 희생하는 일을 하지 않는다면 우리는 살아가면서 많은 행복을 누리게 될 것 같지 않다고 주장한다.) 그리고 모든 희생이 다

8) Ayn Rand, "Introducing Objectivism," http://aynrand.org/objectivism/io.html.

똑같은 것은 아니다. 누군가의 생명을 구하는 과정에서 내 옷이 더럽혀지고 찢어졌다면 나는 내 옷을 희생한 것이다. 그것은 내 생명이나 건강을 희생하는 것과는 엄청나게 다르다.

아마 아인 랜드의 입장은 우리가 **단지** 다른 사람들에게 봉사하기 위해서**만** 존재하는 것은 아니라는 것이다. 그러나 랜드의 입장은 그보다 더 극단적인 것 같다. 그녀의 견해에 따르면, 우리는 **도대체** 다른 사람들에게 봉사하기 위해서 존재하는 것이 아니다. 어떤 사람들은 반론을 제기하면서, 우리는 우리가 필요로 하고 원하는 것을 제공해 주는 사람들과 살고 있고 그 사람들에게 끊임없이 의존하고 있다는 점을 지적한다. 삶의 첫 1/4 동안 우리는 먹는 음식, 입는 옷, 그리고 비가 오나 눈이 오나 우리를 지켜 주는 보금자리를 포함해서 모든 것을 어른에게 의존한다. 성장하면서 우리는 언어를 배우고 사용한다. 우리는 언어를 만들어 내지 않았다. 다른 사람들이 그것을 만들었다. 지식이 쌓여 가면서 우리는 다른 사람들이 발견했거나 만들었던 것들을 대부분 배운다. 우리는 다른 사람들이 쓴 책으로부터 그리고 교사로부터 배운다. 우리는 스스로를 가르치지 않는다. 우리가 누구인가 하는 정체성—이것은 우리 자신이나 우주에 대한 신념·인격과 품성·태도와 느낌에 의해서 규정된다—은 다른 사람들에 의해 만들어진 것은 아니지만, 다른 사람과의 상호 관계에 의해서 영향을 받는다.

어른이 되더라도 우리는 여전히 다른 사람들에게 의존하고 있다. 아플 경우 우리는 스스로 치료하지 못하고 의사·간호원·병원·약에 의존한다. 일반적으로 우리는 우리 자신의 음식을 재배하지 않고, 우리 자신의 옷을 만들지 않으며, 우리 자신의 집을 짓지 않는다. 우리는 우리가 건설하지 않은 도로에서 우리가 만들지 않은 차를 운전한다. 우리는 그런 식으로 계속 살아갈 수 있다. 그런데 어떤 사람은 우리가 받았던 것들을 갚게 된다고 말한다. 그러나 일반적으로 보았을 때, 우리는 오늘날 의존하는 거의 모든 것을 전했던 돌아가신 과거의 인물들에게 갚을 수가 없다. 야금학이나 내부 연소 엔진을 발명했던 사람들에게 어떻게 갚을 수 있는가? 그들이 살았을 때 자신이 만들었던 것에 대해 다른 사람들부터 보상을 받았다고 말하는 것도 가능하다. 맞는 말이겠지만, 그들이 생산했던 것으로 혜택을 받았으되 당신은 그들에게 갚을 방법이 없다. 현재 살아 있고 오늘날 생산하고 있는 사람들로부터 구한 것들을 돈으로 산다 하더라도, 우리가 그들에게 의존하고 있다는 사실은 달라지지 않는다. 즉 다른 사람들은 그 수를 모두 열거할 수 없을 정도로 우리에게 봉사한다. 그들이 우리에게 봉사하지 않았다면 우리는 살아남지 못했을 것이다. 그들의 봉사에 대해 우리가 보상한다 하더라도, 봉사하고 있다는 사실은 변하지 않는다. (또한 우리는 생산적인 일—보상이 있든 없든 간에—을 하고 있다면 다른 사람들에게 봉사하고 있는 것이다.)

우리가 이러한 방식으로 서로에게 절대로 의존하지 않았다면, 대신에 우리가 어느 누구도 아닌 자기 자신에게만 의존하는, 스스로를 만드는 억센 개인주의자의 모습을 가진 인간이라면, 아인 랜드의 입장은 더욱 그럴듯했을 것이다. 그러나 그러한 사람은 신화 속의 인물이다. 어느 누구도 스스로를 만들지는 않는다. 세상에서 가장 부자인 사람부터 가장 가난한 사람에 이르기까지 모든 사람들은 다른 사람들에게 의존한다. 우리는 전적으로 사회적·정치적·경제적 체제에 의존하고 그런 체제로부터 이익을 얻는다. 아마도 그것은 건강하게 그 체제를 지켜야 할 의무를 낳는다. 각기 혼자 떠나는 것만으로 건강한 체제 유지가 충분한지의 여부는 경험적 질문(답이 지각과 관찰 수단만으로 결정될 수 있는 질문)이지만, 아인 랜드의 입장에 반대했던 사람들은 그 점에 대해 의심한다. 그 점에 대해 의심하는 사람들은 우리가 체제로부터 얻은 (그리고 허용한) 이익은 우리에게 현행의 체제가 계속 유지될 수 있도록 하는 역할을 하라고 강요한다고 생각한다. 그런 의무는 이익으로부터 받아들인 것과 마찬가지로 그 이익을 남에게 주기를 요구한다.

많은 사람들이 보기에는 랜드의 공격 대상이 되는 입장과 랜드 자신의 입장 둘 다 극단적이고 정당화하기 어렵다. 전자는 다른 사람을 실제로 노예로 삼는 것을 옹호하는 반면에, 후자는 우리에게 서로를 떠날 의무가 있을 뿐이라는 점을 함축한다. 오히려 진실은 상당수 중간 어딘가에 있다. 우리는 다른 사람들에게 봉사하는 것을 제외하고는 아무것도 하지 않은 채로 우리의 전 생애를 보내서는 안 되지만, 또한 우리 삶의 어떤 부분도 다른 사람들에게 봉사하지 않은 채로 보내서도 안 된다. 다른 사람들의 이익을 보호하거나 이익을 증진시키기 위해 우리의 모든 이익을 희생할 수는 없겠지만, 또한 우리는 다른 사람들의 이익을 보호하고 증진시키기 위해 우리의 이익 중에 어떤 것도 희생하지 않아서도 안 된다. 그러나 합리적인 사람들은 다른 사람들에 대한 우리의 적극적인 책무에 관하여 중간 어디쯤에 진리가 있는가에 대해 의견이 일치할 수도 있고 일치하지 않을 수도 있다.

그러나 신학적 관점에서 보면, 많은 사람들은 신이 자기 스스로 돕는 자를 돕는다는 슬로건을 반복한다. 나는 최근에 이에 대한 흥미로운 변화를 보았다. 신은 다른 사람들을 돕는 사람들을 돕는다. 아마 신이 존재한다면 둘 다 참일 것이다.

6. 단기간의 자기 이익 대 장기간의 자기 이익

도덕적 이기주의자는 개인의 단기간의 자기 이익과 장기간의 자기 이익을 구별한다. 어떤 사람의 직접적인 자기 이익이나 단기간의 자기 이익은 장기간의 자기 이익이 될 수도 있고 그렇지 않을 수도 있다. 예를 들면, 룸메이트의 돈을 훔치는 것은 원하는 돈을 가질 수도 있고 잡히지 않을 수도 있기 때문에 단기간의 자기 이익이 될지도 모른다. 그러나 만약 이 도둑질의 성공이 계속 도둑질하는 것을 조장한다면, 그는 결국 잡혀서 처벌을 받게 될 것이다. 그렇게 될 경우 그는 이익을 얻지 못할 것이다. 훔치는 것이 가져다줄 단기간의 이익과 있을 수 있는 장기간의 결과의 경중을 따져 보아야 한다. 비슷한 예이지만, 담배를 피우는 것은 좋은 느낌을 주기 때문에 단기간의 자기 이익이 될 수도 있다. 그러나 계속된 흡연의 장기간의 결과는 심각한 건강 문제를 야기하는 등 이익이 되지 않을 수도 있다.

도덕적 이기주의자들은 사람들이 장기간의 자기 이익이 된다고 믿는 것이 무엇이든지 간에 그것을 하는 것은 도덕적으로 허용되지만, 단기간의 자기 이익이 되는 것을 하는 것이 반드시 도덕적으로 허용되는 것은 아니라고 주장할 수도 있다. 즉 장기간의 자기 이익은 단기간의 자기 이익보다 우선권을 가진다고 주장할 수도 있다. 그렇다면 그들은 다음처럼 주장할 수도 있다. 즉 단기간의 자기 이익이라고 믿고 있는 것보다 장기간의 자기 이익이라고 우리가 믿고 있는 것을 한다면, 도덕적 이기주의자들이 행동할 것이라고 비판자들이 가정한 식으로는 행동하지 않게 될 것이라고 주장할 수도 있다. 즉 캐쉬처럼 행동하지 않게 될 것이라고 주장할 수도 있다. 장기간의 자기 이익을 추구하는 도덕적 이기주의자들은 다른 사람들의 이익이나 행복을 무시하지 않을 것이다. 왜냐하면 그들은 다른 사람들의 이익이나 행복을 무시하는 것은 장기간의 자기 이익을 가져다주지 않을 것이라는 점을 알기 때문이다. 그러한 도덕적 이기주의자들은 다른 사람들에게 이익을 주기 위해 그리고 다른 사람들의 이익을 보호하기 위해 단기간의 자기 이익을 가끔은 희생할 것이다. 왜냐하면 그들은 그렇게 하는 것이 장기간의 자기 이익이 되리라고 믿기 때문이다. 그리하여 그들은 단기간의 자기 이익보다는 장기간의 자기 이익을 추구하는 도덕적 이기주의자들의 사회에서의 삶은 "고독하고 가난하고 불쾌하고 야만스러우며 짧지" 않을 것이라고 주장할 수도 있다.

영국의 철학자이자 신학자인 조셉 버틀러(Joseph Butler, 1692~1752)는 이러한 점을 다음처럼 서술했다.

> 자기애(自己愛)가 세계 전반에 걸쳐 현재보다도 더 약화되기를 원할 하등의 이유가 없다. … 사람들은 매일, 매시간 가장 큰 것이라고 생각하는 이익을 얻기 위해 환상·호기심·사랑·증오 등 어떤 변덕스러운 경향성도 희생시킨다. 가진 것이 충분하지 않기 때문에 사람들이 현세에서 자신의 이익에 그렇게 큰 관심을 보이고 있다는 사실이 애석한 일이 아니라, 다른 사람의 이익에 대한 관심이 너무 적다는 것이 애석한 일이다. … 전체적으로 보아서, 대부분의 사람들이 자신 안에 자기애의 원칙을 계발하고자 한다면, … 자기애가 너무나 강해서 큰 세력을 갖게 됨으로써 대부분의 사람들이 일관되게 자기애를 주요한 현세적 선으로서 추구하고 특정한 정념에 사로잡혀 자기애로부터 눈을 돌리지 않는다면, 자기애는 아주 명백하게 무수한 우둔함과 사악함을 억제할 것이다.[9]

버틀러는 공동선과 충돌할 경우 장기간의 자기 이익은 거의 없게 될 것이라고 주장했다. 다른 사람들을 배려하고, 해롭게 하지 않으며, 이롭게 한다면 결국 더 행복해진다.

비판자들은 이 견해에 대해 두 가지 문제를 지적했다. 첫째, 왜 장기간 자기 이익은 단기간 자기 이익보다 우선권을 가지지 않으면 안 되는가? 장기간의 이익이 우선권을 가진다는 가정은, 단기간의 자기 이익이 다른 사람들의 이익과 행복에 미치는 결과에 관계없이 단기간의 자기 이익을 추구하는 것은 도덕적으로 허용될 수 없지만, 장기간의 자기 이익을 추구하는 것은 도덕적으로 허용될 수 있다는 주장에서 결정적 역할을 한다. 둘째, 어떤 사람이 다른 사람의 이익과 행복을 무시하는 것이 장기간 자기 이익이 된다고 믿는다면 어떻게 하겠는가? 그 사람의 실수인가? 비록 실수라 하더라도 도덕적 이기주의로부터, 그가 장기간 자기 이익의 추구에서 다른 모든 사람들의 이익과 행복을 무시하는 것은 도덕적으로 허용될 것이라는 사실이 결론적으로 도출된다. 도덕적 이기주의에 대해 비판하는 사람들은 그런 입장이 허용될 수 없다고 생각한다.

---

9) Joseph Butler, "Fifteen Sermons," in *British Moralists: 1650-1800*, vol. 1, ed. D. D. Raphael (Indianapolis, IN: Hackett, 1991), pp. 335-336. (원본은 1726년에 출판되었음.)

연습문제

1. 제2차 세계대전 중 나치는 자신들이 점령한 나라의 유대인들에게 노란색의 '다윗의 별' 옷을 입도록 지시했다. 그렇게 해야 유대인임이 금세 확인될 수 있기 때문이다. 목적은 유대인들에 대한 박해를, 궁극적으로는 몰살을 좀 더 쉽게 하는 것이었다. 덴마크에서는 나치의 지시가 방송된 후, 왕과 왕비가 유대인이 아님에도 불구하고 노란 다윗의 별을 꿰매어 붙인 옷을 입고 공공장소에 나타났다. 인구의 단 몇 %만이 유대인임에도 불구하고, 거의 하룻밤 사이에 사실상 모든 덴마크 사람들이 노란 다윗의 별 옷을 걸쳐 입었다. 그 결과 덴마크는—나치 점령 국가 중 유일하게—유대인 주민 거의 모두를 홀로코스트에서 구해 내었다. 당신은 왜 유대인이 아닌 덴마크 사람들이 노란 다윗의 옷을 꿰매어 입었을 것이라고 생각하는가? 유대인이 아닌 덴마크 사람들이 그 옷을 입었을 때, 그것은 이기적 행동이었나? 그것은 순전히 사리사욕의 행동이었나?

2. 달라이 라마에 따르면, "다른 사람들의 이익을 고려하지 않고 자신의 직접적인 욕구를 채우기 위해 행동할 때, 우리는 영속적인 행복을 훼손하게 된다."[10] 그의 견해에 따르면, "이타주의는 진정한 행복에 이르게 되는 행동들의 본질적 구성요소이다."[11]

   영성적 행동들을 우리는 사랑·자비·인내·용서·겸손·관용 등에 의해서 기술할 수 있다. 이러한 것들에 근거해서 다른 사람의 행복에 관한 어떤 수준의 관심을 가늠해 본다. 우리가 시도한 그러한 영성적 행동들은, 좁은 자기 이익에 기반한 동기가 아니라 다른 사람에 대한 관심으로부터 나온 동기에 의한 행동들은 실제로 우리 자신에게 이익이 된다. 그뿐 아니라 그런 행동들은 우리의 삶을 의미 있게 만든다.[12]

   동의하는가?

3. 당신이 거리를 걷고 있는데 아주 쇠약한 할머니가 차도로 넘어져 쓰러진 것을

---

10) His Holiness the Dalai Lama, *Ethics for the New Millennium* (New York: Riverhead Books, 1999), p. 53.

11) Ibid., p. 61.

12) Ibid.

보았다고 하자. 할머니는 일어나려고 했으나 혼자 일어날 수가 없었다. 당신은 그 할머니를 도와줄 만큼 가까운 위치에 아무도 없다는 것을 알게 되었다. 그 할머니는 낯선 사람이고 당신의 이웃이 아니다. 당신은 어떻게 할 것인가? 왜 그렇게 하는가? 그 할머니를 돕지 않는다면 당신은 도덕적으로 나쁜 짓을 하고 있다고 생각하는가, 아니면 계속 길을 걸어갈 것인가? 아인 랜드와 같은 사람은 이것에 대해 뭐라고 말할까? 이 경우에 관해 당신은 아인 랜드가 아마도 할 말이 무엇이라고 생각하는가?

4. 제1장의 캐쉬를 떠올려 보자. 그는 자기 친구가 셰리스를 성폭행하고 살해했을 때 아무것도 하지 않았다. 그의 행동에 관해 이기주의자는 뭐라고 말하겠는가? 아인 랜드는 이런 행동에 대해 뭐라고 말할 것인가? 당신은 그의 행동에 대해 어떻게 생각하는가?

5. 허구 인물인 슈퍼맨은 심리학적 이기주의자로 묘사되지 않는다. 그는 계속해서 생명의 위험을 무릅쓰고 인류를 구하고, 전혀 벌을 받지 않고서도 다른 사람을 해롭게 할 수 있음에도 그렇게 하지 않았다. 왜일까? 당신은 슈퍼맨이 존재했다면 그가 오로지 자기 이익이 되는 일만 할 것이라고 생각하는가? 당신은 그가 도덕적 이기주의자일 것이라고 생각하는가?

관련 자료

Joseph Butler, "Fifteen Sermons," in *British Moralists: 1650–1800*, vol. 1. Edited by D. D. Raphael. Indianapolis, IN: Hackett, 1991.

His Holiness the Dalai Lama, *Ethics for the New Millennium*. New York: Riverhead Books, 1999.

Joel Feinberg, "Psychological Egoism." In *Reason and Responsibility*, 5th ed. Edited by Joel Feinberg. Belmont, CA: Wadsworth, 1981.

인터넷 자료

Thomas Hobbes, *Leviathan* (www.knuten.liu.se/~bjoch509/works/hobbes/leviathan.txt).

Friedrich Nietzsche, excerpts from *Beyond Good and Evil* (www.cwu.edu/~millerj/nietzsche/bge.html).

Friedrich Nietzsche, abridged version of *Human, All Too Human*
(http://inquiria.com/nz/hah_title.html).

제 5 장

공리주의

- 결과주의 도덕 이론 개념 이해
- 유용성 개념 및 쾌락·행복·복지 개념과 유용성 개념의 관계 이해
- 행위공리주의 이해
- 규칙공리주의 이해 및 규칙공리주의와 행위공리주의의 관계 이해
- 행위공리주의와 규칙공리주의 응용
- 행위공리주의와 규칙공리주의에 대한 비판적 평가

I. 서론

당신이 사형제도가 도덕적으로 그른지 여부를 결정 내리고자 한다고 가정하자. 제1장에서 보았던 것처럼 도덕 판단은 이유를 요구한다. 그래서 결정 과정에서 당신은 사형제도에 대한 찬성 이유와 반대 이유를 비교·검토할 것이다. 예컨대 사형제도로 인해 적어도 어떤 무고한 사람이 실수로 사형될 가능성이 높다는 생각을 할 수도 있다. 사형제도가 없다면 무고한 사람이 실수로 사형에 처해질 가능성이 없을 것이다. 그것은 사형제도가 도덕적으로 그르다고 생각할 이유로 간주된다(적어도 무고한 사람을 사형에 처하는 것이 그르다면). 다른 한편, 우리는 사형제도가 다른 처벌들, 심지어 가석방 없는 감옥 생활보다 범죄 억제율을 높인다고, 그래서 살인자에 대한 사형제도로서 살인자를 줄일 것이라고 생각할 수도 있다. 그것은 사형제도가 도덕적으로 옳다고 생각할 이유로 간주된다(적어도 사람들을 살해로부터 구하는 것이 옳다면).

마찬가지로, 당신이 사람들의 생명을 구할지도 모르는 중요한 정보를 얻기 위하여 테러 용의자를 심문하면서 고문하는 것이 도덕적으로 그른지 여부를 판단하고자 한다고 가정해 보자. 고문은 희생자에게 해를 입히고 큰 고통을—때로는 영구적인 상해나 죽음을—야기한다는 사실은 그것이 그르다고 간주할 이유이지만, 무고한 사람들의 생명을 구하게 될 정보를 제공할 수도 있다는 사실은 고문이 옳다고 간주할 이유이다.

이런 내용들을 생각하면서, 우리는 행위와 정책의 **결과**에 초점을 맞출 것이다. 상식상 도덕적 사고의 한 가지 중요한 가닥은 도덕적 옳음과 그름은 단지 행위의 결과에만 의존한다는 견해이다. 그것을 느슨하게 표현한다면, **결과주의** 도덕 이론에 따를 경우 좋은 결과가 나쁜 결과를 능가한다면 그것은 도덕적으로 옳다. 나쁜 결과가 좋은 결과를 능가한다면 그것은 도덕적으로 나쁘다. 결과주의자들은 이것을 기본 도덕 원칙으로 생각한다.

결과주의적 사고는 매우 상식적이다. 많은 점들에서 상식적인 것처럼 보인다. 예컨대 대학에 갈 것인지를 결정하려는 경우, 당신은 대개 비용과 이익을 고려한다. 비용의 일부는 금전적인 것이다. 당신은 수업료·방값·하숙비를 지불하고, 책을 구입하며, 대학에 다니는 동안 이런 지불이 소득을 능가한다. 다른 비용은 금전적인 것이 아니다. 당신은 수업과 공부로 많은 시간을 소비한다. 이익과 관련해서 일부는 금전적인 것이다. 대학을 졸업하면, 당신 생의 전 과정을 놓고 보았을 때 학위가 없을 경우보다 더 많은 수입이 있을 것이다. 다른 이익들은 덜 구체적이다. 학위가 있다면 학위가 없는 경우보다 더 만족스러운 일거리를 얻을 수도 있다. 일이 더 흥미롭고 매력적일 수도 있고, 근로 조건이 더 안전하며, 건강을 지키는 데 더 유리하고, 보다 안락할 수도 있다. 게다가 당신 자신에 대한 것들을 포함해서 삶을 더 재미있게 만드는 것들을 배울 것이다. 당신은 자신이 가졌다는 것을 몰랐을 기술·재능·능력을 발견할 것이다. 당신은 지식을 획득하고 자기발전의 기회를 얻게 될 것이다. 따라서 당신의 관점에서 이익이 비용을 능가한다면 당신은 대학을 갈 것이지만, 비용이 이익을 능가한다고 생각한다면 대학 진학을 원하지 않을 것이다.

사업 결정에서의 비용-이익의 분석은 결과주의적 사고의 또 다른 예이다. 회사는 금전적 측면에서 이익이 비용을 능가할 것이라고 생각하는 한에서만 무언가를 할 것이다. 아틀라스 캐스킷 사가 리모델링에 200,000달러를 투자해서 매년 추가 수입 25,000달러를 벌 것이라고 믿는다면 리모델링에 돈을 쓸 것이다.

이러한 기본 원칙에는 몇 가지 문제점이 있다. 첫째, 도덕 논증과 도덕 사고에 관련해서 무엇이 좋은 결과이고 무엇이 나쁜 결과인가? 다수의 결과주의자들에 의하면 관련된 결과는 쾌락·행복·복지에서 증대와 감소이다. (일부 결과주의자는 또한 욕망이나 선호의 만족에 대해서 말한다.) 여기서 우리는 행복의 변화를 관련된 결과로 간주할 것이다. 그러나 그 경우 우리는 무엇이 행복한 상태인지, 무엇이 그것을 증가 혹은 감소시키는지를 고려해야만 한다. 행복에 대한 주관주의 관점과 객관주의 관점이 있다. 주관주의 관점에 의하면 개인의 행복은 그의 심적 상태에 의해서만 결정된다. 누군가가 긍정적이라고 생각하는 심적 상태는 무엇이나 그에게 긍정적이고, 부정적이라고 생각하는 심적 상태는 무엇이나 그에게 부정적이다. 예를 들어, 당신이 슬픔과 우울을 부정적인 것으로 생각한다면 그것들은 당신의 행복을 감소시킨다. 그러나 내가 그것들을 긍정적으로 생각한다면 그것들은 나의 행복을 증가시킨다. 간단하게 이야기해서 누군가가 자신의 삶에 만족한다면 그는 행복한 상태에 있고, 그가 더 많은 만족을 느꼈다면 그의 행복은 증가하며, 그가 덜 만족을 느꼈다면 그의 행복은 감소한다고 말할 수 있을 것이다. 그러나 사람마다 만족하는 것들이 다르다.

다른 한편으로 행복에 대한 객관주의적 관점에 의하면, 행복은 개인의 관점에서만 결정될 수 없다. 어떤 노예는 노예 직분이 제격이라고 세뇌되었기에 그리고 더 나아질 것이라는 일체의 희망을 상실했기에 자신의 삶에 만족을 느낄 수도 있고 행복하다고 생각할 수도 있다. 그는 최고의 행복이 일주일에 한 번만 맞고 하루에 두 끼만 먹는 것이라고 생각할 수도 있다. 그러나 객관주의자에 따르면 행복을 증진시킬 객관적 조건을 따져 볼 필요가 있다. 의식주의 기본적인 충족이 필요하다. 또한 적절한 육체적·정신적 건강, 비교적 육체적·심리적인 불쾌나 고통으로부터의 자유, 다른 사람으로부터의 사랑·우정·호의·존경의 충족, 자기존중, 적당한 만큼의 자유, 적절량의 욕망 충족, 자기 발전과 자기 잠재력의 현실화를 위한 적절한 기회의 제공 등이 필요하다. 우리의 사회적 환경에서 이런 것들을 위해 필요한 것이나 이런 것들의 충족에 도움이 되는 것은 모두 행복의 일부이다. 이 중 어떤 것들이 감소하면 행복이 감소하고 어떤 것들이 증가하면 행복이 증가한다.

우리는 행복의 객관주의 척도에 초점을 둘 것이다. 행복의 증가는 좋은 결과이고 행복의 감소는 나쁜 결과라고 일단 결론을 내린다면, 다음 문제는 도덕적 관점에서 고려했을 때 누구의 행복인가 하는 것이다. 예컨대 비용-이익 분석에서는 이익을 결정하는 개인이나 회사의 이익만 고려되었다. 다양한 가능성이 있다. 우선 인간의 행복만을 고려할 필요가 있다고 생각하는 것은 어렵지 않다. 그러나 뒤 장에서 보겠지만, 많은 사람들은 이런 생각에 의문을 제기하면서 도덕적 관심 영역을 확장한다.

몇몇 사람은 사슴·곰·개·돌고래·토끼와 같은 감각을 가진 모든 존재를 포함시킨다. 또 다른 사람들은 식물과 같은 살아 있는 모든 존재에까지 관심의 영역을 확장한다. 또한 다른 사람들은 심지어 살아 있는 서식 동물을 포함하여 생태계를 포함시킨다.

감각적 존재들은 의식을 가지고 있다. 다른 행성에 지적인 생명체가 있다면 그들 또한 감각적 존재일 것이다. 그러나 감각은 정도의 문제인 것 같다. 인간의 감각이나 의식은 지각을 통해 물질적 세계를 의식하는 능력을 포함한다. 즉 고통과 쾌락을 느끼는 것, 자신을 과거·현재·미래를 가진 독립된 존재로 의식하는 것, 자신의 신념을 포함하여 복합적인 신념들과 신념 체계를 형성하는 것, 복합적 욕망과 의향을 형성하는 것, 의기소침과 의기양양 등의 느낌을 가지는 것, 사랑 혹은 증오와 같은 감정을 가지는 것 등을 포함한다. 인간이 아닌 다른 동물들은 이 중 일부는 가지고 있지만 다른 것들은 가지고 있지 않다. 예컨대, 아마 개는 자기 의식의 능력을 가지고 있지 않을 것이다. 그러나 인간에게는 그런 능력이 있다.

감각이 도덕적 관점에서 고려된 기준이라면, 모든 감각적 존재가 도덕적 관점에서 똑같이 고려되는지 여부의 문제가 남게 된다. 감각에 등급이 있다면, 다른 도덕적 무게에 대해 이야기하는 것은 의미 있을 것이다. 예컨대 그 경우 우리는 개의 행복을 고려하지만 인간의 행복보다 덜 고려한다고 말할 수도 있다. A가 개를 죽게 할 것인데 반하여 B는 인간을 죽게 할 것이라고 가정해 보자. 우리는 도덕적 관점에서 인간의 죽음이 개의 죽음보다 더 나쁜 상황이라고 말할 수 있다.

단순성을 위해 이 장에서는 도덕적 고려를 인간에 한정해서 논의할 것이다. 즉 인간이 아닌 피조물들의 행복은 무시할 것이다. 다시 이야기하면, 도덕적 관점에서 볼 때 그런 것들의 행복은 고려되지 않는 것처럼 간주할 것이다. 그러나 이러한 조치는 단순성을 위한 것일 뿐이라는 점을 염두에 두어야 한다. 도덕적 관점에서 인간의 행복만을 고려하는 것을 정당화하는 것은 매우 어려울 수도 있겠다.

도덕적 관점에서 인간의 행복만 고려한다면 또 다른 의문이 자연스럽게 생긴다. 어떤 인간인가? 하나의 가능성은 한 인간의 행복만 도덕적 숙고의 대상이 되는 것이다. 그 사람은 바로 도덕적 숙고를 하는 당사자이다. 그래서 당신이 어떤 것을 하는 것이 도덕적으로 옳은지를 결정하려고 숙고하는 사람이라고 가정해 보자. 예상 결과를 비교하면서 당신 자신에 국한해서 당신에게 영향을 줄 결과들을 고려할 것이다. 당신에게 좋은 결과가 나쁜 결과를 능가한다면 그것은 도덕적으로 옳다. 당신에게 미칠 나쁜 결과가 좋은 결과를 능가한다면 그것은 도덕적으로 나쁘다. 핵심을 꼬집어 이야기하면 이것이 바로 도덕적 이기주의이다.

우리가 이미 검토해 왔던 도덕적 이기주의에 대한 반대를 되풀이할 필요는 없다. 여기에서는 단지 다음과 같은 질문을 던질 것이다. 즉 어떤 이유에서 행위자의 행복만이 도덕적 관점에서 고려되어야 한다고 생각하는가?

당신이 옳음과 그름을 구별하고자 할 때, 도덕적 관점에서 당신의 행복만을 고려하지 않는다면 아마 당신 가족과 친구의 행복 또한 고려된다. 다른 누구도 고려의 대상이 아니다. 그러나 같은 문제가 생긴다. 아마 당신의, 당신 친구의, 그리고 당신 가족의 관점에서 보면 당신의 행복이 고려되겠지만, 다른 사람의 관점에서 보면 그렇게 생각할 하등의 이유가 없다. 그들은 자신들의 행복도 고려되어야 한다고 주장할 것이다. 당신 친구나 가족에 도덕적 관심을 국한시키든 아니면 인종·민족·종교·계급·성적 지향과 같은 근본적인 점에서 당신과 유사한 사람들에 도덕적 관심을 국한시키든, 당신이 아무리 경계선을 긋는다 하더라도 그 경계선은 자의적인 듯이 보인다. (나치가 "아리안족"에 도덕적 관심을 국한한 예를 고려해 보자. 그것은 완전히 불합리하고 자의적이다.) 그런 식으로 도덕적 관심을 국한시키는 것을 적절하게 **정당화하는** 방법은 없는 것처럼 보인다. 게다가, 만약 **불편부당**이 대부분의 철학자들이 주장하는 것처럼 도덕적 관점의 본질이라면, 인종과 종교 같은 특성들을 기초로 그려진 선들이 어떻게 일관성을 가질지는 알기 어렵다. 그 경우 자의성이 없는 유일한 도덕적 경계는 모든 인간을 포함해야 한다는 견해로 갈 수밖에 없다. 그런 경우, 도덕적 관점에서 볼 때 모든 인간들이 고려되고, 게다가 똑같이 고려된다. 그것은 내 이익이 당신의 이익보다 더 중요하지도 덜 중요하지도 않다는 것을 의미한다.

우리가 검토할 결과주의 도덕 이론은 **공리주의**라 부른다. 공리주의에 의하면, 도덕적 옳음이나 그름은 모든 이해 당사자의 행복, 즉 전체 행복의 증감의 균형에 의해서만 결정된다. 두 유형의 공리주의가 있다. 행위공리주의(Act Utilitarianism)는 개인의 구체적인 행위에 적용된다. 규칙공리주의(Rule Utilitarianism)는 어떤 유형의 행위에 적용한다. 예컨대 우리는 존 윌키스 부스가 에이브러햄 링컨을 암살한 것이 도덕적으로 나쁜지 어떤지에 대한 문제에 행위공리주의를 적용할 수 있다. 그것은 개인의 구체적인 행위였다. 우리는 어떤 유형의 행위, 즉 정치 지도자를 암살하는 것이 항상 도덕적으로 나쁜지 어떤지에 대한 문제에 규칙공리주의를 적용할 수 있다.

II. 행위공리주의

표준 설명에 따르면, 행위공리주의는 우리가 언제나 이해 당사자들의 행복 총량을 최대화하는 방식으로 행위해야만 한다고 말한다. 즉 그 상황에서 행복 총량의 최대 증가치를 산출할 (혹은 행복 총량이 최소한으로 감소할) 행위만이 도덕적으로 옳다.

제1장의 캐쉬 사건을 생각해 보자. 행위공리주의자라면 그 사건을 어떻게 판단할까? 강간당한 뒤 살해되었기 때문에 셰리스의 행복은 철저하게 감소했다. 셰리스의 가족과 친구의 행복도 역시 그러했다. 심지어 살인자의 행복도 철저하게 감소했다. 그는 감옥에서 여생을 보낼 것이다. 캐쉬의 경우에도 사람들이 그의 과거를 알게 된다면 그는 외면당할 수도 있고, 일자리를 얻지 못해 실직 등을 당하게 될지도 모른다. 캐쉬가 강간 살해를 멈추게 했다면 모든 사람들의 행복은 증대했을 것이다. 행위공리주의에 따르면, 그래서 강간 살해를 중지하는 것이 도덕적으로 옳은 것이고 중지하지 않은 것은 도덕적으로 그른 것이다.

우리가 행복의 증가와 감소를 양으로 계산할 수 있다고 해 보자. 존스는 트럭 세차 회사를 소유하고 있는데, 무독성의 트럭 세차용 솔벤트가 대략 독성 솔벤트의 세 배나 비싸다는 것을 알았다고 해 보자. 존스는 기계에서 흘러나온 누수가 종국에는 그의 회사 남쪽에 있는 100여 가구가 사용하는 우물로 흘러 들어간다는 것을 안다. 과학적 연구들은 독성 솔벤트에 장기간 노출되면 어쩌면 개인의 면역체계를 손상시키고 신경학상의 문제들을 유발할지도 모른다고 말한다. 존스는 독성 솔벤트를 사용하면 더 많은 이익을 얻을 것이기 때문에, 그리고 그는 식수 오염 지역에 살고 있지 않기 때문에, 독성 솔벤트를 사용한다면 그는 더 즐거울 것이고 그래서 더 많은 행복을 누릴 것이다. 그러나 존스가 독성 솔벤트를 사용하면, 누수에 의해 오염될 우물을 사용하는 사람들의 행복은 장기간 노출되어 손상 받을 것이기 때문에 줄어들 것이다.

독성 솔벤트를 사용하면 존스는 행복의 100단위를 얻을 것이고, 보다 비싼 무독성 솔벤트를 사용하면 행복의 200단위를 잃을 것이라고 해 보자. 한편으로, 독성 솔벤트를 사용하는 것은 이웃 100가구 각각의 행복을 20단위 감소시킬 것이다. 반면 무독성 솔벤트 사용은 5단위씩의 행복, 즉 총 500단위의 행복을 증가시킬 것이다. 이러한 가정은 다음 표와 같이 된다.

	싼 독성 솔벤트 사용	더 비싼 무독성 솔벤트 사용
존스	+100	−200
이웃들	−2,000	+500
총합	−1,900	+300

행위공리주의에 따르면, 옳은 것은 더 비싼 무독성 솔벤트를 사용하는 것이다. 그것은 총 300단위의 행복을 증가시킬 것이기 때문이다. 반면, 독성 솔벤트 사용은 총 1,900단위의 행복을 감소시킬 것이다.

마지막 한 가지 예를 들겠다. 다시 말하지만, 행복의 증가와 감소를 양으로 계산할 수 있다고 가정해 보자. 알파와 오메가 두 사람은 심장 이식을 필요로 한다. 하지만 오직 한 개의 심장만 사용 가능하다. 누가 심장을 가져가야 할까? 행위공리주의자가 제기할 질문을 검토해 보자. 행위공리주의자는 알파가 심장을 얻을 경우 행복의 총량이 얼마나 산출될 것이고, 오메가가 심장을 얻을 경우 행복의 총량이 얼마나 산출될 것인지를 물을 것이다. 우리가 다음의 사실들을 밝힌다고 해 보자. 알파는 그가 죽으면 행복이 감소할 배우자와 세 명의 어린 자식들이 있다. 오메가는 배우자도 없고 자식도 없다. 알파의 부모님은 살아 계시고 두 명의 형제자매, 숙모, 삼촌들도 있다. 알파가 죽으면 이들 각자의 행복은 감소할 것이다. 오메가는 친족이 없다. 알파는 죽을 경우 행복이 감소할 많은 학생들에게 사랑받는 교사이다. 오메가는 재택근무를 하고 있고 함께 일하는 동료도 없다. 그래서 행복의 증가와 감소가 다음의 표로 요약된다고 가정해 보자.

	알파가 심장을 얻을 경우	오메가가 심장을 얻을 경우
알파	+5,000	−5,000
오메가	−5,000	+5,000
알파의 배우자와 자녀들	+2,000	−2,000
알파의 부모와 형제자매들	+1,500	−1,500
알파의 숙모/삼촌들	+500	−500
알파의 학생들	+250	−250
총계	+4,250	−4,250

행위공리주의자는 알파에게 심장을 주는 것이 도덕적으로 옳다고 말할 것이다. 그리고 알파에게 주는 것이 더 많은 행복의 총량을 산출할 것이기 때문에 오메가에게 심

장을 주는 것은 도덕적으로 그르다고 할 것이다.

행위공리주의의 한 가지 특징이 강조되어야만 한다. 우리는 행위공리주의를 행위의 **유형**에 대한 도덕적 옳음과 그름을 결정하는 데 적용할 수 없다. 예컨대, 테러 용의자를 심문할 때 고문하는 것이 도덕적으로 옳은지 그른지를 행위공리주의자에게 묻는다면, 그는 그렇다고도 하지 않고 그렇지 않다고도 하지 않을 것이다. 그보다는 때와 장소에 따라 다르다고 말할 것이다. 때로는 그럴 수도 있고, 때로는 그렇지 않을 수도 있다. 우리는 사례별로 도덕적 옳고 그름을 판단해야만 한다. 우리는 특정 개인을 고문하는 것이 도덕적으로 옳은지 여부를 결정할 수 있다. 그러나 각각의 사례마다 다를 것이다. 용의자를 고문하는 것이 많은 무고한 생명을 구하는 정보, 즉 다른 어떤 방법으로도 얻을 수 없는 정보를 제공하기 때문에 행복의 총량을 더 많이 산출한다면, 고문은 도덕적으로 옳다. 그러나 생명을 구할 어떤 정보도 나오지 않을 것이기 때문에 용의자가 고문을 받지 않아서 행복의 총량이 더 많이 산출된다면, 고문은 도덕적으로 그르다. 우리는 신중하게 사태를 검토해야만 한다.

이는 중요한 점을 제기한다. 우리는 어떤 행위가 옳았는지를 사후에 결정하기 위해 도덕적 옳고 그름을 판가름할 검사를 할 수도 있고, 혹은 우리가 어떻게 행동해야 할지를 알려 줄 지침을 제공하기 위해 사전에 그것을 사용할 수도 있다. 첫 번째 사용법은 과거를 돌아보는 것이고, 두 번째는 미래를 내다보는 것이다.

내가 특정 테러 용의자를 고문하는 것이 옳은지 그른지를 결정하기 위해 행위공리주의를 적용한다고 가정해 보자. 행복의 총량이 증가하면 고문하는 것이 옳을 것이지만, 행복의 총량이 감소하면 그를 것이다. 내가 사람들의 생명을 구할 정보를 캐낸다면 행복의 총량은 증가할 것이다. 그러나 정보를 캐내지 못하면 행복의 총량은 감소할 것이다. 따라서 내가 정보를 얻어 낸다면 고문을 하는 것이 도덕적으로 옳지만, 정보를 얻지 못하면 고문은 옳지 못하다.

내가 안고 있는 난점은 미래를 내다보는 나의 능력에 한계가 있다는 것이다. 용의자를 고문해서 다른 사람들의 생명을 구할 정보를 얻게 될 것인지에 대해 나는 확실하게는 알지 못한다. 용의자는 유용한 정보를 가지고 있지 않을 수도 있다. (심지어 그 사람은 테러리스트가 아닐 수도 있다. 그 사람은 테러리스트 "용의자"이다. 그 사람이 테러리스트라 할지라도, 무고한 사람들을 구할 정보를 가지고 있지 않을지도 모른다.) 그 사람이 정보를 가지고 있다 하더라도 고문이 소용없을지도 모른다. 그는 고문을 끝내기 위해 무고한 생명들이 죽게 되는 것을 줄이기보다는 늘이게 될 (진실이 아닌 허위인) 거짓 정보를 줄지도 모른다. 이 경우 나는 올바른 행동이 무엇인지를 알기 위해 행위공리주의를 어떻게 이용하겠는가?

내가 생각하기에 가장 개연성이 높은 결과를 고려하는 것 말고는 다른 도리가 없다. 그 용의자가 무고한 생명들을 구할 정보를 가지고 있으며, 내가 고문을 해서 그가 정보를 누설하여 행복의 총량이 증가하게 되리라는 생각이 든다면, 분명히 나는 그 용의자를 고문해야만 할 것이다. 하지만 얼마만큼이나 확실해야 하는가? 60%? 75%? 90%? 아니면 더 높여서 99%? 그리고 테러리스트에게 어떤 형태의 고문을 행해야 하고 얼마만큼의 고통을 주어야지 내가 가하는 고문이 정당화되겠는가? 고함을 치고, 밀치고, 뺨을 후려치는 것은 그릇되지 않을지도 모르지만, 바늘로 손톱 밑을 찌르는 것은 그릇될지도 모른다. 구타하거나, 담뱃불로 지지거나, 전기충격을 가하거나, 팔을 부러뜨리거나, 손가락을 자르는 것에 대해서는 어찌 생각하는가? 물론, 시대를 막론하고 사람들은 무시무시하고 끔찍한 정련된 고문 기술과 고문 기계들을 발명하는 데 아주 대단한 재능을 발휘해 왔다. 도대체 더 이상 진행해서는 안 될 한계가 있는가?

얼마나 오랫동안 고문을 계속할 수 있을지도 상관이 있다. 아무리 용의자가 정보를 준다고 해도 그는 자기가 발설한 정보보다도 더 많은 정보를 가지고 있을 가능성이 언제나 있다. 그렇기 때문에 이 학설에 의하면, 기간이 얼마나 걸리든지 간에 그 용의자가 무고한 생명들을 구하게 될 더 이상의 정보도 가지고 있지 않다고 확신하는 지점에 도달하지 않는다면 그가 죽을 때까지 고문이 계속되어야만 하는 것이다.

이렇게 미리 예상하면서 행위공리주의를 적용하는 것이 때로는 손쉬울지 모르지만, 많은 경우에 그것은 심각하게 문제시될 것이다. 테러 용의자 고문의 경우에서처럼 말이다. 또한 우리는 미리 예상하여 적용하는 것과 사후에 회상하면서 적용하는 것 간에 긴장이 있다는 것을 인정해야 한다. 내가 테러 용의자를 고문했지만 무고한 생명들을 구할 어떤 정보도 얻지 못했다면, 어떠한 보상도 얻지 못하고 내 행복의 총량은 감소되었다. 내가 용의자를 고문하지 않았다면 오히려 더 많은 행복의 총량을 가졌을 텐데 말이다. 행위공리주의에 따라서 그 용의자를 고문하는 것이 옳은 일임이 판명될 것이라고 무모한 모험을 했지만, 나는 내기에서 졌다. 옳은 일이 일어나지 않았던 것이다. 단지 옳은 일을 하는 것 같다고 여겨졌을 뿐이다.

행위공리주의에 대해 강조되지 않았던 마지막 곤란한 문제가 하나 남아 있다. 우리가 든 대부분의 예에서는 단 두 가지의 대안이 있었다. 그러나 실제로는 보통 두 가지보다 훨씬 더 많은 대안들이 있다. 행위공리주의는 우리에게 최고의 대안을 선택하라고 한다. 예컨대, 내가 자선단체에 100달러를 기부하고 싶어 한다고 하자. 천 곳의 자선단체 중 한 곳에 100달러를 기부해서 행복의 총량이 증가하지만, 그 증가량은 자선단체에 따라 다르다고 해 보자. 나는 100달러를 행복의 총량이 최대치로 증가할 한 단체에 기부해야 한다. (말하자면, 열 개의 자선 단체가 맨 앞선 등급에서 동점이라면 그중 어디에 기부해도 괜찮을 것이다.) 다른 자선단체, 즉 행복 총량의 증가량이 보다 적은 단체에 기부한다면, 나는 그릇된 행동을 하고 있는 셈이다.

행위공리주의는 많은 강점을 가지고 있다. 행위공리주의는 순전히 경험적인 옳고 그름에 대한 명백한 기준을 제공한다. 우리는 도덕적으로 옳은 것과 그른 것을 결정하기 위해 세상에 대한 지각과 관찰을 사용해야 한다. 게다가 이 견해에서는 도덕적 판단들이 객관적으로 참이거나 거짓이다. A라는 선택이 B라는 선택보다 더 많은 행복의 총량을 산출하는지 여부는 사실에 관한 문제이다. 그리고 도덕적 옳음은 전적으로 하나의 선택이 다른 선택보다 더 많은 행복의 총량을 산출할 것인지 여부에 달려 있다. A라는 선택이 어떤 다른 대안적 선택보다도 행복의 총량을 더 많이 산출한다면, A가 도덕적으로 옳고 다른 대안들은 도덕적으로 그르다는 것은 참이다. 또한 행위공리주의는 도덕의 논점이나 목적이 인간의 이익과 밀접하게 관련되어 있다는 것을 명백히 한다. 도덕은 인간의 행복을 증대시키는 데 기여하거나 인간의 행복을 감소시키는 것을 최소화하는 데 기여할 것이다. 더 나아가 행위공리주의는 신명령설이 그런 것과는 달리 논쟁의 여지가 있는 신학적 가정에 의존하지 않는다. 도덕적 옳고 그름은 신의 존재 및 의지와는 무관하다. 신이 존재하지 않는다 하더라도 어떤 것들은 정말 도덕적으로 옳고, 또 어떤 것들은 정말 도덕적으로 그르다.

그러나 많은 사람들은 행위공리주의에 반대한다. 어째서 그런가?

1. 행위공리주의에 대한 반대

(1) 행위공리주의는 너무 많은 것을 요구한다

비판자들은 행위공리주의가 사람들에게 너무 많은 것을 요구한다고 생각한다. 행위공리주의에 따르면, 사람들이 **최대치**의 행복 총량을 산출하지 않는 행위를 하는 것은 무엇이나 다 그른 것이다. 당신이 친구들과 함께 영화 보러 갈 것을 고려 중이라고 해 보자. 문제는 당신이 영화 보러 가는 것 대신 할 수 있는 일들이 많이 있다는 것이다. 예컨대, 문맹인 어른들에게 글을 가르쳐 줄 수도 있고, 병원에서 자원봉사자로 일할 수도 있는데, 이것들은 아마도 영화 보러 감으로써 산출할 수 있는 행복의 총량보다도 더 많은 행복의 총량을 낳을 것이다. 그러므로 행위공리주의에 따르면 당신이 영화관에 가는 것은 도덕적으로 그릇될 것이다.

물론, 영화 보러 가는 문제에 대해 이야기할 수 있는 것은 우리가 하는 거의 모든 것에 적용될 수 있다. 우리가 텔레비전을 보거나 음악을 듣거나 공원에서 산책한다고 했을 때, 더 많은 행복의 총량을 산출할 다른 대안적 행위들이 있다. 따라서 이러한 일들을 하는 것은 그릇될 것이다. 행위공리주의에 대한 비판자들은 이 이론의 이러한 귀결이 매우 받아들이기 힘들다고 본다. 즉 행복의 총량을 **최대화**해야 한다고 요구하게 되면, 우리가 어떤 일을 하든지 간에 보다 많은 행복의 총량을 산출할 다른 무슨 일이 있기 때문에 우리는 항상 그른 일을 할 수밖에 없는 것이다.

(2) 행위공리주의는 너무 많은 공평성을 요구한다

이와 관련된 두 번째 반대는 행위공리주의가 우리에게 너무 많은 공정성을 요구한다는 것이다. 내 아이와 남의 집 아이 둘 다 생명을 위협하는 치명적인 병 때문에 수술을 해야 한다고 가정해 보자. 수술비를 지불하지 않으면 의사와 병원은 수술을 하지 않을 것이다. 나는 단 한 명의 수술비만을 지불할 수 있다. 다른 아이의 부모는 어느 한 명의 치료비도 낼 수 없다. 어느 누구도 그 아이를 위해 수술비를 지불하지 않을 것이다. 나는 누구의 수술비를 지불해야 하는가? 행위공리주의는 가장 많은 행복의 총량을 산출할 수술에 대해 비용을 지불해야 한다고 말한다. 남의 집 아이가 수술을 받고 그렇게 해서 더 많은 행복의 총량이 산출된다면, 남의 집 아이의 수술비를 내는 대신 내 아이의 수술비를 지불하는 것은 도덕적으로 그를 것이다. 그러나 많은 사람들은 남의 집 아이에게는 할 필요가 없는, 내 아이에 대한 특별한 의무가 나에게 있다고 말할 것이다. 그들은 내가 다른 아이를 구하기 위해 내 아이를 죽게 내버려 두는 것은 그르다고 생각한다.

그러나 이런 반대 주장을 극복할 수 있는 행위공리주의의 다른 대안이 있을 것이다. 기본적인 문제는 우리가 행복의 총량을 **최대화**해야 한다는 요구 사항인 것처럼 보인다. 도덕적 관점에서 볼 때, 우리가 행복의 총량을 최대화하는 사람이어야 한다고 생각할 이유가 어디에 있는가? 한 가지 대안은 최소한 행복의 총량을 감소시키지 않을 대안적 행위가 있다면 행복의 총량을 감소시키는 일을 금지하는 것이다. 따라서 내가 다섯 가지 일을 할 수 있고, 그 가운데 하나가 행복의 총량을 감소시키고 다른 네 가지는 그렇지 않다면, 행복의 총량을 감소시키는 일은 금지되지만 남은 네 가지 대안들 중에서는 어떤 것을 하더라도 허용될 것이다. 마찬가지로, A라는 행위를 할 수 있거나 할 수 없다면, 그리고 A를 하지 않는 것이 행복의 총량을 감소시키지 않는 반면 A를 하는 것이 행복의 총량을 감소시킨다면, A를 하는 것은 그릇될 것이다. 나는 여러분에게 행복의 총량을 최대화하는 것을 요구하지 않는 다른 가능한 대안들에 대해 생각할 여지를 남겨 두겠다.

2. 행위공리주의는 행복의 분배를 무시한다

또 하나의 문제는 행위공리주의의 두 입장 모두 오직 행복의 총량에만 초점을 맞추고 있으며, 그것의 분배는 무시한다는 것이다. 당신이 A로도 B로도 행동할 수 있다고 생각해 보자. A를 행하든 B를 행하든 당신의 행복은 동일한 양으로 증가될 것이라고 가정해 보자. 그러나 당신이 A를 행한다면 다섯 사람의 행복이 각각 10단위만큼씩 줄어들어 총 50단위만큼 행복의 양이 감소할 것이다. 반면, 당신이 B를 행한다면 한 사람의 행복의 총량이 50단위만큼 감소할 것이다. 감소된 행복의 총량은 동일하다. 행위공리주의에 따르면, 고려되는 것은 행복의 총량이기 때문에 A를 하든 B를 하든 똑같이 옳다. 이와 유사하게, 당신이 C를 행할 것인지 D를 행할 것인지를 선택해야 한다고 가정해 보자. 그것들은 역시 당신에게 동일한 양의 행복을 산출할 것이다. 만약 C를 행한다면 당신은 다섯 사람의 행복을 각각 10단위씩 증가시킬 것이다. 만약 D를 행한다면 당신은 한 사람의 행복을 50단위 증가시킬 것이다. 이전과 마찬가지로 행복의 총 증가량은 동일하다. 행위공리주의에 따르면, 어떤 것을 행하든 똑같이 옳다.

그러나 많은 비판가들은 이것을 부인한다. 그들은 여러 사람에게 적은 손실을 입히는 것보다 한 사람에게 많은 손실을 입히는 것이 더 나쁘고, 단 한 사람의 행복을 크게 증가시키는 것보다 여러 사람의 행복을 적당히 증가시키는 것이 더 낫다고 주장한다.

행위공리주의는 그들의 비판이 잘못되었다고 주장한다. 첫째, 그들은 한 사람에게 많은 해를 끼치거나 많은 이익을 주는 것보다 여러 사람에게 조금씩 해를 끼치거나 이익을 주는 것이 더 낫다는 비판가들의 가정이 매우 잘못되었다고 주장한다. 비판가들은 이러한 주장을 어떻게 정당화할 수 있는가? 만약 비판가들이 그것이 자명하다고 주장한다면 행위공리주의자들은 간단하게 그것을 부인하면 그만이다. 둘째, 그들은 비판가들이 사실을 지나치게 단순화한다고 주장한다. 행위공리주의자들은 한 행동이 여러 사람에게 행복의 적절한 손실을 산출하게 되고, 또 다른 행동은 한 사람에게 행복의 큰 손실을 산출하게 되며, 행복의 총 변화는 동일하게 되는 실제 상황의 사례를 제시하기가 매우 어렵다고 주장한다. 만약 그것이 허구의 사례가 아니라 사실이라면,

그리고 그 사실을 철저히 검증한다면, 우리는 행복의 총 변화가 동일하지 않다는 것을 거의 언제나 발견할 것이라고 그들은 말한다. 그리고 그들은 한 사람에게 많은 이익을 주는 것보다 많은 사람에게 조금씩 이익을 증가시켜 주는 것이 행복의 총량을 많게 할 것이라는 사실을 우리가 발견할 가능성이 매우 높다고 생각한다.

3. 행위공리주의는 의무를 무시한다

일부 비판가들은 개별 행위의 옳고 그름이 그것의 미래 결과에 의해 전적으로 결정된다는 기본 가정에 이의를 제기한다. 비판가들은 그것은 의무를 만들어 낼지 모르는 과거 행동을 부당하게 무시한다고 생각한다. 예를 들어, 만약 존이 오늘 오후에 의사에게 당신을 데리고 가기로 약속했다면, 그때 상식상의 도덕에 따르면 그에게는 (얼핏 보기에) 당신을 의사에게 데리고 갈 도덕적 의무가 있다. 그렇지만 그가 행위공리주의자라고 가정해 보자. 숙고한 끝에 그는 당신을 의사에게 데리고 가는 대신에 노숙자를 위한 무료 급식소에서 일을 하게 한다면 행복의 총량이 증가할 것이라는 것을 알게 된다. 그는 무료 급식소에서 일하는 것이 옳은 일이라고 결론 내린다. 그가 당신을 의사에게 데리고 가기로 약속했다는 사실은 아무런 문제가 되지 않는다. 상식상의 도덕은 이와 의견을 달리한다.

많은 경우에 행위공리주의는 의무라고 생각하는 것을 어기게 되면 장기적으로 행복의 총량이 감소할 것이라고 대답할지도 모른다.

III. 규칙공리주의

사브리나가 삼촌을 살해하기로 마음먹었다고 가정해 보자. 삼촌은 종종 사소한 일로 사람들을 고소하는 구두쇠로서 마을에서 가장 혐오스러운 사람으로 낙인 찍혔다. 비록 그는 계속 살고 싶겠지만 끔찍한 만성적인 질병과 우울증으로 고통을 받고 있는 늙고 병든 몸이다. 사브리나는 삼촌이 죽는 것이 더 낫다고 확신했다. 그녀는 삼촌이 심장 마비로 죽은 것처럼 보이게 할 약을 가지고 있다. 그래서 그녀가 잡혀 갈 가능성은 없다. 그의 재산은 그녀에게 상속될 것이고 그녀는 여러 가지 자비로운 목적을 위해 돈을 쓸 것이며, 그에 따라 행복의 총량이 증가할 것이다. 마을의 모든 사람들은 그의 죽음을 전해 듣고는 기뻐할 것이다. 누구도 그를 위해 슬퍼하지 않을 것이다. 그러므로 사브리나는 그를 죽이는 것이 그를 죽이지 않는 것보다 행복의 총량을 더 많이 증가시킬 것이라고 생각한다. 행위공리주의에 따르면, 사브리나가 삼촌을 죽이는 것은 도덕적으로 옳은 일이 될 것이다. 비판가들은 설사 그를 살려 두는 것보다 죽이는 것이 총량의 행복을 증가시킨다 하더라도, 그를 죽이는 것은 도덕적으로 그르다고 말한다. 왜냐하면 살인을 저지르는 것은 도덕적으로 그르다고 하는 명백하게 올바른 도덕 원칙이나 규칙을 위반하는 것이기 때문이다. 행복의 총량에 미치는 결과에 관계없이 삼촌을 죽인다면 그것은 살인이 될 것이다.

일반적으로 상식상의 도덕은 판단과 결정에서 "거짓말·도둑질·살인을 해서는 안 된다."와 같은 다양한 도덕 원칙이나 규칙을 적용한다. (아니면 이 원칙은 "거짓말·도둑질·살인을 하는 것은 도덕적으로 그르다."와 같이 표현될 수도 있다.) 행위공리주의는 우리에게 단 한 가지 원칙이나 규칙, 행복의 총량을 극대화하라는 원칙이나 규칙만 적용한다. 그렇지만 우리가 본 바와 같이, 비판가들은 그것이 문제가 있다고 생각한다. 그러나 사람의 행복에 미치는 결과에 옳고 그름이 있다는 견해에도 그럴듯한 무언가가 있다. 도덕 원칙이나 규칙과 도덕적 옳고 그름의 공리주의적 기준, 즉 사람의 행복에 미치는 결과를 고려하는 기준을 결합시킬 방법이 있는가?

규칙공리주의는 우리가 올바른 도덕 원칙이나 규칙을 따라야만 한다고 말한다. "살인을 저지르는 것은 도덕적으로 그르다."가 올바른 도덕 원칙이나 규칙이라면, 사브리나는 그것을 따라야만 한다. 삼촌을 죽인다면 행위의 결과에 관계없이 그녀는 도덕적으로 잘못된 일을 행한 셈이 될 것이다. 마찬가지로 "거짓말해서는 안 된다."가 올바른 도덕 원칙이라면, 사브리나는 거짓말을 하지 않아야만 한다. 거짓말을 한다면, 그녀는 도덕적으로 그른 것을 행하는 것이다.

문제는 올바른 도덕 원칙이나 규칙과 올바르지 않은 도덕 원칙이나 규칙을 (혹은 참된 원칙과 거짓된 원칙을) 구별하는 일이다. 살인을 금지하는 원칙이 옳은지의 여부를 아는 방법이 있는가? 사람이 죽기를 바라는 것을 금지하는 원칙은 어떠한가? 이와 유사하게 우리는 거짓말이 그르다는 도덕 원칙을 따를 수도 있고, 거짓말이 그르지 않다는 도덕 원칙을 따를 수도 있다. 충돌하는 두 가지 원칙 가운데 어떤 것이 옳은가?

규칙공리주의자는 행복의 총량에 미치는 결과를 가지고 판단하는 도덕 원칙이나 규칙의 기준을 제시한다. 거짓말을 허용하는 규칙을 따르는 경우 행복의 총량에 미치는 결과가 어떨지, 그렇지 않으면 거짓말을 금지하는 규칙을 따르는 경우 행복의 총량에 미치는 결과가 어떨지를 물어보아야만 한다. 사람들이 거짓말을 하는 경우 행복의 총량이 더 많아진다면 거짓말을 허용하는 원칙은 올바른 것이 될 것이다. 반면,

사람들이 거짓말을 하지 않는 경우 행복의 총량이 더 많아진다면 거짓말을 금지하는 원칙이 올바른 것이 될 것이다.

규칙공리주의자들은 주어진 상황에 적용되는 올바른 도덕 규칙을 따르는 것이 옳은 일이라고 말한다. 그다음에, 어떤 규칙을 따르지 않는 경우보다 따르는 경우 행복의 총량이 더 많이 산출되면 그 규칙이 바로 올바른 도덕 규칙이다. 그것을 따르지 않는 경우 행복의 총량이 더 많아진다면 그 규칙은 올바르지 않다.

그러나 행위공리주의에는 도덕 원칙이 충돌하지 않을 것이라는 한 가지 이점이 있다. 왜냐하면 단 하나의 도덕 원칙만 있기 때문이다. 두 가지 원칙이 있다면 실제 상황에서 충돌할 수 있다. 예를 들어, 거짓말 금지의 원칙은 무고한 생명을 구할 것을 요구하는 원칙과 충돌할 수 있다. 어느 쪽에 우선권이 있는가? 규칙공리주의는 많은 다른 도덕 규칙을 인정하기 때문에 충돌이 있을 수 있다. 예를 들어, 주어진 상황에서 범죄가 곧 일어날 것임을 아는 경우, 친구와의 신뢰를 지켜야 한다는 규칙과 정보를 경찰에게 알려야 한다는 규칙이 충돌할지도 모른다. 어떤 규칙에 우선권이 있는가?

다행히도 규칙공리주의에게는 그러한 충돌을 해결하기 위한 방법이 있다. 주어진 상황에서 규칙들이 충돌한다면 행위공리주의에 호소해야 한다. 최대 행복을 산출하는 것이 올바른 것이다. 소극적 행위공리주의를 적용한다면, 행복을 줄이지 않는 어떤 대안들이 있는 경우 행복의 총량을 줄이는 것은 그릇된 것이다. 모든 대안이 행복의 총량을 줄이게 된다면 그것을 최소한으로 줄이는 것이 옳은 일이다. 그래서 형에게 건물을 폭파할 계획이 있다는 것을 내가 알고 있으며, 그것을 비밀로 유지하기로 약속하였다고 가정해 보자. 규칙공리주의 기준에 의하면, 아래의 규칙들은 모두 올바르고 이 상황에 적용된다.

가까운 가족에게 신뢰를 지켜라.
약속을 지켜라.
무고한 사람을 해치지 마라.

경찰에 말한다면 나는 형에게 신뢰를 지키지 않는 것이고 약속을 깨는 것이다. 경찰에게 말하지 않는다면 많은 무고한 사람들이 죽거나 심각하게 부상당할 것이다. 나는 어떤 규칙을 따라야만 하는가? 만약 건물이 폭파된다면 행복의 총량은 엄청나게 감소하고, 반면에 형에 대한 정보를 제공한다면 훨씬 더 큰 행복의 총량이 증가할 것이기 때문에, 나는 가까운 가족에게 신뢰를 지키고 약속을 지켜야 한다는 규칙보다는 무고한 사람에게 해를 입혀서는 안 된다고 요구하는 규칙을 따라야만 한다.

1. 규칙공리주의의 이점

규칙공리주의는 행위공리주의와 달리 너무 많은 것을 요구한다는 반대에 직면해 있지 않은 것처럼 보인다. 규칙공리주의자들은 모든 사람이 "정신을 놓아서는 안 된다."는 규칙을 따르는 것보다 "일정하게 쉬고 마음을 풀라."는 규칙을 따르는 경우 행복의 총량이 클 것이라는 그럴듯한 주장을 할 수 있을 것이다. 행위공리주의의 행복의 총량 극대화의 입장과 달리, 규칙공리주의는 아마도 영화를 보러 가는 것, 음악을 듣는 것 등을 금지하지 않을 것이다. 왜냐하면 규칙공리주의는 사람들에게 행복의 총량을 최대로 산출할 행동을 하라고 요구하지 않기 때문이다. 이와 유사하게, 행복의 분배 문제는 규칙공리주의에서는 덜 발생할 것 같다. 어떤 구체적인 상황에서 두 가지 중 하나를 선택해야 하는 행동들이 동일한 행복의 총량을 산출하지만 행복의 분배에서는 많은 차이가 난다 하더라도, 이 상황에서 어떤 규칙이 옳은가를 묻는 것만으로 충분하다. 게다가 우리는 한 사람에게 많은 손해를 입히는 것보다는 많은 사람들에게 적은 손해를 입혀야 한다는 규칙, 한 사람에게 더 큰 이익을 주는 것보다 많은 사람들에게 적은 이익을 주어야 한다는 규칙이 행복의 총량을 증가시킬 것이라는 사실을 발견할 수도 있다.

또한 비판가들은 행위공리주의는 행위의 미래 결과에만 초점을 맞추고—의무였을 수도 있는 과거 행위는 무시하고—있지만, 규칙공리주의는 그렇지 않다고 말한다. 예를 들어, 규칙공리주의자는 약속을 지키거나 약속을 어기는 관행이 행복의 총량에 미칠 미래의 결과를 주목해야 한다. 약속을 지키는 관행이 약속을 어기는 관행보다 행복의 총량을 더 증가시킨다면, 약속을 지켜야 한다는 규칙이 옳은 것이다. 그 경우에 당신은 이 개별 약속을 지켜야 한다. 왜냐하면 당신은 올바른 도덕 규칙을 따라야만 하기 때문이다. 그러므로 당신이 약속을 했다는 그 사실은 행위공리주의에서는 지켜지지 않아도 상관없지만 규칙공리주의에서는 지켜져야 한다.

2. 규칙공리주의에 대한 반대

규칙공리주의의 비판가들은 최소한 어떤 경우에는 규칙공리주의를 적용할 때 비판가들 자신의 도덕적 확신과 모순되는 결론이 생기는 경우를 발견한다. 예를 들어, 한 사회에서 100,000명 가운데 한 명이 초록색 피부로 태어난다고 가정해 보자. 초록색 피부를 가지지 않은 모든 사람들은 초록색 피부를 가진 유아를 혐오하기 때문에, 초록색 피부를 가진 유아의 부모를 포함하여 모든 사람들은 아기가 태어났을 때 죽지 않는 것보다 죽음으로써 더 행복하다고 느낄 것이다. 초록색 피부를 가진 유아가 살 수 있게 되면 사람들은 그 아이를 피하게 될 것이고, 아이는 그 사회에서 결코 평범한 삶을 살 수 없을 것이다. 사람들은 초록색 피부를 가진 사람들에 대해 강한 반감을 가지고 있기 때문에, 초록색 피부를 가진 유아 살해 허용 규칙을 따르는 경우가 그렇지 않은 경우보다 그 사회에서 행복 총량을 증가시킬 것이다. (우리는 여기서 100,000명의 행복은 한 명의 유아의 행복을 능가한다고 가정할 것이다.) 규칙공리주의에 따르면, "초록색 피부를 가진 유아를 죽이는 것은 옳은 도덕 규칙이다. 비판가들은 동의하지 않는다. 그들의 도덕적 확신에 따르면, 초록색 피부를 가진 유아를 죽이는 것은 그르다.

규칙공리주의자들은 그와 같은 예들이 매우 사실적이지 못하고 그럴듯하지 못하다고 주장함으로써 그에 대답하거나, 아니면 자신들을 비판한 사람들의 도덕적 확신은 잘못이고 토대가 없다고 주장함으로써 그에 대응할 수도 있다. 사회가 초록색 피부를 가진 유아를 죽이는 것과 같은 예는 억지스럽고, 또한 너무 피상적인 묘사에 토대를 두고 있어서 여러 가지 세부 사항들이 다루어지지 않은 채로 남게 될 것이라고 주장할 수도 있다. 그와 같은 사회가 실제로 존재하더라도, 좀 더 면밀하게 검토해 보면 초록색 피부를 가진 유아를 죽이는 것이 행복의 총량을 극대화하지는 않을 것이라는 사실을 알게 될 것이다. 좀 더 면밀하게 검토해서 정말 있을 법하지 않은 것이 참으로 판명되고, 행복의 총 증가가 모든 초록색 피부를 가진 아이가 죽을 경우 최대화된다면, 이러한 상황에서 초록색 피부를 가진 아이를 죽이는 것이 그르다고 생각하는 사람은 단순히 잘못인 것으로 치부된다. 이들이 유아 살해는 도덕적으로 그르다고 주장하고 있다는 그 사실은 그런 식으로 마무리되는 것을 허용하지 않는다.

IV. 모든 유형의 공리주의가 안고 있는 문제점

행위공리주의나 규칙공리주의를 정확성을 기하면서 적용하기 위해서는 사람들의 행복의 증가와 감소를 측정하고 비교할 수 있어야 한다. 그러나 공리주의를 비판하는 많은 사람들은 행복의 증감을 측정하고 비교할 수 있는 어떠한 신뢰할 만한 방식도 없다고 지적한다. 앞서 든 예에서 나는 행복의 증가와 감소에 숫자를 할당했지만, 할당된 숫자는 임의적인 것이었다. 어떤 사람의 행복은 증가하고 어떤 사람의 행복은 감소한다고 말하는 것은 정당할 수 있겠지만, 증가나 감소의 양은 측정될 수 없다. 그러나 우리는 행위공리주의와 규칙공리주의를 적용하기 위해서 그렇게 해야만 한다.

공리주의자는 행복이 정확하게 측정될 수 없다는 것은 인정하지만, 정확한 측정이 종종 불필요하다고 주장한다. 즉 판단들을 서로 비교해 보면 그 사례들에 대한 높은 백분율에 근거한 신뢰성이 기해질 수 있다고 주장한다. 이웃 사람들의 우물에 들어갈 수 있는 보다 싼 유해 세차 제품을 사용하느냐, 그렇지 않으면 보다 비싼 무해 제품을 사용하느냐를 선택할 수 있는 트럭 세차 회사의 사례를 생각해 보자. 행위공리주의자에 의하면, 정확하게 측정하기는 불가능하지만, 존스가 무해한 세차 제품을 사용하는 경우 행복의 총량이 더 많이 산출될 것이라는, 양으로 측정될 수 없는 판단은 매우 충분한 근거를 가진다. 이와 유사하게 규칙공리주의에 따르면, 사람들이 도둑질하는 것을 허용하는 규칙을 따르는 경우보다 그것을 금지하는 규칙을 따를 경우 행복의 총량이 더 많이 산출될 것이라는 판단은, 설사 우리가 얼마만큼 크게 행복의 총량이 산출될지를 정확하게 말할 수 없다 할지라도 충분한 근거를 가진다.

연습문제

1. 2001년 여름, 미국에서 줄기세포 연구에 대한 논쟁이 벌어졌다. 많은 과학자들은 파킨슨병과 같은 심각한 상황을 다루기 위하여 줄기세포를 활용하면 환자나 심지어는 치료도 크게 개선될 가능성이 크다고 믿는다. 그러나 이러한 의료 절차나 그 절차를 발전시키기 위해 수행된 연구에서 활용된 줄기세포는 배아에서 추출된다. 대부분의 경우에 배아는 여러 가지 목적을 위해서, 예컨대 일반적으로는 아이를 갖고 싶어 하지만 어려움을 겪고 있는 부부의 출산 문제를 다루기 위해서 활용되었다. 많은 배아는 자궁 바깥에서 여성의 난자와 남성의 정자의 결합으로 만들어져서 일부는 여성의 자궁에 착상된다. 그러나 대부분의 배아는 활용되지 않고 결국에는 폐기된다. 과학 연구에 필요한 줄기세포를 위해 확보되는 것은 바로 이러한 아마도 곧 폐기될 배아들이다. 논쟁은 주로 연방정부가 줄기세포를 활용하는 의료 연구에 기금을 대야 하는가에 관한 것이다. 반(反)낙태 운동가들은 인간의 배아로부터 줄기세포를 확보하는 것은 배아를 죽이는 것이라고 주장한다. 그들은 인간 배아로부터 나온 줄기세포를 어떤 목적을 위해 활용하는 것은 도덕적으로 그르다고 주장하면서 그런 연구뿐만 아니라 그런 연구에 기금을 대는 것에 반대한다. 더 나아가서 그들은 인간 배아를 죽이는 것은 살

인이라고 주장한다. 다른 사람들은 인간 배아는 어쨌든 폐기되기 마련이고 확실히 죽게 될 것이기 때문에 그것은 도덕적으로 그르지 않다고 주장한다. 배아로부터 확보된 줄기세포를 활용하는 것은 실제로 배아의 삶과 죽음에 무언가 의미를 부여할 것이다. 그들은 연구로부터 얻어지는 잠재적 이익에 초점을 맞춘다. 그들은 배아는 인간이 아니라고 말한다. 그러므로 배아는 쾌락을 느낄 수도 고통을 느낄 수도, 행복을 느낄 수도 불행을 느낄 수도 없을 것이다. 행위공리주의와 규칙공리주의를 이 사례에 적용하여 추론을 시도해 보라.

2. 「뉴욕 타임스」의 한 기사(1992년 3월 18일자)에 따르면, 어떤 식료품 회사의 두 임원은 음식에 독성을 만들어 내는 살모넬라에 감염된 달걀이라는 것을 알면서도 판 일로, 그리고 거짓 연구 보고서로 달걀이 감염되었다는 사실을 감춘 일로 고발되었다. (우리의 목적을 위하여 고발 내용이 진실이라고 가정하자.) 분명한 사실이지만 그들의 동기는 자신과 회사의 이익이었다. 증거를 들이댔을 때, 그들은 감염된 달걀을 먹은 것 때문에 실제로 병에 걸린 사람은 아무도 없었다고 생각했고, 따라서 자신들은 도덕적으로 나쁜 짓을 한다고는 생각하지 않았다는 주장을 편다고 가정해 보자. 행위공리주의와 규칙공리주의를 이 사례에 적용하여 추론을 시도해 보라.

3. 브래드는 사라와 데이트를 한다. 그의 희망은 그녀를 부추겨서 술로 대취하게 만든 다음 그녀를 유혹하거나 의식을 잃을 정도로 취하게 해서 무의식 상태로 만든 후 그녀와 성관계를 갖는 것이다. 그는 사라와 성관계를 가짐으로써 쾌락을 얻게 될 것임을 알고 있으며, 그렇게 함으로써 사라에게 아무런 해도 없을 것이라고 생각한다. 만약 사라에게 의식이 있고 술에 취했을 경우 성관계를 갖는데 동의한다면 그녀는 쾌락을 경험하고 나중에 그것에 대해 나쁘게 느끼지 않을 것이고, 만약 정신을 잃을 정도로 취해서 의식이 없다면 무슨 일이 벌어졌는지 알지 못할 것이기 때문이다. 브래드의 추론에 대해 당신은 어떻게 생각하는가? 행위공리주의와 규칙공리주의를 이 사례에 적용하여 추론을 시도해 보라.

4. 필은 성 패트릭의 날 행렬을 보기 위해 보스턴에 간 적이 있었다. 게이임을 자랑스럽게 생각하는 동성애자 무리와 아일랜드계 미국인 레즈비언들의 행진 참여가 처음으로 허용되었다. 그들이 행진을 따라 필의 옆을 지나쳤을 때, 그는 모욕에 가득 찬 고함을 지르고, 겁주는 제스처를 취했으며, 마지막에는 그들을 향해 돌을 던졌다. 행위공리주의와 규칙공리주의를 이 사례에 적용하여 추론을 시도

해 보라.

5. 무고한 생명들을 구할 수도 있는 정보를 얻기 위해서 테러 용의자를 고문하는 것이 나쁜지 어떤지의 문제에 행위공리주의와 규칙공리주의를 적용해 보라.

관련 자료

Jeremy Bentham, "An Introduction to the Principles of Morals and Legislation." In *The Utilitarians*, New York: Doubleday, 1961.

Fred Feldman, *Introductory Ethics*. Englewood Cliffs, NJ: Prentice-Hall, 1978. (특히 제2-5장을 보라.)

John Stuart Mill. "Utilitarianism." In *The Utilitarians*. New York: Doubleday, 1961.

Anthony Quinton. *Utilitarian Ethics*. New York: St. Martin's Press, 1973.

인터넷 자료

The Bentham Project (www.ucl.ac.uk/Bentham-Project/). Includes many online texts of Bentham's works, including *Principles of Moral and Legislation*.

John Stuart Mill, *Utilitarianism*. (http://utilitarianism.com/mill1.htm). The complete text online.

제 6 장

칸트의 도덕 이론

- 결과주의 도덕 이론과 비결과주의 도덕 이론의 차이 이해
- 칸트의 선의지 개념 및 이 개념과 의무 개념 간의 관계 이해
- 칸트 정언명법의 보편법칙의 정식(Universal Law Formulation) 이해
- 준칙(maxim) 및 준칙과 보편적 법칙의 차이 이해
- 준칙을 보편법칙이 되도록 의욕함에 있어 일관성 개념의 이해
- 칸트 정언명법의 인간 존경 정식(Respect for People Formulation) 이해
- 인격 개념 이해

자기가 하기 싫은 일을 다른 사람에게 강요하지 마라(己所不欲勿施於人).
공자(기원전 551～479), 『논어』

남이 너희에게 해 주기를 바라는 그대로 너희도 남에게 해 주어라.
예수, 「산상수훈」(마태 7장 12절)

I. 서론

옛날 전쟁은 백병전으로 칼과 창으로 싸웠다. 결국 인간의 재간이 어느 정도 거리가 있는 곳에서는 대포와 폭탄, 어느 정도 가까운 거리에서는 총과 같이 대량살상을 가능하게 하는 새로운 기술을 개발하였다. 그러나 20세기 이전에 군인들은 전쟁터에서 주로 민간인보다는 적군을 죽였다. (물론, 역사를 살펴보면 전쟁이 끝난 후 민간인에

대한 대량학살의 사례가 많이 있다.) 원거리 대량살상 기술은 20세기 중에 향상됨과 동시에 적군뿐만 아니라 민간인을 목표로 하는 것이 더욱더 일반화되었다.

글로버(Jonathan Glover)에 의하면, 제1차 세계대전 중에 독일에 대한 영국의 해군 봉쇄는 전쟁 기간 중 원거리에 있는 민간인 대량살상의 첫 번째 사례에 속한다. 영국 정부는 음식과 같은 필수적인 보급품이 독일로 가는 것을 의도적으로 막았으며, 이런 조치가 부녀자·아이들·나이 든 사람을 위시한 민간인의 대량기아로 이어진다는 것을 사전에 알고 있었다. 목표는 민간인의 사기를 꺾는 것이었으며, 이것은 결국 사람들로 하여금 독일 정부에 대해 전쟁을 끝내라는 압력으로 이어질 수도 있다. 그러나 평화협상을 하면서 모든 연합국 요구 사항을 독일이 따르도록 압력을 강화할 목적으로 전쟁이 끝난 1918년 11월 11일의 휴전 협정 이후에도 영국은 계속 봉쇄하였다. 425,000~800,000명의 민간인들이 봉쇄의 직접적인 결과로 죽었다.[1] 심리적 관점에서 보면, 폭탄으로 시민들을 직접 죽이는 것을 정당화하기보다는 봉쇄를 통한 시민들의 죽음을 정당화하기가 더 쉬웠다. 그리고 정책 입안자들이 굶주리고 있고 굶어 죽은 사람들을 보지 못했다는 사실은 그들이 내린 결정의 결과로부터 일정한 정서적 거리를 유지하는 데 도움이 되었다.

글로버에 의하면 제1차 세계대전의 해군 봉쇄는 정책 결정권자들로 하여금 제2차 세계대전 중 적국 도시들에 대한 폭격 명령을 더 쉽게 하는 결과로 이어졌다. 1944년에 연합국은 유럽 전역의 제공권을 장악했고, 도시를 폭격하는 대신에 군사 기지를 파괴할 수 있는 정밀한 폭격 능력을 개발했다. 독일 유류 설비를 공격하면 독일 군대가 사실상 무력화된다는 것은 분명한 사실이다. 그럼에도 불구하고 연합군은 죽은 사람들 중에 대부분이 시민들임을 알면서도, 폭격은 산업 생산을 파괴시키고 그 결과 적군의 사기가 떨어질 것이라고 주장하면서 도시들에 계속 폭격을 가했다.

1943년 7월 24일부터 8월 3까지 함부르크 시는 조직적으로 폭격을 당했다. 소이탄이 화재 폭풍을 일으켰다. 약 40,000명의 사람들이 죽었다. 거의가 민간인이었다. 아날리스 슈미트(Annalies Schmidt)는 죽은 어린이와 여자들을 목격한 후에 다음과 같이 묘사했다. "터진 관자놀이에서 떨어져 나온 그들의 뇌, 늑골 아래 부드러운 부분에서 빠져나온 그들의 창자. 이 사람들의 끔찍스러운 죽음의 모습이란. 아주 작은 아이들은 구운 뱀장어처럼 도로 위에 누워 있다."[2] 1944년 9월 11일 다름슈타트 습격으

1) Jonathan Glover, *Humanity: A Moral History of the Twentieth Century* (New Haven: Yale University Press, 1999), pp. 64-66.

로 거의 12,000명이 죽었다.

또한 글로버에 의하면, 재래식 폭탄으로 도시를 폭격하여 각 도시마다 수만의 시민을 죽인 것은 미국 정부가 1945년 8월에 일본 히로시마와 나가사키에 대한 원자폭탄 투하 결정을 더 쉽게 하도록 했다. 히로시마에서 방사선으로 인한 질병의 합병증으로 약 140,000명의 일본인이 1년 내에 죽었고, 5년 내에 200,000명이 죽었다. (원자폭탄이 폭발된 훨씬 뒤에도 계속 죽었다.) 며칠 뒤에 나가사키에 떨어졌던 폭탄으로 1년 내에 70,000명, 5년 내에 140,000명이 죽었다.

결과주의자에 따르면, 전쟁 중에 시민들이 대량으로 살상되더라도 그것이 본질상 나쁜 것은 아니다. 그들은 좋은 결과가 나쁜 결과를 능가한다고 주장함으로써 어떤 대량살상도 정당화할 수 있다. 물론, 좋은 결과가 나쁜 결과를 사실상 능가할 때에만 그것은 객관적으로 옳을 것이다. 즉 도덕 논증에서 좋은 결과가 나쁜 결과를 능가한다는 전제가 거짓이거나 비합리적이라면, 그들의 논증에는 결함이 있고 정당화는 실패한다.

다른 한편으로, 비결과주의자는 어떤 행동들은 결과에 관계없이 본질적으로 나쁘다고 주장한다. 그래서 비결과주의자는 전쟁 중 시민들의 대량살상으로 인한 좋은 결과가 나쁜 결과를 능가한다 하더라도 그것은 본질상 나쁜 일이라고 말할 수 있다. 그러나 어떤 행동이 본질상 나쁘고 어떤 행동이 그렇지 않은지를 결정할 방법이 있는가? 또 기준이 있는가?

가장 영향력 있는 비결과주의 도덕 이론은 독일 철학자 칸트(Immanuel Kant, 1724~1804)의 이론이다. 그가 하나의 행위가 본질상 나쁜지 어떤지의 결정을 위해 고안한 기준은, 지성이 논리적 일관성을 요구한다는 사실에 근거해 있다. 우리가 우리 자신과 모순된다면 일관성이 없다. 칸트에 따르면, 어떤 행위가 본질상 나쁜데도 나쁘지 않다고 생각한다면 우리는 스스로 모순을 범하는 것이다.

II. 칸트와 선의지

칸트는 『도덕형이상학원론(Foundations of the Metaphysics of Morals)』을 다음 구절로 시작한다. "세계 안에서뿐만 아니라 실로 세계 밖에서도 일반적으로 어느 곳에

2) Ibid., p. 78.

서나 무제한적으로 선(善)으로 간주될 수 있는 것은 오직 **선의지**(善意志)를 제외하고는 아무것도 없다."[3] 부유함·권력·명예 같은 선, 강인함·민첩성·지성·솜씨·지구력과 같은 재능, 용기·근면·인내와 같은 품성은 모두 선이다. 하지만 무제한적인 선은 아니다. 왜냐하면 그것들은 사악한 목적에 쓰일 수 있기 때문이다. 부유함은 사람들을 파괴시키는 데 이용될 수 있다. 강인함과 지성은 살인에 이용될 수 있다. 용기는 강도에 이용될 수도 있겠다. 어떤 사람에게 선의지가 없다면 그러한 모든 선은 악에 이용될 수 있다. 그러므로 선의지만이 무제한적인 선일 수 있다.

의지의 개념을 이해하기 위해 인간의 행위를 어떻게 설명할 수 있는가라는 물음에서 시작해 보자. 파블로가 우산을 가지고 일터에 간다고 가정해 보자. 왜 그가 우산을 집에 두지 않고 가지고 왔는지를 어떻게 설명할 수 있을까? 설명의 일부는 그날 비가 올 가능성이 높다고 파블로가 믿었다는 것일 수도 있다. 비가 온다면 그는 비에 흠뻑 젖을 것이고, 우산을 쓴다면 빗속에서도 멀쩡할 수 있다. 그러나 이런 신념은 그가 왜 우산을 가지고 왔는지를 설명하기에 충분하지 않다. 어쨌든 마른 채로 있기보다 흠뻑 젖고자 한다면 역시 그에게는 우산을 가지고 올 이유가 전혀 없을 것이다. 설명의 결정적인 부분, 즉 그의 욕구가 생략되었다. 파블로가 흠뻑 젖는 것보다 마른 채로 있기를 원했다는 점을 추가함으로써 파블로의 행위에 대한 설명을 완성시킬 수 있다. 이제야 그의 행위에 대한 설명이 그럴듯해진다.

그러나 칸트에 의하면 여전히 빠진 요소가 하나 있다. 우리는 욕구에 따른 행위를 할지 여부를 결정해야 한다. 어쨌든 가끔 우리는 욕구를 충족시키기보다는 욕구에 저항하기로 결정한다. 음주의 욕구가 있는 알코올 중독자, 담배를 끊고자 하는 담배 중독자, 초콜릿케이크 한 조각을 먹고 싶어 하는 다이어트하는 사람을 생각해 보자. 각각의 경우에 개인은 욕구를 만족시킬지, 욕구에 저항할지를 결정해야만 한다. 이와 같은 경우에 통상 우리는 사람들이 욕구에 저항해야만 한다고, 욕구를 만족시키는 행동을 해서는 안 된다고 생각한다(그리고 당사자는 그렇게 한다).

그런 경우 우리는 자주 "의지력"에 대해 이야기한다. 굴복해서 욕구를 만족시키기 위해 행위하는 사람은 의지력이 결핍되어 있는 데 반하여, 욕구의 유혹에 성공적으로 저항한 사람은 의지력이 있다고 말한다. 이 개념은 다음과 같은 인간 행위 모델을 제시한다. 즉 행위자는 행위의 동기가 되는 일련의 신념·욕구와 함께 시작한다.

---

3) Immanuel Kant, *Foundations of the Methaphysic of Morals*, 2nd ed., trans. Lewis White Beck (New York: Library of Liberal Arts, 1990), p. 9. (원본은 1785년에 출판되었음.)

즉 그것들은 신체를 움직이게 만드는 힘과 같은 것이다. 그러나 행위자는 그 욕구들이 충족되었는가 아닌가를 결정하기 위하여 그것들을 평가하지 않으면 안 된다(혹은 적어도 평가해야 할 의무가 있다). 행위자의 이성이 평가자의 역할을 한다. 이성이 평가자로서 기능하면 이성이 의지의 최종 결정자이고 의지는 또한 행위의 결정자이기 때문에 이성은 또한 지배자가 된다. 어쨌든 욕구가 행위로 되기 전에 욕구를 충족시키고자 하는, 의욕하는(will) 행위가 있어야 한다. 행위자는 욕구에 따라 행위할 것인지의 여부를 선택하거나 결정해야 한다. 그때에만 신체가 활동하게 된다. 그래서 우리는 다음과 같은 방법으로 인간 행위를 도표로 나타낼 수 있다.

신념 + 욕구	→	이성에 의한 평가	→	욕구를 만족시키고자 하는 의지(will)의 행위(결정)	→	욕구를 만족 시키는 행위

이성이 평가자로서 기능하고 있지 않을 때, 모형은 다음과 같다.

신념 + 욕구	→	욕구를 만족시키고자 하는 의지의 행위	→	욕구를 만족 시키는 행위

칸트는 욕구들 간에 종종 충돌이 일어난다는 것을 인정하였다. 하나의 욕구를 충족시키기 위해 행위할 때 다른 욕구가 충족되지 않는 경우가 가끔은 있다. 그런 경우에 우리는 어느 욕구를 충족시킬지를 결정해야만 한다. 우리가 이성적이라면 충돌하는 욕구들 간의 결정권을 이성에게 줄 것이다. 우리의 의지가 활동하기 전까지는 어떤 행위도 일어나지 않을 것이다. 그래서 우리의 의지는 우리 행위의 주인이다. 칸트에 의하면, 우리가 이성적이라면 우리의 의지는 단순히 욕구의 명령을 이행할 뿐인 욕구의 노예가 되지 않을 것이다.

무제한적으로 선한 것이 선의지라면, 의지를 선하게 만든 것은 무엇이고 의지를 악하게 만든 것은 무엇인가?

칸트는 우리가 상식상의 도덕이라고 부르는 것의 지지자였다. 그는 대부분의 사람들에게 공통된 도덕 견해들이 상당히 옳다고 생각했다. 그러므로 칸트는 선의지를 가진 개인은 살인자나 강도와 같은 도덕적 위반을 하지 않을 것이고, 사람들에 대해 악담하는 것 같은 도덕적 위반을 하지 않을 것이며, 도움이 필요한 사람을 도울 것이라고 생각한다.

칸트는 이것들을 당연한 일이라 생각했다. 그러나 그는 한 개인이 선의지를 가지지만, 선한 사람이라면 하게 될 것을 실제로 도무지 할 수 없는 일이 있을 수 있거나, 아니면 선한 사람이라면 하지 않을 것들을 하는 일도 있을 수 있다는 점을 인정했다. 마찬가지로, 누군가 선한 개인이 할 모든 것들을 할 수도 있고 선한 사람이 하지 않을 것들은 도무지 하지 않지만, 선의지는 가지고 있지 않은 경우도 있을 수 있다. 예컨대 아마 자선단체에 (공개적으로) 기부하면 표를 얻을 것이라고 믿는 정치가라면, 오직 자신에게 이익이 된다는 이유만으로 자선단체에 기부할지도 모른다. 칸트에 따르면, 자선단체에 돈을 기부한다고 해서 그에게 선의지가 있는 것은 아니다.

누군가에게 선의지가 없는 징조로 통상적으로 생각되었을 행위를 하는 경우를 살펴보자. 누군가가 다른 사람에게 매우 불쾌하거나 무례하게 행동하고 있다고 가정해 보자. 그렇다고 해서 그에게는 분명 선의지가 없는 것일까? 아니다. 그에게 불쾌하거나 무례하게 할 의도가 없었다면.

그래서 칸트는 그 사람이 어떤 행위를 하는가 혹은 하지 않는가를 보는 것만으로는, 그의 행위의 결과를 보는 것만으로는 그에게 선의지가 있는지를 말할 수 없다는 점을 지적한다. 어떤 사람의 의도는 그에게 선의지가 있는지 여부의 핵심이다. 고려되는 것은 사람이 원하는 것이 무엇인가, 성취하려는 것이 무엇인가, 즉 그가 의욕(will)하는 것이 무엇인가 하는 것이다. 어떤 사람이 옳은 것을 하고자 하고 그른 것을 피하고자 한다면, 그에게는 선의지가 있다. 그러나 하고자 하는 것은 진정으로 하고자 하는 것이어야 한다. 그것은 옳은 것을 열심히 하고 그른 것을 결코 하지 않기 위해 그의 능력 모두를 끌어 내는 것이어야 한다.

칸트는 의무 개념이 선의지 개념을 포함한다고 말하지만, 선의지 개념이 의무 개념을 수반한다고 말하는 것이 더 정확할 것이다. 자신의 의무를 다하고자 한다면 그에게는 선의지가 있는 것이다. 그러나 칸트가 강조했던 점은, 의지가 참으로 선하기 위해서는 의지는 자기 이익이 되는 동기가 아니라 순수한 도덕적 동기로부터 자신의 의무를 다해야 한다는 것이다. 순수한 도덕적 동기란 도덕법칙에 대한 존경에서 자신의 의무를 행하고자 하는 욕구이다. 선의지를 가진 사람은 도덕법칙을 존경하고 의무적으로 행위하고자 한다. 왜냐하면 그는 자신의 의무에 일치하는 방식으로 행위하고자 하기 때문이다.

"요약하면, 도덕의 제1 명제는 어떤 행위가 진정한 도덕적 가치를 가지기 위해서는 그 행위가 의무로부터 행해져야만 한다는 것이다. 제2 명제는 다음과 같다. 즉 의무에서 나오는 행위는 도덕적 가치를 행위에 의해서 달성되어야 할 의도에서가 아니라 행위가 그것에 따라서 규정되는바 준칙(maxim)에서 가진다."[4]

III. 행위와 준칙

칸트는 사람들이 어떤 행위를 할 때 그런 행위를 하는 이유가 있다고 믿었다(그들이 곧바로 그런 이유를 의식하든 안 하든, 혹은 행위하기 전에 심사숙고하든 안 하든 간에). 예컨대 브라운과 그레이가 각자 자선단체에 1,000달러를 기부한다고 가정하자. 칸트에 따르면, 각자는 이유가 있어 그렇게 행위한다. 우리가 그들의 이유를 안다고 가정해 보자. 브라운은 자선단체의 목표에 찬성하고, 자신의 기부가 자선단체의 목표 달성에 도움이 되기를 원한다. 그레이는 거액 기부자의 이름이 공개된다는 것을 안다. 즉 그는 사업 동료와 고객들을 감동시키기를 원하며, 이로써 사업이 발전될 것이라고 생각한다.

칸트는 사람들이 어떤 이유에서 행위할 때 일종의 개인 행위 규칙인 준칙을 따르고 있다고 믿었다. 물론 사람들은 항상 의식적으로 준칙을 정식화해서 그런 다음 의식을 하면서 준칙을 따르지는 않는다. 오히려 사람들은 늘 **마치** 그들이 준칙을 정식화하고 따르는 **것처럼** 행위한다. 그러나 칸트의 가정에 따르면, 비록 의식적으로 정식화해서 따르지는 않는다 하더라도 우리는 우리가 따르는 그 준칙이 무엇인지 알 수 있다. 브라운과 그레이가 자선단체에 기부한 이유가 알려진다면, 우리는 그들이 M1(브라운의 준칙)과 M2(그레이의 준칙)를 따랐던 준칙들을 다음처럼 표현할 수 있다.

> M1. 자선단체의 목표에 찬성하고 기부가 자선단체의 목적을 성취하는 데 도움이 되기를 원할 때, 나는 자선단체에 기부할 것이다.
> M2. 기부하는 것이 내 사업 발전에 도움이 되고 사업 발전을 원할 때, 나는 자선단체에 기부할 것이다.

준칙은 "나는 목적 P를 위해 상황 C에서 행위 X를 할 것이다."라는 형식을 가진다. 그것은 한 개인이 원하는 어떤 것을 성취하기 위해 주어진 상황에서 어떻게 행위할 것인가에 대한 명령의 한 유형으로서 개인의 행위 원칙이다. 그래서 준칙은 다음과 같은 내용들을 보여 준다—(1) 내가 행하게 될 것, (2) 내가 그것을 하게 될 구체적

---

4) Ibid., pp. 15-16.

인 상황, (3) 내가 그것을 할 이유.

예컨대 사회단체에서 일하는 사람이 다음과 같은 상황에 직면한다고 생각해 보자. 그녀가 일하는 단체는 주정부가 기금을 대고 있다. 돈을 절약하기 위하여 주정부는 적격심사를 실시하고 있다. 상담의 대상이 되는 모든 아이들은 그들의 문제점이나 징후의 심각성 정도를 점수화하기 위해 설계된 질문서에 답해야 한다. 80점 혹은 그 이상의 점수를 받은 어린이들은 치료를 받을 것이다. 80점 이하의 점수를 받은 어린이들은 치료를 받지 않을 것이다. 사회단체에서 일하는 사람과 그 동료들은 첫째, 질문서의 결과는 완벽하게 신뢰할 수 있는 것이 아니고, 둘째, 질문서에서 70점대 점수를 받은 거의 모든 어린이들은 도움이 필요하다고 믿고 있다. 따라서 그들은 실제로는 70점대 점수를 받은 어린이들을 80점대로 변조하기로 생각한다. 목적은 주정부 당국을 속여서 이 아이들을 치료받게 하려는 것이다.

이들은 어떤 준칙을 따르고 있었을까? 다음과 같이 지나치게 일반적인 준칙을 제시하지 않도록 주의해야만 한다.

> 나는 사람들을 속일 것이다.

상황과 동기가 포함되도록 좁혀져야 한다. 사회단체에서 일하는 사람이 모든 상황 아래에서 모든 사람들을 속일 것인가? 아니다. 준칙에 관한 좀 더 정확한 진술은 다음과 같다.

> 직업상 최선의 판단을 해 본다면, 검사가 아마도 신뢰성이 부족하다는 생각이 들 때, 그리고 도움이 필요한 아이들을 돕기 위해서 변조가 필요할 때, 나는 아이들의 심리적인 징후/문제점의 심각성 정도를 점수화하기 위해 설계된 질문서의 점수를 변조함으로써 주정부 당국을 속일 것이다.

심사숙고한 행위는 속이는 행위이지만, 우리는 그 행위에 대한 기술을 확장하여 다음을 포함해야 한다—(1) 상황(속임은 신뢰할 만하지 못하고, 도움이 필요한 아이들에게 서비스를 제공하지 않을 수도 있는 질문서의 결과에 대해 주정부 당국을 속이는 것에 제한된다.), (2) 동기(속임은 사회단체에서 일하는 사람의 이익을 위해서가 아니라 다른 사람의 이익을 위해서 의도된다.). 그래서 준칙은 당연히 제한되어야 한다.

물론, 자기기만은 가능하다. 어떤 사람이 실제로 따르고 있는(아마도 따르게 될) 준칙을 알아내기 위해서는 상당한 자기반성이 필요하다. 어떤 사람들은 그들 자신의 동기를 충분히 의식하지 못하기 때문에 그런 깊은 반성을 할 수 없을지도 모른다. 어떤 사람들은 실제로는 다른 준칙을 따르고 있는데도, 이 준칙을 따르고 있다는 것을 합리화해서 스스로 그렇게 확신하고 있을는지도 모른다. 그러나 양심적인 사람들은 그들이 따르고 있는(아마도 따르게 될) 준칙들에 대해서 스스로에게 정직하고자 할 것이다.

칸트에 따르면, 의무로부터 나온 행위는 행위자가 따르는 준칙, 즉 행위·상황·동기를 적시한 준칙에 근거해서만 도덕적 가치를 가진다. 그러나 행위자가 "나에게 유리하다면 언제든지 사람을 죽일 것이다."와 같은 나쁜 준칙을 따르고 있다면, 확실히 그 행위는 도덕적 가치를 가질 수 없다. 따르고 있는 준칙이 도덕적으로 허용될 수 있는 준칙일 때에만 그 행위는 도덕적 가치를 가진다. 그러나 준칙을 도덕적으로 허용할 수 있게 하거나 허용할 수 없게 하는 것은 무엇인가?

그러나 이 질문을 검토하기 전에 브라운과 그레이의 준칙과 행동을 조금 더 살펴보자. 브라운이나 그레이는 자선단체에 기부하면서 나쁜 짓을 했는가? 그들이 도덕적으로 허용될 수 없는 준칙을 따르고 있었다면, 그들은 나쁜 짓을 한 셈이다. 그러나 도덕적으로 허용될 수 있는 준칙을 따르고 있었다면, 그들은 나쁜 짓을 한 것이 아니다. 그렇다면 그들이 나쁜 짓을 했는지 여부는 그들의 준칙이 도덕적으로 허용될 수 있는지 여부에 달려 있다. 확실히 둘 다 나쁜 짓을 한 것은 아니다. 그러나 칸트라면 그레이의 행위는 그가 따랐던 준칙이 오직 자기 이익에만 관련되어 있기 때문에 **도덕적 가치**가 없다고 말할 것이다. (도덕적 가치가 없기 때문에 그들의 행위는 칭찬받을 수 없다. 그러나 그렇다고 해서 도덕적 가치가 없기 때문에 비난받아야 마땅하다는 결론이 나오는 것은 아니다.) 그래서 다시 한 번 우리는 도덕적으로 허용될 수 있는 준칙과 허용될 수 없는 준칙의 구별에 직면하게 된다.

그래서 행위의 도덕적 가치에 대해 이야기하고 있든 행위의 옳음과 그름에 대해 이야기하고 있든 간에, 우리는 도덕적으로 허용될 수 있는 준칙과 도덕적으로 허용될 수 없는 준칙을 구별해야 한다. 필요한 것은 준칙의 기준이다. 이 기준에 의해서 도덕적으로 허용될 수 있는 행위와 그렇지 않은 행위가 구별된다.

칸트는 준칙들의 옳음과 그름을 결정하기 위한 완전히 새로운 기준을 고안할 필요가 있다고는 생각하지 않았다. 그는 가장 평범한 사람이 이용하고 있고, 그리스도교를 포함하여 대부분의 주요한 세계 종교들이 인정해 온 기준이 있다고 믿었다. 이 기준은 이른바 황금률(Golden Rule)이다. 형식은 다음과 같다—대우받고 싶은 대로 다른 사람을 대우하라. 그러나 그는 황금률이 올바르게 활용되기 위해서는 더 정확하게 표현될 필요가 있다고 생각했다. 그는 새로 정식화한 황금률을 **정언명법**(Categorical Imperative)이라고 했다. 그것은 규칙의 형식을 지니기 때문에 명령적이다. 그것은 행위자의 욕구에 관계없이 모든 상황에 적용되고 합리적인 모든 행위자들을 강제하기 때문에 정언적이다.

IV. 정언명법

1. 보편법칙의 정식

칸트 정언명법의 첫 번째 정식(formulation)은 "나 역시 나의 준칙이 하나의 보편법칙으로 되어야 할 것을 의욕할 수 있도록 행위해야 하고, 절대로 그와 다르게 행위해서는 안 된다."[5]는 것이었다. 정언명법은 어떤 사람 자신의 이성이 명령하는 것이기 때문에, 그 사람에게만 적용되는 것이 아니라 이성을 갖고 있는 모든 존재, 즉 모든 이성적인 존재에 적용된다. 도덕법칙의 본질적인 특징이 보편성이기 때문에 보편성은 정언명법의 핵심이다. 따라서 정언명법은 단지 "나"라는 말에 의해서만 나타낼 수 없는 것이다. 그래서 좀 더 형식적으로, 칸트는 다음과 같은 정언명법의 보편법칙의 정식을 제시한다.

> 너의 준칙이 보편법칙으로 될 것을 네가 동시에 그것에 의해서 의욕할 수 있는 그런 준칙에 의해서만 행위하라.[6]

칸트에 따르면, 어느 시대, 어느 곳을 막론하고 모든 인간에게 있어 그들이 일관되게 보편법칙으로 의욕할 수 없는 준칙에 의거하여 행위하는 것도 도덕적으로 금지된다. 하지만 이 정식화가 의미하는 것은 무엇인가?

2. 준칙과 보편법칙

칸트에 따르면, 어떤 행위는 개인이 따르는 준칙이 도덕적으로 허용될 수 있을 때에만 도덕적으로 허용될 수 있다. 칸트는 한 사람이 어떤 준칙을 일관되게 보편법칙이

5) Ibid., p. 18.

6) Ibid., p. 38.

되도록 의욕할 수 있을 때에만 그것이 도덕적으로 허용될 수 있다고 주장했다. 칸트에 따르면, 사람들이 일관되게 보편법칙이 되도록 의욕할 수 없는 준칙에 의거해 행위하는 것은 도덕적으로 금지된다. 하나의 준칙을 보편법칙이 되도록 일관되게 의욕할 수 있는지를 결정하기 위해, 우리는 "나"의 관점에서 표현되는 개인적인 방침에서 나오는 준칙을 모든 사람에게 적용시키는 보편적 방침으로 변형시켜야 한다.

브라운의 정식(M1)과 그레이의 정식(M2)을 상기해 보자.

M1. 자선단체의 목표에 찬성하고 기부가 자선단체의 목적을 성취하는 데 도움이 되기를 원할 때, 나는 자선단체에 기부할 것이다.
M2. 기부하는 것이 내 사업 발전에 도움이 되고 사업 발전을 원할 때, 나는 자선단체에 기부할 것이다.

그들의 준칙이 도덕적으로 허용될 수 있는지 여부를 결정하기 위해서 우리는 M1과 M2를 보편법칙으로 변형시켜야 하고, 브라운과 그레이가 그것에 의거해서 행위하고 있는 준칙들을 보편법칙이 되도록 일관되게 의욕할 수 있는지 여부를 결정해야 한다. 준칙은 준칙을 따르는 개인에게만 적용되고 보편법칙은 모든 이들에게 적용된다. 따라서 M1은 UL1이 되고, M2는 UL2가 된다.

UL1. 모든 사람은 자선단체의 목표에 찬성하고 기부가 자선단체의 목적을 성취하는 데 도움이 되기를 원할 때, 자선단체에 기부할 것이다.
UL2. 모든 사람은 자선단체에 기부하는 것이 자신의 사업 발전에 도움이 되고 사업 발전을 원할 때, 자선단체에 기부할 것이다.

브라운이 자신이 따르고 있는 준칙, 즉 M1을 보편법칙 UL1이 되도록 일관되게 의욕할 수 없다면 M1은 부도덕한 준칙이고, 그래서 그 준칙에 따른 그의 행위는 부도덕하다. 그와 똑같은 것이 그레이와 그의 준칙(M2)에 적용된다. 브라운(혹은 그레이)이 M1(M2)을 보편법칙 UL1(UL2)이 되도록 일관되게 의욕하지 못하게 만드는 것은 무엇인가?

3. 하나의 준칙을 보편법칙이 되도록 의욕하면서 생겨나는 비일관성

준칙에 대한 칸트의 기준은 모순 찾기를 수반한다. 모순이나 비일관성은 언제나 두 가지 것 사이의 관계이다. "나는 졸리다."는 "나는 졸리지 않다."와 모순된다. "2+2 =

4"와 "2+2=5"는 일관성이 없다. 칸트에 따르면, 준칙을 보편법칙이 되도록 의욕하는 것이 모순을 낳는다면 그 준칙은 허용될 수 없다. 모순을 야기하기 위해서 "나는 졸리다."와 "나는 졸리지 않다."를 병치시켜야만 하듯이, 보편법칙은 그 밖에 다른 것과 병치시켜야 한다. 그 밖에 다른 것에는 무엇이 있는가?

이 질문에 답하기 위해 칸트 자신이 들었던 예들 중 하나를 분석해 보자. 칸트는 "커다란 곤란과 싸우는 다른 사람을 보고도 (그를 도울 수도 있는)" 순탄한 사람을 상상해 보라고 요구한다. 성공한 사람은 자신이 그를 돕지 **않는** 것이 도덕적으로 허용될 수 있는지 여부에 대해 자문한다. 그의 준칙은 다음과 같이 나타낼 수 있다.

M3. 내가 순탄할 때, 다른 사람을 도와서 내가 이익을 얻지 못한다면, 나는 다른 사람들을 돕지 않을 것이다.

칸트에게 있어 문제는 그가 자신과 모순되지 않으면서 그 준칙을 자연적 보편법칙이 되도록 의욕할 수 있느냐가 될 것이다. 보편법칙은 다음과 같을 것이다.

UL3. 사람들이 순탄할 때, 다른 사람을 도와서 그들이 이익을 얻지 못한다면, 그들은 다른 사람들을 돕지 않을 것이다.

칸트는 그 사람이 아무리 해도 자신과 모순되지 않으면서 UL3을 의욕할 수 없다고 주장한다.

> 그와 같은 원칙이 자연법칙으로 어디서나 타당하기를 의욕한다는 것은 불가능하다. 이러한 것을 결정하는 의지는 자기모순에 빠질 것이기 때문이다. 즉 그가 다른 사람들의 사랑이나 동정을 필요로 할 경우도 많이 있을 것이고, 그가 자신의 의지로부터 생겨난 그러한 자연법칙으로 인해 그 자신이 기대하는 도움에 대한 모든 희망을 스스로 앗아 버리는 경우도 많을 것이기 때문이다.[7)]

이 구절의 핵심은 보편법칙을 의욕하는 것이 그 사람이 가지고 있는 욕망과 상충한다는 것이다. 칸트에 따르면, 그 사람은 도움을 욕구하거나 도움의 욕구를 의욕할 것이지만, UL3을 의욕함으로써 분명히 그의 의욕은 좌절될 것이다. 그는 필요할 때 도움을 얻지 못할 것이다. 그러므로 모순의 잠재적인 한 가지 근거는 보편법칙이

---

7) Ibid., p. 40.

우리의 욕구와 상충한다는 것이다. 왜냐하면 보편법칙을 의욕하게 되면 우리의 욕구가 좌절될 것이기 때문이다. 따라서 보편법칙에 대한 우리의 의욕이 모순을 낳는지 여부에 대한 기준은 그 법칙을 우리의 욕구와 병치시키는 것이다. 그 보편법칙 때문에 우리의 욕구가 실제로 좌절된다면, 우리의 의욕에는 모순이 있는 것이다. 우리는 우리의 욕구가 만족되기를 의욕하는 동시에 우리의 욕구를 실제로 만족시키지 **못하게** 할 어떤 것을 의욕하고 있는 셈이다.

그러나 칸트는 자신이 예로 든 사람이 도움을 원하는지를 어떻게 아는가? 첫째로 칸트는 인간이 이성적이면서도 "의존적(dependent)"임을 강조한다. 의존적인 이성적 존재는 불가피하게 도움을 필요로 한다. (칸트는 비의존적인[independent] 이성적 존재로서 천사를 예로 든다.) 인간은 이성적이지만 의존적이기 때문에 다양한 위해에 쉽게 노출된다. 그런 까닭에 그들은 다른 사람들이 되도록이면 자신에게 위해를 가하지 않기를 요구한다. 보충하자면, 그들은 항상 그들이 살아가는 여러 시기와 지점에서 다른 사람들의 도움을 필요로 한다. 칸트가 의미하고 있는 것은 이성적 존재는 그들이 필요로 하는 것을 욕구하거나 원한다는 것이다. (필요한데도 원하지 않는다면 불합리할[비이성적일] 것이다.) 그러므로 그가 예로 든 사람은 의존적인 이성적 존재이기 때문에, 그는 이 순간에는 도움이 필요 없을는지 몰라도 언젠가는 불가피하게 도움을 필요로 할 것이다. 그는 자신이 도움을 필요로 할 것임을 안다. 그리고 그는 자신이 필요로 하는 것을 욕구한다. 아마도 칸트는 그 사람이 이성적이기 때문에 그가 불가피하게 필요하게 될 도움을 반드시 욕구한다고 주장할 것이다. (불가피하게 필요하게 될 도움을 욕구하지 않는다면 그는 이성적이지 않다.) 그러므로 바로 이 순간에는 그가 **특정한** 도움을 욕구하지 않는다 하더라도, 그 사람이 도움을 바라는 경우가 반드시 있다.

여러 가지 이유로 자선단체에 기부금을 낸 브라운과 그레이로 잠시 되돌아가 보자. 그 이유들 중 어떤 것은 순전히 이기적이다. 자신들의 준칙이 보편법칙 UL1과 UL2으로 될 경우 거의 틀림없이 좌절할 욕구를 그들이 가지고 있지 않다면, 그들 스스로 모순을 범하지 않은 셈이 된다. 그들의 준칙은 기준을 통과한다. 그들은 자신들의 준칙에 따라 행위해도 그릇된 어떤 것도 하지 않는 셈이 될 것이다. (그들의 행위가 순전히 자기이해에 관련된 것이어서 그런 행위가 도덕적 가치가 부족하고 칭찬할 만한 면이 없다고 하더라도 말이다.) UL1과 UL2가 자연의 보편법칙이 된다면 브라운과 그레이의 욕구는 반드시 좌절하게끔 되어 있다고 생각할 하등의 이유가 없다. 따라서 그들의 준칙이 기준을 통과했다고 추정하는 것은 합당하다고 여겨진다.

그렇지만 이 기준과 관련한 한 가지 문제는 그것이 주관적인 것으로 보인다는 점이다. 이 기준은 한 개인의 욕구에 근거해 있으며, 다른 사람들은 제각각 다른 욕구를 가진다. 칸트에게는 확실히 자신의 기준을 주관적인 것으로 만들 의도가 없었다.

해결책이 있는가? 있을 것이다. 칸트는 모든 이성적 존재는 필연적으로 행복을 추구하거나 욕구한다고 주장한다.

> 그럼에도 불구하고, 모든 이성적 존재자에게서 현실적인 것으로 전제될 수 있는 하나의 목적이 있다. 곧 의존적인 존재자인 이들에게 걸맞은 한에서. 그들이 가질 수 있을 뿐만 아니라, 그들 모두가 자연 필연성에 따라 가지고 있다고 사람들이 확실하게 전제할 수 있는 하나의 의도가 있다. 그것은 행복하고자 하는 의도이다. 그 의도는 [이성적 존재의] 본질에 속한다.[8)]

자신의 삶의 목적이 행복이 아니라 불행인 사람은 아마도 이성적이지 않을 것이다.

이성적·의존적인 존재의 행복에 대해 제한이나 요구 사항들이 없다면, 칸트의 주장은 설사 그것이 사실이라 할지라도 우리의 문제에 대한 해답을 제공할 수 없다. 그러나 제한이나 요구 사항들이 있다면 해결책이 주어질 수 있을지도 모른다. 칸트는 아마도 이성적·의존적인 존재의 행복은, 다른 모든 것들이 같다면, 기본 욕구들을 충족시킬 수 있을 만큼의 지속적인 현존·건강·어느 정도의 자유·충분한 재산을 필요로 한다는 데 동의할 것이다. 누군가가 죽음·질병·가난이 목적 그 자체로서(다른 어떤 가치 있는 목적을 위한 수단이라기보다는) 자신을 행복하게 만들 것이라고 주장하면서도, 죽음·병·부자유·가난을 원할 좋은 이유들이 자신에게 없다는 점을 인정한다고 상상해 보라. 그와 같은 주장은 비이성적인 것이 될 것이다. 비슷하지만, 의존적이고 이성적인 존재가 다른 사람에 대해 관심을 기울인다면(아마도 거의 모든 사람들은 어떤 다른 사람들에게 관심을 기울인다), 그들의 행복을 위해 요구되는 것은 그들이 관심을 가지는 사람들의 행복일 것이다. 칸트는 아마도 이성적 존재들의 행복을 위해서는 그들이 관심을 가지는 사람들의 생명·건강·자유·기본적인 재산 증식의 유지도 필요하다는 데에 동의할 것이다.

모든 이성적·의존적인 존재가 필연적으로 가지게 되는 욕구들이 있고, 어떤 이성적·의존적인 존재도 필연적으로 가지지 않는 다른 욕구들이 있다면, 정언명법의

8) Ibid., p. 32.

기준은 전혀 주관적인 것이 아니다. 예를 들어, 칸트의 사례에서 곤궁에 처한 다른 사람들을 도우려고 생각하지 않는 순탄한 사람을 생각해 보자. 앞에서 보았다시피 그는 필연적으로 자신이 필요로 할 때 도움을 받고자 하는 욕구를 가진다. 그와 같은 욕구는 이성적·의존적 존재인 모든 인간 안에 내재해 있는 것이다. 칸트는 인간이라면 누구나 도움을 받고자 하는 욕구를 가진다고 말할 것이다. 그러므로 어떠한 이성적·의존적인 인간도 모순됨이 없이 UL3를 의욕할 수 없다.

그러나 아놀드와 브래드 둘 다 배우자를 속일 생각을 하고 있다고 가정해 보자. 아놀드가 자신의 배우자가 자신을 속이는 것을 원하지 않는다고 한다면, 그는 모순을 범하지 않고서 자신의 준칙이 보편법칙으로 될 것을 의욕할 수 없다. 반면에 브래드는 자신의 배우자가 자신을 속이는지의 여부에 대해 관심을 가지지 않는다면, 그는 그렇게 의욕할 수 있다. 모든 의존적·이성적인 존재는 배우자가 자신을 속이지 않는 것을 욕구해야 하는가?

불행히도 칸트의 객관성 요구에 관련해서, 브래드가 이성적·의존적인 존재로서 부인이 자신에게 충실하기를 욕구하지 않으면 안 되는지 여부는 선명하게 드러나지 않는다. 그러므로 정언명법을 적용해 보면 아놀드는 잘못이지만 브래드는 잘못이 아니라는 것을 발견할 수 있을 것이다. 이런 추론이 옳다면, 정언명법의 적용에 주관성의 요소가 있게 된다. 다른 욕구를 가진 행위자가 있다면, 어떤 행동들이 어떤 사람들에게는 잘못이지만 다른 사람에게는 잘못이 아닐 수도 있다. 그러나 만약 칸트가 옳다면—모든 이성적·의존적 존재가 필연적으로 가지고 있는 욕구들과 그들이 필연적으로 가지지 않는 다른 욕구들이 있다면—**약간의** 행위들은 모든 사람에게 그릇된 것이다. 즉 그들의 준칙이 보편법칙으로 변형될 경우, 그 준칙에 따른 행위는 모든 이성적·의존적 존재가 필연적으로 가지게 되는 욕구와 충돌할 것이다.

칸트는 비일관성에 대한 한 가지 이상의 가능한 예를 들고 있다. 아마도 우리는 보편법칙이 될 수 없는 무언가를 보편법칙이 되도록 의욕할 수 있다. 칸트 자신의 예, 즉 약속을 지킬 의도 없이 돈을 갚기로 약속을 하고 돈을 빌린 사람을 가정해 보자. 그가 따르는 준칙은 다음과 같다.

> M5. 나는 돈이 필요할 때 약속을 지킬 의도 없이 빌린 돈을 갚겠다고 약속할 것이다.

M5는 단지 A가 일관되게 그것이 보편법칙으로 될 것을 의욕할 경우에만 도덕적으로 허용될 수 있다.

UL5. 모든 사람들은 돈이 필요할 때 약속을 지킬 의도 없이 빌린 돈을 갚겠다는 약속을 할 것이다.

칸트에 따르면, UL5는 보편법칙이 될 수 없다. 만약 모든 사람들이 그것을 따른다면, 빌린 돈을 갚겠다는 약속을 토대로 돈을 빌리는 관행이 곧 사라질 것이므로 어떠한 사람도 그것을 따를 수 없을 것이고, 그래서 UL5는 자기 파괴적인(self-destroying) 법칙이 될 것이기 때문이다. 사람들이 UL5를 따르고 있다는 것을 돈을 빌려 준 사람들이 깨닫는 데는 그리 오래 걸리지 않을 것이고, 그것을 깨달았을 때 간단하게 그들은 돈을 갚겠다는 약속에 근거해서 돈을 빌려 주는 일을 그만둘 것이다. 약속이 더 이상 허용되지 않는다면 돈을 빌리는 관행은 없어질 것이다. 그러므로 모든 사람이 갚을 의도 없이 돈을 빌리는 거짓 약속을 하는 것은 불가능할 것이다.

그때 준칙을 보편법칙이 되도록 의욕함에 있어 비일관성이 생겨날 수 있는 두 가지 기본 방식이 있다. 첫째, 준칙이 보편법칙으로 될 때 우리 자신의 생존과 행복이 위태로워지는 경우가 있다. 의존적·이성적인 피조물로서 우리는 우리의 생존과 행복이 위태로워지지 **않도록** 의욕할 것이기 때문에, 우리는 서로 모순되는 것들을 의욕하는 셈이 된다. 둘째, 우리는 보편법칙이 될 수 없는 어떤 것을 보편법칙이 되도록 의욕할 수도 있다.

우리는 우리 자신이나 다른 사람의 행동을 이성적으로 비판하기 위해서 정언명법을 사용할 수 있다. 근본적으로 이슬람교도에 반대하는 보스니아의 세르비아인들과 투시족에 반대하는 중앙아프리카의 후투족이 저지른 대량학살 행위를 생각해 보자. 사라가 이러한 대량학살에 참여한 세르비아 사람이나 후투족과 논의하고 있다고 상상해 보자. 그를 힐책하면서 사라는 그가 따랐던 준칙이 무엇인가를 질문한다. 그는 다음과 같은 준칙을 따랐다고 대답한다.

M6. 나는 나의 민족이 경멸하거나 두려워하는 집단의 구성원을 전멸시키기 위해서 그들을 죽이는 일에 가담할 것이다.

사라는 정언명법을 적용하면서, 그가 M6가 보편법칙이 되는 것을 일관되게 의욕할 수 있는지의 여부를 질문한다.

UL6. 모든 사람은 자신의 민족이 경멸하거나 두려워하는 집단의 구성원을 전멸시키기 위해서 그들을 죽이는 일에 가담할 것이다.

사라는 UL6은 아마도 자기 민족에 반대하는 사람들을 전멸시키기 위한 대량학살 행위로 이어진다는 점을 지적한다. 확실히 그는, 자신의 민족에 반대하는 사람들의 대량학살은 결국 자신이나 자신이 관심을 기울이는 많은 사람들의 살인으로 이어질 것이며, 그래서 이런 일이 일어나지 **않기**를 의욕한다. 그러므로 그는 자기모순에 빠진다. 그런 보편법칙에 따를 경우, 그는 아마도 자신의 민족에 반대하는 사람들의 대량학살 행위가 일어나기를 의욕하면서 동시에 자신의 민족에 반대하는 사람들의 대량학살 행위가 발생하지 **않기**를 의욕하는 셈이 된다.

4. 정언명법으로부터 도출되는 의무

칸트는 정언명법으로부터 다양한 의무들을 도출해 낸다. 예를 들어, 그는 모든 사람은 아래의 추론을 사용하여 곤궁에 처한 사람들을 도울 의무를 가진다고 주장했다.

> 생활이 순탄한 사람은 (그는 이들을 도울 수 있겠지만) 다른 사람들이 커다란 곤란과 싸우는 것을 보고도 "그게 나와 무슨 상관이 있는가? 각자가 천의(天意)대로 또는 자기가 할 수 있는 만큼 아무리 행복하더라도, 나는 그에게 어떠한 것도 빼앗지 않고 심지어 그를 질투하지도 않을 것이다. 그가 복지나 도움을 필요로 할 때 기여할 하등의 욕구를 가지지 않는다." 만약 그와 같은 방식의 생각이 자연의 보편법칙이라 하더라도 물론 인류는 아주 잘 존속할 수 있을 것이다. … 그럼에도 불구하고 그와 같은 원칙이 자연법칙으로서 모든 곳에서 타당하기를 의욕하는 것은 불가능하다. 왜냐하면 이와 같은 것을 결정하는 의지는 자기모순에 빠질 것이기 때문이다. 즉 그가 다른 사람의 사랑과 동정을 필요로 하는 경우나, 자기 자신의 의지에서 나온 그와 같은 자연법칙에 의해서, 그가 원하는 원조의 모든 기대는 스스로 박탈되는 경우가 아무래도 적지 않게 생길 수 있기 때문이다.[9]

후기 저서에서 칸트는 다시 다음과 같이 주장한다.

> 자선을 행하는 것은, 다시 말해 보상받을 희망이 없더라도 곤궁에 처한 다른 사람의 행복을 힘닿는 데까지 향상시키는 것은 모든 사람의 의무이다.

---

9) Ibid., p. 40.

자신이 곤궁에 처해 있다는 것을 아는 모든 사람은 다른 사람이 도와주기를 바라기 때문이다. 그러나 다른 사람들이 곤궁에 처했을 때 그들을 도와줄 생각이 없다는 자신의 준칙을 공언한다면, 다시 말해 이 준칙을 허용된 보편법칙으로 만든다면, 모든 사람은 마찬가지로 자신이 곤궁에 처할 때 스스로 도움을 거절할 것이다. … 그러므로 자기 이익의 준칙은 그것이 보편법칙으로 되면 자기모순에 빠지게 된다. 즉 그 준칙은 의무에 반(反)하게 된다.[10]

또한 칸트는 감사 또는 "우리에게 베푼 친절 때문에 어떤 인격을 존경하는 것"[11]은 의무이고, 다른 이성적 행위자들을 일반적으로 존경하는 의무라고 주장했다.

V. 정언명법: "인간 존경"의 정식

칸트는 그가 처음 것과 같은 의미를 가지고 있다고 주장했던 정언명법의 두 번째 정식을 제시했다. 첫 번째 정식은 보편법칙으로 표현되는 반면, 두 번째 정식은 모든 사람을 존경을 가지고 대우할 것을 요구한다.

너 자신의 인격이나 다른 모든 사람의 인격에 있는 인간성을 언제나 동시에 목적으로 대우하고 결코 수단으로만 대우하지 않도록 행위하라.[12]

『도덕의 형이상학(The Metaphysics of Morals)』에서 칸트는 다음과 같이 가다듬었다.

> **인격**(person)으로 간주된 인간은 … 어떤 가치보다도 더 **높다**. 인격으로서 … 그는 다른 사람의 목적을 위한 수단으로서만 평가되어서는 안 되고 … 그 자신이 목적으로서 평가되어야 한다. 즉 그는 **존엄성**(절대적 내적 가치)을 가지고 있으며, 이 존엄성에 의해서 그는 세계 내의 다른 모든 이성적 존재가 자신을 **존경**하도록 요구한다. 그는 이런 유형의 다른 모든 존재자와 자신을 비교하고 그들과 동등한 입장에서 자신을 평가할 수 있다.[13]

---

10) Immanuel Kant, "The Doctrine of Virtue," in *The Metaphysics of Morals*, trans. Mary Gregor (New York: Cambridge University Press, 1991), p. 247. (원본은 1797년에 출판되었음.)

11) Ibid., p. 248.

12) Kant, *Foundations of the Metaphysics of Morals*, p. 46.

나무·곤충·뱀·다람쥐는 살아 있는 존재이지만, 인격(인간)은 아니다. 인간은 많은 종들 가운데 하나의 종일 뿐이지만 특별한 것으로 생각된다. 그들을 특별하게 만드는 것은 무엇인가? 그들을 사람으로 만드는 것은 무엇인가? 칸트에 의하면 그것은 합리성이다. 그의 견해에 따르면, 인간을 특별히 가치 있게 만드는 것은 이성이다. 그러나 현대의 사상가들은 일반적으로 적어도 다음과 같은 세 가지 중요한 특징들에 초점을 맞춘다. 이 특징들은 "인간"이라고 부를 수 있는 것의 정의이다.

1. 사람들은 의식적 존재이다. 사람들은 그들의 환경을 의식하고 그들을 둘러싼 세계를 지각할 수 있다.
2. 사람들은 자기 의식적 존재이다. 그들은 과거·현재·미래의 시간을 통해 지속하는 각각의 존재로서 자신을 의식한다.
3. 사람들은 발달된 이성 능력을 가진다. 사람들은 생각하고, 문제를 해결하며, 의사소통 등을 할 수 있다.[14)]

나무·곤충·뱀·다람쥐는 이러한 특징 모두를 가지고 있지 않기 때문에 사람이 아니다. 그렇다고 해서 사람(people)이 인간 존재(human being)에만 국한되는 것은 아니다. 만약 우주의 다른 곳에 이성적인 생명, 즉 이러한 기준을 만족시키는 외계의 존재가 있다면, 그들은 인간 존재가 아니라 할지라도 사람이 될 수 있을 것이다. 영화에 나온 창조물인 E.T.를 생각해 보자. 관객들은 E.T.가 인간이 아닌 것은 알면서도 확실히 E.T.를 인격으로 생각했다. 비슷한 이야기지만, 생명체가 아닌 유기체들이 이러한 특징들을 가지는 것이 가능할지도 모른다. 그렇다면 그들도 사람이 될 것이다. 〈스타워즈(Star Wars)〉에 나온 로봇 R2D2F나 텔레비전 시리즈물인 〈스타트렉(Star Trek: The Next Generation)〉에 나온 인조인간 Data를 생각해 보자. 만약 그와 같이 생명체가 아닌 유기체가 존재한다면, 그것들은 사람이 되지 단순한 사물이 되는 것은 아닐 것이다.

칸트는 사람들은 최고로 가치 있고, 사람들은 우리가 사람이 아닌 다른 것, 즉 텔레비전 세트나 소와 같은 것을 대우하는 것처럼 대우받아서는 안 된다고 주장했다. 칸트는 또한 모든 사람은 동일한 도덕적 가치를 가진다고 전제하는 것처럼 보인다. 그의 입장에서 보면 단지 사물인 것을 순전히 우리의 목적을 위한 수단으로서 사용하

---

13) Ibid., p. 230.

14) 제11장 중 낙태에 관한 논의에서 제시된 정의와 이 정의를 비교해 보라.

는 것은 도덕적으로 허용될 수 있다. 예를 들어, 당신이 (다른 사람을 해치기 위해서 그것을 사용하지 않는 한) 원하는 대로 당신의 텔레비전 세트를 사용하는 것은 도덕적으로 허용될 수 있다. 그것을 조각조각 분해함으로써 만족을 느낀다면, 당신이 그렇게 하는 것은 도덕적으로 허용될 수 있다. 마찬가지로, 많은 사람들은 식용으로 소를 사육하는 것이 도덕적으로 허용될 수 있다고 믿는다. 그러나 사람은 본래적이고 동등한 도덕적 가치를 가지기 때문에 순전히 우리 자신의 목적을 위해 사람들을 이용하는 것은 도덕적으로 허용되지 않는다.

다른 사람을 순전히 우리 자신의 목적을 위해 이용한다면, 우리는 단지 사람을 이용**만 하고 있을 뿐**이라고 해 보자. 우리는 언제나 사람들을 우리 자신의 목적을 위해 이용하고 이용해야만 하지만, 그렇다고 해서 그들을 이용**만 하고 있을 뿐**이라는 귀결이 나오는 것은 아니다. 예를 들어, 당신이 미적분학을 공부하기 위해 개인교사를 고용한다고 가정해 보자. 당신은 자신의 목적을 위해 개인교사를 이용하고 있지만 그 사람을 이용만 하고 있는 것은 아니다. 그러므로 미적분학을 공부하기 위해 개인교사를 고용하는 것과 사람을 노예화하거나 강간하는 것을 구별하면 도움이 될 것이다. 두 번째, 세 번째 사례에서는 사람을 이용만 하고 있을 뿐이지만, 첫 번째 사례에서는 그렇지 않다.

개인교사-학생 관계는 노예-주인이나 강간범-희생자 관계와 어떻게 다른가? 첫째, 노예-주인과 강간범-희생자 관계와 달리, 개인교사-학생 관계는 순전히 자발적이다. 그 사람의 의지에 반해서 그러한 관계가 유지된다면, 우리는 단지 그 사람을 이용만 하고 있을 뿐인 것이다. 둘째, 개인교사-학생 관계에서는 상호 간에 그리고 대략적으로 동등한 이익이 있지만, 노예-주인이나 강간범-희생자 관계에서는 그렇지 않다. 당신은 가르침을 받음으로써 이로움을 얻게 되고, 개인교사는 보수를 받음으로써 이익을 얻는다. 노예-주인이나 강간범-희생자 관계는 그렇지 않다. 마지막으로, 우리는 개인교사-학생 관계에서는 정중·정직·개방성과 같은 행동 속에서 나타나는 상호 간의 존중, 서로 간의 이익과 복지에 대한 배려가 있다고 생각할 수 있다. 각자는 다른 사람을 모욕하고, 속이고, 경멸하고, 업신여기고, 굴욕감을 주며, 기타의 방식으로 다른 사람에게 해를 끼치는 것을 삼간다. 다시 말해, 노예-주인이나 강간범-희생자 관계에서는 그런 일이 나타날 수 없다. 강간과 노예화는 사람을 **단지** 이용할 **뿐인** 대표적 사례로 제공될 수 있다.

칸트에 따르면 사람들은 특별한 존재이기 때문에, 중요한 (그리고 동일한) 가치를 가지기 때문에 존경스럽게 대우받아야 한다. 그것은 수단으로만 다루어져서는 안 된다는 것을 의미한다. 다음과 같은 것이 보장될 때 다른 사람을 존경스럽게 대우하는 것이다—(1) 우리와 그들과의 상호작용이 순수하게 자발적임, (2) 우리와 그들과의 상호작용이 서로 이롭거나 정당하고 공평함, (3) 그들의 곤궁·욕구·이익을 고려함.

칸트는 다른 사람들에 대해 존경을 갖고 대우하는 유일한 이유는 그들이 사람이기 때문이라는 점을 강조했을 뿐 아니라, 우리 또한 사람이기 때문에 우리 자신에 대해서도 존경을 갖고 대우해야 한다는 점을 강조했다. 그는 우리가 다른 사람에 대한 의무를 가지고 있다고 생각했지만, 또한 우리 자신에 대한 의무도 가진다고 생각했다. 예를 들어, 그는 모든 사람은 자기완성의 의무를 가진다고 주장했다.

> 이 의무는 단지 **우리 자신의 능력 계발** 이외에 다름 아니다. … 그중 최고의 능력은 **오성**이다. … 인간은 자신의 본성의 조야한 상태, 즉 그의 동물성으로부터 자기 향상을 향해 인간성을 점점 더 실현시킬 의무를 가진다. … 인간은 교육을 통해 자신의 무지를 줄이고, 자신의 잘못을 올바르게 할 의무를 가진다.[15]

칸트는 다른 사람에 대한 의무를 고려하면서, 우리가 다른 사람에 대해 선행의 의무로부터 행위할 때 그들의 자기존중을 침해하거나 그들에게 굴욕감을 주어서는 안 된다고 주장했다. 왜냐하면 그것은 우리가 존경을 가지고 다른 사람을 대우해야 한다는 조건을 위반하기 때문이다.

> 우리는 가난한 사람을 도울 의무를 가지고 있다는 것을 인정할 것이다. 그러나 우리가 보여 주는 이 호의는 그의 복리(福利)가 우리의 관대함에 의존하고 있다는 것을 함축하고 있기 때문에, 이러한 의존은 어쨌든 그를 낮추어 보는 것이기 때문에, 이 친절은 단지 그에게 진 빚이거나 아주 조그마한 사랑의 봉사에 지나지 않는 것처럼 행동할 의무가 우리에게 있다. 그렇게 함으로써 그런 도움을 받는 사람이 체면을 손상시키지 않고, 그로 하여금 자신에 대한 존경을 유지하도록 할 의무가 있다.[16]

마지막으로, 전쟁 중에 시민들을 대량학살하는 문제로 돌아가 보자. 도시에 폭

15) Kant, *Foundations of the Metaphysics of Morals*, p. 191.

16) Ibid., p. 243.

격을 가해 10,000명의 시민들을 죽임으로써 전쟁은 빨리 끝날 것이며, 이로 인해 군인 100,000명의 생명을 구할 수 있다는 것이 확실하다(물론 그것은 결코 확실하지 않다)고 가정해 보자. 결과주의자들은 다음과 같이 주장할지도 모른다.

1. 도시에 폭격을 가함으로써 시민 10,000명이 죽지만 군인 100,000명의 생명은 건진다.
2. 10,000명을 죽이고 100,000명을 살리는 것이 10,000명을 죽이지 않고 100,000명을 죽게 내버려 두는 것보다 더 낫다.
3. 마땅히 더 많은 생명을 구해야 한다.
4. 그러므로 도시에 폭격을 가해 10,000명의 시민들을 죽이는 것은 옳다.

이러한 추론에 따르면 단지 사람의 수만이 고려된다. 죽게 되는 사람들은 무고한 시민이고 생명을 구하게 되는 사람들은 군인이라는 것은 문제가 되지 않는다.

그러나 칸트주의자들은 전쟁에서 많은 생명을 살린다 하더라도 시민들을 죽이는 것은 본래적으로 잘못된 것이라고 결론을 내릴 것이다. 나의 준칙은 "나는 더 많은 생명을 잃기보다는 살릴 수 있을 경우 도시에 폭격을 가하여 시민들을 죽게 할 것이다."가 될 것이다. 나와 내가 사랑하는 사람들이 어느 날 도시에 가해진 폭격으로 죽게 되는 시민들 가운데 있다면, 그리고 내가 사랑하는 사람들이 계속해서 살기를 내가 의욕한다면, 나는 모순되는 것들을 의욕하는 셈이 될 것이다.

많은 사람들은 결과주의자들이나 칸트의 입장에 대해 꺼림칙한 느낌을 갖는다. 결과주의자들의 입장은 만약 죽는 사람들보다 한 명의 생명이라도 더 살게 된다면, 도시에 폭격을 가해서 시민들을 죽게 하는 것이 옳다는 것을 함축하고 있는 것처럼 보인다. 그렇게 하지 않았더라면 죽게 될 100,000명의 군인들을 살리기 위해서 99,999명의 시민을 죽이는 것은 옳을 것이다. 많은 사람들은 이러한 입장이 그럴듯하지 않다고 생각한다. 다른 한편으로, 칸트주의자들의 입장은 무수한 사람들을 죽음에서 구할 수 있다 하더라도 한 사람을 죽이는 것은 그르다는 것을 함축하는 것처럼 보인다. 많은 사람들은 이것 또한 그럴듯하지 않다고 생각한다. 그들은 숫자가 완전히 관련성이 없지는 않다고 생각한다. 그러므로 어떤 사람들은 결과주의자의 입장은 너무 많이 허용하는 반면 칸트의 입장은 너무 적게 허용한다고 생각한다.

연습문제

1. 2001년 여름, 미국에서 줄기세포 연구에 대한 논쟁이 벌어졌다. 많은 과학자들은 파킨슨병과 같은 심각한 상황을 다루기 위하여 줄기세포를 활용하면 환자나 심지어는 치료도 크게 개선될 가능성이 크다고 믿는다. 그러나 이러한 의료 절차나 그 절차를 발전시키기 위해 수행된 연구에서 활용된 줄기세포는 배아에서 추출된다. 대부분의 경우에 배아는 여러 가지 목적을 위해서, 예컨대 일반적으로는 아이를 갖고 싶어 하지만 어려움을 겪고 있는 부부의 출산 문제를 다루기 위해서 활용되었다. 많은 배아는 자궁 바깥에서 여성의 난자와 남성의 정자의 결합으로 만들어져서 일부는 여성의 자궁에 착상된다. 그러나 대부분의 배아는 활용되지 않고 결국에는 폐기된다. 과학 연구에 필요한 줄기세포를 위해 확보되는 것은 바로 이러한 아마도 곧 폐기될 배아들이다. 논쟁은 주로 연방정부가 줄기세포를 활용하는 의료 연구에 기금을 대야 하는가에 관한 것이다. 반(反)낙태 운동가들은 인간의 배아로부터 줄기세포를 확보하는 것은 배아를 죽이는 것이라고 주장한다. 그들은 인간 배아로부터 나온 줄기세포를 어떤 목적을 위해 활용하는 것은 도덕적으로 그르다고 주장하면서 그런 연구뿐만 아니라 그런 연구에 기금을 대는 것에 반대한다. 더 나아가서 그들은 인간 배아를 죽이는 것은 살인이라고 주장한다. 다른 사람들은 인간 배아는 어쨌든 폐기되기 마련이고 확실히 죽게 될 것이기 때문에 그것은 도덕적으로 그르지 않다고 주장한다. 배아로부터 확보된 줄기세포를 활용하는 것은 실제로 배아의 삶과 죽음에 무언가 의미를 부여할 것이다. 그들은 연구로부터 얻어지는 잠재적 이익에 초점을 맞춘다. 그들은 배아는 인간이 아니라고 말한다. 그러므로 배아는 쾌락을 느낄 수도 고통을 느낄 수도, 행복을 느낄 수도, 불행을 느낄 수도 없을 것이다. 칸트의 정언명법을 이 사례에 적용하여 추론을 시도해 보라.

2. 브래드는 사라와 데이트를 한다. 그의 희망은 그녀를 부추겨서 술로 대취하게 만든 다음 그녀를 유혹하거나 의식을 잃을 정도로 취하게 해서 무의식 상태로 만든 후 그녀와 성관계를 갖는 것이다. 그는 사라와 성관계를 가짐으로써 쾌락을 얻게 될 것임을 알고 있으며, 그렇게 함으로써 사라에게 아무런 해도 없을 것이라고 생각한다. 만약 사라에게 의식이 있고 술에 취했을 경우 성관계를 갖는 데 동의한다면 그녀는 쾌락을 경험하고 나중에 그것에 대해 나쁘게 느끼지 않을 것이고,

만약 정신을 잃을 정도로 취해서 의식이 없다면 무슨 일이 벌어졌는지 알지 못할 것이기 때문이다. 브래드의 추론에 대해 당신은 어떻게 생각하는가? 칸트의 정언명법을 이 사례에 적용하여 추론을 시도해 보라.

3. 필은 성 패트릭의 날 행렬을 보기 위해 보스턴에 간 적이 있었다. 게이임을 자랑스럽게 생각하는 동성애자 무리와 아일랜드계 미국인 레즈비언들의 행진이 필의 옆을 지나쳤을 때, 그는 모욕에 가득 찬 고함을 지르고, 겁주는 제스처를 취했으며, 마지막에는 그들을 향해 돌을 던졌다. 필의 행위가 도덕적으로 그른지 어떤지를 칸트의 정언명법을 적용하여 결정하라.

4. 사형제도가 도덕적으로 그른지 어떤지를 칸트의 정언명법을 적용하여 결정하라. 다음의 문제에 초점을 맞추어라. 당신이 사랑했던 누군가가 살해되었다면, 당신은 그 살인자가 처형되어야 한다고 생각할 것인가? 당신이 사랑했던 누군가가 살인죄 판결을 받았다면, 그가 처형되어야 한다고 생각할 것인가? 우리가 살인자들을 처형하지 않게 될 경우 살인의 희생자들에 대해 존경을 보여 주는 것일까? 우리가 살인자들을 처형할 경우 그들에 대해 존경을 보여 주는 것일까? 살인자들의 경우 그들을 존경을 갖고 대우하라는 도덕적 요구가 더 이상 적용되지 않는가?

5. 규칙공리주의와 정언명법의 보편법칙의 차이점을 설명하라.

관련 자료

Fred Feldman, *Introductory Ethics*. Englewood Cliffs, NJ: Prentice-Hall, 1978. (특히 제7, 8장을 보라.)

Immanuel Kant, *Foundations of the Methaphysic of Morals*, 2nd ed. Translated by Lewis White Beck. New York: Library of Liberal Arts, 1990. (원본은 1785년에 출판되었음.)

Immanuel Kant, *The Metaphysics of Morals*, Translated by Mary Gregor. New York: Cambridge University Press, 1991. (원본은 1797년에 출판되었음.)

Onora Nell, *Acting on Principle*. New York: Columbia University Press, 1975.

Roger J. Sullivan, *An Introduction to Kant's Ethics*. Cambridge, England: Cambridge University Press, 1994.

Robert Paul Wolff, *The Autonomy of Reason. A Commentary on Kant's Groundwork of the Metaphysics of Morals*. New York: Harper Torch, 1973.

◎ 인터넷 자료

Immanuel Kant, *Fundamental Principles of the Metaphysics of Morals*. Translated by T. K. Abbott. (http://ethics.acusd.edu/theory/Kant/Groundwork/Groundwork.html).

제 7 장

덕과 악덕

- 번성함(flourishing) 개념과 중용 개념의 역할을 포함하여 아리스토텔레스의 덕 이론 이해
- 덕들은 하나로 통일된다는 견해 이해
- 덕에서 지각(perception)의 역할 이해
- 품행·느낌과 감정·태도·지각하는 방법 등을 포함한 품성으로서의 개인적 덕의 본성 이해
- 덕과 악덕에 대한 에피쿠로스학파의 견해 이해
- 덕과 악덕에 대한 스토아학파의 견해 이해
- 덕과 악덕에 대한 홉스와 흄의 견해 이해
- 덕과 악덕에 대한 힌두교와 불교의 견해 이해
- 전통적인 칠대 죄악 이해

I. 서론

2003년에 미주리 주의 약사인 51세의 로버트 코트니는 연방정부 법정에서 9년 여에 걸쳐서 처방약을 조제하면서 수천 명 환자들의 약을 계획적으로 희석한 죄상을 인정하였다. 그가 희석했던 약물은 항생물질, 임신 촉진제, 혈액 응고제, 암 환자를 위한 화학요법 치료제를 포함한다. 첫 번째 검증은 그가 조제했던 약물로 하였다. 복용량의 40%에서 거의 0에 이르기까지 여러 형태의 약물 희석이 있었다는 사실이 밝혀졌다.

약물, 특히 심각한 병과 죽음에 관련된 약물을 계획적으로 희석하는 것만큼 잔인한 짓을 한 사람이 있으리라고는 누구도 믿을 수 없었다. 코트니는 잔인해 보이지는 않았다. 그는 교회 합창단에서 노래했고, 교회에 수십만 달러를 기부했다. 사람들은 자주 그를 매우 신사적인 인물이라고 평했다. 그는 매우 존경을 받는 인물이었으며, 외관상으로는 그가 속한 사회의 대들보였다.

그러나 코트니를 지역사회에서 눈에 띄게 만들었던 것은 그의 돈이었다. 돈이 없었다면 그는 수십만 달러를 기부한 교회에서 큰 인물이 되지 못했을 것이다. 돈이 없었다면 캔자스 시의 최상류층이 사는 지역에 있는 거대한 저택에서 살지 못했을 것이고, 비싼 메르세데스를 몰지 못했을 것이다. 돈이 없었다면 그는 소박하고 두드러지지 않은 평범한 코트니일 뿐이었을 것이다.

코트니는 법을 준수하는 약사에서 대부분의 사람들이 도덕적 괴물이라고 생각한 것으로 한순간에 비약한 것은 아니었다. 그는 단계를 밟아 갔다. 그는 암시장에서 할인된 약제들을 구입하는 것으로 시작했다. 그러던 어느 날 그는 죽어 가는 환자, 치료 약물의 강도에 상관없이 결국 죽게 될 환자의 약물을 아주 조금만 희석했을 뿐이었다. 아마도 스스로 자신이 어떤 해로운 행동도 하지 않았다고 확신했을 것이다 그러나 점차로 그는 약물의 농도를 더 약하게 만들었고, 보다 많은 환자들에 대해 보다 많은 약물을 희석시켰다. 적당히 투약되었더라면 환자가 살았거나 도움이 되었거나 하는 것은 문제가 되지 않았다.

체포되었을 쯤에 코트니는 거의 200만 달러의 재산을 모았다. 그의 재산 축적으로 얼마나 많은 사람들이 죽었는지는 알 수 없다. 한때는 로버트 코트니도 다른 모든 대학생들과 똑같은 대학생이었다는 사실을 지금까지도 받아들이기 힘들다.

재판 과정에서 코트니는 왜 그런 끔찍한 일을 했냐는 질문을 받았다. 그는 모르겠다고 대답했다. 많은 입회인들은 그의 행동을 적어도 부분적으로는 설명할 수 있다고 생각한다. 그는 돈에 대한 탐욕자였고, 돈으로 살 수 있는 것, 즉 비싼 집, 비싼 차, 거의 모든 사람들의 존경과 관심 등에 욕심이 지나친 자였다. 탐욕은 기꺼이 받아들일 수 있는 야망의 수준을 훨씬 넘어선다.

그러나 코트니의 행동에 대한 설명에 확실하게 포함시켜야 할 것은 단순히 그가 실제 최고로 부유했다는 것이 아니라 무언가가 결핍된 것처럼 보였다는 것이다. 분명히 말해서 그는 자신에 의해 희생된 사람들에 대한 동정심과 호의가 부족했다. 그에게는 또한 정직·정의·친절·책임감이 결핍되었다.

우리는 일부는 전통적으로 덕(선한 혹은 칭찬받을 만한 특성)이라고 불리는 품성의 특성과 일부는 **악덕**(나쁜 혹은 비난받을 만한 특성)이라고 불리는 품성의 특성에 의하여 코트니의 행동을 설명하고 있다.[1] 그러나 우리는 코트니를 기술하면서 동시에 평가하고 있다. 우리는 옳은/그른, 선한/악한과 같은 일반적 용어를 적용할 수 있고, 코트니는 악한 사람이고 도덕적으로 그른 짓을 한 사람이라고 말할 수 있다. 그러나 우리는 또한 덕이나 악덕 같은 **전문적인** 도덕적 개념이라고 부르는 것을 적용할 수 있고, 코트니는 탐욕스럽고, 잔인하고, 동정심이 부족하고, 부정직한 사람이었으며, 잔인하고 가장 부정직한 짓을 한 사람이었다고 말할 수 있다. 그래서 우리는 사람과 행위 둘 모두에 덕과 악덕이라는 말을 적용할 수 있다. 우리는 잔인한 사람에 대해서 이야기할 수도 있고 잔인한 행위에 대해서 이야기할 수도 있다

II. 달라이 라마

공리주의와 칸트의 정언명법 둘 다 도덕 결정과 도덕 판단을 내리기 위한 규칙들에 의존한다. 그러나 티베트 불교의 영적 지도자인 달라이 라마(Dalai Lama)에 의하면, "모든 윤리적 딜레마에 대한 답을 우리에게 제공하는 일련의 규칙이나 법칙을 고안하는 것이 언젠가는 가능할 수 있다고 누구도 가정해서는 안 된다. … 이 같은 형식적 접근으로는 인간 경험의 풍부함과 다양성을 담아 낼 희망을 결코 가질 수 없을 것이다."[2] (이것은 또한 아리스토텔레스가 지적한 점이다.)

달라이 라마는 도덕법칙과 도덕 규칙을 적용하는 대신에 선과 악에 초점을 맞춘 도덕 판단과 도덕 행동에 대한 접근을 제안한다. 핵심은 어떤 상황에서도 우리는 덕스러운(덕은 있지만 악덕은 없는) 사람처럼 행동해야 한다는 것이다. 달라이 라마에 의하면 덕이나 긍정적 특성은 동정심·공감·사랑·다른 사람들에 대한 관심과 그들의 고통에 대한 민감·인내·친절·겸손·온순·애정·관용·용서·관대·따뜻한 마음·자제력과 자기 억제·이타주의를 포함한다. 악덕이나 부정적 특성은 증오·노염·자만심·욕망·탐욕·질투·다른 사람의 고통에 대한 무관심·편견·잔학·폭력·이기심·경솔함을 포함한다.

---

1) "The Toxic Pharmacist," *New York Times* (8 June 2003).

2) His Holiness the Dalai Lama, *Ethics for the New Millennium* (New York: Riverhead, 1999), pp. 27–28.

우리가 덕이나 악덕이라는 용어를 어떤 사람에게 적용한다면, 우리는 그 사람이 어떤 특정한 **품성**을 가지고 있다고 생각하고 있는 것이다. 품성은 어떤 특정한 조건 하에서 어떤 것을 행동하고, 생각하며, 느끼는 성향이다. 예를 들면 잔학한 사람은 의도적으로 사람을 고통스럽게 하는, 사람이 고통스럽게 되는 것을 원하는, 사람을 고통스럽게 하면서 쾌감을 느끼는 성향이다. 잔학한 사람은 거의 확실하게 동정심·공감·죄책감·연민과 같은 느낌이나 정서가 부족하다. 이와 비슷하게, 정직한 사람은 거짓말을 통해 이익을 얻게 되는 상황에서조차 항상 혹은 거의 항상 진실을 얘기하려는 성향을 가지고 있고, 진실을 얘기하려는 욕구를 가지고 있으며, 거짓말을 하면 죄책감이나 양심의 가책 같은 느낌을 갖는다. 아래에서 보겠지만 마지막으로, 현대 철학자 존 맥도웰에 의하면 덕과 악덕은 우리가 세계의 특성들에 대한 감수성을 지각하고 구성하는 방식에 영향을 미친다.

덕을 드러내는 행동들은 그런 특성을 드러내는 한 도덕적으로 옳으며, 반면에 악덕을 드러내는 행동들은 그런 특성을 드러내는 한 도덕적으로 그르다. 양자택일적으로 이야기하자면, 어떤 행동이 악덕한 특성을 보여 준다는 사실은 그 행동이 도덕적으로 그르다고 생각할 이유인 데 반하여, 어떤 행동이 덕스러운 특성을 보여 준다는 사실은 그 행동이 도덕적으로 옳다고 생각할 이유라고 말할 수 있다.

도덕에서 하나의 중요한 질문은 "나는 어떤 유형의 사람이어야만 하는가(어떤 유형의 사람이 되려고 노력해야 하는가)?"이다. 어떤 유형의 사람인지는 당신이 어떤 품성을 가지고 있는지 또는 어떤 품성이 부족한지에 달렸다. ("나는 어떤 유형의 사람이어야 하는가?"라는 질문은 자연적으로 "나는 어떤 유형의 사람인가?"라는 짝을 이루는 질문으로 이어진다. 이 질문에 답하기 위해서는 정확하게 말해서 상당한 자기 인식이 필요하다. 그리고 자기 인식을 얻는 것은 항상 쉬운 일은 아니다. 우리는 자기 기만에 빠질 수 있다.)

우리가 덕과 악덕의 개념을 사용하면서 직면하는 하나의 철학적 문제는 어떤 특성이 덕이고 어떤 특성이 악덕인가를 확인하는 것이다. 또 다른 문제는 하나의 특성을 덕이게 하는 것, 하나의 특성을 악덕이게 하는 것은 무엇인지를 열거하는 것이다. 잔학성이 악덕이라면 왜 그것이 악덕인가? 친절이 덕이라면 그것을 덕이게 하는 것은 무엇인가?

1. 어떤 것이 덕이고, 어떤 것이 악덕인가?

다음 표는 오늘날 거의 모든 사람들이 덕이라고 생각하는 특성과 거의 모든 사람들이 악덕이라고 생각하는 특성의 목록이다. 이것들은 우리가 덕과 악덕에 대한 상식적 견해라고 말할 수 있는 것들이다.

도덕적 덕

동정	청렴	애국심	진심
용기	정의	공손	강인함
성실	친절	사려	재치
관대	충성	신뢰성	관용
감사	자비	책임	신용
정직	정숙	자기통제	이기적이 아님
겸손	열린 마음	자기신뢰	사랑
자립	인내	자기존경	감수성

도덕적 악덕

오만	탐욕	투기	파렴치
냉담	무지	게으름	미련
비겁	성급함	속임수	무신뢰성
잔학	경솔	무자비	부도덕
부정직	배은	편견	불신
불충실	무성의	난잡	허약
질투	불관용	무례	자기도취
불성실	성마름	이기심	무감각
광신	무책임	비굴	

III. 아리스토텔레스의 덕 이론

하나의 특성을 도덕적 덕이게 하는 것은 무엇이고 하나의 특성을 도덕적 악덕이게 하는 것은 무엇인가? 하나의 견해는 덕과 악덕은 이익과 손해에 의해서 확인된다는 것이다. 이 견해에는 적어도 세 가지 가능성이 있다. 하나는 덕은 그 소유자를 이롭게 하고 악덕은 그 소유자에게 해롭다는 것이다. 그래서 이 견해에 따라 용기가 덕이라면, 그것은 용기 있는 것이 그것을 소유한 사람의 이익이 되기 때문이다. 비겁이 악덕이라면, 그것은 겁이 많은 것이 그것을 소유한 사람의 이익에 반하기 때문이다. 두 번째 가능성은 악덕이 다른 사람을 해롭게 하는 것인 데 반해서 덕은 다른 사람을 이롭게 한다는 것이다. 이 견해에 따라 친절이 덕이라면, 그것은 친절한 사람이 다른 사람을 이롭게 하기 때문이다. 그리고 잔학이 악덕이라면, 그것은 잔학한 사람이 다른 사람을 해롭게 하기 때문이다. 마지막으로 세 번째 견해는 악덕이 악한 사람이나 다른 사람 둘 다를 해롭게 하는 것인 데 반해서, 덕은 덕스러운 사람과 다른 사람 모두를 이롭게 한다는 것이다.

덕에 관해 가장 초기의 이론, 가장 영향력 있는 이론 중 하나는 그리스 철학자 아리스토텔레스(Aristotle, 기원전 384~322)의 이론이다. 아리스토텔레스는 덕은 덕을 가진 사람에게 좋고(good), 덕을 소유한 사람들의 안녕과 행복에 기여한다는 의미에서 좋은 품성이라고 말했다. 아리스토텔레스의 견해에서 덕〔많은 번역자들은 **탁월함**(excellence)이라는 용어를 더 선호한다〕은 덕의 소유자를 행복이나 안녕의 상태에 이르게 도와주는 품성이다. 그것은 덕의 소유자가 번성하는 데 도움이 된다. 다른 한편으로 악덕은 악덕의 소유자가 행복이나 안녕의 만족한 상태에 도달하게 하는 것을 더욱 어렵게 한다.

아리스토텔레스와 고대 그리스의 다른 사람들에 있어서 윤리적 반성의 요점은 행복을 성취하는 것, 우리 자신의 이익을 증진시키는 것, 우리에게 좋거나 가장 좋은 어떤 것에 도달하는 것이다. 그때 부딪히게 되는 두 가지 중요한 문제가 있다. 첫째, 우리를 행복하게 할 가능성이 가장 높은 것은 무엇인가? 둘째, 우리를 행복하게 할 가능성이 가장 높은 것을 어떻게 얻을 수 있는가?

1. 행복/에우다이모니아

아리스토텔레스에 의하면 우리가 추구하고 있는 것, 우리가 추구해야 하는 것은 우리 자신의 행복이다. 그러나 **행복**(happiness)이라고 하는 말은 아리스토텔레스가 사용한 개념인 **에우다이모니아**(eudaimonia)를 온전히 담아 내지는 못한다. 행복에 대해 이야기할 때 우리는 흘러가는 일시적 상태를 언급할 수 있다. 예를 들면, 우리는 아이스크림을 먹거나 축구 경기를 보는 것은 우리를 행복하게 한다고 말할 수 있다. 그러나 에우다이모니아는 어떤 사람의 삶의 특정한 순간에만 적용되는 것은 아닌 하나의 상태이다. 오히려 그것은 어떤 사람의 인생의 전체 과정에 적용된다. 당신은 축구 경기를 보고 있었던 3시간 동안 행복했었다고 말할 수는 있겠지만, 그 시간 동안 에우다이모니아에 이르렀었다고 말할 수는 없다. 당신이 에우다이모니아의 상태에 이르렀는지 여부는 당신의 전체 생애의 전반적 과정에 달려 있다.

아리스토텔레스가 염두에 두었던 것이 무엇인지를 아는 가장 쉬운 방법은 죽음 가까이에 있는 누군가가 자신이 살았던 삶을 반성하고 있다는 것을 가정해 보는 것이다. 그는 자신이 선한[좋은] 삶을 살았는지 어떤지를 자문할 수 있다. 여기서 말하는 선한 삶이란 반드시 도덕적으로 선한 삶을 의미하는 것은 아닐 것이다. 그의 삶이 가치 있는 삶인지, 그것이 의미 있고 만족스런 삶인지, 사랑·성공·기쁨·만족·흥분·쾌락과 같은 그가 가치 있게 생각하고 있는 것들을 충분히 간직한 삶인지를 자신에게 묻고 있는 어떤 사람을 생각해 보면 좀 더 쉽게 이해된다. 그는 다시 태어난다면 다른 식으로 살 것인지를 자신에게 물을 수도 있다. 자신의 삶에서 많은 변화가 없다면, 그는 에우다이모니아를 실현한 삶에 도달했다고 말할 수도 있다.

아리스토텔레스에 의하면, 대부분의 사람들은 쾌락·부·명예(명성) 모두를 얻는 데 그들의 삶을 집중시킴으로써 에우다이모니아에 이르고자 한다. (나는 본래대로 행복의 개념을 사용할 것이다. 단 하나의 단서를 붙이고자 한다. 즉 행복은 어떤 사람이 비교적 짧은 시간 동안 처하게 되는 심리적 상태를 의미하는 것은 아니라는 것이다.) 아리스토텔레스는 사람들이 무엇이 인간을 위한 선한 삶인지에 대해 잘못을 범하고 있으며, 진정하고 오래 지속하는 행복을 가져다줄 수 있는 것이 무엇인지에 대해 잘못을 범하고 있다고 생각한다. 최초의 체계적 생물학자 중 한 사람인 아리스토텔레스는 **번성함**의 개념에 관해서 생각했다. 생물학자는 많은 종과 아종(亞種)이 어떤 조건에서 번성하는가를 묻는다. 명백한 일이지만 살아 있는 유기체가 번성하는 것이 선[좋음]이다. 그러나 어떤 조건에서 번성하는가는 그 종들에 따라 다르다. 아리스토텔레스는 어떤 조건에서 사슴이나 사자가 번성할 것인가를 물을 수 있었듯이, 어떤 조건에서 인간이 번성할 것인가를 물었다.

2. 번성함

장미 관목이 번성하는 것과 선인장이 번성하는 것을 비교해 보자. 장미 관목은 선명한 색깔의 많은 꽃들과 활기에 넘치는 푸른 줄기를 가진다면 번성하는 것이다. 번성하는 선인장(적어도 어떤 품종의 선인장)은 꽃을 피우지 않는다. 만약 어떤 것이 "같은 종의 정상 구성원들이 존재"하는 대로 존재한다면 그것은 번성하고 있는 것이다. 또한 같은 유형의 것에 의해서 결정되는 대로 결정된다면, 우리는 그것이 자신의 완전한 잠재성을 실현하고 있다고 말할 수 있다. (우리는 앞에서 필리파 풋이 자연법 이론에 대해 기여한 것을 통해 이것을 살펴보았다.) 장미 관목이 번성할 수 있도록 하는 조건들과 선인장이 번성할 수 있도록 하는 조건들은 두드러지게 차이가 난다. 장미 관목이 필요로 하는 만큼의 물을 선인장에게 준다면 선인장은 너무 많은 물로 인해 죽게 될 것이다. 선인장이 요구하는 것만큼의 물을 장미 관목에게 준다면 장미 관목은 너무 적은 물로 인해 죽게 될 것이다.

아리스토텔레스에 따르면, 또한 우리는 인간의 번성이나 번성하지 않음에 대해 유의미하게 논의할 수 있다. 인간은 같은 종의 구성원들이다. 그러므로 인간 종에게 정상적인 혹은 자연적인 상태나 조건에 있는 사람이나 인간 종의 구성원이 할 수 있는 종류의 것을 행할 수 있는 사람은 번성한다. 인간의 번성은 장미 관목이 번성하는 것과 같지 않다. 우리는 번성하더라도 풍성한 꽃을 피우는 식으로 성장하지는 않는다. 아마도 번성하는 것에 반대되는 데 초점을 맞추어 보면 인간의 번성이 무엇인지를 이해할 수 있을 것이다.

어린아이가 영양이 부족하다면 성장이 멈출 것이다. 그는 자신의 잠재력보다 덜 자랄 것이고 몸무게도 덜 나가게 될 것이다. 그의 지적 능력은 영향을 받게 될 것이고, 그 결과 그는 거의 온전한 잠재성에 도달하지 못할 것이다. 그는 할 수 있는 것보다 덜 활기찰 것이고 무기력하게 될 것이다. 그의 면역체계는 억제될 것이고, 그래서 그는 질병에 더 쉽게 걸리게 될 것이다. 눈이 멀게 될지도 모른다. 그는 아마도 그가 살 수 있는 것보다 더 짧게 살게 될 것이다. 그는 그의 온전한 잠재성의 많은 측면이 차단되거나 손상 받게 된다는 점에서 번성하지 못하게 된다.

만약 어린아이를 보호자가 학대하거나 무시한다면 아이는 사람에 대한 친밀한 애정을 가지지 못할 수도 있을 것이다. 아이는 사람들을 믿지 못할지도 모르고, 연민·친절·동정을 거의 느끼지 못할 수도 있을 것이며, 불안감이나 적대감을 느낄지도 모른다.

그렇지만 번성하는 인간은 "정상적인" 인간이 존재하고 행위할 수 있는 방식대로 존재하고 행할 수 있다. 첫 번째 것은 육체적으로 생존하는 것이다. 그는 적어도 평균 연령 정도는 살 수 있다. 그는 또한 자신의 온전한 신체적 잠재성에 도달할 수 있다. 만약 어떤 사람이 유전적으로 평균보다 키가 더 작거나 더 크도록 프로그램화되어 있다 하더라도, 그로 인해 그 사람의 수명이 단축되거나 그 사람의 감정이 부정적으로 되지 않는다면, 그 사람이 번성하고 있지 않다고 할 수는 없는 것이다. 그러나 만약 사람의 감각 능력이 평균보다 덜 예민하다면 그것은 일반적으로 번성을 약하게 한다. 눈먼 사람이나 귀가 먼 사람들은 가치 있는 무언가를 잃어버린 것으로 통상 간주된다. 그들은 일출을 볼 수 없고 음악을 들을 수 없다. 냄새를 맡을 수 없는 사람은 장미의 달콤한 향기에서부터 저녁 음식 냄새에 이르기까지 많은 즐거움과 기쁨을 잃어버린다. 만약 어떤 사람의 촉각이 손상된다면 그는 신체 손상을 경고하는 고통을 느끼지 못할 것이고, 그 결과 자신의 신체 일부를 잃을 수도 있으며, 섹스의 즐거움도 느끼지 못할 것이다.

"정상적인" 사람들은 걸을 수 있고 뛸 수 있다. 볼 수 있고, 들을 수 있으며, 맛을 느끼고, 냄새를 맡으며, 느낄 수 있다. 언어를 이해하고, 말하고, 읽고, 쓸 수 있다. 농담을 이해할 수 있고 상황에 적절한 유머를 알 수 있다. 사실과 경험을 기억할 수 있다. 다른 사람을 인지할 수 있다. 계산을 할 수 있고, 덧셈·곱셈·나눗셈을 할 수 있다. 기본적인 수학 문제를 풀 수 있다. 슬픔과 기쁨·사랑과 미움·자신감·자존감·두려움과 같은 감정을 느낄 수 있다. 다른 사람에 대한 애정을 가질 수 있다. 이러한 것들은 인간 번성의 측면이다. 그것들은 가치 있다. 자유에 대한 과도한 제한, 지속적인 아픔이나 불편함처럼, 이러한 것들의 능력이나 향유를 방해하거나 감소시키는 것은 무엇이든 인간의 번성을 방해하는 것이다.

아리스토텔레스는 행복이 우리로부터 제거될 수 있는 어떤 것에 달려 있다면, 우리는 진정한 행복에 도달할 수 없다고 주장했다. 한 가지 이유는 우리는 우리의 행복에 필요한 것 혹은 중요한 것을 잃어버릴 수 있다는 두려움이나 불안감을 결코 떨쳐 버릴 수 없기 때문이다. 그리고 아리스토텔레스에 따르면, 우리가 우리의 행복에 필요하다고 생각했던 것, 즉 부·권력·명예·육체적 즐거움과 같은 것은 실은 행복에 필요한 것이 아니다. 그렇다면 또한 쾌락·부·명예와 권력을 추구하는 것은 불행한 결과로 이어질 수 있다. 우리는 이러한 것들에 지치게 될 수 있고, 우리가 그것들로부터 기대했던 행복과 만족을 그것들이 가져다줄 수 없다는 것을 알게 될 수 있다. 많은 사람들은 부·명예·권력 등 진정으로 마음속 깊이 바라던 것을 얻었지만, 그것이 그들의 손에서 한 줌의 먼지나 재로 변하는 것을 느꼈을 뿐이었다. 이러한 것들의 추구나 획득이 또한 유쾌하지 않은 결과를 가져올 수 있다. 음주의 쾌락은 숙취를 가져올 수 있다. 섹스의 즐거움은 에이즈와 같은 질병을 가져올 수 있다. 부와 명예는 다수의 잘못된 친구들과 진정한 적들을 만들 수 있다.

아리스토텔레스에 따르면, 우리는 이성적 동물이다. 그러므로 이성—소·돼지·

말과 같은 다른 동물과 우리를 분리시키는 유일한 것—이 우리의 번성에 가장 핵심적인 것이다. 그는 인간의 최고로 행복한 삶은 그가 **관조**(contemplation)라고 불렀던 것에 쏟는 삶이라고 말했다. 관조는 무엇을 포함하는가? 첫째, 아리스토텔레스는 인간은 알고 배우고자 하는 본래적 욕구를 가진다고 말한다. 관조는 지식의 획득을 포함한다. 우리는 호기심을 가지고 있는 종이다. 우리는 사물들이 어떻게 작동하는지, 왜 그것들이 현재와 같은 식으로 발생하는지, 여러 가지 것들에 대한 진리가 무엇인지를 알기를 원한다. 우리의 질문에 대한 답을 찾게 되면—우리의 호기심이 충족되면—우리는 행복해진다. 무지는 좌절을 가져다준다. 그러나 무지와 잘못된 정보는 또한 위험스럽기도 하다. 예를 들어, 만약 내가 집중 호우 기간 동안에 강들이 범람한다는 것을 알지 못한다면, 물이 범람하여 생명을 포함한 모든 것을 잃어버릴 수 있는 곳에 내 집을 지을 수도 있다. 또한 읽고 생각하는 즐거움도 있다. 지적인 사람으로서 아리스토텔레스는 읽고 생각하는 것에 특히 민감했다. 왜냐하면 이것들이 즐거움과 행복의 원천이라고 생각했기 때문이다.

관조의 삶이 인간에게 최상의 삶이라고 말했을 때, 아리스토텔레스는 아마도 관조만으로 충분히 인간 행복에 도달한다는 것을 의미하지는 않았을 것이다. 오히려 아마도 그의 요점은 인간은 관조 활동 없이는 완벽한 인간의 삶을 살 수 없다는 것과 이러한 활동이 인간의 삶에서 중심적인 역할을 해야만 한다는 것이었다. 인간이 추구하는 다른 선들은 무엇이든지 이성과 일치해야 하고 이성과 대립해서는 안 된다. 마지막으로 부·명예·매력·친구들·명성과 같은 다른 선들을 고려해야 한다. 비록 이것들은 선이긴 하지만 최고선은 아니다. 그것들이 사람의 삶을 지배하도록 해서는 안 되며, 또한 이성적 영혼의 최고 활동을 방해하는 식으로 추구되어서도 안 된다. 우리의 번성을 위해서 우리 인간 본성의 모든 부분이 활동을 하지 않으면 안 되고, 인간 본성에 토대를 둔 모든 요구들이 충족되어야 한다. 이러한 것들은 생물학적·사회적·정신적인 것을 포함한다. 그러나 아리스토텔레스에게 있어서는 이성의 요구가 가장 핵심이다.

3. 덕, 악덕, 번성함

아리스토텔레스에 따르면, 어떤 품성은 우리가 더 잘 번성하도록 만드는 반면 어떤 품성은 우리가 잘 번성하지 못하도록 한다. 우리의 번성함에 기여하는 품성은 덕이다. 우리의 번성을 손상시키는 품성은 악덕이다. 번성을 가장 잘 증진시킬 것 같은 품성과 번성을 가장 잘 증진시키지 못할 것 같은 품성에 대한 지식은 우리에게 적어도 행복한 삶을 실현하는 청사진이나 비법을 제공할 수 있다. 우리가 가능한 한 많은 덕과 적은 악덕을 가진다면 우리의 전 삶의 과정에서 행복에 도달할 가능성이 가장 높아질 것이다. 즉 행위가 가능한 한 덕을 많이 실현한다면, 가능한 한 악덕을 적게 실현한다면, 우리의 전 삶의 과정에서 행복에 도달할 가능성이 가장 높아질 것이다. 그러므로 친절의 품성이 우리를 번성할 수 있게 하고 잔인함의 품성이 번성하지 못하게 한다면, 친절함은 덕이고 잔인함은 악덕이다. 양자택일적으로 이야기해서, 친절한 행동이 우리를 번성하게 하고 잔인한 행동이 번성하지 못하게 한다면, 친절한 행동은 덕스러운 행동이고 잔인한 행동은 악덕한 행동이다.

아리스토텔레스는 번성함에 필요한 것은 우리에게 가치 있는 것들에 대해 너무 많지도 너무 적지도 않은 "중용"에 도달하는 것이라고 생각했다. 예를 들어, 우리에게는 음식이 필요하지만 너무 많은 혹은 너무 적은 음식은 우리에게 해로울 것이다. 마찬가지로, 쾌락이 가치 있는 것일 수는 있겠지만 너무 많은 쾌락은 우리에게 해로울 수 있고, 쾌락이 너무 적으면 우리는 삶을 즐겁고 가치 있게 하는 무언가를 필요 없는 것으로 생각하여 물리칠 수 있다. 처음에는 그렇게 말하는 것이 이상하게 보이지만, 두려움은 우리에게 가치가 있는 것이다. 왜냐하면 두려움은 위험한 상황을 벗어나도록 하는 계기를 마련해 주기 때문이다. 그러나 우리는 너무 많은 두려움 혹은 너무 적은 두려움을 가질 수 있다. 너무 많은 것과 너무 적은 것 사이의 연속선에서 어떤 곳이 적절한지를 결정하는 것이 하나의 비법이다. 아리스토텔레스에 따르면, 각각의 개별 덕은 너무 많은 것과 너무 적은 것 사이의 적절한 중간에 있다. 이것이 지식과 덕이 연결되는 이유이다. 덕은 적절한 중간의 위치에 대한 지식을 포함한다.

아리스토텔레스에 따르면 다음과 같은 품성들이 덕이다—용기·절제·관대함·적절한 긍지·좋은 기질·능란한 기지·겸손·정의. 아리스토텔레스는 이러한 것들이 유일한 덕이라고 주장하지 않고, 그것들은 단지 덕의 일부라고 주장한다. 이러한 덕을 가짐으로써 우리는 번성할 수 있고 행복한 삶을 성취할 수 있다. **용기**는 너무 많은 두려움과 너무 적은 두려움 사이의 중간에 있다. 용기 있는 사람은 무엇을 두려워해야만 하는지, 무엇을 두려워해서는 안 되는지, 얼마큼의 두려움이 적절한지를 안다. 용기 있는 사람은 적절한 것에 대해 적절한 양의 두려움만을 느낀다는 의미에서, 그런 상황에 대해 적절한 방식으로 행동한다는 의미에서 그러한 지식에 따라서 행동하고 있는 셈이다. 그는 침착성을 잃어버려 자신의 위험을 증가시키는 등 어리석은 행동은 하지 않는다. 위험을 무시함으로써 무모하게 행동하지도 않는다.

간단히 말해, **절제**는 육체적 쾌락에 대해 삼가는 욕구를 가지는 것이고 쾌락에 관해 절도 있는 방식으로 행동하는 것이다. 예를 들어, 절제력이 있는 사람은 너무 많게 혹은 너무 적게 먹지도 마시지도 않고, 너무 많이 혹은 너무 적게 성관계를 갖지도 않는다. 즉 이러한 것들에 대한 욕구가 너무 강하지도 너무 약하지도 않다. **관대함**에 대해 말하자면, 관대한 사람은 다른 사람에게 너무 많이 혹은 너무 적게 주거나 주기를 원하지 않는다. **적절한 긍지**를 가진 사람은 자신에 대해 너무 많이 혹은 너무 적게도 생각하지 않고, 극단적인 거만함과 아첨을 피한다. **좋은 기질**의 소유자는 너무 갑자기 혹은 너무 늦게 화를 내지 않는다. 이러한 사람은 싸우기를 좋아하지 않을 뿐 아니라 사람들이 자신을 모질게 대하도록 내버려 두지 않을 것이다. **능란한 기지**를 가진 사람은 언제나 사람들을 웃게 만들기 위한 농담을 준비하는 어릿광대가 아니라 오히려 좋은 대화자이다. 그는 흥미 있는 자료를 많이 갖고 있으며, 그런 것들을 능숙하게 이야기한다. **겸손**은 적절한 긍지와 관계된다. 겸손한 사람은 행동이나 능력을 과장하지 않고, 자랑하지 않으며, 거만하지 않다. 그러나 이러한 사람은 자신의 행동이나 능력을 축소하지도 않는다. **정의**에 대해 말해 보면, 정의로운 사람은 다른 사람에게 치러야 할 것이 있으면 치른다. 정의로운 사람은 다른 사람의 권리를 침해하지 않는다고도 말할 수 있겠다.

우리는 덕과 악덕이 짝을 이룬다고 생각하는 경향이 있다. 예를 들어, 용기는 비겁함, 절제는 방종, 정직은 부정직과 짝이 된다. 그러나 아리스토텔레스는 덕과 악덕의 특성들을 생각할 때 세 가지를 고려해야 한다고 주장했다. 모든 덕은 두 가지 악덕 사이, 즉 지나치게 많은 극단과 지나치게 모자라는 극단의 중간이다(**중용**). 예를 들어, 이미 살펴보았지만, 용기는 두려움을 너무 많이 느끼는 것과 너무 적게 느끼는 것 사이의 중간이다. 아리스토텔레스는 중간은 한가운데를 의미하는 것은 아니라고 경고한다. 중간은 이성에 따르는 적절함이다. 적절함의 기준은 인간의 번성함이고, 가장 잘 번성하게 할 것 같은 것을 두 극단 사이에서 찾아내는 것이 이성이다. 상식상의 도덕에 따르는 덕, 즉 정직에 대해 생각해 보자. (아리스토텔레스의 목록에 정직이 없더라도 그는 아마도 그것이 덕이라는 데 동의하였을 것이다.) 너무 적은 정직—거짓말을 하거나 우리의 생각을 숨기는 것—은 우리의 사회적 욕구 만족을 더 어렵게 함으로써 사람들을 소원하게 만들 것이다. 그러나 너무 많은 정직—절대적 진실함과 개방성(우리 생각 모두를 드러내는 것)—은 또한 사람들을 소원하게 할 것이다. 만약 내가 사람들이 입고 있는 옷이나 그들의 머리 스타일이 마음에 들지 않을 때마다 그것을 드러낸다면, 나와 그들은 소원해질 것이다. 많은 사람들은 또한 다른 사람들의 기분을 지켜 주기 위해서 하는 "작은 선의의 거짓말"을 승인한다. 사랑하는 사람이 자신을 지나치게 뚱뚱하다고 생각하는지 당신에게 묻는다고 가정해 보자. 당신의 파트너가 상당히 뚱뚱하다고 생각하지만 파트너가 그것에 대해 매우 민감하다는 것을 알고 있다면, 당신이 상당히 뚱뚱하다는 생각을 솔직히 말할 경우 그는 상처를 입을 것이다. 당신의 파트너가 안도(安堵)를 구하고 있다는 것은 명백한 사실이다. 많은 사람들은 당신이 거짓말을 해야만 한다고 생각할 것이다. 만약 덕이 두 극단 사이의 중간이라면, 우리는 우리에게 번성을 가져다줄 만큼만 정직하고 개방적이어야 한다. 어느 정도의 진실과 개방성이 우리의 번성 기회를 극대화할 것인지를 아는 것은 이성이다.

아리스토텔레스에 따르면, 절제는 또한 두 극단 사이의 중간이다. 우리는 지나친 육체적 쾌락을 원할 수도 있지만 너무 지나치게 적은 육체적 쾌락을 원할 수도 있다. 전자의 사람은 너무 많이 먹고 마시게 되고, 성적으로 문란해지거나 안전하지 못한 섹스에 탐닉하게 되며, 알코올·흡연·마약에 중독된다. 그러한 행동은 그의 건강에 해로운 영향을 미칠 것이고, 아마도 그의 수명을 단축시킬 것이다. 다른 한편으로, 스스로 일체의 육체적 쾌락을 거부하는 사람은 삶을 더 즐겁고 풍요롭게 할 무해한 경험과 활동을 종종 거부할 것이다. 훌륭한 맛의 음식, 온천, 기타 무해한 육체적 즐거움을 스스로 허용하지 않는 경우를 상상해 보자. 아리스토텔레스는 그러한 행동에는 칭찬할 만한 것이 조금도 없다고 생각한다. 왜냐하면 스스로 일체의 육체적 쾌락을 거부할 좋은 이유가 없기 때문이다. 절제의 덕은 육체적 쾌락에서 지나친 방종과 지나친 억제 사이의 중간과 관련된다. 육체적 쾌락이 건강에 해롭거나 중독이 될 때 그것을 추구하면 안 된다. 그러나 만약 그것이 건강에 해롭지 않고 중독되지 않거나 달리 해롭지 않다면 그것을 추구하는 것은 무방하다. 다시 말하자면, 지나친 방종과 지나친 억제 사이의 중간이 어디인지를 알기 위해서는 이성의 판단이 필요하다.

아리스토텔레스는 정의를 덕 속에 포함시킨다. 어째서 공정이 그 소유자의 번성에 도움이 되며, 어째서 두 극단 사이의 중간인가? 당신이 정의롭다면, 그것은 본래 다른 이들을 이롭게 하는 것은 아닌지? 아리스토텔레스에 따르면, 정의로운 사람은 여러 관련 사항에서 동등한 사람을 같은 방식으로 대하고, 여러 관련 사항에서 동등하지 않은 사람들을 다르게 대한다. 우리는 또한 정의로운 사람을 사람들이 받아야 마땅한 것을 그들에게 주는 사람이라고, 그리고 다른 이들의 권리를 존중하는 사람이라고 생각할 수도 있다. 예컨대, 아무 상관 없는 특성들에 의거해서 당신이 사람들을 차별한다면—가령 그 사람이 흑인이라는 이유로 흑인 입사 지원자의 고용을 거부함으로써—당신은 정의롭지 못하게 행동하고 있는 것이다. 흑인과 백인은 직업 고려 관련 사항에서 동등한데도 당신은 그들을 다르게 대하고 있는 것이다. 어떤 사람이 정의로운 품성을 지니고 있다면 그 품성은 다른 이들을 이롭게 한다. 왜냐하면 정의로운 사람은 다른 이들을 억누르거나 착취하지 않을 것이고, 부당하게 그들을 해롭게 하지 않을 것이기 때문이다.

아리스토텔레스는 정의가 다른 이들을 이롭게 한다는 점을 인정한다. 정의는 또한 정의로운 품성을 지닌 사람을 이롭게 하는가 아니면 해롭게 하는가? 우리는 모두 "착한 사람들은 항상 꼴찌다(Nice guys finish last)"와 "선행이 처벌받지 않는 것은 아니다(No good deed goes unpunished)"라는 신랄한 슬로건을 익히 알고 있다. 때로는 정의롭지 못함이 정의보다 더 많은 보상을 받고, 악덕이 덕보다 더 많이 보상받는 것으로 보일 수도 있다. 재계와 정계에서 정상에 오른 사람들은 종종 무모하고 견실하지 않게 여겨진다. 그러나 아리스토텔레스는 다르게 생각했다. 그는 다른 이에게 정의로움은 결국 정의로운 사람을 이롭게 하고, 다른 이들에게 정의롭지 못함은 종국에는 정의롭지 못한 사람들을 해롭게 한다고 생각했다.

정의롭지 못함은 정의롭지 못하게 대우받는 사람들을 소외시킨다. 그들은 앙갚음을 하려고 할 것이다. 적어도 그들은 정의롭지 못한 사람들을 피하려 할 것이다. 그래서 정의롭지 못하게 대우를 받지 않는 사람들조차도, 만약 정의롭지 못함에 대해 안다면, 정의롭지 못한 사람을 피하거나 아니면 그의 행동을 강하게 비난할 것이다. 그들은 정의롭지 못한 사람을 신뢰해서는 안 된다는 것을 알게 되거나, 아니면 그 사람이 자신을 정의롭지 않게 대하지 않으리라는 것에 대해 확신할 수 없다는 것을 알게 될 것이다. (당신은 당신이 정의롭지 못하다고 믿는 사람과 사업을 하겠는가?) 그러므로 정의롭지 못한 사람은 절친한 친구나 그를 좋아하거나 사랑하는 사람이 거의 없을 것이고, 자신이 보복당할 위험이 없다는 확신의 느낌을 가질 수 없다. 물론, 정의롭지 못한 사람은 정의롭지 못한 행동이 들키지 않고 처벌받지 않을 것이라고 생각할는지도 모르지만 그것은 보장될 수 없다. 또한 인간은 사회적 동물이기 때문에 우리는 다른 이들에게 의지한다. 우리는 한 사회나 공동체 밖에서는 번성할 수 없다. 정의롭지 못함은 공동체에 해를 끼치는 반면 정의는 공동체를 강화시킨다. 만일 대부분의 사람들이 서로에게 정의롭지 못하게 행동한다면 그들은 평화와 조화 속에서 더불어 살 수 없을 것이고, 공동체를 유지할 수 없을 것이다. 그들의 공동체에 해를 끼치는 사람들은 궁극적으로는 그들 자신을 해친다.

반면, 정의로운 사람은 두려운 것이 없다. 정의로운 사람에게는 진정한 친구가 많고 적(敵)은 적을 것이다. 정의로운 사람은 두려워하고 미움을 받기보다는 사랑과 존경을 받을 것이다. 사업상의 거래와 정치적인 포부가 성공할 것이다. 비록 정의로운 사람이 다른 이들에게 정의롭지 못하게 보이거나 정의롭지 못한 사람이 정의롭게 보일 수 있다 할지라도, 결국에는 그럴 가능성이 낮을 것이다. 아리스토텔레스가 관심을 가진 것은 장기간에 걸친 전체로서의 우리 삶의 행복이다.

그렇지만 부·권력·명예가 정의로운 사람보다는 정의롭지 못한 사람에게 보다 쉽게 오는 것(논쟁의 여지가 있지만)이 사실이라 해도, 아리스토텔레스는 이것들이 번성 내지는 안녕의 중요한 요소라고 생각하지 않았다. 사실상 그것들은 때때로 번성과 상충하는 것으로 여겨진다. 만약 이러한 것들을 갖고 있다면, 우리는 종종 그것들을 잃을까 봐 두렵고 불안할 것이다. 우리에게는 마음의 평화가 없다. 그것들을 가지고 있지 않을 경우, 우리는 사랑과 우정 같은 번성의 다른 모든 요소들을 희생하면서까지 그것들을 얻으려고 아주 열심히 노력할지도 모른다. 아니면 그것들을 얻지 못했기 때문에 우리의 삶에 대해 아주 불만족스러워할지도 모른다.

아리스토텔레스의 설명에서 있을 수 있는 하나의 난점은 그가 초점을 맞추는 품성들은 **기원전 4세기, 아테네에 사는 자유 시민들**이 번성을 누리는 데 가장 필요로 하는 것이라는 점이다. 그러나 아리스토텔레스는 분명히 자신의 설명이 그것보다 더 보편적으로 적용될 수 있기를 원했다. 그렇다면 한 가지 의문은 그가 덕으로 정한 품성들이, 우리가 기원전 4세기에 살건 기원후 21세기에 살건 간에, 그리고 아테네에 살건 미국에 살건 간에, 우리를 번성하게 할 것인지 여부이다.

4. 행위 지침으로서의 덕과 악덕

아리스토텔레스에게 있어 어떤 품성이 덕이고 어떤 품성이 악덕인지(또는 어떤 행위들이 유덕하고 어떤 행위들이 악덕한지)에 대한 지식은 지침을 제공한다. 첫째로, 그것은 어떤 유의 인간이 되어야 하는지에 대한 지침을 제공한다. 우리는 유덕한 품성을 얻고 유지하려고 해야만 한다. 그리고 악덕한 품성들을 제거해야 한다. 그것은 또한 어떻게 행동해야 되는지에 대한 지침을 제공한다. 어떤 경우, 우리는 유덕한 사람이 하는 것처럼 행동하려고 해야 한다. 덕에 대해 알면[덕에 대한 지식을 가지고 있으면] 처한 상황에서 어떤 덕이 필요한지를 알 것이다. 만일 어떤 덕이 요청되는지를 안다면, 우리는 그 덕을 가진 사람이 행하는 방식대로 행하려고 노력해야 한다. 예를 들어, 만일 내가 불이 난 건물에 있다면 나는 용기가 필요하고 용기 있는 사람이 행동하는 식으로 행동해야 한다는 것을 알 것이다. 반면, 우정에는 충실이 필요함을 안다. 따라서 나는 충실한 사람이 행동하는 식으로 친구에게 행동하려고 노력해야 한다. 충실에 대해 알고 있기 때문에, 나는 충실한 사람이 등 뒤에서 친구의 신뢰를 배반하지 않을 것임을 안다.

IV. 덕의 통일성

다른 점에서는 악덕한 품성을 지녔는데 단 하나의 덕만 가진 사람이 있을 수 있을까? 플라톤의 스승인, 즉 아리스토텔레스의 스승의 스승인 소크라테스는 덕은 한 묶음으로 온다고 생각했다. 즉 우리는 덕의 전부를 갖고 있거나 아니면 전혀 갖고 있지 못하다. 우리에게 하나의 덕이 있다면 우리는 모든 덕을 갖고 있는 것이다. 이는 많은 철학자들에게 매우 받아들이기 힘든 것으로 여겨져 왔다. 그러나 온건한 관점을 취해서, 우리가 어떤 덕을 가지고 있을 경우 우리는 적어도 어느 정도까지 나머지 모든 덕을 가지고 있거나 대부분의 덕을 가지고 있다고 말한다면 그것은 보다 그럴듯하게 여겨질지도 모른다. 앞에서 용기가 그릇된 행위를 유발할 수 있는지를 물었다. 예를 들면, 우리는 열차 강도의 용기에 대해 말할 수 있을 것이다. 아리스토텔레스는 덕이 그릇된 행위의 원인일 수 없다고 생각했다. 그래서 그것이 무엇이든지 간에 열차 강도에 대해 용기 있다고 이야기해서는 안 된다. 이러한 생각과 덕의 통일성이라는 관념(우리는 모든 덕을 가지고 있거나 어떤 덕도 가지고 있지 않다) 간에는 어떤 연결이 있을지도 모른다. 악덕한 짓을 하는 악덕한 사람이 용기의 덕 하나만은 가지고 있다고 말할 수는 없다. 마찬가지로, 어떤 사람이 성실하지 않다고 가정해 보자. 그 사람이 불성실하게 행동한다면, 그렇게 행동함에도 불구하고 그 사람이 정직할 수 있을까? 불성실한 사람은 종종 속임수를 필요로 한다. 즉 그렇지 않은데도 정말 성실한 것 같이 보이려고 노력한다.

덕들은 어떤 점에서는 연결되어 있는 것 같다. 어떤 사람이 친절하지만 부정직하다거나, 믿을 만한데도 무책임하다거나, 감수성이 예민한데도 자기 몰입적이라든가 하는 것을 상상하기는 어렵다. 품성들은 서로에 대해 완전히 독립해서 존재할 수 없다. 예컨대, 독을 제약한 약사 로버트 코트니에 대해 다시 한 번 생각해 보자. 그에게 어떤 덕이 있다고 말하는 것이 설득력이 있겠는가?

다음으로 진행하기 전에 전통적인 몇 가지 덕들의 본성에 대해 좀 더 조심스럽게 살펴보자.

1. 동정심

상식상의 도덕은 물론이고 대부분의 종교적 전통에 따르면 동정심은 가장 중요한 덕 가운데 하나이다. 예컨대, 달라이 라마는 동정심이 기본적인 덕이라는 점을 강조한다. 마찬가지로, 예수도 동정심을 예로서 설명할 뿐 아니라 우리에게 동정심을 갖기를 촉구한다. 복음은 동정심을 느끼는 예수의 모습을 빈번하게 진술하고 있다. 특히 세상의 기준으로는 "존경할 만하다고" 여겨지지 않는 자들에 대해서뿐만 아니라 약하고, 무력하고, 천대받는 자들에 대한 동정심을 진술한다. 예수는 제자들에게 동정심을 가지거나 동정심을 갖고서 행동하라는 가르침을 주고자 한다. 착한 사마리아인에 관한 이야기는 우리에게 동정심을 가르치기 위한 의도를 분명히 담고 있다. 동정심이 없는 사람들은 두들겨 맞고 약탈당해서 인사불성으로 쓰러져 있는 사람을 그냥 지나쳤다. 그를 도운 사마리아인은 그의 처지에 대해 동정심을 느꼈다.

우리는 동정심이 없으면 어떤 일이 벌어지는지를 알 수 있다. 분명히 로버트 코트니는 그의 희생자에 대한 동정심이 없었다. 그래서 그들의 약을 희석시키는 것이 더 수월했다. 나치는 유대인들에게 동정심을 갖지 않았다. 그래서 그들을 몰살시키기가 더 쉬웠다. 하지만 동정심이란 도대체 무엇인가?

동정심이라는 품성을 갖고 있다면 다른 이들의 고통을 감지할 때 불쾌한 감정을 느끼는 경향이 생겨난다. 우리는 그들의 고통에 무관심하지도 않고 그들의 고통에 영향을 받기도 한다. 그래서 다른 사람의 고통에 의해 행복하게 되지도 않고, 기뻐하게 되지도 않으며, 만족하게 되지도 않는다. 어떤 의미에서 우리는 그들의 고통을 공유하고 있다. 다른 이들의 고통을 인지한다면 우리 자신이 고통스럽다.

동정심을 가진 사람이 불쾌한 감정을 느끼는 가운데 무엇을 하고 있느냐 하는 것이 결정적으로 중요하다. 불쾌한 감정에서 도망치고 피하기 위해 눈을 감고 귀를 막을 수도 있고, 주의를 다른 데로 돌릴 수도 있다. 하지만 그것은 동정심이 아니다. 동정심을 가지고 있다면, 우리는 단순히 불쾌하게 느끼는 것을 멈추기만을 원하지는 않을 것이다. 우리는 다른 사람의 고통을 멈추거나 줄이기를 원한다. 그렇게 하기 위해서는 다른 데로 눈을 돌리고 그것을 잊어버려서는 안 된다. 그때 우리의 기분은 더 나아지게 된다. 그래서 동정심이 있는 사람은 다른 이들의 고통을 경감시키고 싶은 열망을 가진 사람이고, 일반적으로 고통을 경감시키는 행위를 하는 사람이다.

맥도웰이 지적하듯이, 동정심이 있는 사람은 그렇지 않은 사람과는 다르게 세상을 인지하는 사람이다. 로버트 코트니를 보자. 그는 동정심이 없었기 때문에 필시 그가 유발한 해악과 고통을 보지 못했을 것이다. 고객을 보았을 때, 그는 사람이 아니라 돈을 보았다. 고객들을 동정심이 있는 사람이 인식하는 방식으로 인식했더라면, 그가 고객들의 약물을 희석했을 것이라고 상상하기란 어렵다.[3] 맥도웰이 말하려 했던 것처럼, 동정심이 있는 사람은 세상의 고통에 민감하다. 동정심이 있는 사람은 세상의 고통에 세심하게 주의를 기울이고, 세상 고통에 눈감지 않는다. 게다가 동정심이 있는 사람은 누군가가 고통 받고 있다는 사실을 그 고통을 경감시키는 행위의 이유라고 생각한다.

이와 유사하게, 나치의 강제수용소 보초를 예로 들어 보자. 그가 동정심이 있었다면, 수감된 무력하고 고통 받는 유대인을 어떻게 인식했겠는가? 재차 말하지만, 동정심이 있는 사람이 유대인을 보는 방식으로 그가 유대인을 볼 수 있으리라고 상상하는 것은 어렵다. 아마도 동정심이 없는 그 보초는 유대인을 기생충이나 해충보다도 더 하찮게 인식했을 것이다. 그래서 간단하게 말해 그들의 고통을 보지 못했을 것이다.

2. 용기

용기 있는 사람은 어떤 주어진 상황에서 자신이 직면하는 위험의 정도를 과장하거나 과소평가하지 않는 성향이 있다. 예를 들어, 용기 있는 사람은 배고픈 사자들이 있는 골짜기에 떨어진다면 자신이 극도의 위험에 처해 있다고 인식하겠지만, 담쟁이덩굴 골짜기에 빠진다면 그다지 위험이 크다고 생각하지 않는다. (동정심의 경우처럼, 용기는 우리가 상황을 어떻게 인식하느냐에 영향을 끼치는 것 같다.) 용기는 또한 위험이 감지된 상황에서 우리가 공포에 대해 느끼는 여러 감정들과 관계가 있다. 용기 있는 사람의 경우, 그가 느끼는 공포의 정도는 그가 직면한 위험의 정도에 상응한다. 용기 있는 사람이 절대 공포를 느끼지 않으리라고 생각하는 것은 잘못된 생각일 것이다. 당연히 그도 공포를 느낀다. 그러나 그는 위험 정도가 적은 상황에서 극심한 공포를 느끼는 것도, 극도의 위험 상황에서 공포를 거의 느끼지 않는 것도 아니다.

3) John McDowell, "Virtue and Reason," in *Mind, Value, and Reality* (Cambridge, MA: Harvard University Press, 1998).

용기의 또 다른 측면은 우리가 느끼고 있는 공포에 대한 우리의 반응과 관련되어 있다. 비록 공포의 정도가 우리가 직면하는 위험의 정도에 상응한다 하더라도, 우리가 느끼는 공포가 우리의 행동에 어떤 영향을 끼치는가는 중요하다. 소방관이 화재가 난 건물에 갇혀 있고 그가 격심한 공포를 느낀다고 가정해 보자. 만약 그 공포가 그를 허둥대게 만들고 그래서 그의 생존 가능성을 줄일 수 있는 바보 같은 행동을 한다면, 그는 용기가 부족한 것이다. 만약 그가 공황장애를 일으키는 대신에 신중하게 생각하고, 상황을 점검하며, 삶의 희망을 가능하게 하는 식의 행동을 한다면, 그건 용기 있는 것이다. 용기 있는 사람은 바로 그 상황이 주는 그 이상의 공포를 느끼지도 않고, 공포 때문에 적절치 못한 행위를 하지도 않는다.

로버트 코트니는 용기가 있는가 아니면 겁쟁이였나? 붙잡혀서 처벌받을 위험이 있다는 것을 알면서도 약을 희석시킬 정도의 용기가 있었나? 그 일을 비밀리에 했다는 사실은 그가 용기 있는 사람이 아니라는 사실을 분명 암시해 줄 것이다. 그러나 소크라테스에 의해 제기되는 문제가 하나 있다. 소크라테스는 만약 어떤 품성이 진정한 덕이라면 그런 덕의 소유자는 결코 옳지 않은 행위를 하지 않는다고 생각했다. 따라서 설령 위험이 있어서 코트니가 그에 상응하는 적당한 공포를 느꼈지만, 그런 공포에도 불구하고 그 행위를 했다 하더라도, 소크라테스는 그건 용기가 아니라고 말할 것이다. 우리가 그래야만 하듯이, 올바른 행위를 할 때만이 용기이다.

3. 자기통제/자제

자기통제나 자제는 아주 역설적인 것처럼 보일 수 있다. 통제를 하고 있는 사람과 통제를 받고 있는 사람, 자제를 하는 사람과 자제를 받고 있는 사람은 같은 사람이다. 그것의 의미는 무엇인가?

유혹을 느껴서 자기통제에 문제가 생겨나는 상황들을 생각해 보자. 어떤 사람이 항상 다이어트를 하려고 하지만 항상 그것을 어기고 있다고 생각해 보자. 그는 몸무게가 줄어들기를 원하고, 많이 먹으려는 유혹에 굴복하고 싶지 않다. 그러나 그는 거의 항상 그러한 유혹에 굴복한다. 예를 들어 초콜릿케이크를 보면 그는 먹고 싶어서 갈등이 일어난다. 그는 먹기를 원하지만 동시에 먹고 싶지 않다. 불행하게도, 그는 초콜릿케이크를 보면 먹고 싶지 않다는 욕구보다 먹고 싶다는 욕구가 일반적으로 더 강하다. 그러나 초콜릿케이크를 먹고 난 후에 그는 자신에게 화가 나고 실망스러워진다. 몸무게 문제가 있을 때는 초콜릿케이크를 먹지 않는 것이 더 합리적이라고 생각하기 때문에, 우리는 그에게 자기통제가 부족하다고 말한다. 자기통제력이 있었다면 그는 케이크를 먹고 싶은 욕구에 따라 행동하지 않았을 것이다.

비슷한 이야기지만, 나쁜 기질을 가진 사람이 있다고 생각해 보자. 그는 쉽게 화를 내고, 화가 날 때는 물건을 부수고 사람을 다치게 하는 등 폭력적으로 변한다. 화날 때 물건을 부수고 사람들을 다치게 하는 것은 합리적이지 않다고 생각하기 때문에, 우리는 그에게 자기통제력이 부족하다고 말한다.

아마도 자기통제의 품성을 설명하는 가장 일반적인 방법은 한 사람의 각각의 측면을 말하는 것이다. 우리가 한 사람의 어떤 부분이 다른 부분을 통제한다고 말한다면, 통제하는 것과 통제되는 것은 엄밀하게 같은 것이 아니다. 다이어트의 경우에 몸무게를 줄이고자 하는 욕구의 부분은 다이어트를 하려고 하고 그것을 고수한다. 그러나 유혹의 상황에서 다른 부분은 다이어트를 방해하는 음식들을 실컷 먹고 싶어 한다. 나쁜 기질을 가진 사람의 경우에 우리는 그의 한 부분은 다른 부분, 즉 너무 쉽게 화내고 너무 심하게 화를 내는 부분을 통제할 수 있고 통제해야 한다고 말할 수 있다.

고대 그리스인에 의하면, 사람에게는 추론하거나 생각하는 부분과 느끼는 부분이 있다. 이 견해의 가장 일반적인 형식에 의하면 이성은 생각하는 부분이고, 다른 부분은 섹스·식음·음주에서 느끼게 되는 쾌락적 감각과 같은 느낌이나 감정, 즉 쾌락적 감각에 대한 욕구(갈망과 같은), 화나 분노, 사랑이나 증오와 같은 것을 가질 수 있게 한다. 우리의 이성이 우리의 행동을 지배하거나 우리의 느낌이나 감정이 우리의 행동을 지배한다. 그리스적 이상에서는 이성은 항상 지배(행동을 통제하는 것)해야 하고 느낌과 감정은 지배를 받아야 한다. 일부의 이유는 그들의 견해에서는, 느낌과 감정이 장기간의 결과에 관계없이 순간적인 욕구 충족을 요구하는 데 반해, 이성은 우리의 장기간의 이익을 생각하기 때문이다. 이성의 인지에 따르면 우리의 목표는 단지 한순간의 행복이 아니라 우리의 전 생애에 걸친 행복이어야 한다.

이 견해에 의하면 다이어트에 의해 몸무게를 줄이려는 욕구는 누군가의 이성으로부터 온다. 그의 이성은 만약 몸무게를 줄이고 그것을 계속 유지하면 결국 자신이 더 건강하고 더 행복하게 될 것이라는 것을 이해한다. 그러나 그의 느낌과 감정은 이것을 무시한다. 이 부분 때문에 그는 초콜릿케이크를 볼 때 장기간의 결과에 관계없이 즉각적으로 먹고 싶은 충동이나 욕구를 가진다. 성미가 급한 사람에 관해서 말한다면, 화와 분노는 그의 느낌과 감정으로부터 온다. 그의 이성은 자신의 행동이 화 혹은 분노에 의해 지배받을 경우 자신은 종종 장기간의 이익에 반대되는 것, 즉 자신이나 다른 사람을 파괴하는 행동을 한다는 것을 이해해야 한다(아마 이해한다). 그는 유리창이나 텔레비전을 깰 수도 있다. 그러면 그로 인해 돈을 지불해야 한다. 그는 손에 상처를 입으면서도 주먹을 자주 휘두를는지도 모른다. 다른 사람에게 상처를 주어 법적 다툼으로 갈지도 모른다. 예를 들면, 어떤 사람이 "교통체증으로 짜증나는" 순간에 자신을 성나게 했던 운전자의 차에 다가가 그의 옆자리에 있는 작은 개를 낚아채서 대로를 달리는 차들 속으로 던졌다고 하자. 개는 죽었다. 그 사람은 투옥되었다.

비슷한 예지만, 알코올 중독이나 마약 중독에 빠진 사람을 생각해 보자. 그 사람은 음주나 마약 복용을 삼가고 싶지만, 유혹의 순간에 동시에 음주나 마약 복용을 바란다. 우리는 장기간을 고려하는 이성이 음주나 마약 복용을 삼가야 한다는 욕구를 낳는다고 말할 수도 있겠다. 이 욕구는 오래 지속된다. 그것은 갑자기 생기거나 사라질 순간의 욕구가 아니다. 그것은 그 사람 전체의 삶으로 확장될 수도 있다. 다른 한편으로, 음주나 마약을 복용하려는 욕구는 느낌이나 감정에서 생겨난다. 그것은 일시적이다. 그것은 생겨났다 없어졌다 한다. 때로는 한 시간 동안 지속되기도 하고, 때로는 하루나 일주일 동안 지속된다. 때로는 음주나 마약을 복용하려는 욕구 재발에 몇 년이 걸리기도 한다. 때로는 며칠이 걸리기도 하고 몇 시간이 걸리기도 한다. 중독자가 자기통제를 한다면 이성은 규제를 할 것이고, 결국 음주나 마약 복용에 저항한다. 이성이 통제하지 않으면 느낌과 감정이 지배할 것이고, 그는 유혹에 굴복하게 될 것이다. (또한 우리는 "상위의" 그리고 "하위의" 자아에 대해 말할 수도 있다. 상위의 자아는 단기간의 행복보다 장기간의 행복을 우선시하지만, 상위의 자아는 또한 도덕이 요구하는 데 따라서 살아가고자 하기도 한다.)

지금까지 우리는 느낌이나 감정이 아니라 이성에 의한 자기통제가 행동을 규제한다고 서술해 왔다. 그러나 우리는 사람들이 자신의 행동만이 아니라 종종 자신의 생각·느낌·욕구를 통제한다고 말한다. 예를 들면, 어떤 다이어트하는 사람이 자기통제력이 너무나 강해 초콜릿케이크에 대한 욕구를 완전히 없애 버리고 결국 그것을 보더라도 유혹조차 받는 일이 생기지 않는 경우를 생각할 수 있다. 비슷한 이야기지만, 누군가가 자기통제력이 너무나 강해져서 한때는 그가 격렬한 분노를 느꼈을 그런 상황에서 더 이상 화조차 느끼지 않는 경우에 대해서도 이야기할 수 있겠다. 다시 말하면, 그것은 다른 부분을 통제하는 마음의 일부이다. 즉 이 마음의 일부인 이성은 단지 우리 행동의 통치자로서 우리의 욕구·느낌·감정을 밀어내는 것이 아니라, 이런 것들의 바로 그 본성과 존재를 통제한다.

때로는 누군가가 자신의 생각을 통제한다고 이야기하기도 한다. 당신이 날기를 두려워한다고 생각해 보자. 비행기를 타고 있다면 당신은 격렬한 추락의 시각 이미지를 가진다. 분명한 일이지만, 당신은 이 두려움을 느끼고 **싶지** 않고 이런 혼란스런 이미지들을 가지고 **싶지** 않다. 그러나 때때로 우리는 그것이 어쩔 수 없다고 말한다. 느끼고 싶지 않더라도 두려움과 공포의 이미지가 생긴다. 그러나 의지의 활동에 의해 당신에게 공포 이미지가 생기는 것을 멈출 수 있다고 생각해 보자. 공포 이미지를 마음에 생기지 않게 할 수 있다면 당신은 자기통제력이 있는 사람이고, 할 수 없다면 자기통제력이 없는 사람이라고 말할 수 있겠다. 다시 말해서, 그런 이미지들이 마음에서 일어나지 않을 때 당신의 생각을 통제하는 것은 당신의 이성이라고 말함으로써 이런 상황을 설명할 수 있겠다.

자기통제력이 있는 사람의 행동·생각·느낌을 통제하는 것은 일반적으로 이성이다. 이성은 자기통제가 결여된 사람에 대해 인내하지 않는다. 그러나 자기통제는 정도의 문제이다. (당신은 로버트 코트니가 자기통제력이 있다고 생각하는가?)

4. 오만

오만한 사람은 자신을 아주 높이 평가하고 대부분의 사람들보다 우월하다고 느낀다. 오만한 사람은 어떤 것에 **대해서** 건방진 태도를 취하는 사람이다. 어떤 사람은 외모·지성·건강·명성·재능·출생 등의 특징에 대해 자신이 다른 사람보다 우월하다고 생각하면서 건방진 태도를 취하는 사람일 수 있다. 물론 일반적으로는 오로지 자신의 사회에서 높이 평가되는 것들에 대해서만 (그리고 그가 그러한 평가를 받을 때) 오만하다. 예를 들면, 누군가가 우리 사회에서 그것이 활용되지 않는데도 그것이 우월성의 한 형태인 것처럼 건방지게 구는 일은 거의 없을 것이다. 가령, 18~19세기 영국의 귀족들은 "고상한" 신분이나 혈통에 대해서 오만했다. 그리고 그들이 그러한 혈통에서 나왔다고 생각했던 우월한 지성에 대해서 오만했다. 그래서 그들은 부(富)하고는 상관없이 "일반인"보다 훨씬 우월하다고 느꼈다.

품성이라고 생각되는 오만은 종종 사람의 마음속에서 확장된다. 지도력에 있어 다른 대부분의 사람들보다 우월하다고 믿는(그 신념은 옳다) 위대한 지도자를 생각해 보자. 그다음에 그는 생각할 수 있는 거의 모든 것에서 다른 사람들보다 우월하다고 믿게 될 수도 있다. 그는 자신이 문화·현명함·판단력·예의·외모·중요성·사회적 가치 등에서 우월하다고 믿을 수도 있다. 그는 자신이 완벽한 인물이라고 믿게 될는지도 모른다. (오만은 번번이 자기기만과 연결된다. 자신은 그 점에서 우월하다고 생각하지만 실제로는 우월하지 못한 경우도 종종 있다. 자신의 흠·결점·한계를 보지 못하는 경우도 종종 있다.)

오만은 행동에 영향을 준다. 오만한 사람은 오만하게 행동한다. 예를 들어 18~19세기 영국의 대다수 귀족들은 일반인들과 교제하거나 결혼하지 않았다. 때로 오만은 언어적·비언어적인 행동 모두에서 나타난다. 오만은 거드름을 피우거나 단호한 말씨에서 혹은 경멸적인 냉소에서 나타날 수도 있다. 그것은 자신의 아내에게 쓸모가 없는 사람이라고 말하는 매몰찬 남편의 경우처럼 언어적으로 표현될 수도 있다.

오만하지 않은 사람은 중요한 면에서 정말 우월하지만, 자신을 다른 사람보다 우월하다고 생각하지 않는다. 어떤 영역에서 자신이 우월하다는 것을 인정하지만, 그는 그것의 중요성을 최소화하고 그것이 마음속에서 확장되는 것을 허용하지 않는다.

그렇다면 오만은 우선 신념과 느낌의 문제이다. 그렇다면 오만은 자신이 우월하고 다른 사람이 열등하다는 신념을 드러내는 식의 행동으로 이어질 수도 있다(그러나 그렇게 되어서는 안 된다). 이러한 예 말고 덕과 악덕이 우리가 우리 자신과 세계를 어떻게 인식하는가에 영향을 주는 다른 예를 살펴보자. 보다 겸손한 사람의 경우라면 자신에 대해 아는 사항을 오만한 사람은 자신이나 다른 사람에 대해 알지 못한다.

5. 이기심/자기도취

이기적인 사람은 우선적으로 자신에게 초점을 맞추거나 오로지 자신에게만 관심을 갖는다. 그리고 자신의 목적을 성취하기 위한 방법이 아니라면 다른 사람에 대하여 좀처럼 관심을 두지 않는다. 이기적인 사람은 다른 사람의 이익과 욕구를 무시하는 경향이 있다. 이기적인 사람이 욕구하는 거의 모든 것은 자기에게는 좋은 것이지만, 다른 사람에게는 좋은 것이 아니다(그것이 자신에게 좋은 것을 제공하는 경우는 예외지만). 이기적인 사람은 보통 사람의 경우보다 더 자기 자신의 선을 평가하지만, 다른 사람의 선은 보통 사람의 경우보다 덜 평가한다. 즉 이기적인 사람은 자신의 선을 우리가 **당연히 그렇게 해야 하는 것** 이상으로 평가하고, 다른 사람의 선을 우리가 **당연히 그렇게 해야 하는 것** 이하로 평가한다.

어떤 행태가 이기심에 나타나는가? 이기적인 사람은 거의 모든 시간을 좋은 것들을 얻으려는 욕구를 충족시키고자 하는 데 보내고, 다른 사람의 이익이 아니라 자신의 이기적인 이익을 증진시키고 보호하는 데 보낸다.

6. 책임감

우리는 어떤 사람은 책임감이 있다고 말하고, 어떤 사람은 책임감이 없다고 말한다. 예컨대 보모가 (아이를 돌보아야 할 동안에) 모든 시간을 전화 통화하는 일로 보내고 자신이 마땅히 돌보아야 할 아이에게는 어떤 관심도 기울이지 않는다고 해 보자. 전화하는 동안 그 아이는 식당 벽에 크레용으로 낙서하기 시작한다. 아이의 부모가 돌아왔을 때, 크레용으로 환칠이 된 식당 벽을 발견할 것이다. 부모는 아마도 그 보모가 무책임하다고 말할 것이다. 또 한 젊은이가 직장을 얻기 위해 첫 입사 지원서를 쓰면서 자신이 매우 책임감 있는 사람이라는 점을 강조한다. 그가 의미하고 있는 것은 무엇인가?

보모는 보모로서의 의무를 태만히 했으므로 무책임하다. 그에게는 아이의 행동을 감시하고 아이가 하는 것과 아이의 건강·안전에 대해 주시해야 할 의무가 있었다. 모든 시간을 전화 통화하는 데 보냄으로써 그는 자신의 의무를 진지하게 받아들이지 않았음을 보여 주었다. 그는 자신의 의무에 대해 최소한의 노력도 하지 않았고, 아마도 자신의 의무가 무엇인지에 대해 한순간도 생각하지 않았을 것이다.

한편, 입사 지원서에 자신이 매우 책임감 있는 사람이라고 쓴 젊은 여성은 장래의 고용주에게 자신이 직원으로서 맡은 바 소임을, 그것이 무엇이건 간에 진지하게 다할 것임을 말하고 있다. 그녀는 자신이 맡은 임무가 무엇인지 알기 위해 그것에 대해 생각할 것이며, 자신의 소임이 어떤 일이든지 간에 한다는 것을 확인시키기 위해 열심히 노력할 것이다. 그것은 책임감 있는 사람으로서 그녀가 자신의 임무에 충실하려는 열망을 가지고 있다는 사실을 수반하는 것 같다. 그녀가 책임감 있는 사람이라면 물론 자신의 직무 그 이상의 것을 수행한다. 만약 그녀가 매우 책임감이 강한 사람이라면, 우리는 그녀가 학생으로서의 의무를 다하리라 생각할 수도 있다. 그녀는 시간을 어기지 않고 제시간에 학교 과제를 제출하고, 수업 준비를 하며, 부정행위를 하지 않을 것이다. 마찬가지로 우리는 그녀가 가족의 일원으로서, 즉 딸이나 자매로서의 의무들을 이행한다고 생각할 수도 있다. 예를 들어, 그녀는 끊임없이 주변의 독촉을 받을 필요도 없이 자신에게 할당된 집안의 허드렛일을 할지도 모른다. 만약 귀가하기로 한 시간보다 더 늦게 집에 도착하게 된다면, 그녀는 부모님이 걱정하지 않게끔 전화를 걸어 그 사실을 알려 드릴 것이다. 그녀는 부모님에게 거짓말을 하지 않을 것이며, 부모님이 그녀를 위해 정해 놓은 규칙들을 의도적으로 어기지도 않을 것이다.

이제까지 우리는 책임감 있는 사람은 자신이 해야 할 의무에 대해 생각을 하고, 자신의 의무를 다하려는 열망을 가지고 있으며, 자신의 의무를 다하려고 노력한다고 말했다. 또한 우리는 책임감 있는 사람은 자신의 행위에 대한 책임을 **진다**고 말할 수 있다. 책임을 진다는 것의 일부에는 자신이 일으켰던 사건에 대한 책임감이 포함된다. 팀이 고속도로에서 고속 질주하는 중에 갑자기 오른쪽 차선으로 비껴 나가서 사고를 냈다고 해 보자. 그는 휴대전화로 통화를 하고 있었기 때문에 주의를 기울이지 못했다. 출구를 거의 놓쳤고, 그래서 출구를 빠져나가기 전에 고속도로를 벗어나 버렸다. 사고 후 그는 경찰 조사에서 자신에게 과실이 있음을 알면서도 잘못이 없다고 주장했다고 하자. 그는 책임을 지지 않는 것이다. 그는 자기 때문에 일어난 사건을 인정하지 않고 있다. 그것이 뜻대로 잘 되지 않는다고 해 보자. 이번에는 "햇빛 때문에 볼 수 없었어요."와 같은 거짓된 변명을 꾸밀지도 모른다. 아니면 "내 아들이 사고를 당해서 위급한 상황이었기 때문에 병원으로 달려가고 있던 중이었다."와 같은 덜 비난받을 만한, 그래서 가벼운 형벌로 끝낼 상황을 조장할지도 모른다.

책임감 있는 사람은 이런 일들을 전혀 하지 않을 것이다. 책임감 있는 사람은 자신의 잘못이었음을 자인할 것이다.

V. 에피쿠로스학파

아리스토텔레스는 쾌락이 인간에게 최고선이 아니라고 주장한다. 쾌락주의자들은 의견이 다르다. 쾌락주의에 따르면 삶을 살 가치가 있게 만드는 것, 즉 행복의 비결은 쾌락이다. 쾌락주의자들은 쾌락만이 본래적으로 선하며 오직 고통만이 본래적으로 악하다고 주장한다. 다른 모든 선한 것들은 오직 쾌락을 증진시킬 때만 (아니면 고통을 감소시킬 때만) 선하며, 여타의 악한 모든 것들은 고통을 증가시킬 때만 (내지는 쾌락을 감소시킬 때만) 악하다. 쾌락주의자들은 우리가 쾌락을 최대화하고 고통을 최소화함으로써 행복하고 선한 삶을 얻는다고 주장한다. 아마도 에피쿠로스학파의 창시자인 그리스 철학자 에피쿠로스(Epicurus, 기원전 341~270)는 가장 유명한 쾌락주의자 중 한 사람일 것이다. 에피쿠로스는 존재하는 모든 것은 물리적인 물질, 가장 작은 물질인 원자로 구성됐다고 생각한 유물론자였다. 그래서 에피쿠로스에 따르면 영혼은, 비록 육체보다 훨씬 미세한 다양한 종류의 원자이기는 하지만, 물체와 마찬가지로 물질적이며 원자로 구성되어 있다. 죽음의 문턱에서 영혼이 육체에서 분리되는 그때 우리는 죽게 된다. 모든 의식은 영원히 존재하지 않는다. 그러므로 에피쿠로스에 따르면 행복은 우리가 살아 있는 동안에 성취되지 않으면 안 된다.

에피쿠로스의 견해에서는 번성하게 되려면 우리가 경험하는 쾌락을 최대화하고 고통을 최소화해야 한다. 그렇더라도 그는 육체적·정신적 쾌락과 고통을 구별했다. 육체적 쾌락과 고통은 감각에서 생긴다. 육체적 쾌락과 고통은 시각·청각·미각·촉각·후각에서 생겨난다. 그래서 즐거운 기분 내지는 고통스러운 감각에 대해 말해야 한다. 꽃의 향내를 맡고, 매운 맛의 피자를 맛보고, 일몰을 보고, 성관계하는 것으로부터 얻는 기쁨은 모두가 육체적인 쾌락이다. 압정을 밟아서, 뜨거운 주전자에 닿아서, 스컹크의 냄새를 맡아서 얻게 되는 고통은 육체적 고통의 실례들이다. 우리 중 많은 사람들은 같은 용어를 많은 사물들에 적용할 수 있다면 그 사물들은 공통되는 무언가를 가져야 한다고 생각하는 경향이 있다. 예컨대 붉다고 묘사되는 모든 것들은 모두 같은 색이다. 그렇다 해도 우리는 오감을 가지고 있고, 그래서 촉각·시각·청각과 같은 아주 완전히 다른 적어도 다섯 감각을 가지고 있기 때문에, 우리는 에피쿠로스에게 모든 쾌락적 감각들이 공통적으로 가지고 있는 것이 무엇인지 그리고 모든 고통의 감각들이 공통적으로 가지고 있는 것이 무엇인지 물어봐야 한다. 그것은 단지 그것들에 대한 공통된 태도일 수도 있다.

반면, 정신적인 쾌락과 고통은 우리의 정신에서 생겨난다. 정신적 쾌락은 체스를 두고, 시를 읊으며, 지식과 깨달음을 얻고, 컴퓨터 게임에서 높은 점수를 얻는 데서 생길 수 있다. 정신적 고통은 어떤 미래에 일어날 재난을 두려워하는 것, 만족하지 못하는 욕망을 가지는 것, 울적한 심정을 느끼고 좌절감을 느끼거나 쓸쓸함을 느끼는 것을 포함할 수 있다. 정신적 쾌락과 고통은 쾌락적인 감각이거나 고통스러운 감각이 아니다. 그렇다면 시를 읽을 때 생겨나는 쾌락—사랑받을 때 생겨나는 쾌락에 비유되는—은 어떻게 이해해야 할까? 쾌락은 어디에 존재하는가? (이것은 에피쿠로스가 던졌던 질문들이 아니다.) 다시 말하지만, 아마도 공통된 특징은 사람들이 그것에 대해 취하는 태도일 것이다.

쾌락과 고통은 서로 섞여 있어서 육체적이면서 동시에 정신적일 수 있다. 쾌락이 연극을 관람하거나 음악을 듣는 데서 생겨난다고 해 보자. 둘 다 감각과 정신에 호소한다. 그러므로 쾌락과 고통은 순전히 육체적이거나 순전히 정신적이거나, 아니면 육체적이고 정신적인 것의 혼합일 수도 있다.

에피쿠로스는 정신적 고통의 두 가지 근원이 특히 심각하다고 여겼다. 신에 대한 두려움과 죽음에 대한 두려움이 그것이다. 사람들은 신이 자신에게 빈곤과 질병

같은 불행을 줄 것이라고 믿기 때문에 신을 두려워하거나, 부와 건강 같은 선을 가져다주지 않기 때문에 신을 두려워한다. 또한 사람들은 죽음을 두려워한다. 그래서 죽어서 존재하지 않게 되는 것에 대한 예감은 그들의 행복을 앗아가 버린다. 그들은 그들이 행했던 악행으로 인해 내세에서 벌을 받게 될 것과 고통 속에서 영원히 보내게 될 것을 특별히 더 두려워한다. 에피쿠로스의 견해로는, 이 한 쌍의 두려움을 떨쳐 버리는 것이 정신의 평화를 매우 증대시킬 것이며, 그렇게 하는 것이 행복을 가져올 것이라는 것이다.

에피쿠로스는 신들을 두려워해야 할 어떤 이유도 없다고 가르쳤다. 그는 신이 존재함을 거부하지 않았다. 오히려 그는 신들이 속세와 속세에 사는 인간들에게 관심을 갖지 않는다고 주장했다. 신들은 인간에게 이로움을 주기 위해 행동하지도 않고 해를 끼치기 위해 행동하지도 않는다. 그러므로 인간이 그들을 두려워해야 할 (혹은 그들을 숭배해야 할) 어떤 이유도 없다.

에피쿠로스는 또한 어떤 사람이 죽으면 그는 존재하기를 그만두고 모든 의식이 영원히 멈추기 때문에 사람은 죽음을 두려워할 필요가 없다고 가르쳤다. 존재하지도 않고 의식도 없다면, 우리는 고통스러운 경험과 쾌락적인 경험을 가질 수 없다. 사실상 어떤 경험도 가질 수 없다. 우리가 죽은 이후에 우리가 죽었다는 것을 알고 고통스러워하거나 공포·좌절감·분노를 느끼는 그런 일은 생겨나지 않는다. 우리에겐 생각도 느낌도 없다. 죽음 후에는 마치 태어나기 전에 아무것도 없었던 것처럼 아무것도 없다. 태어나기 전에는 우리가 존재하지 않았기 때문에 전혀 고통을 느끼지 않았던 것과 마찬가지로, 죽은 이후에는 우리가 더 이상 존재하지 않을 것이므로 전혀 고통을 느끼지 않게 될 것이다.

일단 사람들이 죽음과 신을 두려워하지 않게 되면, 살아 있는 동안 이승에서 행복을 찾는 일에 계속 매진할 수 있다. 아리스토텔레스처럼 에피쿠로스는 참되고 오래 지속하는 행복은 음식이나 술 그리고 성관계에서 얻게 되는 것과 같은 보다 명백한 육체적 쾌락에 우리의 삶을 바치는 데서 오지 않는다고 가르쳤다. 결국 만취의 쾌락은 숙취의 고통에 이르게 하고 끝내는 건강을 해칠 수 있다. 난잡한 성관계로부터 얻는 쾌락은 성병과 에이즈를 가져올 수 있다. 오히려 에피쿠로스는 평안과 평온이 이용 가능한 가장 큰 쾌락이라고 생각했기 때문에, 진정한 행복은 건강과 마음의 평화에 전념하는 단순한 삶과 절제하는 삶에서 온다고 가르쳤다. 우리는 자신에게 건강과 만족에 필요한 것을 공급하려고만 애써야 한다. 욕구를 통제하지 못하고 조절하지 못한다면 곧 만족감을 느끼지 못하게 되고, 그로 인해 좌절과 고통이 초래된다. 만일 우리가 돈을 원해서 100만 달러를 얻는다면 곧 200만 달러를 원하게 될 것이고 그다음에는 400만 달러를 원하게 될 것이다. 우리가 명예를 갈구해서 100명의 사람들에게 알려지면 1,000명의 사람들에게 알려지기를 원할 것이고, 그다음은 100만 명에게 유명해지기를 원할 것이다. 마찬가지로, 에피쿠로스는 우리의 기본적인 욕구들을 만족시키는 것은 사치품을 획득하고 물질적 상품에 대한 강한 욕구를 만족시키는 것만큼의 노력을 거의 필요로 하지 않는다고 주장했다. 그들의 관점에서는 많이 원하면 원할수록 원하는 것을 만족시키기 위해 우리는 더 많이 일을 해야 한다. 에피쿠로스에 따르면, 일은 고통의 원천이지 쾌락의 원천이 아니니다. 그러므로 더 많이 갖기를 원하면 원할수록 더 많은 일을 해야 하므로, 우리는 욕망의 노예가 되어 단조로운 일의 반복 상태에 놓이게 된다. 우리가 덜 갖기를 원할수록 그 원하는 것을 만족시키기 위해 더 적은 일이 요구되고 즐거운 활동을 위한 더 많은 여가를 갖게 된다.

다시 말하지만, 아리스토텔레스처럼 에피쿠로스도 다른 사람들이 쾌락의 중요한 원천이라는 점을 강조했다. 그가 여기서 의미한 것은 착취나 억압의 쾌락이 아니다. 오히려 우정을 의미했고, 그것을 행복의 가장 중요한 요인으로 간주했다. 사랑하고 사랑받는 것은 쾌락의 근본적인 원천이다. 즉 외톨이라는 것은 고통의 근본적인 한 원천이다. 친구를 얻기 위해 당신은 물론 친구가 되어야 한다. 즉 다른 사람들을 친구로 만들려면 그들에게 마음을 써야 하고 존경으로 그들을 대해야 한다. 다른 사람들을 해롭게 해서 쾌락을 얻어 낸다 할지라도 다른 사람을 해롭게 하면 그 해로움이 되돌아올 위험이 있기 때문에, 다른 사람들에게 상처 입히고 싶은 욕망을 가져서는 안 된다. 에피쿠로스가 강조했던 점은, 우리는 언제나 발각과 복수를 두려워하기 때문에 그리고 두려움과 불안은 매우 고통스러운 것이기 때문에, 부당한 일을 하는 것은 진정한 행복의 요소인 고요한 평안을 없애 버린다는 것이다.

아리스토텔레스와 마찬가지로, 에피쿠로스학파가 덕과 악덕의 견지에서 생각하고, 그래서 우리의 행복을 증진시키는 품성들이 덕이 되고 우리의 행복을 감소시키는 품성들이 악이 된다는 것을 고려한다면, 필경 그들은 상식상의 도덕이 제시하는 덕과 악덕 중 많은 것들에 동의할 것이다. 예컨대, 우리가 충실하지 못하다면 배신한 사람들에게 해를 입게 될지도 모르고 그들로부터 신임을 얻지 못할 것이기 때문에, 충실하게 되면 충실하지 않게 될 때보다 우리는 더 행복해질 것이다. 충실하지 않을 때보다 충실하게 되면 우리는 덜 두렵고 덜 불안해질 것이다.

VI. 스토아학파

에피쿠로스학파 철학자들과 마찬가지로, 스토아학파 철학자들은 마음의 평화와 평안이 행복의 핵심이라고 주장했다. 행복을 가져오는 것은 쾌락·흥분·짜릿함이 아니라 오히려 평온·고요함·내면적인 조화·마음의 평화이다. 그래서 스토아학파에 따르면, 이런 것들은 대부분의 사람들이 가치 있다고 평가하고 추구하는 것, 즉 부·권력·명예·육체적 쾌락·매력·건강 등과 같은 것들에서 오는 것이 아니다. 왜 그런 것들에서 오는 것이 아닌가? 그런 것들은 우연적인 것이며, 우리가 통제할 수 있는 영역 바깥에만 존재하기 때문이다. 우리가 열심히 노력한다 해도 유복하게 만들고, 권력을 갖게 하며, 유명하게 하고, 건강하게 하며, 매력적으로 만드는 일을 보증해 주는 어떤 일도 할 수 없다. 우리의 행복이 우리가 거의 통제할 수 없는 것에 의해 좌우된다면 우리는 불행해질 수밖에 없다. 예를 들어, 당신의 행복이 당신의 재산에 달려 있다고 해 보자. 당신이 부자가 아니라서 그리고 부자 되는 일을 보장해 줄 어떤 것도 할 수 없어서 행복해질 수 없다면 당신의 행복은 위태롭게 된다. 당신이 부자가 된다 해도, 계속 부자로 있을 수 있게 보장해 줄 수 있도록 당신이 할 수 있는 일은 없다. 결국 공포와 불안이 생길 것이다. 평온과 마음의 평화는 부나 명성과 같은 우연인 것을 추구하는 데서 오지 않고, 우리의 욕망을 제한하고 통제하며 절제하는 데서 온다.

에피쿠로스학파 철학자들과 마찬가지로, 스토아학파 철학자들도 욕망은 끊임없이 요구하는 데서 성립한다고 보았다. 우리가 어떤 욕망을 충족시킬수록 지속적인 만족을 위한 요구는 더욱더 집요해진다. 우리가 권력을 열망한다고 해 보자. 10명을 장악할 수 있는 권력을 가지고 있다면 우리는 25명에 대해 권력을 갖고 싶을 것이고, 25명에 대해 권력을 갖고 있다면 50명에 대한 권력을 갖기 원한다. 욕망은 만족을 모르기 때문에, 사람들은 자신이 통제할 수도 없으며 억제할 수도 없는 욕망들을 만족시키는 데 더 많은 시간과 에너지를 소비한다. 하지만 만족은 계속해서 달아나 버린다. 위험한 점은 욕망은 통제되기보다 오히려 우리의 삶을 통제할 것이라는 사실이다. 플라톤과 아리스토텔레스 같은 많은 그리스인들과 마찬가지로, 스토아학파 철학자들은 이성이 욕망을 관리해야 한다고 믿었다. 이성은 근본적으로 욕망을 절제함으로써 욕망을 통제할 것이다. 특히 스토아학파는 자기통제의 중요성을 고취시켰다. 즉 욕망은 이성에 의해 신중하게 통제되어야 한다는 것이다.

스토아철학자들은 우주는 신의 법에 의해, 즉 이성과 지성에 의해 지배된다고 믿었다. 그리고 생성하는 모든 것은 아주 오래전에 미리 계획된 일련의 사건들 중의 일부라고 생각했다. 우주는 이성과 지성에 의해 지배되므로, 생성하는 모든 것들은, 우리가 그 계획을 잘 알지 못해서 선한 것으로 여기지 않는다 할지라도 선하다. 그러므로 현명한 사람은 어떤 일이 일어난다 하더라도 그것은 불가피한 것이며, 우주의 전체 계획의 일부분이라 생각하며 만족해할 것이다. 후회하고, 화내고, 낙담하고, 사건의 진행 과정에 대해 좌절감을 느끼는 것은 비이성적인 일이며, 실질적으로 불행하게 만든다. 생성하는 것을 그대로 받아들인다면 우리는 보다 행복해지고, 보다 마음의 평화를 얻게 될 것이다. 스토아철학자는 고요한 체념과 수용하는 마음으로 세상을 바라볼 것이고, 그 결과 어떤 일이 닥치더라도 행복해할 것이다.

스토아철학자들은 인상적인 이미지를 활용한다. 그들은 인간을 손수레 뒤에 묶인 개에 비유한다. 그 개는 손수레를 제어할 수 없다. 개는 손수레가 이끄는 대로 따라가야 한다. 개는 손수레가 이끄는 대로 가지 않으려고 저항하다가 좌절하여 불행하게 될 수도 있고, 아니면 저항 없이 따라가기로 마음먹고 불가피한 것으로 생각하며 손수레가 어떤 길로 가건 어떤 속도를 취하건 만족해할 수도 있다. 즉 그 개는 손수레가 가려고 하는 길이 아닌 다른 곳으로 가려고 욕망할 수도 있고, 아니면 그 손수레와 조화롭기를 갈망하고 손수레가 가려고 하는 곳은 어디든지 다 가려고 바랄 수도 있다. 만약 그 개가 후자의 입장을 취한다면, 절대로 좌절하거나 불행해할 필요가 없다. 개와 마찬가지로 인간도 제어할 수 없는 사건들의 진행 과정에 의해 끌려 다닌다. 사람들은 사건들의 불가피한 진행 과정에 저항하고 자신이 가지고 있지 않은 것을 바랄 수 있으며, 아니면 그들에게 닥쳐 올 운명은 무엇이든지 다 분노·절망·불만 없이 받아들일 수도 있다.

VII. 홉스와 흄

영국의 철학자 홉스(Thomas Hobbes, 1588～1679)는 덕은 사람들로 하여금 평화와 조화 속에서 함께 살 수 있도록 하는 특징이라고 주장했다. 그는 감사함·절제·공평·자비와 같은 덕들은 "평화롭고 사회적이며 편안한 생활의 수단으로서 칭찬을 받게 된다."[4]고 주장했다. 대부분의 덕은 그에 상응하는 악덕이 있다. 예를 들어, 우리의 동의를 계속 유지하게 하는 특징인 정의는 덕이고 그것의 반대는 악덕이다. 자만심은

4) Thomas Hobbes, *Leviathan* (New York: Collier, 1962), p. 124.

악덕이고 그것의 반대, 즉 겸손은 덕이다. 그러나 홉스 이론의 토대는 자기 이익이다. 덕은 사회적 조화를 증진하는 것을 특징으로 하지만, 결국 그와 같은 특징들을 가지는 것은 개인의 자기 이익이 되는 것이다. 덕은 다른 사람과 덕의 소유자들 모두에게 이익을 주는 것이고, 덕은 다른 사람에게 이익을 주기 때문에 덕의 소유자에게 이익을 준다. 덕은 개인이 사회 속에서 잘 살 수 있게 하고 행복하게 살 수 있게 한다. 악덕은 사회에서 사람들이 잘 살고 행복하게 살 수 있는 것을 방해한다. (고대 그리스 사람들과 달리, 홉스는 사람들을 행복하게 만드는 것이 무엇인지 혹은 우리를 번성하게 하는 것이 무엇인지를 논의하는 데 거의 시간을 보내지 않았다.)

스코틀랜드의 철학자 흄(David Hume, 1711~1776)은 또한 적어도 어떤 특징은 그것의 소유자에게 이익을 주기 때문에 덕이라고 생각되고, 다른 특징들은 그것의 소유자에게 해를 주기 때문에 악덕으로 생각된다고 주장했다.

> 어떤 성질이나 습관(품성)이 어떤 점에서든 그것을 소유한 사람에게 해가 되거나 사업 또는 행동에서 그를 무능력하게 할 경우, 우리가 그런 성질이나 습관을 조심스럽게 살펴보면 그것은 끊임없이 비판을 받고 그것을 소유한 사람의 잘못이나 불완전함으로 분류된다는 것은 자명한 것처럼 보인다. 나태·부주의·질서와 방법의 결핍·완고·변덕·경솔·고지식함, 이러한 성질들은 어느 누구도 품성과 무관한 것으로 생각하지 않는다. 하물며 그것들을 공적이나 덕으로 격찬하는 사람이 있겠는가.[5)]

그는 다음과 같이 덕의 목록을 제시하였다—신중·주의·검약·좋은 감각·정직·충실·진취적인 정신·근면·사려·절제·온건·끈기·불변성·인내력·원려(遠慮)·관조·활기참·철학적 평온.

그러나 흄은 사람들은 그 소유자들에게 이익을 주는 그러한 특징들을 승인하고 그런 특징들을 덕이라고 생각한다는 점을 지적했다. 심지어 그러한 특징들을 가진 사람이 다른 사람이라고 할지라도 그렇다. 그와 같은 상황에서 그 특징은 그것을 덕이라고 판단하는 사람에게 이익을 주지 않을지도 모른다. 그러므로 만약 존이 인내력(어떠한 방해에도 불구하고 맡은 일을 지속하려는 경향)을 덕이라고 생각한다면, 그리고 만약 스미스가 그 특징을 가진다면, 존은 스미스의 인내력으로부터 자신이 어떤

---

5) David Hume, *An Enquiry Concerning the Principles of Moral* (LaSalle, IL: Open Court, 1960), p. 68. (원본은 1777년에 출판되었음.)

이익을 받지 못한다 하더라도 스미스의 인내력을 덕이라고 생각할 것이다. 사실 존은 자신을 제외한 어떤 사람의 인내력으로부터도 이로움을 얻지 못할지도 모른다. 존이 인내력을 덕이라고 생각한다면, 그것을 가진 사람이 누구든 그것은 덕이다. 그러므로 인내력을 덕이라고 생각하는 그의 이유는 단지 인내력이 자기 이익에 해당되기 때문은 아니다. 만약 자기 이익이 어떤 특징을 덕으로 생각하는 유일한 이유가 된다면, 존은 그 자신의 인내력은 덕이 된다고 생각할 것이지만 인내력 일반을 덕이라고 생각하지는 않을 것이다. 흄은 다음과 같이 주장한다. "이러한 이득을 그 품성의 소유자가 가진다고 해서 우리, 즉 방관자 모두의 의견 일치로 그런 품성을 가진 사람이 이득을 얻게 될 것을 예상하고, 그래서 우리가 존경과 찬사를 보낸다고 해서, 그것을 자기애라 할 수는 없다."[6]

홉스와 마찬가지로 흄 또한 많은 특징들은 다른 사람에게 이로움을 주고 사회적 조화를 증진시키기 때문에 덕으로 생각된다고 주장했다. "공동체의 선을 증진시키는 행위는 그것이 무엇이든 간에 공동체에 의해서 사랑받고, 칭찬받으며, 존경 받는다."[7]

이와 마찬가지로,

> 사회 속에서의 상호 간 충돌, 이익과 자기애의 대립이 인류 상호 간의 조력과 보호라는 이익을 보존하기 위해 인류에게 정의의 법을 확립하도록 강제했던 것처럼 비슷한 방식으로, 회합에서 사람들의 자부심과 자만심의 영원한 대립은 사람들 간의 상호 관계를 촉진하고 방해받지 않는 교제와 대화를 촉진하기 위해 좋은 매너나 정중함의 규칙들을 확립했다.[8]

흄은 모든 인간은 최소한 그들의 동료를 향한 어느 정도의 자비심을 가진다고 주장했다. 동정심이 없다면, 그것을 가지는 것이 누구든지 간에 어떤 품성들은 덕이고, 그것을 가지는 사람이 누구든지 간에 어떤 품성들은 악덕이라는 견해는 근거를 가질 수 없게 된다.

사람이 본래적으로 그의 동료들에 대해 전혀 관심을 가지지 않도록, 심지어

6) Ibid., p. 69.

7) Ibid., p. 79.

8) Ibid., p. 98.

> 동일한 색깔의 두 인접한 색조의 미묘한 차이에 대한 무관심보다 더 큰 무관심으로 모든 유정적(sensible) 존재의 행복과 불행을 바라보도록 만들어졌다고 가정한다고 해 보자. … 공동체의 공공선이건 다른 사람의 개인적 이익이건 간에 그런 것에 대해 완전히 무관심한 그런 사람은 모든 성질[품성]에 대해서 그것이 사회나 그런 품성을 소유한 개인에게 유해한 것이든 이로운 것이든 간에 무관심하게 바라다볼 것이다.[9)]

덕과 악덕의 구별이 가능하기 위해서는 "다른 사람들의 행복과 불행이 우리와 완전히 무관한 광경이 아니라는 것을 고백할 필요가 있는 것처럼 보인다."[10)]

> 어떤 자비심이, 그것이 아무리 작더라도 우리의 가슴에 스며들어 있다는 것은 너무나 분명하다. 인류에 대한 우정의 섬광, 비둘기[평화]의 작은 조각들이 늑대와 뱀의 요소들과 우리의 구조 속에 함께 혼합되어 있다. 이러한 관대한 감정들이 너무 약하다고 가정해 보자. … 그러나 그러한 관대한 감정들은 우리로 하여금 결정하도록 명령하고, 모든 것이 똑같은 상황이라면 유해하고 위험한 것보다는 인류에게 유용하고 도움이 되는 것을 냉정하게 선택하도록 한다.[11)]

흄에 따르면, 모든 사람들은 자연적으로 다른 사람을 향한 어떤 자비로운 감정을 가진다. 다른 사람의 행복이나 고통에 완전히 무관심한 사람은 없다. 그래서 모든 사람들은 덕의 소유자나 다른 사람을 이롭게 하는 품성들을 승인하고 그런 품성들을 덕이라고 생각하며, 덕의 소유자나 다른 사람에게 해가 되는 품성들을 승인하지 않고 그런 품성들을 악덕이라고 생각한다. 흄은 덕과 악덕의 개념은 자기 이익에 근거해 있는 것이 아니라 자비심과 동정심이라는 보편적 특성에 근거해 있다고 생각했다. 모든 사람들이 자연적으로 동정심과 자비심 같은 특성을 가지는지의 여부는 계속 논의해야 할 문제이다.

---

9) Ibid., p. 70.

10) Ibid., p. 79.

11) Ibid., p. 111.

VIII. 칠대 죄악

유대인 교육자이며 심리학자인 쉼멜(Solomon Schimmel)은 유대교와 그리스도교 전통에서의 칠대 죄악의 개념은 현대 서구 사회에서 종종 간과되고 있는 삶에 대한 중요한 지침이 된다고 쓰고 있다. 비록 신학적 관점에서 보면 죄는 우리에 대한 하느님의 명령을 어기는 것이지만, 쉼멜은 죄는 그것의 소유자에게 해로운 것이라는 점을 지적하고 있다.[12] 그러므로 만약 신학적 관점을 반대한다면 그것들을 칠대 죄악이라기보다 칠대 악덕이라고 생각해도 좋을 것이다.

칠대 죄악은 다음과 같다—교만·질투·분노·육욕·탐식·탐욕·나태. 교만이나 거만은 종종 다른 사람에게 무자비하게 대하고 해롭게 하며, 종종 보복을 이끌어 낸다. 거만하면 설사 다른 방식으로 그들을 해롭게 하지 않는다 하더라도 사람들을 천하게 생각하고, 굴욕감을 주며, 생색을 내고, 모독한다. 우리 가운데 어느 누구도 거만한 사람을 좋아하지 않는다. 사실 우리는 거만한 사람을 경멸하고 피한다. 때때로 우리는 그들을 비웃고 심지어 애처롭게 여기는데, 특히 자신에 대한 그들의 관점이 비현실적으로 높은 경우에는 더욱 그렇다. 자만심 또는 거만함은 그것의 소유자에게 행복을 가져다줄 것 같지 않은 품성이다.

다른 사람을 질투할 때, 우리는 다른 사람의 상황이 어떤 면에서 내 상황보다 유리하다고 믿고 내 상황이 그의 상황과 동일하게 되기를 바란다. 우리는 자신에 대해 부정적인 느낌을 가질지도 모르고, 우리가 질투하는 사람들에 대해 부정적인 느낌을 가질지도 모른다. 우리 자신과 우리의 삶에 만족하지 못할지도 모른다. 쉼멜이 지적한 바에 따르면, 우리의 질투는 우리가 질투한 그 사람의 고통보다도 훨씬 더 많은 고통을 우리에게 준다. 그리고 우리의 질투를 감지한 다른 사람은 우리를 경멸하거나 두려워하게 될지도 모른다. 질투는 우리로 하여금 악의 있는 방식으로 행동하도록 야기할지도 모른다. 질투를 나타내는 행동들은 대체적으로 결코 칭찬받지 못한다.

분노의 해로움은 꽤 명백하다. 화가 났을 때, 우리는 종종 우리 자신의 이익과 반대되는 것을 한다. 화는 "제정신을 갖지 못하게" 한다. 그것은 심지어 살인도 일으킬 수 있다. 그리고 화가 난다는 것은 화를 내는 사람에게 즐거운 상태가 아니다. 또한 어느 누구도 화를 잘 내는 사람들을 진정으로 좋아하지 않는다. 우리 대다수는 그들을 피하는 경향이 있다.

---

12) Solomon Schimmel, *The Seven Deadly Sins* (New York: Oxford University Press, 1997).

육욕은 성에 대해서 종종 통제하기 어려운 지나친 욕구이다. 육욕과 사랑을 혼동하면 우리를 삿되게 하는 사람과 정을 통하는 관계를 맺을 수도 있다. 그것은 결혼을 파경에 이르게 할 수 있고, 성병에 걸리게 할 수도 있으며, 원하지 않은 아이를 만들 수도 있다. 그것은 근친상간·강간·살인을 일으킬 수 있다.

탐식은 지나치게 먹고 마시는 것으로, 건강상의 많은 문제를 일으킨다. 지나치게 먹고 마시고자 하는 욕구, 즉 먹고 마시는 쾌락에 비합리적으로 높은 가치를 두는 데에는 다양한 이유들이 있을 수 있지만, 폭식가는 폭식으로 좀처럼 행복해지지 않는다.

탐욕, 즉 돈과 돈으로 살 수 있는 것에 대한 지나친 욕구는 방화·사기·환경오염·납치·도둑질·살인을 포함하여 다른 사람들에게 많은 해를 끼친다. 그리고 그와 같은 행동들은 일반적으로 그것을 행하는 사람에게 부정적인 결과를 가진다. (독성 물질을 섞은 약사 코트니의 탐욕은 그를 감옥에 가도록 했고, 한때 그를 존경했던 사람들에 의해 경멸을 받도록 하였다.) 다른 죄의 경우도 마찬가지지만, 탐욕스러운 사람은 좀처럼 행복해지지 않는다. 탐욕에 대한 갈망은 끝이 없다. 사람들은 대부분 결코 자신이 충분히 가졌다고 생각하지 않는다.

마지막으로, 나태는 다양한 형태의 게으름이다. 나태한 사람은 끝까지 계획을 추구하는 것은 고사하고 계획을 세우기 위한 에너지가 거의 없다. 그러므로 많은 이로운 것들을 하지 못한다. 나태한 사람은 또한 종종 자신의 책임을 다하는 데 실패한다.

우리는 우리 자신과 다른 사람들을 위해서 칠대 죄악을 피해야만 한다. 그것을 피한다면 우리는 더 행복해질 것이다. 쉼멜은 칠대 죄악에 대한 가장 중요한 대책은 자기통제, 즉 마음 상태와 행동 모두의 통제라고 주장한다.

IX. 도덕 규칙에 복종하려는 성향으로서의 덕

이미 살펴보았지만 덕과 악덕에 대한 이론은 두 부류로 나뉠 수 있다. 하나의 부류는 그런 품성의 소유자나 다른 사람에게 그 품성이 도움이 되거나 해가 된다는 사실에 초점을 맞춘다. 이 부류는 도덕적 덕은 그 소유자를 번성할 수 있게 하는 그런 품성인 반면, 도덕적 악덕은 그 소유자가 번성할 가능성을 줄이는 그러한 품성이라고 주장하는 이론들을 포함한다. 또한 그것은 도덕적 덕이나 악덕은 기본적으로 다른 사람들을 이롭게 하거나 해롭게 하는 품성이라는 이론들을 포함한다.

두 번째 부류의 이론은 덕은 (참된) 도덕 규칙에 복종하려는 성향인 반면, 악덕은 (참된) 도덕 규칙에 복종하지 않으려는 성향이라고 주장한다. 이러한 이론들에서 도덕 규칙·법칙·원칙은 덕과 악덕의 개념보다 우선적이고 더 기본적인 것이다. 어떤 품성들이 도덕적 덕이고 악덕인지를 알기 위해서, 우리는 먼저 무엇이 도덕적으로 금지되고 요구되는지를 알아야 한다. 그러나 이러한 두 가지 부류의 이론들 사이의 차이점은 과장되지 않아야만 한다. 설사 어떤 품성이 덕이고 어떤 품성이 악덕인지에 관해 의견을 달리하는 이론들이 자신의 주장을 정당화하기 위해 다른 원칙에 호소한다 하더라도, 이들 이론 사이에 본질적인 일치가 있을지도 모른다.

두 번째 부류의 이론들의 사례로서 우리는 현대 미국 철학자 게르트(Bernard Gert)를 살펴볼 것이다. 그는 도덕적 덕은 옳은 도덕 규칙의 정당하지 못한 위반을 피하려는 성향인 반면, 악덕은 옳은 도덕 규칙을 부당하게 위반하는 성향이라고 주장한다. 그의 견해에 따르면 덕과 악덕은 옳은 도덕 규칙의 확인과 무관하게 그리고 그것에 선행해서 확인될 수 없다. 또한 그는 도덕적 덕과 개인적 덕을 구분한다. 개인적 덕—그 소유자에게 일차적으로 혹은 오직 이로운 품성—은 결코 도덕적 덕이 아니다. 도덕적 덕은 다른 사람에게 오직 혹은 일차적으로 이로운 품성이다.[13)]

고의적으로 혹은 부주의로 다른 사람에게 아픔과 고통을 야기하는 성향인 잔인함에 대해 생각해 보자. 게르트의 견해에 동조하여, 잔인함은 사람들이 고의적으로 혹은 부주의하게 다른 사람에게 아픔과 고통을 주는 짓을 못하게 하는 올바른 도덕 규칙을 위반하는 성향이기 때문에 도덕적 악덕이라고 말할 수도 있다. 다른 한편, 친절함은 다른 사람에게 고통을 주는 것을 피하도록 우리에게 요구하고, 할 수 있는 한 고통을 덜어 주는 데 동참하도록 요구하는 올바른 도덕 규칙에 순응하는 성향이기 때문에 도덕적 덕이다. 마찬가지로 올바른 도덕 규칙은 우리가 자비롭고 충성스러우며 정직하게 되기를 요구하는 반면, 무자비하고 충성스럽지 못하며 부정직하지 못하게 한다. 전자의 품성은 도덕적 덕이고 후자의 품성은 도덕적 악덕이다.

X. 힌두이즘에서의 덕과 악덕 : 아힘사

개빈 플러드(Gavin Flood)에 의하면, 힌두이즘 윤리는 인간의 고통 경감·비폭력(아

---

13) Bernard Gert, *Morality* (New York: Oxford University Press, 1988), pp. 182–196.

힘사, ahimsa) 행사·진실을 말함·도둑질을 하지 않음·금욕·탐욕 없음을 지향한다.[14] 금욕은 틀림없이 가장 진지하게 실천하는 사람에게만 주로 기대되지만, 다른 것들은 힌두인 모두에게 기대된다. 우리는 이것들을 유덕한 행위의 측면으로도 생각할 수 있고 유덕한 품성의 측면으로도 생각할 수 있다. 예를 들면, 진실을 얘기하는 것은 행위이지만 그것은 또한 정직이라는 품성을 가지고 있음을 의미할 수도 있다. 탐욕을 참는 것은 명백하게 품성에 속하지만, 이미 살펴보았듯이 우리는 또한 탐욕의 행위나 탐욕을 드러내는 행위에 대해 이야기할 수도 있다.

힌두이즘에 의하면 삶은 고통으로 차 있다. 우리는 우리 자신과 우리가 사랑하는 사람들의 피할 수 없는 죽음·노화·병에 직면한다. 우리는 육체적 고통, 정신적 고통 모두를 경험한다. 이것을 한 번 경험하는 것도 지독한 일이지만, 힌두이즘에 의하면 우리는 되풀이해서 이런 상황을 경험한다. 왜냐하면 우리는 죽은 뒤에 다른 육체 속에서 다시 태어나기 때문이다. 힌두이즘은 영혼의 윤회를 믿는다. 영혼은 우리 본질이고, 우리의 자아, 즉 우리가 누구인지에 대해 가장 본질적인 것이다. 더군다나 우리가 다시 태어날 때의 상황은 우리가 전생에 어떻게 살았는지에 달려 있다. 잘 살았고 윤리적으로 살았다면 우리가 다시 태어나는 환경은 비교적 좋을 것이다. 보다 높은 사회계급이나 보다 높은 카스트로 태어날지도 모른다. 전생보다 육체적으로 더 매력적이고, 더 건강하며, 더 지적으로 태어날는지도 모른다. 세속적으로 더 성공할지도 모른다. 심지어는 신으로 태어날지도 모른다. 다른 한편으로, 우리가 비윤리적 삶을 살았다면 다시 태어난 삶은 덜 좋을 것이다. 개나 독사처럼 인간이 아닌 동물로 태어날지도 모른다. 인간으로 태어났더라도 보다 낮은 사회계급이나 카스트로 태어날 수도 있다. 즉 가난한 집에 태어나서 새벽부터 해 질 녘까지 허리가 휘어지도록 육체노동을 하면서 삶을 마감할지도 모른다. 일자 무식꾼으로 태어날 수도 있고, 장님일 수도 있으며, 아니면 귀머거리일 수도 있다. 어떤 식으로 다시 태어날지를 결정하는 것은 죽을 때마다 늘 짊어지고 다니는 업(業, karma)이다. 그것은 우리가 다음 생에서 어떤 사람으로 태어날지, 무엇으로 태어날지, 어떤 조건에서 태어날지를 결정하기 위해 작용하는 일종의 인과적 힘이다. 우리의 행위는 우리의 업을 낳는다. 나쁜 행위는 나쁜 업을 낳고, 선한 행위는 선한 업을 낳는다.

힌두이즘에 의하면, 진정한 행복은 윤회를 벗어남으로써 생겨난다. 그렇게 하기

14) Gavin Flood, *An Introduction to Hinduism* (Cambridge: Cambridge University Press, 1966).

위해 우리는 깨달음에 도달해야 하고 선한 업을 충분하게 쌓아야 한다. 유덕한 행위들은 아직 윤회를 끝내지 못했다면 우리에게 좋은 환생을 보장함으로써 이익을 줄 것이다. 아니면 윤회의 사슬을 끊게 해 줄 것이다. 악덕한 행위들은 정반대이다. 여기에서 우리는 주로 비폭력, 즉 **아힘사**에 초점을 맞출 것이다. 더 나아가 아마 마하트마 간디(Mahatma Gandhi)로 더 잘 알려진 유명한 현대 힌두인 모한다스 K. 간디(Mohandas K. Gandhi)에 초점을 맞추어 자세히 논의할 것이다. 아힘사에 대한 간디의 견해는 많은 힌두인들과 비힌두인들에게 영향을 미치고 있다.

품성 혹은 덕으로서 아힘사는 힘사가 폭력의 특성을 가진 데 반하여 비폭력의 특성을 가진다. 폭력적 행위는 해로움을 주고 고통을 야기한다. 명백한 사실이지만, 아힘사의 특성을 지닌 사람은 살인·고문·폭행과 같은, 다른 사람에게 육체적 위해를 가하는 행위를 하지 않을 것이다. 그러나 아힘사의 비폭력 의미는 사람만이 아니라 모든 살아 있는 존재에게 확장되어 있다. 할 수 있는 한 우리는 살아 있는 어떤 존재에 대해서도 육체적 폭력을 가하는 행위를 피해야만 한다. 그래서 아힘사의 특성을 가진 사람은 개미를 밟는 것조차 피할 것이다. 그러나 심리적 고통을 주는 것도 폭력적 행위로서 이해되기 때문에 아힘사의 특성을 가진 사람은 심리적 고통을 주는 것도 피할 것이다. 그래서 사람을 배반하지도, 경멸하지도, 모욕하지도, 천하게 여기지도 않을 것이다.

간디에 의하면, 진정한 아힘사는 단지 어떤 것들을 하지 않는 것 이상을 포함하고 있다. 일종의 자비를, 즉 다른 사람에게 선을 행하는 것을 포함한다.

> 소극적인 형식에서의 아힘사는 몸으로든 마음으로든 살아 있는 어떤 존재도 해쳐서는 안 된다는 것을 의미한다. 그러므로 나는 나쁜 짓을 한 어떤 사람도 해치지 않을 수도 있다. 혹은 그에게 어떤 악의도 가지지 않고, 그래서 그에게 정신적 고통을 주지 않을 수도 있다. … 아힘사는 나쁜 짓을 했다고 짐작되는 사람을 의도적으로 해치는 것을 요구하지 않고, 오히려 의도적인 자기고통을 요구한다.
>
> 적극적인 형식에서의 아힘사는 가장 큰 사랑, 가장 큰 자비를 의미한다. 아힘사의 추종자라면 나는 나의 적들을 사랑해야 한다. 나는 나쁜 짓을 하는 나의 아버지나 아들에게 적용하는 동일한 규칙을 나의 적인 나쁜 행위자이나 낯선 사람에게도 적용해야 한다.[15)]

사랑은 간디의 아힘사 이해의 핵심이다. (많은 그리스도들은 사랑은 또한 예수의 도덕적 견해의 핵심이라고 말한다.) 증오와 악의는 사랑과 결코 양립할 수 없다. 간디에 의하면 "비폭력은 사랑·동정심·관대함을 함축한다."16) 간디가 말하는 사랑은 남편과 아내 사이의 혹은 성적 관계에 있는 사람들 사이의 로맨틱한 사랑이 아니라, 이해관계를 떠난 그런 종류의 사랑이다. 사랑의 이런 의미에서 우리는 동성(同性)·가족·친구뿐만 아니라 낯선 사람과 적을 사랑할 수 있다. 이런 종류의 사랑은 존경·관심·동정심을 수반하고, 무관심과 증오를 배제한다.

아힘사는 또한 동정심과 관대함을 요구한다. 누군가에 대한 동정심이 부족하다면, 그의 고통에 무관심하거나 그의 고통을 즐긴다면, 진정 당신은 사랑을 보여 주고 있지 못하다. 마찬가지로 아힘사는 관대함을 요구한다. 누군가가 우리에게 나쁜 짓을 했다면 우리는 화가 날 수 있고 유감을 품을 수 있다. 즉 우리는 보복하기 위한 방안을 도모할 수 있다. 그러나 우리가 누군가를 사랑한다면, 비록 그 사람이 우리에게 나쁜 짓을 하더라도 관대해지는 것을 배워야만 한다. 관대할 능력이 없다면 우리의 사랑은 망가질 것이고, 우리의 관계는 파괴될 것이다. 그래서 아힘사의 특성을 갖는다면 우리는 화를 떨쳐 버릴 것이며, 우리에게 나쁜 짓을 한 사람들에게 관대함을 보일 것이다.

간디는 또한 아힘사가 자기희생을 요구한다는 점을 강조했다. 당신이 아힘사의 특성을 가지고 있다면, 그리고 당신의 고통과 다른 사람의 고통을 선택해야 할 상황에 있게 된다면, 당신은 다른 사람의 고통이 아니라 당신의 고통을 선택할 것이다. 확실히 그것은 진정한 사랑의 일부이다. 우리는 기꺼이 우리가 사랑하는 것들을 위해서 희생을 한다. 어떤 것은 큰 희생이고 어떤 것은 작은 희생이다. 자녀들을 사랑하는 어머니는 자신을 위해 돈을 쓰기 위해서가 아니라 자녀의 대학 학비를 지불하기 위해서 저축을 할는지도 모른다. 극단적인 경우에는 자녀들을 구하기 위해서 자신의 삶을 포기할는지도 모른다.

아힘사는 또한 공정함을 함축한다. 우리는 친구들과 적들, 친척들과 모르는 사람들에게 동일한 행동 규칙과 표준을 적용해야만 한다. 친구와 적에게 다른 표준과 규칙을 적용한다면, 나는 적이나 친구에게 사랑을 보여 주고 있는 것이 아니다. 나는 적들에게는 너무 많은 것을 요구하고 있으며, 아마 친구들에게는 충분한 요구를 하지

15) *The Penguin Gandhi Reader*, ed. Rudrangshu Mukherjee (Harmondsworth, England: Penguin Books, 1993), pp. 95-96.

16) Ibid., p. 107.

못하고 있다.

힌두이즘의 전통에 의하면 폭력적 행위 및 화·증오와 같은 부정적 감정과 느낌은 나쁜 업을 낳는다. 반면에 자비로운 행위 및 배려·동정심·사랑과 같은 적극적 감정과 느낌은 선한 업을 낳는다. 그러므로 자비로운 행위를 수행하고 적극적 감정과 느낌을 가지는 것도 우리의 이익이 되지만, 폭력적 행위와 부정적 감정·느낌을 피하는 것도 우리의 이익이 된다.

XI. 불교에서의 덕과 악덕

불교는 힌두이즘으로부터 발전했다. 그러므로 몇 가지 공통적인 면이 있다. 힌두이즘처럼 불교도 환생과 업에 대한 믿음을 포함한다. 불교도 삶이 고통으로 채워졌다고 본다. 그리고 윤회의 사슬을 끊는 것만이 궁극적인 행복이라고 생각한다. 전통에 의하면, 고타마(Gothama)는 부처(Buddha) 혹은 **깨친 자**(enlightened one)로서 기원전 5세기경 북인도에 살았다. 그는 자신이 윤회의 사슬을 끊음으로써 고통을 끝내는 방법을 발견 혹은 재발견했을 때 깨달음을 얻게 되었다. 그의 통찰은 우리가 살아 있는 동안에 겪게 되는 고통과 우리가 영원히 경험하는 윤회의 사슬은 동일한 근본 원인을 가지고 있다는 것이다. 그것은 곧 욕망과 무명(無明)이다. 살아가면서 원하는 것을 가지지 못하기 때문에, 그리고 원하지 않는 것에 마주쳐야 하기 때문에 우리는 고통을 겪는다. 우리 모두 살기를 원하지만 필연적으로 죽을 것이다. 우리는 젊음이 유지되기를 원하지만 필연적으로 늙을 것이다. 우리는 건강하기를 원하지만 필연적으로 손상되거나 병에 걸릴 것이다. 우리는 사랑하는 사람들이 생존하고 젊음을 유지하며 영원히 건강하기를 원하지만, 그렇게 되지 않을 것이다. 우리는 부자가 되기를 원하지만 대개의 경우 그렇게 되지 못한다. 우리와 친밀한 사람들이 배신하기를 원하지 않지만 가끔 그런 일이 일어난다.

우리는 우리에게 발생하는 어떤 것을 통제하는 방식으로는 우리의 고통을 통제할 수 없다. 그러나 우리가 가질 수 없는 것 혹은 가지고 있지 않은 것을 욕구하기를 멈춘다면, 우리에게 발생하는 것 때문에 고통스러워지지는 않을 것이다. 우리의 삶·건강·젊음과 아름다움, 다른 사람이 우리에 대해 가지는 평판·부·명성·권력에 대한 욕구와 집착을 없앨 수 있다면, 우리는 현재의 삶에서 고통을 줄이게 될 것이다. 예를 들어 건강·젊음·외모에 집착하지 않는다면, 불가피하게 그것들을 잃어버리더라도 불행해지지 않을 것이다. 부에 집착하지 않는다면, 결코 그것을 얻지 못하거나 아니면 그것을 얻은 뒤에 잃어버린다 하더라도 불행해지지 않을 것이다. 심지어 우리 주위의 사람들, 즉 가족과 친구와 이별하더라도 우리는 좀 더 행복해질 것이다. 왜냐하면 늙고 죽는 문제에 대해 걱정을 끼치는 사람들이 병들고, 우리를 버리고, 우리를 배신하게 될 때에도, 우리는 불행해지지 않을 것이기 때문이다. 다른 사람과의 이러한 이별은 우리가 그들에게 무관심해진다는 것을 의미하지는 않는다. 오히려 그것은 그들이 우리에게 행하는 것에 의해서 혹은 그들의 불행에 의해서 우리의 행복이 파괴되는 것을 허용하지 않는다는 것을 의미한다.

불교도들이 구하는 행복은 일종의 평온·침착·평화로움인 것 같다. 즉 그것은 흥분이나 의기양양의 상태가 아니다. 아마 불교도들은 평온한 평화로움과 침착함의 상태가 진정한 행복이며, 다른 보다 활동적인 상태는 거짓된 그 무엇이라고 말할 것이다. 높은 감정적 절정은 일반적으로 우울과 실망의 깊은 골짜기로 이어진다. 그러나 침착과 평화로움은 장기간 지속될 수 있다.

불교의 또 다른 중요한 측면은 자아(Self)가 없다는 견해에 전념한다는 것이다. 대부분의 서양 사람에게 영혼은 우리가 누구인지에 대해 핵심적인 것이다. 왜냐하면 우리의 영혼은 우리의 심적 특성들, 즉 기억·믿음·느낌과 정서·좋아함과 싫어함·성격과 품성·가치·선호 등의 담지자이기 때문이다. 간단하게 말해서 우리의 영혼은 우리 의식의 토대이다. 예컨대 이 견해에 따르면, 나는 나의 영혼—이 영혼은 자신 안에 포함된 모든 나의 의식 상태를 가지고 있다—을 나의 자아—내가 나인 바의 것으로 생각한다. 나는 불변의 핵, 즉 가장 진실한 나의 자아가 있으며, 그런 자아는 나의 전 생애에 걸쳐 지속적으로, 즉 2세이든 21세이든 50세이든 75세이든 간에 나를 동일한 사람으로 만든다고 생각할 수도 있다. 그러나 불교에 의하면 모든 것은 언제나 변하기 때문에, 내가 나의 자아라고 생각하는 의식의 상태조차 변하기 때문에 불변의 핵은 존재하지 않는다. 태어나서 죽을 때까지 (그리고 죽음을 넘어서서) 동일한 채로 남아 있는, 의식 상태들의 변하지 않는 영원한 핵이라는 의미에서의 자아란 존재하지 않는다. 지금의 당신과 10세 때의 당신을 비교해 보라. 얼마나 많은 의식의 상태들이 이 모든 세월에 걸쳐 지속해 왔는가? 부처님은 그렇게 지속하는 의식 상태는 없다고 말할 것이다. 당신을 당신이게끔 하는 것은 당신의 탄생에서 죽음에 이르기까지 존재하는 의식 상태들의 핵이 아니다. 오히려 매순간 당신인 한 묶음의 의식 상태들이 존재하며, 이러한 한 묶음의 의식 상태들은 보다 앞선 순간에 존재했고 그 순간들에서 당신이었던 다른 (상이한) 묶음의 의식 상태들과 어떤 식으로 연결되어 있다.

어떤 영원한 자아도 없다는 이 가르침은 중요한 의미를 갖는다. 앞으로 살펴보겠지만, 불교에 의하면 우리가 우리 자신이나 다른 사람들에게 하는 대부분 나쁘거나 해로운 것들은 주로 우리의 이기심 때문에 생겨난다. 우리는 우리의 자아들에 너무 집착하고 있으며, 그 때문에 우리와 다른 사람들이 크게 불행해진다. 그러나 만약 자아가 망상에 불과한 것이라면 이기심은 이해할 수 없는 용어가 된다. 자아가 망상에 불과하다는 것을 아는 법을 배울 수 있다면, 우리는 우리의 이기심을 없애 버릴 수 있을 것이다.

다른 중요한 의미가 있다. 불교도에게 궁극적 목적은 끊이지 않는 윤회의 사슬로부터 해탈을 이루는 것이며, **니르바나**(nirvana, 산스크리트 어, 涅槃)나 **닙바나**(nibbana, 팔리 어)라 불리는 상태에 이르는 것이다. 우리가 니르바나의 상태에 이를 때까지는, 죽음의 순간에 우리였던 의식 중 일부는 죽어서도 계속 존재하고 궁극에 가서는 아마도 지옥에 떨어질 존재·동물·인간으로, 심지어는 신으로 다시 태어난다. 그러나 그것은 죽을 때 육체를 떠나 다른 육체로 다시 태어나는 영원한 자아는 아니다. 그것은 우리였던 의식의 일부일 뿐이다. (그것은 가장 깨달은 사람만이 전생을 기억할 수 있다는 한 가지 이유가 될 수도 있다.) 그러면 우리는 부처님의 궁극적 목표—니르바나—즉 육체로 다시 태어나는 일을 끊어 버리는 그 목적을 어떻게 이해해야 할까? 그것은 비존재의 상태가 아니다. 다시 말해, 당신의 최종 육신화 이후에 마지막 죽음의 순간에 당신이었던 의식의 일부는 육체를 떠나서 계속 존재한다. 그러나 그것은 완전히 다른 형식의 의식이다. 피터 하비(Peter Harvey)는 그것을 "대상 없는 의식(objectless consciousness)"이라고 부른다. 그러나 그는 그 용어가 니르바나를 이해하는 데 거의 도움이 되지 않는다는 것을 인정한다.[17] 정상적인 의식은 무엇인가에 **대한** 의식이다. 나는 고통·간지럼·내 앞의 책·욕구 등등에 대해 의식할 수 있다. 그러나 니르바나의 상태에 이를 때, 우리의 의식은 그 어떤 것에 대한 의식도 아니다. 의식의 대상이 존재하지 않는다. (그러나 아마도 평온이나 고요의 느낌에 대한 의식은 존재할 것이다. 그것은 우리 자신의 니르바나를 경험할 때까지는 인간 이해를 넘어선 것이다.)

우리는 어떻게 니르바나의 상태에 도달할 수 있는가? 우리는 깨달음의 상태에 도달하지 않으면 안 된다. 그런 상태에 이르게 되면 우리는 자신에 대한 애정·이기

---

17) Peter Harvey, *An Introduction to Buddhism* (Cambridge: Cambridge University Press, 1990), p. 64.

심·자기집착·증오·악의를 포기하고, 이런 부정적인 감정을 사랑과 동정이라는 긍정적인 감정으로 바꾸게 된다. 탐욕과 증오의 특성이나 상태는 특히 니르바나의 상태에 이르지 못하게 하며, 그 죄로서 더 많은 윤회뿐 아니라 더 나쁜 윤회를 가져온다. 깨침의 시기 동안 부처님은 완전하고 보편적인 자비심의 상태에 이르게 되었으며, 그래서 "매일 하는 명상에서 유유히 사랑의 감정을 불러일으키고, … 그리고 세상 곳곳에 사랑이 향하도록 했다. 부처님은 단 하나의 생명체—식물·동물·악귀·친구·적—도 자비의 범위에서 빠뜨리지 않았다."[18] 깨침이 더 진전함에 따라 부처님은 다른 이들의 행복을 인지하거나 보았을 때 모든 살아 있는 것에 대한 동정심과 "교감의 기쁨"을 발전시켰다. 따라서 부처님은 다른 이들이 고통 받을 때 고통을 느꼈고, 다른 이들이 행복할 때 행복과 기쁨을 느꼈다.

윤회의 본성은 **업의 법칙**에 의해 결정된다. 어떤 심적 상태나 행위는 본질적으로 선하고, 어떤 심적 상태나 행위는 본질적으로 해롭다. 그러므로 탐욕과 증오의 상태와 행위는 악이며 나쁜 업을 만든다. 다른 한편으로, 사랑과 동정의 상태와 행위는 선하며 선한 업을 만든다. 다른 이들을 해롭게 하는 것은 나쁜 업을 만들고, 다른 이들을 도와주고 봉사하는 것은 선한 업을 만든다. 죽었을 때, 살아 있는 동안 축적된 업은 윤회의 성격을 결정한다. 나쁜 업이 많을수록 우리는 전보다 더 나쁜 상태로 다시 태어난다. 좋은 업이 많을수록 전보다 더 좋은 상태로 다시 태어난다.[19]

부처님은 구원의 길을 제시했다. 이것이 이른바 팔정도(八正道)이다. 즉 정견(正見), 정사(正思), 정어(正語), 정업(正業), 정명(正命), 정정진(正精進), 정념(正念), 정정(正定)[20]이다.

정견은 망상과 미망을 제거해 버리는 것이다. 가장 현저한 망상은 영구적인 자아에 대한 망상이다. 가장 주목할 만한 미망은 다른 이들을 해롭게 하는 사람이 우리를 해치지 않고 다른 사람을 도와줄 것이며, 봉사하는 사람들이 우리를 이롭게 하지 않으리라는 것이다. 깨침·이승에서의 행복·다음 세상에서의 보다 좋은 탄생을 얻고자 한다면 이런 것들을 알아야 한다. **정사**는 깨달음의 길로 나아가는 것을 방해하는 생각과 욕망을 없애는 것을 뜻한다. 우리는 미움·악의·이기심을 없애야만 하며 사랑과 동정심을 갈고닦아야 한다. 우리는 영원한 생명·젊음·활력·건강·아름다움에 대한

18) Karen Armstrong, *Buddha* (New York: Penguin, 2001), p. 77.

19) Peter Harvey, *An Introduction to Buddhist Ethics*, pp. 11–30.

20) Walpola Rahula, *What the Buddha Taught* (New York: Grove Press, 1959), p. 45.

갈망을 소멸시켜야 한다. 그래서 이러한 것들을 하찮게 보아야 한다. **정어**는 말로써 다른 이들을 해롭게 하지 않는 것을 뜻한다. 즉 거짓말·협박·중상·모욕·험담·인격을 떨어뜨리는 말·자존심을 상하게 하는 말 등이 그것이다. **정업**은 다른 이들을 해롭게 하는 행위를 하지 않고 다른 사람들을 이롭게 하는 것을 의미한다. **정명**은 다른 사람들에게 해로움을 끼치지 않는 직업과 업무에 종사하는 것을 뜻하고, 허가된 직업과 업무에 종사하면서 다른 이들을 해롭게 하지 않아야 한다는 것을 의미한다. 정명은 아마도 담배 회사에서 일하거나 무기 제조자로 일하지 못하게 할 것이며, 환경을 오염시키거나 불안전하고 비위생적인 작업 환경을 만드는 것과 같은 해악을 유발하는 일을 하지 못하게 할 것이다. **정정진**은 앞에서 열거했던 요구와 금지에 따라 열심히 살려고 노력하는 것을 뜻한다.

정념은 좀 복잡하다. 정념은 우리 주변 세계와 우리 자신에 대한 한결같은 주의를 의미한다. 정념에 도달하기 위해 나는 항상 내 행위가 다른 사람들에게 어떻게 영향을 미치는지에 신중한 주의를 기울여야 한다. 다른 이들에게 해를 끼칠 가능성을 최소화하기 위해 나는 말하거나 행동하기 전에 생각을 해야 한다. 분노·미움·탐욕·오만·색욕의 감정과 같은 해로운 감정과 생각, 인종차별이나 남녀차별주의와 같은 편견을 갖는 태도, 혹은 어떤 사람이 나보다 열등하다는 부정적인 생각에 빠지지 않도록 계속 주의를 기울여야 한다. 해로운 상태를 발견하면 그러한 상태를 없애려고 노력해야 할 것이다. 예를 들어 내가 어떤 사람에게 화가 치민다면, 화가 나는 원인에 정신을 집중해서 그러한 원인은 화를 정당화하지 못한다는 점을 보려고 노력한다. 나는 그 사람이 그 나름의 최선을 다하고 있다고, 그 사람도 정말 나처럼 결함 있는 사람이라고 스스로 다짐할 수 있다. 한편 나에게 사랑이나 동정과 같은 선한 상태가 결핍되어 있다는 것을 발견하면, 그런 상태에 도달하기 위해 노력해야 한다. 예를 들어, 내가 괴로웠던 경우에 대한 기억들을 찾아내어 그 경험을 되새길 수 있다. 그러면 나는 고통 받는 다른 이들이 겪는 것을 더 분명히 실감할 수 있을 것이다. 아니면 나는 그들의 고통이 어떠할지를 상상하는 노력을 해 볼 수 있다. 해로운 생각들을 말해 본다면, 어떤 사람이 나를 얼마나 학대했는지, 내가 얼마나 바보스러운지에 관한 생각들, 고통스러운 일화들을 기억 속에서 계속 떠올리면서 강박관념에 사로잡힐 수도 있다. 해로운 생각에 사로잡히게 되면 정말로 나의 분노와 수치심이 활활 타오르게 된다. 이런 경우 그러한 해로운 생각들이 생기면 내 마음속에서 그 생각들을 몰아내야 할 필요가 있다. 따라서 내가 행하는 모든 것에 있는 동기들을 알아야 한다. 내 동기가 악하다면 그 행위가 선하다 할지라도 그것은 악업을 만들 것이다. (예컨대, 다른 사람들에게 칭찬받고 신뢰를 얻으면 좋은 평판을 얻고 사업에 성공하기 때문에 내가 정직하다면, 정직한 내 행동은 나에게 선업을 만들어 주지 않을 것이다.) 내가 어떤 망상이나 미망을 숨기거나 현실에 대한 나의 이해나 인식을 왜곡하는 상태에 있는지 아닌지를 알기 위해 내 마음을 살펴봐야 한다. 정념은 대단한 자기훈련과 자기통제를 요구한다. 목적을 이루는 데 시간이 걸리고 실천이 필요하다.

마지막으로 **정정**은 세계와 자기 자신을 보다 분명하게 볼 수 있게 하고 실로 니르바나의 상태에 대한 일별을 줄 수 있는 의식의 고양된 상태와 내적 평화·고요함·평온을 얻을 수 있게 하는 명상을 포함한다.

팔정도를 따르게 되면 선업을 쌓고, 악업을 저지르는 것을 피할 것이며, 그렇게 함으로써 우리는 보다 나은 재탄생을 얻게 되고, 결국 깨달음을 얻으려는 확고한 결심을 갖는다면 우리는 윤회의 사슬을 끊고 니르바나의 상태에 이르게 된다.

1. 달라이 라마

대부분의 서구인들은 윤회와 업을 믿지 않는데, 불교 윤리가 서구인들의 마음에 와 닿을 수 있을까? 달라이 라마는 가능하다고 생각한다. 그는 우리가 불교의 길을 따른다면, 사후에 지속되는 존재가 있건 없건 관계없이 불교가 이승에서 보다 지속적이고 진정한 행복을 얻는 데 도움을 주리라고 믿는다. 『행복의 기술(The Art of Happiness)』에서 달라이 라마는 아리스토텔레스 못지않게 우리 삶의 목적이 행복을 구하는 것이라는 주장을 펴 나간다. 그는 아마도 순간 행복의 일시적인 상태보다는 우리의 모든 생의 과정에 걸친 행복에 초점을 맞춘 아리스토텔레스의 견해에 동의할 것이다. 달라이 라마에 따르면, 행복은 우리가 갖고 있는 것이나 우리에게 일어나는 것에 의해 결정되는 것이 아니라, 우리가 소유하는 것과 우리에게 일어나는 것에 대한 우리의 태도에 따라서 결정된다. 삶에서 우리의 운명에 만족하지 않거나 박탈감을 느끼거나 불평한다면 우리는 불행할 것이지만, 대신에 만족하고 마음이 편하다면 행복할 것이다. 참되고 깊고 지속적인 행복은 만족·평화·평온·고요함의 감정에서 나온다. 하지만 내가 가난하고 미천하다고 해 보자. 도대체 어떻게 만족감을 갖겠는가? 나는 부와 명성에 대한 내 욕망이나 집착을 단념하는 것이 가능하다. 나는 부와 명성이 행복을 가져다주지 않을 것임을, 그리고 이러한 것들이 내게 정말로 필요하고 내가 원하는 유일한 것이 아니라고 생각할 수도 있겠다. 우리는 죽으면 재물을 소유할 수 없고, 가장 유명한 사람조차도 언젠가는 잊혀질 것이다. 가장 중요한 것은 오로지 나 자신에게만 그리고 나와 다른 사람의 비교에만 초점을 맞추는 일을 멈출 수 있는가 하는 것이다. 나는 다른 사람에게 더 많이 초점을 맞출 수 있다. 달라이 라마에 의하면, 진정한 행복은 다른 사람들에 대해 관심·사랑·동정을 갖는 것에서 생긴다.

『행복의 기술』의 공동 집필자인 정신과 의사 커틀러(Howard C. Cutler)는 "관상동맥 심장질환에 대한 위험 요소를 검토하는 연구에서 대부분의 자기 집중적인 사람들은 … 관상동맥 심장질환을 발병시킬 가능성을 높인다는 것을 확인했다. … 과학자들은 친밀한 사회적 유대가 부족한 사람들이 좋지 않은 건강, 더 높은 불행의 정도, 스트레스에 대한 더 높은 취약성으로 고통 받는 것 같다는 것을 발견하고 있다."[21]는 점을 지적했다. 게다가 "의학 연구자는 친밀한 우정을 갖고 있는 사람들이 … 심장발작이나 대수술과 같은 건강을 위한 도전에서 살아남을 가능성이 높다는 것을 알아냈으며, 또한 이들에게 암이나 호흡기 감염과 같은 질병이 덜 발병하게 될 것임을 발견했다."는 점을 지적하고 있다.[22]

달라이 라마는 "인간의 기초적이고 근본적인 본성은 관대함"[23]이라고 생각한다. 그가 진술하듯이, "우리의 육체적 구조는 사랑과 동정의 감정에 보다 더 적합한 듯하다. 우리는 고요하고 자애로우며 건전한 마음의 상태가 우리의 건강과 육체적 안녕에 얼마나 유익한 영향을 주는지를 알 수 있다. 반대로 절망·공포·불안·분노의 감정은 우리의 건강 상태를 파괴할 수 있다."[24] 그는 이기심·분노·난폭함·반항심이 우리의 "가장 기초적이고 근본적인 본성의 부분"이라고 생각하지 않는다. 그것들은 추론하고 상상하는 우리의 능력을 오용한 결과, 현실에 대한 오해와 사회적 조건화에서 생긴다.

동정은 달라이 라마의 선하고 행복한 삶에 대한 통찰력에서 중심 역할을 한다. 그가 진술하듯이, "동정은 영적인 생활의 진수이다."[25] 그는 또한 다음과 같이 진술한다.

---

21) His Holiness the Dalai Lama and Howard C. Cutler, M.D., *The Art of Happiness* (New York: Riverhead Books, 1998.), p. 59.

22) Ibid., p. 78.

23) Ibid., p. 52.

24) Ibid., p. 53.

25) Ibid., p. 178.

> 순수한 동정은, 나 자신도 그렇지만, 모든 사람이 행복하게 되고 고통을 극복하고 싶어 하는 본래적 욕구를 갖고 있다는 합리적 사고에 토대를 두고 있다. 그리고 나 자신과 마찬가지로 그들에게는 이러한 근본적인 갈망을 만족시킬 자연권이 있다. 이러한 평등과 공동체성에 대한 인식을 기초로 해서 당신은 다른 이들과의 친화감과 친밀감을 발견해 나간다. 이것을 기초로 해서, 당신은 당신이 다른 사람을 친구로 보든 적으로 보든 상관없이 동정을 느낄 수 있다.[26]

분노와 미움은 동정에 가장 큰 장애물이다. "일반적으로 말해서 … 자만심·오만·질투·욕망·색욕·닫힌 마음 등과 같이 많은 다른 종류의 곤란하고 부정적인 감정들이 있다. 그러나 이 모든 것 중에서 미움과 분노는 동정과 이타심을 발전시켜 나가는 데 가장 큰 장애가 되기 때문에 최고의 악으로 여겨진다. …"[27] 미움을 없애고 동정을 발전시키기 위해 우리는 배려와 인내 또한 증진시켜야 한다. 인내와 관용의 산물은 용서이다. 우리를 해롭게 하는 사람들을 용서한다면 우리는 보다 더 행복할 것이다. 그렇게 하지 않는다면 우리 자신의 고통은 더 오래갈 것이고 필시 더 심해질 것이다. 우리는 다른 사람이나 우리 자신에게 해로운 것들을 하게 될는지 모른다.

역설적으로, 달라이 라마는 우리 자신에 대해 덜 생각하고 다른 사람들을 더 많이 생각한다면, 그리고 다른 사람들을 더 행복하게끔 행동하고 우리 자신만을 행복하게 하는 일을 덜 한다면, 우리가 더 행복해지리라고 믿는다. 이기적인 사람들은 일반적으로 이타적인 사람보다 덜 행복하다. 다른 사람들에게 마음을 쓰는 사람들은 일반적으로 그들 자신에게만 관심을 갖는 사람보다 더 행복하다. 동정은 우리로 하여금 다른 사람들에 대한 일종의 순수한 관심을 가질 수 있게 한다. 그렇게 됨으로써 우리는 더 많이 다른 사람들을 위해 살게 되고, 우리만을 위해서는 더 적게 살게 된다. 동정은 이기심과 자기집착에 대한 효과 있는 해독제이다. 또한 동정은 우리에게 다른 이들을 해치지 않도록 그리고 다른 사람들을 이롭게 하는 그런 유의 행동을 하도록 강력한 동기를 부여한다.

---

26) Ibid., p. 115.

27) Ibid., p. 248.

XII. 품성과 자유

아리스토텔레스는 우리의 품성이 어느 정도까지는 우리에게 달렸다고 믿었다. 그는 사람들이 자신의 품성을 변화시킬 수 있고 만들 수 있다고 생각했다. 선하게 되고자 한다면, 우리는 효과적인 단계를 밟아 덕을 계발하고 악덕을 소멸할 수 있다. 그는 "도덕적 탁월함은 본유적이거나 타고난 것이라기보다는 습관의 결과로서 생긴다."[28]고 주장했다. 아리스토텔레스는 인간이 어느 정도는 변형 가능한 본성을 갖고 있다고 강조했다. 즉 사람은 어떤 다양한 품성을 습득하는 능력을 타고났다. 사람은 이기적일 수도 있고 이기적이지 않을 수도 있으며, 제멋대로일 수도 있고 절제할 수도 있으며, 난폭할 수도 있고 친절할 수도 있다. 그러한 품성들은 타고난 것이라기보다는 배워서 습득한 것이다. 우리가 보아 온 많은 다른 철학자들도 우리의 품성을 우리가 변화시킬 수 있고, 우리의 품성이 적어도 얼마간은 우리에게 달려 있다고 생각한다.

그렇다 해도, 우리의 초기 환경·훈련·조건화(우리의 통제를 넘어서는)가 우리의 품성 형성에 결정적이지 않겠는가? 우리의 품성은 아주 어릴 때 형성된 이후에 매우 견고해지지 않겠는가? 아리스토텔레스는 그렇게 생각하지 않았다. 그는 우리가 어떤 점에서는 조건화를 없애고 새로운 조건을 만들어 낼 수 있다고 보았다. 다른 품성들을 습득할 수 있는 잠재력은 아주 어릴 때 조건화된 이후에도 여전히 남아 있다. 따라서 아리스토텔레스에 의하면, "우리는 올바른 행위를 함으로써만 올바르게 되고, 절제하는 행위를 함으로써만 절제 있게 되며, 용감한 행위를 함으로써만 용감하게 된다."[29]

> 동일한 원인을 통해서 그리고 동일한 수단에 의해서 모든 탁월함이 탄생하기도 하며 소멸하기도 한다. 모든 기술도 마찬가지이다. 왜냐하면 리라 연주를 통해서 좋은 리라 연주자가 탄생하기도 하고 나쁜 리라 연주자가 탄생하기도 하기 때문이다. 상응하는 진술이 건축가에게도 참이고 모든 다른 사람들에게도 참이다. 잘 건축함으로써 아니면 잘못 건축함으로써 좋은 건축가가 되거나 나쁜 건축가가 될 것이다. 왜냐하면 사정이 그렇게 되지 않는

---

28) Aristotle, *Nicomachean Ethics*, in *The Complete Works of Aristotle*, vol. 2, ed, Jonathan Barnes (Princeton, NJ: Princeton University Press, 1984), P. 1742.

29) Ibid., p. 1743.

다면 교사의 필요성이 없을 것이요, 모든 사람들은 솜씨가 좋게 혹은 나쁘게 태어날 것이기 때문이다. 그렇다면 이것은 탁월성의 경우에도 해당된다. 다른 사람과의 거래에서 하는 행동에 따라 우리는 정당한 사람이 되기도 하고 부당한 사람이 되기도 한다. 위험에 직면해서 하는 행동에 따라 그리고 두려움이나 대담함을 느끼는 습관에 따라 우리는 용감해지기도 하고 비겁해지기도 한다. 동일한 것이 기질이나 화의 감정에 대해서도 참이다. 적절한 상황에서 이렇게 행동하느냐 저렇게 행동하느냐에 따라서 어떤 사람은 온화하고 좋은 성질의 사람이 되고, 어떤 사람은 방종하거나 성마른 성질의 사람이 되기도 한다. … 아주 어린 시절에 어떤 습관을 가지느냐에 따라서 나타나는 차이는 결코 작은 것이 아니다. 그것은 큰 차이를 만들어 낸다. 아니 모든 차이를 만들어 낸다.[30]

아리스토텔레스가 옳다면, 그런데도 우리의 품성이 전혀 우리에게 달려 있지 않다고 생각한다면, 우리는 우리 자신을 기만하는 것이다. 그것은 노력의 부족에 대한 변명에 불과하다. 비겁하거나 불충실하거나 이기적이라는 사실을 깨닫게 되면, 우리는 용기 있고 충실하며 이기적이지 않은 행위를 하기 위한 조처를 취할 수 있을 것이다. 아리스토텔레스가 옳다면, 이러한 행위를 반복해서 함으로써 우리는 마침내 원하지 않는 품성을 없애고 원하는 품성을 얻을 수 있다.

연습문제

1. 당신은 당신이 어떤 종류의 사람이 되기를 부모님이 원한다고 생각하는가? (즉 당신은 당신이 어떤 종류의 품성을 지닌 사람이 되기를 부모님이 원한다고 생각하는가?) 왜 그분들이 당신이 그렇게 되기를 원한다고 생각하는가?
2. 당신은 어떤 종류의 사람이 되기를 원하는가? (즉 당신은 어떤 종류의 품성을 가지기를 원하는가?) 이유는 무엇인가?
3. 당신은 어떤 종류의 인간인가? (당신은 어떤 품성을 가지고 있으며, 어떤 품성이 부족한가?) 당신은 자신의 품성을 변화시키기 위해 어떤 일을 할 수 있다고 생각

30) Ibid., p. 1743.

하는가?

4. 당신이 가장 칭찬하는 사람들과 별로 칭찬하고 싶지 않은 사람들의 목록을 작성하라. 당신이 가장 칭찬하는 사람들의 품성에는 어떤 것들이 있는가? 당신이 별로 칭찬하고 싶지 않은 사람들의 품성에는 어떤 것들이 있는가? 왜 당신은 이런 품성들에 대해 칭찬하거나 개탄하는가?
5. 당신은 어떤 품성이 도덕적 덕이라고 생각하며, 어떤 품성이 도덕적 악덕이라고 생각하는가? 당신의 견해를 설명하라.
6. 용기와 같은 덕이 사람을 나쁘게 행동하도록 할 수 있는가?
7. 덕들은 어떻게 연결되어 있는가? 우리가 하나의 덕을 가지고 있다면, 다른 모든 덕들도 틀림없이 가지고 있는가?
8. 플라톤은 덕이 가르쳐질 수 있는지에 대해 고민했다. 즉 그는 사람들이 교육을 통해서 선하게 될 수 있는지—어린 시절에 덕을 계발하기 위한 무언가를 할 수 있는지, 악덕을 근절할 수 있는지—에 대해 골몰했다. 이런 의미에서 덕은 가르쳐질 수 있는가? 있다면 어떻게 가르쳐질 수 있는가?
9. 당신은 아힘사가 근본적 덕이라는 힌두이즘의 주장에 동의하는가?
10. 당신은 행복과 고통의 종언의 핵심이 팔정도를 따르는 것이라는 불교의 가르침에 동의하는가?
11. 당신은 동정심이 가장 기본적인 덕 중 하나이며, 분노와 같은 악덕이 우리를 해롭게 하는 부정적인 품성이라는 달라이 라마의 생각에 동의하는가?
12. 공립학교는 아이들이 착하게 행동할 수 있도록 덕을 되풀이해서 가르치고 악덕을 근절시키려는 노력을 해야 하는가? 그렇다면 어떤 덕들이 되풀이해서 가르쳐져야 하고, 어떤 악덕들이 근절되어야 하는가?
13. 각각의 상황에서 유덕한 사람이 하리라 생각되는 것을 우리가 해야 한다고 말하는 것은 얼마나 도움이 될까? 우리가 유덕한 사람이 아니라면 유덕한 사람이 하리라 생각되는 것을 어떻게 알 수 있는가?
14. 칠대 죄악은 칠대 악덕인가?
15. 우리는 우리의 품성을 얼마만큼 통제하는가?

관련 자료

St. Thomas Aquinas. *Introduction to St. Thomas Aquinas*. Edited by Anton Pegis. New York: Modern Library, 1948.

Aristotle, *Nicomachean Ethics*, in *The Complete Works of Aristotle*, vol. 2. Edited by Jonathan Barnes. Princeton, NJ: Princeton University Press, 1984.

Karen Armstrong, *Buddha*. New York: Penguin, 2000.

David Bostock. *Aristotle's Ethics*. New York: Oxford University Press, 2000.

John Cooper. *Reason and Human Good in Aristotle*. Cambridge, MA: Harvard University Press, 1975.

His Holiness the Dalai Lama. *Ethics for the New Millennium*. New York: Riverhead, 1999.

His Holiness the Dalai Lama and Howard C. Cutler, M.D. *The Art of Happiness*. New York: Riverhead, 1998.

Philippa Foot. "Virtues and Vices." In *Virtues and Vices*. Berkeley: University of California Press, 1978.

Mohandas K. Gandhi. *The Penguin Gandhi Reader*. Edited by Rudrangshu Mukherjee. New York: Penguin, 1993.

Peter Harvey, *An Introduction to Buddhism*. Cambridge, England: Cambridge University Press, 1990.

Peter Harvey, *An Introduction to Buddhist Ethics*. Cambridge, England: Cambridge University Press, 2000.

David Hume, *An Enquiry Concerning the Principles of Morals*. LaSalle, IL: Open Court, 1960.

Walpola Rahula, *What the Buddha Taught*. New York: Grove Press, 1974.

Amelie Oksenberg Rorty, ed. *Essays on Aristotle's Ethics*. Berkeley: University of California Press, 1980.

Solomon Schimmel, *The Seven Deadly Sins*. New York: Oxford University Press, 1997.

James Wallace, *Virtue and Vices*. Ithaca, NY: Cornell University Press, 1978.

제 8 장

인 권

- 권리의 개념 및 이 개념과 의무 개념의 관계 이해
- 권리 소유자가 다른 사람들에게 부과하는, 그 권리 소유자에 대한 의무를 명확히 함으로써 권리의 내용을 명확히 하는 방법 이해
- 유엔세계인권선언의 지적 토대 이해
- 유엔인권선언에 열거된 권리들의 적절성 평가
- 유엔인권선언에 제시된 권리들의 분류 체계의 이해와 응용
- 존 스튜어트 밀의 위해의 원칙의 이해와 응용
- 파인버그의 네 가지 자유 제한 원칙의 이해, 응용, 평가

I. 인간의 존엄성에 가하는 폭력

칸트에 따르면, 우리는 존경을 가지고 사람들을 대우해야 한다. 왜냐하면 사람은 특별한 지위를 가지기 때문이다. 즉 그들은 존엄성 혹은 내재적 가치를 가진다. 사람들이 존경을 가지고 대우받지 못하는 경우가 너무나 자주 일어난다.

1. 인도의 "불가촉천민"

간디는 그들을 하리잔(Harijans), 즉 신의 아이들이라고 불렀다. 그들은 힌두 인도의 가장 낮은 세습 카스트의 구성원들로서 1억 6,000만 명에 달하며, 인도 인구의 약 6분의 1에 해당한다. 이러한 신분 제도는 1950년대 인도에서 폐지되었지만 여전히 인도인의 삶에 존재하고 있다. 1999년의 인권 보고서에 따르면, "그들은 동일한 우물을

사용하지 못하고, 동일한 사원을 방문할 수 없으며, 가판대에서 동일한 컵으로 물을 마실 수 없고, 법적으로는 그들이 소유한 땅임에도 소유권을 주장하지 못한다. 불가촉천민(不可觸賤民, Dalits)의 아이들은 종종 교실의 맨 끝자리에 앉게 되고, 그 공동체의 전체는 천한 의식을 수행하게끔 되어 있다. …"[1] 게다가, "대부분의 불가촉천민은 땅 혹은 더 나은 고용이나 교육의 기회 없이 극심한 가난 속에서 삶을 이어 가고 있다. 대부분은 폐품업자, 사람들이 버린 쓰레기와 죽은 동물을 치우는 사람·가축 노동자·거리 청소부·구두 수선공과 같은 가장 천한 일을 하게 된다."[2] "대부분은 극심한 빈곤 속에 살아간다. 자신의 가족을 거의 먹이지 못하고 아이들을 학교에 보낼 수 없다. … 하루가 저물었을 때, 그들은 전기도 없고, 가장 가깝더라도 물 공급원으로부터 수 킬로미터 떨어진 불가촉천민들의 거주지, 불가촉천민이 아닌 사람들의 거주지와 격리된 거주지의 오두막으로 돌아간다. …"[3]

불가촉천민들의 지도자들은 감옥에 갇히고 모임이나 집회 참석이 금지되어 있다. 상류 카스트 토지 소유자들은 이들에 대해 자신의 토지로부터 쫓아낼 것이라고 위협하면서 복종을 강요한다. 일부 불가촉천민은 강제적인 토지 개혁을 위해 폭력을 사용하는 게릴라 조직과 연합한다. 그 조직의 구성원으로 의심을 받은 수백 명의 불가촉천민이 부유한 상류 카스트 토지 소유자들이 조직한 사설 군대에 의해 살해되었다. "가장 규모가 큰 학살 중의 하나는 1997년 12월 1일 밤에 락쉬만뿌르바데 마을에서 일어난 것으로서, 이때 16명의 아이들, 27명의 여성들, 18명의 남성들이 사설 군대의 총을 맞고 죽었다. 5명의 십대 소녀들은 가슴에 총을 맞고 죽기 전에 강간당했으며 사지가 절단되었다."[4] 일부 군대가 불가촉천민의 마을을 급습했을 때, 경찰은 그 장소에 있었지만 그저 구경만 하고 있었으며 그들을 막기 위해 어떠한 행동도 하지 않았다. "경찰은 도시의 가난한 슬럼가 거주자인 불가촉천민들을 학대했고, 다른 소수자들은 임의 구금·고문·비사법적 형 집행·강제 퇴거 등을 당했다."[5] 타밀(Tamil)의 멜러벌루라는 마을에서는 마을 의회의 장으로 선출된 한 불가촉천민이 무례하다

---

1) Human Rights Watch, *Broken People: Caste Violence Against India's "Untouchables"* (New York: Human Rights Watch), p. 2.

2) Ibid., p. 2.

3) Ibid., p. 23.

4) Ibid., pp. 4-5.

5) Ibid., p. 6.

는 이유로 살해되고 참수되었다. 불가촉천민들을 공격했던 사람들은 거의 기소되지 않았다.

남부 인도에서는 수천 명의 소녀들(그들 대부분은 불가촉천민이다)이 그 사회의 상류 카스트 남성들을 위한 공식 매춘부가 되도록 강요당했는데, 대개의 경우 사춘기 이전의 소녀들이었다. "일단 매춘부로 일한 소녀들은 결혼도 할 수 없고, … 결국에는 도시의 창녀촌으로 팔려 간다."[6] 불가촉천민 여성에 대한 강간 및 강간에 대한 위협은 사회적 통제를 위한 효과적인 도구가 되었다. 권력 있는 상류 카스트 남성들은 자신들에 반대했던 불가촉천민 남성들에 대한 보복과 앙갚음을 위해 불가촉천민 여성들을 강간한다.

2. 로마(집시)

미국 대학살 기념 박물관이 펴낸 "신티와 집시(Sinti and Roma)"라는 제목의 팸플릿에 따르면, "수세기 동안 유럽인들은 집시(Roma)를 사회의 부랑자들—이국적 외모, 언어, 관습을 가진 사람들—로 보았다."[7] 20세기에 집시는 유대인들처럼 나치 독일의 인종적 증오와 인종 우월감의 목표물이 되었다. 대학살로 인해 죽은 집시의 수는 어림잡아 220,000명에서 500,000명에 이른다. 그들은 가스실에서 죽었고, 강제 수용소에서 죽도록 일만 하다 굶어 죽었으며, 강제 수용소에 만연한 질병으로 죽었다. 러시아·폴란드·발칸에서 그들은 사격 부대에 의해 일렬로 정렬되어 대량살육되었다. 그러나 1933년 독일에서 나치가 권력을 잡기 이전에도 독일인들은 집시를 차별하였다. 예를 들어, 1926년 바바리아에서는 모든 집시의 등록을 요구하는 법안이 통과되었고, 직업이 있다는 것을 증명할 수 없었던 집시 남성들은 2년간 중노동 징역형에 처해졌다. 1929년까지 이 법은 바바리아 너머로 확대되었다. 나치가 권력을 장악한 이후 1933년에 이 법은 집시 여성의 자발적 불임을 요구했다. 집시 어린이들은 부모로부터 떨어져 국가 수용소와 같은 집단 가정으로 보내졌다. 1941년에 집시는 모든 공립학교에서 쫓겨났다.

우리는 1945년 나치 정권의 전복 이후 살아남은 집시의 지위가 급격하게 향상되었을 것이라고 상상할지도 모른다. 그러나 유엔의 국가 소수자들을 위한 최고 위원회

6) Ibid., p. 9.

7) www.holocaust-trc.org/sinti.htm.

의 1993년 보고서는 그것이 나머지 집시에게는 여전히 어리석은 희망이라는 것을 보여 준다. 중부 유럽과 남서부 유럽(예를 들어, 폴란드·헝가리·체코 공화국·루마니아·구 유고슬라비아·그리스)에 무리를 이루어 살고 있는 500만~600만이 되는 집시를 포함해 총 700만~800만의 집시들이 조사된 이들 국가에서 살고 있다고 보고되었다. 보고서는 반(反) 집시 편견이 그들이 "광범위하고 심한 가난·비고용·문맹·공식교육의 부재·표준 이하의 주거"[8]에 처하게 된 중요한 요인이라고 설명한다. 어떤 지역에서는 거의 모든 집시 남성이 직업이 없다. 직업을 가진 집시는 기술이 필요 없는 낮은 임금의 부서에 집중되었다. 고용되지 못한 집시가 비고용 보조의 대상이 되지 못하는 경우도 종종 있었다. 거의 어떠한 기회도 잡지 못한 일부 집시는 죄를 저지르고 타락하게 되어 그들에 대한 부정적인 고정관념을 강화시켰다. 가난한 집시 가족의 어린이들이 너무 아프거나 제대로 발육되지 못해서 학교에 가지 못한 경우도 있을 수 있고, 가족 수입을 충당하기 위해서 일해야 하는 경우도 있을 수 있으며, 그렇지 않으면 조롱과 협박 때문에 학교 출석이 거부되는 경우도 있을 수 있다. 정치적 힘이 부족한 집시는 정부 정책에 쉽게 영향력을 미칠 수 없다. 특히 반(半)조직적인 "까까머리(skinhead)"든 혹은 그들을 보호한다고 생각되는 경찰이든 간에 인종주의자들의 폭력을 막는 반(反)차별적 수단과 보호에 대해서는 더더욱 영향을 미치기 쉽지 않다. 1945년 이래로 집시 공격에 참가한 참가자들을 수색하고 기소하려는 노력을 전혀 보이지 않는 경찰이 있는 가운데 집시를 공격한 폭도들에 대한 수많은 일화가 있었다. 어떤 경우에 집시는 소유주나 고용주에 의해 가게·극장·레스토랑·바에 들어가는 것이 좌절되거나 심지어 완전히 금지되었지만, 정부는 이에 대해 어떠한 개입도 하지 않았다. 많은 유럽 국가들에서 집시는 집중적이고 지속적인 경찰의 감시를 받았다.

2000년 8월의 인종차별 금지를 위한 유엔위원회의 제57회 회기에서 유럽의 집시권리센터(European Roma Rights Center, ERRC)는 집시의 대우에 대한 광범위한 보고서를 제출하였다. 마치 회의장에 폭탄이 터진 것 같았다. 그들은 집시의 박해에 대한 이야기를 계속했다. 예를 들어, 1998년 5월에 우스티나드라벰의 체코 시의회는 집시들을 집시가 아닌 사람들과 분리시키기 위해서 마티니 거리에 벽을 세우기로 의결했다. 체코의 중앙 정부는 도시에 벽을 세우지 말라고 "권고"하는 정도의 반응만 보였다. 그 시는 어쨌든 1999년 10월 13일에 벽을 세웠다. 벽에 항의하는 거대한 시위

8) *1993 Report of UN High Commission for Minorities* (www.riga.lv.minelres/osce/hcnmroma.htm).

가 있었지만 체코 정부는 여전히 벽의 제거를 명령하지 않았다. 1999년 11월 24일이 되어서야 벽을 제거하라는 공식적 압력이 시의회에 내려졌다. 2000년 5월 그리스 네아키오스의 자치 정부는 집시 남성들이 불법적으로 주차된 자전거에 대해 다툼을 벌였다는 이유로 정부 소유의 땅에서 모든 집시를 추방하도록 의결했다. 보고서에 따르면 "이 보고서가 작성되는 현재, 집시는 마을에 들어가는 것이 허용되지 않고, 가게 주인들은 집시에게 어떠한 것도 팔지 못하도록 지시받았으며, 집시 어린이들은 학교에 갈 수 없다."[9] ERRC는 그리스 정부가 어떠한 조처도 취하지 않았다고 설명했다. 이탈리아에서는 정부가 집시를 "유목민"으로 분류하고, 공공 거주 정책을 통해 집시를 공공 서비스가 거의 혹은 전혀 없는 도시 외곽의 "캠프"로 보냈다. 단지 집시만이 그러한 대우를 받았다.

증오에 찬 연설은 집시가 보통 사람이라는 것에 대한 반대를 지향했다. 예를 들어 2000년 4월 27일에 헝가리 작은 도시의 시장은 헝가리 TV에서 집시는 "인간 존재 가운데 어디에도 속하지 않는다. 동물 세계에서도 그렇듯이 기생충은 추방되어야 한다."라고 말했다. 집시에 반대하는 폭력도 있었다. 정부는 종종 눈길을 돌렸을 뿐이다.[10] 1990년대 초반 루마니아에서는 20여 개의 집시 공동체가 경찰이 옆에서 지켜보는 가운데 공격을 당했지만 ERRC 보고서에서는 단 한 명의 경관도 징계를 받지 않았다고 했다. 슬로바키아 경찰은 종종 그들이 인종 까까머리들에게 공격을 당해 왔다고 하는 집시의 불만을 등록하는 것조차 거부했다. 더 기가 막힌 것은 그들은 때때로 경찰관의 공격을 당했다는 것이다. 하주해다즈의 집시들은 경찰이 그들을 괴롭히고 언어로 학대했으며 구타했다고 불만을 터뜨린다. 보고서에 따르면, "구류 중에 있는 집시를 구타한 경찰은 알바니아, 불가리아, 유고슬라비아, 구 유고슬라비아 마케도니아 공화국 전역에 퍼져 있다." 게다가, "수많은 국가들에서 법 집행 당국은 가끔 영장이나 다른 법적 안전장치 없이 이루어지는 불시 단속—이른 시간에 무장을 한 채 이루어지는 가택 수색, 물품을 샅샅이 뒤지는 것, 여성·노인·어린이를 포함한 거주자들을 괴롭히거나 과도한 힘에 복종시키는 것, 체포나 심문을 위해 남성을 둘러싸는 것—을 위해 집시 공동체를 목표로 삼았다."[11] 종종 목적은 위협하는 것이다. ERRC는 불가리아에서 집시는 불가리아 법이 변호사를 제공받도록 요구하더라도 범죄로 고소

9) www.errc.org/publications/legal/cerd_thematic_aug_2000.pdf.

10) ERRC 2000 Report.

11) Ibid.

당했을 때 보통 법정 변호사를 제공받지 못하고, 일반적으로 집시가 아닌 사람이 유죄 판결을 받았을 때보다 집시는 더 심한 처벌을 받는다는 사실을 알게 되었다. 헝가리에서의 집시에 대한 대우도 많은 것들이 마찬가지였다. 1993년 체코 공화국이 세워졌을 때, 그곳에 살고 있던 집시에게는 시민권이 거부되었고, 그래서 그들은 권리와 정부 서비스의 범위 안에 포함되지 않았다. 체코 공화국의 집시 어린이 중 약 75%가 정신적 반항의 이유로 특수학교에 가는데, 이것은 기본적으로 그들이 체코 어가 아니라 집시 사투리를 사용하기 때문이다. 불가리아의 티자바스바리에서 공립학교는 집시 어린이들을 학급·식사 시설에 분리해서 배치했고, 심지어 1997년에는 집시들의 졸업식과 집시가 아닌 학생들의 졸업식도 분리되어 거행되었다.

ERRC는 체코 공화국·핀란드·헝가리·아일랜드·이탈리아·라트비아·마케도니아·폴란드·루마니아·슬로바키아·스페인·스웨덴·유고슬라비아에서 집시를 배제하는 일부 바·레스토랑·나이트클럽·수영장 및 다른 공공시설을 발견했다. ERRC는 "집시 출입 금지"라고 쓴 표지판이 있는 카페를 이탈리아의 플로렌스에서 발견했다. "어떤 국가에서는 특히 집시는 지원하지 못한다고 명시하는 구인 광고를 공개적으로 냈다."

3. 미국의 어린이 농장 노동자

2000년의 인권 보고서 「뼈 빠지게 일함: 어린이 농장 노동자의 보호에 실패한 미국(Fingers to the Bone: United States Failure to Protect Child Farmworkers)」에 따르면, 농장 노동자로 고용된 수십만 명의 어린이가 있다.[12] 공정 노동 표준 법령은 농장에 대해 다른 고용주들과는 다른 규칙들을 적용한다. 농장의 최저 연령은 12세로서 농장이 아닌 곳의 14세와 다르다. 어린 농장 노동자들이 일하는 시간에 대한 제한은 없지만, 농장이 아닌 직장에서 16세 이하 어린이의 노동은 학기 동안에는 매일 3시간을 넘어서는 안 된다. 이민자나 계절 농장 노동자의 약 85%는 소수 민족인데 주로 라틴 계열이다. 어떤 지역에서는 그들이 차지하는 비율이 농장 노동자의 99%에 달한다. 1999년에 두 개의 수입원을 가진 농장 노동자의 평균 수입은 빈곤 수준 이하인 14,000달러였다. 많은 농장 노동자들은 영어 사용자와 의사소통을 할 수 있을 만큼 영어를 충분히 말하거나 이해하지 못한다. 수확기 동안 농사일을 위해 옮겨 다니는

12) www.hrw.org/reports/2000/frmwrkr을 참조하라.

이민 가족들은 물론 아이들을 데리고 다닌다. 대부분의 아이들은 가족의 충분하지 못한 수입을 보충하기 위해서 부모와 함께 들판에서 일한다. 14세 정도의 아이들은 수확기 동안에 가끔은 하루에 12~14시간, 일주일에 6~7일간 일한다. 결과적으로 너무 많이 학교를 빠져서 낙제하는 경우가 많다. 단지 55%만이 고등학교를 졸업한다.

들판에서 어린이들은 극심한 더위 등 극단적인 날씨 조건 속에서 대단히 힘든 노동을 하게 된다. 고용주가 마실 물·화장실 시설·손을 씻을 시설을 그들에게 제공하지 않는 경우도 있다. 아이들은 노동과 그들이 사용하는 도구나 기계로부터의 부상과 탈수·일사병으로 고생할 수도 있다. 아이들은 거의 언제나 매우 높은 수준의 농약에 노출되어 있다. 때때로 농작물에 농약이 뿌려진다. 고용주들이 농약 취급방법과 농약 독의 증상에 대한 정보·훈련을 제공하는 것이 법으로 정해져 있어도, 농장 노동자들은 이에 대한 어떠한 것도 제공받지 못했다고 보고한다. 보고서는 약 100,000명의 어린이들이 농장과 관계된 사고로 매년 부상을 입거나 질병을 얻게 된다는 자료를 인용한다.

이민 농장 노동자 가족에게 제공된 숙소는 통풍 시설과 위생 시설이 열악한 막사 속의 단칸방이다. 이에 불평을 한다면 그들은 대개 해고된다. 연방정부와 지방정부는 농장이 연방 규정과 주 규정을 잘 따르는지를 확인하는 활동을 거의 하지 않는다.

II. 권리

인도의 불가촉천민, 유럽의 집시, 어린이 농장 노동자들의 비참함에 대해 동정심을 가진 많은 사람들은 그들이 체계적으로 권리를 침해당하고 있다고 말한다. 미국에서는 권리에 대해서 자주 언급한다. 결국 우리 중 거의 모두는 권리장전, 미국 헌법의 처음 10개 조항에 더 친숙하다. 헌법은 우리에게 종교의 자유, 언론의 자유, 출판의 자유, 비합리적인 수색과 압류로부터의 자유, 죄로 기소될 때의 정당한 절차, 잔인하고 비정상적인 처벌로부터의 자유 등의 권리가 있다는 점을 분명히 한다. 그 뒤 조항들은 노예가 되지 않을 권리(13조), 법의 공평한 보호에 대한 권리(14조)를 열거하고 있다. 그러나 미국의 어린이 농장 노동자는 헌법적 권리를 침해당하고 있다고 할 수 있을는지 모르지만, 불가촉천민과 집시는 미국에 살고 있지 않기 때문에 그런 침해를 당하고 있지 않다.

헌법적 권리가 우리가 가지고 있는 유일한 권리는 아니다. 우리는 또한 정부가 통과시킨 법률이 우리에게 부여한 권리, 이른바 **법률적** 권리를 가진다. 예컨대 대부분의 주에서는 21세 이상에게는 술을 마실 권리가 있지만 21세 이하에게는 이 권리가 없다. 사람들이 어떤 법률적 권리를 가지는가는 그들의 정부가 그들에게 어떤 권리를 주었느냐에 달려 있다. 예컨대 나치 치하의 독일에서 유대인은 소위 "아리안"이 가졌던 법률적 권리를 가지지 못했다.

우리는 사람들이 가지고 있는 헌법적 권리와 법률적 권리에 대해 말할 수 있지만, 또한 그들이 **마땅히 가져야 하는** 헌법적 권리와 법률적 권리에 대해서도 말할 수 있다. 20세기까지 미국에서 여성들에게는 헌법적·법률적 투표권이 없었다. 여성 참정권론자들은 여성들이 이런 권리를 **마땅히 가져야 한다**고 주장하였다. 미국에서 노예들에게는 노예 상태로부터 자유로워지는 헌법적·법률적 권리가 없었지만, 폐지론자들은 그런 권리가 그들에게 마땅히 있어야 한다고 주장했다. 몇 세기 전 유럽인들에게는 종교의 자유에 대한 법률적 권리가 없었지만, 우리는 그들에게 그런 자유가 마땅히 있어야 했다고 말할 수 있다.

우리는 사람들에게 마땅히 있어야 할 법률적·헌법적 권리가 없을 때에도, 어떤 의미에서 그들에게 그런 권리가 있다고 말하는 것이 유용함을 종종 알게 된다. 예컨대, 폭군이 다스리는 나라의 국민들에게 그 나라의 법률이 언론의 자유에 대한 권리를 주지 않았지만 그들에게 그런 권리가 있다고 말할 수도 있다. 그러나 헌법적·법률적 권리 말고 다른 종류의 권리가 있는가?

일반적으로 **도덕적** 권리라는 것이 있다. 도덕적 권리는 헌법적·법률적 권리와 달리 정부가 만든 권리가 아니다. 대신에 그런 권리들을 지지할 아주 강한 도덕적 이유가 있다면 그리고 그것들을 반대할 강한 도덕적 이유가 거의 없다면, 그런 권리는 존재한다고 말한다. 그래서 사람들이 종교의 자유에 대한 권리를 가질 아주 강한 도덕적 이유가 있다면, 그리고 그것에 반대할 강한 도덕적 이유가 거의 없다면, 사람들에게 종교의 자유에 대한 도덕적 권리가 있다는 주장은 정당성을 가진다. 사람들에게 특별한 도덕적 권리가 있는지 여부를 결정하기 위하여 우리는 정부가 사람들에게 그 권리를 **마땅히** 부여하고 시행**해야 할** 것이라는 견해를 지지할 충분히 강한 도덕적 논증이 있는지 어떤지를 물어야 한다.

도덕적 권리들은 공리주의적 추론에서도, 칸트적 추론에서도, 덕·악덕의 개념에서도 도출될 수 있다. 공리주의적 시각에서는 어떤 권리가 사회의 총체적 손해를 최소화하거나 총체적 행복을 최대화하는가를 물을 수 있었다. 이때 각각의 주장된 권리에 대해 정부가 그 권리를 부여하는 경우에 보다 많은 총체적인 행복(혹은 보다 적은 총체적 손해)이 있을 것인가, 아니면 그 권리를 부여하지 않는 경우에 그렇게 될 것인가를 물어볼 것이다.

칸트주의의 시각에서는 어떤 권리를 우리가 우리 자신에게 마땅히 부여해야 하는가를 물을 수도 있고, 아니면 존엄성이나 본래적인 도덕적 가치를 지니는 존재인 사람들에 대한 존경과 어떤 권리가 가장 일치하는가를 물을 수도 있다. 그래서 자신은 사상의 자유와 같은 다양한 자유의 권리를 마땅히 가져야 한다고 생각하면서 다른 사람이 그런 권리를 가지기를 거부하면, 당신은 일관성을 잃게 될 것이다. 마찬가지로, 존엄과 본래적 가치를 가진 존재는 그런 존재라는 이유만으로 고문을 받아서는 안 된다고 생각하면서 누군가는 고문을 당해야 한다고 생각했다면, 당신은 일관성을 잃게 될 것이다.

덕과 악덕의 개념을 적용하면, 우리는 유덕한 사람은 다른 사람을 어떻게 대우할지를 물을 수 있고, 그런 다음 계속해서 사람들에게 그런 식으로 대우받을 권리가 있다고 이야기할 수 있다. 예를 들면, 우리는 용기 있고 정직하며 정의롭고 동정적인 사람이 다른 사람들을 그들이 갖고 있는 믿음을 이유로 해서 처벌을 할 것인지, 그들의 믿음을 변화시키기 위해 강요를 시도할 것인지를 물을 수 있다. 답이 아니라고 하면, 사람들에게 사상의 자유에 대한 권리가 있다는 주장을 정당화하기 위한 근거로서 이것을 사용할 수 있다.

오늘날 대부분의 사람들은 도덕적 권리를 **인간의** 권리로 간주한다. (한때 그것은 자연권이라 불린 적이 있다.) "인간의" 권리라고 불리는 까닭은 그 권리가 사는 곳·성(性)·경쟁·종족 배경·종교·사회 경제적 계층·교육 수준·성적 성향 등에 관계없이 모든 사람에게 적용되기 때문이다. 러시아에 사는 사람에게나 프랑스에 사는 사람에게나 동등한 인간의 권리가 있다. 여성에게는 남성과 동등한 인간의 권리가 있다. 유색인에게는 백인과 동등한 인간의 권리가 있다. 더구나 인간의 권리라 불리는 까닭은 그 권리가 사람들을 인간이 혹은 **사람**이 되게끔 하는 특성들에 근거해서만 사람들에게 속하기 때문이다. (사람은 스스로를 의식하고 자신의 환경을 의식하는 존재이다. 사람에게는 신념·희망·욕구·감각·느낌·감정과 같은 심적 상태들의 풍부한 네트워크를 가질 능력이 있다.)

우리는 사람에게 어떤 인권이 있는지 어떻게 아는가? 사람들에게 어떤 인권이 있는지에 관해 세계가 함께 공유하는 이해(理解)를 문서화해 보는 것이 최선책이다. 이것은 1948년 유엔인권선언문에서 구체화된다.

III. 유엔인권선언문

제2차 세계대전과 대학살 후에 유엔은 인권선언문을 기초하기 위한 위원회를 구성했다. 위원회는 1948년에 다음과 같은 문건을 만들었다. 그 이후 지구상의 거의 모든 국가가 그것을 비준했다.

인권선언문(허가와 함께 사용)

인류 가족 모든 구성원의 고유한 존엄성과 평등하고 양도할 수 없는 권리를 인정하는 것이 세계의 자유, 정의, 평화의 기초가 됨을 인정하며,

인권에 대한 무시와 경멸은 인류의 양심을 짓밟는 야만적 행위를 결과하였으며, 인류가 언론의 자유, 신념의 자유, 공포와 궁핍으로부터의 자유를 향유하는 세계의 도래가 일반인의 지고한 열망으로 천명되었으며,

사람들이 폭정과 억압에 대항하는 마지막 수단으로서 반란에 호소하도록 강요받지 않으려면, 인권이 법에 의한 지배에 의하여 보호되어야 함이 필수적이며,

국가 간 친선 관계의 발전을 촉진시키는 것이 긴요하며,

국제연합의 여러 국민들은 그 헌장에서 기본적 인권과 인간의 존엄과 가치, 남녀의 동등한 권리에 대한 신념을 재확인하였으며, 더욱 폭넓은 자유 속에서 사회적 진보와 생활수준의 개선을 촉진할 것을 다짐하였고, 회원국들은 국제연합과 협력하여 인권과 기본적 자유에 대한 보편적 존중과 준수의 증진을 달성할 것을 서약하였으며,

이들 권리와 자유에 대한 공통의 이해가 이러한 서약의 이행을 위하여 가장 중요하므로,

따라서 이제 국제연합 총회는 모든 개인과 사회의 각 기관은 세계인권선언을 항상 마음속에 간직한 채, 교육과 학업을 통해 이러한 권리와 자유에 대한 존중을 신장시키기 위하여 노력하고, 점진적인 국내적·국제적 조치를 통해 회원국 국민 및 회원국 관할하 영토의 국민들 양자 모두에게 권리와 자유의 보편적이고 효과적인 인정과 준수를 보장하기 위하여 힘쓰도록, 모든 국민들과 국가에 대한 공통의 기준으로서 본 세계인권선언을 선포한다.

제1조 : 모든 사람은 태어날 때부터 자유롭고, 존엄성과 권리에 있어서 평등하다.

사람은 이성과 양심을 부여받았으며 서로에게 형제의 정신으로 대하여야 한다.

제2조: 모든 사람은 인종, 피부색, 성, 언어, 종교, 정치적 또는 그 밖의 견해, 민족적 또는 사회적 출신, 재산, 출생, 기타의 지위 등에 따른 어떠한 종류의 구별도 없이, 이 선언에 제시된 모든 권리와 자유를 누릴 자격이 있다. 나아가 개인이 속한 나라나 영역이 독립국이든 신탁 통치 지역이든, 비자치 지역이든 또는 그 밖의 다른 주권상의 제한을 받고 있는 지역이든, 그 나라나 영역의 정치적·사법적·국제적 지위를 근거로 차별이 행해져서는 아니 된다.

제3조: 모든 사람은 생명권과 신체의 자유와 안전을 누릴 권리가 있다.

제4조: 어느 누구도 노예나 예속 상태에 놓이지 아니한다. 모든 형태의 노예제도 및 노예 매매는 금지된다.

제5조: 어느 누구도 고문이나 잔혹하거나 비인도적이거나 모욕적인 취급 또는 형벌을 받지 아니한다.

제6조: 모든 사람은 어디에서나 법 앞에 인간으로서 인정받을 권리를 가진다.

제7조: 모든 사람은 법 앞에 평등하고, 어떠한 차별도 없이 법의 평등한 보호를 받을 권리를 가진다. 모든 사람은 이 선언을 위반하는 어떠한 차별에 대하여도, 또한 어떠한 차별의 선동에 대하여도 평등한 보호를 받을 권리를 가진다.

제8조: 모든 사람은 헌법 또는 법률이 부여하는 기본권을 침해하는 행위에 대하여 담당 국가 법원에 의하여 효과적인 구제를 받을 권리를 가진다.

제9조: 어느 누구도 자의적인 체포, 구금 또는 추방을 당하지 아니한다.

제10조: 모든 사람은 자신의 권리와 의무, 그리고 자신에 대한 형사상의 혐의를 결정함에 있어서 독립적이고 편견 없는 법정에서 공정하고도 공개적인 심문을 전적으로 평등하게 받을 권리를 가진다.

제11조: 1. 형사 범죄로 소추당한 모든 사람은 자신의 변호를 위하여 필요한 모든 장치를 갖춘 공개된 재판에서 법률에 따라 유죄로 입증될 때까지 무죄로 추정받을 권리를 가진다. 2. 어느 누구도 행위 시의 국내법 또는 국제법상으로 범죄를 구성하지 아니하는 작위 또는 부작위를 이유로 유죄로 되지 아니한다. 또한 범죄가 행해진 때에 적용될 수 있는 형벌보다 무거운 형벌이 부과되지 아니한다.

제12조: 어느 누구도 자신의 사생활, 가정, 주거 또는 통신에 대하여 자의적인 간

섭을 받지 않으며, 자신의 명예와 신용에 대하여 공격을 받지 아니한다. 모든 사람은 그러한 간섭과 공격에 대하여 법률의 보호를 받을 권리를 가진다.

제13조: 1. 모든 사람은 각국의 영역 내에서 이전과 거주의 자유에 관한 권리를 가진다. 2. 모든 사람은 자국을 포함한 어떤 나라로부터도 출국할 권리가 있으며, 또한 자국으로 돌아올 권리를 가진다.

제14조: 1. 모든 사람은 박해를 피하여 타국에서 피난처를 구하고 비호를 향유할 권리를 가진다. 2. 이 권리는 비정치적인 범죄 또는 국제연합의 목적과 원칙에 반하는 행위만으로 인하여 제기된 소추의 경우에는 활용될 수 없다.

제15조: 1. 모든 사람은 국적을 가질 권리를 가진다. 2. 어느 누구도 자의적으로 자신의 국적을 박탈당하거나 그의 국적을 바꿀 권리를 부인당하지 아니한다.

제16조: 1. 성년에 이른 남녀는 인종, 국적 또는 종교에 따른 어떠한 제한도 받지 않고 혼인하여 가정을 이룰 권리를 가진다. 이들은 혼인 기간 중 및 그 해소 시 혼인에 관하여 동등한 권리를 가진다. 2. 결혼은 양 당사자의 자유롭고도 완전한 합의에 의해서만 성립된다. 3. 가정은 사회의 자연적이고 기초적인 구성 단위이며, 사회와 국가의 보호를 받을 권리를 가진다.

제17조: 1. 모든 사람은 단독으로는 물론 타인과 공동으로 자신의 재산을 소유할 권리를 가진다. 2. 어느 누구도 자신의 재산을 자의적으로 박탈당하지 아니한다.

제18조: 모든 사람은 사상·양심·종교의 자유에 대한 권리를 가진다. 이러한 권리는 자신의 종교 또는 신념을 바꿀 자유와 선교·행사·예배·의식에 있어서 단독으로 또는 다른 사람과 공동으로, 공적으로 또는 사적으로 자신의 종교나 신념을 표명하는 자유를 포함한다.

제19조: 모든 사람은 의견과 표현의 자유에 대한 권리를 가진다. 이 권리는 간섭받지 않고 의견을 가질 자유와 모든 매체를 통하여 국경에 관계없이 정보와 사상을 추구하고, 접수하고, 전달하는 자유를 포함한다.

제20조: 1. 모든 사람은 평화적 집회와 결사의 자유에 대한 권리를 가진다. 2. 어느 누구도 어떤 결사에 소속될 것을 강요받지 아니한다.

제21조: 1. 모든 사람은 직접 또는 자유롭게 선출된 대표를 통하여 자국의 통치에 참여할 권리를 가진다. 2. 모든 사람은 자국의 공무에 취임할 동등한 권리를

가진다. 3. 국민의 의사는 정부의 권위의 기초가 된다. 이 의사는 보통 및 평등 선거권에 의거하며, 또한 비밀투표 또는 이와 동등한 자유로운 투표 절차에 따라 실시되는 정기적이고 진정한 선거를 통하여 표현된다.

제22조: 모든 사람은 사회의 일원으로서 사회보장제도에 관한 권리를 가지며, 국가적 노력과 국제적 협력을 통해 그리고 각국의 조직과 자원에 따라 자신의 존엄성과 인격의 자유로운 발전을 위하여 불가결한 경제적·사회적·문화적 권리의 실현에 대한 권리를 가진다.

제23조: 1. 모든 사람은 근로의 권리, 자유로운 직업 선택권, 공정하고 유리한 근로 조건에 대한 권리 및 실업으로부터 보호받을 권리를 가진다. 2. 모든 사람은 어떠한 차별도 받지 않고 동등한 노동에 대하여 동등한 보수를 받을 권리를 가진다. 3. 모든 근로자는 자신과 가족에게 인간적 존엄에 합당한 생활을 보장해 주며, 필요할 경우 다른 사회적 보호의 수단에 의하여 보완되는, 정당하고 유리한 보수를 받을 권리를 가진다. 4. 모든 사람은 자신의 이익을 보호하기 위하여 노동조합을 결성하고 가입할 권리를 가진다.

제24조: 모든 사람은 근로 시간의 합리적 제한과 정기적인 유급 휴일을 포함한 휴식과 여가에 대한 권리를 가진다.

제25조: 1. 모든 사람은 식량, 의복, 주택, 의료, 필수적인 사회 역무를 포함하여 자신과 가족의 건강과 안녕에 적합한 생활수준을 누릴 권리를 가지며, 실업, 질병, 불구, 배우자와의 사별, 노령, 그 밖의 자신이 통제할 수 없는 상황에서의 다른 생계 결핍의 경우 사회보장을 누릴 권리를 가진다. 2. 모자는 특별한 보살핌과 도움을 받을 권리를 가진다. 모든 어린이는 부모의 혼인 여부에 관계없이 동등한 사회적 보호를 향유한다.

제26조: 1. 모든 사람은 교육을 받을 권리를 가진다. 교육은 최소한 초등 기초 단계에서는 무상이어야 한다. 초등교육은 의무적이어야 한다. 기술교육과 직업교육은 일반적으로 이용할 수 있어야 하며, 고등교육도 능력에 따라 모든 사람에게 평등하게 개방되어야 한다. 2. 교육은 인격의 완전한 발전과 인권 및 기본적 자유에 대한 존중의 강화를 목표로 하여야 한다. 교육은 모든 국가들과 인종적 또는 종교적 집단 간에 이해·관용·친선을 증진시키고 평화를 유지하기 위한 국제연합의 활동을 촉진시켜야 한다. 3. 부모는 자녀에게 제공되는 교육의 종류를

선택함에 있어서 우선권을 가진다.

제27조 : 1. 모든 사람은 공동체의 문화생활에 자유롭게 참여하고, 예술을 감상하며, 과학의 진보와 그 혜택을 향유할 권리를 가진다. 2. 모든 사람은 자신이 창조한 모든 과학적·문학적·예술적 창작물에서 생기는 정신적·물질적 이익을 보호받을 권리를 가진다.

제28조 : 모든 사람은 이 선언에 제시된 권리와 자유가 완전히 실현될 수 있는 사회적·국제적 질서의 권리를 가진다.

제29조 : 1. 모든 사람은 그 안에서만 자신의 인격을 자유롭고 완전하게 발전시킬 수 있는 공동체에 대하여 의무를 부담한다. 2. 모든 사람은 자신의 권리와 자유를 행사함에 있어서 타인의 권리와 자유에 대한 적절한 인정과 존중을 보장하고, 민주 사회에서의 도덕심, 공공질서, 일반의 복지를 위하여 정당한 필요를 충족시키기 위한 목적에서만 법률에 규정된 제한을 받는다. 3. 이러한 권리와 자유는 어떤 경우에도 국제연합의 목적과 원칙에 반하여 행사될 수 없다.

제30조 : 이 선언의 그 어떠한 조항도 특정 국가, 집단 또는 개인이 이 선언에 규정된 어떠한 권리와 자유를 파괴할 목적의 활동에 종사하거나, 또는 그와 같은 행위를 행할 어떠한 권리도 가지는 것으로 해석되지 아니한다.

1. 선언문의 기초

선언문의 전문은 "인간 가족의 모든 구성원"의 "본래적 존엄성"과 "존엄과 가치"에 대해 언급한다. 유엔선언문은 모든 인간은 근본적으로 평등하다는 주장에서 시작한다. 평등하기 때문에 인간은 평등한 대우와 평등한 권리를 받을 가치가 있다. 그들 모두가 그들을 인간이 되게 하는 품성을 가진다는 점에서 평등하다. 인간의 가장 중요한 특성은 우리가 의식·자각·고통스럽고 즐거운 경험을 하는 능력, 우리가 가지고 있는 신념·욕망·희망·꿈·공포·사랑하는 능력, 그리고 우리 자신의 취향·가치·도덕 원칙에 따른 양심과 행동의 능력이다. 사람은 그들의 정신적 능력 때문에 특별한 존재이다. 그런 능력은 사람들에게 존엄성과 천부적 가치나 존엄한 대우를 요구하는 가치를 부여한다.

인간은 그들의 능력 때문에, 즉 존엄성과 가치가 있는 등 그들의 지위 때문에, 인간의 통제하에서 그들의 기본적 복지와 권위를 심각하게 위협하는 경향이 있는 것들,

즉 그들의 인간됨을 파괴하는 것들로부터 보호받아야 한다. (자율성은 사람들이 자신의 정신적 상태에 의해 규정되는 결정과 선택의 본래적 능력에 대해 언급할 수 있고, 또한 사람들로 하여금 자신의 선택과 결정에 따라 행위할 수 있게 하는 외부의 조건들에 대해 언급할 수 있다.) 사람에게는 본래적인 가치와 존엄성이 있기 때문에, 우리는 사람들을 혹은 그들을 사람이게끔 하는 그들의 능력을 파괴해서는 안 되며, 사람들이 혹은 사람을 사람이게끔 하는 능력이 다른 사람에 의해 파괴되도록 방관하고 방치해서는 안 된다. 물론 우선적으로, 사람으로서 존재하기 위하여 사람은 생명을 유지해야 한다. 그러므로 사람은 인간의 통제하에 있는, 사람들의 생명을 위협하는 일반적이고도 심각한 위협으로부터 보호받아야 한다. 살인이나 굶겨 죽임과 같이 어떤 사람을 죽음으로 내몰 수도 있는 행동이 특별히 여기에 해당한다. 그러므로 우리는 사람을 사살해서도 안 되고, 예방할 수 있을 경우 사살되도록 방치해서도 안 된다. 그러나 사람으로서의 기능을 계속하기 위해서 우리에게는 어떤 수준의 육체적 건강과 정신적 건강이 필요하다. 보다 높은 수준의 모든 정신적 기능이 중지된 지속적인 식물적 상태에 있는 사람이라면 살아 있는지는 모르지만 사람으로서 더 이상의 기능을 할 수 없다. 마찬가지로, 정신적으로 지능 발달이 늦거나, 전신이 마비되거나, 교육받지 못하거나 혹은 수준 낮은 교육을 받거나, 건강이 나쁜 사람이라면 사람으로서 충분한 잠재력에 이르기까지 제 기능을 할 수 없다. 그러므로 사람은 사람을 사람이게끔 하는 능력에 대한 일반적이고 심각한 위험으로부터 보호받아야 하며, 자신의 정신적 능력을 계발하고 이용하기 위한 기회가 주어져야 한다. 요약하면, 사람에게는 사람이라는 그 이유만으로도 사람됨에 적합한 삶을 살 가치가 있다.

그러나 인간에게 적합한 삶이라는 개념을 어떻게 이해해야 하는가? 그리고 그것은 인간에게 본질적인 기능이나 역량과 어떻게 관련되어 있는가? 센(Amartya Sen)은 교육·지능·힘·야망·소득·부·권력·명성·법적 권리·사회적 지위·건강·연령과 같은 많은 점에서 인간의 평등과 불평등이 나타날 수 있다는 점을 강조한다. 사회적·정치적 이론에서 볼 때 평등과 불평등의 어떤 측면이 가장 중요한가? 센에 의하면, 기본적인 복지가 가장 중요하다. 그렇지만 인간의 복지라는 개념을 어떻게 이해해야 하는가? 센은 인간의 역량이라는 견지에서 그것을 개념화한다. 즉 평등해야 한다는 것은 우리가 가장 중요시하는 것들을 할 역량이나 기회이다.

센은 다음처럼 진술한다.

[인간이] 살아간다는 것은 일련의 상호 연관된 "기능들"로 구성된 것으로 간

> 주될 수 있다. … 이 연관된 기능들은 적절한 영양 섭취·좋은 건강 상태·피할 수 있는 질병과 조기 사망을 피하는 것 등과 같은 그런 기본적인 것에서부터 행복·자기존중·공동체 삶에의 참여·보다 복합적인 성취에 이르기까지 다양하게 변화할 수 있다.13)

잘 사는 것 혹은 복지를 성취하는 것은 이러한 기능들을 성취하는 것이다.

성취를 위해서는 개인적인 측면에서의 노력이 필요하다. 많은 사람들은 정부가 어떤 수준의 기능이나 복지에 도달하도록 자신들에게 노력을 강요하는 데 반대할 것이다. 예컨대, 개인이 건강해지는 것을 보증하기 위해 정부는 개인에게 흡연 금지, 운동, 식사권을 요구해야 할 것이다. 센에 따르면 실재론적인 사회적 이상이나 목표는 이러한 기능들의 성취를 보장하는 것이 아니라, 그보다는 이러한 기능들을 성취할 (평등한) **기회**나 **역량**의 어떤 수준을 보장한다. 그것이 권리를 위한 역할이다. 우리는 우리에게 기능을 발휘하기 위한 이러한 기회들을 가질 권리가 있고, 다른 사람과 동등한 권리가 있다고 말한다.

누스바움(Martha C. Nussbaum)은 인간 복지에 핵심적인 기능들을 합리적으로 포괄한 표를 제시한다. 그녀는 사회정책의 일차적 목표는 이러한 기능을 성취하기 위해 균등한 기회와 역량을 제공해야 한다는 센의 입장에 동의한다.

1. **수명**. 보통 정도의 수명을 유지하는 것.
2. **육체적 건강과 보전**. 건강을 유지할 수 있음. 충분한 영양 섭취. 적당한 주거.
3. **육체의 보전**. 이곳에서 저곳으로 자유롭게 다닐 수 있음. 폭행에 안전할 수 있음.
4. **감각·상상력·사고력**. 감각을 사용할 수 있음. 상상하고, 생각하며, 추리할 수 있음—"진정한 인간이 하는" 방식, 즉 적절한 교육에 입각한 정보 제공과 교양에 의한 방식으로 이것들을 하는 것.
5. **정서**. 우리 바깥에 있는 것들과 사람들에게 호감을 가질 수 있음. 사랑할 수 있음. 정서 발달이 두려움이나 걱정으로 황폐화되지 않음.
6. **실천 이성**. 선의 개념을 형성하고, 자기 삶의 계획에 대해 비판적 반성을 할 수 있음.
7. **협력**. (a) 여러 형태의 사회 관계에 참여하면서 다른 사람을 위해, 다른 사람과 관

13) Amartya Sen, *Inequality Reexamined* (Cambridge, MA: Harvard University Press, 1992), p. 39.

계하면서 살 수 있음. (b) 자기존중과 수치심을 갖지 않기 위한 사회적 기초를 가짐. 다른 사람들의 가치와 동등한, 존엄한 존재로서 대우받을 수 있음.

8. **다른 종들**. 동물·식물·자연 세계에 대해 관심을 갖고 그들과 관계를 맺으면서 살 수 있음.
9. **놀이**. 웃고, 놀고, 레크리에이션을 즐길 수 있음.
10. **환경에 대한 통제**. (a) **정치 환경** : 자신의 삶을 지배하는 정치적 선택에 효과적으로 참여할 수 있음. 정치적 참정권, 언론 및 집회 결사의 자유가 있음. (b) **물질** : 재산을 소유할 수 있음. 사람과 동등한 기준에서 직업을 찾을 권리. 부당한 수색과 압류로부터의 자유를 가짐. 일자리에서 실천 이성을 구사할 수 있는 인간으로서 일할 수 있음.[14)]

누스바움에 따르면, 사회는 완벽하게 인간적인 삶을 사는 데 이러한 불가결한 역량들을 실현할 수 있는 최대한의 동등한 기회를 사회 구성원 전체에게 보장해야 한다. 그렇다면 권리들은 이러한 인간의 역량을 구사하는 기회를 보장하는 것으로 간주될 수 있다.

IV. 권리의 분류

유엔인권선언문은 권리의 목록이다. 권리의 순서를 정하거나 그런 목록 구조나 체계를 부여하는 어떤 방법이 있는가? 어떤 분류 체계도 완전할 것 같지는 않지만, 그것들을 다음처럼 분류하는 것이 도움이 될 듯하다. (어떤 권리들은 하나 이상의 범주로 쉽게 묶여질 수 있겠지만, 다른 권리들은 어떤 범주에도 들어가지 않는다.)

1. 죽음, 신체적 폭행이나 학대로부터 안전을 누릴 권리
2. 정당한 법 절차, 평등한 보호, 법 앞에서 평등의 권리
3. 참정의 권리
4. 자유의 권리
5. 복지의 권리

14) Martha C. Nussbaum, *Sex and Social Justice* (New York: Oxford University Press, 1999), pp. 41-42.

그러나 권리의 범주에 대한 검토에 앞서 권리의 의미를 이해할 필요가 있다.

1. 권리의 의미

생명의 권리와 같은 특수한 권리가 사람들에게 있다고 말할 때, 그것이 의미하는 바는 무엇인가? 우리는 권리 소유자가 다른 사람들에게 부과하는, 그 권리 소유자에 대한 의무들을 명확히 함으로써 그 권리의 의미나 내용을 설명할 수 있다. 당신에게 생명의 권리가 있다면, 다른 사람들에게는, 적어도 도덕적으로 반드시 그렇게 해야 할 이유가 없다면, 당신을 살해하지 않아야 할 의무가 있다. 또한 그들에게는 당신의 생명이 심각하게 위협받을 때 그 생명을 보호할 의무가 있다(그리고 그들은 자신이 감당할 정도의 비용이나 위험이 있더라도 그렇게 할 수 있다). 마찬가지로, 당신에게 언론의 자유에 대한 권리가 있다면, 당신이 무언가에 대해 발언하고자 할 때 당신을 방해해서는 안 될 의무가 다른 사람들에게 있다. 덧붙여서, 정부는 당신의 발언을 막고자 하는 사람들로부터 당신을 보호할 의무가 있다. 그렇다면 권리의 내용이나 의미를 명확히 하기 위해서는 누가 권리가 있는지, 누가 권리 소유자에 대한 의무를 지는지, 그들이 권리 소유자에 대해 지는 의무가 무엇인지를 명확히 하지 않으면 안 된다.

의무는 적극적일 수도 있고 소극적일 수도 있다. 적극적인 의무는 어떤 것을 해야 하는 의무이다. 소극적인 의무는 어떤 것을 하지 말아야 하는 의무이다. 예컨대, 소득세 신고서를 제출할 의무는 적극적인 의무이다. 술에 취한 상태에서 운전해서는 안 된다는 의무는 소극적인 의무이다. 권리는 적극적인 의무와 소극적인 의무 모두를 수반할 수 있다. 주로 소극적인 의무를 수반하는 권리를 소극적 권리라고 한다. 주로 적극적인 의무를 수반하는 권리를 적극적인 권리라고 한다. 생명의 권리는 살해당하지 않을 소극적 권리와 심각하게 위협받을 때 한 사람의 목숨을 보호해야 할 적극적인 권리를 수반하기 때문에 적극적일 뿐만 아니라 소극적이다.

권리와 권리가 수반하는 의무는 일반적으로 절대적이라고 생각해서는 안 된다. 권리가 절대적이라면 그것을 위반하는 어떤 경우도 불법일 것이다. 생명의 권리를 예로 들어 보자. 생명의 권리가 절대적이라면 정당한 살해란 있을 수 없다. 우리들 대부분은 자기방어를 위해 혹은 무고한 사람을 구하기 위해 살인하는 것은 거의 잘못된 일이 아니라고 생각한다. 이 상황에서 살인자의 생명의 권리는 희생자의 생명의 권리와 충돌한다. (물론, 살인은 무고한 희생자의 생명을 구하기 위해 필요한 조치이며, 그렇게 함으로써 살인자의 생명의 권리를 없애게 된다.) 마찬가지로, 언론의 자유에 대한 권리가 절대적이라고 생각하는 사람은 거의 없다. 누군가가 당신의 침실 창 밖에서 새벽 3시에 목청껏 떠들기 시작한다면, 그에게 언론의 자유에 대한 권리가 있다 하더라도 그렇게 떠들 권리가 있다고는 거의 생각하지 않을 것이다. (의무와 권리의 언어로 표현될 수 있는 도덕 원칙들은, 전체를 고려한 단칭 도덕 판단을 내릴 때, 서로 비교·검토된다는 것을 상기해 보자.)

그러면 인간 권리들의 다른 범주들에 대한 검토를 시작해 보자.

2. 매우 심각한 신체적·정신적 위해로부터 안전을 누릴 권리

이 범주의 권리들은 죽음·상해·격심한 고통과 같은 심각한 해악을 유발하는 학대의 다양한 형식들로부터 사람들을 보호하려는 것이다. 이 범주의 권리들은 우리에게 다른 사람을 살해·고문·강간·폭행하는 것을 금한다. (우리에게는 이러한 것을 하지 않아야 할 의무가 있다.) 그것은 3조(생명과 신체의 안전을 누릴 권리)와 5조(고문 또는 잔혹하거나 비인도적이거나 모욕적인 취급을 받을 대상이 되지 않을 권리)를 포함한다. 사람들에게 그런 도덕적 권리가 있다면 일반인들에게 다른 사람을 살해하거나 강간하거나 고문하거나 구타하지 않아야 할 의무가 있을 뿐만 아니라, 정부에게는 이러한 것들로부터 사람들을 안전하게 할 의무가 있는 것이다. 어째서 그런가? 그들은 본래적 가치와 존엄을 가진 사람들이기 때문이고, 적어도 매우 강력한 도덕적 이유 없이 그들의 개성이 파괴되어서는 안 되기 때문이다. 이러한 권리들은 일종의 도덕적 기반인, 가장 기본적인 도덕적 권리들일지도 모르겠다.

3. 동등하게 보호받을 권리와 법 앞에서 평등의 권리

이러한 유형의 권리 범주는 그들의 공동체 법의 불법적인 혹은 불평등한 적용으로부터 그리고 차별의 다양한 형태들로부터 사람들을 보호하려는 의도를 갖고 있다. 같은 말이겠지만, 권리는 또한 사람들을 자의적인 권력 행사로부터 보호한다. 그러나 그것은 심각하게 위해를 가할 수도 있다. 권리는 법이 모든 사람들에게 적용되기를 요구하고 완전하고도 지속적으로 적용되기를 요구한다. 이러한 범주는 1조(평등권), 2조(인종과 같은 무관한 특성들의 기초에 의거하여 차별받지 않을 권리), 6조(법 앞에서 인간으로서 인정받을 권리), 7조(법의 평등한 보호를 받을 권리), 9조(자의적인 체포로부터 자유로울 권리), 10조(공정하고 공개적인 재판을 받을 권리), 11조(유죄로 판명될 때까지 무죄로 추정받을 권리), 12조(자의적인 간섭으로부터 자유로울 권리),

15조(국적을 가질 권리), 17조(자신의 재산을 자의적으로 박탈당하지 않을 권리)를 포함한다. 역사에 대해 조금만 살펴보면, 법의 평등한 보호를 받지 못하고 자의적인 권력 행사로부터 자유를 누리지 못할 경우 평범한 사람들과 그 사람들의 능력이 얼마나 파괴되었는지를 알 수 있다.

4. 참정의 권리

이 범주의 권리들에는 사람들의 삶에 심대한 영향을 줄 수 있는 정부 결정에서 사람들이 배제되지 않도록 보호하려는 의도가 있다. 여기에는 다양한 형태의 폭정에 대항하기 위한 의도가 있으며, 정부란 국민들의 자유롭게 주어진 동의에 근거하여 만들어졌다는 것을 분명히 하기 위한 의도가 있다. 일반적인 형식으로 말한다면, 그 권리란 정치적 결정을 하는 데 참여할 권리이다. 7조(법의 평등한 보호), 18조(사상·종교의 자유에 대한 권리), 19조(의사와 표현의 자유에 대한 권리), 20조(집회와 결사의 자유에 대한 권리)와 같은 비록 다른 조항들이 효과적인 정치 참여의 목적을 위해 필요한 수단일 수는 있겠지만, 21조(직접적 혹은 자유롭게 선출된 대표들을 통해 자국의 통치에 참여할 권리)가 이 범주의 주요한 부분이다.

거의 모든 보통 사람들이 복종하는 것 말고는 통치에서 어떤 역할도 수행하지 않은 시절이 그리 오래되지 않았다. 보통 사람들은 그들이 전혀 통제하거나 영향을 미치지 못하는, 즉 결코 선거에 의해서 뽑을 수 없는 지배자의 신민이었다. 놀랄 것도 없이 그들의 정부는 통상 그들의 필요와 이익을 무시했다. 예를 들어 20세기는 소련의 스탈린·독일의 히틀러·중국의 마오쩌둥·이라크의 사담 후세인의 전제정치를 목격했다. 오늘날에도 여전히 많은 사람들은 민주주의가 유일한 합법적 정부 형태라고 생각하고, 사람들의 이익과 자유의 최선의 수호자라고 주장한다.

민주주의는 정도의 문제이다. 예컨대 미국은 여성이 투표할 권리를 얻게 되었을 때 보다 민주적이 되었고, 연방정부가 1960년대에 남부에 사는 아프리카계 미국인들의 투표할 권리를 보호하기 시작했을 때 보다 더 민주적이 되었다.

(1) 민주주의를 위해 필요한 것들

하나의 정부를 민주주의로 만드는 것은 무엇인가? 달(Robert A. Dahl)은 집단에 의해 만들어지는 민주주의적 절차나 결정의 다섯 가지 일반적 기준을 제시한다.

효율적인 참여. 하나의 정책이 채택되기 전에 모든 구성원들은 그 정책이 담아야 할 내용에 관해, 그들의 견해를 다른 구성원이 알도록 하는 평등하고 유효한 기회를 가져야 한다.

평등한 투표권. 모든 구성원들은 투표에 대한 평등하고 유효한 기회를 가져야만 하고, 모든 투표권은 똑같이 계산되어야 한다.

분명한 이해. 각각의 구성원들은 관련된 대안적 정책들과 그것들의 가능한 결과들을 알기 위한 평등하고 유효한 기회를 가져야만 한다.

안건의 조절. 구성원들은 안건의 선택 방법에 대한, 그리고 그들이 그 안건을 선택하는 경우 어떠한 문제들이 그 안건에 올려지는지에 대한 충분한 기회를 가져야 한다.

성인의 포함. 모든 혹은 어쨌든 대부분의 어른인 지속적인 거주자들은 완전한 시민권을 가져야 한다.[15]

다섯 가지 일반적 기준은 진정한 대의 민주주의를 만들기 위해 필요한 여섯 개의 정치 기구들에 의해 보강된다.

1. 선출직 공무원.
2. 자유롭고 공정한 그리고 빈번한 선거.
3. 표현의 자유.
4. 정보의 여러 출처에 대한 접근.
5. 연합의 자율성.
6. 포괄적인 시민권.[16] 포괄적인 시민권은 앞서 열거한 것들 이외에 투표권과 입후보에 등록하는 권리를 포함한다.

1999년 4월 27일에 유엔의 기구인 제55회 인권위원회는 민주주의 권리에 대한 결의안을 채택했다. 그것은 "기본적이고 당연한 민주주의의 권리와 자유를 모든 사람에게 확보해" 주려는 의도를 표현했다. 제2조에 따르면, "민주주의 통치의 권리는 다음과 같은 것을 포함한다."

---

15) Robert A. Dahl, *On Democracy* (New Haven, CN: Yale University Press, 1988), pp. 37-38.

16) Ibid., pp. 85-86.

a. 의사와 표현의 자유, 사상의 자유, 양심과 종교의 자유, 평화로운 결사와 집회의 자유에 대한 권리.
b. 미디어를 통해 정보와 아이디어를 찾고 받으며 전달하는 자유의 권리.
c. 시민의 권리, 이익, 개인의 안전, 법의 집행에서의 공정함, 사법권의 독립을 포함하는 법의 규칙.
d. 자유로운 투표 절차, 주기적이고 자유로운 선거 및 보편적이고 평등한 선거의 권리.
e. 모든 시민들이 후보자가 될 수 있는 평등한 기회를 포함하는 정치 참여의 권리.
f. 투명하고 책임 있는 정부 기관들.
g. 헌법과 다른 민주주의적 수단을 통해 자신의 정부 체제를 선택하는 시민의 권리.
h. 자신의 국가 내 공공 서비스에 대한 평등한 접근의 권리.[17)]

5. 자유의 권리

이러한 권리의 범주는 기본적 혹은 토대적인 것으로 생각되는 어떤 자유들을 보호함으로써 인간의 자율성을 보호하고자 한다. 그것은 3조(자유의 권리), 4조(노예가 되지 않을 권리), 13조(이전과 거주의 자유에 대한 권리), 16조(결혼과 가족의 삶에 관한 자유의 권리), 17조(사유 재산의 자유에 대한 권리), 18조(사상과 종교의 자유에 대한 권리), 19조(사상과 표현의 자유에 대한 권리), 20조(집회와 결사의 자유에 대한 권리)를 포함한다.

법률은 우리가 어떤 것을 하는 것은 금지하고 어떤 것을 할 것은 요구한다. 그것은 우리의 자유를 제한한다. 법률이 우리의 자유를 제한하는 곳에 산다면, 우리는 그때 자유롭지 못한 것인가? 우리는 원하는 것은 무엇이든지, 원하는 것은 언제든지 행할 권리를 가지는 경우에만 자유로운가? 내가 자유롭다고 말한다 하더라도 나는 거의 아무것도 이야기하고 있지 않다. 그것은 내가 결국 감옥에서 나오게 되었다는 것을 의미하는가? 그것은 결국 내가 이혼하게 되었다는 것을 말하는 것인가? 그것은 내가 나를 유괴했던 사람으로부터 탈출했다는 것인가? 이 주장이 의미를 가지기 위해서 나는 내가 벗어나게 된 구속이 무엇이었는지 그리고 내가 할 수 있거나 할 수 없는

17) www.humanrights-usa.net/DEMRES.htm을 참조하라.

행동이 무엇인지를 설명해야만 한다. 여기서는 어떤 것은 할 수 있게 하고 어떤 것은 하지 못하게 하는 정부의 간섭으로부터의 자유에 국한해서 논의할 것이다. 예를 들어, 내가 잔디를 거니는 데 있어 자유롭다고 말한다면 그것은 내가 잔디를 거니는 것을 금지하는 법이 없다는 것을 의미한다. 내가 마리화나를 피울 자유가 없다고 말한다면 나는 그것을 금하는 법이 있다는 것을 의미한다.

원하는 것은 무엇이든지 행하기 위해서 정부의 간섭으로부터 자유롭게 되어야만 한다고 생각하는 사람은 없다. 확실히 우리 모두는 정부가 살인·강간·유괴·방화·음주 운전·절도 등을 금지해야만 한다고 생각한다. 문제는 우리가 가져야 할 자유들(복수라는 점에 유의)—우리에게 권리가 있는 것—과 우리가 가져서는 안 될 자유가 무엇이냐 하는 것이다. 반(反)종족 혼합법은 다른 인종 간의 결혼을 금지한다. 오늘날 우리는 그것이 사람이 가져야만 하는 자유라고 생각한다(남녀 커플이 아닌 경우 많은 사람들이 이것을 거부하겠지만). 한때 미국에서는 낙태나 공개적인 피임약 구입으로 원하지 않는 임신을 끝낼 자유가 없었다. 오늘날 많은 사람들은 이것은 인간이 가져야 할 자유라고 생각한다.

유엔인권선언은 모든 사람은 이동의 자유에 대한 권리(13조), 결혼을 하고 가족을 구성할 권리(16조), 재산 소유의 권리(17조), 사상·양심·종교의 자유에 대한 권리(18조), 의사와 표현의 자유에 대한 권리(19조), 평화로운 집회와 결사의 자유에 대한 권리(20조), 직업 선택의 자유에 대한 권리(23조), 단체를 만들고 가입할 권리를 가진다고 말한다. 인권선언은 우리가 가질 권리가 있는 모든 자유를 열거하는 것처럼 보이지 않고, 오히려 가장 중요한 자유에 초점을 맞추는 것처럼 보인다.

플라톤에게 바람직한 사회적 이상인 자유의 형태는 노예의 상태(너무 적은 자유)와 방종의 상태(너무 많은 자유)의 극단 가운데 놓인다. 방종이 지배할 때 법과 질서는 전복된다. 살인이나 도둑질 등 사람들이 원하는 어떤 것을 하더라도 그들을 제한하는 것은 거의 없다. 만약 사람들의 행동을 통제할 법·관습·전통·공공의 의견이 없는 곳에 살고 있다 하더라도 우리는 진정으로 자유롭지 못하다. 다양한 방식으로 다른 사람에게 해를 끼치는 다른 사람의 성향들이 외적인 힘에 의해 통제되지 않는다면, 우리는 구멍 속에 움츠리고 있는 것을 제외하고는 많은 것을 하는 데 있어 자유롭지 못할 것이다. 그러나 만약 사람들이 다양한 사회적 통제에 복종한다면, 어떤 의미에서 그들에게 자유가 있는가? 살펴본 바와 같이 자유에 대한 하나의 중요한 의미에서, 어떤 사람이 자신이 사회적 규칙을 만들고 집행하는 데 참여하고 자신이 통치의 몫을 가진다면 그에게는 자유가 있다. 둘째, 우리를 제한하는 규칙이 비합리적·비이성적·자의적이지 않다면 자유롭다. 자유의 합법적인 이상은 **자의적·비합리적인 제한과 요구로부터의 자유**이지 모든 사회적 통제로부터의 자유가 아니다.

자유에 대한 제한 혹은 어른이 아이와 성관계를 가지는 것과 같은 것에 대한 자유의 거부는 어떻게 정당화되는가? 의사가 환자의 자살을 돕는 데 있어 자유로워야 하는지 혹은 사람들이 국기를 공개적으로 태우는 데 있어 자유로워야 하는지를 결정할 방법이 있는가? 사람들은 마리화나·헤로인·코카인 사용에서 자유로워야 하는가, 혹은 성을 사고파는 데 자유로워야 하는가? 부유한 사람은 많은 돈을 자신이 지지하는 정치 후보자들에게 기부하는 데 자유로워야 하는가? 동성애자들은 서로 결혼하는 데 자유로워야 하는가? 우리가 이러한 질문들에 답하는 데 어떠한 원칙에 호소할 수 있는가?

V. 밀의 위해의 원칙

『자유론(On Liberty)』에서 밀(John Stuart Mill, 1806~1873)은 정부가 사람들이 다른 사람들에게 위해를 끼치는 것을 방지하는 데 필요한 경우에만 정부에게 사람들의 자유를 제한할 도덕적 권리가 있다고 주장한다.

> [『자유론』]의 목적은 하나의 매우 단순한 원칙을 주장하는 것이다. 즉 사회가 개인을 강제와 통제의 방법으로써, 그것의 사용 수단이 법적 처벌의 형태인 물리적 힘이든 공공 여론이라는 도덕적 강제든 간에, 다룰 절대적 자격을 갖고 있다는 것이다. 그 원칙은 인류에게 개인적으로든 집단적으로든 그 구성원들의 자유를 간섭하는 것이 보장되는 유일한 목적은 자기방어라는 것이다. 권력이 문명 사회의 구성원에게 본인의 의사에 반해서 정당한 제재를 가할 수 있는 유일한 목적은 타인에게 가해지는 위해를 방지하는 것이다. 그 사람에게 선하다는 것만으로는, 그 선이 물리적인 것이든 도덕적인 것이든 간에 자유 간섭의 충분한 조건이 될 수 없다. 그렇게 행하는 것이 자신에게 유리하다든지, 그것이 자신을 더욱 행복하게 만들 것이라든지, 다른 사람의 의견에 의하면 그렇게 하는 것이 현명하거나 심지어 정당하다고 한다든지 등의 이유로, 어떤 행동을 하거나 자제하는 것을 강제하는 것은 정당화될 수 없다. 이러한 것들은 그 사람에게 충고하고, 이해시키고, 설득하고, 간청하는 좋은 이유이지만, 그 사람에게 강제력을 행사하고, 불이행

> 시 제재를 가할 이유는 못 된다. 그 강제력을 정당화하기 위해서는 어떤 행위―누군가가 그것을 하도록 내버려 두지 않는 그 행위가 타인에게 위해를 낳을 것이라는 사실이 예측되어야만 한다. 어떤 개인의 행위 중에서 사회에 순응하게 될 유일한 부분은 타인과 연계된 부분이다. 단지 자신에게만 연관된 부분에 관해서 개인의 독립성은 당연히 절대적이다. 개인은 자기 자신에 대해서, 즉 자신의 육체와 정신에 대해서 주권자이다.[18]

밀의 위해의 원칙(The Harm Principle)에 따르면, 사람들은 다른 사람들에게 위해를 끼칠 것 같은 경우를 제외하고는 그들이 하고 싶은 일을 하는 데 있어 그리고 하고 싶지 않은 일을 하지 않는 데 있어 사회적 간섭으로부터 자유로워야 한다. (밀은 이 원칙이 "능력이 성숙한" 사람들에게만 적용된다는 점을 강조한다. 이 원칙은 아이들이나 심각한 심리적·정신적 장애가 있는 어른들에게 적용되지 않는다. 오늘날은 **의사결정 능력**이 있는 상태의 개념이 사용된다.)

밀의 위해의 원칙을 적용한다면, 살인·강간·도둑질·만취 상태에서의 운전 등의 행동은 분명히 다른 사람들을 해롭게 하거나 아니면 다른 사람들을 해롭게 할 심각한 위험을 낳기 때문에, 그런 행동을 자유롭게 하도록 내버려 두어서는 안 된다. 반면에 담배를 피우고, 텔레비전을 시청하고, 운동을 하는 것은 누구도 해롭게 하지 않기 때문에, 명백한 이야기지만 이런 행동에 대한 결정은 자유롭게 내버려 두어야 한다. 밀에 따르면, 스스로를 보호하는 일에까지 법이 관여해서는 안 된다. 등산·모터사이클 경주·담배를 피우는 것은 위험스러운 활동이지만, 정부가 그것을 금지하는 것은 도덕적으로 합법화되지 않을 것이다. 우리에게는 우리가 적절하다고 생각하는 활동을 할 자유가 있어야만 하는데, 심지어 우리의 행동이 자신에게 해를 야기할 수 있을 가능성이 있을 때조차도 그렇다.

VI. 파인버그 : 네 가지 가능한 합법적 강제 원칙

현대 미국 철학자 파인버그(Joel Feinberg)는 『형사법의 도덕적 한계(The Moral Limits of the Criminal Law)』 4판에서 위해의 원칙 및 이 원칙과 같은 수준에 있는 다

---

18) John Stuart Mill, *On Liberty*, ed. Elizabeth Rapaport (Indianapolis, IN: Hackett Publishing Co., 1978), p. 9.

른 원칙들의 가장 포괄적인 이용 가능 방법을 다룬다. 파인버그는 정부가 어떤 행동을 금지하거나 요구하는 것이 합법적인지의 여부를 결정함에 있어 사용 가능한 네 가지 상이한 원칙들을 제시한다.

A. **위해의 원칙**(The Harm Principle) : 정부가, 다른 사람에게 심각한 해를 야기하거나 야기할 위험이 높은 행동을 금지하고, 그렇게 하더라도 자신에게 큰 비용이 들지 않거나 큰 위험이 없을 경우 다른 사람에게 일어나는 심각한 위해를 막는 행동을 요구하는 것은 도덕적으로 합법적이다.
B. **불쾌의 원칙**(The Offense Principle) : 정부가 다른 사람에게 심각하게 불쾌감을 주는 행동을 금지하는 것은 도덕적으로 합법적이다.
C. **간섭주의**(Paternalism) : 정부가, 다른 누구에게 해가 되지 않더라도 행위자 자신에게 심각한 해를 야기하거나 야기할 높은 위험이 있는 행동을 금지하는 것은 도덕적으로 합법적이다.
D. **법적 도덕주의**(Legal Moralism) : 정부가, 부도덕한 행동이 아무도 해롭게 하지 않고 불쾌하게 만들지 않는다 하더라도 그런 행동을 금지하는 것은 도덕적으로 합법적이다.

파인버그는 밀의 정신을 본받아, (1) 위해의 원칙의 합법성을 인정하고, (2) 상당히 제한된 불쾌의 원칙만을 인정하며, (3) 자신이 약한 간섭주의라 부른 것을 인정하지만 강한 간섭주의라 부른 것은 거부하고, (4) 법적 도덕주의를 거부한다.

1. 위해의 원칙

파인버그에 의하면 심각하거나 **부당한** 위해를 야기하는 행위들만 금지되어야 한다. 당신이 필요했던 일을 뺏는다면, 나는 당신을 해롭게 하고 있는 것이다. 그러나 응모하고 일을 얻은 것이 정당하기 때문에 그 경쟁이 공정하였다면, 나는 그 일을 자유롭게 얻을 수 있어야 한다. 그렇다면 또한 그 행위가 다른 사람을 해롭게 할 **높은 개연성**이 있어야 한다. 야기하는 위해가 심각할수록 반드시 그 개연성이 점점 낮아질 수밖에 없지만, 단순한 가능성만으로는 안 된다. 그리고 어떤 행위가 아마도 해롭게 할 것이라고 생각할 좋은 이유가 있어야만 한다. 단순한 주장만으로는 충분하지 않다. 결국, 자유의 제한이 정당성을 얻게 되는 위해는 집단들이나 전체로서의 사회의 경우에 해당할 수 있는 것이지, 단 한 명의 확인 가능한 개인에게 해당될 수 있는 것은 아니다. 예를 들면, 텔레비전의 폭력물이 사회의 폭력을 두드러지게 증가시킨다는 것을 증명할 수 있다면, 해를 입게 되는 개인이 누구인지 확인할 수 없다 하더라도, 많은 폭력을 보여 주는 프로그램을 방영하지 못하도록 방송사의 자유를 제한하는 것은 정당할 수 있다.

위해의 원칙은 어떤 행위들을 금지하는 것만을 정당화하는가? 아니면 어떤 행위를 요구하는 것 또한 정당화할 수 있는가? 궁극적으로 파인버그에 따르면, 위해의 원칙이 바람직하게 되기 위해서 그 원칙은, 위해가 크고 위해를 막는 비용이 미미하다고 생각될 때 해를 야기하는 일을 **금지해야** 할 뿐만 아니라 위해가 발생하지 않도록 **요구해야** 한다. 금지의 두 유형—위해를 야기하는 행위를 못하게 하는 일과 위해가 발생하게 하지 않는 일—은 위해의 방지라는 동일한 목적을 지닌다.[19)]

2. 불쾌의 원칙

파인버그도 다음과 같은 불쾌의 원칙의 제한된 형식을 인정한다. 즉 정부가 다른 사람들에게 심각하게 불쾌한 태도를 취하는 행동을 금지하는 것은 도덕적으로 합법적이다. 불쾌는 유쾌하지 않거나 불안한 경험, 아마 혐오, 심지어는 충격까지도 가져온다. 파인버그는 불쾌, 심지어 심각한 불쾌의 예도 위해의 예보다는 덜 심각하다고 주장한다. 그러나 그는 공공연히 행해졌기 때문에 아마 대부분의 사람들이 불쾌해했지만 그들에게 위해를 가하지는 않은 소름끼치는 행동의 예들을 제시한다. 파인버그가 제시한, 불쾌를 야기할 것 같은 다음의 행동을 생각해 보자.

> 버스에서 한 승객이 대부분 승객이 불쾌해하는 음악을 시끄럽게 연주한다.
>
> 버스에서 한 승객이 국기를 사용하여 여봐란 듯이 코를 푸는 등 손수건으로 사용한다.
>
> 버스에서 두 승객이 옷을 벗어 버리고 통로 가운데에서 성행위를 한다.

파인버그의 요점은 몇몇 불손한 행동은 정말 몹시 불쾌할 수 있다는 것이다. 그는 정부가 모두는 아니지만 일부 불쾌한 행동을 금지(혹은 일정한 장소나 일정한 시간에 그런 행동을 하는 것을 금지)할 수도 있다고 생각한다. 우리는 어디에 금지와 허용의

---

19) Joel Feinberg, *Harm to Others*, vol. I of *The Moral Limits of Criminal Law* (New York: Oxford University Press, 1984).

경계선을 긋는가?

파인버그에 의하면, 불쾌한 행동에 노출되는 것을 회피하기 어렵다면 가장 심각한 정도의 불쾌한 행동만큼은 금지되어야 한다. 불쾌한 행동의 심각성은 불쾌나 불편한 경험의 강도, 그런 경험의 지속, 사람들이 불쾌한 행동에 노출되는 것을 회피하기 위하여 얼마나 불편을 감당하게 될지에 달려 있다. 불쾌와 불편이 강하면 강할수록, 길면 길수록, 불쾌한 행동을 피하기 위한 불편이 크면 클수록, 금지는 더 강해진다. 그래서 관람객에 대한 경고로 박물관에 설치되어 있는 불쾌한 물질적 존재와 교통량이 많은 인도 가운데에 불쾌한 물질적 존재를 설치하는 것은 차이가 있다. 첫 번째의 경우에 우리는 피하고자 한다면 불쾌한 물질적 존재를 쉽게 피할 수 있다. 마지막으로, 불쾌해하는 사람의 수가 또한 관련된다. 불쾌하게 될 사람이 많으면 많을수록 금지는 더 강하다. 그리고 위해의 경우도 마찬가지이지만 불쾌의 개연성도 관련이 있다.

덧붙여서, 불쾌하게 하는 행동의 합리성과 그것의 사회적 유용성도 고려되어야 한다. 당신은 안식일에 여전히 남아 있는 업무로 인해 불쾌해할 수도 있다. 그러나 어떤 날 일을 할지를 스스로 결정할 자유를 회사의 소유자에게 주기 위한 좋은 이유가 있을 수도 있다. 또한, 당신은 새벽 2시에 이웃의 야외 맥주 파티에서 들려오는 시끄러운 잡담과 비위 상하는 음악으로 불쾌해질지도 모른다. 그런 행동이 합리적이지 않고 사회적 유용성이 없다면, 정부가 그것을 금지하는 것은 정당할지도 모른다. 일반적인 사회적 유용성 말고도 고려되어야 할 것은 관련 당사자들을 불쾌하게 하는 행동이 유용한가 혹은 중요한가 하는 것이다. 파인버그가 지적하는 것처럼, 과거에 많은 사람들은 인종이 다른 부부를 목격하면 불쾌해했다. 인종이 서로 다른 부부를 보면 사람들이 불쾌해한다는 이유로 그들이 함께 공공장소에 나타나는 것을 금지할 권리가 정부에게 있겠는가? 사람들의 삶에서 우정과 사랑의 중요성은 실로 크기 때문에 거기에 비례해서 그 부부의 고통도 대단히 클 것이다. 금지된 행동의 **행위자에게 그 행동이 중요할수록** 그것을 금지할 정당성은 줄어든다.

방금 고려한 것에 추가하여, 행위자의 의도 및 그 행위자가 다른 사람들에 대한 불쾌를 줄이기 위해서 감당하게 될 상대적인 불편함이 고려되어야 한다. 존이 다른 사람들을 불쾌하게 하거나 위협하고 싶다는 단 한 가지 이유에서 불쾌감을 주는 티셔츠를 입고 있다면, 존이 사람들을 교육시키기 위하여 혹은 정치적 진술을 하기 위하여 불쾌감을 주는 티셔츠를 입고 있는 경우보다도, 정부가 전자의 행동을 금지하는 것은 더 정당할 것이다.[20]

3. 강한 간섭주의와 약한 간섭주의

간섭주의의 원칙은 사람들을 그들 자신으로부터 보호하도록 하기 위해 정부가 강제를 사용하는 것은 그들이 의사결정 능력이 있는 어른들일 때조차 도덕적으로 합법적이라고 진술한다. 간섭주의에 의하면, 사람들이 자신에게 위해를 가하지 못하도록 하는 것은 다른 사람들에게 위해를 가하거나 다른 사람들을 심각하게 불쾌하게 하는 것을 못하게 하는 것만큼 정당하다.

의사결정 능력이 없는 사람(예컨대 어린이·정신적 장애자·정신병자·극심한 중독자)이 의도적으로 아니면 부주의나 무모함 때문에 자신에게 위해를 가하는 일을 하지 못하도록 하는 법을 정부가 통과시킬 수도 있고 통과시켜야 한다고 주장하는 사람은 거의 없을 것이다. 그러나 의사결정 능력이 있는, 즉 합리적으로 결정을 내릴 수 있는 능력이 있는 성인의 경우는 어떤가? 의사결정 능력이 있는 사람들을 그들 자신으로부터 보호하도록 하기 위해 입안된 법을 정부가 통과시킬 수도 있는가?

한편 사람들은 예를 들면, 자살하는 것(혹은 시도하는 것) 혹은 그들 자신을 불구로 만드는 것(손을 자르는 것과 같은 것)에 의해서 직접적이고 고의적으로 자신을 해칠지도 모른다. 다른 한편 사람들은 비록 자신에게 손해를 끼칠 의도는 없지만 손해를 끼칠 위험이 있는 행동을 할지도 모른다. 안전장치가 없는 해변에서 혼자 수영하고 있는 사람은 구조원이 의무적으로 대기하고 있는 해변에서 친구들과 함께 수영하는 사람보다 물에 빠질 개연성이 더 크다. 담배를 피우는 사람이 폐암의 발생을 원하는 것은 아니지만, 그는 흡연 때문에 폐암에 걸릴 가능성이 매우 높아질 것이다. 암벽 등반·스카이다이빙·자동차 경주·헬멧 없이 오토바이 타기·안전하지 못한 성행위·종교적 축제 동안 독사를 다루는 것 등도 위험을 수반한다.

순수하게 간섭주의적인 법은 오로지 사람들이 자신에게 위해를 가하는 것을 방지하기 위해 입안된 것이다. (만약 어떤 법이 사람들이 자신에게 위해를 가하는 것을 방지하면서 그들을 다른 사람으로부터 보호하는 것 두 가지로 입안되었다면, 그것은 순수하게 간섭주의적인 것은 아니다.) 그래서 간섭주의적인 법은 자비로운 것이고, 행위자 자신의 선에 대한 관심이 동기가 되어 만들어졌다. 그러나 파인버그는 강한 간섭주의와 약한 간섭주의를 구별한다.

---

20) Joel Feinberg, *Offence to Others*, vol. II of *The Moral Limits of Criminal Law* (New York: Oxford University Press, 1985).

> 강한 간섭주의는 의사결정 능력이 있는 어른들을 자신의 의지에 반하여, 심지어는 충분히 자발적으로 선택하고 감행한 행동으로 생긴 위해한 결과들로부터 보호할 필요가 있다는 것을 법적인 제재 이유로서 받아들일 것이다. … 그 법은 법 그 자신의 가치와 판단을 사람들에게 "사람들 자신의 선을 위해" 부과한다. …
>
> 약한 간섭주의는 자신에 대한 위해의 행동이 실질적으로 비자발적일 **때 그러나 단지 그때에만**, 혹은 그 행동이 자발적인지 아닌지를 입증하기 위해 일시적인 간섭이 필요할 때, 그런 행동을 못하게 할 권리가 정부에게 있다고 주장한다.[21)]

파인버그는 약한 간섭주의의 원칙을 받아들인다. 그는 의사결정 능력이 없는 사람이 자신에게 위해를 가하는 일—예를 들면, 극단적인 정신이상의 증상이 있는 어른이 독약을 먹으려고 하는 것—을 못하게 하는 권리, 심지어는 의무까지도 정부에게 있다고 믿는다. 의사결정 능력이 없는 사람은 합리적인 선택을 할 수 없기 때문에 그들의 행위는 충분히 자발적이 아니다. 오히려 그들은 비자발적(무심결에 한 것에 대립하여)이다. 그러나 또한 파인버그는, 자신에게 직접적으로 해로운 혹은 극단적으로 위험한 일을 행하고자 하는 어른이 완전히 의사결정 능력이 있고 그런 위험을 이해하는지 어떤지를 확인하기 위해, 그 사람이 그런 행위를 하지 못하도록 **일시적으로** 정지시키는 일을 정부가 한다면, 그런 정부의 간섭은 도덕적으로 합법적이라고 믿는다. 그 사람에게 의사결정 능력이 없다면(일시적이든 영원하든), 정부는 그가 의사결정 능력을 가질 때까지 계속해서 그를 그 자신으로부터 보호할 수도 있다. 그러나 파인버그에 따르면, 그 사람에게 의사결정 능력이 있는데도 그가 자신에게 직접적으로 위해를 가하거나 극히 위험한 행동을 하는 것을 계속해서 정부가 막는다면, 정부의 그런 조처는 도덕적으로 합법적이지 않을 것이다.

4. 법적 도덕주의

법적 도덕주의에 의하면, 비록 본래적으로 부도덕하다고 생각되는 행동에 의해서 아무도 부당하게 위해를 당하지도 않고 심각한 불쾌감이 생기지 않더라도, 정부가 그러

---

21) Joel Feinberg, *Harm to Self*, vol. III of *The Moral Limits of Criminal Law* (New York: Oxford University Press, 1986).

한 행동을 금지하는 것은 도덕적으로 합법적이다. 예를 들어, 어른들이 서로 동의한 동성애적 행동을 동성애적 행동이 부도덕하다는 근거만을 가지고 정부가 금지하고자 한다면, 정부는 법적 도덕주의를 적용하고 있는 셈이다.

파인버그에 의하면, 법적 도덕주의의 한 가지 정당화는 특수한 공동체의 생활방식을 보호하고 보존하기 위해서는 그런 원칙이 필요하다는 것이다. 예컨대 청교도 공동체는 간통·이혼·산아 제한·음주·춤추는 것은 본래적으로 부도덕한 행동이며, 따라서 청교도적 생활방식을 보존하기 위해서는 이런 행동들이 금지되어야 한다고 주장할 수도 있다. 그러나 공동체 안의 다수(혹은 권력 있는 소수)에게 도덕적 권리, 즉 공동체의 다른 구성원들이 의견을 달리하고 결코 동의한 적이 없었던 (혹은 결코 동의하지 않는) 규칙을 다른 구성원들에게 따르라고 강요할 도덕적 권리가 있겠는가? 공동체가 일부의 사람들에게 그들 자신의 도덕적 규약에 따라서 (또는 그 안에서) 살지 말고 다수의 도덕 규칙에 따라 엄격하게 살라고 요구한다면, 그 사람들의 자율권이 심각하게 침해될 것은 명약관화한 사실이다.

물론, 어떤 공동체도 그 구성원들이 서로에 대해서 심각하고 불법적으로 위해를 가하거나 불쾌하게 한다면 오랫동안 존속할 수가 없다. 그러나 파인버그는 융통성 없는 일치를 강행하지 않고 다양성의 여지를 남겨 둔다면 공동체는 강해진다고 주장한다. 더 이상 받아들일 수 없는 규칙을 사람들에게 강요하려 든다면, 공동체들이 공동체의 생활양식을 보호하기 위하여 종교적 일치를 강행하던 종교개혁과 가톨릭 종교개혁 기간에 발생했던 폭력적 저항이 폭발할 수 있다. 도덕적 다원주의는 종교적 다원주의만큼 결국 사회적 유대를 위해 필요할는지 모른다. 게다가 공동체들은 종들이 변화하고 언어가 진화하는 것처럼 자연스럽게 변화하고 진화한다. 공동체 생활방식의 일체의 변화를 막으려고 하는 것은 무익할 뿐 아니라 대개는 위험하다.[22)]

물론 때때로 공동체의 생활방식에서의 변화는 실패하기보다 오히려 개선이 될 수도 있다. 공동체 안에서 다수 사람들의 믿음이 본래적으로 부도덕한 일은 있을 수 없을는지 모른다. 일부의 생활방식은 강압적이고 착취적이다. 공동체의 생활방식이 변해서 흑인을 노예로 삼는 일·여성 경시·엄격한 인종차별이 더 이상 없다면 확실히 그러한 변화는 개선이다. 생활방식의 보호와 보존은 보호되고 보존되는 생활방식의 일부가 도덕적으로 의심스럽다면, 공동체 구성원들을 강요하는 것은 정당성을 가지

22) Joel Feinberg, *Harmless Wrongdoing*, vol. IV of *The Moral Limits of Criminal Law* (New York: Oxford University Press, 1988).

지 못할 것이다.

비록 특수한 변화가 개선이 아니라고 생각되더라도, 예컨대 누군가가 사람들이 동성애적 행동에 빠지는 것은 사회적 진보라기보다는 오히려 사회적 쇠퇴의 징후라고 생각한다 하더라도, 그렇다고 해서 그런 행동에 대해 **관용을 베풀게** 되면 공동체의 생활방식에 큰 변화가 일어나서 그 사회 구성원 대부분이 이성애자였는데 대부분이 동성애자로 바뀌게 될 것이라는 귀결이 나오는 것은 아니다. 승인받지 못하는 행동양식이 반드시 "전면적으로 되는" 것은 아니다. 예컨대 사람의 성적인 취향은 변화에 대한 강한 저항성을 가진다. (무엇이 당신의 성적인 변화를 일으킬 수 있겠는가?) 동성애적 행동에 대해 관대하더라도(금지되거나 처벌되지 않더라도) 대부분의 사람들은 여전히 이성애를 유지할 것이다. 간통과 이혼은 본래적으로 부도덕한 것이지만, 그것들에 대해 관용을 베풀더라도(법적으로 금지하지 않더라도) 공동체 생활방식의 상당한 부분들은 크게 영향을 받지 않을 것이며, 공동체의 실질적인 부분은 그대로 유지될 것이다.

VII. 일곱 가지 기본 자유

유엔개발계획(the United Nations Development Programme)에 의해 간행된『인간개발보고서 2000(Human Development Report 2000)』에서는 모든 사람들이 그것에 대한 권리를 가져야 하는 일곱 가지 자유의 목록을 제시한다. 보고서 작성자들은 이 일곱 가지 자유가 인간 존엄성에, 그리고 사람들에게 열려 있는 선택의 기회를 확장하는 데 필수적이라고 믿는다. 이것은 자유의 개념의 핵심이다. 일곱 가지 자유는 이용 가능한 기본적인 삶의 선택을 축소시키는, 폭넓게 퍼져 있는 힘으로부터 사람들을 보호하는 형식으로 제시된다. 일곱 가지 자유는 다음과 같다.

차별로부터의 자유—성(gender)·인종·민족적 배경(ethnicity)·국적·종교에 의한 차별.

곤궁으로부터의 자유—적절한 수준의 삶을 향유할 자유.

자신이 갖고 있는 인간적 잠재력을 발전시키고 실현할 자유.

공포로부터의 자유—개인의 안전을 위협하는 것·고문·자의적 체포·기타 다른 폭력적 행위로부터의 자유.

법률의 불공정과 침해로부터의 자유.

사상의 자유·언론의 자유·집회 결사의 자유.

노동력의 착취 없이 적절한 일을 할 자유.[23)]

보고서 작성자들에 의하면 우리가 갖고 있는 자유의 양은 우리의 가치 있는 재능들을 실현하고 발전시키는 데 방해가 되는 장애물의 수와 종류, 그리고 우리에게 열려 있는 선택의 기회를 축소시키는 힘에 달려 있다. 일곱 가지 자유의 각각은 이러한 것들로부터 우리를 보호하기 위한 의도를 담고 있다.

VIII. 복지의 권리

이 범주의 권리들은, 사람들이 기본적 욕구를 충족시킬 수 있는 능력이 결여되어 있기 때문에, 혹은 삶과 노동 조건에 대한 힘이 부족하기 때문에 생길 수 있는 해악으로부터 그들을 보호하기 위해 만들어졌다. 이런 권리들은 개인의 특징으로 간주되는 능력들의 개발과 유지를 보호한다. 여기에는 22조(사회보장제도에 관한 권리), 23조(고용의 권리, 유리한 고용 조건에 관한 권리), 24조(휴식과 여가에 관한 권리), 25조(적절한 생활수준을 누릴 권리), 26조(교육을 받을 권리)가 포함된다.

1. 적절한 생활수준을 누릴 권리

제25조에 의하면, 모든 사람들은 그들의 건강과 안녕에 적합한 생활수준을 누릴 권리를 가진다. 당신에게 그 권리가 있는데도 기본적인 욕구들을 충족시킬 수 없거나 아니면 겨우 충족시키는 정도라면, 다른 사람들에게는 당신이 생존을 위해서 필요로 하는 것을 얻도록 도울(당신에게 제공할) 의무가 있다. 그 의무는 당신이나 내가 직접적으로 짊어지는 것이 아니라 집단적으로 사회가 부담한다. 사회에는 일반적인 측면에서 생존을 위해 필요한 것들을 당신이 얻도록 돕거나 당신에게 제공할 의무가 있다. 사람들이 건강과 안녕에 적합한 생활수준을 누릴 권리를 갖고 있다는 주장은 사람들의 삶·건강·안녕이 도덕적으로 중요하고, 마땅히 사회적 보호를 받을 가치가 있

23) *Human Development Report 2000* (Oxford: Oxford University Press, 2000), p. 1.

는 것이라는 가정에 기초하고 있다.

그렇다면 사회는, 스스로 충족시킬 능력이 있는 사람이 그러나 아마도 게으름 때문에 필요한 것들을 스스로 공급하는 일을 하지 않는다면 그 사람에게 필요한 것을 제공할 의무가 있는가? 많은 사람들은 그렇지 않다고 대답한다. 이들은 권리의 내용에 다음의 제한을 추가할 것이다. **만약** 도움 없이는 체면을 지키는 수준에서의 생존을 위해 필요한 것들을 스스로 확보할 수 있는 능력이 우리에게 없는 **한**, 우리가 그것을 얻도록 도울 또는 우리에게 그것을 제공할 의무가 사회에 있다. 우리의 통제를 넘어선 것들이 다수 있을 수 있으며, 이렇게 되면 스스로 부양하는 것이 어렵거나 불가능하게 될 수도 있다. 즉 나이(너무 어리거나 너무 노령이거나)·좋지 않은 건강·교육 혹은 일솜씨의 부족·무직·낮은 임금 등이 여기에 해당한다. 우리는 이러한 제한들을 모든 복지의 권리 내용에 추가할 수 있다. 그래야만 이런 권리가 능력이 있는데도 스스로에 대한 부양을 거부하는 사람들을 부양할 의무를 사회에 대해 요구한다는 있을 수 있는 반대를 극복할 수 있을 것이다.

2. 고용의 권리

당신에게 고용의 권리와 실직 보호의 권리가 있다면, 그것은 당신이 일자리를 구하기 힘들 때 다른 사람들(아마도 정부에 의한 집단적인 의미의 사회)에게 당신이 일자리를 얻는 데 도움을 줄 의무가 있다는 것을 의미한다. 정부가 당신이 직업을 얻는 데 도움을 주거나 무직의 고통을 경감시키는 데 아무런 노력을 기울이지 않는다면, 그것은 당신의 권리를 침해하는 것이다. 고용이 사람들의 삶에서 얼마나 중요한지를 고려한다면, 뜻하지 않은 실직은 심각한 위협이 된다. 무엇보다도 먼저 명백하게, 고용은 대부분의 사람들에게 제1의 소득이거나 유일한 소득이다. 실직한다면 필요한 것을 구입하는 데 지불할 돈을 벌 수 없다. 그렇지만 일이나 고용은 또한 다른 이유로도 중요하다. 그것은 종종 긍지·자기존경·자기존중의 원천이 되기도 한다. 어떤 이들에게 그것은 그들의 정체성의 정수이다. 노동은 잘 수행된 일거리에 대한 만족감을 준다. 그것은 사람들에게 생산적이고 유용한 사람이라는 것을 느끼도록 만들며, 사회에 기여하게 한다. 그렇게 하여 사람들은 그 기여가 비록 크지 않다 하더라도 자부심을 느낀다. 실직은 우리로 하여금 쓸모없는 인간으로 느끼게 한다. 그래서 또한 우리 사회의 많은 사람들은 직업을 가지고서 자신을 보다 나은 존재로 혹은 보다 신통찮은 존재로 규정하고, 직업에서 정체성의 상당 부분을 끌어온다. 다른 사람들이 우리에 대해 물어보면 가장 먼저 자신의 직업을 말하곤 한다. 의사·교사·배관공·전기기사 등이라고 말이다.

고용 혹은 일은 또한 좋은 삶의 필수불가결한 요소일 수 있다. 실직으로 인한 나태는 삶을 지루하게 할 수 있다. 다른 사람과 소원함을 발견할 때도 있다. 일이 있으면 매일 다른 사람과 접촉할 수 있다. 흥미롭거나 도전할 만한 일이라면 일에 자극을 받게 된다. 어떤 사람들에게는 일하는 데 들이는 시간이 그들이 좋아하는 것을 하는 시간이기도 하다. 예컨대 과학자·교사·자동차 기술자들은 하는 일이 좋아서 할지도 모르고, 그들에게서 일을 앗아 간다면 엄청난 상실감을 느낄지도 모른다.

3. 정당하고 적절한 보수를 받을 권리

당신에게 정당하고 적절한 보수를 받을 권리가 있다면, 다른 사람들(고용주)에게는 이른바 입에 풀칠도 못하는 박봉을 지불해서는 안 될 의무가 있다. 기본적 필요와 적당한 존엄성을 갖는 삶을 사는 것조차도 충족시킬 수 없는 임금이나 월급을 노동자에게 지불하는 것은 노동자의 도덕적 권리를 침해하는 것이다. 당신의 임금이 너무 낮아서 개집과 같은 곳에서 살고 개밥과 같은 형편없는 것을 먹을 수밖에 없다면, 당신은 당신의 일에 대한 정당하고 적절한 보수를 받지 않은 것이다. 정당하고 적절한 보수를 받을 권리는 고용주에게 적절한 임금을 지불할 의무를 부과한다. 또한 그것은 최소한의 임금에 관한 법을 통과시키고, 사람들로 하여금 짐승이 아니라 인간에게 적합한 삶을 살 수 있기에 충분할 정도의 최소한의 임금을 보장할 의무가 정부에게 있으며, 아니면 노동자의 임금을 적정 수준으로 올리기 위해 보조금을 줄 의무가 정부에게 있다.

4. 휴식, 여가, 적절한 근로 시간을 가질 권리

1840년대나 1850년대 영국의 빅토리아 시대에 살던 공장 노동자였다면, 아마도 당신은 하루에 12시간에서 16시간 동안 일하지 않으면 안 되었을 것이다. 또한 일주일에 6일을 일하지 않으면 안 되었을 것이다. 만일 그렇게 긴 시간 동안 일하는 것을 거부했거나 불만을 토로했다면 당신은 분명히 해고되었을 것이다. 불고용 상태가 광범위하였기 때문에 다른 일을 찾기란 너무 힘들었을 것이다. 그리고 운 좋게도 오랜 실직 기간을 거치지 않고 다른 일을 찾았다 하더라도 아마 근로 시간이 더 낫지 않았을 것이다. 실직을 하게 되면 실직 수당도 없고 사회보장 프로그램도 거의 없었기 때문에 비참한 궁핍 생활을 할 수밖에 없었을 것이다. 기존의 사회 프로그램은 빈약하기 짝이 없었다. 따라서 하루 12시간에서 16시간, 일주일에 6일간 일한다 해도, 당신은 그 일을 계속하고 싶어 했을 것이다. (근로 시간이 길고 보수가 형편없다 해도.)

그렇게 긴 시간 동안 일을 했다면 당신의 생명은 어떻게 되었을 것 같은가? 일례로 아마 생명이 단축되었을 것이다. 문자 그대로 당신은 어린 나이에 죽을 각오로 일을 했을 것이다. 그렇다면, 또한 살아가는 동안 당신의 삶의 질은 참담했을 것이다. 아침 6시부터 밤 8시까지 항상 일한다고 생각해 보라. 당신은 언제나 피곤함을 느꼈을 것이고, 일하는 시간 말고 다른 시간이 전혀 없었을 것이다. 가족 생활을 위한 시간도 친구들과 어울릴 시간도 거의 없었을 것이다.

많은 사람들은 일하고 먹고 자는 데 거의 전적으로 할애된 생활은 인간에게 적합하지 않고, 또한 인간으로서의 존엄에 모순된다고 생각한다. 그것이 마지못해 하는 것일 때 특히 적합하지 않다고 생각한다. 영국 빅토리아 시대의 노동자들은 그런 장시간의 노동을 기꺼이 선택한 것은 아니었다. 자포자기로 그렇게 해야만 했다. 무력하고 약하기 때문에 그들은 강요된 조건하에서 일을 하거나 아니면 굶주리거나 둘 중 하나를 선택해야만 했다. 휴식과 여가를 즐길 권리는 인간으로서의 존엄성과 양립할 수 없는 근로 조건을 참고 견디도록 강요하는 위협으로부터 사람들을 보호하려 한다. 휴식과 여가를 즐길 권리는 고용주에게 근로 시간을 제한하고 근로 시간을 단축하도록 할 의무를 부과한다. 또한 이 권리는 정부에게 고용주에 의한 노동 착취로부터 노동자들을 보호할 의무를 부과한다. 법률에 의해 근무 시간을 제한할 수 있고, 의무적인 초과 근무 시간을 금지하며, 고용주에게 초과 근무 시간에 대한 보다 높은 임금을 노동자들에게 지불하도록 요구할 수 있다.

5. 교육을 받을 권리

인간이 무지하고 착오 속에 빠진 삶을 사는 것은 인간으로서의 존엄성에 모순된다. 문맹이고 전혀 교육의 혜택을 누리지 못한 사람은 인간으로서 자신의 최대 잠재성에 도달할 수 없을지도 모른다. 지식이 권력인 곳에서 무지와 착오는 무기력하다. 산업사회에서 일자무식인 사람은 장애를 겪는다. 거리의 간판·신문·고용 신청도 읽을 수 없다고 해 보자. 그리고 당신에게 손해가 되는 정책에 항변하기 위해 상원의원에게 편지를 쓰거나 신문에 기고할 수 없다고 해 보자. 셈을 하지 못해서 당신이 물건을 구매할 때 속았는지 여부를 전혀 알 수 없다고 해 보자. 교육을 받지 못하면 당신은 당신의 삶과 환경을 거의 제어하지 못할 것이다.

선언문 제26조는 당신이 무상으로 초등 혹은 기초 교육을 받을 권리가 있다고 주장한다. 그것은 당신(혹은 모든 사람들)에게 사회가 무상으로 기본 교육을 제공할 의무가 있다는 것을 뜻한다. 미국에서 그 권리는 최상급 학년까지 12년간의 무상 교육으로 해석되었다. 제26조에 따르면, 고등학교 이후 보다 높은 수준의 교육은 "실력에 근거하여 모든 사람들에게 동등하게 접근 가능해야 한다."

6. 복지의 권리의 정당화

어떤 사람이 자신의 기본적 필수품을 충족시킬 수 없고 사회가 그러한 것들의 충족을 위해 어떤 것도(혹은 충분히) 하지 않는다면, 그 사람의 복지의 권리는 침해당한 셈이다.

일부 사람들은 사람들에게 복지의 권리가 있다면 그것은 다른 사람들의 자유의 권리를 침해하는 것이라고 주장한다. 정부가 복지의 권리를 보호하는 사회에서 정부는 납세자가 원하든 원하지 않든 간에 이러한 프로그램을 위해 국민들에게 세금을 부과한다. 그러나 이와 상충하는 자유는 확실하게 무엇일까? 그것은 종교적 자유·사상의 자유·언론의 자유·이동의 자유와 같은 기본적 자유가 아니다. 오히려 복지의 권리를 이행하는 것과 충돌하는 유일한 자유는, 우리가 번 돈의 세금을 내지 않고 그것을 유지하면서 우리가 원하는 대로 그것을 쓸 자유인 것처럼 보이지는 않는가? (다른 자유의 권리들이 침해당한다면 침해당하는 권리에는 어떤 것이 있는가?)

그것을 살펴보는 방법은 도덕적 관점에서 다음 두 가지 중 무엇이 더 중요한지를 물어보는 것이다. 즉 사람들의 복지의 권리 보호를 보장하는 것이 중요한지, 아니면 자신이 번 돈에 대해 전혀 세금을 내지 않고 유지할 권리에 대한 자유를 보장하는 것이 중요한지를 묻는 것이다. 그러나 우리는 자유 간의 충돌이라는 관점에서 이 문제를 재구성할 수도 있다. 즉, 한편으로 사람들이 갖고 있는 잠재력을 개발하고 실현할 자유 및 궁핍으로부터의 자유는 세금을 내지 않고 그들이 벌어들인 모든 돈을 유지할 자유와 충돌하게 될지도 모른다. 분명하지만 재원의 부족은 사람들이 갖고 있는 잠재력을 실현하고 계발하지 못하게 하는 장애물이 될 수 있고, 마찬가지로 분명한 사실이지만 재원의 부족은 궁핍을 낳고 그래서 사람들은 궁핍으로부터 자유로워지지 못한다. 사람들이 갖고 있는 잠재력을 실현시키고 계발할 수 있는 자유를 보호하기 위해 그리고 궁핍으로부터 그들을 자유롭게 하기 위해, 우리는 필요 이상의 것을 갖고 있는 사람들로부터 재원을 마련해서 필요 이하의 것을 가진 사람들에게 양도할 수 있다. 그렇게 하지 않는다면, 우리는 세금을 내지 않고 자신이 벌어들인 모두를 유지할 자유가 사람들에게 있다는 것이, 도덕적 관점에서 볼 때, 사람들의 잠재적 능력을 실현시키고 계발하며 궁핍으로부터 자유롭게 하는 것보다 더 중요하다는 것을 암암리에 정당화하고 있는가? 그러한 도덕적 판단은 어떻게 정당화될 수 있는가?

결국 그것을 바라보는 다른 측면은, 민주주의 정부라면 국민들의 생존권을 보완하는 정부 프로그램에 쓰기 위해 국민들에게 세금을 부과하는 결정은 민주적으로 마련된다는 것이다. 민주주의의 이행은, 그 문제에 대한 손실의 측면이 있다 하더라도 우리가 정치적 결정을 받아들인다는 것을 의미한다.

연습문제

1. 어떤 사람들은 정부에게만 인권을 존중할 의무가 있다고 생각한다. 자이언트 사는 전체 노동자 조합을 지지한 것으로 고발된 혹은 지지한 혐의가 있는 모든 노동자를 해고한다. 노동자가 스스로를 방어할 수 있는 청문회나 청원 과정이 없다. 노동자의 인권 중 침해된 것이 있는가? 침해되었다면 노동자에 대한 회사의 인권 침해는 나쁜가?

2. 다음 물음에 답하고 당신의 답을 논거를 통해 방어하라.

   - 의사에게 환자의 자살을 도울 자유가 항상 있어야 하는가?
   - 사람들에게 자국의 국기를 공개적으로 불태울 자유가 항상 있어야 하는가?
   - 사람들에게 마리화나·헤로인·코카인을 사용할 자유가 있어야 하는가?
   - 사람들에게 매매춘의 자유가 있어야 하는가?
   - 사람들에게 인터넷에 포르노를 게시할 자유가 있어야 하는가?
   - 부유한 사람이 자신이 원하는 만큼의 돈을 정치 후보자에게 기부할 자유가 있어야 하는가?
   - 동성애자 간에 결혼할 자유가 있어야 하는가?

3. 정부는 사람들에게 합법적으로 다음을 요구할 수도 있는가?

   - 안전띠 착용은?
   - 전쟁 기간 중 군 복무는?

- 자동차 보험료 지불은?
- 사람들이 소유한 전체 화기(火器) 등록은?

4. 백인인 톰슨은 자신의 식당에서 흑인 손님을 받지 않으려고 한다. 자신의 식당이기 때문에 원하는 대로 손님을 받거나 거절할 자유가 자신에게 있어야 한다고 말한다. 톰슨의 식당 출입이 거절된 흑인 여성 더글라스는 정부가 톰슨에게 인종에 근거한 차별을 못하게 하여, 자신이 원하는 어떤 공공 식당에서든 식사할 자유를 가지도록 해야 한다고 주장한다. 덧붙여서 더글라스는 정부(경찰과 법정)가 톰슨의 인종차별을 돕고 있기 때문에 그런 일이 생긴다고 말한다. 흑인이 톰슨의 식당에 들어가 톰슨의 명령에도 떠나기를 거절하면, 톰슨은 그 흑인이 사유재산을 침해하고 있다고 주장하면서 경찰을 불러 그를 쫓아내 달라고 요청한다. 정부가 백인뿐만 아니라 흑인 손님도 받아야 한다고 톰슨에게 요구하는 것은 도덕적으로 허용될 수 있는가?
5. 글렌버그는 거주자가 모두 백인인 도시로서, 백인이 아닌 사람이 그곳에 거주하거나 재산을 소유하는 것을 금지하는 조례를 통과시켰다. 그들은 자신들의 공동체와 그 공동체의 삶의 양식이 가지고 있는 "특성과 매력"을 보존하고 싶어 한다. 어느 아프리카계 미국인 부부가 그 법을 철폐해 달라고 주 법정에 청원을 했다. 글렌버그의 주민들은 자신들에게 자신들의 공동체에서 백인이 아닌 사람들을 쫓아낼 자유가 있어야 한다고 말한다. 아프리카계 미국인 부부는 자신들에게 자신들이 원하는 어느 곳에서도 살 자유가 있어야 한다고 주장한다. 당신은 누구에게 동의하는가? 왜 동의하는가?
6. 미국의 제2차 세계대전 참전을 유발했던 일본의 진주만 폭격 이후 서부 해변에 살고 있는 100,000명이 넘는 일본계 미국인들은 체포되어 억류 캠프로 이송되었다. 왜냐하면 그들은 국가 안전을 잠재적으로 위협하는 사람으로 간주되었기 때문이다. 범죄로 인해 고발된 사람은 한 명도 없었다. 대부분은 아니지만 많은 사람들이 미국 시민이었다. 많은 사람들은 미국에서 태어났다. 연방 관리들은 그들이 미국 정부보다는 일본 정부에 더 충성심을 가질까 봐 두려워했다. 그러나 지금까지 그들이 위험한 인물이라는 어떤 증거도 제시되지 않았다. 그들 중 누구도 위험 인물인지를 결정하기 위한 개인 청문회나 공판을 받은 적이 없었다. 조상이 일본인이라는 고려만으로 충분했다. 그들 중 많은 사람들은 집중 캠프에서 몇 년간을 지냈다. 그러나 독일계 미국인이나 이탈리아계 미국인에게는, 비록

미국이 독일·이탈리아와도 교전 중이었지만, 미국인의 안전에 대한 위협으로 인한 비슷한 방식의 구금이 없었다. 제2차 세계대전 중 일본계 미국인들에 대한 구금이 누군가의 인권을 침해했는가? 침해했다면 누구의 인권을 침해했는가?

7. 사람들에게 의학적 보살핌을 받을 권리가 있는가? 그러한 권리는 정확하게 어떤 의무를 수반하는가?

관련 자료

David Copp, Jean Hampton, and John Roemer, eds. *The Idea of Democracy.* Cambridge, England: Cambridge University Press, 1993.

Robert A. Dahl. *On Democracy.* New Haven , CT: Yale University Press, 1998.

Jack Donnelly. *Universal Human Rights in Theory and Practice.* Ithaca, NY: Cornell University Press, 1989.

John Dunn, ed. *Democracy: The Unfinished Journey.* Oxford, England: Oxford University Press, 1992.

Joel Feinberg. *The Moral Limits of Criminal Law.* Volume 1, *Harm to Others.* New York: Oxford University Press, 1984. Volume 2, *Offence to Others.* New York: Oxford University Press, 1985. Volume 3, *Harm to Self.* New York: Oxford University Press, 1986. Volume 4, *Harmless Wrongdoing.* New York: Oxford University Press, 1988.

Micheline R. Ishay, ed. *The Human Rights Reader: Major Political Essays, Speeches, and Documents From the Bible to the Present.* New York: Routledge, 1997.

David Lyons, ed. *Rights.* Belmont, CA: Wadsworth, 1979.

James Nickel. *Making Sense of Human Rights.* Berkeley: University of California Press, 1987.

Martha C. Nussbaum. *Sex and Social Justice.* New York: Oxford University Press, 1999.

Philip Pettit. *Republicanism: A Theory of Freedom and Government.* Oxford, England: Oxford University Press, 1997.

Amartya Sen. *Inequality Reexamined.* Cambridge, MA: Harvard University Press, 1992.

Henry Shue. *Basic Rights.* Princeton, NJ: Princeton University Press, 1980.

L. W. Sumner. *The Moral Foundation of Rights.* New York: Oxford University Press, 1987.

인터넷 자료

Human Right Watch (www.hrw.org).

United Nations—Human Rights. (www.un.org/rights/).

U. S. Departments of State Human Rights Reports (www.state.gov/global/human_rights/hrp_reports_mainhp.html).

University of Minnesota Human Rights Library (www.1.umn.edu/humanrts/).

The World Wide Web Virtual Library: Roma/Gypsies (www.geocities.com/Paris/5DI/vlib).

제 9 장

페미니즘과 남녀평등

- 페미니즘에 대한 여러 상이한 개념 이해
- 가부장적 개념의 이해
- 제1 페미니즘 물결과 제2 페미니즘 물결 간의 차이 이해
- 오늘날 미국 여성들의 지위 이해와 비판적 평가
- 현대 페미니즘의 관심 대상이 되는 일부 기본 문제에 관한 사리에 맞는 견해의 이해와 그런 견해에 도달하기
- 여성의 권리에 대한 일부 국제적 문서들의 이해와 그런 문서들의 설득력 평가
- 도덕적 의사결정에 대한 배려 접근의 이해 및 그런 접근과 페미니즘의 관계 이해

I. 가부장제

2001년 초 미국의 수많은 여성들은 경찰이 자행한 성적 괴롭힘과 학대에 대해 불평하기 시작했다. 예를 들어, 롱아일랜드의 한 경찰관은 음주 운전을 한 여성을 체포하지 않겠다는 조건으로 성관계를 가질 것을 강요하여 체포·고발되었다. 롱아일랜드의 다른 경찰관은 전화로 괴롭히는 데 사용할 여성들에 관한 정보를 얻기 위해 경찰서의 컴퓨터를 사용한 죄로 유죄를 선고받았다. 일부 경찰관들은 교통 위반으로 멈춰 세웠던 여성들을 강간하여 고발당했고, 일부 경찰관들은 강제로 여성들의 옷을 벗기거나 부당하게 옷을 벗기고 수색하여 고발되었다. 일설에 의하면 어떤 경우에 경찰관들은 자신과 데이트할 것인지를 묻고 싶어서 젊은 여성들에게 차를 세울 것을 명령했다. 가끔은 표적이 된 여성들이 제3세계로부터 온 이민자와 같이 최저 생활자에 속한 사람들

이었으며, 이들은 일반 시민들보다 더 상처받기 쉽고 더 권력이 작은 사람들이었다.[1]

전 역사를 살펴보았을 때, 여성의 경제적·법적·사회적 지위는 남성의 그것에 종속되었고 남성보다 열등했다. 여성들은 남성보다 작은 힘과 작은 권리를 가졌다. 모든 사회의 지배적인 이데올로기는 여러 면에서 여성이 남성보다 열등하다고 주장해 왔고, 그런 이데올로기에 의해 여성의 종속적 지위와 불평등한 대우가 정당화된다. 여성이 남성에게 종속되는 체제는 가부장제라고 불린다. 정치 이론으로서의 페미니즘은 우선 그리고 무엇보다도 여성들이 어떻게 대우받아야 하는지, 무슨 권리와 책임을 그들이 가지고 있는지 또는 가져야 하는지와 관련된 모든 방식에서 남성과 여성이 동등하다는 입장을 견지한다. 다른 페미니즘에 비해 페미니즘 정치 이론은 여성이 가부장제 사회 체제에 의해 종속되어 왔고, 억압받아 왔으며, 착취당해 왔던 방식들을 연구한다.

그러나 페미니즘은 단지 이론의 문제이거나 단순히 믿음의 체계를 평가하고 구성하는 문제가 아니다. 그것은 여성을 억압과 복종으로부터 자유롭게 하기 위한 실천 및 사회 변화를 이끌고자 하는 목표를 가지고 있다.

II. 미국의 제1 페미니즘 물결

스탠턴(Elizabeth Cady Stanton, 1815~1902)은 미국에서 여성의 권리를 위해 투쟁한 최초의 그리고 가장 강력한 인물 중 하나였다. 스탠턴이 성장했던 1830년대에 성직자·여성 잡지·사회의 보수주의자들에 의해 "진정한 여성다움에 대한 숭배"가 최초로 명료하게 되었다. 여성, 특히 중산층·상류층의 백인 여성의 이상적인 모습은 집안·아이들·남편을 돌보기 위해 집에 머무는 것—종종 하인들의 도움을 받으면서—이었다. 그러나 육체적으로는 게을러야 했다. 왜냐하면 운동과 육체적인 작업은 섬세하고 약한 여성의 신체로는 너무 무리한 것을 요구한다고 생각되었기 때문이었다. 게다가 여성은 남성보다 더 약하다고 생각했기 때문에 그리고 여성의 뇌가 남성의 뇌보다 더 작다(그러므로 정신적인 업무 능력이 떨어진다)고 믿었기 때문에 여성들은 정치·사업·전문적인 생활에서 배제되었다.

---

1) "Officer Accused of Sexually Assaulting a Woman While on Duty," *New York Times* (27 January 2001), p. A11.

스탠턴이 1830년 고등학교를 졸업했을 때, 어떤 대학도 여성의 입학을 허용하지 않았기 때문에 그녀는 대학에 진학할 수 없었다. 스탠턴은 다른 주의 법과 크게 다르지 않은 뉴욕 주법에 따라 아내로서의 권리를 침해당했다. 즉 "아내에게는 재산을 상속받을, 수입을 유지할, 계약에 서명할, 소송을 시작할, 신용을 확립할, 남편 재산의 3분의 1 이상을 요구할 어떠한 권리도 없다. 더 당혹스러운 것은 자식에 대한 양육이나 통제할 법적 권리가 없다는 것이었다."[2] 이혼할 경우 아버지는 자동적으로 아이들의 양육권을 가지게 되었다. 그리고 물론 노예와 같이 여성들은 투표할 권리도 거부되었다.

1848년 스탠턴과 다른 페미니스트 활동가들은 뉴욕의 세니카폴스(Seneca Falls)에서 여성들의 권리 충족을 위한 대표자 회의를 소집하였다. 100여 명이 넘는 사람들이 참가한 회의에서 스탠턴이 상당 부분 썼던 취지 및 결의 선언서가 채택되었다. 세니카폴스 모임에서 채택한 취지 선언서는 독립선언서를 본떠서 작성되었다.

> 우리는 이러한 진리들이 자명하다고 주장한다. 즉 모든 남성들과 여성들은 평등하게 창조되었다.
>
> 인류의 역사는 여성을 향한 남성 편에서의 반복적인 손상과 권리 침해의 역사로서, 그것은 여성에 대한 절대적 독재에의 확립을 직접적 대상으로 삼는다.
>
> 남성은 여성의 선거권에 대한 양도할 수 없는 권리의 행사를 결코 허용하지 않았다.
>
> 남성은 여성의 목소리를 담지 않고 만든 법에 복종하도록 강요했다.
>
> 남성은 결혼 시 여성을 법의 입장에서 볼 때 죽은 시민이 되도록 만들었다.
>
> 남성은 여성의 전 재산권, 심지어는 여성의 임금까지도 빼앗았다.
>
> 결혼의 서약에서 남편에게 복종할 것을, 사실상 남편이 그녀의 주인이 되는 것에 복종할 것을 약속하도록 강요받는다.
>
> 남성은 이혼의 적절한 사유가 무엇인지에 관해, 이혼 시 누구에게 아이들의 양육권이 주어질지에 관해, 여성의 행복과는 완전히 무관하게 이혼법

2) Elisabeth Griffith, *In Her Own Right: The Life of Elizabeth Cady Stanton* (New York: Oxford University Press, 1984), p. 31.

을 만들었다.

남성은 거의 모든 유익한 직업을 독점해 왔고, 여성은 허용된 직업에서 매우 낮은 보수를 받는다.

남성은 충분한 교육을 받기 위한 여성의 시설 이용을 거부했다—모든 대학은 여성의 입학을 거부했다.

남성은 남성과 여성에 대해 상이한 도덕 규약을 세상에 제공함으로써 거짓된 공공 의견을 만들었다.

남성은 가능한 한 모든 면에서 여성이 자신의 힘에 대한 자신감을 파괴하기 위해, 자기존중을 줄이도록 하기 위해, 기꺼이 의존적이고 비참한 삶을 받아들이도록 하기 위해 노력해 왔다.

결의문은 조처를 취할 것을 요구하고 있다. 결의문의 내용 중 일부는 아래와 같다.

인정해야 하지만, 자연의 위대한 가르침은 "남성은 자신의 참되고 실질적인 행복을 추구하리라는 것"이다.

여성의 참되고 실질적인 행복과 어쨌든 충돌하는 그러한 법은 자연의 위대한 가르침에 반대되며, 어떠한 타당성도 없다는 것을 결의함.

여성이 자신의 양심이 지시하는 바에 따라 사회적 지위를 갖는 것을 금하는, 또는 여성을 남성 아래의 지위에 두는 모든 법은 자연의 위대한 가르침에 반대되며, 어떤 효력도 어떤 근거도 없다는 것을 결의함.

여성이 남성과 평등하다는 것은 창조주가 의도한 바이며, 인류의 최고 선이 요구하는 바는 여성이 그런 식으로 인식되는 것이라는 점을 결의함.

사회적 상황에서 여성에게 요구하는 행동에서의 덕, 우아함, 세련이 남성에게도 요구된다는 점을 결의함.

신성불가침한 선거권을 보장하는 것이 여성에 대한 이 나라의 의무라는 것을 결의함.

인권의 평등성은 인류가 역량과 책임에 있어 동일하다는 사실에서 필연적으로 귀결한다는 점을 결의함.

우리 운동의 신속한 성공은 성직의 독점권을 타도하고자 하는, 그리고 여러

> 가지 거래, 직업, 통상에서 남성과 평등한 참여를 여성에게 보장하는, 남성과 여성 모두의 열성적이고 지치지 않는 노력에 달려 있다는 점을 결의함.[3]

1848년 세니카폴스 선언은 19세기와 20세기 초반 미국의 페미니스트들을 위한 지침의 역할을 했다. 불행히도, 스탠턴은 남녀평등을 위한 자기 노력의 결과를 볼 때까지 살지 못했다. 1902년 그녀가 죽었을 때, 아직도 여성에게는 선거권이 없었다.

그러나 스탠턴은 어느 정도의 진전이 있을 때까지는 살아 있었다. 1860년에 개정된 기혼 여성의 재산에 관한 법령은 "기혼 여성은 남편의 간섭 없이 부동산과 동산을 소유할 권리, 어떤 거래도 할 권리 또는 어떤 직무도 수행할 권리, 자신의 수입을 모으고 사용할 권리, 남편의 동의 없이 사고, 팔고, 계약할 권리를 가진다고 규정했다. … 또한 소송을 제기하고 소송을 제기당할 권리, 자식에 대한 공동 양육의 권리, 배우자가 죽었을 때 자식들과 동등하게 상속받을 권리를 가진다고 규정했다."[4] 이러한 법적 권리들은 여성을 위한 진전을 의미하였고, 스탠턴은 개정안을 통과시키기 위해 강력한 운동을 벌였다. 물론 법안은 단지 뉴욕 주의 기혼 여성에게만 적용되었다. 그리고 불행히도 1860년대 초에 보다 보수적인 뉴욕의 입법부는 "어머니의 자식에 대한 동등한 양육권"[5]을 포함하여 개정안의 일부를 철회하였다.

또한 스탠턴은 페미니스트들이 여성에게 불리하다고 믿었던 뉴욕의 이혼법을 변화시키기 위한 캠페인도 벌였다. 스탠턴은 이혼을 더 쉽게 할 수 있도록 노력하였다. 그래야 여성들이 "음주·정신이상·유기·잔인하고 잔혹한 대우·간통·단순한 성격 차이"[6]에 의해 손상된 결혼을 더 이상 억지로 지속하지 않아도 된다. 당시의 아내들은 남편이 간통을 저질렀다는 것을 증명할 수 있는 경우에만 이혼할 수 있었다. 그들은 남편이 자신을 돌보지 않거나 물리적으로 학대해도 이혼할 수 없었다. 1860년에 뉴욕 주 의회는 "돌보지 않음·습관적 음주·간통을 통한 학대를 아내의 이혼 제기 근거로서 추가하는"[7] 법안을 거부했다. 반대자들은 스탠턴이 신이 주신 인연을 약화시

---

3) www.sscnet.ucla.edu/history/dubois/classes/995/98F/doc5.html

4) Griffith, *In Her Own Right*, p. 100.

5) Ibid., p. 109.

6) Ibid., p. 104.

7) Ibid., p. 101.

키고자 한다고 비난했다.

남북 전쟁 이후 대부분의 개혁가들에게는 해방된 흑인들의 지위 문제가 여성들의 권리 문제에 우선했다. 스탠턴은 아프리카계 미국 남성과 마찬가지로 여성의 투표권을 확보하기 위해 노력하였으나 성공하지 못했다. 자신의 조처를 공식화하기 위해, 그녀는 헌법 어디에도 여성이 공직에 입후보하는 것을 금하는 조문은 없다고 주장하면서 1866년 뉴욕의 제8지구 하원의 독립 후보에 입후보했다. 그녀는 24표를 얻었다.[8] 여성의 투표권은 1866년 미 상원위원에서 논쟁거리가 되었고, 반대자들이 37대 9로 승리했다. 반대자들은 다음과 같이 주장하였다.

> 남편·아버지·남매·아들이 잘 대변하기 때문에 여성은 투표할 필요가 없었다. 보호할 남성 친척들이 없는 여성은 무시되었다. 더 나아가 반대자들은 여성은 육체적·정신적으로 "공식적 견해에 대한 분투와 투쟁"에 적합하지 않다고 주장했다. 실제로 여성 투표권은 남녀 간 "전쟁의 상태"를 야기할 것이다.[9]

1870년대 초 스탠턴은 1868년에 발효된 열네 번째 수정 헌법은 여성에게 투표권을 부여했다고 결론 내렸다. 제1절에 따르면, "미국에서 태어나거나 양육되었으며 그렇게 되어 그 사법권하에 속해 있는 모든 사람은 미국과 자신이 거주하는 주의 시민이다." 그녀는 민주주의 혹은 공화국의 모든 시민이 선출 공직자에 대한 투표권을 가져야 한다는 것은 명백한 일이라고 생각했다. 그래서 그녀는 여러 명의 다른 여성들과 함께 1872년 대통령 선거에 투표를 하기 위해서 지역 투표소에 갔다. 어이없어 말도 못하는 선거 관리 위원들은 너무나도 놀라 그들이 투표하는 것을 막지 못했다. 결과적으로 스탠턴은 "'고의로, 부당하게, 불법적으로 투표를 하여' 연방법을 위반한 죄로"[10] 고소되었다. 재판에서 그녀는 자신을 위한 증언을 거부당하였다. 왜냐하면 여성은 자기 자신을 위해 증언할 능력이 없다고 판단되었기 때문이다. 그녀는 유죄 및 벌금 100달러를 선고받았다. 1974년 **미너 대 해퍼세트 사건**(Minor v. Happersett)에 대해 미국 연방 대법원은 "헌법은 시민인 사람들에게 자동적으로 투표권을 부여하지 않았다. 투표권은 시민권과 '동연(同延)적인' 것이 아니다."[11]라고 판결했다.

---

8) Ibid., p. 125.

9) Ibid., p. 126.

10) Ibid., p. 154.

그 유명한 1869년 필라델피아 소송의 결과로 스탠턴은 "도덕성의 이중 기준의 종말, 즉 배심원으로 봉사할 수 있는 여성의 권리와 여성의 로스쿨 진학"[12]을 쟁취하였다. 20세인 버건(Hester Vaughan)은 남편에게 버림받았고, 고용주는 그녀를 성적으로 유혹했다. 그녀는 임신하자 자신의 직장을 잃어버렸다. 가난 때문에 그녀는 히터도 나오지 않는 다락방에서 출산했다. 아이는 죽었고 그녀는 유아 살해로 고소당했다. 재판에서 변호사가 선임되지 않았으며, 그녀 스스로 증언하는 것도 금지되었다. 그녀는 유죄에 처해졌고 교수형을 선고받았다. 스탠턴은 그녀의 사면 요구에 적극적이었지만, 소송의 세부 항목들을 살펴본 결과 스탠턴의 눈에 두드러졌던 것은 여성이 제2 부류의 지위를 가지고 있다는 사실이었다. 범죄로 고소당한 여성은 여성들이 판결하지 않았다. 그들은 모두 남성 재판관들의 판결을 받았다. 그리고 여성은 거의 모든 대학과 로스쿨에 진학하는 것이 배제되었기 때문에 여성 변호사에 의해 변론을 받을 수 없었다.

III. 미국의 제2 페미니즘 물결

대부분의 제1 물결 페미니스트들의 정치 활동은 여성들이 법적 선거권을 가지는 문제에 집중되었다. 20세기 수정안 가결 후에 조직화된 페미니스트 활동은 1960년대까지 휴면 상태에 있었다. 하나의 사건이 결정적이었다. 1963년 프리던(Betty Friedan)의 『여성의 신비한 매력(The Feminine Mystique)』 출판 사건이 그것이다. 프리단은 많은 중류 계급 여성들이 경험했던 욕구불만과 좌절감을 표현했다. 그들은 고등교육을 받았지만 전문직이 금지되었다. 집 바깥에서 일을 하는 직장인이라 하더라도 모든 아니면 거의 모든 집안일과 아이들 돌보는 일은 여성들의 몫이었으며, 남성들은 그런 일들을 별로 중요시하지 않았다. 많은 여성들은 투표권이 있었지만 자신들에게 철저히 가부장적인 사회에 대해 매우 정당한 불만이 있다는 사실을 알게 되었다.

예를 들면, 1950년대에 언쇼는 프랑스 어 학위로 미들베리 대학을 졸업했다. 그녀는 몇 년 동안 프랑스에서 가르쳤고, 결혼을 했으며, 미국으로 돌아와 UC 버클리 대학교의 프랑스 어 박사 과정에 지원하였다. 인터뷰에서 학과장은 그녀에게 "아주

11) Ibid., p. 155.

12) Ibid., p. 159.

좋은 자격을 갖추었지만, 우리는 결혼한 숙녀는 받지 않는다."고 말했다.[13] 결혼한 남성의 입학에 대한 제한은 없었다. 그녀는 부유한 가정에서 가정부로 일했다. 언쇼는 『여성의 신비한 매력』을 읽고 "완전히 충격을 받았다."고 기록하고 있다. 그녀가 40대 후반이 되었을 때인 1970년대에 이르러서야 UC 버클리 대학교 비교문학과에 입학했다.

1923년에 페미니스트들은 헌법의 남녀평등권 수정안(ERA) 제안서를 국회에 제출했다. 그 후 그들은 매년 그것을 다시 제출했다. 그것은 "법적인 평등권은 성적인 차이로 인해 연방정부나 주정부에 의해 거부되거나 축소되지는 않을 것이다."라는 간결한 표현이었다.[14] 그것은 국회 어디에서도 상정되지 않았다. 그러나 1960년대에 제2 페미니즘 물결의 관심사에서 진전이 있었다. 페미니스트들은 1961년 새로 취임한 케네디(John F. Kennedy) 대통령이 행정부의 중요한 자리에 어떤 여성도 임명하지 않은 데 대해 비판했다. 그들을 진정시키고 남녀평등권 수정안 추진을 회피하기 위하여, 케네디는 대통령 위원회에 여성의 지위를 검토하도록 지시했다. 위원회는 1963년에 위원회의 결과물을 공포하였으며, 여성을 차별했던 여러 방식들을 상세히 보고했다. 그 사이 1962년 연방대법원은 "주정부는 피임약 판매를 더 이상 금지할 수 없거나 배심원 선정에서 여성을 배제할 수도 없다."고 규정했다. 1963년 동등 임금 법령, 즉 근로자가 남성이든 여성이든 간에 동일한 일에 동일한 급료를 요구하는 법령이 통과되었다.[15] 1964년 공민권 법령의 제VII장, 즉 성(性)에 근거한 차별(교육과 근로 장소에서)을 금지하는 법령이 통과되었다. 불행하게도 공민권법의 제VII장을 시행하기 위한 시도는 거의 없었다. 예를 들면, 1965년에 미연방 고용 기회 균등 위원회(EEOC)는 남성과 여성을 분리시키는 직업 광고 규정이 합법적이라고 규정했다. 그 결과 평등 고용 기회는 상당한 타격을 받았다. 1966년까지 여성들은 여전히 "연방 재판관에서 1%에 미치지 못했고, 법관에서는 4%에 미치지 못했으며, 의사는 단지 7%에 불과했다."[16] 1968년에 이르러서야 EEOC는 결국 남성과 여성을 차별하는 구인 광고를 금지했다.

---

13) Ruth Rosen, *The World Split Open : How the Modern Women's Movement Changed America* (Harmondsworth, England: Penguin, 2000), p. 22.

14) Ibid., p. 66.

15) Ibid., p. 68.

16) Ibid., p. 79.

1970년대는 더 많은 진전이 있었다. 1970년에 사법부는 결국 성차별 금지를 시행하기로 결정했고, 그것의 첫 번째 소송을 속행했다. 1972년 국회는 ERA를 가결했다. 그러나 그것을 승인한 주정부가 많지 않았기 때문에 ERA는 사라졌다. 1973년에 연방대법원은 로 대 웨이드 사건(Roe v. Wade)에서 주정부들이 적어도 임신 초 6개월 동안은 낙태를 금지할 수 없다고 판결했다. 대부분의 페미니스트들은 이것을 여성의 자유와 자신의 신체 처분권을 증가시킨 중요한 승리로 보았다. "1974년 국회는 평등신용기회법령을 가결했다. 그것은 최초로 기혼 여성들이 자신의 이름으로 신용카드에 서명하는 것을 허용하였다. …"[17] 그러나 페미니즘에 대한 반격은 이미 시작되었다. 1977년, 국회는 가난한 여성들을 위한 정부 낙태 기금을 사용하지 못하게 하는 하이드 수정안을 통과시켰다.

또한 1970년대에 여성들은 남성 중심적인 의료 편제의 권력과 관행을 공개적으로 문제시했다. 그들은 유방암과 같이 주로 혹은 오직 여성들만 걸렸던 병을 연구한 보고서는 너무 적고, 여성들은 자궁 절제술과 제왕절개 수술과 같이 의문이 가는 의료 절차를 자주 받았다고 불평했다. 그들은 월경을 둘러싼 복잡한 문제를 포함하여 "여성의" 불평에 대해 거부하는 태도를 지닌 남성 의사들에 대한 경험을 공유했다. 남성이 불평했다면 병원에 가서 진찰과 검사를 받으라고 자동적으로 의사에게 보내졌을 건강상의 불평이, 여성의 경우에는 "모두 마음에서 오는 것"으로 각하되었다. 여성들은 또한 의료진이 여성들에게 정신안정제와 항울제를 과잉 처방한 데 대해, 그리고 건강에 좋지 않다고 해서 모유 수유를 억제하는 데 대해 비판했다. 여성들은 병원에서의 출산이 병으로 다루어지는 것에 불만을 표하면서 집에서의 출산을 옹호했다. 그들은 가난한 여성들에게 유산에 대한 정부 보상의 전제조건으로서 불임 수술을 받기를 요구하는 공공정책에 불만을 표출했다. 그들은 여성들에게 자신의 몸과 건강에 대해 더 많이 알기를, 자신에 대한 전문가가 되기를 강요했다. 그렇게 되면 여성들은 의사에게 전적으로 의지하지 않게 될 것이다.

페미니스트들은 또한 성폭행 피해자를 다루었던 방식을 비판했다. 그들은 의사·간호원·경찰·검찰이 정신적으로 충격을 받은 여성을 대했던 냉담함을 유감스럽게 생각했다. 페미니스트들은 성폭행 피해자를, 그녀의 성적 전력을 들추어내고, 그녀가 가해자에게 육체적으로 저항했다는 것을 증명하기를 요구하는 등 공판을 받고 있는 것 같이 대하는 것에 항의했다. 그들은 남성들이 매춘부를 강간하는 경우에 그

17) Ibid., p. 90.

런 것처럼 그들의 아내를 강간하는 것에 대해서도 기소될 수 있도록 법이 바뀌어야 한다고 주장했다. 그들에 의하면 아내와 창녀 모두에게 싫다고 말할 권리가 있다. 그들은 또한 점잖은 사회에서는 길게 입에 담을 수 없는 근친상간과 아내 구타의 비밀스러운 죄를 폭로했다. 그들은 여성들이 학교와 직장에서 성희롱을 당했던 방식들을 부각시켰다. 즉 성적 호의와 학점·직업·승진을 맞바꾸도록 자주 강요했던 방식들을 부각시켰다. 1980년 EEOC는 성희롱을 일종의 불법 차별로서 추가했다. 일부 페미니스트들은 매춘부들을 폭력과 살인으로부터 구제하기 위하여 매춘은 불법이 아니라는 캠페인을 벌였다. 또 다른 페미니스트들은 포르노, 특히 여성들에 대한 무례와 폭력을 지속시키는 데 일조하는 폭력 포르노를 표적으로 삼았다. 1960년대와 1970년대에 페미니스트들의 희망은 세태, 특히 남성과 여성 사이에 이루어지는 관계들의 세태를 변화시키는 것이었다.[18)]

IV. 현재 미국 여성들의 상황

2005년 미국에서 여성 인구가 차지하는 비중은 약 51%에 달하지만, 아직까지 여성이 대통령이나 부통령으로 선출되지 않았다. 제럴딘 페라로(Geraldine Ferraro)가 민주당의 부통령 후보자였던 1984년에 단 한 번 여성이 주요 당의 입후보자였다. (그해 민주당은 패배했다.) 레이건(Ronald Reagan)이 오코너(Sandra Day O'Connor)를 지명했을 때인 1981년까지 어떤 여성도 연방대법관에 임명된 적이 없었다. 연방대법원의 역사를 보면 100여 명이 넘는 법관들이 있었다. 그들은 모두 백인 남성이었다. 2001년 현재, 아홉 명의 구성원 중 여성이 두 명이다. 오코너와 긴스버그(Ruth Bader Ginsburg)가 그들이다. 오코너 대법관은 2005년에 은퇴했다. 부시(George W. Bush) 대통령은 그녀의 후계자로 남성을 지명해서 연방대법원에 단 한 명의 여성만 남았다. 국회의 경우 2005년에 상원에는 14명의 여성(14%)이 있고, 하원에는 70명의 여성(16%)이 있다. 이와 대조적으로 2000년 스웨덴에서는 여성들이 국회 의석의 42.7%를 차지하였으며, 노르웨이에서는 36.4%, 독일에서는 33.6%를 차지하였다.

경제적 측면에서 남편이 없는 보통의 여성들은 큰 대우를 받지 못한다. 2004년

18) 이 정보의 상당 부분은 RuthRosen에서 가져온 것이다. *The World Split Open*. 특히 157–195쪽을 참조하라.

중류층의 연간 가계 소득은 55,442달러였다. 결혼한 커플 가정의 경우 수치는 64,082달러로 올라간다. 아내가 없는 독신 남성 가정의 경우는 43,087달러로 감소한다. 그러나 남편이 없는 독신 여성 가정의 경우에는 30,095달러로 추락한다.[19] 여성들은 아직 유급 고용의 경우에 남성들에게 뒤진다. 풀타임으로 일하는 근로자의 중간 연간 소득은 남성이 36,476달러, 여성이 26,324달러였다.[20]

풀타임으로 일하는 근로자의 중간 소득은 남성의 경우 40,798달러, 여성의 경우 31,223달러였다. 남성이 가장인 가정의 13.5%가 빈민 수준에 속하는 데 반해 여성이 가장인 가족의 28.4%가 빈민 수준에 속한다.[21]

여성은 남성보다 훨씬 많이 우울과 심리적 장애로부터 고통을 받고 있으며, 또한 다식증과 식욕부진처럼 식음장애로 고통을 받는다. 적어도 부분적 원인은 여성의 육체에 대한 비현실적인 문화적 기대임이 분명하다. 이러한 기대의 일부는 대중매체에서 묘사된 여성 이미지에서 생겨난 것들이다. 미국의 남성과 여성은 텔레비전 광고와 프로그램, 인쇄 광고, 영화에 등장하는 보통은 야위고 가슴이 크며 사실상 완벽한 젊은 여성 이미지의 홍수에 빠져 있다. 신체 조건이 이 이미지와 일치하지 않은 많은 여성들은 불안을 느끼고, 아마 심지어는 열등감을 느끼며, 자기존중감이 줄어들기 때문에 고통을 받는다. 여성들은 자신의 육체를 강제적으로 이러한 이미지에 더 맞추기 위해 건강하지 못한 행동을 하게 된다. 남성들도 희생자이기는 마찬가지다. 남성들은 자신이 본 모델이나 배우와 똑같은 모습을 보지 못할 경우 파트너에게 불만족을 느끼게 될지도 모른다. 그들은 여성의 선택에서 오직 육체적 겉모습에만 치중하여 여성의 훨씬 중요한 내적 인격을 간과하게 될는지도 모른다.

V. 미국 이외 국가들에서의 여성

『인간개발보고서 2000(Human Development Report 2000)』에 따르면, "평균적으로 전 세계 여성 세 명 중 한 명은 잘 아는 관계에서 폭력을 경험했다."[22] 그러한 폭력의

---

19) U.S. Bureau of the Census, Current Population Reports, *Income, Poverty, and Health Insurance in the U.S.* (Washington, DC: U.S. Government Printing Office, 2005).

20) Ibid.

21) Ibid.

형태는 1996년 2월 유엔 공보국의 보고서에서 개요가 드러났다(DPI/1772/HR). 그 보고서는 1994년에 정해진 여성 폭력에 관한 특별 보고자의 연구를 반영한다. 폭력은 태아가 유산될 때 자궁 안에서 시작될 수 있다. 왜냐하면 인도와 중국에서 특히 뚜렷하게 나타나는 일반적 현상이지만, 가족이 아들을 원하기 때문이다. 여성들은 남성 가족 구성원들에 의해 자행된 근친상간·강간·가정 폭력의 피해자가 될 수 있다. 많은 나라들에서 아내는 원하든 원하지 않든 남편의 일체의 성적 요구에 복종하도록 되어 있기 때문에 남편이 아내를 강간하더라도 벌을 받을 수 없다.

세계의 일부 지역에서 어린 소녀들은 여성 생식기 훼손이라 불렸던, 이것의 옹호자들에 의해서는 "여성 할례"라고 불렸던 것을 받게 된다. 누스바움에 의하면 다음과 같다.

> 생식기 절단의 세 유형이 통상 행해진다.
>
> 1. **음핵 절제**. 음핵의 일부 혹은 전부가 절단된다. …
> 2. **제거**. 음핵과 내음순 둘 다 절단된다. …
> 3. **음문 꿰매기**. 음핵이 제거되고, 소음순의 일부 혹은 전부가 베어진다. 그리고 절개는 생표피를 만들기 위해 대음순에서 만들어진다[역자 주 : 소변 구멍만 남기고 모든 것을 꿰맴으로써 성행위를 못하게 하는 조치].
>
> 여성 생식기 훼손은 광범위한 건강 문제와 연결되고, 어떤 경우에는 일생의 건강 문제와 연결된다. 이는 시술 시의 병균 감염·출혈·농양을 포함한다. 그 뒤에는 배뇨와 월경의 어려움, 요도 결석, 재감염에 의한 방광염, 그 부분 상처 조직의 과도한 종양(외관을 손상시키게 될지도 모르는), 성행위 시의 고통·불임, 분만 시의 폐쇄분만·해로운 열상(裂傷)·고통을 포함한다.[23]

누스바움에 의하면, "음핵 절제는 남성의 경우라면 성기 대부분의 절제에 해당할 것이다. 음문 꿰매기는 남성의 경우 성기 전체의 제거, 성기의 부드러운 조직을 뿌리째 제거하는 것, 음낭 표피 일부의 제거에 해당할 것이다."[24] 약 200만 명의 어린

---

22) *Human Development Report 2000* (Oxford, England: Oxford University Press, 2000), p. 36.

23) Martha C. Nussbaum, *Sex and Social Justice* (New York: Oxford University Press, 1999), p. 120.

소녀들이 매년 이 조처로 고통을 받는다. 주로 아프리카와 아시아에서 이런 일들이 벌어지지만, 비단 아프리카와 아시아에서만 벌어지는 일은 아니다. 목적은 결혼 전 여성들의 순결과 결혼 생활에서의 충실이다.

신부의 가족이 결혼할 신랑과 신랑 가족에게 지참금을 지불하는 나라들에서는 종종 지참금 액수에 대한 불만이 여성들에 대한 폭력으로 이어진다. 남편이나 다른 가족 구성원들이 아내의 면전에서 심한 말을 퍼붓거나 아내를 산 채로 불태우려고 시도했던 많은 사례들이 있어 왔다. "인도에서는 하루 평균 다섯 명의 여성들이 지참금에 관련된 분쟁으로 불태워진다. 그리고 더 많은 사례들이 경찰에 신고되지 않는다."[25] 많은 여성들이 죽는다. 살아남은 여성은 모두 일생 동안 상처가 남는다. 일부는 끔찍스러울 정도로 외모가 손상되고, 일부는 불구가 되기도 한다.

전쟁 지역에서 여성들은 강간을 당하거나 고문을 당할 수 있으며, 더 나아가 군사적이고 정치적인 목적 때문에 살해될 수 있다. 이러한 일은 세계 곳곳의 난민 캠프뿐 아니라 보스니아·코소보·르완다·쿠웨이트·페루·소말리아·콜롬비아 등의 전투에서 특히 현저했다. 예를 들면, 인권감시단(Human Rights Watch)은 1994년 11월 소말리아에서 일어난 다음과 같은 강간의 예를 보고하였다. 한 명의 여성이 "16명의 남자들에게 강간을 당했다. 그 여성은 걸을 수 없었고, 그녀가 발견될 때까지 이틀간 버려져 있었다."[26] 같은 보고서는 케냐 캠프에서 강간당한 소말리아 난민의 사례를 기록하고 있다. "우리가 조사했던 사례들에서 대부분의 여성들은 권총의 위협하에 강간을 당했고, 일부는 동시에 7명이나 되는 남자들에게 윤간을 당했다. 방대한 사례의 대부분에서 성폭행을 당한 여성 생존자들은 또한 강탈당하고 호되게 두들겨 맞았으며, 칼에 찔리기도 하고 총을 맞기도 했다."[27]

전쟁 지역의 안팎에서 여성들은 그들의 의사에 반하여 매춘이 강요되거나 그런 유혹을 받는다. 인권감시단에 따르면, "어떤 해를 조사하더라도 세계 곳곳에 수천의 젊은 여성과 소녀들이 강요된 매춘과 비자발적 결혼을 이유로 유인되고, 유괴되며, 팔려 간다." 더 나아가 "경찰관들과 다른 지방 정부 관리들은 여성과 소녀를 매매하

---

24) Ibid., p. 119.

25) "Women and Violence" (www.un.org/rights/dpi1772e.htm).

26) *The Human Rights Watch Global Report on Women's Human Rights* (New York: Human Rights Watch, 1995), p. 27.

27) Ibid., p. 121.

여 손쉽게 이익을 얻는다."[28] 또한 "태국에서는 경찰에게 불평하는 매춘부들이 종종 체포되어서 창녀촌으로 되돌려 보내졌다. …" "[아시아의] 한 사건에서 다섯 명의 어린 매춘부가 불난 창녀촌에서 침대에 묶여 있었기 때문에 타 죽었다."[29] "중앙아시아와 페르시아 만 지역에서는 가정부로 고용된 주로 아시아인인 여성들이 어림잡아 120만 명 정도 있다. [그들은] 종종 고용주의 매질로 인한 폭행과 성적 학대로 고통스러워한다. 경찰이 도움이 되지 않는 경우도 가끔 있다. 고용주들에게 강간당했다고 신고한 여성들은 고용주에게 되돌려 보내졌거나, 혹은 경찰서에서 폭행당하는 경우도 있다."[30]

또한 여성들은 특히 에이즈에 취약하다. 유엔 연구에 근거하여 「뉴욕 타임스」가 최근 보도한 것에 의하면, "아프리카와 아시아 여성들의 빈곤과 무능은 그들을 더욱 더 쉽게 에이즈에 감염되게 한다. 많은 문화와 가장 불이익을 받는 사회에서의 소녀들과 여성들은 원하지 않고 안전하지 않은 섹스를 거절할 힘이 없다."[31] 아프리카에서는 새로 에이즈에 걸린 사례의 반 이상이 여성이다.

여성들은 세계 곳곳에서 다양한 모욕으로 괴로움을 당한다. 예를 들면, 1990년에 사우디 정부는 여성들에게 운전을 금지했다. "사우디 여성들이 운전 금지령에 대해 시위했을 때, 정부는 앞으로 여성들은 일체 시위할 수 없다는 금지령으로 대응했다."[32]

세계의 많은 지역에서 여성들은 문자를 겨우 해독할 정도의 가장 기초적인 형태의 교육조차 거부당한다.

VI. 현대 페미니즘 이론: 제3 물결

오늘날 페미니즘은 1960년대와 1970년대 제2 물결 때보다 훨씬 다양한 활동을 하며

28) Ibid., p. 196.

29) "Women and Violence"

30) Ibid.

31) Barbara Crossette, "In India and Africa, Women's Low Status Worsens Their Risk of AIDS," *New York Times* (26 February 2001).

32) Nussbaum, *Sex and Social Justice*, pp. 94–95.

훨씬 더 많은 이념으로 무장하고 있다. 여기서는 부득이하게 일부만 살펴볼 수밖에 없다.

VII. 자유주의적 페미니즘

자유주의적 페미니스트들의 페미니즘은 자유주의에 기초하고 있다. 누스바움에 따르면 다음과 같다.

> 이 전통의 핵심에는 인간에 대한 이중적 시각이 있다. 즉 모든 인간은 인간이라는 사실만으로 그들이 어떤 사회적 지위에 있다 할지라도 똑같이 존엄하고 가치가 있다. 그리고 이 가치의 근원은 그들 내부에 있는 도덕적 선택의 힘이며, 그 힘은 목적에 대한 자신의 평가에 따라 삶을 계획할 능력에 있다. 이러한 두 가지 시각에다가 … 자유주의적 전통은 한 가지를 더 보탠다. … 즉 사람들은 도덕적으로 평등하기 때문에 공정한 사회적·정치적 대우를 요구한다. 그 … 출발점은 이 대우가 두 가지의 밀접하게 관련된 것들을 수행하지 않으면 안 된다는 것이다. 그것은 선택의 자유를 존중하고 증진시켜야 하며, 선택자로서 사람들의 동등한 가치를 존중하고 증진시켜야 한다.[33)]

누스바움은 계속해서 다음처럼 이야기한다. "선택권을 보장하는 것은 개성을 보장하고 개성을 표현하는 데 결정적으로 중요하다고 생각된다."[34)] 페미니스트로서 누스바움의 목표는 여성들을 자유주의적 전통에 의해 규정된 보호권 안으로 완전히 데리고 오는 것이다. 자유주의적 전통이 남녀의 성을 진지하게 고려한다면, 이 전통은 남성과 여성이 동일한 존엄과 가치를 가지며, 이러한 존엄과 가치는 그들 안에서의 도덕적 선택에서 능력이 똑같다는 사실에 근거한다는 견해를 견지하게 된다. 또한 남성과 여성은 어떤 유형의 대우에 대해 공정하고 평등한 요구, 즉 같은 대우를 요구해야 한다. 그들은 동등한 선택의 자유를 가져야 한다. 자유주의는 또한 모든 사람들의 번성에 대한 입장을 분명히 한다. 따라서 여성들에게 남성만큼 똑같이 번성할 자격과 기회가 주어져야 한다.

---

33) Nussboum, *Sex and Social Justice*, p. 57.

34) Ibid., p. 58.

현대 자유주의적 페미니스트들이 논쟁을 벌이는 핵심적 문제에는 어떤 것들이 있는가?

1. 출산의 권리

대부분의 페미니스트들에게 있어 여성의 출산에 대한 권리는 페미니즘 논제에서 가장 기본적인 요구 사항 중 하나이다. 그들은 만약 여성이 자신의 생식 주기를 통제할 수 없다면 사실 여성은 자유롭지 않다고 주장한다. 육체적으로 만족스러운 건강 수준에 이르고 육체를 보전할 수 있기 위해서는 안전하고 합법적인 낙태에 대한 보다 쉬운 접근이 요구된다. 낙태는 무고한 아이들이나 사람들을 죽이는 살인에 불과하다는 보수주의자들의 탄원에 대해, 많은 페미니스트들은 태아, 특히 수정된 지 몇 달 되지 않은 시기는 아직 사람 또는 아이가 아니라고 주장한다. 자유주의 페미니스트들은 일반적으로 대법원 판례, **로 대 웨이드**에 정식으로 기술된 그 특징을 인정한다. 아직 태어나지 않은 태아는 지각력을 가지지 않았기 때문에 헌법적 권리를 가진 사람이 아니다. 따라서 여성의 임신 초기 3개월 상태에는 낙태를 제한하거나 금지하는 어떤 법규도 부과할 수 없을 것이다. 그다음 3개월, 즉 낙태가 의학적으로 좀 더 위험해질 때는 낙태를 규제할 수 있지만 모체의 건강을 보호하기 위한 경우만 그렇다. 그리고 태아가 훨씬 더 사람으로 발육한 단계에 가까운 마지막 3개월은 태어나지 않은 태아의 생명을 보호하기 위해 낙태를 제한할 수 있지만, 산모의 건강과 생명을 보호하기 위해서는 낙태를 허용해야 한다. 임신 후반기 3개월이라도 산모의 이익과 권리가 태아의 이익과 권리보다 더 우선시된다. 페미니스트들은 **로 대 웨이드** 판결을 전복시켜서 주정부들로 하여금 낙태의 불법화를 이끌어 내려는 계속된 노력으로부터 **로 대 웨이드** 판결을 지켜 내고자 한다.

또한 많은 페미니스트들은 정부가 낙태할 형편이 안 되는 빈곤 여성들을 위한 낙태 비용을 지불해야 한다고 주장한다. 이들의 견해로는, 만약 여성이 돈이 없어서 낙태를 할 수 없다면 그 여성은 낙태에 대한 법적 권리를 행사할 수 없다는 것이다. 그렇게 되면 그녀는 정말로 자신의 몸을 진정한 의미에서 제어하지 못하는 셈이 된다.

출산의 권리 문제는 여성이 낙태할 권리를 행사할 수 있는 경우, 낙태 시술을 할 능력이 있고 또 이를 자진해서 하고자 하는 의사가 있지 않으면 안 되기 때문에 더 복잡해진다. 이는 의과대학들이 그 요구 사항을 충족시키기에 충분한 수의 숙련 의사를 배출하기 위해 적절한 교육을 제공할 필요가 있음을 뜻한다. 논란의 여지가 있는 낙태의 특성 때문에 일부 의과대학들은 교과 과정을 짤 때 낙태 시술을 중시하지 않는다. 출산의 권리 보호를 위한 의제는 정부뿐만이 아니라 의과대학들에도 초점을 맞추어야 한다. 그러나 또한 정부에게는 낙태를 수행하는 서비스업자들에 대해 적절히 보호할 필요가 제기된다. 왜냐하면 일부 낙태 반대자들이 낙태를 금하기 위해 폭력을 행사하거나 그렇게 하겠다고 위협하는 경우가 있기 때문이다.

그러나 낙태는 비단 출산의 권리 문제만이 아니다. 벨 훅스(bell hooks)는 페미니스트들에 대해 다음과 같이 적고 있다

> 일반적인 출산의 권리 문제는 어떤 단일 논쟁보다 우선한다. 이는 합법적이고 안전하며 값싼 낙태를 강력히 주장하는 것이 중심 문제가 아닐 것이라는 뜻이 아니고, 그 문제만 중심 문제가 되는 것은 아님을 뜻한다. 만약 성교육·예방 보건 관리·피임약에 대한 접근 용이가 모든 여성에게 제공된다면 원하지 않는 임신을 할 사람은 거의 없게 될 것이다. 결과적으로 낙태의 필요성이 줄어들 것이다.[35)]

출산의 권리에는 성관계·임신·피임·낙태에 관한 정보를 제공받을 권리가 포함된다. 거기에는 피임제를 지급할 권리가 포함되어 있다. 그러나 그것은 또한 임신을 그대로 유지하겠다고 선택한 여성들에 대한 적절한 보건의 권리를 요구한다.

2. 기회 균등, 보살핌, 가족

개개인은 어른들의 보살핌으로 자란다. 전통적으로 가족 개념은 양육과 같은 매혹적인 관념들과 연결되는 긍정적인 개념이었다. 그러나 페미니스트들은 모든 가족이 대중문화 안에서 매우 일반적인 가족의 낭만적 이미지에 딱 맞는 것은 아니라는 점을 지적하고 있다. 어떤 가족들은 학대와 지배 중심이다. 많은 페미니스트들은 어떤 면에서 남성들보다 여성들이 가족 내에서 더 희생되는 것 같다고 생각한다. 그리고 개인의 성장에서 가족 생활의 중요성을 감안할 때, 가족들에 대해 비판적으로 바라보는 것이 중요하다.

오킨(Susan Moller Okin)은 페미니즘 의제를 위해 기회 균등의 중요성을 강조하고, 우리가 살고 있는 사회의 많은 가족들의 상황과 구조를 기회 균등의 장애물로 본

---

35) bell hooks, *Feminism Is for Everybody* (Cambridge, MA: Southend Press, 2000), p. 29.

다. 그런 가정에서 성장하는 여자 아이들은, 남자와 평등한 조건에서 경쟁하지 못하게 하고 남자들과 동등한 수준의 인간 기능을 완수하지 못하게 하는 여러 측면들로 인해 피해를 입는 위험에 직면한다. 만약 여자 아이가 어머니나 자매들이 아버지에게 인격적 훼손을 입는 것을 보고 자란다면, 아이는 자기 자신을 소중한 존재로 그리고 남성들과 똑같은 가치와 권리를 가진 존재로 여기는 데 필요한 자부심과 자신감을 키워 나가지 못할 수도 있다. 아이는 여성은 남성들에게 종속되어 그들을 섬겨야 한다는 생각을 내면화할 수도 있다. 그녀는 자신의 능력과 역량에 맞는 목표와 인생 설계를 전개하지 못할 수도 있다. 내적 동력을 잃어 자신의 목표에 도달하는 추진력을 잃을지도 모른다. 이와 유사하게, 그녀가 어머니·자매들·가족 내 다른 여성들이 정신적·육체적으로 학대받는 것을 보고 자란다면, 세상을 바라보는 건강한 정신적 태도를 발전시켜 나가지 못할는지도 모른다. 두려움에 휩싸이고 협박을 당하는 느낌을 가질는지도 모른다. 세상이 무섭고 안전하지 못한 곳이라는 느낌은 여성들에게 방해물이 되어, 그로 인해 여성들은 활동의 자유·표현의 자유 등에 대해 제한적이게 될는지도 모른다.

해링턴(Mona Harrington)은 일반적인 측면에서 보았을 때, 여성들이 보살핌을 받는 사람이라기보다는 일차적으로 보살핌을 주는 사람이라는 사실에 대해 애석해한다. 그녀는 미국 사회에서 상당한 보살핌이 여성들에 의해 제공되고, 이들은 노동의 대가로 돈을 받지 않았음을 지적한다. 전체로서의 사회, 특히 남성들은 이런 책임을 공짜로 여성들의 어깨에 올려놓음으로써 이득을 본다. 이들의 가정·가족에 대한 책임은—남성들에게는 이러한 책임이 없다—여성들을 의존적이고 종속적인 위치에 가두어 둔다. 오늘날에도 가족과 직업 책임감이 상충할 때 일보다 가족을 선택하는 것은 대체로 남성이 아니라 여성이다. 여성들은 아예 몇 년 동안 유급 직장을 떠나야 할 수도 있는데, 결국 그렇게 되면 직장에서 동급의 남성들보다 뒤처지게 되고 미래의 발전을 위한 기회도 줄어들게 된다. 아니면 시간제나 자유 근무 시간제라는 새로운 선택 사항을 택할 수도 있다. 그러나 대부분의 직장인들은 여전히 최고의 직장인, 승진을 할 만한 사람들은 일을 우선시한다고 생각한다. 가족을 돌보는 것을 첫 번째로 꼽는 여성들은 일을 우선시하는 남성들보다 뒤처질 텐데, 그렇게 되면 남성과 여성 간의 경제적 불평등이 조장된다.

오킨은 일과 정치라는 "공적인" 세계는 오직 남성들을 위해 기획되어 있는 것처럼 되어 있고, 남성은 여성에게 자신·아이들·다른 "부양가족들"을 보살필 매일 매일의 여러 책임들을 떠넘기고 있다는 점을 지적한다. 그녀는 이런 질문을 한다.

> 만약 직장·시장·입법부가 여기에 종사하는 자들은 출산과 양육의 필요성 및 가정생활의 책임에 순응하지 않으면 안 된다는 가정과 함께 발전했다면, 이것들의 구조와 관례가 지금과 꼭 같을까? 여기에 종사하는 사람들이 전체 사회에서 다른 사람을 보살피는 경험을 가장 적게 할 것 같은 사람들이라기보다 다른 사람들을 보살필 매일 매일의 중요한 책임을 진 사람들이라면, 정책 수립이나 그것의 결과들은 오늘날과 같이 되었을까?[36]

오킨에게 있어 이것은 수사학적 질문이다. 그녀와 다른 페미니스트들은 "당연히 아니다!"라고 답할 것이다.

3. 성적 학대

자유주의 페미니스트들은 또한 학교와 직장 내의 성적 학대를 표적으로 삼고 있다. 해링턴은 정부가 성적 학대법의 범위를 문자 그대로의 성적인 행위를 뛰어넘어 직장 내에서 여성들의 평등한 기회를 훼손하는 일련의 행위로 확대해야 한다는 법률학자 슐츠(Vicki Schultz)의 권고를 받아들인다. 슐츠에 따르면 여기에는, 예컨대 말로 여성의 명예를 훼손하는 행위, 여성의 업무 수행을 방해하는 실질적인 행위, 적절한 교육이나 작업 지시의 거부·배척·불공정한 평가·육체적 협박·정신적으로 불안정하다거나 육체적으로 허약하다는 허위 보고 등이 포함된다. 이런 것들은 모두 통상 일어나는 불만 사항으로서, 많은 여성들에게는 성적 폐해뿐 아니라 근무 환경에 대한 적대감을 낳는다.[37]

해링턴과 같은 자유주의 페미니스트들에 의하면, 여성의 기회는 직장 내에서 교묘한 방식으로든 그렇지 않은 방식으로든 광범위하고 다양한 방식으로 훼손되어 왔다. 직장에서 여성들의 장애가 되는 것은 성적인 응대·원치 않는 접촉·성행위에 대한 강요에만 국한되어 있지 않다. 자유주의 페미니스트들은 그러한 행위들로부터 여성을 보호하기 위한 보다 강력한 법적 장치를 원한다.

---

36) Susan Moller Okin, "Gender, the Public, and the Private" in *Feminism and Politics*, ed. Anne Phillips (New York: Oxford University Press, 1998), p. 130.

37) Harrington, *Care and Equality* (New York: Routledge, 2000), pp. 148–149.

VIII. 성은 하나라는 이상

이제는 성별(sex)과 성(gender)을 구별하는 것이 흔한 일이다. 남성 성기, 음핵이나 자궁과 같이 인간의 순수하게 육체적이고 생물학적인 특성들은 전통적으로 남성(male)이나 여성(female)이라고 간주되는 사람의 성별을 결정한다. 다른 한편으로, 전통적으로 남성다움(masculine)이나 여성다움(feminine)의 관점에서 본 사람의 성(gender)은 사고·감정·행위 방식과 같은 그 사람의 심리적 특성들에 의해 결정된다. 성(gender)이 생물학적 결과인지 아니면 사회적 환경의 소산인지는 상당한 논란거리이다.

남성과 여성 모두 남성다울(masculine) 수도 있고 여성다울(feminine) 수도 있다. 전통적으로 남성은 남성다워지도록(masculine) 기대되었고, 여성은 여성다워지도록(feminine) 기대되었다. 여성적인 남성과 남성적인 여성은 상당히 비난을 받아왔다. 따라서 성(gender)은 어떤 인간에 대한 이상과 관련된 것이지 단지 사실에 대한 기술과 관련된 것은 아니다. 그러나 남성다움과 여성다움은 어떤 특성들과 관련이 있는 것일까? 퍼거슨(Anne Ferguson)에 의하면 전통으로 내려오는 고정관념은 다음과 같다.

> 남성적인 사람은 활동적이고, 독립적이고, 공격적이고, 이타적이라기보다 자기이해에 밝으며, 경쟁적이고 육체적 활동에 흥미를 느끼고, 이성적이고, 정서적으로 통제적이며, 자제력이 있다. 반면에 여성적인 사람은 수동적이고, 의존적이고, 단호하지도 않고, 자기이해에 밝기보다는 이타적이며, 육체적으로 능력이 있지도 않고 그렇게 되고 싶어 하지도 않으며, 직관력은 있으나 이성적이지는 않고, 정서적으로 개방적이며, 자제력이 있기보다는 충동적이다.[38)]

우선 우리 문화권의 많은 사람들이 받아들이지 않는 결합, 이른바 여성적인 남성과 남성적인 여성에 초점을 맞추어 이러한 개념들을 탐구해 보도록 하자. 여성적인 남성들은 많은 사람들 사이에서 강하다기보다는 나약하다고 간주되었다. 여성적인

38) Ann Ferguson, "Androgyny as an Ideal for Human Development," In *Feminism and Philosophy*, ed. Mary Vetterling-Braggin, Frederick A. Elliston, and Jane English (Totowa, NJ: Rowman and Allanheld, 1977), p. 46.

남성들은 남성적인 남성들과는 달리 다소 정서적이다. 남성적인 남자들을 화를 내고 종종 말이나 육체적으로 자신의 분노를 표출하기도 한다. 그러나 남성적인 남자들은 "거침"이 없고, 아름다움에 대한 환호·의기양양·슬픔·부드러움·동정·연민과 같은 부드럽고 온화한 느낌과 감정을 표현하지 않으며, 심지어는 그런 느낌과 감정을 가지고 있지도 않다. 남성적인 남자들은 슬픈 영화를 보고 울지 않는다. 그들은 슬프기 때문에 포옹해 달라거나, 다른 사람이 슬프다는 것을 감지했어도 그 사람을 포옹해 주지 않는다. 남성적인 남자들은 스포츠·사업·정치에 관해서 말하지 자신의 감정에 관해서는 말하지 않는다. 그들은 여성적인 남자들이 그렇지 못한 쪽에서 유능하다. 남성적인 남자들은 자동차나 집의 잡다한 수선을 할 수 있고, 다양한 도구들의 사용법을 안다. 그들은 가족의 재정이나 회사의 재무를 처리할 수 있고, 투자도 유능하게 할 수 있다. 그들의 능력 때문에 그들은 독립적이다. 그들은 다른 사람들에게 의존하기보다는 혼자 힘으로 일하기를 더 좋아한다. 그들은 육체적으로 활발하고, 거칠며, 활동하기를 좋아한다. 남성적인 남자들을 책을 읽거나 음악을 듣기보다는 스포츠를 하거나 텔레비전으로 스포츠 보는 것을 더 좋아할 것이다. 그들은 사랑 이야기보다 액션 영화를 우선적으로 선택할 것이다. 필요하다면 그들은 자신을 방어하기 위해 싸울 수도 있다.

남성적인 여자들은 나약하기보다는 강하다. 그들은 요구하는 스타일이고, 단호하며, 공격적이다. 그들은 남성적인 남자가 그런 것처럼 강하고 유능하다. 그들은 트럭을 운전할 수 있고, 돈을 굴릴 수 있으며, 집수리와 개량 공사도 할 수 있고, 부하에게 명령할 수도 있으며, 신체적 공격으로부터 그들 자신을 방어할 수도 있다. 반면, 여성적인 여자들은 나약하다. 그들은 잔디를 베거나 삽으로 눈을 퍼내기보다는 단추를 달기에 더 적합하다. 그들은 자동차를 수선하거나 새는 수도꼭지를 수선하거나 공격자를 격퇴하거나 가족 재정을 다루는 능력이 없다. 그들은 다른 사람들에게 의존한다. 그들은 단호하지 않고, 요구하는 스타일이 아니며, 받기보다는 주는 사람이다.

많은 페미니스트들을 남자들은 남성적이어야 하고 여자들은 여성적이어야만 한다는 전통뿐만 아니라, 남성과 여성의 이상에 대해 이의를 제기한다. 우선 그들은 남성과 여성에 대한 몇몇 이상이 훌륭하지 않다는 것을 지적한다. 나약함과 무능력은 남성들에게도 여성들에게도 덕이 아니다. 공격성이 극단적으로 될 때 그것은 악덕이다. 그러나 더 중요한 것은 일부 페미니스트들이 성별에 따라 변하지 않는 모든 사람에 대한 하나의 이상, 즉 덕과 악덕, 좋은 품성과 나쁜 품성에 대한 하나의 개념이 있어야만 한다고 주장하고 있다는 사실이다. 이상적인 인간성과 품성은 남성과 여성에 대해 동일해야만 한다. 그것은 모든 사람들에게 있어 성은 둘이 아니라 하나라는 이상(the ideal of androgyny)이다.

덕이나 착한 품성은 사람을 그 사람이 속한 사회에서 번성하게 한다. 즉 기본적 요구 사항을 채우고, 잠재력을 발휘하게 하며, 중요한 욕구들을 만족시키고, 다른 사람들과의 만족스러운 관계를 형성하며, 자율성과 자기존중을 얻게 한다. 예컨대, 나태보다는 근면성이 남성이든 여성이든 간에 사람을 번성하게 할 가능성이 높다. 따라서 근면성은 남성과 여성 모두에게 덕이고, 남성과 여성 모두에게 이상적인 것의 일부여야 한다. 동일한 점이 용기·도덕적 혹은 심리적 힘·정직·자기신뢰·관용·인내·충실·친절함과 같은 덕들에 대해서도 언급될 수 있다. 이러한 특성들이 덕이라면 성별과는 무관하게 사람들에게 있어야 한다. 비겁·나약함·부정직·과도한 의존·이기심·성급함·불충실·무관심·잔학함과 같은 악덕은 성별과는 관계없이 사람들에게 바람직하지 않은 품성이다.

남성적 혹은 여성적이라기보다는 인간에 있어 성(gender)은 하나라는 이상은 서로 배타적인 두 성에 대한 부정적인 특성이 없이 각각 최고의 특성을 결합한 사람이 갖고 있는 이상이다. 이 이상에 있어서는 남성들은 전통적인 여성의 이미지와 비슷하고, 여성들은 전통적인 남성의 이미지와 비슷할 것이다. 예컨대, 하나의 성이라는 이상적인 남성은 강하고 유능하고 단호한, 전통적인 "남성적"인 특성을 가지면서 동시에 민감하고 배려하고 감정적으로 개방적인, 전통적인 "여성적"인 특성도 가질 것이다. 하나의 성이라는 이상적인 여성은 민감하고 배려하고 감정적으로 개방적인 "여성적인" 특성을 가지면서, 또한 강하고 유능하고 단호한 "남성적"인 특성도 가질 것이다. 하나라는 이상은 두 성별 모두에 적합할 것이다.

트레빌코트(Joyce Trebilcot)는 다른 가능성을 제시했다. 그녀는 모든 것에 다 맞아떨어지는 하나의 이상이 너무 제한적이라고 생각한다. 그녀에 따르면, 사람들은 다수의 이상을 가지고 자유롭게 살아야 한다는 것이다. 사회적 비난에 직면하지 않고서도 남성들이 순전히 여성적일 수 있고 여성들이 순전히 남성적일 수 있다면, 남성들이 "순전히" 남성적이고 여성들이 "순전히" 여성적인 것은 별 문제가 없을 것이다. 사람들이 사회에서 지배적인, 상투적인 남성성·여성성에 따라 살도록 강요해서는 안 된다.[39]

39) Trebilcot, "Two Forms of Androgynism," in *Feminism and Philosophy*, pp. 70-73.

IX. 여성에 대한 모든 형태의 차별 철폐에 관한 협약

1979년 유엔 총회에서 채택된 여성에 대한 모든 형태의 차별 철폐에 관한 협약은 자유주의 페미니즘의 핵심을 반영한다고 주장할 수 있다. 이것은 남성과 여성의 동등한 권리와 책임감에 대한 세계 공동의 이해를 대변한다.

여성에 대한 모든 형태의 차별 철폐에 관한 유엔 협약(1979, 허가를 받아 사용)

제5조. 당사국은 다음을 위하여 모든 적절한 조치를 취해야 한다.

(a) 일방의 성이 열등하다거나 우수하다는 관념 또는 남성과 여성의 고정적 역할에 근거한 편견, 관습 및 기타 모든 관행을 없앨 목적으로, 남성과 여성의 사회적·문화적 행동양식을 수정할 것

제7조. 당사국은 국가의 정치적·공적 생활에서 여성에 대한 차별을 철폐하기 위하여 모든 적절한 조치를 취해야 하며, 특히 남성과 동등한 조건으로 다음의 권리를 여성에게 확보해야 한다.

(a) 모든 선거 및 국민 투표에서의 투표권 및 선거에 의해 선출되는 모든 공공 기구에의 피선거권.
(b) 정부 정책의 입안 및 동 정책의 시행에 참여하며 공직에 봉직하여 정부의 모든 직급에서 공공 직능을 수행할 권리.
(c) 국가의 공적·정치적 생활과 관련된 비정부 기구 및 단체에 참여할 권리.

제10조. 당사국은 교육 분야에서 여성에게 남성과 동등한 권리를 확보하기 위하여 특히 남녀평등의 기초 위에 다음을 확보할 목적으로 여성에 대한 차별을 철폐하기 위한 모든 적절한 조치를 취해야 한다.

(a) 도시 및 시골의 각종 교육기관에서 취업과 직업 보도, 학문의 혜택 및 학위 취득에 있어서의 동등한 조건.
(b) 동일한 교과 과정, 동일한 시험, 동일 수준의 자격 요건을 갖춘 교수진, 동질의 학교 건물 및 장비의 수혜 ….
(c) 모든 수준 및 모든 형태의 교육에 있어서 남성과 여성의 역할에 관한 고정관념을 제거하기 위해서 ….
(g) 스포츠와 체육 교육에 적극적으로 참여할 수 있는 동일한 기회.

제11조. 1. 당사국은 고용 분야에서 남녀평등의 기초 위에 동일한 권리, 특히 다음의 권리를 확보할 목적으로 여성에 대한 차별을 철폐하기 위한 모든 적절한 조치를 취해야 한다.

(a) 모든 인간의 불가침의 권리로서의 근로의 권리.

(b) 동일한 채용 기준의 적용을 포함한 동일한 고용 기회를 보장받을 권리.

(c) 직업과 고용의 자유로운 선택권, 승진, 직장 안정 및 역무에 관련된 모든 혜택과 조건을 누릴 권리, 그리고 견습, 고등 직업 훈련 및 반복 훈련을 포함한 직업 훈련 및 재훈련을 받을 권리.

(d) 수당을 포함하여 동등한 보수를 받을 권리 및 노동의 질의 평가에 있어 동등한 처우와 동등한 가치의 노동에 대한 동등한 처우를 받을 권리.

2. 당사국은 결혼 또는 모성을 이유로 한 여성에 대한 차별을 방지하며 여성의 근로에 대한 유효한 권리를 확보하기 위하여 다음을 위한 적절한 조치를 취해야 한다.

(a) 임신 또는 출산 휴가를 이유로 한 해고 및 혼인 여부를 근거로 한 해고에 있어서의 차별 금지.

(b) 종전의 직업, 선임 순위 또는 사회보장 수당을 상실함이 없이 유급 또는 이에 상당하는 사회보장 급부를 포함하는 출산 휴가제를 도입하는 것.

(c) 특히 아동 보육 시설망의 확립과 발전의 촉진을 통해 부모가 직장에서의 책임 및 사회생활에의 참여를 가사의 의무와 병행하는 데 도움이 될 필요한 사회보장 혜택의 제공을 장려하는 것.

(d) 임신 중의 여성에게 유해하다고 증명된 유형의 직업에는 동 여성에 대한 특별한 보호를 제공하는 것.

제12조. 1. 당사국은 남녀평등의 기초 위에 가족계획에 관련된 것을 포함한 보건사업의 혜택을 확보하기 위하여 보건 분야에서의 여성에 대한 차별을 철폐하기 위한 모든 적절한 조치를 취해야 한다.

제13조. 당사국은 경제적·사회적 생활의 다른 영역에 있어 남녀평등의 기초 위에 동일한 권리, 특히 다음의 권리를 확보할 목적으로 여성에 대한 차별을 철폐하기 위한 모든 적절한 조치를 취해야 한다.

(b) 은행 대부, 저당 및 기타 형태의 금융 대부에 대한 권리.

제15조. 1. 당사국은 여성에 대하여 법 앞에서 남성과의 평등을 부여해야 한다.

2. 당사국은 민사 문제에 있어서 여성에게 남성과 동등한 법적 능력 및 동능력을 행사할 동일한 기회를 부여해야 한다. 특히 당사국은 계약을 체결하고 재산을 관리할 동등권을 여성에게 부여해야 하며, 법원과 법정의 절차상 모든 단계에서 여성을 동등하게 취급해야 한다.

제16조. 1. 당사국은 혼인과 가족관계에 관한 모든 문제에 있어 여성에 대한 차별을 철폐하기 위한 모든 적절한 조치를 취해야 하며, 특히 남녀평등의 기초 위에 다음을 보장해야 한다.

(a) 혼인을 할 동일한 권리.

(b) 자유로이 배우자를 선택하고 상호 간의 자유롭고 완전한 동의에 의해서만 혼인을 할 동일한 권리.

(c) 혼인 중 및 혼인을 해소할 때의 동일한 권리와 책임.

(d) 부모의 혼인 상태를 불문하고 자녀에 관한 문제에 있어 부모로서의 동일한 권리와 책임, 모든 경우에 있어서 자녀의 이익이 최우선적으로 고려되어야 함.

(e) 자녀의 수 및 출산 간격을 자유롭고 책임감 있게 결정할 동일한 권리와 이 권리를 행사할 수 있게 하는 정보, 교육 및 제 수단의 혜택을 받을 동일한 권리.

(h) 재산의 소유, 취득, 운영, 관리, 향유 및 처분에 관한 양 배우자의 동일한 권리.[40]

X. 도덕적 의사결정에서 남성적 정의접근과 여성적 배려접근

길리건(Carol Gilligan)과 베이어(Annette C. Baier) 같은 많은 페미니스트들은 도덕적 의사결정 과정에서 성격상 상이한 남성적 접근과 여성적 접근이 있다고 믿는다. 남성적 접근은 규칙의 적용을 지지하고 느낌과 감정의 역할을 최소화한다. 그러므로 공리주의와 칸트의 정언명법은 남성적 특성을 지닌 것으로 간주된다. 반면에, 여성적

40) gopher.//gopher.un.org:70/00/ga/cedaw/convention. 허가받아 사용.

접근은 동정·공감·사랑·관심과 같은 감정에 호소한다. 여성은 "이러한 상황에서 무엇이 가장 동정적인 것으로 행해질 수 있는가?" 혹은 "어떤 행동이 아픔과 고통스러움을 최소화할 것인가?"와 같은 질문을 하는 경향이 있다. 도덕적 의사결정 과정의 남성적 패턴은 **정의접근**(justice approach)이라 부르고, 여성적 패턴은 **배려접근**(care approach)이라 부른다.

배려접근을 채택한 페미니스트들은 배려하는 사람은 배려하지 않는 사람보다 다른 사람의 고통과 필요에 더 민감하게 반응하고, 그러한 것들로 마음이 움직인다는 점을 지적한다. 고통이나 필요의 인식은 배려하는 사람에게 고통을 덜어 주고 필요를 충족시키려는 욕구를 자연스럽게 불러일으킨다. 그러므로 배려하는 사람은 어떤 주어진 상황에서 무엇을 행해야 올바른지를 결정함에 있어 규칙과 원칙보다는 그들의 느낌·감정·자연스러운 충동에 더 많이 의존할 수 있다. 예를 들어, 굶주린 어떤 사람을 보는 것은 배려하는 사람으로 하여금 그 사람의 배고픔을 덜어 주고자 하는 욕구를 자연스럽게 불러일으킬 것이고, 배려하는 사람은 즉각적으로 음식을 제공하는 것이 옳은 행위라는 것을 느낄 것이다.

많은 페미니스트들에 따르면, 여성에게는 남성보다 다른 사람의 필요와 고통에 더 민감해지는 경향이 있고 남성보다 더 많은 동정을 가지는 경향이 있다. 일부 페미니스트들은 다른 종류의 경험에 뿌리를 두고 있어서 남성적 전망과 접근이 여성의 그것과 다르게 되었다고 가정한다. 압도적으로 여성은 어린아이·병약자·무능력자·나이 든 사람들을 돌보는 사람이 되어 왔다. 약하고 조력할 수 없으며 상처 받기 쉬운 사람들을 위한 돌봄의 경험은 배려와 관심의 필요성에 대해 더 많이 인식하게 하고 배려하는 방식으로 행동할 준비를 보다 잘하게 함으로써 여성적 관점에 영향을 미칠지도 모른다. 그들의 견해에 따르면, 동정심 많은 느낌과 감정을 가지고 표현하며 그러한 방식으로 다루는 데 있어 남성은 여성보다 서툴다. 남성은 동정·친절·사랑·공감의 느낌보다 화·적대감·분노의 감정에 더 편안함을 느낀다. 또한 남성은 사회생활에서 독립·경쟁·갈등을 더 높이 평가하고 강조하는 경향이 있으며, 자신이 원하는 것을 얻기 위하여 여성보다 더 단호하고 폭력에 더 많이 의존하는 경향이 있다. 남성은 기본적으로 자기이해에 관심을 가지고 있으며, 비교적 다른 사람의 행복에 초연하고 무관심한 경향이 있다. 그들은 결합보다는 분리를, 관계보다는 고립과 고독을 더 가치 있게 생각하기 때문에, 성숙했을 때 개인의 일차적 의무는 가족과 사회로부터 분리되는 것이라고 생각한다. 남성은 가까운 사람들과 진정으로 친밀한 애정을 거의 가지지 않는 경향이 있다. 사람은 분리된 존재라고 생각하고, 기껏 해 봐야 느슨하게 다른 사람들과 관계를 맺고 있는 개별 원자들에 불과하다고 생각하기 때문에, 또한 남성들은 사회에서 직면하는 중요한 직무는 재산과 지위에서의 충돌과 경쟁에 의해 야기되는 개별 구성원 사이의 공격을 참아 내고 한계를 긋는 것이라고 생각하는 경향이 있다. 남성적 입장에서 보면, 도덕성의 핵심은 공격을 제한하기 위해 설계된 일련의 규칙—"살인해서는 안 된다"와 "도둑질해서는 안 된다" 같은 규칙 및 사람들의 삶을 방해하는 것을 제한하기 위한 소극적 도덕 권리들의 네트워크이다.

이러한 이론에 따르면, 여성은 남성보다 사람들은 다른 사람과의 관계의 네트워크 장소에서 형성되고 그런 장소에서 자신의 정체성을 이끌어 낸다는 점을 더 잘 인식하고 있으며, 사회적 분리와 멀어지는 것보다는 친밀한 애정이 좋은 삶의 핵심이라는 것을 더 잘 인식한다. 그러므로 여성은 분리와 애정이 없다는 것은 자유를 주기보다는 위협을 준다는 사실을 안다. 여성의 입장에서 본다면, 성숙했을 때 개인이 직면하는 중요한 직무는 다른 사람과 분리되는 것이 아니라 일정한 범위에서 개인을 창조하고 양육하며 지속시키는 관계의 망을 강화시키는 것이다. 또한 여성은 친밀함과 관계를 가치 있는 것으로 여기기 때문에 보다 배려적이고, 동정심을 가지고 있으며, 보살피고, 동정적으로 되는 경향이 있다. 여성의 품성은 이러한 것들을 특징적으로 가지고서 자신의 도덕적 의사결정 과정의 방향을 잡는다.

예를 들어, 약함을 향한 사람들의 태도를 생각해 보자. 일반적으로 남성은 약하다고 생각하는 것에 대해, 특히 약한 자가 다른 남성이라면 경멸과 적대감을 느낀다. 많은 남성들은 강함을 칭찬하고 약함을 큰 악덕이나 실패로서 경멸한다. 이러한 태도로 인해 아버지들이 자신의 아들을 향해 두드러지게 잔인하게 행동하는 경우가 있다. 어떤 사람이 약하고 무력하며 약점이 있다고 생각되면, 남성들은 종종 언어적이든 육체적이든 간에 공격과 폭행을 하게 된다. 동성애 혐오 남성들은 동성애자들을 약한, 즉 여성 같은 사내로 인식하는 경향이 있으며, 빈번하게 이러한 인식은 모욕을 주는 것, 때로는 육체적으로 공격하는 것, 때로는 살인으로 이어진다. 여성보다 남성이 약한 자를 못살게 굴게 될 가능성이 훨씬 높은데, 약하고 미력한 사람을 여러 가지 방식으로 괴롭힌다. 적자만이 생존한다고 믿는 차별주의자, 백인 우월주의자, 군사 운동가들과 같은 일부 반(反)문화주의자들은 실제적으로 "강함"을 숭상하고 "약함"을 개탄한다. 반대로 여성은 남성보다 그들이 약하고 무력하며 미력하다고 인식할 때, 적대감보다는 보호에 대한 감정을 더 잘 느낄 것 같다. 많은 여성들은 경멸보다는 오히려 공감·가여움·동정을 느낀다. 약함의 인식은 여성에게 공격의 욕구보다는 배려와 안락함을 제공하고자 하는 욕구를 더 잘 불러일으킬 것 같다.

XI. 정의접근과 배려접근은 양립할 수 없는가?

1. 흰 까마귀 살생의 사례

리터링크(Roger Rigterink)는 정의접근과 배려접근의 차이점을 설명하기 위해서 인상적인 사례를 활용한다. 1988년 어떤 사냥꾼이 위스콘신에서 매우 희귀한 흰 까마귀에게 총을 쏘았다. 많은 사람들은 분노했다. 예를 들어, 조 앤 먼슨은 "나는 그 이야기를 처음 들었을 때 화가 났고 지금도 그렇다. 내가 이해하지 못하는 것은 사람들이 왜 그런 새를 쏠 필요성을 느끼느냐 하는 것이다. 그런 새는 우리 모두의 즐거움을 위해서 야생인 채로 살아 있어야 한다."[41] 분명히 그 새는 잘 알려져 있었고, 그 지역의 어른과 아이들 모두에게 인기가 있었다. 사냥꾼은 사과하지 않았다. 비난을 받았을 때 그는 "나는 사냥꾼이다. 그것은 공정한 게임이다. 기회가 온 것이다. 그런 말들을 퍼뜨리는 사람들은 상황을 잘 모르는 사람들이다. … 나는 오랫동안 그 새를 찾아다녔다. 나는 전리품으로 그것을 원했다."[42]고 답했다. 리터링크는 사냥꾼이 흰 까마귀를 사냥하지 못하도록 금지하는 법이 없었다는 점을 지적한다.

리터링크는 사냥꾼이 잘못이었는지를 학생들에게 질문했다. 많은 학생들은 사냥꾼이 어떠한 잘못도 하지 않았다고 주장했다. 그것을 금지하는 법이 없기 때문에 그에게는 까마귀를 쏠 법적 권리가 있고, 법적 권리가 있는 일을 그가 한 것은 도덕적으로 문제될 게 없다는 것이 그들의 주장이었다. 추측컨대, 사냥꾼은 이와 동일하게 생각했을 것이다. 리터링크는 이러한 반응은 도덕적 의사결정에 대한 정의접근을 보여 준다고 믿는다. 왜냐하면 그러한 반응은 규칙과 권리에 호소하기 때문이다. 다른 한편으로, 또한 많은 학생들은 사냥꾼이 "생각이 없고 무감각한 얼간이"라고 말했다. 사냥꾼이 흰 까마귀를 죽인 것은 무감각하고 생각이 없는 소치의 결과라고 그들이 주장한다면, 그들이 사용한 것은 배려접근이다. 그들은 배려접근을 적용하면서, 배려하는 사람은 흰 까마귀를 죽이지 않을 것이기 때문에 그가 흰 까마귀를 죽인 것은 잘못이었다고 말할 수도 있다. 설사 흰 까마귀를 총으로 쏘는 것을 금하는 법이 없다 할지

41) Roger Rigterink, "Warning: The Surgeon Moralist Has Determined That Claims of Rights Can Be Detrimental to Everyone's Interests," in *Explorations in Feminist Ethics*, ed. Eve Browning Cole and Susan Coultrap-McQuin (Bloomington: Indiana University Press, 1992), p. 38.

42) Ibid.

라도, 배려하는 사람은 전리품으로 그 새의 사체를 가지기 위해서 쏘는 것은 매우 특별한 창조물로서 까마귀를 가치 있게 여기는 다른 사람들에게 고통을 야기한다는 점을 인정할 것이다. 어린이와 어른들 모두 분노·화·슬픔·상실감을 느낄 것이다. 자신이 필요한 것과 원하는 것을 일차적으로 혹은 오직 그것만을 생각하는 사람만이 까마귀를 총으로 쏠 것이다.

리터링크는 흰 까마귀의 사례는 정의접근과 배려접근의 진정한 차이점을 드러낸다고 주장한다. 일부의 이유는 두 가지 접근은 이 사례에서 양립할 수 없는 결론들을 이끌어 내기 때문이다. 그의 가정에 의하면, 사냥꾼이 흰 까마귀를 죽인 것은 배려접근에서 본다면 잘못이라 할지라도 정의접근에서 본다면 잘못이 아니라는 것이다. 그러나 정의접근에서 볼 경우, 사냥꾼이 흰 까마귀를 죽인 것은 도덕적으로 허용될 수 있다고 한 그의 주장은 옳은가? 리터링크는 단지 사냥꾼에게 그렇게 할 법적 권리가 있었기 때문에 까마귀를 죽일 도덕적 권리가 있다고 가정하는 것처럼 보인다. 그러나 우리가 보아 온 것처럼 어떤 것을 행할 법적 권리는 그것을 행할 도덕적 권리를 수반하지 않는다. 어떤 사회에서는 남성에게 부인을 때릴 법적 권리가 있고, 백인에게 흑인을 노예로 삼을 법적 권리가 있었지만, 그러한 법이 존재한다 하더라도 그 때문에 그러한 것들을 할 도덕적 권리의 승인이 요구되는 것은 아니다.

그러므로 사냥꾼이 까마귀를 죽일 법적 권리를 가졌다고 해서 필연적으로 그가 그것을 쏠 도덕적 권리를 가졌다는 사실이 도출될 수 없고, 또한 그가 법적으로 잘못된 어떠한 것도 하지 않았다는 사실로부터 그가 도덕적으로 잘못된 어떠한 것도 하지 않았다는 결론이 나오는 것은 아니다.

사실 공리주의와 칸트의 도덕 이론 같은 정의접근을 신중하게 적용해 보면 아마도 배려접근과 동일한 결론이 도출될 것이다. 예를 들어, 행위공리주의는 아마도 흰 까마귀가 사냥꾼의 이익을 위해 총을 맞는 경우보다 총을 맞지 않는 경우에 행복의 총량이 더 많으리라고 결론지을 것이다. 규칙공리주의는 아마도 사람들이 매우 희귀한 동물을 그들의 이익을 위해서 그리고 그것을 차지하기 위해서 죽이는 것을 허용하는 경우보다 그것을 금지하는 규칙을 따르는 경우 행복의 총량이 더 많아질 것이라고 결론 내릴 것이다. 정언명법의 보편 정식을 적용하는 칸트주의자는 다음처럼 주장할 수도 있다. 사냥꾼은 자신의 이익을 위해서 다른 사람이 즐기고 가치 있게 생각하는 것을 파괴하도록 허용하는 준칙을 보편적 법칙이 되도록 의욕할 수 없다. 정언명법의 인간 존경 정식을 적용하는 칸트주의자는 다음처럼 주장할 수도 있다. 희귀하고 특별한 흰 까마귀를 죽이는 것은 그 까마귀를 가치 있게 여기고 즐기는 다른 사람들을 존경을 가지고 대우하는 것과 양립할 수 없다. 그러므로 흰 까마귀의 사례는 두 접근 모두가 동일한 결론을 이끌어 낼 것이기 때문에 정의접근과 배려접근의 중요한 차이점을 드러내지 않는다.

2. 두더지와 호저의 사례

매닝(Rita Manning)은 다른 일련의 사례들을 활용한다. 이솝의 우화 중 하나에 근거해서 도덕적 의사결정에서의 배려접근과 정의접근의 차이를 설명한다. 두더지 집단은 열심히 땅을 파서 안락한 굴을 만들기 위해 여름을 보낸다. 겨울의 첫 번째 얼음바람이 불면, 호저는 겨울 동안 두더지들의 굴에서 함께 지내도록 허락해 주기를 간청한다. 호저의 간청을 허락하면 두더지들은 덜 편안해질 것이다. 굴은 넘쳐날 것이고, 호저들의 날카로운 가시는 종종 두더지들을 찌를 것이다. 어떤 시나리오에서는 호저는 게을러서 겨울 동안 지낼 집을 애써 마련하지 않았기 때문에 집이 없다. 또 다른 시나리오에서는 호저의 굴이 그 자신의 잘못이 아닌데도 파괴되었기 때문에 집이 없다. 세 번째 시나리오에서는 겨울 동안 두더지의 굴에서 지내는 간청이 허락되지 않으면 호저가 죽는다는 것이 명백하다.

매닝은 학생들에게 두더지는 어떻게 해야 하는지, 왜 그렇게 해야 하는지를 물었다. 매닝은 학생들의 정당화를 (1) 덕/악덕, (2) 원칙, (3) 상호성, (4) 자기 이익, (5) 배려 등 다섯 가지로 분류하였다.

> 변명의 이유들은 다음의 범주로 분류된다. 덕 : 게으름은 벌을 받아야 하고, 열심히 일하는 것은 상을 받아야 한다. 원칙 : P1. 당신은 고통을 줄여야 한다. P2. 당신은 자신의 헌신을 소중하게 생각해야 한다. P3. 당신은 생명을 보호해야 한다. P4. 당신은 재산권을 소중하게 생각해야 한다. P5. 당신은 유용성을 최대화해야 한다. P6. 당신은 다른 사람을 도와야 한다. 상호성 : 당신은 당신과 같은 일을 행할 위치에 있는 사람들을 도와야 한다. 자기 이익 : 사람들은 먼저 그들 자신을 도와야 한다. 내 집단은 어떤 다른 집단보다 더 중요하다. 배려 : 당신은 타협을 하도록 노력해야 하며, 그렇게 해야 모든 사람들과 조화를 이루며 살아갈 것이다.[43]

---

43) Rita Manning, *Speaking From the Heart: Feminist Perspectives on Ethics* (Lanham, MD: Rowman and Littlefield, 1992), p. 44.

매닝은 마지막 고려를 배려접근의 예로 생각한다. 이 마지막 접근은 다른 접근들과 어떻게 다른가? 다른 접근들의 경우에 우리는 어느 쪽이든 결론을 내린다. 즉 두더지는 자신들의 굴에서 호저와 함께 겨울을 지내도록 허락하거나, 아니면 그들이 호저를 못 들어오게 했다 하더라도 아무 잘못도 없다고 결론을 내린다. 그러나 배려접근을 채택한 사람은 자신의 상상력과 지성을 이용하여 두더지와 호저 둘 다의 요구와 안락이 충족될 수 있는 방법을 찾고자 노력한다. 매닝이 지적한 바와 같이, 배려적 관점은 "타협과 조화"를 존중한다. "[배려 정당화를] 선택했던 사람들은 적어도 충돌의 경우에는 해결과 조화가 좋은 방책임이 명백하다고 생각하는 것 같았다."[44] 덕과 악덕의 개념에 의거하거나 도덕적 문제에 답하기 위한 원칙들에 의거하는 것은 단지 긍정/부정 혹은 옳음/그름이라는 답을 낳을 뿐이다. 그것은 창조성과 상상력을 이용하여 주어진 상황에서 모든 사람의 욕구를 만족시키는 방법을 찾기 위한 대안 확장의 노력을 기울이지 않는다. 호저를 들어오게 하거나 호저를 제외시키는 두 대안에 단순하게 초점을 맞추기보다는 오히려 배려적 관점을 채택하는 사람은, 호저가 겨울 동안 두더지와 함께 지내도록 허락받을 경우 두더지의 불편함을 줄이는 방법에 초점을 맞출 것이다. 예를 들면, 배려적 관점을 가진 사람은 호저가 두더지를 도와서 굴을 넓힌다면 굴이 복잡하지 않아서 두더지가 호저의 가시에 찔릴 가능성이 줄어들 것이라고 제시할 수도 있다.

> 다른 사람들과의 친밀함과 결합의 중요성이 이런[배려] 목소리 속에 나타난다. 우리는 관계를 보호하기 위하여 타협하고 조화를 이룬다. 그러나 이 목소리가 자기희생적 목소리로 보일 필요는 없다. 오히려 우리는 그 목소리를 결합되고 싶어 하는 욕망을 가진 사람의 동기라고 볼 수 있으며, 그 경우에 결합된다는 것은 좋은 것으로 간주된다.[45]

배려접근을 채택한 사람은 관계와 연결을 만들고, 보존하며, 강화하는 데 초점을 맞춘다. 그것은 결국 조화와 타협을 요구하는 것이다. 매닝이 보듯이, 배려접근을 채택한 사람은 주어진 대안 중에서 결정하는 일에 초점을 맞추기보다는, 모든 사람들의 욕구를 충족시킬 그리고 관계를 만들고 보존하며 강화할 새로운 대안과 가능성을 떠올리는 일에 더 초점을 맞춘다.

---

44) Ibid., p. 44.

45) Ibid., pp. 48–49.

매닝의 분석은 배려접근이 정의접근과 어떻게 다른지에 대해 우리의 이해를 더해 준다. 우리에게는 배려하는 사람이 해야 할 것을 할 의무가 있다. 적어도 어떤 경우에 배려하는 사람은 모든 사람의 이익과 행복을 보호할 타협적 해결책을 추구할 것이다. 어떤 경우에는 그런 타협적 해결책이 결코 가능하지 않다. 예를 들면 흰 까마귀의 경우이다. 사냥꾼의 욕망과 흰 까마귀를 보호하고자 하는 사람들의 욕망이 단순히 양립하지 않은 채로 남아 있을 것이다. 배려하는 사람들은 적절한 해결 대안을 찾지 못하면 흰 까마귀를 죽이지 않을 것이다. 그러나 배려하는 사람은 적어도 타협적 해결책에 도달하기 위해 노력을 기울일 것이다.

그러나 정의접근과 배려접근이 그 때문에 **양립할 수 없는지**는 분명하지 않다. 즉 우리는 도덕적 의사결정에 있어 정의접근과 배려접근 중에서 선택을 **강요받는다**. 정의접근을 하더라도 가능한 모든 사람들의 요구와 이익을 조화시킬 타협적 해결책을 찾기 위해 우리의 지성과 상상력이 활용될 수도 있다. 사실상 공리주의 도덕 이론과 칸트주의 도덕 이론 같은 정의접근을 조심스럽고 섬세하게 적용하면 아마 타협과 조화를 이룰 결론이 도출될 것이다. 그리고 정의접근을 하더라도 특별히 세부적인 상황에 대해 반드시 태만하게 되는 것은 아닐 것이다.

XII. 남성은 왜 보다 여성처럼 될 수 없는가?

성공한 뮤지컬 『마이 페어 레이디』(My Fair Lady)에서, 헨리 히긴스 교수는 노래로 묻는다. "여성은 왜 남성처럼 될 수 없는가?" 분명히 히긴스는 여성들이 남성처럼 된다면 더 좋을 것이라고 생각했다. 대부분 현대 페미니스트들은 틀림없이 "남성은 왜 여성처럼 될 수 없는가?"라고 노래했을 것이다. 왜냐하면 그들은 남성이 여성처럼 되면, 즉 더 여성적으로 되고(배려적) 덜 남성적(비배려적)으로 되면 세상은 더 좋아질 것이라고 믿을 것이기 때문이다. 그들의 견해에 따르면, 남성이 여성처럼 보다 사회화될 수 있다면 그렇게 되어야 한다. 또한 많은 페미니스트들은 사람들이 도덕적 의사결정에서 정의접근보다는 배려접근을 채택했더라면 세상은 더 좋을 것이라고 믿는다. 남성들은 남성적(비배려적) 인격/성격을 가지는 경향이 있기 **때문에** 도덕적 의사결정에서 배려접근보다는 정의접근을 선택하는 경향이 있고, 여성들은 여성적(배려하는) 인격/성격을 가지는 경향이 있기 **때문에** 배려접근을 선택하는 경향이 있다고 가정해 보자. 남성들을 보다 여성처럼 되게 사회화하면 남성들이 (우월한) 배려접근을 채택할 가능성이 증가할 수 있다.

연습문제

1. 남성과 여성은 그들의 고유한 능력에서 평등한가? 그렇다면 어떤 면들이 평등한가? 불평등한 면이 있다면 그것은 무엇인가? 당신의 견해에 대해 어떤 증거가 있는가?
2. 한국 사회는 가부장적인가? 당신의 견해에 대한 증거를 제시하라.
3. 한국 사회에서 보다 큰 성적 평등을 보장하기 위하여 혹은 그런 평등에 도달하기 위하여 행해질 수 있거나 행해져야 하는 것은 무엇인가?
4. 사회는 가정 폭력의 희생자인 여성과 아이들의 요구를 충족시킬 만한 충분한 은신처를 제공해야 하는가?
5. 대부분의 페미니스트는 미국 문화에 만연되어 있는, 남성적·여성적이라는 진부한 이미지가 남성과 여성 모두에게 손해를 끼친다고 주장한다. 당신이 미국 문화에 만연되어 있다고 생각하는 남성적 그리고 여성적이라는 진부한 이미지를 기술해 보라. 이들 이미지에 대한 당신의 견해는 어떠한가? 그런 이미지들에 대해 반대할 만한 것이 있다면, 어떤 수단에 의해서 그런 이미지들이 변화될 수 있거나 변화되어야 하는가?
6. 도덕적 의사결정에서 배려접근을 적용하여 다음의 물음에 답하려고 시도하라.
   a. 성행위를 하기 위해서 남성이 여성에게 거짓말하는 것은 나쁜가?
   b. 남성이 여성에게 술을 먹여 성행위를 하기 위해 여성에게 거짓말하는 것은 나쁜가?
   c. 담배 제조 회사에서 일하는 것은 나쁜가?
   d. 다른 차량보다 휘발유를 많이 소비하고 보다 환경을 오염시키는 SUV와 같은 차량을 모는 것은 나쁜가?

관련 자료

Annette C. Baier. *Moral Prejudices: Essays in Ethics.* Cambridge, MA: Harvard University Press, 1994.

Claudia Card, ed. *Feminist Ethics.* Lawrence: University Press of Kansas, 1991.

Ann Crittenden. *The Price of Motherhood: Why the Most Important Job in the World Is Still the Least Valued.* New York: Henry Holt, 2001.

Elizabeth Frazer, Jennifer Hornsby, and Sabina Lovibond. *Ethics: A Feminist Reader.* Oxford, England: Blackwell, 1992.

Carol Gilligan. *In a Different Voice.* Cambridge, MA: Harvard University Press, 1982.

Virginia Held. *Feminist Morality.* Chicago: University of Chicago Press, 1993.

Pita Manning. *Speaking from the Heart: A Feminist Perspective on Ethics.* Lanham, MD: Rowman and Littlefield, 1992.

Martha C. Nussbaun. *Sex and Social Justice.* New York: Oxford University Press, 1999.

Susan Moller Okin. *Justice, Gender, and the Family.* New York: Basic Books, 1989.

Ruth Rosen. *The World Split Open. How the Modern Women's Movement Changed America.* Harmondsworth, England: Penguin, 2000.

Miriam Schneir, ed. *Feminism: The Essential Historical Writings.* New York: Vintage Books, 1972.

Miriam Schneir, ed. *Feminism in Our Time: The Essential Writings, World War II to the Present.* New York: Vintage Books, 1994.

Rosemary Tong. *Feminist Thought.* Boulder, CO: Westview Press, 1989.

인터넷 자료

Feminist Theory Web site (www.cddc.vt.edu/feminism/).

제 10 장

도덕과 성

- 결혼하지 않고 갖는 성관계가 어떤 조건하에서 부도덕한지에 대한 이해
- 성 상대자에게 어떤 도덕적 의무를 져야 하는지에 대한 이해
- 포르노그래피의 부도덕성 여부 결정
- 간통의 부도덕성 여부 결정
- 매춘의 부도덕성 여부 결정
- 동성애적 행위의 부도덕성 여부 결정
- 동성 간 결혼의 부도덕성 여부 결정

I. 서론

도덕적 쟁점에 대한 논의가 마치 도덕이 오직 성적인 행위에 관한 것인 양, 오직 성에 관해 집중하는 것처럼 보이는 시대가 있었다. 많은 사람들은 이런 시대가 지나갔다고 생각한다. 그러나 양극단을 수용하여 도덕이 성과 아무런 관계가 없다고 결론 내리는 것은 잘못이다. 도덕은 사람들의 접촉이 이루어지는 그리고 해로움과 이익의 가능성이 존재하는 어떤 상황에서도 나타난다. 성 문제와 관련성이 없는 경우에 적용되는 도덕적 요구와 금지·덕과 악덕·의무와 권리는 또한 성의 문제에도 적용된다. 예를 들어 만약 정직·친절·동정이 도덕적 덕이라면, 그리고 부정직·냉담·야만성이 도덕적 악덕이라면, 삶의 다른 영역에서와 마찬가지로 성의 영역에서도 도덕적 덕/악덕이다.

이 장에서는 성과 관련된 몇 가지 도덕적 문제를 검토할 것이다. 예컨대 결혼하

지 않고 갖는 성관계·포르노그래피·간통·매춘·동성애 행위 등이다.

II. 결혼하지 않고 갖는 성관계

아마 대부분의 사람들에게 성과 관련된 가장 중심적인 문제는 결혼하지 않고 갖는 성관계이다. 많은 사람들은 성관계가 결혼 안에서만 도덕적으로 허용될 수 있으며, 결혼하지 않은 사람들 사이의 성관계는 부도덕하다고 주장한다. 실제로 대부분의 관심은 10대들이나 미성년의 성생활에 있는 것 같다. 그러나 이 금지가 적용된다면 그것은 나이와 무관하게 적용된다. 가장 일반적으로 말해서 신법(神法)은 이것을 금지했다. 신은 결혼하지 않고 갖는 성관계를 금지한다.

대부분의 미국 사람들이 실제로 결혼하지 않고 갖는 성관계가 부도덕하다고 믿는지 어떤지, 혹은 그들이 그렇게 믿는다 하더라도 그것을 진지하게 생각하는지 어떤지는 말하기 어렵다. 많은 현대 문화 비평가들은 현대 문화가 성에 사로잡혀 있다고 말한다. 텔레비전 프로그램과 영화에서 미혼인 사람들이 항상 스스럼없이 다른 사람들의 침대를 재빠르게 들락날락하는 것 같이 보이고, 결혼할 때까지 성관계를 원하지 않는 사람은 일반적으로 신경증 환자·이상한 사람으로 묘사된다. 어떤 사람은 텔레비전과 영화를 보고서 성이 삶을 가치 있게 만드는 유일한 것이라고 쉽게 결론 내린다. 어떤 사람은 그런 행동이 부도덕한 것일지도 모른다는 징후를 전혀 느끼지 못한다. 텔레비전과 영화는 현대 미국인들의 태도의 실상을 그대로 반영하고 있는가?

결혼하지 않고 갖는 성관계는 도덕적으로 나쁜가? 이렇게 생각하는 유일한 이유가 신학에 기초한 것이라면, 즉 신법을 어긴다는 데 기초한 것이라면, 신을 믿지 않는 사람은 납득하지 않을 것이다. 그러나 신을 믿는 사람들조차 납득하지 않을는지 모른다. 많은 유신론자들은 결혼하지 않고 갖는 성관계를 신이 금지했는지 의심한다. 그들은 다음처럼 묻는다. "신이 그것을 금지한다는 사실을 우리가 어떻게 아는가?" 사람들이 성경이나 코란같이 신성한 성전의 구절을 지적한다면, 어떤 유신론자들은 그 구절들이 신이 그것을 금지한다는 것을 보여 준다고 주장하는 사람들의 해석에 의문을 제기할지도 모르고, 아니면 그 구절들이 신의 말이 아니라 오히려 인간 저술가의 도덕적 신념을 반영한 것이라고 얘기할는지도 모른다. 그러나 아마 더 날카롭게 각을 세우면서 신이 무슨 **이유**에서 그것을 금지했는지 의문을 제기할 수도 있겠다. 만약 결혼하지 않고 갖는 성관계를 금지하기 위한 좋은 이유를 생각해 낼 수 없다면, 우리는 신이 실제로 그것을 금지하는지를 의심할 수도 있다.

오늘날 세계 대부분의 지역에서 결혼은 종교적 관계일 뿐만 아니라 법적 관계이기도 하다. 합법성을 갖기 위해서 결혼은 그것이 발생하는 국가의 법에 따라야만 한다. 예컨대 결혼 하한 연령이 있고, 결혼식은 결혼을 진행할 권한이 있는 사람이 진행해야 한다. 미국에서는 커플이 종교 의식을 행하는 것으로 결혼이 이루어지는 것은 아니다. 지방판사의 민사적 절차를 밟아야 결혼이 가능하다. 따라서 결혼은 완전히 종교와 무관할 수 있다. 일단 결혼의 합법성이 성립하면 어떤 법적 권리와 의무가 생기게 된다. 예컨대 어떤 주에서는 각 배우자가 부부 재산의 반을 소유한다. 그리고 법적 이혼의 경우도 주 법률에 따라야 한다. 그러므로 결혼하지 않고 갖는 성관계가 도덕적으로 나쁘다고 말하는 것은 합법적 관계에 있지 않은 사람들끼리 성관계를 하는 것이 나쁘다고 말하는 것이다. 그러나 어떤 사람들은 문제가 되는 것은 사람들이 "신이 보기에" 서로 결혼했는지의 여부라고 말할 것이다.

결혼하지 않고 갖는 성관계가 도덕적으로 나쁘다고 생각하는 신학에 기초하지 않은 어떤 이유가 있는가? 공리주의자는 결혼하지 않고 갖는 성관계에 대해 일반화할 수 없다. 공리주의자는 사례별로 도덕 판단을 내려야 한다. 행위공리주의에 따르면, 미혼 커플이 성관계를 가지지 않는 때보다 성관계를 가질 때 결과적으로 행복의 총량이 더 큰 경우, 그 커플의 성관계는 도덕적으로 나쁘지 않다. 커플이 경험할 육체적 쾌락은 이익이 될 테지만, 그 외 다른 이익도 있을지 모른다. 그들이 결혼을 생각하고 있다면, 결혼 전 성관계는 그들이 성적으로 궁합이 맞는지 확인을 가능하게 할 것이다. 그것은 결혼 여부의 결정에 도움이 될 수 있다. 어떤 사람은 또한 결혼 전의 성관계는 순전히 성관계만을 위한 결혼의 가능성을 줄이고, 그리하여 결혼 상대자의 선택에서 실수의 가능성을 줄이는 것이라고 주장할 수도 있다. 그들이 결혼하지 않고 갖는 성관계를 나쁘다고 믿는다면, 잠재적 해로움에는 한 명 혹은 둘 다 느낄지 모르는 죄의식·성병 감염·원하지 않는 임신이 포함된다. 또한 성관계를 갖게 되면 커플의 감정적 애착이 더 강해지고 깊어지는 경우가 종종 있다. 관계가 결혼으로 이어지지 않고 끝난다면, 성관계를 가지지 않은 경우보다 가진 경우의 고통이 더 강하고 오래갈 수도 있다. (물론, 결혼이 원하지 않은 임신이나 성병 감염으로부터 우리를 완전히 보호할 수는 없다. 그리고 결혼이 반드시 영원한 것도 아니다. 모든 결혼의 거의 반이 이혼으로 끝난다.)

행위공리주의는 사례별로 그 문제를 결정해야 하는 반면에, 규칙공리주의는 일반화한다. 규칙공리주의에 의하면, 성관계를 갖는 미혼 커플의 일반적인 관행이 그것을 갖지 않는 관행보다 행복의 총량이 더 많을 경우, 결혼하지 않고 갖는 성관계는 나쁘지 않다. 반면에 해로움이 더 많다면 그것은 나쁘다. 그 해로움이 전적으로 서로 결혼하지 않은 사실의 산물인 경우에 미혼인 사람들의 성관계가 일반적으로 어떤 해로움을 야기하는지는 결코 분명하지 않다.

칸트주의 도덕 이론을 적용해 보자. 첫째, 우리는 다음처럼 질문할 것이다. "어떤 사람이 모순 없이 미혼 커플의 성관계를 허락하는 보편법칙을 의욕할 수 있을까?" 이성적 행위자가 그런 보편법칙을 의욕할 경우에 필연적으로 어떻게 모순에 빠지는지는 알기 어렵다. (당신은 도대체 모순이 일어날 것인지를 알 수 있는가?) 어떤 모순도 없다면 칸트의 정언명법의 보편법칙 정식의 검증을 통과한다. 둘째, 우리는 성관계를 하는 미혼 커플들이 서로를 존경으로 대하는지 어떤지, 그리고 그들 스스로를 존경으로 대하는지 어떤지를 물을 것이다. 지금 사랑·호의·성실한 배려가 전혀 없이 단지 성적 욕구 충족을 위하여 서로를 이용하고 있다면, 그들은 존경으로 서로를 대하는 것이 아니다. 그러나 그것은 미혼과 마찬가지로 결혼한 사람들 사이에서도 발생할 수 있으며, 그리고 그것은 확실히 대부분의 미혼 커플 사이에서 발생하지는 않는다. 그래서 존경하지 않는 대우는 그들의 결혼 여부하고는 상관없다. 그들이 서로를 혹은 자신들을 경멸로 대하지 않는다면 그들의 행동은 칸트의 정언명법의 인간 존경 정식의 검증을 통과한다.

덕 이론을 적용하려면 결혼하지 않고 갖는 성관계가 어떤 악덕을 보여 주는지 여부를 물어야만 한다. 색욕·자기통제의 결핍, 이 두 가지가 즉각적으로 마음에 떠오른다. 색욕은 과도한 성적 욕구이다. 그러나 우리는 성관계로 이어진 성적 욕구가 과도한지 어떤지를 반드시 물어야 한다. 대개 그것은 상황에 따라 달라진다. 만약 문란하고 아무나와, 심지어 낯선 사람과도 성관계를 갖는다면, 그러한 행동을 야기한 성적 욕구는 과도한 것 같이 보인다. 마찬가지로 성병 감염과 원하지 않는 임신으로부터 스스로를 보호하지 않는 성관계를 갖는다면 성적 욕구가 과도한 것으로 보인다. 즉 그것은 우리의 "자제력을 잃게" 만든다. 자기통제에 대하여 우리는 우리 스스로나 다른 사람들에게 해로운 짓을 하는 경우에만 이런 악덕을 보여 준다. 그러나 만약 성관계가 사랑에 의한 것이라면 어떤가? 사랑은 덕이다. 그리고 성관계는 낭만적 사랑의 자연스러운 표현이다. 물론, 사람들은 색욕이나 다른 감정과 느낌을 사랑이라고 착각할 수도 있다. 그러나 누군가를 사랑하고 그 결과로서 그 사람과 성관계를 맺는다면 그것은 더 이상 덕이 아닌가?

결혼하지 않고 갖는 성관계를 무조건 금지하는 매우 설득력 있는 비유신론적 이유를 발견하기는 어려울 것 같다.

III. 성과 행복

언급한 바와 같이, 현대 미국 문화에 대한 많은 비판은 성에 사로잡힌 대중매체를 지적한다. 영화와 텔레비전 프로그램에서는 애인을 바꾸는 장면이 너무도 많다. 성은 여러 가지 다양한 상품으로 팔린다. 그 메시지는 성이 인간 행복의 처음이자 끝이라는 것 같다. 더 많은 파트너와 더 많이 성관계를 가지면 가질수록 우리는 더 행복할 것이라는 것이다. 행복한 삶에서 성이 갖는 (혹은 성이 가져야 하는) 역할이 무엇인지에 대해 비판적으로 생각해 보는 것이 적절할 것이다.

아리스토텔레스는 우리의 삶에서 일시적인 순간만이 아닌 전체로서의 우리 삶에 적용되는 행복의 상태, 즉 에우다이모니아(eudaimonia)에 초점을 맞추었다. 마찬가지로 달라이 라마도 오랜 기간 동안의 행복이 단기간, 일시적인 순간의 행복보다 훨씬 더 중요하다고 생각한다. 성관계가 매우 강렬한 육체적 쾌락을 초래한다는 것은 틀림없다. 그렇지만 그 쾌락은 일반적으로 성관계를 맺고 있는 동안에만 지속된다. 그렇다면, 나중에 나쁜 사람이라고 생각하게 될 사람과 성관계를 맺는다면, 아니면 조심하지 않은 결과 원치 않은 임신을 하거나 성병에 걸리게 된다면, 우리는 강렬한 열정의 짧은 순간이 가져올 오랜 기간의 결과에 대해 뼈저리게 후회할지도 모른다. 감정에 휩쓸리고 싶지 않을 때, 우리는 감정에 휩쓸려 있는 자신을 발견할 수도 있다.

그러나 우리가 성관계를 맺고서 그 사람이 나쁜 사람이라고 생각하지 않는다 해도, 원하지 않는 임신이나 성병에 걸리지 않았다 해도, 감정에 휩쓸리지 않기를 원할 때 감정적으로 휩쓸려 있는 자신을 발견하지 못한다 해도, 여전히 문제가 있을 수도 있겠다. 가치 있다고 평가할 만한 것보다 우리 삶에서 성이 더 가치 있고 더 중심이 될 수도 있다. 살펴보았다시피, 우리가 갖고 있는 재능과 능력의 계발과 발휘·성취·우정·사랑·심미적 경험·명상·다른 사람을 돕고 그들의 행복에 기여하는 것과 같은 행복한 삶의 잠재적 요소들이 많이 있다. 너무 많이 성에 집중하면 다른 행복의 요소들을 간과하게 될지도 모른다. 더욱이 자기몰입에 빠지게 되는 위험이 있다. 우리는 우리 자신의 쾌락을 위해 모든 것에 우선해서 성관계를 갖는다. 우리에게 행복을 줄 것 같아 거의 오직 성에만 몰두한다면, 우리는 거의 다른 사람들만을 위해서가 아니라 우리 자신만을 위해서 살고 있는 것이다. 연구 보고서에 따르면, 자기 자신의 행복을 우선적으로 추구하는 사람들은 다른 사람들의 행복에 관해 더 많이 생각하는 사람보다는 행복을 발견할 가능성이 낮아진다.

IV. 성관계에서의 도덕적 의무

상식상의 도덕에 따르면, 우리에게는 다른 사람들을 해롭게 하는 것을 최소화해야 할 의무가 있으며, 그렇게 해야 할 필요가 크고 비용이나 위험이 적을 때 도와야 할 의무가 있다. 이것은 가족과 친구들에게뿐 아니라 모르는 사람들에게도 적용된다. 그 사람이 성관계를 맺는 사람일 경우에 우리가 이러한 의무들을 진지하게 생각하는 것이 얼마나 중요한지를 생각해 보자. 우리는 그런 의무들에 대해 훨씬 비난받을 수 있다. 상처 입기 쉽다. 따라서 다른 사람들에게 해를 끼치지 않기 위해 그리고 다른 사람들을 이롭게 하는 쪽으로 행동하기 위해 별도의 노력을 기울여야 한다.

칸트의 정언명법 중 인간 존경 정식에 따르면, 우리는 다른 사람에 대해 존경을 가지고 대해야 한다. 다른 사람들에게 존경을 가지고 대하라는 것의 근본적인 측면은 우리와 상호 관계를 맺고 있는 모든 사람들은 전적으로 자발적이라는 것을 확실히 하는 데 초점이 맞추어져 있다. 분명하건대, 이러한 요구는 강간과는 모순된다. 따라서 우리의 성관계에 있어서 우리가 다른 사람에게 져야 하는 첫 번째 의무는 그들이 완전히 자발적이라는 것을 확실히 하는 것이다. 이 의무는 위압이나 강압을 사용하지 못하게 할 뿐만 아니라 조작이나 기만 또한 금한다. 어떤 남성이 어떤 여성을 매우 취하게 만들어서 그녀는 자신이 어떤 일을 하는지도 모르고 또 동의하거나 동의하지 않을 능력조차 없는 상황에서 그 남성과 성관계를 갖는다면, 그것은 전혀 자발적인 성관계가 아니다. (대부분의 국가들은 법으로 그것을 강간 시나리오로 분류하고 있으며, 남성은 그로 인해 감옥에 갈 수도 있다.) 마찬가지로 남성이 여성에게 "사랑해." 혹은 "결혼하고 싶어."라는 거짓말을 해서 성관계를 갖는다면, 그것은 전혀 자발적인 성관계가 아니다. 이것을 남성이 여성을 교묘하게 꾀는 문제라고만 생각해서는 안 된다. 왜냐하면 여성이 남성과 결혼에 돌입하는 "올가미"를 씌우기 위해 남성과 성관계를 맺을 가능성도 있기 때문이다. 남성이 부자라면 그럴 가능성이 더 높을 것이다.

커플이 성관계를 맺으면 종종 깊은 감정적 애착으로 발전한다. 그들은 그들이 관심을 갖지 않는 다른 사람들보다 훨씬 더 심하고 깊게 서로에게 상처를 줄 수 있다. 그들은 서로를 필요로 하게 되고, 또 서로에게 의지한다. 그들은 비밀을 서로 공유하고 감정과 생각을 털어놓는다. 서로 배신하거나, 충실함을 보여 주지 않거나, 상대방이 감정적으로 필요로 할 때 충족시켜 주지 않는다면, 그들은 아마도 곤혹스러움에 빠지게 될지도 모른다. 따라서 우리는 성관계를 맺는 사람들에게 특별한 관심을 가져야 할 의무가 있으며, 그들의 취약성과 신뢰로부터 이익을 취하지 않아야 할 의무가 있다. 우리는 그들을 착취하거나 억압하거나 교묘하게 조작하거나 지배하거나 배신하지 않아야 한다. 우리는 관계가 거의 비슷하게 주고받을 정도로, 거의 비슷하게 배려하고 배려를 받을 정도로 상호적이라는 것을 확실히 해야 한다. 완전히 이기적이거나 지나치게 이기적인 것은 적절하지 않다.

또한 검토해 보아야 하는 것은 대중매체가 성에 접근하는 경우에 뭔가 유해한 것이 있는지 여부이다. 한 가지 문제는 대중문화가 성을 과잉 공급하는 것이 해로운지 어떤지의 문제이고, 상품으로 팔기 위해 성을 이용하는 것이 해로운지 여부이다. 젊은이들에게 불건전한 방식으로 성경험을 하게끔 하고 그들의 생활 속에서 성에 지나친 중점을 두게 조장할 심각한 가능성이 있는가? 성적 충동을 마음속에서 일어나게 하는 사람들의 이미지나 광고 속에서 성적으로 자극하는 이미지로 젊은이들을 융단 폭격하는 것은 해로운가? 그것이 해롭다는 강력한 증거는 없는 것 같다. 사람들은 요즈음 세대에서 나타난 10대의 임신·미혼모·낙태·파경의 증가를 보여 주는 통계치를 증거로 삼고 있지만, 대중매체의 성이 가장 중요한 원인인지는 분명하지 않으며, 심지어 그것이 하나의 요인인지도 분명하지 않다.

V. 이중 잣대

우리 사회는 종종 이중 잣대를 적용해 왔다. 많은 사람들은 이중 잣대가 결혼을 하지 않고 성관계를 하는 여성보다는 남성들에게 훨씬 허용될 수 있는 것으로 믿는다. 많은 성적 경험을 가진 젊은 미혼남은 인정의 의미로 "**정력이 절륜한 남자**(stud)"라고 일컬어진다. 반면, 많은 성적 경험을 가진 젊은 미혼녀는 강한 비난의 뜻으로 "**품행이 좋지 못한 여성**(slut)"라고 일컬어진다. 마찬가지로, 자기 나이의 반밖에 되지 않는 여성과 성관계를 한 남성은 자기 나이의 반밖에 되지 않는 남성과 성관계를 한 여성이 받는 비난과 거의 같은 정도의 비난을 받지 않는다. 남성과 여성에게 용인할 수 있는 성적 행위의 다른 기준을 적용하는 것이 정당한가? 이중 잣대를 비판하는 사람들은 다른 기준을 적용할 수 없다고 말한다. 그들은 성행위의 기준이 남성과 여성에게 똑같이 적용되어야 한다고 주장한다. 그들은 남성과 여성 간에 이와 관련한 상이점이 있을 때에만 정당화될 수 있다고 주장한다. 그렇지만 그들은 이와 관련한 상이점이 없다고 주장한다.

이중 잣대를 지지하는 사람들은 관련한 상이점이 있다고 주장한다. 이렇게 주장하는 사람들은 여성이 남성보다 심리적으로 약하다고 말할지도 모르겠다. 그들은 아마도 여성의 감정적 생활이 남성의 그것보다 더 깊기 때문에 여성이 남성보다 성적 관계에서 더 상처받기 쉽다고 말할는지도 모른다. 어쩌면 여성이 남성보다 더 유혹에 빠지기 쉽고 더 쉽게 믿는지도 모르겠다. 많은 사람들은 남성의 성적 욕망이 여성의 그것보다 훨씬 더 강렬해서 (그것은 아마 근거 없는 이야기일 텐데) 성관계를 하게 될 때 여성이 남성보다 훨씬 더 자기통제력을 발휘하기가 쉽다고 믿는다. 핵심은 이중 잣대의 지지자들이 여성은 남성의 보호가 필요하지만, 남성은 여성의 보호가 필요치 않다고 믿는다는 것이다. 성과 관련해서 여성에 대한 보다 엄격한 도덕 원칙의 잣대가 여성을 보호하는 쪽으로 제공될 수도 있다.

역사적으로 볼 때, 여성의 "순결"에 대해 관심을 가지고 남성의 순결에 대해 비교적 무관심한 것은 임신과 재산에 관련된다. 아이를 갖는 것은 남성이 아니라 여성들이다. 누가 아버지인지를 확실히 하기 위해 많은 사회에서는 남성이 여성의 성생활을 엄격하게 통제했다. 이는 상속될 재산이 있는 데서 특히 중요했다. 일족들은 재산을 상속받는 자가 틀림없는 "혈통"임을 확실히 하기를 원했다. 지금은 더 믿을 수 있는 피임약과 친부 확인에 더 신뢰할 수 있는 방법이 생겨났기 때문에 덜 심각하다. 정말 1960년대의 여성운동은 남성과 여성에게 성에 대한 다른 규칙을 적용하는 것을 합법화한 것에 대해 강력하게 도전했다.

VI. 포르노그래피

성적으로 노골적인 자료는 종종 포르노그래피라고 여겨지고, 또 모든 국가들은 이런 자료의 생산·판매·구매·소유를 법으로 통제하고 있다. 그렇지만 인터넷은 통제하기 힘들 정도로 포르노그래피의 홍수를 이루었다. 성적으로 노골적인 일부 자료들은 세련되고 에로틱하다고 여겨지는데, 어떤 것은 기괴한 정도를 넘어 역겹고 천박하다. 물론 한 가지 중대한 문제는, 지극히 어려운 일이지만 **포르노그래피**에 대해 정의를 내리는 것이다. 여기에서는 포르노그래피에 대한 정의를 내리지는 않을 것이다.

미성년자들을 고용해서 만든 성적으로 노골적인 자료의 생산은 참여한 미성년자들이 동의하기에는 너무 어리고 그들의 참여가 충분히 자발적인 것이 아니기 때문에 분명히 부도덕하다. 게다가, 이런 유의 활동에 강제적으로 끼게 된 아이들은 심리적으로 상처를 받는다. 따라서 성적으로 노골적인 자료를 만드는 데 미성년자를 고용하는 것에 대해서는 어떤 합당한 변명도 있을 수 없다. 하지만 어린아이들을 고용해서 만든 성적으로 노골적인 자료, 이른바 아동 포르노그래피를 사고팔고 보는 행위는 어떤가? 그 자료가 이미 제작되어 왔다면, 판매자나 구매자는 그것의 생산과 자신들은 아무런 관계가 없다고 주장함으로써 자신들의 행위를 변호할 수 있는가? 비판가들은 아동 포르노물 시장이 형성되어 있지 않았더라면 그런 포르노물을 만들지 않았을 것이기 때문에, 아동들에 대한 착취에 아동 포르노물의 구매자들이 일조하는 것이라고 주장한다. 그런 까닭에 아동 포르노물 구매자들은 아동 포르노물 제작에 대한 책임을 같이 진다는 것이다. 이러한 추리를 받아들인다면, 거의 대부분의 사람들은 아동 포르노물의 생산·판매·구매를 범죄로 규정하는 것을 지지할 것이다. 거의 대부분의 사람들은 아동 포르노물을 자유롭게 생산하거나 팔거나 구매해서는 안 된다고 주장한다. (이러한 문제에 대한 묘안은 실제 배역을 쓰지 않는 애니메이션 필름의 형태로 어른이 아동과 성관계를 갖는 등 매우 사실적인 묘사를 하는 것이다.)

그렇지만 충분히 자발적으로 참여한 어른들만을 고용한 노골적 음란물은 어떤가? 누군가 진짜로 강간하는 장면을 비디오테이프에 녹화한다면 강간당한 사람은 분명히 자발적으로 참여한 것이 아니다. 그러나 자발적으로 참여한 성인 남녀 배우들을 고용하여 비디오테이프에 녹화한 것이 가짜로 강간하는 장면이라면 어찌되는가? 참여자들의 동의를 얻어 그룹섹스 장면을 비디오테이프에 녹화했다면 혹은 수간 장면을 비디오테이프에 녹화했다면 어찌되는가? 그것은 그릇된 것인가? 법으로 그것을 금지해야 하는가? 아니면 참여하는 사람들이 자발적으로 그렇게 하기만 한다면 그런 음란물을 거리낌 없이 생산하고 팔고 구매해도 되는가?

그러한 음란물을 옹호하는 사람들은 그것에 영합하는 취향에 대해서는 개탄할지 모르지만, 그런 음란물을 생산하거나 구매하는 것은 부도덕하지 않다고 주장할 것이다. 한편, 옹호자들은 성적으로 노골적인 자료들, 이른바 하드코어조차 누구에게도 해가 되지 않는다고 말할 것이다. 사실상 그들은 이점이 있다고 말할지도 모른다. 음란물이 강화된 성적 자극을 줌으로써 많은 커플들에게 성적 만족을 증가시킬 수 있다는 것이다. 그것은 또한 파트너가 없는 사람들의 성욕의 배출구로서 도움이 될 수 있다는 것이다. 때로는 노골적 음란물의 더 외설적인 형태에 꼭 필요한 폭력에 관해서,

옹호자들은 많은 사람들이 갖고 있는 적개심과 광포한 충동을 피해 없이 줄일 수 있는 대리경험을 제공함으로써 때때로 사회에서 실제 폭력의 양을 줄인다고 주장한다. 따라서 아마도 그것은 공리주의적 관점에서 보면 정당화될 수도 있다. 그들은 또한 그러한 음란물을 금지하는 것이 그것을 생산해서 팔기를 원하는 사람들과 그것을 사서 보기를 원하는 사람들의 자유를 부당하게 방해하기 때문에 그릇된 것이라고 주장한다. 이러한 정당화는 사람들의 권리에 호소한다.

비판의 입장에 선 사람들은 이러한 주장을 거부한다. 그들은 일반적으로 많은 개인과 사회가 노골적 음란물, 특히 폭력적이고 비열하며 인간성을 잃게 하는 그런 종류의 음란물에 의해 손상을 입는다고 생각한다. 우선 그것은 그런 음란물의 상습적인 구매자들의 성적 관심과 관계를 바라보는 태도를 왜곡할 수 있다. 예컨대, 상처를 입고 격하시키는 데에서 성적 만족을 얻는 것으로서 여성을 묘사하는 음란물은 남성들로 하여금 여성들이 이런 종류의 대우를 받기 원한다고 생각하게끔 할 수 있다. 음란물은 다른 사람들을 욕구 충족을 위해 이용되는 성적 대상물로만 생각하게 할 수 있다. 그것은 사람들을 천하게 만들고, 민감성을 잃게 하며, 짐승처럼 되게 할 수 있어서, 사랑·연민·배려·동정심을 느낄 수 있는 그들의 능력을 방해할 수 있다. 야수성과 폭력성을 미화하고 폭력을 성과 연결시키는 음란물은 이미 폭력으로 물든 우리 사회에서 폭력의 양을 감소시키기보다는 증가시킴으로써 폭력성을 촉진시킬 수 있다. 따라서 사람은 공리주의의 관점에서 포르노그래피를 옹호할 수도 있겠지만 비판할 수도 있다. 장애물은 아마도 포르노그래피의 해로움과 이로움에 대해 주장하기 위해 제시된 증거에 대한 의심이다.

칸트의 윤리학을 적용해 보자. 사람들이 의사결정 능력을 가지고 있고 그들의 참여가 완전히 자발적인 경우, 사람들이 노골적 음란물을 만드는 데 참여할 수도 있고, 그것을 사고팔 수도 있다고 진술하는 보편법칙을 의욕하고자 한다면, 우리는 필연적으로 모순에 빠지는가? 모순에 빠지게 될지는 분명하지 않다. 사람들을 존경을 가지고 대하라는 요구를 적용해 보자. 여기에서 우리는 노골적 음란물, 그중 적어도 일부라도 사람들을 존경을 가지고 대하는지에 대한 심각한 의문을 가질 수도 있겠다. 만일 어떤 사람에게 인간이 아닌 동물과의 성관계를 요구한다면, 우리는 그 사람을 존경을 가지고 대하는 것인가? 누군가에게 모르는 사람들과 연속적으로 다양한 방식의 성행위를 하라고 요구하면서, 그렇게 하는 동안 판매를 위해 비디오테이프에 녹화하거나 사진으로 찍는 경우는 어떠한가? 우리는 사람들의 절망·나약함·심리적 질병을 이용하고 있는가? 우리는 다른 사람들을 우리 자신의 목적을 위해 단지 수단으로 간주하고 있는가? 아마도 그런 것 같다. 그러나 의사결정 능력이 있는 성인이 원해서 그러한 일에 자유롭게 동의한다면, 우리는 그들이 절망적이거나 나약하거나 정신적 질병이 있다고 결론 내려야 하는가? 이른바 성 관련 산업에 종사하는 사람들은 그들의 행위에 대한 비난이 불합리하고 시대에 뒤떨어진 청교도주의에 기인하는 것이라고 주장한다.

덕 윤리를 적용해 보자. 포르노그래피의 생산에 참여하고 판매하거나 구매해서 보는 데에서 어떤 덕이나 악덕이 구체적으로 드러나는가? 내가 그것을 만든다면 탐욕이 동기가 되었을 수도 있고, 그것을 본다면 색욕 때문에 그럴 수도 있다. 여성을 향한 적개심이나 멸시를 나타내는 음란물을 만들거나 본다면, 노염·잔혹·적개심·혐오가 동기가 되어 그렇게 할 수도 있다. 반면, 덕을 예시로 들기는 쉽지 않다.

VII. 간통

간통은 결혼한 사람이 자신의 배우자가 아닌 다른 사람과 성관계를 가졌을 때 발생한다. 간통은 부도덕한가?

우리 사회에서는 이 문제에 대해 약간의 입장 차이가 있다. 한편, 우리 사회의 결혼 제도는 성의 독점성에 대한 전통을 포함하는 것처럼 보인다. 결혼했을 때 사람들은 자신의 배우자와만 성관계를 가지도록 기대되고 그렇게 이해한다. 동시에 적어도 어떤 지역에서는 간통이 매우 만연되어 있어서 성의 독점성에 대한 기대와 이해가 손상되었다고 생각하는 것이 당연한 것처럼 보인다. 어떤 의미에서 사람은 "충실"하지만, 아직까지는 기대만큼 충실하지 못하다.

많은 사람들에 따르면, 신은 간통을 금지했다. 요컨대 그것은 유대 경전(구약 성경)의 십계명 중 하나이다. "간음해서는 안 된다." 도덕성의 신 명령설에 따르면, 만약 신이 간통을 금지한다면 간통은 부도덕한 것이다. 그러나 우리가 다른 문제에서 보아 온 것처럼, 종교적인 가르침과 신법의 단언된 계시에 전적으로 의존하는 것은 문제가 있다. 그래서 우리는 간통의 부도덕성을 비신학적 이유에 초점을 맞추어 논의할 것이다.

만약 혼인 관계가 각 상대가 성적인 정절을 지킨다는 명시적·묵시적 계약 위에 성립한다면, 간통은 그러한 계약을 위반한 것이다. 거의 모든 도덕 이론은 계약을 위반하거나 약속을 깨는 것을 강하게 반대한다(행위공리주의는 예외가 될 수 있겠다).

그와 같은 행동은 다른 방향으로 끌어당기는 강한 도덕적 이유가 있을 경우에만 정당화된다. 간통의 경우 대개 우리의 계약이나 약속의 닻을 반대편으로 끌어당기는 것은 단지 우리 자신의 열정과 탐욕—우리 자신의 이익—이다. 그때 간통을 비난하는 타당한 이유는 간통은 배우자와 한 약속의 위반이라는 것이다.

또한 간통은 종종 간통한 배우자가 간통을 숨기고자 한다는 의미에서 속임수와 연관되어 있다. 거의 모든 도덕 이론은 (또다시 행위공리주의의 경우는 예외가 있을 수 있지만) 속임을 강하게 반대한다. 자기 이익이라는 이유를 대는 것만으로는 속임을 침해하는 것이 도덕적으로 정당한 이유가 될 수는 없는 것이다. 그러므로 간통이 속임과 관련되어 있다면 그것은 잘못이다.

간통은 또한 발각될 경우 큰 아픔과 고통을 야기한다. 상처 입은 배우자는 거의 틀림없이 배신감과 굴욕감을 느끼거나, 그것을 배우자의 사랑과 애정을 상실했다는 혹은 자신의 매력과 성적 매력을 상실했다는 표시로 생각한다. 간통한 배우자 또한 손해를 본다. 간통의 발각은 원치 않는 이혼·혼란·개인 삶의 파괴로 이어질 수 있다. 들키지 않도록 충분히 신중해야 할 필요가 있다고 생각할 수도 있겠지만, 들킬 가능성이 언제나 높다.

그러나 간통이 계약의 위반도 아니고 속임도 아니라고 가정해 보자. 만약 커플이 개방 결혼이라고 불리는 것, 즉 각각의 파트너가 자유롭게 다른 사람과 성관계를 가지는 것에 자유롭게 동의한다면? 그들은 결코 계약을 위반하지 않았고, 서로에게 자신의 다른 성관계를 숨길 이유도 없다. 계약의 위반도 없고 속임도 없다면 간통은 도덕적으로 받아들일 수 있는가?

많은 사람들은 개방 결혼이 오래가지 못하고, 불행한 결혼이 될 것이라고 주장한다. 그들은 개방 결혼이 결국 상대 가운데 한 사람이나 둘 모두에게 강렬한 질투심과 불안을 야기할 것이고, 그 결혼이 파기될 것이라고 주장한다. 공리주의적 관점에서 적어도 이혼이 행복의 총량을 증가시킨다기보다는 감소시킨다면, 간통은 도덕적으로 잘못된 것이라고 생각할 이유가 될 수 있을 것이다. 그러나 때로 이혼은 행복의 총량을 감소시키기보다는 증가시킨다.

마지막으로, 우리는 또다시 간통에서 어떤 덕이나 악덕이 나타나는가를 생각해야만 한다. 아마도 이것은 간통의 이유에 따라 다양하게 나타난다. 어떤 사람의 배우자가 여러 해 동안 의식불명의 상태에 있고 그가 다른 사람과의 관계를 시작한다고 가정해 보자. 그것이 성관계라면 그는 간통을 범했다. 아마도 고독을 느낄 것이다. 절망의 감정에서 나오는 우울함을 느끼더라도 그것은 놀라운 일이 아닐 것이다. 성적 좌절을 느낄지도 모른다. 아마도 그는 자신의 배우자가 의식불명에서 결코 깨어나지 못할 것이기 때문에 자신의 행동으로 인해 상처 입지 않을 것이라고 생각한다. 그에게는 인간의 따뜻함·사랑·성적 친밀감이 필요하다. 그런 행동에서 악덕이 나온다는 주장은 정당화되기 어려울 것 같다. 배우자는 의식이 없기 때문에 배우자를 속이지는 않았다. 의식 불명자는 배우자가 충실하다는 거짓된 믿음을 결코 가질 수 없기 때문이다. 새로운 성관계가 전적으로 탐욕에 의해서만 생겨난 것이라고 생각할 필요는 없다. 그가 잔인하게 행동하거나 무관심하게 행동한 것도 아니다.

어떤 사람이 자신의 배우자가 의식은 있지만 성관계를 가지는 것은 불가능하기 때문에 간통을 저지르는 경우를 생각해 보자. 브래드의 부인은 차 사고로 목 아래쪽이 마비되었고 어떤 성적 행위도 할 수 없다고 생각해 보자. (물론 나는 마비된 사람이 결코 성관계를 가질 수 없다는 것을 의미하는 것은 아니다.) 부인을 사랑하고 있지만 그는 수개월에서 수년에 이르는 기간 동안 강한 성 좌절감을 느낀다. 결국 그는 성생활을 회복하기 위해서 관계를 가진다. (그는 절대로 부인을 떠나지 않을 것임을 새로운 파트너에게 분명히 한다.) 그는 부인에게 상처를 주고 싶지 않기 때문에 부인 곁을 지킨다. 그의 행동은 부정직과 불성실의 악덕을 보여 준다. 탐욕만이 그의 행동의 동기인가? 아마도 그럴 것이다. 그는 불친절하고 잔인한가? 그렇게 말하기는 어렵다. (다른 한편으로, 할 수 있다면 그의 행동이 보여 주는 어떤 덕들에 대해서 생각해 보라.)

관계를 가지는 다른 이유들에는 복수, 불안을 느낄 때 우리의 매력을 확인하고자 하는 욕구, 성적 다양성에 대한 욕구, 순전한 탐욕 등이 포함될 수 있다. 나는 여러분에게 문제의 여지를 남겨 두겠다. 즉 이러한 것들 가운데 하나 혹은 그 이상이 동기가 되어 이루어지는 간통의 경우 어떤 덕과 악덕이 나타나는지를 한번 생각해 보라.

VIII. 매춘

결혼하지 않고 갖는 성관계가 부도덕하다면 매춘은 그런 형태의 성관계를 뜻하기 때문에 명백하게 부도덕하다. 그러나 일부 사람들은 매매춘은 특히 비난할 만하다고 주장한다.

모든 사회가 매춘이 부도덕하다고 비난하지는 않지만, 오늘날 대부분의 사회는 매춘을 비난한다. 매춘을 비난하는 사람들은 차와 책 같은 물건들을 사고파는 것이 도덕적으로 허용되고, 심지어 배관공·자동차 기술자·운동 선수와 같은 사람의 노동력과 서비스를 사고파는 것은 허용되지만, 매매춘은 그것과 다르다고 주장할 것이다. 물론 매춘의 일부 반대자들은 그것이 신법에 어긋나는 것이라고 간단하게 주장하지만, 우리는 그와 같은 주장에 얼마나 많은 문제점이 있는지를 보아 왔다. 또 다른 이유는 그들은 성의 가장 중요한 측면은 사랑·애정·존경·신뢰를 가지고서 성적 관계를 맺는 것이라고 생각한다는 것이다. 매춘은 그와 같은 관계를 완전히 단절시킨다. 그들의 관점에서 매춘은 성을 단지 동물적 기능의 수준으로 깎아내린다. 매춘부는 고객들에게 감정을 꾸며 낼 수는 있다 하더라도, 사랑은커녕 조금의 열정의 느낌도 가지지 못한다. 많은 경우에 매춘부는 고객을 경멸한다. 우리는 또한 매춘은 질병을 야기하고 에이즈 시대에 공공 건강에 대한 위협을 확대한다고 주장할 수 있다. 게다가 매춘은 위험한 직업이다. 많은 매춘부들이 구타당하거나 살해당한다.

매춘에 대한 일부 비판자들은 다른 입장을 가진다. 그들은 여성이 희생되는 또 다른 방식으로 매춘을 본다. 매춘부는 일반적으로 매춘 이외의 어떤 다른 경제적 대안도 가지지 않은 여성이다. (남성 매춘부도 있지만 대부분의 매춘부는 여성이다.) 매춘을 즐기거나 거기에서 흥미로움을 발견하기 때문에 매춘을 하는 여성은 거의 없다. 대부분은 극단적인 궁핍과 절망에서 매춘을 하게 된다. 매춘에서 고객들은 일반적으로 일종의 극단적인 필요성과 절망에 직면하지 않지만, 매춘하는 여성들은 비참한 필요성과 절망에 의해 내몰리기 때문에 남성의 욕구·변덕·필요성에 응하게 된다. 그리고 역사적으로 매춘부는 고객보다 법에 의해 훨씬 더 가혹하게 대우받아 왔다. 그러므로 매춘은 남성이 여성을 학대하는 또 다른 방식일 뿐이다.

다른 한편으로, 일부 사람들은 집을 청소하고 차를 수리하며 수영장을 모델링하는 사람들의 서비스를 사고파는 것이 자유로워야만 하는 것과 같이 성을 제공하는 서비스를 사고파는 것도 자유로워야만 한다고 믿는다. 그들의 입장에서는 사람의 몸이 그 사람에게 속해 있다. 만약 여성이 열정 때문에 어떤 사람과 성관계를 가지기로 선택한다면 그것은 그녀의 권리이다. 마찬가지로, 만약 그녀가 돈 때문에 성관계를 하기로 선택한다면 그것 또한 그녀의 권리이다. 그들은 많은 여성과 남성이 통상 그들의 배우자가 자신의 육체에 자주 성적으로 접근하는 것을 허용하면서 돈 때문에 혹은 권력 때문에 결혼을 한다고 주장한다. 그들은 그것이 매춘과 어떻게 다른지를 묻는다.

매춘이 한편으로는 성과, 다른 한편으로는 사랑·열정 사이의 결합을 끊어 버린다는 주장에 대해서, 매춘의 옹호자들은 그 주장은 시인하겠지만 그렇다고 그것 때문에 매춘이 부도덕해지는 것은 아니라고 주장한다. 그들은 성관계가 만약 상호 간의 사랑과 상호 간의 열정으로 연결된다면 그것은 더 많은 만족감을 주겠지만, 상호 간의 사랑과 열정이 없다고 해서 성관계가 부도덕해지는 것은 아니라고 주장한다. 그리고 그들은 만약 여성이 절망에 의해 매춘을 하게 된다면, 매춘이 아니라 절망이 비난을 받아야만 한다고 말할는지도 모른다. 만약 여성이 절망에 의해 매춘을 하게 된다면, 그것은 대안을 가지고 절망에 빠지지 않을 것을 확실히 보장하는 단계를 취할 이유가 된다.

매춘이 공중 보건에 위협이 된다는 주장에 대해서 매춘의 옹호자들은, 만약 매춘이 적법하고 정부에 의해 규제받게 되면 공중 보건에 대한 위협이 거의 없을 것이라고 주장한다. 매춘부에게 허가증을 부여할 수 있고, 그들이 성병을 전염시키거나 다른 전염성이 있는 질병을 가지고 있지 않다는 것을 확실히 하기 위해서 정기적인 의학 검증을 받게 할 수 있다. 그와 같은 질병이 있다는 사실이 발견되면 그들은 치료받을 수 있고, 그들의 허가증이 취소될 수 있으며, 그들이 고객들에게 통고할 수 있다. 매춘의 옹호자들은 도덕적 비난과 법적 금지 때문에 지하에서 매춘이 일어나는 것은 공중 건강의 위협을 증가시킨다고 주장한다. 그들은 그렇게 되면 그 직업이 더 위험스러워진다고 주장할 수 있다. 매춘이 불법이어서 매춘부는 비밀리에 일해야 하기 때문에 폭력에 더 쉽게 노출된다.

IX. 동성애

오늘날 미국에서 많은 사람들은 동성애와 동성애자들에 대해 강한 혐오감을 가진다. 그들은 동성애자와 동성애적 행위를 부도덕한 것으로 비난한다. 동성애자들은 다양한 방식으로 차별당해 왔는데, 아마도 가장 명백하게는 정부 고용에서의 차별이다. 동성애자는 미군에 지원하는 것이 금지되어 왔고, 국방부·FBI·국무부·재무부 비밀검찰국과 같은 연방정부의 일부 부서에서는 환영받지 못했다. 공공연하게 동성애를 인정하는 것은 많은 고용 영역에서 그 사람의 직업을 위험스럽게 할 수 있다. 또한 동성애자 혹은 동성애자로 의심받는 사람은 적대와 폭력의 표적이 될 수 있다. 사람들은 동성애자이거나 동성애자로 생각된다는 이유만으로 언어적으로 괴롭힘을 당했고, 신체적으로 학대받았으며, 심지어 살해당했다.

동성애적 행위는 동성의 구성원들 간의 성적 행위이다. 이성애적 행위는 다른 성을 가진 구성원들 간의 성적 행위이다. 추측컨대 동성애에 대한 반대는 동성애적 행위에 대해 반대할 여지가 있을 때에만 가능하다. 동성 간의 성관계는 부도덕한가? 이 질문은 사람이 자신의 성적 취향을 자유롭게 선택하는지 여부의 문제를 회피한다. 그런 질문은 동성애적 행위가 부도덕하거나 그런 행위에 대해 반대할 여지가 있을 때에만 우리의 관심 대상이 될 수 있을 뿐이다.

1. 동성애와 신법

많은 사람들은 동성애적 행위가 신에 의해 금지되었다고 믿기 때문에 비난한다. 그러나 우리가 보아 온 것처럼, 많은 사람들은 신이 내린 명령이라는 것을 내세우는 이유 말고 그것이 부도덕하다고 믿을 어떤 다른 이유가 없다면 신이 그것을 금지한다는 주장이 정당화되기 어렵다는 것을 안다.

2. 동성애적 행위는 반(反)자연적인가?

일부 사람들은 동성애적 행위들이 반자연적이기 때문에 부도덕하다고 주장한다. **자연적**이라는 것은 자연의 물리 법칙에 순응한다는 것을 의미한다. **반자연적**이라는 것은 자연의 물리 법칙에 순응하지 못한다는 것을 의미한다. 그러므로 이러한 개념에 따르면, 버팀목이 없는 돌이 땅으로 떨어지는 것은 자연적이고, 공중에 떠다니거나 올라가는 것은 반자연적이다. 자연의 물리 법칙은 돌의 운동을 지배하는 중력 법칙을 포함한다. 마찬가지로, 사자가 고기를 먹는 것은 자연적이고 풀을 먹는 것은 반자연적이다. 소가 풀을 먹는 것은 자연적이고 고기를 먹는 것은 반자연적이다. **자연적·반자연적**이라는 용어의 의미에서 볼 때, 동성애적 행위는 명백하게 반자연적인 것은 아니다. 자연의 물리 법칙에 어긋난다는 의미에서 반자연적인 것이 발생하는 것은 **불가능**하다. 버팀목이 없는 돌이 공중에 떠다니거나 올라가는 것은 불가능하다. 사자는 풀을 먹을 수 없고, 소는 고기를 먹을 수 없다. 동성애적 행위가 발생한다는 사실은 결론적으로 그것이 자연의 물리 법칙에 어긋난다는 의미에서의 반자연적인 것은 아니라는 사실을 증명한다.

자연적이라는 개념은 또한 통계적 개념으로 사용될 수도 있다. 만약 개가 고양이의 뒤를 쫓는 것이 자연적(혹은 "정상적")이라고[자연스럽다고] 말한다면, 우리는 대부분의 개는 그렇게 할 것이지만 모든 개들이 필연적으로 그렇게 한다고 말하는 것은 아니다. 마찬가지로 어머니가 자신의 아이들을 사랑하는 것이 자연적이라[자연스럽다]고 말한다면, 대부분이 그렇다는 것이지 모든 어머니가 필연적으로 그렇다고 말하는 것은 아니다. 이러한 의미에서, 대부분의 인간의 성적 행동은 동성애가 아니라 이성애이기 때문에 이성애적 행위는 "정상적"이고 자연적인[자연스러운] 반면 동성애적 행위는 일탈적이고 반자연적이다[부자연스럽다]. 그러나 우리가 이러한 통계적 의미에서 **자연적·반자연적**이란 용어를 사용한다면, 왜 반자연적인[부자연스러운] 것이 부도덕한지를 알기는 어렵다. 대부분의 인간이 1마일을 5분 이내에 달릴 수 없다면 통계적 의미에서 인간이 1마일을 5분 이내에 달리는 것은 자연적·정상적이지 못하다. 그것은 정상적이지 않고 자연적이지 않기 때문에 1마일을 5분 이내에 달리는 것은 부도덕한가? 그러므로 만약 동성애적 행위가 통계적으로 거의 희박하다는 의미에서 단순히 반자연적인 것이라면, 그것을 부도덕하다고 생각할 하등의 이유가 없다.

또 다른 노선의 논증은, 우리의 성 기관은 출산의 기능을 가지기 때문에 성 기관의 유일한 자연적 사용은 출산을 위한 것이라는 것이다. 동성애적 행위에서 사람의 성 기관은 출산을 위한 것이라기보다는 기쁨을 위해 사용되며, 그것은 성 기관의 반자연적 남용이다. 이러한 입장에 따르면, 어떤 것의 기능과 다른 방식으로 그것을 사용하는 것은 반자연적이면서 동시에 부도덕하다.

이러한 입장은 여러 가지 문제를 가진다. 첫째, 레이서(Burton Leiser)가 지적한 바에 따르면 어떤 것은 하나 이상의 기능을 가진다.[1] 예를 들어, 책은 독자에게 정보와 즐거움을 주는 기능을 가진다. 자동차는 운송과 자신의 지위를 제공하는 기능을 동시에 가진다. 만약 어떤 것이 하나 이상의 기능을 가진다면, 우리가 그중 하나의 기능을 사용하고 다른 기능을 사용하지 않는 것은 반자연적인 것이 아니다. 예를 들어, 만약 정보를 얻기 위해서가 아니라 즐거움을 위해 책을 읽는 것은 반자연적인 것이 아니다. 입은 음식을 먹기 위해, 음료를 마시기 위해, 말을 하기 위해, 휘파람을 불기 위해, 노래를 부르기 위해, 숨을 쉬기 위해, 키스하기 위해 사용될 수 있다. 이러한 것들 모두는 입의 고유한 기능인가, 그렇지 않으면 단지 일부만 고유한 기능인가? 만약 일부만 고유한 것이라면, 그중 어떤 것이 고유한 기능인지 그리고 입의 **고유한** 기능이 무엇인지를 말할 수 있는 방법이 있는가? 그 행위들 중 어떤 것이 입의 반자연적 오용인가? 입을 휘파람 부는 데 사용하는 것은 부도덕한가? 그러므로 우리는 출산과 즐거움을 제공하는 것 모두가 성 기관의 고유한 기능이라고 주장할 수도 있다. 그렇다면 성 기관의 고유한 기능 가운데 하나, 즉 쾌락을 위해서 동성애적 행위의 형식으

1) Burton Leiser, "Homosexuality and the 'Unnaturalness Argument,'" in *Social Ethics*.

로 그 기관을 사용한다면 그것은 반자연적 오용이 아니다. (우리는 성 기관에 쾌락을 제공하는 기능이 없다면 성 기관은 쾌락을 제공하지 않을 것이라고 주장할 수도 있다.)

고유한 기능에 어긋나게 어떤 것을 사용하는 것이 부도덕하다는 주장에 대해서, 우리는 무엇이 그러한 주장을 정당화할 수 있는가를 물을 수 있다. 예를 들어, 머그컵의 기능은 커피와 같은 뜨거운 액체를 담는 것이다. 머그컵을 펜을 담기 위해 사용한다면 나는 나쁜 짓을 하는 것인가? 확실히 아니다.

아마도 가장 널리 퍼져 있는 논증은, 신은 무엇이 어떤 것의 고유한 기능인지를 결정하고, 신은 고유한 기능과 어긋나게 그것을 사용하는 것을 금지한다는 것이다. 발의 고유한 기능은 우리가 걷거나 뛸 수 있도록 하는 것이라고 말해 보자. 만약 우리가 걷거나 뛰는 것을 못하게 하는 방식으로 발을 사용한다면 발의 고유한 기능과 어긋나게 사용하는 셈이 될 것이다. 우리가 발을 축구공을 차거나 문을 열어 놓기 위해 사용하는 것은 잘못된 일이 아니다. 왜냐하면 그렇게 한다고 해서 발이 걷거나 뛰는 데 무용하게 되지는 않을 것이기 때문이다.

이러한 견해에 따르면, 신은 출산의 고유한 기능을 우리의 성 기관에 부여했다. 만약 출산하지 않을 것임을 확실히 하는 방식으로 그것을 사용한다면, 우리는 그것을 잘못 사용하고 있다. 그러나 이러한 주장은 명백하게 동성애적 행위보다 더 많은 것에 적용된다. 그것은 신이 피임·남성과 여성 사이의 항문 성교나 구강 성교를 금지한다는 것을 주장하는 데 사용될 수 있다. 그러나 이러한 주장은 주장될 수는 있겠지만 “증명”되기는 어려운, 논쟁의 여지가 있는 신학적 가정에 의존한다.

3. 동성애는 가족에 위협이 되는가?

또 다른 반대는 동성애가 가족에 위협이 된다는 것이다. 동성애가 어떻게 이른바 가족에 위협이 된다는 것인지는 분명하지 않다. 그러나 아마 걱정이 되는 것은, 너무나 많은 사람들이 동성애자가 되어서 오직 동성애적 행위에만 집중한다면 임신이 점점 줄어들게 될 것이고, 인간 종은 멸종으로 인한 위협에 직면하게 될 것이라는 것이다. 동성애가 부도덕하다는 것을 부정하는 사람들은 그러한 걱정은 근거가 없다고 주장한다. 첫째, 그들은 지구는 이미 인구 과잉이라는 점을 지적할 수 있다. 그들은 이성애적 행위의 감소 때문에 출산율이 감소한다면 그것은 저주가 아니라 축복일 것이라고 주장할 수도 있다. 그러나 또한 그들은 동성애로 인한 인간의 멸종 위협이 발생할 만큼 출산율이 감소하게 되는, 심각할 정도의 가능성은 아주 미미하다고 주장할 것이다.

그러나 아마 동성애가 가족을 파괴한다는 주장은 다른 곳에 초점이 맞추어져 있다. 아마 걱정이 되는 것은, 보다 많은 사람들이 공공연한 동성애자가 된다면 전통적인 가족—남성 남편/아버지·여성 아내/어머니·그들의 아이들—은 동성애자 커플과 같은, 그리고 아이들을 포함하여 생물학적으로 아무런 관계가 없는 확장된 형태의 사람들의 집단과 같은 가족으로 대치될 것이라는 것이다. 그러나 비록 어떤 사람들은 이런 식으로 전개되는 것이 나쁘다고 생각하겠지만, 다른 사람들은—그들의 눈으로 볼 때는—사람들이 전통적인 가족이라는 "구속복(拘俗服)" 안으로 강제적으로 들어가지 않아도 되고 오히려 새로운 형태의 가족을 이룰 옵션이 있기 때문에 좋다고 생각한다. 대부분의 사람들은 여전히 전통적 가족의 유지를 선택하겠지만(선택의 자유는 있어야 한다) 다른 사람들에게는 달리 선택할 자유가 주어져야 한다. 그래서 우리는 동성애가 전통적인 가족을 파괴하더라도, 그것은 단지 대안적 가족 형태를 제공한다는 의미에서만 그러하다고 용인해 줄 수도 있다. 그렇다고 해서 전통적인 가족이 거의 남아 있지 않게 되는 상황까지는 가지 않을 것이다.

4. 동성 간의 결혼

동성 간의 결혼 문제는 어떤 나라들에서는 심각한 분열을 야기했다. 동성애자들은 결혼이 상속권이나, 만약 배우자가 할 수 없는 경우에 의료적 결정을 내릴 권리 등을 포함하여 파트너에게 많은 이익을 가져오는 법적 제도라고 말한다. 하와이나 버몬트 같은 주들은 동성 결혼의 합법화 단계들을 밟아 왔다. 이때 제시된 주요 이유는 동성애자의 결혼할 권리를 거부하는 것은 부당한 차별이라는 것이다. 다른 한편으로 반대자들은 이러한 주장에 대해 분개한다. 그들은 정의상 결혼은 남자와 여자 (혹은 남성과 여성) 사이의 관계라고 말한다. 그들은 또한 동성 간의 결혼을 합법화하는 것은 사회 일반뿐 아니라 가족제도를 손상시키고 파괴할 것이라고 주장한다. (종교적 이유를 내세우는 반대자는 또한 신은 남성과 여성 사이의 결혼만을 의도했다고 말한다. 그들 중 일부는 빈정거리면서 결혼은 아담과 스티브가 아닌 아담과 이브로부터 시작했다고 주장한다.) 동성 간 결혼의 지지자들은 결혼은 관습적인 제도이고, 다시 정의를 내려 동성 간의 결합을 포함시킬 수 있다고 말한다. 또한 그들은 동성 간의 결혼이 어떤 개인이나 결혼 제도나 사회에 해가 된다는 것을 격렬하게 거부한다.

결혼은 법적 관계이면서 또한 종교적 관계라는 점을 상기해 보자. 어떤 사람들은 타협을 제안했다. 그들은 "가정 내 협력 관계(domestic partnership)"와 같은 새로운 법적 관계를 만들 것을 제시했다. 이것은 사람들에게 합법적 결혼과 정확하게 동일한 권리와 의무를 부여할 것이다. "결혼"이 아닌 "가정 내 협력 관계"는 동성 커플들에게 개방될 것이다. 그런 식으로 동성 커플은 이성 커플과 정확하게 동일한 권리와 의무를 가질 것이다. 그렇게 되면 그들은 부당한 차별로 인해 고통을 받지 않아도 될 것이며, "결혼"의 개념은 남성과 여성 사이의 관계를 유지할 수 있게 된다. 동성 간 결합의 일부 옹호자는 이렇게 되면 동성 간 결합은 일종의 이류급 "결혼"으로 전락해 버릴 것이라고 항의한다.

또 다른 제안은 "결혼"을 교회·유대교 회당·절과 같은 종교적 제도 안에서만 만들어질 수 있는 순수하게 종교적인 관계, 즉 파트너에게 자동적으로 법적 권리나 의무를 주는 것이 아닌 관계를 유지하도록 한다는 것이다. 교회와 국가 간의 분리라는 전통적인 요구가 받아들여지면, 이 제안의 옹호자들은 국가가 사람들의 "결혼" 업무를 맡아서는 안 된다고 주장한다. 대신에 국가는 "가정 내 협력 관계"와 같은 관계를 만들어야 한다. 이런 관계는 현재 결혼한 커플들에게 부여된 법적 권리와 의무를 부여한다. 서로 결혼하기를 원한다면 그들은 결혼을 주관할 교회나 절을 찾아야 하지만 법적인 강제는 없을 것이다. 전통적으로 결혼과 연관된 권리와 의무를 떠맡고자 한다면, 그들은 가정 내 협력 관계가 되기 위한 신청을 국가에 해야 한다. 그렇게 되면 국가는 동성이든 아니든 모든 커플들을 동등하게 대우하게 될 것이다.

연습문제

1. 결혼하지 않고 갖는 성관계는 항상 도덕적으로 나쁜가? 도대체 그것은 도덕적으로 나쁜가? 나쁜 점이 있다면 어떤 조건들하에서 도덕적으로 나쁜가?
2. 간통은 언제나 도덕적으로 나쁜가?
3. 매춘은 도덕적으로 나쁜가?
4. 매춘은 법적으로 허용되어야 하며, 매춘부와 고객 모두를 보호하기 위하여 규제되어야 하는가?
5. 인터넷상의 포르노그래피는 금지되어야 하는가?

6. 동성 간의 성관계는 도덕적으로 나쁜가?
7. 동성애자의 군대 지원 금지는 없어져야 하는가?
8. 정부는 동성애 간 결혼의 합법성을 승인해야 하는가?
9. 정부는 결혼 업무보다 가정 내 협력 관계를 만드는 업무를 맡아야 하는가?

관련 자료

Thomas Mappes and Jane Zembaty, eds. *Social Ethics: Morality and Social Policy*, 3d ed. New York: McGraw-Hill, 1987. (제6장 참조.)

Jan Narveson, ed. *Moral Issues*. New York: Oxford University Press, 1983. (섹션 VI 참조.)

제 11 장

삶과 죽음의 문제

- 로 대 웨이드 사건(Roe v. Wade)의 대법원 판결 이해
- 상황과 태아의 발달 단계에 관계없이 낙태는 결코 옳지 않다는 견해와 낙태는 언제나 옳다는 견해 사이의 구분
- 상황과 태아의 발달 단계에 근거해서 낙태가 옳은지 그른지를 결정하는, 낙태에 관한 일련의 견해 이해
- 인간에 대한 형이상학적 개념 이해 및 이 개념과 생물학적인 인간 개념 간의 구분
- 낙태는 부도덕하다는 판단과 낙태는 불법적이라는 판단 간의 구분
- 자살은 부도덕하고 자살 조력도 부도덕하다는 견해에 대한 찬반 논증의 이해
- 자율성 개념의 이해
- 안락사 개념의 이해
- 자의적 안락사, 반자의적 안락사, 비자의적 안락사의 구분
- 적극적 안락사와 소극적 안락사의 구분
- 여러 형태의 안락사의 옳음·그름에 대한 찬반 논증 이해

I. 낙태

낙태, 즉 배아나 태아를 파괴하거나 죽이는 의도적인 임신 중단은 지난 수십 년간 미국에서 논쟁적인 문제가 되어 왔다. 대부분의 주정부가 산모의 생명을 구하기 위해 필요할 경우를 하나의 예외로 낙태를 허용했지만, 19세기에 처음으로 범죄시되었다. 비록 낙태가 죄라고 하더라도, 원하지 않는 임신을 중단하고 싶은 여성들은 여전히

낙태를 하고 있다. 그러나 불법이었기 때문에 은밀히 행해졌다. 때로 여성들은 유산을 시키려고 화학 혼합물을 마셨다. 그러나 성공하지 못하는 경우가 종종 있었고, 때로는 죽음에 이른 경우도 있었다. 어떤 여성들은 "무면허" 낙태 시술자에게 갔다. 무면허 시술자 중에는 의사나 간호사도 있었지만 일부는 의사나 간호사가 아니었다. 낙태 시술이 비위생적인 환경에서 행해졌기 때문에, 혹은 낙태 시술자들에게 안전하고 효과적으로 낙태를 시술하는 데 필요한 지식과 기술이 없었기 때문에 많은 낙태 시술이 엉망이었다. 여성 스스로가 낙태하는 경우도 있었다. 얼마나 많은 여성들이 원하지 않는 임신을 중단하려고 시도하면서 몸에 손상을 입거나 죽었는지 아무도 모른다.

1970년대 필명이 "제인 로(Jane Roe)"였던 젊은 여성이 낙태를 범죄로 규정하였던 법을 타도하기 위하여 주 검찰총장에 대해 소송을 제기했다. 그것은 로 대 웨이드 사건으로 미국 대법원에까지 올라갔으며, 1973년에 판결이 이루어졌다.

1. 로 대 웨이드 사건

1973년 대법원은 로 대 웨이드 사건에서 거의 모든 상황하에 그리고 배아나 태아의 단계에 관계없이 낙태를 범죄로 본 법률은 위헌이라고 결정했다. 해리 블랙먼 판사는 다수자 쪽에 서명하면서, 많은 법학자들이 미국의 헌법에 함축되어 있다고 주장한 사생활의 권리는 "임신을 종결할 것인지의 여부를 여성 스스로 결정할 만큼 충분히 광범위하다."[1]고 주장하였다. 이것을 근거로 하여 대법원은 로 대 웨이드 사건에서 임신을 계속할 것인지 어떤지를 자유롭게 결정하는 문제에 대한 여성의 관심은 사적인 문제라고 판결했다. 블랙먼 판사에 따르면 다음과 같다.

> 국가가 임신한 여성들의 선택권을 완전히 부정함으로써 끼치는 손해가 있다는 것은 명백하다. 임신 초기라 하더라도 특별하고 직접적인 해로움이 의학적으로 진단될 수 있다. 어머니가 되는 것 혹은 아이가 태어나는 것은 여성에게 곤궁에 처한 생활과 미래를 강요할지도 모른다. 절박한 것은 정신적 손해이다. 정신과 육체의 건강이 어린이 돌봄으로 혹사당할는지도 모른다. 또한 모두에게 그렇지만, 원하지 않은 아이와 연관된 어려움이 뒤따르고, 이미 심리적으로든 다른 이유로든 아이를 한 가족의 일원으로 키우는 것이

---

1) *Roe v. Wade* in *Constitutional Law*, 10th, ed., ed. Gerald Gunther (Mineola, NY: Foundation Press, 1980), p. 591.

> 불가능하지만 그래도 아이를 양육해야 하는 문제가 있다. 이 경우에도 그렇지만 다른 경우에도 미혼모에 대한 추가적인 어려움과 계속되는 치욕이 있을 수 있다.[2)]

블랙먼 판사는 사생활에 대한 헌법적 권리가 여성에게 임신 중단 여부를 결정할 수 있는 권리를 주고 있다고 결론을 내렸지만, 그 권리가 절대적이라고 주장한 것은 아니었다. 어떤 상황에서는 그 권리를 사용하지 못하게 하는 것이 정당한 경우도 있다.

> 사생활의 권리를 인정하기로 한 법원의 결정은 그 권리에 의해 보장되는 영역에서의 정부의 통제가 적절하다는 것 또한 인정한다. 주정부가 아마 건강의 보호 차원에서, 의학적 표준의 유지 차원에서, 잠재적 생명의 보호 차원에서 중요한 이익이 있다는 점을 주장하는 것이 정당할 수도 있다. 임신의 어떤 시점에 이르면, 이들 각각의 이익은 낙태를 결정 못하게 하는 통제 요인들을 충분히 유지하지 않을 수 없게 만든다. 그러므로 여기서 말하는 사생활의 권리는 절대적인 것이라고 말할 수 없다.[3)]

낙태 반대자들은 태아가 "사람"이기 때문에 낙태는 헌법적 권리를 침해한다고 주장한다. 그들은 생명의 권리는 사생활의 권리보다 더 중요하고 기본적인 것이기 때문에, 정부는 산모의 사생활의 권리에 우선해서 태아의 생명의 권리를 보장해야 한다고 주장한다. 블랙먼 판사는 태아가 헌법에서 사용되었던 단어가 뜻하는 바의 "인간"이라는 것을 부인했다. "[헌법의] 열네 번째 수정조항에서 사용된 바의 '인간'이라는 단어는 태어나지 않은 아이를 포함하지 않는다."[4)] 함축된 결론은, 태아는 인간이 아니기 때문에 그리고 오직 인간만이 생명의 권리를 가지기 때문에, 태아는 헌법적으로 보장된 생명의 권리를 가지고 있지 않다는 것이다. 그러므로 헌법상에 보장된 산모의 사생활의 권리는 다른 사람의 보다 기본적인 권리와 충돌하지 않는다. 만일 태아가 인간이고 태아의 생명의 권리가 산모의 사생활의 권리와 충돌한다면, 정부의 낙태 금지는 정당화될 것이다.

또한 낙태 반대자들은 (인간의) 생명은 임신에서 시작하기 때문에 "국가는 수태

---

2) Ibid., p. 591

3) Ibid., pp. 591-592.

4) Ibid., p. 593.

순간부터 그리고 임신 후에 그 생명을 보호하는 데 관심을 가지지 않을 수 없다."[5]고 주장했다. 블랙먼 판사는 생명 시작 시기에 관한 논쟁이 있을 수 있다는 것은 인정하지만, 그는 법정이 그 문제를 해결해서는 안 된다고 결론 내렸다. "생명은 출산 이전에는 시작되지 않는다는 견해가 항상 강하게 지지받아 왔다."[6] 하더라도, 그는 위원회의 몇몇 구성원들이 생명이 수태 순간 시작된다고 주장한다는 사실은 인정했다. 그럼에도 불구하고 블랙먼 판사가 암시하고 있었던 점은, 인간의 생명이 수태 순간 시작되기는 하지만 태아가 인간인지 아닌지에 대한 문제가 결정적인 요인이지, 태아가 살아 있는지 어떤지에 대한 문제가 결정적인 요인인 것은 아니라는 사실이다. 그리고 그는 되풀이해서 말하기를, "태어나지 않았다는 것은 법적으로 말한다면 온전한 의미에서 결코 인간으로서 인정된 적이 없다는 것을 의미한다."[7]

로 대 웨이드 사건은 낙태의 권리가 여성의 **절대적인 권리는 아니라 하더라도** 헌법적인 권리라는 점은 인정한다. 블랙먼 판사는 다음처럼 진술한다.

> 국가는 임신한 여성의 건강을 보전하고 보호하는 데 중요하고도 합법적인 관심을 가진다. … 그리고 … 국가는 인간 생명의 가능성을 보호하는 데 대해서도 또한 **다른 면에서의** 중요하고도 합법적인 관심을 가진다. 이러한 관심은 서로 분리되어 있고 구분된다. 각각의 관심은 여성이 [출산] 시기에 가까워질수록 실질적으로 증대한다. 그리고 임신의 어떤 시기에 이르게 되면 각각의 관심은 "강제적"인 측면을 갖게 된다[정부의 개입과 통제가 정당하게 된다].[8]

대법원에서 다수는 주정부가 첫 3개월(임신의 첫 3개월) 동안에는 임신을 계속할지 혹은 중단할지에 대한 여성의 결정에 간섭할 수 없다고 규정했다. 그러나 그 시점이 지난 후에는 주정부가 **낙태에 대한 통제가 임신한 여성의 건강을 보호하는 것과 합리적 연관성을 지니는 한에서** 낙태를 통제할 수도 있다. 예를 들면, 주정부는 낙태를 시술하는 사람은 당연히 의사 자격이 있어야 하거나 혹은 병원이나 클리닉처럼 일정한 형태의 의학적 시설에서만 낙태 시술을 할 것을 요구할 수도 있다. 이와 유사하게, 대법원

5) Ibid., p. 593.

6) Ibid., p. 593.

7) Ibid., p. 594.

8) Ibid., p. 594.

의 다수는 주정부가 태아가 산모의 자궁 밖에서 (의학적 도움으로든지 혹은 의학적 도움이 없든지) 살아남을 수 있을 때인 생존 능력의 시기까지는 낙태에 관한 여성의 결정을 **잠재적인 인간의 생명을 보호한다는 이유로** 간섭할 수 없다고 판결했다. "국가가 생존 능력 이후의 태아 생명을 보호하는 데 관심이 있다면, 산모의 생명이나 산모의 건강을 보호할 필요가 있을 때를 제외하고는 그 기간 동안 법으로 낙태를 금지하는 정도는 할 수 있다."[9] 그러나 대략 임신 6개월로 추정되는 생존 능력 시기 이전에는 국가가 잠재적인 인간의 생명을 보호한다는 명분으로 낙태를 금지할 수 없다. 로 대 웨이드 사건의 판결은 다음과 같은 표로 요약된다.

0	3개월	6개월	9개월
임신		**생존 능력**	**탄생**
← 국가 통제 없음 →	← 산모의 건강 보호를 위해서만 국가 통제 →	← 잠재적 인간 생명을 보호하기 위해서 국가 통제 혹은 낙태 금지. 산모의 생명이나 건강을 보호하기 위해서 필요할 때는 금지 조항 예외 →	

대법원의 결정이 낙태에 대한 여성의 권리가 태아의 발달 단계와 무관하다거나 국가 통제의 이유와 무관하다고 명시하고 있지 않음을 염두에 두는 것이 중요하다.

2. 합헌과 도덕

대법원은 법들이 미국 헌법에 합치되는지 아니면 헌법을 침해하는지 여부를 결정하는 일을 한다. 대법원은 도덕 법정이 아니다. 무엇이 도덕적으로 허용될 수 있는지 그리고 어떤 것이 부도덕한지를 결정하지 않는다. 여성에게 임신 상태를 계속 유지할 것인지 아니면 낙태할 것인지 여부를 결정할 헌법적 권리가 있는지 어떤지 하는 것이 문제이다. 낙태가 도덕적으로 허용될 수 있는지 어떤지, 그리고 허용될 수 있다면 어떤 상

9) Ibid., p. 595.

황에서 될 수 있는지는 다른 문제이다. 우리는 후자의 문제에 관심을 가질 것이다.

3. 낙태에 대한 생명의 권리 입장

우리가 앞으로 생명의 권리 입장이라고 부르게 될 것에 의하면, 수태 순간부터 낙태는 도덕적으로 그른 일이다. 왜냐하면 임신될 때 수정란(임신 2주까지는 접합체라 하는데, 이때 여성의 자궁에 착상된다. 2주부터 8주까지는 배아라 불린다. 이때 뇌파가 감지될 수 있다. 8주부터 태어날 때까지는 태아라고 한다.)은 생명에 대한 도덕적 권리가 있는 살아 있는 인간 존재이기 때문이다. 따라서 누넌(John Noonan)은 "만약 당신 부모가 당신을 임신한다면, 당신은 인간이다."라고 주장한다.[10] 그는 계속 다음처럼 진술한다.

> 수태를 인간성 부여의 결정적 순간이라고 보는 적극적 논증은 수태되는 순간에 새로운 존재가 유전 암호를 받는다는 것이다. 존재의 특성을 결정하는 것이 바로 유전적 정보이다. 인간의 유전 암호를 가진 존재는 인간이다.[11]

분명 누넌은 **호모 사피엔스** 종의 일원이라는 유전적 의미로 "인간 존재"라는 말을 사용하고 있다. 누넌의 주장에 따르면 수태되는 그 순간부터 유전적으로 인간인 모든 유기체들은 생명에 대한 도덕적 권리를 가지고 있다. 그런 까닭은 추정컨대 그런 유기체는 인간이 될 잠재성을 가지고 있기 때문이다. 유전적으로 인간인 접합체는 아주 가치 있는 유기체이다. 왜냐하면 그런 존재는 생각하고, 느끼고, 사랑하고, 미워하고, 웃고, 고통을 겪고, 꿈꾸고, 계획을 세울 수 있는 등 완전하게 인간의 기능을 할 수 있는 존재로 발달할 잠재성을 지니고 있기 때문이다. 인간의 접합체/배아/태아(이후에는 간략하게 하기 위해 그냥 태아라고 한다)는 유전적으로 인간이다. 그러므로 수태 순간 그것은 생명에 대한 도덕적 권리를 가지고 있다. 생명의 권리는 가장 기본적인 권리이기 때문에, 그것은 임신을 끝낼 것인지를 결정짓는 산모의 권리에 우선한다. (낙태를 반대하는 많은 사람들은 산모의 생명을 꼭 구해야 하는 경우는 예외로 한다.) 그들은 태아가 헌법적 취지 내에서 사람으로 간주되어야 하고, 당연히 생명의 권

10) John T. Noonan, Jr, "An Almost Absolute Value in History," in *Social Ethics: Morality and Social Policy*, 3d, ed., ed. by Thomas Mappes and Jane Zembary (New York: McGraw-Hill, 1987), p. 9.

11) Ibid., p. 12.

리는 헌법적으로 보호받아야 한다고 믿는다.

일부 생명의 권리 옹호론자들에 의하면, 영혼을 가진 것은 무엇이나 생명에 대한 도덕적 권리를 가진다. 그들의 관점에서 보면, 모든 인간 존재 그리고 인간 존재만이 영혼을 가지고 있다. 그들에게 있어 중심 문제는 "영혼이 깃드는 시기"가 언제인가 하는 것이다. 즉 어떤 시점에 유전적 인간 유기체가 영혼을 갖게 되는가 하는 것이다. 로마 가톨릭 교회의 가르침에 따르면 영혼은 수태되는 순간에 생겨나기 때문에 태아는 수태되는 순간 생명의 권리를 갖는다.

로마 가톨릭 교회의 관점에서 볼 때, 수태되는 순간부터 낙태는 부도덕하며, 산모의 생명을 보전하기 위해 반드시 필요한 경우가 아니라면 낙태는 불법이다.

4. 낙태에 대한 가장 자유주의적인 견해

낙태에 대한 가장 자유주의적인 견해에 의하면, 낙태는 태아의 발달 단계 그리고 낙태를 하려는 이유와 무관하게 항상 도덕적으로 허용될 수 있다. 가장 자유주의적인 견해를 지지하는 사람들은 여성들이 자신의 몸을 통제할 도덕적 권리를 가진다고 주장하는데, 이 권리는 임신을 계속 유지할 것인지 아니면 임신을 끝낼 것인지를 결정하는 권리를 수반한다. 그들은 어떤 발달의 단계에 있든 태아는 산모가 자신의 신체를 통제할 권리에 우선하는 생명의 권리를 결코 가지지 못한다고 주장한다. 그들은 태아가 수태의 순간에 살아 있고 그것이 유전적으로 인간이라는 것에는 동의하지만, **사람들**만이 생명의 권리를 위시한 도덕적 권리들을 가지고 있고, 태아는 사람이 아니라고 주장한다. 그들은 사람이라는 개념이 생물학이나 유전학에만 근거하고 있는 것은 아니라고 주장한다.

5. 인간이라는 것

자유주의적 견해에 의하면, 온전히 인간 기능을 하고 있는 존재는 오직 유전적으로 인간이라는 이유만으로 생명의 권리를 가지고 있는 것이 아니라, 그저 사람이기 때문에 그런 권리를 가지고 있다. 나무·모기·개구리·소는 다른 종, 다른 유(類)라는 이유만으로 도덕적 권리가 없는 것이 아니다. 그것들은 사람이 아니기 때문에 도덕적 권리가 없다. "사람"이란 무엇인가? 우리는 어떤 기준에 의해서 사람과 사람이 아님을 구별할 수 있는가? 철학자 워런(Mary Anne Warren)은 어떤 특성 혹은 특징이 "인간이라는 것의 개념에서 가장 핵심적인가?"를 묻는다. 그녀는 (대략) 다음과 같다고 말한다.

1. (그런 존재의 외적/내적 대상과 사건에 대한) 의식. 특히 고통을 느끼는 능력
2. 추론(새롭고 비교적 복잡한 문제들을 해결하는 **고도로 발달된** 능력)
3. 스스로 동기를 부여하는 활동
4. 의사소통 능력
5. 자기 개념, 그리고 자기 인식의 현존[12)]

당신도 살아 있지만, 나무도 그렇다. 당신은 사람이지만, 나무는 (아마도) 그렇지 않다. 당신과 나무의 차이는 무엇인가? 나무와는 다르게 당신은 의식을 하고 있는데, 이는 적어도 부분적으로 지각에 의해 당신 주변의 환경을 알고 있다는 것이다. 당신은 보고 듣고 느끼고 냄새 맡고 맛을 본다. 사물에 대한 당신의 지각 때문에, 당신은 당신 자신을 다른 사물들과는 분리된 다른 존재로 인식한다. 지각의 한 구성요소, 보통은 촉각과 관련 있는 이것은 고통과 같은 감각들의 현상이다. 당신은 고통스럽거나 유쾌할 수 있는 감각이라 불리는 지각적 경험을 한다. 고통은 끔찍할 정도로 강렬하거나 상당히 가벼울 수도 있다. 마취하지 않고 치아를 파내는 것과 감기 주사를 맞는 것의 차이를 생각해 보라. 당신은 또한 그저 짜증스럽기만한 가려움증 같은 그런 감각을 가지고 있다. 유쾌한 감각의 경우, 성행위와 관계 있는 그런 것들은 가장 강렬한 감각 중 하나이다. 나무는 고통스럽거나 유쾌한 감각을 지각하거나 그런 감각을 가질 수 없다. (나무는 지각과 감각에 반드시 필요할 것 같은 고도로 발달된 두뇌와 중추신경계가 없기 때문에 우리는 이런 판단에 상당한 자신감을 가질 수 있다.) 이러한 능력이 없는 나무는 사람들 혹은 "사람"이라고 간주될 수 없다.

그러나 인간만이 감각을 지각하고 감각을 가질 수 있는 유일한 피조물은 아니다. 애완동물 주인이라면 어느 누구든지 알겠지만, 개와 고양이는 고통스럽거나 유쾌한 감각을 지각할 수 있고 이런 감각을 가질 수 있다. 분명히 개와 고양이는 보고 듣고 냄새 맡고 맛을 보고 느낄 수 있다. 나무와 달리 개와 고양이는 인간 존재와 매우 유사한 두뇌와 신경 체계를 가지고 있다. 개를 발로 차면 개는 깨갱거린다. 개의 행동에 대한 가장 좋은 설명은 바로 사람이 개를 걷어차면 개는 고통을 느낀다는 것이다. 그렇다면 개도 인간인가? 많은 사람들은 개들이 추론하고, 의사소통을 하고, 자기 인

12) Mary Anne Warren, "On the Moral and Legal Status of Abortion," in *Social Ethics: Morality and Social Policy*, p. 16.

식과 자기 개념을 가질 수 있는 특징을 가지고 있지 않기 때문에 사람(또는 적어도 온전한 의미에서의 사람)으로 간주되어서는 안 된다고 주장한다.

개와 고양이 모두 과학적 이론을 만들거나 심지어 이를 이해할 수 없고, 또한 2+3 같은 가장 간단한 수학적 계산을 할 수도 없다. 그것들은 인간 존재에 근접하는 그런 복잡한 수준의 추론도 할 수 없고, 복잡한 메시지도 전달할 수 없다. 개·고양이와 달리, 인간은 과학적 이론들을 시험하기 위한 실험을 계획·실행할 수 있고, 시를 쓰고 해석할 수 있으며, 비행기를 만들 수도 있고, 엄청난 규모의 기업체도 운영할 수 있다. 이런 인간의 활동들은 개와 고양이가 가지고 있지 않은, 추론하고 의사를 전달하는 아주 복잡한 능력들을 필요로 한다. 이런 능력들은 또한 인간이라는 개념에 필수적이다. 우리가 개와 고양이를 사람이라고 생각할 수 없는 것은 그것들이 인간 존재에 근접할 수준으로 추론하거나 의사를 전달할 수 없기 때문이다.

마지막으로, 당신은 당신 자신을 과거·현재·미래를 가진 존재로 인식한다. 기억에 의해 당신은 생일 파티 같은 과거에 당신이 겪은 온갖 종류의 경험들을 생각해 낼 수 있다. 당신은 또한 당신 자신을 현재 속에서 그리고 당신이 현재 하고 있는 일 속에서 인식한다. (지금 이 순간 당신은 책을 읽고 있다. 당신은 책을 읽고 있을 때 당신이 어디에 있는지 알며, 그 밖의 다른 것들이 어떻게 되어 가고 있는지 혹은 가까운 곳에 있는 사람들에 대한 것을 인식한다.) 당신은 또한 당신 자신을 미래에도 계속해서 존재하게 될 존재로 인식한다. 상상으로 당신은 자신을 미래 상황에 놓을 수 있고, 지금으로부터 10년 후의 자신을 상상할 수 있다. 당신은 자신을 미래를 가진 존재로 인식할 수 있기 때문에 당신의 현재 행동에 영향을 주는 계획을 세우고 앞으로의 설계를 짤 수도 있다. 아마도 당신은 자신과 관련될 것이라고 믿는 미래에 대학 학위가 중요할 것이라고 생각해서 대학에 다닌다. 현재 우리가 하는 것의 상당수는 미래, 우리의 미래에 영향을 주기 위해서 의도된 것이다. 개와 고양이가 그런 자기 의식—자신을 과거·현재·미래의 존재로 생각하는 것—을 가지고 있다고 생각하기는 어려울 것이다.

워런의 핵심은 이처럼 충분히 높은 수준에 이르는 기준들 대부분을 만족시키는 존재만이 사람이라는 것이다. 문제는 태아가 과연 이런 인간다움의 기준들 중 무언가를 만족시키는가 하는 것이다.

가장 자유주의적인 견해에 따르면, 인간을 특징짓는 정신적 삶은 어떤 아주 복잡하고 온전한 기능을 하는 뇌와 중추신경계를 필요로 한다. 그들의 견해로는, 태아의 뇌와 중추신경계는 태아의 발달 단계가 어디에 와 있더라도 태아가 자기를 의식하는 단계까지는 발달되지 않는다. 그러므로 어떤 발달 단계에서도 태아는 인간다움의 기준 중 무엇도 만족시킬 수 없다. 그렇기 때문에 태아는 사람이 아니고, 결과적으로 태아는 생명의 권리와 같은 도덕적 권리를 가지고 있지 않다.

가장 자유주의적인 견해를 지지하는 사람들은 태아의 발달에 관한 정보를 제시하면서, 인간다움의 필수적 특징인 태아의 뇌와 중추신경계가 태아가 의식할 수 있을 정도로 충분히 발달되지 않았다는 자신들의 주장을 옹호한다. 뇌는 대략 2개월이 되어야 존재한다. 그들은 뇌가 없는 존재는 사람일 수 없다고 주장한다. 그러나 단순히 뇌가 있다고 해서 의식이 생겨나는 것은 아니다. 그러기 위해서 뇌는 어느 단계의 기능을 가지고 있어야 한다. 뇌 기능은 뇌 세포들의 결합에 상당 부분 의존하지만, 이런 결합은 아주 점진적으로 발달한다. 낙태에 대한 가장 자유주의적인 견해를 지지하는 사람들에 의하면, 태아의 발달 단계가 어느 수준에 와 있더라도 의식과 뇌 기능에 필수적인 이러한 세포 결합은 충분하지 않다는 것이다.

> 임신 40주에 이르게 되면 태아의 두뇌는 성인 두뇌의 3분의 2 크기로 자란다. 태어날 때 인간의 두뇌는 놀랄 만할 정도로 완전하다. 그러나 이런 일반적인 인상은 한 가지 중요한 측면에서 볼 때 오해를 불러일으킨다. 분자 결합이 형성되기 위해서는 별로 공간이 필요하지 않지만, 뇌 기능은 이런 결합에 의거한다. 그러나 이 단계에서의 결합은 완전함과는 거리가 멀다.[13)]

태아의 뇌와 중추신경계는 충분히 발달되어 있지 않기 때문에 어떤 단계에서도 태아는 인간이라는 결정적 특징들을 갖고 있지 않다. 따라서 어떤 발달 단계에서도 태아는 생명의 권리를 가진 인간이 아닌 것이다.

워런은 태아가 잠재적 인간이라는 것을 인정한다. 성장한다면 태아는 (심각하게 손상 받지 않는 한) 인간으로 성장할 것이다. 하지만 워런은 잠재적 인간은 아직 사람이 아니기 때문에 생명의 권리를 갖지 않는다고 주장한다. 워런의 관점에서는 잠재적인 사람이 아니라 현실적인 사람만이 생명의 권리를 갖는다.

영혼을 가진 모든 유기체는 생명에 대해 도덕적 권리가 있고, 수태 순간 영혼이 생긴다는 생명의 권리 주장에 대해, 워런과 같은 가장 자유주의적인 견해의 옹호자들은 인간이 영혼을 가지고 있다는 것을 거부할 수도 있고, 아니면 영혼은 태어날 때에

---

13) "Brain Development," in *The Oxford Companion to the Mind*, R. L. Gregory (New York: Oxford University Press, 1987), p. 104.

만 생겨난다고 주장할 수도 있다. 생명의 권리 입장에 대한 반대자들은 인간이 영혼을 가지고 있다고 주장하기 위한 증거도 없으며, 수태 순간 태아가 영혼을 얻게 된다는 주장에 대한 어떤 증거도 없다고 주장하면서, 그래서 그러한 주장은 합리적이지 못하며 결코 승인될 수 없다고 주장할 것이다.

6. 자발성

일부 철학자들은 설사 태아가 사람이라 할지라도, 임신한 여성이 지속하기를 원하지 않는 임신을 지속해야 하는 의무가 있다는 결론이 도출되는 것은 아니라고 주장해 왔다. 그들에 따르면, 만약 여성이 자발적으로 임신하지 않았다면 그녀에게는 태아를 위해서 자신을 희생해야 할 도덕적 의무가 없다. 톰슨(Judith Jarvis Thomson)은 사고 실험을 통해 이러한 입장을 연구했다.[14] 그녀는 다음 상황을 상상해 볼 것을 요구한다. 한 유명한 바이올리니스트가 신장병으로 죽어 가고 있다. 그 바이올리니스트는 단지 9개월 동안 당신의 육체와 연결되어 있어 당신의 신장이 그녀 신장의 기능을 대신해 주는 경우에만 생명을 구할 수 있다. (육체가 연결된다는 것은 혈액 및 다른 신체의 체액을 운반하는 튜브가 바이올리니스트와 당신을 연결한다는 것을 의미한다.) 당신이 그녀와 육체적으로 일치하는 유일한 사람이기 때문에 어떤 다른 사람도 그녀를 구할 수 없다. (톰슨은 이것이 제대로 된 시나리오인지는 무시하라고 한다.) 당신은 자발적으로 당신의 신체가 9개월 동안 바이올리니스트에게 일시적으로 연결되는 것을 허락하라는 요구를 받는다. 그리고 그 기간 동안 당신은 병원에 있어야 하기 때문에 당신의 자유가 심각하게 제약을 받게 된다고 가정해 보자. 톰슨은 설사 당신이 그렇게 하지 않는다면 그녀가 죽게 된다고 할지라도, 당신에게 바리올리니스트와 연결되는 것을 허락할 도덕적 의무가 있다고 생각하지 않는다. 왜냐하면 그것은 너무나도 많은 희생을 요구하기 때문이다. 그녀는 또한 바이올리니스트에게 당신의 신체를 사용할 도덕적 권리가 있다고 생각하지 않는다. (당신은 동의하는가? 동의한다면 왜 동의하는가? 동의하지 않는다면 왜 동의하지 않는가?)

이제 시나리오를 약간 비틀어 보자. 누구도 당신이 자발적으로 9개월 동안 바이올리니스트를 돕기 위해 당신의 신체를 빌려 줄 것인지의 여부를 묻지 않았다고 가정

14) Judith Jarvis Thomson, "A Defense of Abortion," in *Social Ethics: Morality and Social Policy*.

해 보자. 대신에, 당신은 친구를 방문하기 위해 병원에 갔다가 미끄러져 넘어지면서 머리를 부딪쳐 의식을 잃어버렸다. 의식을 잃어 동의할 수 없는 동안 의사는 당신을 바이올리니스트에게 연결한다. 일시적인 혼수상태에서 깨어났을 때, 당신은 바이올리니스트에게서 분리된다면 그녀가 죽게 될 것이라는 말을 듣게 된다. 톰슨은 그녀와 분리될 경우 그녀가 죽을 것이기 때문에 그녀와 연결된 채로 있어야 할 의무가 당신에게 있는지의 여부를 질문한다. 톰슨은 당신에게 그러한 의무가 없다고 대답한다. 당신은 자발적으로 바이올리니스트에게 연결되지 않았다. (당신이 그녀에게 연결되는 것을 거부하지 않았다 하더라도 당신은 질문을 받지 않았기 때문이다.) 톰슨이 믿기로는, 당신에게는 9개월 아니 하루라도 바이올리니스트와 연결된 채로 있어야 될 도덕적 의무가 없다. (물론, 당신이 그녀의 목숨을 살리기 위해서 그녀와 연결된 채 있기로 결정했다면 그것은 칭찬받을 일이겠지만, 그것은 당신이 그녀에게 연결된 채로 있어야 할 의무가 있다고 말하는 것과는 다르다.) 톰슨에 따르면, 당신이 바이올리니스트와 분리되기를 요구하여 그녀가 죽게 된다 하더라도 당신은 부도덕한 어떤 것도 하지 않았다.

톰슨은 여성의 비자발적 임신은 바이올리니스트와 비자발적으로 연결되는 것과 같다고 말한다. 그녀는 임신을 선택하지 않았고, 임신의 의도를 가지고 행동하지 않았다. 실제로 그녀는 자발적으로 성관계를 가졌을지 모르지만, 그것은 임신을 하겠다는 의도를 가지고 행동한 것과는 다르다. 예를 들어, 한 커플이 성관계 시 피임약을 사용하였지만 피임에 실패하였다고 생각해 보자. 그들은 임신을 예방할 조처를 취했다. 확실히 그러한 상황하의 임신은 비자발적이다. 비자발적으로 임신한 여성에게 태아와 "연결된" 채로 있어야 할 도덕적 의무가 있는가? 톰슨의 주장에 의하면, 만약 비자발적으로 연결되어 있는 바이올리니스트와 당신이 연결된 채로 있어야 할 도덕적 의무가 당신에게 없다면, 이와 마찬가지로 이러한 예에서 든 임신 여성에게는 태아와 연결된 채로 있어야 할 도덕적 의무가 없으며, 낙태를 하더라도 어떠한 잘못도 하지 않은 셈이 될 것이다.

게다가 모든 성관계가 자발적인 것은 아니다. 명백하게 강간은 자발적인 것이 아니다. 근친상간은 일반적으로 자발적인 것이 아닌데, 특히 소녀가 동의할 수 있는 나이보다 어린 경우에는 더욱 그렇다. 상황이 어떠하든지 간에, 동의할 수 있는 법적 나이보다 어린 소녀는 성관계를 가짐에 있어 스스로 동의할 의사결정 능력이 없다. 그러므로 동의할 수 있는 나이보다 어린 소녀가 임신한 경우 그 소녀가 성관계를 자발적으로 가졌다고 생각할 수 없고, 따라서 자발적으로 임신한 것이라고 생각할 수 없다.

만약 남성과 여성 모두가 성인이고, 어떠한 피임약도 사용하지 않고서 자발적인 성관계를 가졌지만, 그들은 성관계의 결과로 임신을 의도하지 않았다면 어떠한가? 만약 여성이 임신을 예방하기 위해 어떠한 조처도 취하지 않고 자발적으로 성관계를 가진 결과 임신을 하게 되었다면, 그녀의 임신은 자발적인가? 커플의 행동은 무책임한 것이고 비난받을 만하지만, 임신을 자발적인 것으로 생각해야 하는지는 명백하지 않다. 어떤 행동이 결과를 산출할 의도를 가지는 한 그 행동은 완전히 자발적인 행동인 것처럼 보인다. 그러나 우리의 사례에서 커플은 임신할 의도가 없었다.

톰슨의 주장에 의하면, 만약 여성이 임신하게 되고 임신이 자발적이거나 의도한 것이 아닐 경우, 그녀에게는 더 이상 임신을 지속해야 할 도덕적 의무가 없다. 톰슨에 따르면, 이와 마찬가지로 당신이 바이올리니스트와 자발적으로 연결되지 않은 경우, 그녀와 연결된 채로 있어야 할 도덕적 의무가 당신에게 없는 것이다. 이런 주장에 대해 비판하는 사람들은 당신에게 바이올리니스트와 연결된 채로 있어야 할 도덕적 의무가 있다고 (그리고 여성이 임신을 유지해야 할 의무가 있다고) 주장할 수도 있고, 아니면 바이올리니스트와 비자발적으로 연결되어 있는 당신의 상황은 여성의 비자발적 임신 상황과 너무나도 다르기 때문에 톰슨의 예에 대한 고찰로부터는 낙태에 대해 어떠한 결론도 내릴 수 없다고 주장할 수도 있다.

마지막으로, 여성이 자발적으로 임신하였다면 어떠한가? 여성이 아이를 갖고 싶어서 의도적으로 임신을 하였고, 그녀의 마음이 변하여 임신을 종결시키기를 원한다고 가정해 보자. 아마도 남편이나 남자 친구가 떠났기 때문에 그렇게 생각했을 수도 있다. 임신의 지속이 그녀의 건강에 해가 된다는 것을 알게 되어 그렇게 생각했을지도 모른다. 아니면 태아가 심각하게 손상되었다는 것을 알고서 그렇게 생각했을지도 모른다. 임신을 유지해야 할 의무가 그녀에게 있는가? 톰슨의 사례를 조금 바꾸어 보자. 당신이 바이올리니스트의 생명을 구하기 위해서 9개월 동안 그녀와 연결되어 있기로 자발적으로 선택했다고 가정해 보자. 그러나 바이올리니스트와 연결되어 병원에 입원한 2주 후에 당신은 그녀와 연결된 채로 있는 것이 처음에 예상했던 것보다 훨씬 더 힘들다는 것을 알았다. 그러므로 당신은 바이올리니스트가 당신의 신체를 사용하는 것을 더 이상 바라지 않게 된다. 당신에게 그녀와 연결된 채로 있어야 할 의무가 있는가? 당신의 마음이 변하여 그녀가 죽게 된다는 것을 알면서도 그녀로부터 분리되기를 주장하는 것은 부도덕한가? 우리는 만약 당신에게 바이올리니스트와 연결된 채로 있어야 할 도덕적 의무가 있다면, 임신 여성에게 임신을 지속할 도덕적 의무가 있다고 말할 수도 있다. 그러나 만약 당신에게 바이올리니스트와 연결된 채로 있어야 할 도덕적 의무가 없다면, 마찬가지로 임신 여성에게 임신을 지속할 도덕적 의무가 없는 것이다. 마찬가지로, 바이올리니스트에게 당신의 몸을 지속해서 사용할 도덕적 권리가 없다면, 태아에게는 여성의 신체를 지속해서 사용할 도덕적 권리가 없다. 태아가 살아남기 위해서, 심지어 산모가 자기 몸의 사용을 허락할 의도가 없었다 하더라도, 산모의 몸을 사용할 도덕적 권리가 있는가?

7. 낙태에 대한 절충주의적 입장

낙태에 대한 생명의 권리의 입장과 가장 자유주의적인 입장은 양극단에 서 있다. 로 대 웨이드 사건에서 판사 블랙먼의 견해는 보다 절충주의적 견해를 주장하는 것으로 생각된다. 반면, 생명의 권리를 지지하는 사람들은 낙태는 수태의 순간부터 부도덕한 것이라고 주장하고, 가장 자유주의적인 입장의 지지자는 낙태는 발달의 어떤 시점에서도, 즉 로 대 웨이드의 생존 능력 선상—태아가 자궁 밖에서 생존할 수 있는 시점—까지는 도덕적으로 허용될 수 있다고 주장한다. 낙태에 대한 절충주의적 입장은 태아 발달의 어떤 단계에서는 낙태가 도덕적으로 허용될 수 있지만, 다른 시점에서는 도덕적으로 허용될 수 없다고 주장한다. 이러한 절충주의적 입장은 적어도 두 가지 방식으로 옹호될 수 있다. 비록 태아가 수태의 순간에는 사람이 아니라 하더라도, 출생 이전의 어떤 시점에서는 사람이 된다고 주장할 수 있다. 양자택일적으로, 절충주의자는 비록 태아가 출생(9개월) 이전에는 완벽한 현실적 인간은 아니라 하더라도 9개월이 가까워질수록 잠재적 인간에서 현실적 인간으로 점점 더 변화해 간다고 주장할 수도 있다. 태아의 (정신적) 잠재성이 더 현실화되어 갈수록 태아의 생명은 더 가치 있어지고, 더 존경받고 보호받을 가치가 있게 된다. 예를 들어, 절충주의자는 로 대 웨이드 사건을 통해 산모의 생명 혹은 신체적 건강을 보호하기 위해 필요한 경우를 제외하고는 생존 능력 이전의 태아는 충분히 현실적 인간이 아니기 때문에 낙태가 부도덕하지 않은 반면, 생존 능력 이후의 태아는 현실적 인간에 충분히 가깝기 때문에 낙태가 부도덕하다고 주장할 것이다.

8. 발달의 단계

그러므로 절충주의자는 낙태가 도덕적으로 허용될 수 있는지의 여부는 태아의 발달 단계에 달려 있다고 주장한다. 비록 절충주의자가 그 구분선이 수태 이후와 출생 이전의 어느 시점엔가 그어져야 한다는 데 동의한다 할지라도, 정확하게 그 선이 어느 시점에 그어져야 하는지에 대해서는 그들 간의 견해가 일치하지 않는다. 대부분의 절충주의자들은 임신 초기(첫 3개월 이내)의 낙태는 도덕적으로 허용될 수 있다는 것과, 만약 산모의 생명이나 신체적 건강을 보호하기 위해 필요한 것이 아니라면 임신의 후기 단계(6개월 이후)의 낙태는 부도덕하다는 데 동의한다. 그러나 3개월부터 6개월에 이르는 시기에서, 그 이전에는 낙태가 도덕적으로 허용될 수 있고 그 이후에는 낙태가 부도덕하게 되는 정확한 시점이 어디인가에 대해서는 의견 차이가 있다.

예를 들어 섬너(L. W. Sumner)는 인간이라는 것 혹은 도덕적 지위를 갖는 것의 정도 내지 등급이 있다고 주장한다. 사고·감정·느낌을 위한 유기체의 발달 정도가 더 커지면 커질수록 그것의 도덕적 지위는 더 높아진다. 가장 높은 도덕적 지위는 온전한 인간이지만, 유기체는 온전한 인간과 결합되는 특징을 전혀 가지지 않을 수도, 일부를 가질 수도, 모두를 가질 수도 있기 때문에, 그리고 이러한 특징들 중 많은 것들은 그 자체 등급의 문제이기 때문에, 인간이라는 것에도 등급이 있다. 섬너에 따르면, 지각력이라는 의식의 측면이 유기체의 도덕적 지위의 가장 기본적인 지표이다. "지각력은 느낌을 위한 능력이다. … 그것의 가장 기본적인 형식은 기쁨과 아픔의 감각을 경험하는 능력이고, 즐거움과 고통에 대한 능력이다."[15] 그의 견해로는, 감각이 없는 존재와 달리 의식이 있는 혹은 감각이 있는 유기체는 실제로 보호받을 가치가 있는 온전한 인간과 충분히 같다. 유기체에게 도덕적 지위를 주는 것은 그 유기체가 사유적 존재인지의 여부가 아니라 그 유기체가 느끼고 고통스러워하는지의 여부이다.

섬너에 따르면, 발달된 전뇌의 현존은 지각력에 있어 필수적이다. 그것은 제1기 3개월의 대략 말기까지는 인간 태아에게 나타나지 않고, 적어도 제3기 3개월의 초기에 최소한으로 기능하게 된다. "지각력의 시초는 따라서 제2기 3개월에서 나타난다."[16] 지각력이 없다가 갑자기 지각력을 갖게 되는 도약은 불가능하기 때문에 그에 대한 어떠한 정확한 선도 그어질 수 없다. 오히려 섬너는 때로는 제1기 3개월에 발생하거나 아니면 제2기 3개월의 초기에 발생하는 낙태를 초기 낙태라 부르고, 때로는 제3기에 발생하거나 아니면 제2기 후기에 발생하는 낙태를 후기 낙태라고 부른다. 그러면서

15) L. W. Sumner, *Abortion and Moral Theory* (Princeton, NJ: Princeton University Press, 1981), p. 142.

16) Ibid., p. 149.

다음처럼 결론 내린다. "초기 낙태는 피임과 동일한 도덕적 범주에 속하고, … 후기 낙태는 유아 살해와 동일한 범주에 속한다."17) 초기 낙태는 태아가 발달의 그 단계에서 도덕적 권리를 가지지 않기 때문에 태아에 대한 어떤 도덕적 권리를 침해하지 않는다. 그러므로 낙태는 도덕적으로 허용될 수 있다. 후기 낙태는 지각력을 갖게 되는 것과 더불어 태아가 도덕적 지위를 얻기 때문에 태아의 도덕적 권리를 침해한다. 섬너가 강조하고 있는 점은 더 이르면 이를수록 낙태의 도덕적 허용 가능성이 더 높아진다는 것이다.

섬너에 따르면, 후기 낙태는 사례별로 평가되어야만 한다. 초기 낙태에서는 여성의 이유가 무엇이든 낙태에 대한 정당성을 갖는다. 그러나 후기 낙태에서는 단지 심각한 이유만이 그것을 정당화할 수 있다. 섬너는 태아 기형과 마찬가지로 산모의 생명·신체적 건강·정신적 건강을 보호하는 것도 정당화의 이유가 된다고 말한다. 임신의 초기 단계에서는 여성이 낙태를 선택할 수 있기 때문에, 섬너는 "만약 여성이 그 단계 이후에 자유의사를 가지고 임신을 지속하기로 선택한다면, 그 뒤에 가서 임신을 중단하기로 했을 때에는 그렇게 할 만한 심각한 이유가 있어야 할 것이다."18)라고 주장한다. 아래의 도표는 섬너의 입장을 요약한다.

0	3개월	6개월	9개월
임신		**생존 능력**	**탄생**
← 낙태는 피임과 유사 →		← 낙태는 유아 살해와 유사 →	

9. 낙태를 원하는 이유

섬너에 따르면, 어떤 이유로도 초기 낙태는 정당화되지만 단지 매우 심각한 이유들만이 후기 낙태를 정당화할 수 있다. 이러한 구분은 **낙태를 원하는 이유들**이라는 또 다른 변수를 가져온다. 여성은 여러 가지 이유에서 낙태를 원한다. 임신은 산모의 생명·신체적 건강·정신적 건강을 위협할지도 모른다. 강간이나 근친상간으로 인한 임신은 임신 상태를 끝내지 않는다면 심각한 심리적 손상을 야기할지도 모른다. 10대들의

17) Ibid., p. 151.

18) Ibid., p. 153.

임신은 심각한 가족적·사회적·경제적 어려움을 야기할지도 모른다. 임신은 여성의 교육을 받을 기회와 경력을 쌓을 기회에 방해가 될지도 모르고, 경제적 어려움을 가져올지도 모른다. 마지막으로, 그 임신은 원하지 않은, 계획하지 않은 임신일지도 모른다. 부주의나 무지로 인해 예방되지 않은 성관계의 결과일지도 모르고, 피임 실패의 결과일지도 모른다. 초기 낙태를 정당화하는 이유에는 어떤 것이 있고, 후기 낙태를 정당화하는 이유에는 어떤 것이 있는가? 수많은 답들이 가능하다. 예를 들어, 절충주의자는 낙태가 임신 여성의 생명이나 육체적 건강을 보호하기 위해 필요하다면 임신의 어떤 순간에 행해지는 낙태도 도덕적으로 허용될 수 있다고 주장할 수 있다. 경제적 이유라면 임신 초기 순간의 낙태만 도덕적으로 허용될 수 있다. 태아의 성별을 따지는 것이 이유라면, 발달의 어떤 단계에도 낙태가 도덕적으로 허용될 수 없다. 당신의 입장에서, (1) 초기 낙태의 이유 중 어떤 것이 좋은 이유이고, 어떤 것이 그렇지 못한 이유인가? (2) 후기 낙태의 경우에는 어떤 입장을 취할 것인가? (당신의 판단을 어떻게 방어할 것인가?)

10대의 임신	심각하게 손상된 태아(심각한 지체)
성별 선택	산모의 육체적 건강
산모의 정신적 건강	결혼하지 않은 여성
가족 규모	돈
직업	계획된 휴가를 방해하는 것
강간	근친상간

10. 불임치료

별로 복잡한 문제는 아니지만, 최근 불임치료 분야의 발전은 배아 파괴 문제와 관련되어 있다. (수정된 난자는 첫 8주 동안은 배아라고 한다는 것을 기억하라.) 불임 클리닉은 고객의 난자와 정자로부터 (시험관 수정을 통하여) 많은 배아를 만들고, 그것들을 여성의 자궁 바깥에서 키우며, 그러고 난 다음 여성의 자궁 안에 착상시킨다. 그렇게 되면 여성은 그 배아들이 자라서 자동적으로 유산되는 일이 없을 것이라는 희망을 갖게 된다. 단지 몇 개의 배아만이 착상된다. 대부분은 보관되고, 그 뒤 버려져 파손된다. 보수주의적인 평가에 의하면, 수정 과정에서 사용되지 않는 수십만 개의 배아는 파괴된다. 놀랄 일도 없지만, 그런 관행의 지지자들은 배아가 유전적으로는 사람이라 할지라도 그것은 사람이 아니라고 말한다. 그러므로 그들은 불임 클리닉이 배아를 만들고 후에 그것을 파손하더라도 도덕적으로 잘못된 것이 아무것도 없다고 말한다. 사실 그들은 공리주의적 추론을 적용하여 수정에 어려움을 겪는, 아이 없는 커플을 도울 것이기 때문에 그 관행이 행복의 총량을 증가시키는 과정의 일부라고 말할 수도 있다. 또한 놀랄 일도 아니지만, 반대자들은 배아는 완벽하게 발달한 인간과 마찬가지로 동일한 생명의 권리를 가진다고 말한다.

11. 남아 선호

중국과 인도의 많은 지역에서는 여자 아이보다 남자 아이를 더 선호한다. 이유들은 복잡하다. "많은 문화에서 남자 아이는 부모가 늙었을 때 그들을 부양할 가족 부양자로서 특히 귀중히 여긴다. 아들만이 재산을 상속받을 수 있는 경우도 있다. 여자 아이는 결혼할 때 많은 지참금이 필요한 무거운 애물단지로 여긴다."[19] 여유가 있는 부부는 태아의 성(性)을 결정하기 위한 검사를 해 왔다. 여성 태아라면 태아를 유산시키고 다시 아이를 가지려 한다. 어떤 경우에는 부부가 신생 여자 아이를 죽인다. 남아 선호는 지난 20년에 걸쳐 인도에서 태어난 여자 아이의 숫자를 1,000명당 962명에서 1,000명당 927명으로 떨어뜨린 주범으로 비난받는다.[20] 인도 정부는 남아 선호를 뿌리 뽑으려고 했으나 남아 선호는 여전하다.

12. 낙태 문제에 도덕 이론 응용

행위공리주의자는 낙태에 관해 일반화를 시도하지 않을 것이다. 대신에 그는 여성이 낙태를 원하는 각 경우를 사례별로 판단해야 한다고 말할 것이다. 행복의 총량이 그 여성이 낙태를 하지 않는 경우보다 낙태를 할 경우 더 커진다면 낙태를 하는 것이 옳은 일이다. 행복의 총량이 그 여성이 낙태를 하지 않는 경우보다 낙태를 할 경우 더 작아진다면 낙태를 하는 것은 그른 일이다. 하지만 한 가지 남아 있는 문제는 행위공리주의자가 태아의 행복을 온전히 발달한 사람의 행복과 동등하게 계산할지의 여부이다. 태아는 사람으로 발달하기 위한 잠재성은 있지만 경험을 가질 만큼 발달된 능력은 없기 때문에 아직 사람이 아니다. 그리고 태아의 행복을 계산할 경우, 사람으로

19) Susan Sachs, "Indians Abroad Get Pitch on Gender Choice," *New York Times* (15 August 2001).

20) Ibid.

발달하기 전에 낙태로 인해 태아가 죽게 되면 그 태아의 행복이 얼마만큼 줄어들지를 계산하거나 결정해야 한다.

규칙공리주의자는 아마 낙태를 통제하는 여러 가능한 규칙들을 생각할 것이다. 한 쌍의 대비 규칙은 다음과 같다.

A. 여성들은 원하지 않는 임신을 중단하고 싶을 때도 낙태를 하지 않아야 한다.
B. 여성들은 원하지 않는 임신을 중단하고 싶을 때 낙태를 해야 한다.

그러면 문제는 A와 B 중 어떤 것을 따르는 것이 행복의 총량을 증가시킬 것인가 하는 것이다. (행위공리주의자의 경우와 같이 태아의 행복을 계산할지의 여부와 태아의 행복을 얼마로 계산할지의 문제가 있다.) 그러나 규칙공리주의자가 상황에 보다 민감하다고 생각할 수 있는 제한 규칙들도 있다. 제한 규칙의 예를 들면 다음과 같다.

A. 여성들은 원하지 않는 임신을 중단하고 싶고, 태아가 심각한 신체적 결함이 있을 때도 낙태를 하지 않아야 한다.
B. 여성들은 원하지 않는 임신을 중단하고 싶고, 태아가 심각한 신체적 결함이 있을 때는 낙태를 해야 한다.

그런 경우에 규칙공리주의자는 동일한 문제에 대해 대답하려고 시도할 것이다. 즉 어느 쪽 규칙이 행복의 총량을 증가시킬 것인가?

칸트 정언명법의 보편법칙의 정식을 적용하는 것은 하나의 새로운 문제를 불러일으킨다. 당신은 스스로에게 다음처럼 물을 수 있다. "원하지 않는 임신을 중단하고 싶은 여성이 나라면, 나는 낙태를 하는 것이 도덕적으로 나쁘다고 생각할 것인가?" 그러나 우리는 또한 다른 측면에서 그것을 생각해야만 한다. 즉 "낙태 대상이 되는 태아가 나라면, 나는 낙태를 하는 것이 도덕적으로 나쁘다고 생각할 것인가?" 양자택일적으로, "원하지 않는 임신을 중단하고 싶은 여성들은 낙태를 원할 것"이라는 낙태 원칙을 우리가 보편법칙으로서 의욕한다면, 우리 자신이 필연적으로 모순에 빠지게 되는지의 여부를 스스로에게 물어야만 한다. 나는 원하지 않는 임신을 중단하고 싶은 여성일 수도 있지만, 또한 낙태될 태아일 수도 있다. 그러나 이것은 복잡한 문제이다. 왜냐하면 태아라면 나는 무의식 상태에 있을 것이고, 그래서 나는 낙태될 예정이라는 것을 알 수 없기 때문이다. 나는 충돌을 일으킬 수 있는 어떤 믿음이나 욕망도 없기 때문에 낙태의 결과로서 생기는 어떤 고통도 경험할 수 없을 것이고, 나는 어떤 것도 의욕할 수 없거나 아니면 스스로 모순에 빠질 수 없다. 유사하게 만약 나나 내가 사랑하는 누군가가 배아 줄기세포의 요법을 이용해서 효과적으로 치료할 수도 있는 병 때문에 고통스러워한다면, 나는 연구를 허락하는 보편적 입법과 인간 배아의 파괴를 요구하는 치료를 모순 없이 의욕할 수 있을지의 여부를 물을 것이다.

정언명법 중에서 인격 존경의 정식에 관해서도 하나의 의문이 야기된다. 칸트는 사람들이 다른 사람뿐 아니라 스스로를 존경을 가지고 대우할 것을 분명히 했다. 어떤 여성이 중단하고 싶은 임신을 계속한다면 스스로를 존경을 가지고 대우하는 것인가? 다른 한편으로, 대개의 경우 그녀가 낙태를 하는 과정에서 태아가 파손된다면 그녀가 태아를 존경을 가지고 대우하지 않았다는 것은 꽤 명백한 것 같다. 그러나 태아의 지위는 문제가 된다. 태아는 사람으로 발달할 잠재성은 있지만 아직 사람이 아니다. 우리가 사람들을 존경으로 대우한다는 요구가 태아에게 적용되는가? 또한 우리는 여성의 결정이 영향을 줄지도 모를 다른 사람, 즉 아버지·친척들·친구들에 대해서도 물어야 한다. 아버지가 낙태를 원하는데도 그녀가 낙태를 하지 않는다면, 그녀는 아버지를 존경을 가지고 대우하고 있는가? (아버지가 낙태를 원하지 않는데도 그녀가 낙태를 한다면, 그녀는 아버지를 존경으로 대우하고 있는가?)

낙태를 결정하는 데에 어떤 덕과 악덕이 나타나는가? 대개의 경우 사람들이 태아에 대해 동정심을 보여 준다고 주장하기는 어렵다. 그러나 만약 태아가 심하게 손상되어서 태아가 고통으로 가득 찬 혹은 현저하게 줄어든 능력으로 가득 찬 삶을 살게 될 가능성이 높다면, 태아에 대한 그리고 태아가 태어나 고통스럽게 될 개인에 대한 동정심이 생길지도 모른다. 그러나 오로지 태아만 관련되어 있는 것은 아니다. 예를 들어 어떤 경우에 임신이 강간이나 근친상간의 결과라고 한다면, 낙태를 하는 여성은 자신에 대한 동정심을 가질는지도 모른다. 역으로, 임신을 끝내지 않기로 결정함으로써 영향을 받게 될 다른 사람에 대한 동정심이 생겨날지도 모른다.

다양한 다른 품성들이 낙태의 결정으로 생겨날 수 있을 것이다. 이기심과 무정함이 나타날 수도 있다. 다른 경우 사랑하는 사람에 대한 성실함이 나타날 수도 있다. 낙태를 하기 위한 결정이 어떤 덕을 예로 보여 주는지, 낙태에 대한 결정으로 어떤 덕이나 악덕이 생겨날 수 있는지를 결정하기 위하여, 우리는 구체적인 상황과 결정에서 어떤 역할을 하는 사람들의 동기를 알아야 한다.

13. 낙태는 법적으로 허용되어야 하는가?

낙태가 도덕적으로 허용될 수 있는지의 여부와 허용될 수 있다면 어떤 상황에서 그러한지의 문제는 낙태가 법적으로 허용되어야 하는가의 여부와 허용되어야 한다면 어떤 상황에서 그러한지의 문제와 다르다. 예컨대, 비록 초기 낙태가 부도덕하다고 믿는다 하더라도 우리는 초기 낙태가 법적으로 허용되어야 한다고 믿을 수도 있다. 결국 많은 사람들은 부도덕한 모든 것이 다 불법은 아니라고 믿는다. 우리는 자율성과 자유에 높은 가치를 두기 때문에 여성들의 임신 중단 여부에 대한 법적 권리가 여성들에게 있다고 믿을지도 모르고, 여성들이 자신의 몸을 통제할 수 있어야만 한다고 믿을지도 모르며, 여성들에게 그들의 의사와는 반대로 임신을 유지할 것을 강요하는 것은 정부의 적절한 태도가 아니라고 믿을지도 모른다.

생명의 권리 옹호 입장을 우리는 낙태 반대 입장(antichoice)이라고 부를 것이다. 낙태 반대 입장 옹호자는 어떤 비참한 상황을 제외하고는 발달의 어떠한 단계에서도 낙태를 불법화하려고 한다. 낙태 반대 진영의 사람들 중 일부는 낙태가 산모의 생명이나 육체적 건강을 보호할 필요가 있을 때에만 법적으로 허용되어야 한다고 믿는다. 그 진영의 다른 사람들은 산모의 정신적 건강이 강간이나 근친상간의 경우에 생길 수 있는 것과 같이 심각하게 위험한 경우도 법적으로 허용되어야 한다고 믿는다. 일반적으로 보아 사람들은 수태 순간 태아가 생명의 권리를 가지고 있고, 이러한 권리는 산모의 보다 덜 기본적인 도덕적 권리에 우선한다고 믿기 때문에 낙태를 반대한다. 그들의 견해에 따르면, 정부는 사람들로 하여금 다른 사람의 생명의 권리를 침해하는 것을 막을 의무가 있다. 그들의 견해에 따르면, 정부가 여성에게 자기보존 이외의 이유로 낙태 선택을 허용하는 것은 여성에게 살인을 허용하는 것과 같다는 것이다. 그들은 사람들에게 그런 선택권이 주어져서는 안 된다고 주장한다. 그러므로 낙태 반대 입장은 일반적으로 **로 대 웨이드** 판결에 반대한다.

가장 자유주의적인 입장은 아마도 태아 발달의 어떤 단계에서든, 어떤 이유로든 낙태를 법적으로 허용할 수 있도록 노력할 것이다. 왜냐하면 태아는 사람이 아니고, 태아에게는 몸을 통제할 여성의 도덕적 권리와 충돌할 도덕적 권리가 없기 때문이다. 나아가 태아는 도덕적 지위를 갖지 않기 때문에 정부에게 태아의 생명을 보호할 의무가 없다고 주장할 것이다. 그들의 견해로는 임신을 지속할지 중단할지에 대한 여성의 선택권이 절대적이어야 한다. 그러나 실제로 가장 자유주의적인 입장이라 하더라도, 발달의 어떤 단계에서든, 예컨대 태어나기 하루 전 태아의 단계에서 태아를 파괴하는 것이 도덕적으로 허용될 수 있다는 귀결이 도출되는 것은 아니다. 생존 능력 단계에 있는 태아는 자궁 밖에서 살아남을 수 있고, 그러면 임신은 반드시 태아를 죽이지 않아도 중단될 수 있다. 낙태에 대한 가장 자유주의적인 입장의 옹호자라 하더라도, 어떤 단계에서든 임신을 중단시키는 여성의 권리는 절대적이라고 주장하면서 생존 능력을 갖춘 건강한 정상 태아를 고의적으로 파괴하는 행위에 대해서는 반대 입장을 표명할 수 있다.

절충주의적 입장은 일반적으로 초기 임신은 어떤 이유에서도 법적으로 허용되어야 한다는 것이다. 왜냐하면 태아는 지각력 있는 사람이 아니기 때문에 모성의 권리와 충돌하는 도덕적 지위가 없기 때문이다. 그러나 대부분의 절충주의자들은 아마 후기 낙태의 경우는 가장 심각한 상황에서만, 예컨대 생명·육체적 건강·산모의 정신적 건강을 보존하기 위해, 혹은 태아가 심각하게 손상된 경우에 법적으로 허용되어야 한다는 데 의견 일치를 보일 것이다. 왜냐하면 제2의 3개월 동안 태아가 지각력이 생겨서 도덕적 지위를 얻게 되는 경우가 있기 때문이다. 이 시기에 태아는 상당히 사람과 유사하기 때문에 생명의 권리를 가진다. 이런 권리의 침해는 산모에게 가장 심각한 이익이 있을 때에만 정당화될 수 있다. 태아의 도덕적 지위 때문에 정부는 그것을 보호할 의무가 있다.

낙태가 어떤 이유에서도, 적어도 임신의 초기 단계에서는 법적으로 허용되어야 한다고 믿는 사람들은 자신의 입장을 지지할 공리주의적 이유도 제시한다. 그들의 견해로는 선한 결과는 그런 정책의 나쁜 결과보다 우선한다. 그들은 낙태의 합법화가 결국에는 무수한 여성들의 삶과 건강을 구한다고 주장한다. 그들은 낙태를 불법화하더라도 낙태가 근절되는 것은 아니라고 주장한다. 그것은 낙태를 지하로 숨게 만들 뿐이다. 역사를 들여다보면, 임신을 원하지 않는 많은 여성들이 법과 무관하게 임신을 중단시키는 방법을 발견해 왔다. 낙태 금지 법률은 술 금지 법률처럼 별로 큰 효과가 없었다. 낙태가 불법이라면 많은 여성들이 안전하지 못한 낙태로 인해 피해를 입을 것이다. 그런 피해는 낙태가 합법적이면 피할 수 있는 것들이다. 그러면 역시 낙태를 못하게 하는 데 드는 사회적 비용은 상당한 금액일 수 있다.

14. 낙태의 공적 기금

마지막 논점은 가난한 여성들에게 낙태에 대한 공적 기금을 지원하는 문제이다. 낙태는 가난한 여성들이 감당할 수 있는 것보다 더 많은 돈을 필요로 한다. 가난한 여성들이 낙태를 원해도 감당할 돈이 없다면 정부의 건강 프로그램이 그것을 지원해야 하는가?

낙태의 공적 기금에 대해 반대하는 사람들은 낙태는 부도덕하고, 정부가 낙태 비용을 지원하는 것은 살인에 대해 돈을 지원하고 살인을 조장하는 것이라고 주장한다. 또한 그들은 자신들이 강력하게 반대하는 목적을 위해 자신들의 세금을 사용하는 것에 반대한다. 낙태의 공적 기금에 대한 지지자들은 낙태를 법적으로 허용하는 한 부자나 가난한 사람이나 똑같이 낙태의 공적 기금이 이용될 수 있다고 주장한다. 그들은 가난한 여성들은 자신의 건강을 돌볼 수 있는 금전적 여유가 없기 때문에 그들의 건강을 돌보기 위한 정부 기금에 의존해야 한다고 주장한다. 가난한 여성들의 낙태에 대한 정부 기금을 거부하는 것은 가난하지 않은 여성들에 대해서는 쉽게 이용될 수 있는 건강의 중요한 요소를 가난한 여성들에 대해서는 거부하는 것이다. 공적 기금에 대해 찬성하는 자들은 가난한 여성들에 대한 공적 기금의 거부가 가난하지 않은 사람들에게는 낙태를 법적으로 허용하지만, 가난한 사람들에게는 낙태를 법적으로 금지하는 것과 같은 결과를 가져온다고 주장한다. 그들은 그러한 차별이 부당하다고 주장한다.

II. 자살

낙태는 자신보다는 다른 누군가(혹은 다른 것)의 죽음을 야기하는 것을 말한다. 자기가 야기한 것이 자신의 죽음인 자살에 대해서 살펴보자. 다음과 같은 상황을 상상해 보자. 64세의 폴 브래들리는 위암으로 고통을 겪는다. 의사는 그에게 아마 1년도 채 못 살 거라고 알려 주었다. 폴은 위암으로 인한 고통이 더 커지면 더 많은 모르핀 투약이 필요하다는 것을 안다. 많은 모르핀의 투약은 그의 정신 기능을 저해할 것이고 아마도 다른 불편한 결과를 야기할 것이다. 병 때문에 몸무게는 급속도로 줄고, 그는 점점 더 약해질 것이며, 점점 희망을 잃어 갈 것이다. 그는 마지막 몇 달은 누워서 지내게 될 것이다.

병이 발병하기 전에 폴은 활동적이고 건강했다. 거의 모든 사람들처럼 그는 고령의 나이로 병 없이 품위를 지키며, 신속하고 고통 없는 죽음을 원했다. 불행스럽게도 병이 진행되는 대로 내버려 둔다면, 품위를 지키는 죽음도, 신속한 죽음도, 고통 없는 죽음도 불가능하게 되리라는 것을 안다. 그는 그런 식의 죽음을 원하지 않는다. 그리고 그는 병들어 참혹하게 된 자신의 이미지를 마지막 기억으로 남긴 채 서서히 죽어 가는 자신을 지켜보면서 고통스러워하는 가족들의 모습을 보고 싶지 않다. 며칠 간의 고민 끝에 폴은 병으로 서서히 죽기보다는 오히려 자살을 하기로 결심한다. 그의 자살은 도덕적으로 허용될 수 있는가?

우리는 (1) 자살이 상황과 무관하게 항상 부도덕하다고 믿을 수도 있고, (2) 자살이 상황에 관계없이 부도덕하지 않다고 믿을 수도 있으며, (3) 자살이 어떤 상황에서는 도덕적으로 허용될 수 있지만 다른 상황에서는 허용될 수 없다고 믿을 수도 있다. (1)에 따르면 폴이 자살하는 것은 부도덕하다. (2)에 따르면 그의 자살은 도덕적으로 허용될 수 있다. (3)에 따르면 그가 자살을 하는 것이 도덕적으로 허용될 수 있는지 여부는 상황에 따라 달라진다. (3)을 받아들인다면, 우리는 자살이 도덕적으로 허용될 수 있는 상황과 부도덕하게 되는 상황 모두를 검토해 보아야 한다.

1. 고대 그리스와 로마에서의 자살

플라톤은 대화편 『파이돈(Phaedo)』에서 소크라테스의 입을 빌어 자살을 비난한다.

> 죽음이 그들 자신을 이롭게 하는 사람들에게는 자살이 옳지 않다는 것이 아마도 이상하게 여겨질 것이네. … [그렇다 해도] 우리 인간은 일종의 감옥에 갇혀 있으며, 아무도 여기에서 자신을 풀려나게 해서도 안 되고 몰래 도망가서도 안 된다는 은밀하게 전해 오는 설(allegory)은 내게는 대단한 것으로 보이고, 그 뜻을 간파하기가 쉽지 않아 보이네. 그래도 역시 이것만은 맞는 말이라고 생각되네. 신들은 우리의 보호자이며 우리 인간은 신들의 소유물 가운데 하나라고 하는 것 말일세. … 자네도 자네의 소유물 중의 어떤 것이, 자네가 그것이 죽기를 바란다는 표시를 하지 않는데도 스스로 자신을 죽인다면 그것에 대해서 화를 내고 벌도 주겠지? … 그러므로 자네가 이런 점에서 그것을 본다면 신이 어떤 강요를 하기 전까지는 먼저 자신을 죽여서는 안 된다는 주장이 아마도 불합리하지는 않을 게야.[21)]

플라톤은 자살을 금지하는 것이 절대적이라고 생각하지 않았다. 신이 우리의 자살을 원해서 어떤 징후를 보내거나 "강요"한다면, 도덕적으로 필요한 경우 적어도 도덕적으로는 허용될 수 있을 것이다. 신의 허락 없이 자살할 때만 자살은 나쁘다. 플라톤은 신들이 자살을 허용 내지는 요구하는지 어떤지, 허용 내지 요구한다면 어떤 상

21) Plato, "Phaedo," in *The Collected Dialogues of Plato*, ed. Edith Hamilton and Huntington Cairns (Princeton, NJ: Princeton University Press, 1961), pp. 44-45(62a-c).

황에서 그러한지의 문제에 대해서는 언급하고 있지 않다.

그의 말기 작품인 『법률(Laws)』에서 플라톤은 자살에 대해 보다 불분명한 태도를 보였다.

> 자기 자신을 죽인 사람에 대해서는 어떻게 해야 할까요? 내가 말하는 것은 단순한 자살로서, 국법이 그에게 요구한 것이 아닙니다. 그리고 그의 일신상 어떤 피할 길 없는 불운의 압박으로 말미암은 것도 아니며, 또 씻을 수 없는 치욕을 받지 않으면 안 되어서가 아니라, 오직 태만하고 비겁하기 때문에 부당한 형벌을 자기 자신에게 가하여 스스로 목숨을 빼앗는 자를 가리키는 것입니다.[22]

플라톤은 그들이 외롭고 황량한 곳에 묻힐 수밖에 없다고 주장하면서 분명히 그런 자살에 대해 승인하지 않았다. 그러나 여기서 플라톤의 부정은 어떤 종류의 자살에 국한된다. 그것은 판결, 참혹한 재난 혹은 참을 수 없는 굴욕으로 인해 유발된 자살에 적용되지 않는다. 오히려 그는 "남성답지 않은 비겁함"을 나타내는 자살을 비난한다. 그것이 암시하는 것은 모든 자살이 비겁함을 나타내는 것은 아니라는 것이다. 비겁함이 나타나지 않는 자살에 대해서는 비난해서는 안 된다.

아리스토텔레스는 자살을 용기의 탁월성이나 덕과 연결시킨다.

> 용기는 무모와 두려움의 중용이다. … 그리고 그것은 그렇게 하는 것이 고결하기 때문에 혹은 그렇게 하지 않는 것이 천하기 때문에 선택하거나 아니면 견디는 것이다. 그러나 가난이나 사랑이나 아니면 무엇이든 고통스러운 것으로부터 벗어나기 위해 죽는 것은 용감한 사람의 특징이 아니다. 오히려 비겁한 자의 특징이다. 골치 아픈 것으로부터 피하는 것은 유약하기 때문이며, 이와 같은 사람이 죽음을 택하는 이유는 그것이 고결해서가 아니라 불행에서 벗어나기 위해서이다.[23]

다시 말하지만, 자살에 대해 금지하는 것이 절대적인 것 같지는 않다. 아리스토텔레스는 비겁함을 드러내는 자살을 비난한다. 그러나 자살이 모두 비겁함의 표시인

22) Plato, "Laws," in *The Collected Dialogues of Plato*, p. 1432 (IX: 873 c–d).

23) Aristotle, "Nichomachean Ethics," in *The Complete Works of Aristotle*, vol. 2, Jonathan Barnes (Princeton, NJ: Princeton University Press, 1984), p. 1762 (1116a 10–15).

것은 아니다.

스토아학파로 눈을 돌려 보면 스토아철학자들은 어떤 상황에서는 자살이 적절하다고 생각했다는 것을 알게 된다. 로마의 문장가 키케로(Cicero)가 말한 것과 같이, "어떤 사람이 본성상[자연에 있어서] 주변 사물들보다 우세한 능력을 가지고 있을 때 살아남는 것이 그가 해야 할 고유한 기능이다. 즉 이 사람보다 상대편이 우세하거나 이 사람이 상대편이 우세하다고 예견할 때 죽는 것은 그의 고유한 기능이다."[24] 마찬가지로, 스토아학파의 학설에 대한 중요한 자료의 근원이 되는 디오게네스 라에르티오스(Diogenes Laertius)에 의하면, "그들(스토아주의자들)은 지혜로운 사람이라면 너무도 극심한 고통을 당하거나 절단을 하거나 불치병에 걸리게 될 경우, 조국과 벗 모두를 위하여 매우 합당한 자살을 할 것이라고 말한다."[25] 스토아주의자들은 인간이 자연적인 것을 해야 하고 이성을 따라야 한다고 믿었다. 그들의 견해로 보면, 자살은 이성에 따르는 것일 수도 있기 때문에 도덕적으로 허용될 수 있다. 예컨대, 적이 어떤 사람에게 그의 조국에 해가 될 정보를 캐내기 위해 고문하려 든다면, 그리고 그 정보를 누설하는 것을 피할 수 있는 유일한 방법이 자살이라면, 스토아주의자들에 따라서 자살은 이성적이라고 여겨지고 정당화될 것이다. 마찬가지로, 무력함·상해·병이 필요한 삶을 살지 못하게 하거나 그러리라 예상된다면, 그때 우리의 삶을 끝내는 것은 이성적이며 도덕적으로 허용될 수 있다.

고대에는 일군의 유명한 자살들이 있었다. 카이사르(Julius Caesar)의 조력자인 카시우스(Cassius)와 브루투스(Brutus)는 그들의 대의가 가망이 없고 카이사르의 계승자들의 손에 의해 명예가 실추되리라는 것이 분명해졌을 때 자살했다. 유사하게, 클레오파트라는 아우구스투스의 손아귀에 들어가 여왕이 아닌 노예로 로마에 들어가는 치욕을 맞느니 차라리 자살을 택했다. 그녀의 연인, 마르쿠스 안토니우스(Marc Antony) 역시 자살했다. 로마 사회에서 사람들이 불명예를 피하는 방법으로 비겁함을 보여 주느니 차라리 고결할 뿐만 아니라 용기를 보여 주는 자살을 생각하는 것은 흔한 일이었다. 그들은 "불명예보다는 죽음을"이라는 슬로건을 옳다고 생각했다.

24) Cicero, "On Ends," in *The Hellenistic Philosophers*, vol. 1, A. A. Long and D. N. Sedley (Cambridge, England: Cambridge University Press, 1987), p. 425.

25) Diogenes Laertius, in *The Hellenistic Philosophers*, p. 425.

2. 자살과 종교

많은 사람들은 그들의 종교적 전통에 의거해서 신(God)은 자살을 절대적으로 금지하기 때문에 자살이 언제나 부도덕하다고 믿는다. 유대인과 기독교인들은 종종 십계명에 호소하는데, 그 가운데 하나는 "살인해서는 안 된다."이다. 비록 몇몇의 유대인과 기독교인들은 자살이 살인의 한 형태, 즉 자기 살인이어서 신이 금지했다고 생각하지만, 다른 사람들은 이에 동의하지 않는다. 탈출기는 그 저자들이 어떤 범죄자들을 사형으로 다스리는 것을 살인이라 생각하지 않는다는 사실을 분명히 보여 주면서, 다양한 범죄에 대한 처벌로 사형을 선고하는 것과 마찬가지로, 일부 저자들은 과연 자살이 살인일까라는 데 의심을 품기도 한다. 신명령설의 도덕을 받아들인다 해도 신이 절대적으로 자살을 금지하는지 여부를 발견하기란 힘들 것이다.

3. 자살과 실수 가능성

결코 우리는 미래에 대해 확신할 수 없기 때문에 어떤 사람들은 자살이 언제나 부도덕하다고 생각한다. 예컨대, 그들은 의학이 정확한 과학이 아니라는 것과 진단이 잘못될 수 있음을 지적한다. 어떤 환자는 고통이나 불안 속에서 죽을 수 있다고 믿기 때문에 그리고 치료해도 나을 가망이 없다고 믿기 때문에 자살할지도 모를 일이다. 그러나 의사들은 환자의 질병 상태나 경과에 대해 잘못 진단할 수 있다. 환자가 자살하지 않는다면, 일시적인 완화나 기적적인 회복이 이루어지거나 새로운 치료법이 새로운 희망을 주는 일도 가능하다. 자살 반대자들은 우리의 미래가 불확실하다면 자살하지 않아야 한다고 말할는지도 모른다. 사실상 우리의 미래는 결코 확실하지 않다.

비록 의사가 질병의 상태와 경과에 대해 오인하는 것이 가능하고, 느닷없이 새로운 요법을 이용하는 것이 가능하다 해도, 자살이 도덕적으로 허용될 수 있다고 믿는 사람들은 그러한 가능성들이 자살이 언제나 부도덕하다는 것을 보여 주는 것은 아니라고 주장한다. 가능함은 개연적임을 뜻하지 않으며, 그들은 단지 가능성에 의해서라기보다는 개연성에 의해 인도되는 것이 보다 더 합당하다고 생각한다. 가령, 어떤 환자는 담당 의사가 처방해 온 어떤 치료약에 치명적인 반응을 보일 수도 있고, 처방된 약을 먹지 않고서 건강을 다시 찾을 수도 있다. 설령 그렇다 해도, 그 환자가 치명적인 반응을 할 가능성과 치료약 없이 건강을 회복할 개연성이 매우 낮다고 한다면 치료약을 먹는 것이 보다 더 합당할 것이다.

불치병에 걸린 사람이 그의 생명을 연장시키고 삶의 질을 증진시킬 새로운 치료법이 예기치 않게 이용될 수 있다는 것을 인정한다고 가정해 보자. 그럼에도 불구하고, 어떤 새로운 치료법도 그가 죽기 전에 이용될 수 없으리라는 개연성이 훨씬 크기 때문에, 그는 그것에 의지하지 않으려 한다고 말한다고 가정해 보자. 가장 개연적인 데 근거한 그의 결정이 어째서 부도덕한가?

4. 자살과 자율성

다른 사람들에게 부당한 위해를 가하지 않는 한, 우리는 성숙하고 이성적인 인간에게는 자유의 권리나 자율의 권리가 있으며, 그들 자신의 가치와 선호에 따라 그들의 삶을 사는 것이 도덕적으로 허용된다고 주장할 수 있다. 그것은 아마도 자신의 가치와 선호에 따라 살 권리가 있는 자율적인 인간에서부터 자신의 가치와 선호에 따라 죽을 권리가 있는 자율적인 인간에 이르기까지 별반 차이가 없을 것이다. 그렇다면 우리는 자율적인 인간이란 어떤 식의 삶을 살 것인가뿐만 아니라 어떻게 죽을 것인가도 결정할 수 있어야 한다고 결론 내릴 수 있을 것이다.

많은 사람들은 자유의 권리나 자율의 권리가 절대적이지 않다고 생각한다. 즉 사람들은 다른 사람들에 대한 영향과는 관계없이 자신이 원하는 일을 할 어떤 도덕적 권리도 없다는 것이다. 우리는 다른 사람들에게 부당한 위해를 끼치지 않는 한 자신의 가치와 선호에 따라 삶을 살 수도 있고 끝낼 수도 있다. 자살을 하는 것이 다른 사람에게 부당한 위해를 가하는 경우가 가끔 있다. 나를 사랑하고 나에게 마음을 쏟는 그리고 나에게 정신적으로 의지하는, 그래서 나의 자살로 인해 심적으로 손상을 받을 자녀·배우자·부모·형제자매가 있다고 생각해 보자. 게다가 그 사람들은 재정적으로 의존할 수밖에 없는 처지에 있을 수도 있고, 그렇게 되면 나의 자살로 인해 금전적인 손해를 볼 것이다. 그러므로 많은 사람들은 다른 사람들에게 부당한 위해를 가하게 되는 경우 자살을 시도해서는 안 될 도덕적 의무가 있다고 주장한다.

5. 자살의 좋은 이유

어떤 상황에서 자살이 도덕적으로 허용될 수 있을까?

많은 사람들은 삶의 질이 삶의 양보다 더 중요하다고 믿는다. 그들은 (1) 조심스럽게 반성해 볼 때, 삶을 계속하는 것이 무가치하고 더 이상 살 가치가 없다고 판단되는 지점까지 삶의 질이 떨어졌다면, (2) 사실상 회복할 기회가 없다면, 그때 삶을 끝내는 것이 합리적일 것이라고 생각한다. 아마도 이러한 관점이 갖는 설득력은 생명을 연장하는 특별한 조치를 취하는 결정들과 관련하여 삶의 질을 우선적으로 고려함으로써 보다 잘 평가될 수 있다. 75세인 존스는 병세가 심하며 고통스러운 관절염으로 불구가 되었다고 해 보자. 그는 또한 거의 완전히 눈이 멀었고, 부분적으로 귀가 먹었다. 게다가 살아남은 친구나 가족도 없다. 그는 오래된 집에 유폐되어 외롭고, 그의 삶에서 남은 쾌락과 행복의 요소는 거의 없다. 의사들은 이제 그에게 그의 상태를 전혀 호전시켜 주지는 못하지만 그의 생명을 아마도 20년에서 30년은 연장할 새로운 치료법에 대한 정보를 준다. 곰곰이 따져 보고 난 후에, 존스는 20~30년 덤 인생은 자신에게 가치가 없고 더 이상 살아 있을 필요가 없다고 결정한다. 그래서 새로운 생명 연장 치료를 거절한다. 생명을 연장하는 특별한 조치를 취하는 것에 관해 결정할 때, 삶의 질을 고려하는 것이 합리적임을 거부하기란 어려운 듯하다.

마찬가지로, 어쩌면 우리는 우리의 삶을 계속할 것인지에 대해 결정할 때 삶의 질을 고려하는 것이 합리적이라고 생각할지도 모른다. 가령 우리 삶의 질이 더 이상 살 가치가 없다고 판단하는 단계로까지 침식해 버렸다면, 삶을 연장하기 위해 아무것도 하지 않는 것도 합리적일 뿐만 아니라 삶을 끝내기 위한 조치를 취하는 것도 합리적일 것이다. 우리의 생명을 연장하는 조치를 취할 필요가 없다는 것의 좋은 이유들은 또한 생명을 끝낼 조치를 취하는 데 대해서도 좋은 이유가 된다. 따라서 삶의 질이 항구적으로 매우 심각한 정도에 이르기까지 침식해 버렸다면, 그 상황은 자살이 유발할 수 있는 다소의 해악을 능가한다고 말할 수도 있다.

사람들은 이따금 신념 때문에 자살을 한다. 예를 들면, 베트남 전쟁 동안 많은 불교 승려들은 그 전쟁에 대한 항의의 표시로 분신자살을 했다. 다른 나라에 사는 사람들은 악과 불의에 대한 관심을 끌기 위해 극적이면서도 공개적으로 자살을 했다. 독일 나치에서 어떤 사람이 유대인 말살 정책에 관한 관심을 끌고 항의하기 위해 자살했다고 가정해 보자. 더 나아가 그렇게 하는 데 다른 사람들에게 어떠한 부당한 위해도 가하지 않았다고 해 보자. 그 사람에게는 의지하는 부양가족이 없었다. 그래서 그 사람의 행동은 친족이나 벗을 위험에 빠뜨리지 않았다. 그런 신념에 따른 자살이 불합리한가? 부도덕하거나 비난받아야 하는가?

유사하게, 어떤 첩보원이 체포되어 막 심문을 받으려 한다고 해 보자. 각종 약물 주사를 맞게 될 것이기 때문에, 그는 많은 동료 첩보원들을 위험에 빠뜨리고 그의 조국에 해를 끼칠 정보를 누설할 것임을 안다. 정보를 누설하지 않기 위해 그가 자살하는 것이 불합리한가? 그렇게 하는 것이 부도덕하고 비난받을 만한가? 몇몇 사람들은 그런 상황하에서의 자살이 비난받을 만하다고 믿지만, 다른 사람들은 그렇게 생각하지 않는다.

6. 자살의 나쁜 이유

우리의 삶의 질이 우리의 삶이 가치 없어지고 더 이상 가치 있는 삶을 살 수 없는 시점에 이르기까지 영속적으로 침식된다는 판단은 합리적일 수 있다. 그러나 그와 같은 판단은 또한 비합리적일 수도 있다. 사람들은 그들의 손상된 삶의 질이 단지 일시적인 경우에도 그것이 영속적이라고 믿을 수 있다. 마찬가지로, 그들은 그들의 삶의 질이 너무나도 하락하여 더 이상 어떤 즐거움·만족·행복의 요소도 가질 수 없다고 그릇되게 그리고 비합리적으로 믿을 수도 있다.

사람들은 영원할 것이라고 믿지만 사실은 일시적일 뿐인 우울로부터 고통을 받을 수 있다. 예를 들어, 죽음이나 이별로 사랑하는 사람을 잃어버린 사람이나 심각한 경제적 실패로 고통 받는 사람이 자신이 느끼는 심리적 고통은 결코 사라지지 않을 것이라고 믿는 경우가 종종 생긴다. 아내가 죽은 남편이나 사랑하는 사람이 떠나 버린 여성은 그들이 느끼는 상실과 우울로 인해 짓밟힌 감정이 결코 없어지거나 사라지지 않을 것이라고 믿는다. 직업을 잃은 사람이 자신은 결코 새로운 직장을 구하지 못하고 영원히 빈곤하게 살 것이라고 믿을 수도 있다. 우리의 삶의 질이 이러한 재앙에 의해서 **영속적으로** 떨어질 것이라는 믿음은 결코 합리적이지 않다. 수백 년간의 인간 경험을 놓고 보면, 그런 사건들의 심리적 고통과 재앙적 결과는 언제나 사라졌으며, 우리는 기쁨·행복·만족의 대안적 요소들의 이용 가능성을 평가절하했다. 예를 들어, 사랑하는 사람이 곁에서 떠난 여성은 그 없이는 살 수 없고 그를 대신해 줄 어떤 사람도 찾을 수 없을 것이라고 믿을 수 있을 것이다. 그러나 그와 같은 믿음은 거의 언제나 그릇되고 비합리적이다. 일정한 시간이 지나면 사랑하는 사람을 잃어버린 사람은 회복된다. 보통 그들의 고통은 감소되고, 그들은 새로운 사람이나 새로운 행복과 만족의 요소를 발견한다.

7. 자살 및 다른 사람에 대한 위해를 최소화해야 할 의무

우리에게는 다른 사람에 대해 끼치는 위해를 최소화할 의무가 있고, 심지어 자살을 하는 것이 도덕적으로 허용될 수 있을 때조차도 그 의무는 자살에 대해 적용된다. 자살이 야기할 위해를 줄이는 방식들이 있다. 예를 들어, 경고 없이 자살을 저지르는 것보다 자살로 인해 영향을 받을 사람을 준비시키는 것은 그것이 야기할 위해를 줄일 수 있다. 마찬가지로, 자살을 하는 어떤 방식은 다른 것보다 더 많은 위해를 야기할 수 있다.

예를 들어, 자살하기로 결정한 말기 환자는 그의 의도에 대해 논의하고 그에 대해 관심을 가지는 사람들을 준비시킴으로써 다른 사람에게 야기할 고통을 줄일 수 있다. 그는 그들에게 자신의 결심 이유를 설명할 수 있고 자살하는 것이 병으로 인해 서서히 죽어 가는 것보다 더 낫다는 것을 설명하고자 노력할 수 있다. 그에 대해 관심을 가지는 사람들이 그의 결정을 지지할 수도 있을 것이다. 설사 그들이 그의 결정에 동의하지 않는다 하더라도, 적어도 그의 결심 이유를 이해하게 될 것이고, 일어날 일에 대해 준비할 수 있을 것이며, 그것은 충격과 놀라움을 줄일 수 있을 것이다. 그러므로 우리는 다른 사람에게 알리든 그 사건에 대해 준비를 시키든 간에 자살을 하고자 하는 사람들은 아마도 자신의 자살로 인해 위해를 입게 될 사람들에 대한 의무를 지닌다고 주장할 수도 있다.

마찬가지로, 자살의 방법과 조건이 문제가 될 수 있다. 예상치 못하게 자살한 사람을 발견한 사람은 심각한 정신적 충격으로 고통을 받을 것이다. 그와 같은 정신적 충격을 줄이기 위해서, 우리는 사용되는 방법이 지나칠 정도로 섬뜩하지 않다는 것과 시신을 발견하는 사람이 거기에 대해 준비가 되어 있는 것을 보증할 조치를 취할 수 있다. 예를 들어, 불쌍한 도우미에 의해 발견될 수 있는 모텔 욕실에서 손목을 끊는 것보다 자신의 침대에서 수면제를 과다 복용할 수 있고, 시신이 자살에 대비해 온 사람들에 의해서 발견되도록 할 수 있다.

만약 다른 사람에게 야기할 위해를 줄이기 위한 노력 없이 자살을 한다면, 다른 사람에 대한 위해를 최소화할 의무를 위반하는 셈이다.

8. 자살과 도덕 이론

행위공리주의자는 어떠한 상황에서 자살을 하지 않는 것보다 자살이 행복의 총량을 더 증진시킨다면, 그때 자살을 하는 것은 옳은 일이라고 주장할 것이다. 예를 들어, 행위공리주의자는 암환자가 자살을 함으로써 무의미한 고통을 피할 수 있고, 그가 쇠약해지는 것을 보는 그의 가족의 고통을 덜어 줄 수 있으며, 비용을 줄이고 희소한 의료 자원을 절약할 수 있을 것이라고 주장할지도 모른다. 그의 친구들과 가족은 그가 병으로 인해 거의 확실하게 수개월 내에 죽게 될 것임을 알고 있으며, 여기서 그의 자살로 인해 행복의 총량이 증가하게 될 것이다. 그러므로 자살은 옳은 행위이다.

규칙공리주의자는 "상황 C에서 자살을 하지 마라."는 규칙을 따르는 것보다 "상황 C에서 자살을 하라."는 규칙을 따르게 될 경우 행복의 총량이 증가할 것인지의 여부를 결정하고자 할 것이다. 각 규칙의 형식들과 그것들이 적용되는 상황은 그것들을 따르는 사람들의 행복의 총량의 결과를 발견하기 위해서 신중하게 검증되어야만 할 것이다. 행위공리주의와 같이 규칙공리주의자들은 그 질문에 대답하기 위해 경험에 의존할 것이다.

칸트주의적 접근은 우선 우리가 따르는 준칙을 확인할 것을 요구한다. 자살을 고려하는 말기 환자의 경우 준칙은 다음과 같을 것이다.

> 내가 말기 환자이고, 단지 몇 개월밖에 살지 못하며, 아마도 극심한 고통을 겪게 되고, 점점 더 약해져서 더 이상 희망이 없게 될 때, 나는 자살을 의욕할 것이다(이러한 상황은 C라고 부른다).

칸트에 따르면, 이러한 준칙에 따라 행위하는 것은 단지 개인이 일관되게 그것이 다음과 같은 보편법칙이 되도록 의욕할 수 있는 경우에만 도덕적으로 허용될 수 있다.

> 모든 사람은 상황 C에서 자살을 의욕할 것이다.

칸트 자신은 어떠한 합리적 개인도 그와 같은 보편법칙을 의욕할 수 없다고 믿었다. 그러므로 그는 자살이 언제나 부도덕하다고 믿었다. 그러나 모든 사람들이 다 그의 추론을 설득력 있다고 생각하지는 않는다. 많은 사람들은 합리적 개인이 그와 같은 보편법칙을 일관되게 의욕할 수 있다고 믿는다.

칸트 정언명법의 두 번째 정식은 우리에게 우리 자신을 포함하여 존경으로 사람을 대우하라고 요구한다. 존경을 가지고 우리 자신을 대우하는 것이 자살하는 것과 일치하는지의 여부는 어려운 문제이다. 칸트를 포함한 일부 사람들은 그렇지 않다고 믿는다. 다른 사람들은 그것은 어떤 상황들하에서는 있을 수 있다고 믿는다. 그들의 견해에 따르면, 말기 환자의 경우 무의미한 고통과 신체적이고 정신적인 노화를 경험하도록 하는 것은 오히려 빨리 그리고 고통 없이 스스로를 죽임으로써 그것을 경험하지 못하게 하는 것보다 존경을 가지고 자신을 대우하지 않는 것이다.

자살의 문제에 덕 윤리를 적용한다면, 우리는 어떤 덕이나 악덕이 구체적인 자살의 사례에서 나타나는지를 물을 것이다. 그것에 대답하기 이전에 우리는 자살 동기를 알아야만 한다. 예를 들어, 어떤 사람은 자신과 자신이 사랑하는 사람의 고통을 줄이기 위해서 자살을 하려는 데 반해, 다른 사람은 자신을 비참하게 느끼도록 만들었다고 비난한 사람들의 고통을 증가시키기 위해서 자살을 시도할 수도 있을 것이다. 애국심과 충성에 의해, 두려움과 노염에 의해 자살을 할 수도 있다. 그것은 용기 내지 비겁의 예가 될 수 있다. 그것은 상황과 동기에 따라 다르다.

텔레비전 프로그램 〈범죄전담반〉의 한 예를 들어 보자. 한 경찰관이 순간의 두려움으로 인해 무기를 가지지 않은 10대를 총으로 쏘았다. 그는 강렬하고 혼란스러운 상황에서 10대를 향해 총을 겨누는 실수를 저질렀다는 점을 인정하지 않았다. 오히려 그 소년이 자신에게 방아쇠를 당겨서 정당방위 차원에서 그를 쏘았다고 주장했다. 결국에 가서는 그의 죄가 드러나 기소되었으며 감옥에 가게 되었다. (검사는 만약 경찰관이 처음에 진실을 말했다면, 어떠한 배심원도 그에게 유죄를 확정하지 않았을 것이라는 점을 인정했다.) 선고 이전에 그는 총으로 자살했다. 아마도 그는 감옥에 가는 굴욕을 견딜 수 없었고, 긴 교도소 복역을 견뎌 낼 수 없다고 생각했다. 그는 더 이상 살 가치가 없다고 생각했다. 아마도 그는 자신을 저버렸다고 생각한 사람들이 죄책감이나 후회를 느끼도록 하기 위한 보복을 감행했을 수도 있다. 그의 행동은 절망과 두려움(아마도 또한 우울)을 보여 준다. 우리는 용기·희망·결단·인내력·자기통제·참을성의 덕을 가진 사람은 감옥의 호된 시련을 통해서 무언가를 얻고자 노력하여 그가 풀려났을 때 자신의 삶을 새롭게 할 것이라고 말할 수도 있다. 이러한 것들이 부족한 사람은 자신의 삶을 종결한다. 그의 행동이 많은 덕을 보여 주지 않고 다수의 악덕을 보여 주었다고 생각한다면, 우리는 그의 행동이 잘못이라고 말할 것이다.

9. 권리, 의무, 자살 방지

만약 어떤 사람이 의사결정 능력이 있고 성숙하며 이성적이지만 자살하기를 원한다면, 많은 사람들은 그가 그러한 행동을 **영구적으로** 하지 못하도록 할 권리가 우리에게 있다고 생각하지 않는다. 영구적으로 자살을 하지 못하도록 하는 것은 개인의 자율권을 부당하게 침해하는 것이다. 그러나 많은 사람들은 개인이 합리성이나 의사결정 능력에 문제가 있다면, 적어도 일시적으로는 그 사람의 자살을 막을 권리가 우리에게 있다고 생각한다. 예를 들어 어떤 사람이 아직 어른이 아니라면, 대부분의 사람들은 그의 자살을 막을 권리가 우리에게 있다고 생각한다. 대부분의 사람들은 아직 성숙하지 않은 개인들은 그들의 삶이 가치 있는 삶인지의 여부를 결정할 의사결정 능력이 없고, 성숙할 때까지는 그들을 보호해야만 한다고 생각한다.

만약 한 남성이 심각한 심리적 장애로 고생하고 있고, 그것이 자살하고자 하는 그의 욕구의 원인일 것 같으면, 많은 사람들은 그가 다시금 합리성과 의사결정 능력을 가질 때까지 그를 보호하기 위해서 자살을 막아야 할 권리가 우리에게 있다고 생각하며, 특히 그의 심리적 장애를 없앨 수 있는 이용 가능한 치료 방법이 있는 경우에는 더욱 그렇다. (그러나 우리는 자살의 시도나 자살의 욕구를 심각한 심리적 장애의 증거라고 생각하지 않도록 조심해야 한다.) 그러나 만약 심리적 장애가 대단히 심각한 것으로 판명된다면, 그리고 효과적인 치료 방법에 대한 어떠한 희망도 실제로 없다면, 그의 자살을 영구적으로 막을 권리가 우리에게 있는지 여부는 의문의 여지가 있을 것이다. 만약 그 사람의 미래가 치료 기대는 전혀 할 수 없고 오직 고통뿐이라면, 그 사람이 그와 같은 삶을 계속해서 살도록 강제할 권리가 우리에게 있는지는 명백하지 않다.

이러한 입장의 지지자들은 자살 시도자에게 의사결정 능력이 있는지를 결정하기 위하여 그의 자살을 일시적으로 막는 것을 여러 근거 위에서 정당화할 수 있다. 공리주의적 근거 위에서 자살의 일시적 방지는 아마도 행복의 총량을 극대화할 것이다. 우리는 또한 칸트주의적 원칙에 근거해서도 동일한 결론에 도달할 수 있을 것이다. 우리는 심지어 일시적으로라도 다른 사람의 자살을 막기 위한 어떠한 행동도 해서는 안 된다는 준칙을 보편법칙으로 일관되게 의욕할 수는 없다고 주장할 수 있다. 만약 그와 같은 준칙이 보편법칙이 된다면, 예방할 수 있었지만 그렇게 하지 않았던 일시적인 자기 파괴 충동의 결과로서 우리 스스로가 죽을 수도 있고 우리가 사랑하는 사람이 죽을 수도 있다.

III. 안락사

사전적 정의에 따르면 안락사는 “희망 없는 질병을 앓거나 손상을 입은 사람을 자비의 이유로 비교적 고통 없이 죽이거나 죽게 내버려 두는 행위 또는 관행”이다.[26] 안락사 행위는 누군가를 죽이는 것을 포함할 수도 있고, 아니면 죽음을 막기 위해 노력

---

26) *Merriam-Webster's Collegiate Dictionary*, 10th. ed. (Springfield, MA: Merriam-Webster, 1994)

하지 않는 것(죽게 내버려 둠)을 포함할 것이다. 그러나 안락사를 시도하는 사람의 조건과 안락사를 실행하는 사람의 의도는 안락사를 살인이나 정당방위와 같은 다른 형식의 죽음과 구분하는 데 있어 중요하다. 사전적 정의에 따르면 한 행위가 안락사로 생각되기 위해서는 그것을 시도하는 사람이 "희망 없는 질병이나 손상"의 상태에 있지 않으면 안 되고, 안락사를 실행하는 사람의 동기는 자비가 되어야만 한다. 안락사로 생각되기 위해서 그 행위는 안락사를 시도하는 사람의 이익에서 행해져야만 하고, 그 목적은 환자의 고통을 예방하고 줄이며 종결하는 것, 환자의 존엄성을 보존하는 것, 환자의 자율성을 존중하는 것이 되어야만 한다. 만약 사람이 기본적으로 자기 이익의 동기에서 행동하거나 행동하지 않는다면 안락사가 아니다.

안락사의 문제는 삶의 시초에서 발생할 수도, 삶의 끝에서 발생할 수도, 그 사이 어디쯤에서 발생할 수도 있다.

1. 기형으로 태어난 신생아

메리 잭슨이 거의 확실하게 심각한 정신적 지체와 마비를 일으킬 육체적인 결함을 가진 아이를 출산했다고 가정해 보자. 잭슨의 의사는 가능한 한 빨리 아기의 뇌에서 만들어진 뇌척수의 중추신경계 체액을 빼내는 수술을 하지 않는다면 아기는 아마도 1년 혹은 2년 안에 죽게 될 것이고, 확실히 심각한 지체를 가질 것이라고 말한다. 다른 한편으로, 수술이 너무 연기되지 않고 때맞춰 실행되어 가능한 최고의 치료를 받는다면 아기는 10년에서 15년 정도 살고, 단지 가벼운 지체만을 가질 가능성이 50% 정도 있다. 불행히도, 그들이 어떻게 하건 간에 아기는 회복 불가능한 척추로 인해 장애를 가지거나 마비가 될 것이고, 자신의 방광이나 창자를 통제할 수 없으며, 만성적 비뇨 감염으로 고생할 가능성이 높다.

잭슨 부부는 설사 아기가 수술을 받는다 하더라도 상대적으로 짧고 불행한 삶을 살 가능성이 높다는 것을 알았다. 만약 수술을 받지 않는다면 아기의 삶의 질은 더 낮아질 것이지만 그의 삶은 훨씬 더 짧을 것이다. 그러므로 그들은 수술을 허락하는 것보다 거부하는 것이 더 자비롭고 동정적인 일이 될지의 여부를 고민한다.

파멜라 로스는 잭슨의 아기와 정확히 동일한 육체적 장애와 미래에 그렇게 될 개연성이 높은 유아를 출산하였다. 그러나 그녀의 아기는 거기에 더해 심장 결함을 가지고 있었고, 만약 고치지 않으면 거의 수일 혹은 수주 안에 죽게 될 것이 확실하였다. 그녀와 남편은 수술을 하지 않고 아이가 빨리 죽게 내버려 두는 것이 최선이 될지의 여부를 고민한다.

티나 벨라스케즈는 무뇌증으로 고통 받는 유아를 출산하였다. 아기는 완전한 뇌가 없는 상태로 태어났다. 의사는 그녀에게 비록 아기가 수개월 동안 살 수 있다 하더라도 인간의 식별 가능한 감각적 의식이 없을 것이라고 알려 주었다. 아기는 자기에 대한 의식이나 환경에 대한 의식이 없을 것이고, 사고·느낌·감정의 능력도 없을 것이다. 아기는 또한 어떤 영양의 흡수도 막아 버리는 장 폐색 상태에 놓일 것이다. 만약 폐색을 수술하지 않는다면 아기는 1~2주의 기간에 걸쳐 굶어 죽게 될 것이다. 티나와 그녀의 남편은 수술을 허락하는 것을 거부해서 유아가 죽게 내버려 둘 것인지의 여부를 고민한다. 그러나 그들은 또한 유아가 천천히 탈수와 기아로 죽게 내버려 두는 것보다 빨리 고통 없이 죽게 하기 위해서 죽음을 가져오는 주사를 놓는 것이 더 자비로울지의 여부를 고민한다.

2. 회복 불가능한 혼수상태

1975년 21세의 퀸런(Karen Quinlan)은 알코올과 수면제를 섞어 마신 후 숨이 멈췄을 때 심각한 뇌 손상을 입고 혼수상태에 빠지게 되었다. 그녀는 인공호흡 장치로 연명했다. 몇 달 후 의사들은 그녀가 환경 인식·자기인식·사고·감정과 같은 고차원의 정신 기능이 없는, 거의 회복 불가능한 상태인 "지속적인 식물 상태"에 있다고 결론지었다.

> 최근 5개월에 걸쳐서 캐런의 모습은 신경조직의 손상을 보여 주기 시작하였다. 그녀의 왼쪽 손목은 그녀의 팔을 향해 오른쪽으로 꺾였고, 그래서 손톱이 손목을 파고드는 듯이 보였다. 왼쪽 발은 안쪽으로 뒤틀렸다. 왼쪽 팔꿈치는 몸 쪽으로 말려 들어갔다. 이런 모습들은 굳어져 갔다. 캐런의 몸무게는 [70~80파운드로] 줄었고, 근육이 너무 굳었기 때문에 IV(정맥주사)는 사용할 수 없었으며, (코를 통한) 코-위(N-G) 급식 튜브가 사용되었다.[27)]

캐런은 단지 침대에 조용히 누워 있는 것만은 아니었다. 그녀는 경련과 같은 발작으로 고통을 받았고, 자주 머리가 이리저리 심하게 흔들렸다. 의사가 부모에게 회

27) Gregory Pence, *Classic Cases in Medical Ethics* (New York: McGraw-Hill, 1990), pp. 5-6.

복될 희망이 전혀 없다고 말했기 때문에, 그들은 그녀가 죽을 수 있도록 인공호흡기를 떼어 줄 것을 병원 측에 요구했다. 그러나 병원은 그들의 요구를 거절했으며, 부모가 캐런에게서 인공호흡기를 떼지 못하도록 법에 호소했다.

그 사건은 뉴저지 법정에서 여러 달 지연되었고, 뉴저지 최고 법원은 마침내 부모의 뜻을 존중했다. 그러나 이 기간 동안 병원 의사들은 인공호흡기 없이 숨을 쉴 수 있도록 하기 위해 캐런에게서 인공호흡기를 완전히 떼어 내었다. 그들은 성공했다. 캐런이 마침내 인공호흡기를 떼어 냈을 때 (그녀의 부모가 처음 요구한 이후 1년이 넘는 기간) 그녀는 죽지 않았다. 1976년에 캐런은 요양원에서 지냈고, 거기에서 폐렴으로 죽을 때까지 의식이 회복되지 않은 채 10년을 더 살았다. 많은 사람들은 인공호흡기를 떼어 달라는 부모의 요구가 더 일찍 받아들여져서 그녀를 더 빨리 죽게 했더라면 더 좋았던 것이 아닌가 생각한다. 다른 사람들은 캐런이 인공호흡기 없이도 살 수 있게 하려는 병원 측의 노력이 도덕적으로 허용될 수 있는지 어떤지 따져 본다.

3. 생의 마지막에 있는 사람들의 사례

브래드 펠튼은 늘 활동적이고 야외에서 많은 시간을 보내는 건강한 사람이었다. 그가 가장 열정을 쏟은 것은 캘리포니아의 시에라네바다 산을 걸어서 등반하는 것이었다. 76세의 나이에도 불구하고 그는 자기 나이의 반 정도 되는 사람들보다 에너지와 활력이 더 넘쳤다. 그런데 지금 그는 뇌졸중을 일으켜 뇌가 심각하게 손상된 상태이다. 캐런과 같이 그는 실질적으로 회복의 희망이 전혀 없는 지속적인 식물 상태에 있다. 의사들은 그의 가족들에게 그가 이 상태로 5년에서 10년 정도 더 살 수 있다고 말했다. 브래드가 말한 적은 없지만, 그의 가족은 브래드가 이 상태로 살기를 원하지 않을 것이라고 믿는다. 그는 급식 튜브를 통하여 음식과 물을 공급받고 있다. 만약 급식 튜브를 끊는다면 그는 탈수증과 기아로 한두 주일 내로 죽을 것이다. 의사들은 가족들에게 뇌가 손상되었기 때문에 그가 이런 진행의 과정에서 고통을 전혀 느끼지 못할 것이라는 점을 확인해 주었다. 가족들은 브래드가 죽을 수 있도록 급식 튜브를 끊어 달라고 요청할 것인지를 고려하고 있다.

52살의 프랭크 바커는 치료될 수 없으며 반드시 죽게 되는 흉곽 내피암인 악성 중피암에 걸렸다. 그는 천천히 쇠약해지고 있다. 그의 몸무게는 180파운드에서 125파운드로 줄었고, 그는 너무 쇠약해서 도움 없이 서 있거나 걸을 수 없다. 그는 고통과 불편을 조절하기 위해 다량의 모르핀을 복용하고 있어서 정신이 계속 몽롱한 상태에 있다. 약물 치료를 받게 되면 일순간의 변비에 이어 설사를 일으킨다. 프랭크는 지금 병원에서 죽음을 기다리며 누워 있다. 몇 번이나 프랭크는 3개월이나 6개월에 걸쳐 서서히 죽어 가는 것을 기다리기보다 즉각적으로 고통 없이 죽는 것이 더 낫다고 말하면서, 고통으로부터 벗어나게 해 줄 치명적인 주사를 놓아 달라고 노라 트렌트 박사에게 요구했다. 박사는 프랭크의 부인과 아이들에게 프랭크의 요구를 알려 주었고, 가족들은 비밀이 보장된다면 그렇게 하겠다고 했다. 트렌트 박사는 가족들의 요구에 응해서 프랭크에게 치명적인 주사를 놓아 그와 그의 가족이 무의미한 고통이라고 생각하는 것을 끝내야 할지 고민한다.

4. 적극적 안락사와 소극적 안락사

안락사는 도덕적으로 허용될 수 있는가? 그 물음에 답하기 위해 우리는 몇 가지 중요한 구분을 해야 한다.

소극적 안락사는 누군가가 환자의 치료나 간호를 의도적으로 중단해서 환자를 죽게 내버려 둘 때 발생한다. 적극적 안락사는 누군가가 환자를 의도적으로 죽일 때 발생한다. 예컨대 안락사 행위의 조건이 충족되고, 인공호흡기를 떼어 내거나 필요한 수술 또는 약물치료를 중단했기 때문에 환자가 죽는다면, 그것은 적극적 안락사라기보다는 소극적 안락사의 사례이다. 그러나 누군가가 일부러 그에게 치명적인 주사를 놓았기 때문에 환자가 죽는다면, 혹은 환자가 총을 맞거나 찔리거나 떨어뜨려지거나 질식당하거나 교살당해서 죽는다면, 그것은 적극적 안락사의 사례이다.

많은 사람들은 소극적 안락사가 도덕적으로 허용될 수 있는 경우는 있지만 적극적 안락사는 언제나 부도덕하다고 주장한다. 그러나 적극적 안락사와 소극적 안락사를 구분하기 위한 정확한 기준을 제공하기는 쉽지 않다. 우리는 행위와 무위의 차이점을 근거로 하여—적극적 안락사는 무언가를 행할 것을 요구하고, 소극적 안락사는 무언가를 하지 않는 것만을 요구한다—간단하게 적극적 안락사와 소극적 안락사를 구분할 수 있다고 생각할 수도 있겠다. 예컨대 치사량의 모르핀을 환자에게 **주는 것**과 급성 폐렴에 필요한 항생제 주사를 환자에게 **주지 않는 것** 사이의 차이를 고려해 보자. 그러나 소극적 안락사는 약물·산소·음식물을 공급하는 튜브를 제거하거나 혹은 의료기구 개폐기를 젖힐 것을 요구할 수 있다. 이 모든 것은 단순히 행위하지 않는 것이 아니라 행위이다.

아마도 우리는 적극적 안락사와 달리 소극적 안락사는 죽음을 막거나 연기하거나 하는 행위를 하지 않거나 하지 못하게 한다는 점에서 일종의 행위하지 않음을 포함한다고 말할 수 있을 것이다. 우리는 또한 의도의 차이를 추가할 수 있겠다. 적극적 안락사에서는 환자를 죽게 만들 직접적인 의도가 있다. 소극적 안락사에서는 죽음을 막거나 연기하기 위한 조치를 취하지 못하게 할 의도가 있다. 마지막으로, 우리는 죽음의 직접적인 원인이 적극적 안락사와 소극적 안락사에서 다르다고 주장한다. 소극적 안락사에서는 환자의 죽음을 직접적으로 일으킨 것은 병이나 손상이지만, 누군가가 환자에게 치명적 모르핀 주사를 놓거나 환자를 질식시킨다면 환자의 죽음을 직접적으로 일으킨 것은 주사나 질식이다. 그러나 소극적 안락사에서 환자에 대한 음식이나 물 공급을 중단한다면 그런 행위를 한 사람이 환자의 죽음을 직접적으로 일으켰다는 것(환자의 죽음을 일으킬 의도가 있다는 것)을 부인하기는 어려울 것 같다. 죽음의 원인이 되었던 기아는 손상이나 병이 죽음의 원인이 되었던 상황과는 달리 행위자가 직접적으로 일으킨 상황이다.

5. 특수치료와 일상적 간호

많은 사람들은 소극적 안락사에서 특수치료를 중단하는 것이 도덕적으로 허용될 수 있다 하더라도 일상적인 간호를 중단하는 것은 결코 도덕적으로 허용될 수 없다고 주장한다. 특수치료(부적절한 용어)는 수술과 약물 공급(입 혹은 정맥주사) 그리고 CPR(심폐 인공호흡)·신장투석·혈장·산소와 같은 의료 서비스를 포함할 수 있다. 일반적으로 일상적인 간호는 모든 사람이 음식이나 물처럼 그들의 건강 상태와 관계없이 필요한 것에 한정되거나 혹은 목욕·마사지·고통 완화 치료요법과 같이 안락함을 주는 간호에 한정된다. 문제는, 특수치료를 중단하는 경우와 마찬가지로 특수치료를 하지 않는 것이 도덕적으로 정당화될 수 있느냐 하는 것이다.

6. 자의적 안락사, 비자의적 안락사, 반자의적 안락사

자신의 정보에 대해 정통한 의사결정 능력이 있는 환자가 안락사를 자유의사를 가지고 요구하거나 자유의사를 가지고 동의했다면, 그것은 자의적 안락사이다. 동의하거나 동의를 철회할 의사결정 능력이 없는 환자에게 안락사가 진행된다면, 그것은 비자의적 안락사이다. 의사결정 능력이 있는 환자가 자유의사를 가지고 동의하지 않았는데도 안락사가 진행되면, 그것은 반자의적 안락사이다. (자유의사에 의한 동의란 환자가 동의를 하는 데 있어 강제성이 없었다는 것을 의미한다.)

그래서 의사결정 능력이 있는 환자의 요구로 치명적인 주사를 놓는다면, 그것은 자의적 (적극적) 안락사일 것이다. 혼수상태가 되기 전에 혼수상태가 될 경우 치료나 간호를 그만두겠다는 것을 분명하게 요구했거나 표현했던 환자의 치료를 중단한다면 그것은 자의적 안락사가 될 것이다. 기형으로 태어난 아이의 안락사나 안락사에 대한 찬반의 의사 표시를 하지 않은 혼수상태의 환자에 대한 안락사는 비자의적 안락사가 될 것이다. 마지막으로, 안락사를 요구하지 않았던 의사결정 능력이 있는 환자의 안락사는 반자의적 안락사가 될 것이다.

그렇게 되면 여섯 가지 상이한 형태의 안락사가 있게 된다. 즉 자의적 적극적 안락사, 자의적 소극적 안락사, 비자의적 적극적 안락사, 비자의적 소극적 안락사, 반자의적 적극적 안락사, 반자의적 소극적 안락사가 그것이다. 또한 일상적인 간호 중단과 특수치료 중단이 있다. 우리의 문제는 각 형태의 안락사가 도덕적으로 허용될 수 있는지의 여부이다.

7. 반자의적 안락사

반자의적 안락사는 생각할 수 있는 거의 모든 상황에서 적극적이든 소극적이든 분명하게 부도덕한 것 같다. 죽음을 막을 수 있을 때 사람들의 의지에 반해서 그를 죽이거나 죽게 내버려 두는 것은 환자의 생명의 권리와 자율의 권리를 부당하게 침해한 것이다. 사람들에게는 자신의 삶과 죽음에 대한 다른 사람의 결정을 침해할 권리도 없고, 그 사람이 살 가치가 있느냐 없느냐에 대한 그의 판단을 대신할 권리도 없다. 이 주장은 공리주의 도덕 이론을 적용해도 칸트주의 도덕 이론을 적용해도 쉽게 정당화될 수 있다. 반자의적 안락사가 합리적으로 옹호할 수 있는 방도는 없다.[28)]

8. 자의적 소극적 안락사

악성 종양으로 서서히 죽어 가고 있는 52살의 남성인 프랭크 바커는 폐렴에 걸렸다. 그의 의사는 그에게 항생제 주사를 맞지 않으면 폐렴으로 인해 며칠 안에 죽게 될 것이라고 말했다. 아내와 상의한 후 프랭크는 항생제 주사를 거절한다. 왜냐하면 그는 뒤에 종양으로 죽는 것보다 바로 지금 폐렴으로 죽기를 원하기 때문이다. 폐렴 치료

28) 단순화하기 위하여 높은 비용과 한정된 경제적 재원 때문에 의료가 제공되지 않는 상황은 무시한다.

를 거절했기 때문에 그가 폐렴으로 죽는다면, 그것은 자의적 소극적 안락사가 될 것이다. 의사들은 선택해야 한다. 그들은 프랭크의 요구에 응해서 항생제를 중단하고, 그를 폐렴으로 죽게 내버려 둘 수도 있다. 아니면 프랭크의 의지를 무시하고 항생제 치료를 계속할 수 있다. 어떻게 하는 게 옳은가?

미국에서는 병원 측이 의사결정 능력이 있는 환자들의 의사에 반해 의료를 강요할 수 없다. 의사결정 능력이 있는 환자의 경우에는 그의 동의하에만 의료가 제공될 수 있다. 법은 자율권에 대한 그리고 육체적 보전의 기본적 중요성에 대한 사회적 책무를 반영한다. 다른 사람들은 허락을 받지 않고서 우리의 재산을 처분할 수 없다. 허락을 받지 않는 경우 다른 사람으로 하여금 우리 존재의 핵심인 우리의 육체를 처분하지 못하도록 하는 것이 얼마나 중요한가. 또한 법은 개인의 자유에 대한 사회의 책무를 반영한다. 또한 법은 누군가를 죽게 내버려 두는 것이 가장 자비롭고 온정적인 태도인 경우도 있다는 것을 인정할 수도 있다. 누군가의 삶이 고통 이외에 아무것도 약속하지 않는데도 그의 의사에 반해서 그의 생명을 연장하려고 열정적인 노력을 기울이는 것은 무의미하고 무자비한 일일 수 있다. 그의 의사에 반하여 고통의 삶을 계속 견디라고 강요한다면, 우리는 그를 존경으로 대우하는 것이 아니다.

자의적 소극적 안락사가 도덕적으로 허용될 수 있다고 믿을 여러 가지 좋은 도덕적 이유들이 있다. 개인의 자율성이나 개인의 자유에 대한 고려, 친절·동정심·자비와 같은 덕에의 호소, 사람들을 존경으로 대우해야 한다는 요구에 대한 호소 등은 자의적 소극적 안락사가 도덕적으로 허용될 수 있다는, 때로는 아마 도덕적 의무라는 견해를 지지한다. 또한 우리는 공리주의의 입장과 칸트주의의 입장에서 그것을 정당화할 수 있다. 어떤 경우에는 죽음을 늦추거나 죽지 않도록 하는 조치가 해로운 일이다. 왜냐하면 죽음의 연기는 고통의 추가를 의미할 뿐이기 때문이다.

그러나 프랭크가 폐렴에 걸리지 않았다고 생각해 보자. 그가 항생제를 거절하는 대신에 굶어 죽을 의도에서 음식을 거절한다고 가정해 보자. 의사결정 능력이 있는 환자의 굶어 죽겠다는 요구에 부응하는 것은 도덕적으로 허용 가능한가? 의사들은 그의 요구에 부응해서 그를 굶어 죽게 내버려 두든지, 아니면 음식물과 액체를 강제로 주입—음식물과 물을 강제로 삼키게 하거나, 강제로 그의 정맥이나 위에 급식 튜브를 설치하고 튜브를 제거하지 못하도록 그를 억누르거나 진정제를 먹이거나 함으로써—할 수도 있다.

어떤 사람들은 아마도 프랭크의 의사들이 그의 의사에 반하여 강제로 항생제를 투여해서는 안 된다는 것에 동의한다 하더라도, 어떤 사람들은 그가 먹고 마시는 것을 거부할 경우 의사들이 강제로 음식과 물을 공급해야 하는지 여부에 대해서는 확신을 갖지 못할 것이다. 우리는 환자의 의사에 반하여 그에게 강제적인 의료를 금하는 것이 정당하다면, 바로 동일한 도덕적 고려 때문에 환자의 의사에 반하여 그에게 음식과 물 같은 것을 강요하는 것을 금지하는 것은 정당하다고 주장할 수 있다.

9. 자의적 적극적 안락사

많은 사람들은 소극적 안락사는 도덕적으로 허용할 수 있고, 심지어 도덕적인 의무이지만 적극적 안락사는 언제나 부도덕하다고 주장한다. 예컨대, 프랭크 바커가 식음을 전폐하기보다는 오히려 그의 삶을 빨리 고통 없이 끝내기 위해 치사량의 주사를 의사들에게 요구했다고 가정해 보자. 많은 사람들은 환자들이 부탁한다 해도 의사가 그들에게 치사량의 주사를 놓는 것은 부도덕하다고 믿는다. 그들의 견해로는, 누군가가 죽게끔 내버려 두는 것은 허용할 수 있어도 누군가를 죽이는 것은 결코 허용할 수 없다는 것이다.

이러한 견해는 누군가가 죽게 내버려 두는 것보다 누군가를 죽이는 것이 언제나 더 나쁘다는 가정에 기초하고 있는 듯하다. 그러나 레이첼스(James Rachels)는 이 가정에 이의를 제기한다. 그의 견해로는, 어떤 도덕적 관점에서는 누군가를 죽게 내버려 두는 것이 누군가를 죽이는 것과 다를 바 없는 경우가 종종 있다는 것이다. 예를 들면, 어떤 어린아이의 사악한 삼촌이 100만 달러의 유산을 받을 목적으로 욕조에 그 아이를 빠뜨리려고 욕실로 들어왔다고 가정해 보자. 그가 들어오자, 그 아이가 발을 헛디뎌 머리를 부딪히고 물속으로 미끄러진다. 삼촌은 아무것도 하지 않는다. 그는 아이가 죽었다고 확신할 때까지 5분 동안 욕실 안에서 기다리면서 아이가 익사하도록 내버려 둔다. 레이첼스에 따르면, 아이가 익사하도록 내버려 두는 것은 아이를 익사시키는 것과 다를 바가 없다.[29] 마찬가지로, 아이의 삼촌이 천식약을 먹지 못하게 하거나 죽이기 위해 굶긴 결과 그 아이가 죽는다고 해 보자. 이렇게 해서 죽게 하는 것이 아이를 사살하거나 질식사시키는 것보다 실제로 더 나은 일인가? 레이첼스의 견해에 따르면 더 나은 일이 아니다. 그의 견해로 이 예들은 누군가 죽게끔 내버려 두는 것보다 누군가를 죽이는 것이 언제나 더 나쁘지 않다는 것을 보여 준다.

---

29) James Rachels, "Active and Passive Euthanasia," and "More Impertinent Distinctions and a Defense of Active Euthanasia," both in *Social Ethics: Morality and Social Policy*.

레이첼스에 따르면, 누군가를 죽게 내버려 두는 것이 보다 더 많은 고통을 낳는다면 누군가를 죽이는 것보다 죽게 놔두는 것이 사실상 더 나쁠지도 모른다. 보통의 경우 사람들은 생명을 신속하고 고통 없이 끝내는 치사량의 주사를 맞는 것보다는 오히려 치료를 보류함으로써 느리고 고통스럽게 죽을 것이다. 레이첼스의 견해로는, 소극적 안락사를 정당화하는 도덕적 고려들(자율성과 자유, 동정·자비·친절과 같은 덕, 존경심을 갖고 사람을 대우함, 손익의 균형)은 또한 경우에 따라서 적극적 안락사를 정당화한다.

게다가, 많은 사람들은 다른 사람들을 살해하는 것에 대한 도덕적 금지가 절대적이지 않다고 생각한다. 예컨대, 대부분의 사람들은 정당방위로, 전쟁에서, 중범(重犯)에 대한 처벌로 사람을 죽이는 것은 도덕적으로 허용된다고 여기는 듯하다. 우리가 상황과는 관계없이 누군가를 죽이는 것이 언제나 부도덕하다는 입장을 취하지 않는다면, 적극적 안락사가 누군가를 죽이는 것을 수반한다는 단순한 사실로부터 그것이 부도덕하다는 사실이 자동적으로 귀결하는 것은 아니다. 우리는 정당방위(내지는 아마도 사형)처럼 적극적 안락사가 다른 사람을 죽이는 것에 대한 도덕적 금지의 합법적 예외로서 정당화될 수 있다고 주장할 수도 있다.

그렇다 할지라도, 적극적 안락사에 대한 많은 반대자들은 우리가 적극적 자의적 안락사를 허용하거나 합법화한다면 불가피하게 일종의 도덕적 타락으로 이어질 것이라고 염려한다. 그들의 견해로는 그렇게 하는 것이 생명에 대한 존경을 훼손할 것이고, 비자의적 안락사와 반자의적 안락사, 예를 들어 나이 든 사람이나 정신적으로 장애가 있는 사람을 죽이는 것에 대한 빌미로서 작용할 것이라는 것이다. 그러나 자의적 적극적 안락사의 지지자들은 그러한 염려가 과장된 것이라고 주장한다. 그들은 그 의도가 고통을 최소화하는 것이라면, 그리고 환자의 요구가 면밀하게 고려된다면, 도덕적 타락과 인간의 생명에 대한 존경의 약화 같은 것은 최소화할 것이라고 공언한다.

10. 비자의적 소극적 안락사

비자의적 안락사에 대한 논쟁은 기형으로 태어난 신생아나 혼수상태의 성인 환자의 경우에서처럼 환자가 치료나 간호에 대해 동의하거나 거절할 능력이 없을 때 생긴다. 그러한 경우에 다른 사람이 결정을 해야만 한다. 누군가가 다른 사람의 치료에 대한 생사 결정을 하는 것이 도덕적으로 허용될 수 있는가? 식물 상태에 있는 환자의 친척들이나 장애로 태어난 아이의 부모가 의료적 치료를 결정하는 것이 도덕적으로 허용될 수 있는가?

의사결정 능력이 없는 환자의 생사 결정을 다른 사람들이 하지 못하도록 하는 방법은 없다. 누군가는 의료를 할 것인지 중단할 것인지에 대한 양단간에 결정을 내려야 한다. 그렇다 하더라도 우리는 다음과 같이 주장할 수도 있다. 환자가 무엇을 원하는지를 우리가 알지 못한다면, 혹은 환자가 그런 상황에서 무엇을 원하는지를 우리가 알지 못한다면, 치료를 철회하거나 중단하기보다는 실수를 저지르는 한이 있더라도 신중하게 생명을 유지하는 쪽을 선택해야 한다고 주장할 수도 있다. 이러한 견해에 따르면, 다른 사람이 의사결정 능력이 없는 환자의 치료를 중단하기로 결정하는 것은 잘못일 테지만, 다른 사람이 의사결정 능력이 없는 환자의 의료를 제공하기로 결정하는 것은 잘못이 아니니다.

그럼에도 불구하고, 많은 사람들은 자의적 소극적 안락사와 상당히 같은 이유로, 상당히 같은 조건하에서 비자의적 소극적 안락사가 도덕적으로 허용될 수 있다고 믿는다. 환자의 이익이 유일하거나 최우선적인 고려 사항이라면, 환자를 위해 고통을 최소화하고 없애는 것 혹은 환자의 존엄과 자율성을 존중하는 것은 다른 사람의 치료 중단 결정을 정당화할 수 있다. 그렇다 하더라도, 의사결정 능력이 없는 환자의 살아날 가망성을 평가하는 데 극단적인 신중이 요구된다. 의사결정 능력이 없는 환자의 치료를 중단하는 것을 정당화하기 위해서는 환자의 삶이 극심한 고통 속에 있을 개연성이 매우 높거나, 아니면 환자가 인간과 관련한 최상의 심적 수준의 능력을 영구적으로 상실했을 개연성이 매우 높다는 강력한 증거가 있지 않으면 안 된다. 환자가 살아날 가망성이 전혀 없다면 사실상 어떤 합리적 인간도 죽음을 늦추기 위하여 온몸을 다 바쳐 행동하지는 않을 것이다.

11. 비자의적 적극적 안락사

의사결정 능력이 없는 환자의 치료를 중단하는 것이 도덕적으로 허용될 수 있다면, 환자를 살해하는 것 역시 도덕적으로 허용될 수 있는가? 예컨대, 지속적으로 식물 상태에 놓인 환자에게 인공호흡 장치나 음식 주입 튜브를 떼어 내는 것보다 치명적 주사를 놓는 것이 더 나쁜가? 장폐색된 무뇌증의 유아를 즉시 고통 없이 죽일 치명적인 주사를 놓는 것보다 수술을 미뤄 수일 동안 탈수나 기아로 죽게 내버려 두는 것이 더 나쁜가?

비자의적 적극적 안락사의 옹호자들은 고통을 최소화할 의무에 호소할 수 있다.

누군가를 죽게 내버려 두는 것은 사람을 죽이는 것보다 단연코 훨씬 더 많은 고통을 낳을 수 있다. 사람을 죽게 내버려 두는 것보다 죽이는 것이 보다 적은 고통을 낳고 환자의 자율성과 존엄을 보존하는 것이라면, 누군가를 죽게 내버려 두는 것을 정당화하는 이유들—고통을 없애거나 최소화하려는 데 대한 관심과 같은 것, 친절·동정심과 같은 덕—은 누군가를 죽이는 것 또한 정당화할 수 있다. 물론, 적극적 안락사를 언제나 부도덕하다고 생각하는 사람은 이런 논법을 거부할 것이다.

연습문제

1. 발달의 어떤 단계에서 그리고 어떤 이유로 낙태가 도덕적으로 허용될 수 있는가? 당신의 답변을 방어해 보라.
2. 생명권에 대한 옹호의 입장은, 여성은 원하지 않는 아이를 포기하고 입양을 선택하는 것이 항상 가능하기 때문에, 산모의 생명을 구할 필요가 있을 때를 제외하고는 낙태가 도덕적으로 그르다고 주장한다고 가정해 보자. 당신은 동의하는가?
3. 미국에서는 입양을 선택할 때 백인 아이에 대한 요구가 높은 반면에 백인이 아닌 아이에 대한 요구는 매우 낮다. 그러한 상황은 연습문제 2에 대한 당신의 답변에 어떠한 영향을 미치는가? 왜 그런가?
4. 발달의 어떤 단계에서 태아는 사람이 되는가? 그것은 낙태의 옳고 그름의 문제와 관계가 있는가?
5. 낙태는 합법적인가? 합법적이라면 어떤 조건하에서 합법적인가? 당신의 답변을 방어해 보라.
6. 가난한 여성을 위한 공공 낙태 기금이 있어야 하는가?
7. 미성년자는 합법적으로 낙태 시술을 받기 전에 한쪽 부모 또는 양쪽 부모 모두의 승인을 얻어야 하는가?
8. 자살은 항상 도덕적으로 그른가? 아니라면 어떤 조건하에서 도덕적으로 그르지 않은가?
9. 톰은 체포된 스파이이다. 그는 자신을 체포한 사람이 12명의 전 스파이 네트워

크를 일망타진할 수 있는 정보를 갖고 있다. 그는 심문 과정에서 예상할 수 있는 고문을 자신이 견뎌 내지 못하고 자신을 체포한 사람에게 정보를 폭로하게 될 것이라는 사실을 확신한다. 그는 의치(義齒) 안에 청산가리 캡슐을 비밀리에 감춰 두었다. 스파이가 되었을 때 그는 만약 체포된다면 청산가리 캡슐을 이용하여 자살할 것을 서약했다. 그가 자살을 하는 것이 도덕적으로 옳은가?

10. 폴라 핀은 알츠하이머 환자이다. 그녀는 어떤 때는 정신이 또렷하지만 어떤 때에는 그렇지 않다. 그렇지 않을 때에는 스스로를 돌보는 것이 완전히 불가능하다. 자신이 누구인지, 어디서 살고 있는지를 기억해 낼 수 없다. 가족을 알아볼 수도 없고, 자신의 육체적 기능을 완전히 통제하는 것도 불가능하다. 정신이 온전할 때는 자신에게 일어난 일을 안다. 그녀는 정신이 온전한 시간이 70% 정도까지 되는 지경에 이르렀다. 그러나 상황은 더 악화되고, 정신이 온전한 시간이 점점 짧아질 것이다. 지금이 바로 정신이 온전한 때이다. 그녀는 황폐한 정신 상태로 살고 싶지 않다. 그래서 자신은 더 이상 살 가치가 없다고 판단한다. 그녀가 자살하는 것은 도덕적으로 그른가? 그녀가 자살을 원하고 있음을 가족이나 의사가 안다면, 그녀의 자살을 막을 합법적 권리가 그들에게 있어야 하는가? 의사가 그녀의 생명을 재빨리 그리고 고통 없이 끝내게 할 수 있는 약물을 처방하는 것이 도덕적으로 그른가? 법은 자살의 과정에서 환자를 돕는 것을 금해야 하는가? 심지어는 재빨리 그리고 고통 없이 자살하는 방법에 대한 정보를 주는 것조차 금해야 하는가?

11. 적극적 자의적 안락사나 의사의 도움을 받은 자살은 법적으로 허용되어야 하는가? 그렇다면 어떤 조건하에서 허용되어야 하는가? 그렇다면 자신의 의사에 반하여 죽게 되는 상황을 최소화하기 위해 어떤 안전장치가 있어야 하는가?

12. 셰익스피어의 희곡 『로미오와 줄리엣(Romeo and Juliet)』에서 10대인 로미오와 줄리엣은 사랑에 빠지게 되지만 그들의 가족들은 철천지원수다. 그들은 비밀리에 결혼했으나, 로미오가 줄리엣의 혈족 한 명을 죽이게 되면서 그 도시를 떠나야 했다. 그 후 얼마 되지 않아 줄리엣의 가족은 줄리엣을 그들이 선택한 남성과 강제로 결혼시킬 계획을 세웠다. 줄리엣이 로미오와 이미 결혼한 사실을 알지 못했기 때문이다. 결혼을 피하고 가족들로부터 벗어나기 위하여 줄리엣은 죽은 것처럼 보이게 만드는 약을 마셨다. 계획은 로미오가 자신의 무덤에 와서 자신을 소생시켜 누구도 따라오지 못하는 곳으로 함께 멀리 도망치는 것이었다. 불

행하게도 로미오는 계획을 전해 듣지 못했다. 그는 줄리엣이 실제로 죽었다고 생각한다. 그는 밤에 그녀의 무덤에 왔지만 그때는 그녀가 소생하기 전이었다. 그는 줄리엣의 죽음에 절망하면서 자살을 택했다. 줄리엣은 깨어나서 로미오가 자살한 것을 발견하고는 역시 자살해 버렸다. 둘 다 혼자서 살고 싶지 않았던 것이다. 줄리엣이 죽었다고 믿었기 때문에 자살을 택한 로미오는 도덕적으로 그른가? 로미오의 죽은 모습을 보고 자살을 택한 줄리엣은 도덕적으로 그른가?

13. 의사인 케보키언(Jack Kevorkian)은 여러 명의 자살을 도와주었으며, 자살하고자 하는 환자들이 재빨리 그리고 고통 없이 자살하도록 돕는 자살 기계를 고안했다. 그는 도덕적으로 어떤 그른 짓을 하고 있는가?

관련 자료

Jane English. "Abortion and the Concept of a Person." In *Social Ethics: Morality and Social Policy*, 3d ed. Edited by Thomas Mappes and Jane Zembaty. New York: McGraw-Hill, 1987.

Jonathan Glover. *Causing Death and Saving Lives*. Harmondsworth, England: Penguin, 1977.

David Hume. "Of Suicide." In *Essays Moral, Political, and Literary*. Edited by Eugene Miller. Indianapolis, IN: Liberty Classics, 1985.

Immanuel Kant. "Doctrine of Virtue," Book 1, Article 1, "On Killing Oneself." In *The Metaphysics of Morals*. Edited by Mary Gregor. Cambridge, England: Cambridge University Press, 1991, pp. 218-220.

Ronald Munson. *Intervention and Reflection: Basic Issues in Medical Ethics*, 4th ed. Belmont, CA: Wadsworth, 1992. (See Chapters 2 and 3.)

John T. Noonan. Jr. "An Almost Absolute Value in History." In *Social Ethics: Morality and Social Policy*.

Gregory Pence. *Classic Cases in Medical Ethics*. New York: McGraw-Hill, 1990.

Plato. "Phaedo." *In the Collected Dialogues of Plato*. Edited by Edith Hamilton and Huntington Cairns eds. Princeton, NJ: Princeton University Press, 1961.

L. W. Sumner. *Abortion and Moral Theory*. Princeton, NJ: Princeton University Press, 1981.

Mary Anne Warren. "On the Moral and Legal Status of Abortion." In *Social Ethics: Morality and Social Policy*.

제 12 장

경제적 불평등, 빈곤, 기회 균등

- 인류평등주의의 이해 및 보다 경제적 평등을 이루어야 한다는 주장의 찬반 논증 이해
- 불평등과 빈곤의 구분, 상대적 빈곤 개념과 비상대적 빈곤 개념의 구분
- 롤즈의 결정 절차를 경제적 불평등과 빈곤의 문제에 응용
- 빈곤을 경감하기 위한 정부의 조처에 대한 찬반 논증 이해
- 진정한 기회 균등을 위해 요구되는 기회 균등의 개념 이해 및 기회 균등에 대한 찬반 논증 이해
- 누진소득세와 일률소득세의 개념 이해 및 일률소득세에 대한 찬반 논증 이해

I. 서론

세상은 항상 부자와 가난한 사람으로 나누어져 있는 것 같다. 부와 수입이 공동체 구성원들 간에 균등하게 분배된 적은 거의 없었다. 경제적 불평등은 국가 간에 그리고 국가 안에서도 항상 있어 왔다. 예를 들어, 미국은 가나보다 훨씬 더 잘산다. 미국 내에는 자신의 충동구매욕을 모두 만족시킬 수 있는 억만장자들도 있지만, 아울러 의식주와 같은 가장 기본적인 생필품과 의료 혜택도 누릴 수 없는 빈곤한 사람들이 있다.

미국의 인구조사국에서 발표한 몇 가지 통계 자료들을 한번 살펴보자. 2004년 비(非)히스패닉계 백인들의 중간 연간 가계 소득은 48,977달러였다. (중간 값은 수치를 기준으로 위로 50%, 아래로 50% 되는 지점이다.) 그러나 흑인 가정의 중간소

득은 30,134달러였고, 히스패닉계 가정은 34,241달러였다. 최하위 20%에 속하는 어느 가정도 연간 가계 소득이 18,500달러를 넘지 않았다. 이에 반해 최고 부유층의 5%에 속하는 어떤 가정도 연간 소득이 157,185달러 이하인 경우는 없었다. 최하위 빈곤층 20%는 미국의 총수입 중 3.6%를 버는 반면, 최고 부유층 20%는 50.1%에 해당하는 돈을 벌었다. 1970년의 경우 최하위 빈곤층의 20%는 4.1%를 그리고 최고 부유층의 20%는 43.3%를 벌었다. 소득 불평등은 인종과 성(gender) 둘 다와 상관관계를 가진다.

비히스패닉계 백인 가정의 경우 25.1%가 연 수입 25,000달러 이하인 데 반해, 흑인 가정과 라틴계 가정은 각각 42.3%, 35.9%가 그 수준이다. 이와 반대로, 비히스패닉계 백인 가정의 18%가 100,000달러 혹은 그 이상의 연간 수입이 있는 반면, 흑인 가정의 단 6.7%, 히스패닉계 가정의 8%만이 그 정도의 연간 수입이 있다. 비히스패닉계 백인의 8.6%만이 공식적인 빈곤 수준 이하라는 통계치는 흑인 24.7%, 히스패닉계 21.9%와 대조된다. 게다가 4,580만 명이 의료보험에 가입하지 않았는데, 이는 미국 인구의 15.7%에 해당하는 수치이다. 그러나 비히스패닉계 백인의 11.3%가 의료보험이 없는 반면, 흑인의 19.7%, 히스패닉계는 32.7%가 의료보험에 가입하지 않았다.[1)]

통계 자료들은 꽤 분명하다. 최하층에 속하는 사람들의 삶은 어떠할까? 가난한 사람들은 종종 허기진 채로 잠자리에 들기도 한다. 그들은 집세를 낼 수 없어서 쫓겨나기도 하고, 지붕에 물이 새고 배수 시설이 엉망이기도 하며, 쥐가 있는 경우도 있다. 도심지에서 이들이 사는 아파트들은 여름이면 숨이 막힐 지경이고 겨울이면 얼어 죽을 지경이다. 이들이 살면서 아이들을 키우는 인근 지역에는 마약과 범죄가 횡행한다. 빈곤 지역과 마을에 있는 학교들은 자주 학생들로 초만원이고, 시설은 낡아 빠졌으며, 중산층과 부유층 동네와 마을에 있는 학교에서는 너무나 당연시되는 것 중 많은 것이 부족하다. 가난한 사람들은 공과금을 낼 수 없어서 수도·가스·전기 등이 끊겨 버리는 경우도 있다. 필요한 처방약을 살 돈이 없는 경우도 있다. 그들은 약 없이 지내거나, 아니면 정기적으로 복용해야 할 약이라면 그 약을 더 오래 먹기 위해 원래 먹어야 할 복용량을 희석하기도 한다. 수천만의 미국인들은 의료보험이 없는데, 그래

1) Carmin DeNavas-Walt, Bernadette D. Proctor, and Cheryl Hill Lee, U.S. Census Bureau, *Income, Poverty, and Health Insurance Coverage in the United States: 2004*, Current Population Reports, P60-229 (Washington, DC: U.S. Government Printing Office, 2005).

서 그들은 치료를 미룬다. 때로는 건강이 상당히 악화될 때까지 치료를 미루기도 한다. 종종 그들은 개인 병원보다는 사람들로 북적대는 지역 보건소의 응급실에 가는데, 이는 치료비를 낼 필요가 없기 때문이다. 그들은 항상 돈 걱정을 한다.

사람들은 여러 가지 이유로 가난하다. 분명히, 가난한 아이들은 빈곤 가정에서 성장하기 때문에 가난하다. 가난한 성인들의 경우, 이들 중 일부는 하루 종일 뼈 빠지게 일하지만 이들이 하는 일에는 작은 급료가 주어지며, 연금도 받지 못한다. 2006년 연방정부가 정한 최저 임금은 시간당 5.15달러이다. 주당 40시간을 일하는 사람들은 최저 임금만이라도 받는다면 1년에 10,712달러를 벌어들일 것이다. 설령 시간당 7.50달러를 번다고 하더라도 정규직이라면 연봉 15,600달러를 벌 것이다. 이는 대체로 아주 높은 평가를 받지 못하는 기술이나 지식을 가진 사람들의 경우인데, 이들의 대부분은 빈곤 가정 그리고 빈민촌에서 성장했다. (중산층 또는 상류층 가정에서 성장한 사람들이 이런 어려운 처지에 놓이는 일은 훨씬 드물다.) 많은 경제학자들은 성차별주의와 인종차별주의 둘 다 적어도 빈곤에 있어서 어떤 인과적 역할을 한다고 말한다. 어떤 어른들은 시간제 일만 찾을 수 있다. 또 어떤 어른들은 일을 할 수 없기 때문에 가난하다. 그들은 너무 아플 수도 있고, 장애가 있을 수도 있으며, 연로한 경우도 있다. 어떤 어른들은 여러 가지 중독, 예를 들어 알코올 중독 같은 것 때문에 가난하다. 어떤 이들은 정신질환을 앓고 있다. 요점은 우리들 중 많은 이들이 만약 어떤 사람들이 가난하거나 경제 사다리의 맨 아래 칸 가까이에 있는 경우 그것은 그네들의 잘못이라고 생각할 수도 있겠지만, 많은 경우에 그것은 사람들의 해결 능력 범위를 넘어서기 때문에 나타나기도 한다는 것이다.

II. 너무 큰 경제적 불평등은 도덕적으로 그른가?

인류평등주의자는 경제적 불평등과 사회적 불평등은 합리적 최소화를 유지해야 한다고 믿는다. 각각의 인류평등주의자들은 합리적 최소화를 구성하는 것이 무엇인지에 대한 다른 개념을 가질 수도 있지만, 모든 인류평등주의자들은 실제로 오늘날 모든 사회는 너무나도 많은 불평등을 내포하고 있다는 것에는 동의한다. 경제적 불평등은 정도의 문제이다. 예를 들어, 사회의 가장 높은 소득자들은 가장 낮은 소득자들이 받는 것의 10배를 받을 수도 있고, 가장 낮은 소득자들이 받는 것의 10,000배를 받을 수도 있다. 두 번째 상황의 경우 불평등이 너무 크다.

1. 평등에 찬성하는 논증

존 롤즈(John Rawls)에 따르면, 경제적 평등을 추구해야 할 이유가 있다. 공평성의 관점이 도덕적 관점이라고 가정한다면, 롤즈는 의식적이든 무의식적이든 간에 편견 때문에 영향을 줄 수 있는 어떤 정보도 없는 상황에 처해 있다고 상상해 볼 것을 권유한다. 그는 이러한 정보를 갖고 있지 않은 모든 사람이 어떤 원칙을 자유의사를 가지고 수용한다면 그 원칙은 정당화된다고 주장한다.

인종차별주의와 성차별주의 같은 여러 유형의 편견을 생각해 보자. 남성은 남성 편에 서서 편견을 가질 수도 있다. 백인은 백인 편에 서서 편견을 가질 수도 있다. 마찬가지로 나이 든 사람은 나이 든 사람의 편에 서서 편견을 가질 수도 있다. 기독교인은 기독교인의 편에 서서 편견을 가질 수도 있다. 다시 말해, 이해관계 때문에 우리는 우리와 같은 특징을 소유한 사람의 편에 서서 편견을 가지게 되는 경향이 있다. 어떻게 하면 우리의 판단과 행동에 영향을 미치는 그런 편견을 가지지 않을 수 있는가? 롤즈의 지적에 따르면, 만약 우리의 특성—우리가 남성인지 여성인지, 흑인인지 백인인지, 기독교인인지 기독교인이 아닌지, 젊은 사람인지 나이 많은 사람인지—에 대해 무지하다면 이해관계 때문에 우리와 같은 특성을 가지는 사람들의 편에 서서 편견을 가지게 될 수는 없다.

그러므로 롤즈는 **무지의 베일**(veil of ignorance) 뒤의 소위 **원초적 입장**(original position)에 있다고 상상해 보도록 요구한다. 어떤 정의의 원칙이든 그것을 받아들이기 이전에 우리는 원초적 입장에 들어간다. 정의의 원칙을 선택하여 그것을 우리의 도덕적 규준에 편입시킬 때, 우리는 원초적 입장에 있어야 한다. 우리가 원초적 입장에서 받아들일 정의의 원칙은 "정당한" 원칙이 될 것이다. 무지의 베일은 우리를 우리 자신으로부터 가려 버려, 편견으로 귀결할 수 있는 우리 자신에 대한 어떤 정보도 가지지 못하게 한다. 그리하여 사람들은 자신의 성별·나이·인종·민족·경제적 계층·지적 능력·건강·종교·성적 취향과 같은 것들을 알지 못한다.

예를 들어, 만약 우리가 무지의 베일 뒤의 원초적 입장에 있다면, 당신은 흑인에 대해서 차별하는 것이 정의롭다는 원칙을 받아들일 수 있는가를 물을 것이다. 롤즈에 따르면, 자신이 흑인인지의 여부를 알지 못하기 때문에, 당신은 흑인을 차별하는 것이 정의롭다는 원칙을 받아들이지 않을 것이다. 원초적 입장에 있는 어떤 사람도 그러한 원칙을 받아들이지 않을 것이다. 그러므로 그 원칙은 "정당하지 않거나" 정의롭지 못하다. 마찬가지로, 우리는 당신이 여성보다 남성이 더 많은 도덕적 권리를 가지는 것이 정의롭다는 원칙을 받아들일 것인지의 여부를 질문한다. 자신이 남성인지 여성인지의 여부를 알지 못하기 때문에, 당신은 그 원칙을 받아들일 수 없을 것이다.

무지의 베일의 원초적 입장은 현실적으로 존재하지 않는다. 그러나 롤즈는 우리가 우리 자신을 그와 같은 상황 속에 넣고서 상상할 수 있을 만큼 충분히 강력한 상상력을 가진다고 생각한다. 또한 그는 만약 우리가 그와 같은 상황에 있는 경우, 우리가 받아들이거나 거부할 원칙이 무엇인지를 알 수 있다고 생각한다. 예를 들어, 내가 나의 종교가 무엇인지에 대해 무지하다면, 나는 이슬람 신자를 차별하는 것이 정의롭다는 원칙을 받아들이지 않을 것임을 안다.

롤즈의 입장에서 볼 때, 만약 어떤 불평등이 모두에게 이득이 되지 않는다면, 무지의 베일 뒤의 원초적 입장에 있는 사람들은 그들의 사회적 협력으로 발생한 산물에 대해 비교적 평등한 분배를 주장할 것이다. 무지의 베일 속에 있는 사람들은 그들이 건강한지 아픈지, 높은 지능을 가졌는지 낮은 지능을 가졌는지, 기술이 있는지 없는지, 교육을 받았는지 문맹인지, 강한 의욕을 가졌는지 약한 의욕을 가졌는지의 여부를 알지 못한다. 그러므로 그들은 예컨대 더 적게 배운 사람보다 더 많이 배운 사람이 더 많이 갖는 것, 기술이 적은 사람보다 기술이 있는 사람이 더 많이 갖는 것이 정의롭다고 하는 경제적 분배에 대한 정의의 원칙을 받아들이기를 거부할 것이다. 그들은 자신이 더 많은 특권(교육을 받고 기술 있는)을 가지게 될 것인지 혹은 더 적은 특권(문맹과 기술이 없는)을 가지게 될 것인지의 여부를 알지 못하기 때문에 그와 같은 원칙을 거부할 것이다. 그들은 자신에게 발생할 수 있는 가장 최악의 상황이 적어도 참을 수 있을 만하다는 것을 보장하고자 노력할 것이다. 만약 불평등한 분배가 그들에게 확실히 이득이 되지 않는다면, 소득과 부의 평등한 분배를 요구하는 것은 그들을 경제적 사다리의 바닥까지 떨어뜨릴 특성들을 가지는 처지가 되었을 경우 생기는 재앙을 최대한 막는 보호 장치가 된다.

롤즈에 따르면, 무지의 베일 뒤의 원초적 입장에 있는 사람은 "모든 사회적 가치들—자유와 기회·소득과 부·자기존중의 토대—은 불평등이 모든 사람들에게 이익이 되지 않는다면 평등하게 분배되어야 한다."[2]는 원칙을 받아들일 것이다.

경제적 불평등은 수많은 나쁜 결과를 낳는다. 소수의 사람들이 너무나 많이 가져가면 남아 있는 게 많지 않아서 가장 밑바닥과 거의 밑바닥에 있는 많은 사람들이 음식·의복·은신처·보건의료·교육 등 기본적인 요구조차 충족시키지 못하는 경우도

---

2) John Rawls, *A Theory of Justice* (Cambridge, MA: Harvard University Press, 1971), p. 62.

있다. 종종 정치적·사회적 권력은 더 많은 수입, 부와 함께 생겨난다. 큰 경제적 불평등은 일부 사람에게 재원을 몰아주어서 다른 사람들에 대한 지배와 억압을 가능하게 하고, 정부와 공공 정책에 대한 과도한 영향력을 가지게 한다. 그렇게 되면 그들은 다양한 특권을 축적하고 지켜 낸다. 큰 경제적 불평등은 승승장구하는 사람들의 거만함과 냉담함을 낳을 수 있고, 뒤처진 사람들의 질투와 자기존중의 침식을 낳을 수 있다. 그러므로 롤즈는 무지의 베일 속의 원초적 입장에 있는 합리적인 이기적 개인은 이 모든 것을 안다면 다음의 원칙을 받아들일 것이라고 한다. 사회적·경제적 불평등은 다음의 두 조건을 만족시키도록 편성되어야 한다. (1) 최소 수혜자에게 최대의 이득이 되고, (2) 공평한 기회 균등의 조건하에서 모든 이에게 개방된 직책과 직위에 결부되어야 한다.[3)]

롤즈에 따르면 "부정의"는 "단지 모든 사람에게 이익이 되지 않는 불평등일 뿐이다."[4)] (롤즈는 최소 수혜자에게 이득이 될 때에만 모든 사람에게 이익이 된다는 결론으로 이어지는 여러 개의 가정을 제시한다.)

평등에 대한 롤즈의 가정은, **경제적 불평등**이 정당하거나 도덕적으로 허용될 수 있으려면 모든 사람—가장 구체적으로는 최소 수혜자—에게 이익이 된다고 정당화되지 않으면 안 된다는 것을 의미한다. 불평등은, 예를 들어 그것이 더 높은 생산을 위한 인센티브로서 충분하고 필요하다면 모든 사람에게 이로운 것이다. 만약 사람들로 하여금 더 많이 생산하도록 하기 위해 어느 정도의 불평등이 요구된다면, 그리고 그들의 더 높은 생산성이 경제적 파이의 크기를 증가시켜 불평등이 없는 것보다 불평등이 있을 때 사람들이 더 큰 조각을 얻을 수 있다면, 불평등은 정의롭고 도덕적으로 허용될 수 있다. 그러나 불평등이 생산성 증가를 위해 요구되는 것보다 더 크다면, 그것은 부정의하고 도덕적으로 허용될 수 없다. 예를 들어, 의사의 평균 수입이 국가 평균보다 3배가 되는 경우에만 사람들이 의과대학에 가서 의사가 되고자 하는 마음을 먹게 된다면, 의사가 국가 평균의 3배가 되는 평균 수입을 가지는 것은 정의로울 것이다. 어떤 상황이라도 의사가 사회적 요구에 부응할 만큼 충분히 있을 때 우리에게 이익이 될 가능성이 높고, 반면 그렇지 않은 경우에는 손해를 볼 가능성이 높기 때문에, 원초적 입장에 있다면 우리는 이것에 동의할 것이다. 그러나 국가 수입의 3배를 받는 것이 사람들이 의과대학에 가서 의사가 되고자 하는 마음을 먹기에 충분한 금액이라

3) Ibid., p. 83.

4) Ibid., p. 62.

면, 의사의 연 수입이 국가 평균의 5배가 되는 것은 정의롭지 못할 것이다. (롤즈가 함축하고 있는 바는 미국에서는 생산을 위한 인센티브로서 필요한 것보다 훨씬 큰 정도의 불평등이 있다는 것과 이로부터 더 많은 경제적 불평등이 비롯된다는 것이다.)

다른 인류평등주의자들은 다른 근거 위에서 롤즈와 유사한 결론에 도달한다. 현대 미국 철학자 그레고리 블라스토스(Gregory Vlastos)는 "모든 사람의 공과는 불평등할 수도 있지만 그들의 인간적 가치는 평등하다."[5]고 주장한다. 이러한 기본 가정의 당연한 결과로서, 블라스토스는 "한 사람의 행복은 다른 사람의 그것에 못지않게 가치가 있다."[6]고 주장한다.

그러므로 "한 사람의 행복에 대한 명백한 권리는 다른 누구의 그것과도 같다."[7] 그의 주장에 따르면, "사람들은 행복에 대한 평등한 권리를 가지기 때문에 … 그들은 행복의 수단에 대한 평등한 권리를 가진다."[8] 그러므로 그의 결론에 따르면, 사람들은 "가능한 최상의 수준에서 [경제적 자원에 대한] 평등한 분배"[9]의 권리를 가진다. 블라스토스에 따르면, 사람들은 그들이 사람이라는 이유만으로 평등한 본래적 가치를 지니기 때문에, 행복의 기본적 수단들 가운데 하나인 경제적 자원에 대한 평등한 도덕적 권리를 가진다. 만약 일부 사람들이 다른 사람들보다 더 많은 경제적 자원을 가진다면, 그들은 행복이나 만족스러운 수준의 행복을 획득할 능력을 훨씬 많이 가지는 셈이 된다. 그러므로 너무 많은 경제적 불평등은 행복을 추구하고 획득하기 위해 필요한, 사람들의 평등한 자원에 대한 도덕적 권리를 침해하는 결과를 가져온다.

일부 철학자들은 자유라는 이름으로 더 큰 평등을 정당화한다. 루소(Rousseau, 1712~1778)에 따르면, 자유는 어느 정도의 평등 없이는 존재할 수 없다. 너무 많은 불평등은 자유를 파괴하고 손상시킨다. 루소의 주장에 따르면, 평등은 "힘과 부의 정도가 모든 사람에게 절대적으로 똑같아야 한다는 것을 의미한다고 간주되어서는 안 되고, 오히려 권력이 폭력까지는 안 가서 멈추고, 권위와 덕에 의한 경우를 제외하고는 절대로 권력이 행사되어서는 안 된다는 것을 의미한다고 간주되어야 하며, 또한

5) Gregory Vlastos, "Justice and Equality," in *Social Justice*, ed Richard Brandt (Englewood Cliffs, NJ: Prentice-Hall, 1962), p. 43.

6) Ibid., p. 43.

7) Ibid., p. 51.

8) Ibid., p. 52.

9) Ibid., p. 59.

부에 관한 한 어떠한 시민도 다른 사람을 살 정도로 충분히 부유하지 않고 어떤 사람도 너무 가난해서 스스로를 팔 수밖에 없어서는 안 된다는 점을 의미하는 것으로 간주되어야 한다."[10] 만약 일부 사람들이 엄청나게 부자라면, 그들은 자신의 부를 이용하여 다른 사람들을 지배하여 그들의 자유를 파괴할 수 있다. 일부 사람들이 찢어지게 가난하다면, 그들은 단지 생존을 위해서 다른 사람에게 의존할 수밖에 없게 되고 그렇게 되면 더 이상 자유롭지 못하게 된다. 루소에 따르면, 두 극단은 사회에 모두 나쁜 것이다.

공리주의자는 만약 더 큰 경제적 평등이 행복의 총량을 증가시킨다면 그것을 선호할 테지만, 그것이 행복의 총량을 줄인다면 그것을 반대할 것이다. 어떤 상황에서든 공리주의자는 평등이 더 많은 경우와 더 적은 경우 행복의 총량에 어떤 결과가 나올지에 대해 물을 것이다. 그것은 큰 불평등이 있는 많은 경우에 평등을 늘린다면 행복의 총량이 더 커진다는 것을 부인하지 않는 것처럼 보인다. 예를 들어, 부자인 사람이 두 개의 저택을 가지고 있고, 20명의 가난한 사람들이 노숙자인 상황을 고려해 보자. 만약 부자가 저택 하나를 내놓아 20명의 노숙자에게 집을 제공하기 위해 팔렸다면 명백히 행복의 총량은 증가할 것처럼 보인다. 문제는 이 나라의 이 시점에서 부자에게 세금을 부여함으로써 경제적 불평등을 줄일 경우 행복의 총량에 대해 어떤 결과가 올 것이냐 하는 것이다.

2. 평등에 반대하는 논증

어떤 사람들은 경제적 평등은 모든 사람들이 같게 된다는 것을 의미한다고 주장한다. 그들의 견해로는 모든 사람들의 부와 수입의 총량이 대충 같게 된다면 모든 개인은 손해를 보게 된다는 것이다. 모든 사람들이 같은 방법으로 행동하고, 동일한 식으로 옷을 입으며, 동일한 차를 운전하고, 동일한 집에서 살며, 같은 식의 생각을 할 것이다. 경제적 평등의 반대자들은 인간의 다양성은 가치가 아주 크다고 주장한다. 모든 사람들이 같다면 인간 세계는 지독하게 지루하고 단조로울 것이다. 그들의 견해에 따르면 경제적 평등은 인간의 다양성을 파괴할 것이기 때문에 바람직하지 않다.

그러나 인류평등주의자들은 그들의 부와 수입의 총액이 같다고 하더라도 사람

---

10) Jean Jacques Rousseau, *The Social Contract*, trans. Maurice Cranston (Harmondsworth, England: Penguin, 1968), p. 96.

들이 서로 상당히 같게 될 것이라는 데는 부인한다. 우리가 오로지 A와 B의 부(자산 65,000달러)와 수입(연 50,000달러)의 총액이 같다는 것만을 알고 있다고 생각해 보자. 우리는 그들이 매우 같다고 자신 있게 예언할 수 있는가? 인류평등주의자들은 그럴 수 없다고 말한다. A는 정장을 입고 클래식 음악을 들으며 골프를 치고 와인을 마시며 오페라 공연에 가고 철학책을 읽는 반면에, B는 청바지를 입고 로큰롤을 들으며 등산을 하고 헬스를 하며 맥주를 마시고 카드놀이를 하며 스포츠 중계를 볼 수도 있다. 인류평등주의자들은 부와 수입이 같다 하더라도 사람들은 종교·정치적 신념·습관·기호와 같은 다른 분야에서 같거나 비슷하게 될 수 없다고 주장한다. 인류평등주의자들은 더 큰 경제적 평등이 이루어지더라도 인류평등주의를 반대하는 사람들이 두려워하는 따분한 천편일률로 되지는 않을 것이라고 주장한다.

아마도 경제적 불평등을 줄이는 것에 반대하는 가장 중요한 논증은, 그렇게 하기 위해서는 경제적 재분배가 필요할 것이고, 그렇게 되면 재산을 뺏기는 사람의 권리와 자유가 침해된다는 것이다. 경제적 재분배는 많이 가진 사람에게서 경제적 재원(부나 수입)을 빼앗아 적게 가진 사람들에게 재분배하거나 주게 될 때 발생한다. 예를 들면, 정부가 로빈 후드 스타일로 가난한 사람에게 주기 위하여 가난하지 않은 사람에게 세금을 부과할 수도 있다. 경제적 평등에 반대하는 사람들은, 경제적 불평등을 줄이기 위해, 즉 부자와 가난한 사람 사이의 틈을 메우기 위해 사람들에게 세금을 부과한다면, 자기가 번 돈을 원하는 대로 쓰려는 혹은 합법적으로 번 모든 돈과 재산을 유지하려는 사람의 자유가 침해된다는 이유로 반대한다. 그들은 그런 세금을 일종의 도둑질로 생각한다. 미국의 현대 철학자 노직(Robert Nozick)은 "노동으로 번 돈에 세금을 부과하는 것은 노동의 강요와 똑같다."[11]고 주장한다. 노직은 사람들에게는 경제적 불평등을 줄이기 위해서 매겨진 세금을 내지 않을 다소간의 절대적 도덕적 권리가 있다고 가정하는 것처럼 보인다. 이러한 권리는 행복의 총량을 증가시키기 위하여, 또는 평등한 삶을 기대할 권리나 복지의 권리와 같은 다른 사람의 도덕적 권리를 존중하기 위하여 그것의 침해가 결코 정당화될 수 없는 그런 권리이다. (인류평등주의자는 사람들에게 세금을 내지 않을 권리가 있다는 것을 부인한다.)

세금이 공정하고 정당해서 부자가 세금 지불로 인해 가난해지지 않을 것이라고 가정해 보자. 우리는 무지의 베일 뒤의 원초적 입장에 있는 사람이 무엇을 수용할 것인지를 물어야 한다. 당신이 가난한 사람이 필요로 하는 것들을 충족시키는 서비스를

---

11) Robert Nozick, *Anarchy, State, and Utopia* (New York: Basic Books, 1974), p. 169.

위한 세금을 지불해야 할 부자인지, 아니면 그러한 세금으로 지원된 사회적 프로그램에 의존하는 가난한 사람인지를 모른다면, 당신은 가난한 사람을 위한 사회적 서비스를 제공하기 위한 세금이 정당하다고 생각하는가, 아니면 부당하다고 생각하는가?

III. 풍요 속의 빈곤은 도덕적으로 그른가?

풍요 속의 빈곤은 부도덕한가? 빈곤은 인간의 통제가 가능한 한에서 도덕적으로 그를 수 있다. 사람이 가난을 줄이거나 제거하기 위하여 어떤 것도 할 수 없다면 가난 때문에 꾸지람을 듣거나 도덕적으로 비난받을 수 없다. 그것은 중력이 부도덕한지 어떤지를 묻는 것과 같다. 중력은 어떤 누구의 통제도 받지 않는다. 그러므로 중력이 부도덕하다고 말하는 것은 의미가 없다. 그러나 빈곤은 중력과 다르다. 풍요한 사회에서 빈곤은 사람의 통제하에 있다. 빈곤은 돈이 너무 없어서 생필품을 살 수 없는 상태이다. 그것은 빈곤한 사람에게 취업의 기회·훈련·돈·생필품 등을 제공하는 것 등으로 구제할 수 있다.

가난한 사람이 그들 자신의 잘못으로 가난하다고 우리가 믿는다면, 풍요 속의 빈곤은 도덕적으로 그른가? 예를 들면, 우리는 가난한 사람들이 자유의사를 가지고 가난으로부터 스스로 벗어날 만큼 충분하게 열심히 일하지 않기로 선택했기 때문에 가난하다고 주장할 수도 있겠다. 그렇게 되면 그들은 반자의적으로 가난하다기보다 자의적으로 가난하다. 더 나아가서 우리는 자의적 빈곤이 부도덕한 것이 아니라 모든 빈곤이 자의적이라고 주장할 수도 있겠다. 그러나 앞에서 보았던 것처럼 그것은 많은 가난한 사람들에 대해 전혀 사실이 아니며, 어린아이—가난한 사람의 대다수를 차지하고 있는 어린아이들에 대해서는 특히 아니다.

1. 빈민 구제에 찬성하는 논증

행위공리주의자와 규칙공리주의자 모두에 따르면 전체의 행복은 그 목적을 달성하기 위하여 직접적으로 행위하든지 혹은 규칙에 따를 경우 그 목적을 달성하게 될 그 규칙을 따르든지 간에 최대화되어야 한다. 공리주의자는 풍요 속에 빈곤이 있게 되면 전체의 행복은 극대화되지 않는다고 주장할 수 있다. 왜냐하면 부자는 적게 가지고 가난한 사람이 더 많이 가진다면, 즉 사치를 위한 부자들의 욕구보다도 가난한 사람들의 기본적 요구가 더 충족된다면 행복의 총량은 더 커질 것이기 때문이다.

그러므로 공리주의 입장에서는 풍요 속의 빈곤이 부도덕하다고 말할 수 있다. 왜냐하면 그것은 행복의 총량이 최대화되어야 한다는 공리주의의 요구를 어기고 있기 때문이다.

우리는 또한 칸트의 정언명법에 호소할 수도 있겠다. 보편적 법칙의 정식에 따르면 우리는 보편적 법칙이 되도록 일관되게 의욕할 수 있는 준칙에 따라서만 행위해야 한다. 그렇게 하는 것이 가능할 때 가난이 줄어들거나 제거되어야 한다고 믿는 사람들은 어느 누구도 가난한 자의 고통을 무시하고 가난을 구제하지 않기를 권하는 준칙을 일관되게 의욕할 수는 없다고 주장할 수도 있다. 칸트 스스로 이 입장을 취하고 있다.

> 생활이 순조로운 어떤 사람은 다른 사람들이 커다란 곤란과 싸워야 하는 것을 보고도(그는 물론 그들을 도울 수 있겠지만) 이렇게 생각한다. 즉 그것은 나와 무슨 관계가 있는가. 어떠한 사람이든 천의(天意)대로 또는 자력으로 할 수 있는 만큼 아무리 행복하더라도 나는 그로부터 아무것도 빼앗지 않을 것이다. 그뿐만 아니라 그를 결코 시기하지도 않을 것이다. 오직 나는 그의 행복을 위해서나 그의 곤궁을 돕기 위해서 무엇을 기여할 아무런 생각도 없을 뿐이라고. 그런데 이와 같은 사고방식이 보편적 자연법칙으로 된다고 하더라도, 물론 인류는 아주 잘 존속할 수 있을 것이다. 그리고 각자가 동정과 호의에 관해서 이야기하고, 때로는 그와 같은 것을 실행에 옮기려고 열중하는 반면에, 또 가능하기만 하면 사람들을 속이고 타인의 권리를 팔거나 그렇지 않으면 그것을 침해하는 경우보다는 틀림없이 훨씬 더 잘 존속할 것이다. 그러나 비록 이러한 준칙에 따라 한 보편적 자연법칙이 잘 존속할 수 있는 일이 가능하다고 하더라도, 그와 같은 원리가 자연법칙으로서 도처에서 타당하기를 의욕하는 것은 여하튼 불가능하다. 왜냐하면 이와 같은 것을 결정하는 의지는 자기모순에 빠질 것이기 때문이다. 즉 그가 다른 사람의 사랑과 동정을 필요로 하는 경우나, 자기 자신의 의지에서 나온 그와 같은 자연법칙에 의해서 그가 원하는 원조의 모든 기대가 스스로 박탈되는 경우가 아무래도 적지 않게 생길 수 있기 때문이다.[12]

12) Immanuel Kant, *Foundations of the Metaphysics of Morals*, 2d ed., trans. Lewis White Beck (New York: Macmillan, 1990), p. 40.

예를 들어, 필요할 때 도와주기를 자연스럽게 바라는 사람을 상상해 보자. 그가 빈곤에 빠진 다른 사람들의 필요를 무시해야 한다는 준칙을 보편법칙으로서 의욕한다면 그의 의지는 모순된다. 왜냐하면 그는 빈곤에 빠져서 도움을 필요로 할 때 스스로 도움을 받기를 의욕하면서 동시에 도움을 받지 않기를 의욕하기 때문이다. 그러므로 그런 준칙에 따른 행위는 도덕적으로 허용될 수 없다. 사람들은 고난에 처한 사람들을 도와야 하고 가난한 사람들의 고통을 구제해야 한다.

유사하게, 정언명법의 인간 존경 정식에 의하면 우리는 항상 다른 사람을 존경으로 대우해야 한다. 가난 때문에 생필품을 얻을 수 없는 사람들을 고통스럽게 놓아두거나 죽게 두거나 방치한다면, 우리는 그들을 존경을 가지고 대우하지 않는 셈이 된다. 집이 없거나 굶주리거나 아파도 치료를 받지 못하는 사람들은 존경의 대우를 받지 못하는 셈이 된다. 사람을 존경한다는 것은 그들을 돌보는 것과, 그들의 복지를 증진시키거나 유지시키기 위한 효율적 조처를 취하는 것을 포함한다.

우리는 또한 풍요한 가운데서도 생필품 없이 있는 사람은 생명의 권리가 침해된 것이라고 주장할 수도 있겠다. 충분한 정당화(정당방위와 같은) 없이 누군가를 죽이는 것은 사람의 생명의 권리를 확실하게 침해한 것이다. 생명의 권리가 있다는 것은 다른 사람들에게 충분한 정당화가 이루어지지 않으면 죽이지 않을 의무가 있다는 것을 수반한다. 어떤 사람들은 생명의 권리는 또한 다른 사람들이 비교적 큰 비용을 들이지 않고 그렇게 할 수 있다면 그들에게는 사람의 생명을 구할 의무가 있다는 것을 수반한다고 주장한다. 이 관점에 의하면 죽음을 면하게 할 수 있는데도 누군가를 죽게 내버려 두는 것은 그의 생명의 권리를 또한 침해하는 것이다. 당신이 음식을 급히 먹어 숨이 막혀 있는 상태이고, 내가 하인리히 요법[역자 주 : 목구멍에 이물질이 걸린 사람을 뒤에서 안고 흉골 밑을 세게 밀어 올려 토하게 하는 방법]으로 당신의 목숨을 구할 수 있다고 생각해 보자. 많은 사람들은 당신을 죽게 내버려 두고 그냥 가 버린다면 내가 당신의 생명의 권리를 침해한 것이라고 주장한다. 빈곤은 가난한 사람이 도움을 받지 못한다면 음식으로 숨이 막히는 것만큼이나 치명적일 수 있다. 그래서 우리는 막을 수 있고 구제 가능한데도 사람을 빈곤 속에 버려 두는 것은 그들의 생명의 권리를 침해하는 것이라고 주장할 수도 있다.

우리는 또한 롤즈의 이론에 호소할 수도 있겠다. 우리는 무지의 베일 뒤의 원초적 입장에 있는 사람은 가난한 사람의 곤경과 고통을 부자가 무시해도 좋다는 원칙을 받아들이는 데 동의하지 않을 것이라고 주장할 수 있다. 원초적 입장에 있는 사람은 자신이 부자가 될지 가난한 사람이 될지 알지 못한다. 그가 가난하지 않은 사람은 가난한 사람을 도와줄 필요가 없다는, 가난을 방지할 수 있는데도 가난한 사람은 가난한 채로 내버려 두어야 한다는 원칙을 받아들이기로 한다면, 그는 가난의 고통을 감내하기로 마음먹은 셈이 된다.

많은 사람들은 사람에게는 복지의 권리가 있다고 주장한다. 세계인권선언에 의하면 모든 사람은 사회보장제도에 관한 권리(22조), 근로의 권리 및 실업으로부터 보호받을 권리(23조), 식량·의복·주택·의료·필수적인 사회 역무를 포함하여 자신과 가족의 건강과 안녕에 적합한 생활수준을 누릴 권리(25조)를 가진다. 누군가가 생필품을 조달할 수가 없고, 그의 욕구를 만족시키기에 충분한 풍요 사회에서 그것들이 없어 죽게 된다면, 그 사람의 도덕적 권리는 침해되고 있는 것이다. 가난하지 않은 사람에게는 악행을 저지르지 않을 의무와 자선의 의무가 있다. 즉 타인에 대한 위해를 **최소화할** 의무와 가난 때문에 생긴 고통을 구제할 의무가 있다. 문제는 사람들에게 이러한 복지의 권리가 있다는 주장에 대한 적당한 정당화를 우리가 제공할 수 있는지의 여부이다.

마지막으로, 빈곤을 줄이거나 제거하기 위한 정책들을 지지하는 사람들은 배려의 접근에 호소할 수도, 덕과 악덕에 대한 고려에 호소할 수도 있겠다. 그들은 선한 혹은 배려하는 사람은 가난한 사람의 고통을 무시하지 않을 것이라고 주장할 수도 있다. 관용·친절·동정심·관심·호의·선행·자선 등의 덕은 사람들로 하여금 빈곤을 줄이거나 제거하기 위해 노력하도록 인도할 것이다. 이기심·탐욕·냉담의 악덕은 사람들로 하여금 가난한 사람들의 고통에 무관심하도록 만들 것이다.

IV. 기회 균등

빈곤과 경제적 불평등 말고도 기회 균등 역시 도덕적 관심사가 될 수 있다. 예를 들어, 앞서 인용한 존 롤즈의 평등주의 정의 원칙은 기회 균등의 요구를 포함한다. 즉 사회적·경제적 불평등은 다음의 두 조건을 만족시키도록 편성되어야 한다. (1) 최소 수혜자에게 최대의 이득이 되고, (2) 공평한 기회 균등의 조건하에서 모든 사람들에게 개방된 직책과 직위에 결부되어야 한다.[13)]

롤즈에 의하면 기회 균등은 다음을 의미한다.

13) Rawls, *A Theory of Justice*, p. 83.

> … 비슷한 능력과 기술을 가진 사람들은 비슷한 삶의 기회를 가져야 한다. 더 구체적으로 말해, 타고난 자산[천부적 능력과 재능]의 분배가 있다고 가정한다면, 똑같은 수준의 재능과 능력을 가지고 있고 또 그것들을 사용하려는 똑같은 자발성을 가진 이들은 사회 조직에서 그들이 태어날 때 어떤 계층에 속해 있었는지와 상관없이 성공에 대한 똑같은 가망성을 가져야 한다.[14)]

기회 균등은 대충 비슷한 유전적 재능을 타고난 사람들이 사회에서 동등한 사회적 위치에 오를 개연성이 거의 같다는 것을 의미한다. 사람들이 자신이 처한 환경에 의해 이익을 얻거나 손해를 본다면 이익을 얻거나 손해를 보는 범위만큼 기회 균등은 손상을 받는다.

사람들은 자신이 놓인 사회적 환경에 의해 여러 가지 방식으로 이익을 얻을 수도 있고 손해를 볼 수도 있다. 어떤 사람들이 대부분의 다른 이들보다 태중에 있을 때나 유아기 때 더 나은 영양 공급과 의료 혜택을 받는다면 그들은 유리하다. 그들이 훌륭한 직업학교에 들어가도록 하거나 직업적 위치에 오를 수 있도록 하는 친척의 인맥이 있다면 그들은 유리하다. 이와 반대로, 어떤 사람들이 태중이나 유아기에 대부분의 다른 사람들보다 못한 영양 공급과 의료 혜택을 받는다면 그들은 불리하다. 만약 그들이 다른 이들보다 더 열악한 교육을 받는다면, 혹은 더 안정적이지 못하고 더 열악한 환경에서 산다면 그들은 불리하다.

우리는 수입·재산·사회적 위치·교육·직업을 얻기 위한 사회 내의 경쟁을 큰 규모의 마라톤에 비유할 수도 있겠다. 선두 그룹에 속해서 결승점에 들어오는 사람들은 사회가 주어야 하는 최상의 것들을 갖는다. 꽁무니로 결승점에 들어오는 사람들은 설사 받을 만한 것이 있다 하더라도 앞서 들어온 사람들이 받고 남은 것을 갖는다. 완주하지 못한 사람들은 그나마 아무것도 받지 못할 수도 있다. 만약 어떤 사람들이 울퉁불퉁한 언덕 코스를 달리고 있고, 또 다른 이들은 평지 코스를 달리고 있으며, 또 다른 이들은 길 좋은 내리막 코스를 달리고 있다면, 기회는 균등하지 않다. 경주는 공정하지 않다.

롤즈는 무지의 베일 뒤의 원초적 입장에 선 사람들은 기회 균등을 주장할 것이라고 단언한다. 그들은 자신들이 어떤 사회계층에 속하는지 모르고 있기 때문에 자신

14) Ibid., P. 73.

이 상위계층의 구성원이 아닐지도 모른다는 것을 알고 있으므로, 상류층에 속하는 사람들이 특별한 혜택을 누리는 것을 원하지 않을 것이다. 이와 유사하게, 그들은 자신들이 하류계층에 속하는 사람들임이 분명히 드러날 수도 있기 때문에 하류계층에 속하는 사람들이 특별한 불리함을 갖는 것을 원하지 않을 것이다. 원초적 입장에 있는 사람들은 기회 균등을 요구할 것이기 때문에 균등하지 않은 기회는 부당하며 도덕적으로 용납될 수 없다.

칸트주의자는 아마도 비슷한 이유로 똑같은 결론에 도달할지도 모른다. 칸트주의자들은 이성적 행위자들은 균등하지 않은 기회를 참아야 한다는 준칙을 보편적인 법칙으로서 일관되게 의욕할 수 없다고 주장할 수도 있다. 왜냐하면 그런 준칙을 의욕하는 사람은 그것에 의해 유리할 수도 있지만 불리할 수도 있기 때문이다. 이성적 행위자는 사회에서 자신의 위치가 자기 삶의 전망을 결정짓게 하기보다는 오히려 타고난 지능·기술·재능·능력이 삶의 전망과 사회에서의 위치를 결정해 주기를 원할 것이다.

공리주의자는 기회 균등이 이루어지면 사람들은 사회에서 적정한 수준에 오를 수 있을 것이며, 그렇게 되면 사회의 인력 자원들이 최대로 효율적으로 활용되고, 그래서 전체 행복은 최대화된다고 주장할 수도 있다. 균등하지 않은 기회의 상태에서는 핵물리학자·엔지니어·뇌 전문 수술의·지휘자가 될 타고난 능력을 가진 이가 식당에서 접시를 닦고 있거나 아니면 공장에서 바닥을 쓸고 있을 수 있는데, 이는 인간의 잠재력의 끔찍한 낭비다.

V. 정의, 공정, 세금

최근의 대통령 선거전에서 어떤 입후보자들은 이른바 일률소득세를 지지하고 있는데, 이들은 이것이 누진소득세보다 더 공평하고 간단하다고 주장했다. 일률소득세인 경우, 모든 사람들은 자신의 소득에 대해 똑같은 비율만큼 세금을 내는데, 연 수입이 25,000달러든 2,500,000달러이든 간에 상관이 없다. 이에 반해, 누진소득세는 소득이 더 많은 납세자들에게 더 높은 세율로 세금을 징수한다.

예를 들어, 20%의 일률소득세를 낸다면 모든 소득세 과세자들이 20%의 세금을 낼 것이다. 25,000달러의 과세 수입을 벌어들인 사람은 세금으로 5,000달러를 내고 20,000달러는 자신이 가지게 된다. 그렇다면 이제 일률소득세가 아닌 3단계로 구분된 누진소득세를 냈다고 가정해 보자. 30,000달러 이하의 소득에는 15%의 세율로, 30,000달러에서 100,000달러 사이의 소득에는 30%의 세율로, 그리고 100,000달러 이상의 소득에 대해서는 35%의 세율로 세금이 징수된다. 그러한 경우, 25,000달러의 징수 가능한 수입을 벌어들인 사람은 각종 세금으로 3,750달러를 낼 것이고, 반면 2,500,000달러 소득자는 865,500달러를 낼 것이다(첫 번째 등급에 속하는 30,000달러는 15%[4,500달러], 그리고 두 번째 등급인 70,000달러는 30%[21,000달러], 또한 2,400,000달러는 그 나머지 경우에 속하므로 35%[840,000달러]를 낸다). 25,000달러 수입자는 세금을 공제한 수입으로 21,250달러를 갖게 되고, 또한 2,500,000달러를 번 사람은 세금 공제 수입으로 1,635,000달러를 갖게 된다. 어떤 것이 더 공평할까?

일률소득세를 제안하는 사람들은 일률소득세가 누진소득세보다 더 공평하다고 주장하는데, 그 이유는 누진소득세와 달리 일률소득세는 모든 납세자들을 공평하게 대우하기 때문이라는 것이다. 하지만 우리가 알다시피, 아리스토텔레스는 정의란 어떠한 관련 사항에서 평등한 사람들은 동일한 방식으로 그리고 어떤 관련 사항에서 평등하지 못한 사람들은 다른 방식으로 대우하는 것을 요구한다고 말했다. 일률소득세 지지자들은 모든 납세자들이 세금 납부와 관련된 면에 있어서는 평등하며, 또한 그러므로 동일한 세율로 세금을 징수함으로써 이들을 평등하게 대우해야 함을 함축하는 것처럼 보인다.

그러나 일률소득세를 반대하는 사람들은 모든 납세자들이 세금 납부와 관련된 여러 측면에서 다 평등하지는 않다고 주장한다. 그들은 연 수입이 25,000달러인 사람은 관련 사항에서 연 수입 2,500,000달러인 사람과 평등하지 않다고 주장한다. 만약 둘 다 20%의 세율로 과세가 된다면, 25,000달러 수입자는 5,000달러를 세금으로 내고 나머지 20,000달러로 생활하게 된다. 이 사람은 세후 수입으로는 사치품은 말할 것도 없이 기본적인 생활필수품을 사는 것조차 어렵다는 것을 알게 될 것이다. 20%를 낸다는 것은 그에게는 실질적 고충이다. 이에 반해, 연 소득 2,500,000달러 수입자는 500,000달러를 내게 될 테지만 세후에도 2,000,000달러가 남게 된다. 그는 생활필수품을 여유 있게 살 수 있을 뿐만 아니라 여러 가지 사치품을 살 여윳돈이 충분하다. 그에게 있어 20%의 세금은 전혀 고충이 아니다. 따라서 이 두 명의 납세자들은 자신들의 **지불 능력** 면에 있어 평등하지 않다. 그들은 납세와 관련된 모든 점에서 평등하지 않기 때문에, 마치 평등한 것처럼 그들을 다루는 것은 부당하고 불공평할 것이다. 그러므로 일률소득세를 반대하는 사람들은 더 많이 낼 능력이 되는 더 높은 소득자들에게는 더 높은 세율로 세금을 징수해야 한다고 주장한다. 그러나 더 부유한 납세자들과 그보다 못한 납세자들 모두 25,000달러의 수입에 대해서는 동일한 세율로 납세함에 주목하자.

홍미롭게도, 한 가지 단일한 세금이 실제로는 그 반대의 구조를 가지고 있다. 더 높은 소득자들이 그보다 못한 사람들보다 더 낮은 세율로 납세를 한다. 사회보장세의 경우, 수입에 대해 7.65%의 일률소득세로 과세된다. 그러나 2005년의 경우 수입의 첫 90,000달러에만 세금이 징수된다. 결과적으로, 90,000달러 이하의 과세 수입을 올린 모든 사람들에게 7.65%의 세율로 과세되지만, 90,000달러 이상의 과세 수입을 벌어들인 모든 사람들은 7.65%도 안 되는 세율로 세금을 낸다는 것이다. 그들의 세율은 그들이 아무리 많은 돈을 벌어들인다고 하더라도 여전히 사회보장세로는 6,885달러만 내면 되기 때문에 더 낮다. 결국, 어떤 사람이 가령 500,000달러의 과세 수입을 벌어들인다고 생각해 본다면 그는 1%를 약간 웃도는 세율로 세금을 내게 되는 셈이다.

연습문제

1. 이 장의 앞부분에 제시되었던 경제 관련 데이터를 검토하라. 당신은 미국에 너무 많은 경제적 불평등이 있다고 믿는가? 당신의 답변을 논거를 통해 방어하라. 너무나 많은 경제적 불평등이 있다고 당신이 믿는다면, 그것을 줄이기 위해 어떤 조처가 취해져야 한다고 믿는가? 왜 그렇게 믿는가?
2. 경제적 불평등을 줄이기 위한 경제적 재분배는 도덕적으로 그른가?
3. 정부는 빈곤을 줄이거나 없애기 위한 정책을 추진해야 하는가? 어떤 정책을 추진해야 하는가?
4. 우리나라에 진정한 의미에서의 기회 균등이 있는가? 없다면 도덕적 관점에서 볼 때 그것은 문제가 있는가? 문제가 있다면 기회 균등을 늘리기 위해 어떤 조처가 취해질 수 있거나 어떤 조처가 취해져야 하는가?
5. 짐과 톰 두 사람을 고려해 보자. 짐은 가난한 가정에서 태어났다. 짐이 엄마 뱃속에 있을 때, 산모는 가난으로 인한 영양실조로 고통을 받았으며, 그 결과 짐의 두뇌는 초기 성장 시기에 영향을 받았다. 태어난 이후 계속해서 그는 영양실조와 굶주림으로 고통을 받았다. 아플 때 그의 가족은 돈이 없어서 병원 치료를 받

지 못하는 경우도 종종 있었다. 그는 빈민가에서 살았고, 학생 수가 넘쳐나고 건물은 못쓰게 되었으며, 위험스럽기도 한 저소득층의 거주지 안에 있는 표준 이하의 학교에 다녔다. 중학교와 고등학교 때 가족을 돕기 위해 식료품 가게에서 적어도 일주일에 20시간씩 일을 했으며, 그래서 공부할 시간이 별로 없었다. 고등학교에서 평균 C를 받았고, 그 이상 교육을 받기 위한 권유도 받지 못했으며, 대학에 갈 돈도 없었다. 그러나 그는 대학에 갈 생각이 있었다. 그는 대학진학적성검사(SAT)를 치렀고, 총 900점을 받았다.

톰은 유복한 가정에서 태어났다. 그는 배고픔이 무엇인지 안 적이 없었다. 크고 안락하며, 교외에 있는 집에서 살았다. 그는 유치원에 다녔고, 교외의 상급학교에 다녔다. 그는 결코 노동을 해 본 적이 없으며, 어떤 과목에서 어려움을 느끼면 부모가 개인교사를 붙여 주었다. 톰은 고등학교에서 평균 B를 받았다. 열 살이 된 이후 그는 대학을 가야 한다는 소리를 많이 들었으며, 부모는 가장 비싼 사립대학에 보내기 위한 돈을 지불하였다. 그는 스포츠를 즐겼고, 음악 레슨을 받았으며, 스키를 타기도 했다. 그는 돈이 많이 드는 대학진학적성검사 예비과정을 밟았으며, 첫 번째 시험에서 총 950점을 받았다. 그는 대학진학적성검사 예비 과정을 다시 밟아 다시 시험을 쳤으며 총 1,020점을 받았다. 그의 어머니는 사업상의 동료와 연결되었는데, 그의 도움을 활용할 경우 아들이 좋은 대학에 들어가는 데 도움을 얻을 수 있다.

짐과 톰은 둘 다 18세이다. 두 사람은 대학 입학을 위해 동등하게 경쟁할 수 있겠는가? 둘 다 대학에 가고 동일한 대학의 입학 허가가 난다면 동등하게 경쟁할 수 있겠는가? 그들의 상황이 기회 균등의 요구를 방해한다면 어떤 조처들이 행해질 수 있고 행해져야 하는가?

관련 자료

John Arthur and William Shaw. *Justice and Economic Distribution*, 2d ed. Englewood Cliffs, NJ: Prentice-Hall, 1991.

Robert Goodin. *Reasons for Welfare: The Political Theory of the Welfare State*. Princeton, NJ: Princeton University Press, 1988.

Immanuel Kant. *Foundations of the Metaphysics of Morals*, 2d ed. Translated by Lewis White Beck. New York: Macmillan, 1990.

Louis Pojman and Robert Westmoreland, eds. *Equality*. New York: Oxford University Press, 1997.

John Rawls. *A Theory of Justice*. Cambridge, MA: Harvard University Press, 1971.

James Sterba. *Justice: Alternative Political Perspectives*, 2d ed. Belmont, CA: Wadsworth, 1992.

인터넷 자료

Current economic statistics are available on the U.S. Bureau of the Census website (www.census.gov/)

제 13 장

인종차별주의와 차별철폐조처

- 미국에서의 인종차별주의의 역사에 대한 숙지
- 차별철폐조처와 우대조처 간의 구별
- 여러 형태의 우대조처의 구별
- 여러 형태의 우대조처의 옳거나 그름의 찬반 논증 이해

I. 서론

오늘날 우리들 가운데 많은 사람들은 하나의 인종이 아니라 다양한 인종들이 있다고 생각한다. 유럽과 미국의 19세기 인류학자들은 피부색과 같이 눈에 쉽게 띄는 것에 근거하여 인간 가족에 대해 세 가지로 분류했다. 즉 오늘날 대부분의 사람들이 못마땅해하는 방식, 즉 백인종·흑인종·황인종이 있다는 방식으로 분류된다. 그 분류는 가치 중립적이지 않다. 이들 인류학자는 백인종이 "유색" 인종보다 더 우수하다는 것을 의심하지 않았다. 인류학자들이 백인이었다는 것은 놀랄 것도 없는 사실이다. 그 동기의 일부는 "인종"에 근거해서 노예제를 정당화하기 위한 "과학적" 토대를 제공하는 것이었다.

인종의 범주를 고안하기 이전에 사람들은 지리·수입과 부·종교·사회 계급·언어 등의 차이에 더 많은 관심을 기울였다. 고대 그리스 사람들은 인간 가족을 그리스어를 사용하는 그리스 출신의 사람과 그 외의 모든 사람으로 나누었다. 그리스 말을 못하는 사람들은 "바르바리안(야만인)"으로 불렸다. 왜냐하면 그리스 사람의 귀에 그들의 언어는 의미 없는 일련의 소리—바르 바르 바르(Bar Bar Bar)—로 들렸기 때문

이다. 물론 그리스인들은 스스로를 그러한 야만인들보다 더 우수하다고 생각했다.

고대 로마인들은 최초로 스스로를 "고상한" 출생이나 핏줄 대 "일반적" 출생이나 핏줄에 근거하여 귀족과 평민으로 나누었다. 귀족들은 평민들보다 더 부유하고, 정치적으로 더 힘이 크며, 더 많은 교육을 받고, 더 계몽된 것만은 아니었다. 거기에 덧붙여 신들 또한 평민보다 귀족을 더 사랑했다. 노예는 로마에 존재했지만 그것은 인종과 같은 그런 것에 근거하지 않았다. 누구라도 아주 운이 나쁘면 노예가 될 수 있었다. 대부분의 노예들은 로마 군대에 패배한 사람들이었다.

인종 범주의 문제는 복잡하며, 부분적으로는 언어철학의 기술적인 문제에 의존한다. 이들 문제 중 하나는 "자연 종족"이라고 불리는 것의 "실재성"에 관련되어 있다. "자연" 종족은 발명되는 것이 아니라 발견된다. 그것은 자연 안에 "존재한다." 자연 종족은 기본적인 유사성을 가진 것들의 집단이다. 생물학에서의 종이 예가 될 수 있을 것이다. 대략적으로 말해서, 두 유기체가 자신과 닮은 새끼를 낳을 수 있고, 다음에는 이 새끼들이 또한 새끼를 낳을 수 있다면, 그것들은 동일한 종의 구성원이다. 만약 새끼를 낳을 수 없다면 그것들은 동일한 종의 구성원이 아니다. 그러므로 고양이와 치와와는 새끼를 낳을 수 없기 때문에 그것들은 동일한 종의 구성원이 아니다. 그러나 블랙랩과 독일 셰퍼드는 새끼를 낳을 수 있기 때문에 그것들은 동일한 종의 구성원이다. 새끼를 낳을 수 있기 위해서는 기본적인 육체적 유사성이 있어야만 한다. 명백하게도, 장미 관목은 쥐와 더불어 새끼를 낳을 수 없고, 쥐는 악어와 더불어 새끼를 낳을 수 없다.

개와 고양이는 자연 종족이다. 어떤 이들은 육체적인 것과 정신적인 것의 구분 또한 두 자연 종족 사이의 구분이라고 말할 것이다. 그렇게 되면 자연적인 것이 아닌 종족이 있겠는가? 우리는 세계를 소리를 내는 것과 소리를 내지 않는 것으로 나눌 수 있다. 벽돌과 울타리는 소리를 내지 않는 것들 가운데 있을 것이고, 새와 잔디 깎는 기계는 소리를 내는 것 가운데 있을 것이며, 나무는 바람이 불 때는 소리를 내는 것 가운데 있을 것이지만 바람이 없을 때는 소리를 내지 않는 것이 될 것이다. 그런데 상당히 "깊은" 유사성—이것에 의해 더불어 새끼를 낳을 수 있고, 그래서 같은 종의 구성원이 될 수 있는 그런 유사성을 가지고 있는 블랙랩과 독일 셰퍼드와는 달리, 소리를 내는 사물들이 소리를 내는 다른 사물들과 반드시 어떤 유사성을 가지고 있는 것은 아니다. 소리를 내는 것들의 범주는 자연 종족이 아니고, 그것은 내가 창안했던 그 무엇이다.

나는 "잡초"는 자연 종족이 아닌 것의 또 다른 사례가 아닌가 생각한다. 모든 잡초는 우리가 그것들을 좋아하지 않기 때문에 잡초라고 부르는 것 말고 다른 공통적인 것을 가지는가? 그것들이 모두 식물이라 하더라도 모든 식물이 잡초인 것은 아니다. 민들레는 잡초이지만 튤립은 잡초가 아니다. 왜 그런가?

우리는 자식을 낳을 수 있기 때문에 동일한 생물종—호모 사피엔스의 구성원들이다.(생물학자들은 우리에게 유전적 단계에서의 "종들" 사이의 차이는 매우 미미하다고 말한다.) 침팬지·고릴라와 너무나 많은 공통된 육체적 특징을 가지기 때문에 우리 인간은 동일한 유—영장류—의 구성원들이다. 영장류는 개·고양이·사슴·곰과 같은 존재와 너무 많은 공통된 기본적 특징을 가지기 때문에, 우리는 이른바 **포유동물**에 그것들을 포함시키는 더 넓은 부류의 구성원이다. 우리는 진실로 침팬지·고릴라와는 다르다. 근본적인 차이가 있다. 그러나 피부색·머리카락 조직·코와 입의 형태와 같은, 인종을 구분하기 위해 사용된 차이가 얼마나 근본적일까?

우리는 인간 가족을 키가 큰 사람과 작은 사람, 오른손잡이와 왼손잡이, 대머리와 대머리가 아닌 사람, 노인과 젊은이, 남성과 여성, 눈이 먼 사람과 눈이 멀지 않은 사람, 큰 발(혹은 코)을 가진 사람과 작은 발(혹은 코)을 가진 사람, 뚱뚱한 사람과 날씬한 사람, 회의주의자와 경솔하게 믿는 사람들로 나눌 수 있다. 그러한 모든 차이점들이 피부색에 근거한 차이만큼 중요한 범주의 토대가 되지 않을 이유가 어디에 있는가? 일부의 이유는 우리가 큰 발을 가진 사람들과 작은 발을 가진 사람들 사이의 중요한 차이 혹은 기본적인 차이가 없다고 믿기 때문이다. 우리는 사람의 발 크기는 그 사람의 지성·성격·개성·정서 구조에 영향을 미치지 않는다고 믿는다. 그러므로 그것은 우리에게 중요하지 않다. 그러나 우리 혹은 적어도 대부분 스스로를 "백인"이라고 부르는 사람들은 아무 증거가 없음에도 피부색·머리카락 조직·코와 입술의 형태가 이들 중요한 특징에 영향을 미친다고 믿도록 조건화되어 왔다. 요점은 "인종"의 범주가 더 이상 사람의 우월성이나 열등성에 대한 판단을 정당화할 수 있는 혹은 불평등한 대우를 정당화할 수 있는 주요한 자연 종족이 아니라는 것이다. 그것은 왼손잡이와 오른손잡이, 큰 발을 가진 사람과 작은 발을 가진 사람에 대해 불평등하게 대우할 수 없는 것과 마찬가지이다.

비극적으로, 인종의 범주는 끔찍한 잔악 행위와 부정의, 예를 들어, 남아프리카에서의 인종차별 정책과 제2차 세계대전 동안 미국의 집중 캠프에서 일본계 미국인의 억류(미국은 일본의 경우에서처럼 독일·이탈리아와도 전쟁 중이었지만 독일계 미국인과 이탈리아계 미국인은 집중 캠프에 보내지지 않았다.)를 정당화하기 위해서 이용되어 왔다. 또 다른 예는 미국에서의 흑인 노예와 인종차별 시대의 역사적으로 의미심장한 부정의이다.

II. 인종차별주의와 흑인

수많은 백인들과 달리, 흑인들은 그들의 고국에서 자발적으로 미국에 온 것이 아니다. 그들은 그들의 의사에 반해서 노예로 오게 되었다. 노예제에 대해 친숙하지 않은 오늘날의 사람들에게 노예제의 공포를 알리기는 어렵다. 아프리카에서 노예선으로 이송되는 것은 인간이 상상할 수 있는 지옥과 같은 것이었다. 그들이 살아서 미국에 도착한 경우, 특히 농장 일꾼 노예들은 종종 무자비하게 일했으며, 열악한 음식·의복·집이 그들에게 주어졌다. 아이들은 종종 어린 나이에 그들의 부모로부터 떨어져서 팔려 갔으며 일터로 내몰렸다. 남부의 법은 노예를 교육하는 것 혹은 노예에게 글을 가르치는 것을 금지하였다. 노예들은 빈번하게 채찍질 당하고 맞았으며, 구타는 심한 상처를 남겼다. 여성 노예가 주인과 주인의 남성 친척들에 의해 강간당하는 일은 다반사였다. 종종 부모들은 아이들이 팔려 가는 모습을 지켜보아야만 했다.

노예제가 끝난 이후에 노예로 지냈던 흑인들은 자유롭게 되었지만, 극심한 가난에 찌든 생활을 이어 가야만 했다. 수십 년, 수백 년 흑인들의 무임금 노동으로 남부 및 다른 곳의 백인들은 부자가 되었고, 따라서 마땅히 흑인들에게 보상해야 하는 것이 명백히 정의임에도 불구하고 그들은 거의 재산을 가질 수 없었다. 그들은 경제적·사회적·정치적으로 억압받던 남부의 하층 계급으로 남았다. 1915년까지 대략 90%의 흑인들은 남부에서 계속 살아야 했는데, 이 지역에서 백인 인종차별주의자들은 흑인들을 속이고 위협하고 살해하며 인간 취급을 하지 않았다. 예를 들어, "1899년에 태어난 시니어 마틴 루터 킹[주니어 마틴 루터 킹의 아버지]은 젊은 시절을 시골 조지아에서 보냈는데, 그곳에서 그는 만취한 백인이 '건방지다'는 이유로 흑인을 죽도록 때리는 것을 목격했다."[1] 그와 같은 상황에서 살인자들은 거의 고소당하지 않았다는 것이 더 문제가 되는 것이었다. 비록 그들이 고소되었다 하더라도 배심원들이 모두 백인이었기 때문에 유죄가 선고되는 경우는 없었다. 유사한 예이지만, "여섯 살 된 폴리 머레이(Pauli Murray)는 백인의 수박밭 고랑을 지났다는 이유로 총에 맞아 죽었던,

---

1) Leon F. Litwack, *Trouble in Mind: Black Southerners in the Age of Jim Crow* (New York: Vintage Books, 1998), p. 13.

들판에 놓여 있던 존 헨리 코니진(John Henry Corniggin)의 시체를 본 광경을 결코 잊을 수 없을 것이다."[2] 그리고 "여덟 살 된 루시 밀러(Lucy Miller)는 1907년 데이토너비치에 있는 그녀의 앞마당에 서 있었고, 그곳에서 백인 거주자들이 막 린치로 죽인 흑인 시체를 가지고 흑인 공동체를 통과하며 퍼레이드하는 것을 지켜보았다. 루시가 알게 된 것은 희생자가 '감히 그의 권리를 고집하였다'는 것이었다."[3]

> 폭력은 잘 살아 보겠다는 일념으로 고된 노동을 견딘 미국인들의 꿈을 악몽으로 바꾸어 버렸다. 흑인들에게 과해진 폭력은 종종 선택적이었다. 즉 교육받고 성공한 흑인들을 겨냥하였다. 그들은 지도자의 위치에 있는 사람이었고, 스스로를 개선하기 위한 강한 결단의 소유자였으며, 관할 지역에서 가장 좋은 농장과 시내의 가장 큰 가게를 소유한 사람들이었고, 번 돈을 저축했을 것이라고 생각되는 사람들이었으며, 농작물을 막 수확한 사람들이었다. 다시 말해, 그들은 백인이 보기에 자신의 위치를 벗어나 더 나은 단계를 취해 가는 흑인 남성과 여성이었다.[4]

예를 들어, 대략 1910년에 다음과 같은 사건이 터졌다.

> 테네시의 서배너 근처에서 백인 소작인들은 자신이 소유한 땅에서 성공적으로 농사를 짓고 있는 흑인들에게 반감을 품고 있었다. 벤 페티그루(Ben Pettigrew)는 두 명의 어린 딸과 함께 그의 농장에서 시내로 면화 한 짐을 운반하고 있었다. 그의 집에서 수마일 떨어진 곳에서 네 명의 백인이 나타났고, 그 흑인 농장주를 왜건 좌석에 앉아 있는 채로 총을 쏘아 죽였으며, 그의 두 딸을 짐 위로 끌고 가서 근처 나무에 매달았다. 사지가 묶인 채 매달려 있는 동안 폭도들은 면화를 실은 채로 그 아이들 아래까지 운전했으며, 거기에다 불을 붙였다. 그 지역의 진취적인 흑인 농장주들에게 전해진 메시지는 그 이상 분명할 수 없었다.[5]

많은 백인들의 엄청난 악행에 대한 또 다른 끔찍한 사례 가운데, 1899년에 조지

2) Ibid., p. 13.

3) Ibid., p. 13.

4) Ibid., p. 151.

5) Ibid., p. 157.

아에서 정당방위로 자신의 백인 고용주를 죽였던 샘 호세(Sam Hose)의 사례가 있다. 지역 신문은 그 이야기를 왜곡했고, 호세는 정당한 이유 없이 자신의 고용주를 죽이고 그 희생자가 죽어 가는 동안에 그의 아내를 강간했다고 고소당했다. 그 기사를 계속 읽으면 엄청난 구역질이 나온다. 린치에 대한 공개 발표가 있었다. 대략 2,000명의 남성과 여성이 보기 위해서 모였고, 그 가운데 일부는 인근 애틀랜타에서 왔다. 호세는 대중 앞에 끌려왔다.

> 집행을 스스로 자처한 자들은 호세의 옷을 벗기고 그를 나무에 사슬로 묶은 후, 석유에 적신 나무를 그 주위에 높이 쌓아 올렸다. 기름으로 호세를 흠뻑 적시고 횃불을 붙이기 전에, 그들은 그의 귀·손가락·생식기를 잘라 내고 그의 얼굴 피부를 베어 내었다. 군중들 가운데 일부가 희생자의 살집을 칼로 찌르는 동안, 다른 사람들은 "진정으로 만족스럽게" 그것을 지켜보았다. (리포터가 지적한 바에 따르면) 불꽃이 타오르자 샘 호세의 신체는 비틀렸고, 그의 얼굴은 일그러졌으며, 그의 눈은 눈구멍 밖으로 부풀어 올랐고, 그의 정맥은 파열되었다. 고통 속에서도 호세가 자신을 묶은 끈을 어떻게든 풀려고 했을 때, 집행자들은 불을 끄고 그를 다시 묶었으며, 불을 다시 붙이기 전에 그의 몸에 더 많은 기름을 부었다. 한 신문이 전하는 것처럼 "그와 같은 고통이 목격된 적은 없었다." 심지어 불 속에서 그의 피가 지글거릴 때조차도 희생자의 입에서 나오는 유일한 소리는 "오 나의 하느님, 나의 예수님!"이었다.[6)]

구경꾼들은 그의 신체 조각을 기념품으로 가지기 위해서 싸웠다. 참석한 여러 저명한 백인 시민들의 이름이 신문에 실렸다. 참가자들은 잘 알려진 사람들이었다. 어떠한 사람도 살인죄로 지목되지도 고소되지도 않았다. 1904년 미시시피의 루터 홀버트와 그의 아내에게도 유사한 일이 발생했다. 홀버트는 그의 고용주를 죽였다고 고소당했다. 그의 부인은 어떤 일로도 고소당하지 않았다. 그럼에도 불구하고, 그녀는 대략 수천 명의 구경꾼들이 보고 있는 동안 그의 끔찍한 운명을 공유했다. 그들을 죽이기 전에 수많은 폭도는 "남성과 여성의 팔, 다리와 신체의 살집에 구멍을 뚫어 큰 살점을 쥐어뜯고, 그것을 꺼낼 때마다 살집을 집어 끌어당기기 위해 나선형의 타래송곳을 사용했다."[7)] 또 다른 사례에서, 폭도들은 백인의 헛간을 불태웠다고 의심되는

---

6) Ibid., p. 280-281.

흑인 남성을 찾을 수 없었을 때, 그의 어머니를 고문하고 죽이기로 결정했다. 보수주의자들의 평가에 따르면, 1890년부터 제1차 세계대전에 이르기까지 남부에서 거의 3,000건의 린치가 있었고, 거기에는 샘 호세에게 일어났던 것과 같이 수백, 수천 명의 "존경할 만한" 백인이 참여한 가학성의 고문에 대한 공공의 행동이 포함된다. 일반적으로 린치에 대한 비난보다는 대중의 칭찬이 있었다.

1890년대 초기에 남부의 백인들은 흑인으로부터 투표권을 도둑질해 갔다. 예를 들어, "루이지애나에서는 1896년에 130,000명의 흑인 투표권자가 등록하였다. 8년 후에 그 수는 1,342명까지 줄어들었다." 1906년 앨라배마에서는 백인 성인 남성의 83%가 투표에 등록했지만 흑인 성인 남성은 2%만 등록했다.[8] 1940년까지 더 나아진 것은 아무것도 없었다. "남부 동맹의 11개 주에서 투표 자격이 있는 아프리카계 미국인의 5%보다 더 적은 사람들이 투표를 하기 위해 등록하였다. …"[9] 그리고 물론 공공시설은 엄격하게 분리되었다. 게다가 사법 체계는 흑인에게 어떠한 보호도 제공하지 않았다. "재판 과정에 있어 법원은 규칙적으로 배심원에서 흑인을 배제했고, 흑인 증언을 무시했으며, 때때로 고소당한 흑인을 변호하는 것을 거부하고 흑인 피고인에게 턱없이 엄격한 판결을 내렸다."[10] 흑인 변호사들은 그 숫자가 매우 적었고, 백인 변호사들은 일반적으로 흑인 고객을 옹호하는 데 많은 시간을 보내고 싶지 않았다. 흑인 판사는 아예 없었다. 많은 흑인들은 작은 범죄로 인해 범죄 집단과 연루된 것으로 내몰렸으며, 만약 장기 복역이 선고되기라도 한다면 그것은 사형 선고와 크게 다르지 않았다. 1884년의 테네시에서는 죄수의 거의 15%가 죽었다. 그 수는 거의 죽음에 이르렀지만 죽음을 위해서 집으로 되돌아간 사람들은 계산되지 않은 것이었다.

교육에서 흑인의 접근을 제한하기 위한 온갖 노력이 백인 공동체에 의해 만들어졌다. 예를 들어, 1903년 애틀랜타에서는 20개의 학교가 14,465명의 백인을 위해 있었고, 5개의 학교가 8,118명의 흑인을 위해 있었다.[11] 애틀랜타에서 흑인 교사들의 봉급은 백인 교사들의 3분의 2 수준이었다. 그러나 더 나쁜 경우도 있었다. 남부 지방

---

7) Ibid., p. 289.

8) Ibid., p. 225.

9) David M. Kennedy, *Freedom from Fear: The American People in Depression and War, 1929-1945* (Oxford, England: Oxford University Press, 1999), p. 18.

10) Litwack, *Trouble in Mind*, p. 249.

11) Ibid., p. 63.

평균, "백인 교사들의 최소 봉급은 흑인 교사들의 최대 봉급의 거의 2배만큼이나 많았다."[12] 흑인 교사들이 받은 교육은 백인종의 우수성을 칭찬하고 그들 자신의 인종을 모욕하는 것이었다. 1896년의 **플레시 대 퍼거슨 사건**(Plessy v. Ferguson)의 대법원 판결은 교육 분리의 합헌을 선언했고, 따라서 "분리되지만 평등한" 이상(理想)을 간직했다. 물론 학교는 분리되었지만, 어떠한 사람도 감히 그들이 평등하다고 보지 않았다. 흑인 학교는 "대규모의 수업들, 가장 열악한 봉급을 받는 교사들, 가장 짧은 학년제도, 책·종이·연필·칠판·지도의 극심한 부족"[13]에 시달렸다. 1900년 사우스캐롤라이나 주는 흑인 아이들을 교육하는 데 소비하는 돈보다 백인 아이를 교육하는 데 4배나 더 많은 돈을 소비하였다. 1915년에 그 비율은 10 대 1로 상승하였다.[14] 심지어 최근 1940년, 남북 전쟁의 종결 후 75년 동안 "성인 흑인의 4분의 3이 고등학교를 끝내지 못했다. 10명 가운데 1명이 어떠한 형태의 학교도 다니지 못했고, 더 많은 사람들이 실제로는 문맹이었다."[15]

남부 경제는 20세기에 이르기까지 주로 농업에 기반을 두었지만, 자신의 땅을 소유한 흑인들은 거의 없었다. 대신 그들은 그들이 생산한 곡물의 4분의 1에서 3분의 1을 대가로 하여 백인 소유자들로부터 땅을 빌린 물납 소작인들이었다. 그들은 일반적으로 백인 가게에서 과중한 이자율에 외상으로 생필품을 사야만 했다. 30, 40, 50년을 열심히 일한 후에 빚밖에 남는 것이 아무것도 없다는 것을 알게 된 경우도 있었다. 사실 백인들은 흑인들이 그들의 땅을 가지고 경제적으로 독립하는 것을 원하지 않았다. "1900년에 어림잡아 남부 흑인 농부들의 75.3%는 물납 소작인이거나 혹은 소작인이었다."[16] 1920년대 델타 지역에는 흑인의 약 2%만이 그들 자신의 땅을 소유하여 경작하였다. 1940년에 "그들은 백인들이 평균적으로 벌었던 것의 39%를 벌었다. 흑인 열 가정 중 거의 아홉 가정은 연방정부가 제시한 빈곤 경계 아래의 수입으로 겨우 생계를 이어 나갔다. … 3분의 1은 물납 소작인이거나 혹은 소작 농부들이었다."[17]

---

12) Ibid., p. 107.

13) Ibid., p. 106.

14) Ibid., p. 107.

15) Kennedy, *Freedom from Fear*, p. 765.

16) Litwack, *Trouble in Mind*, p. 122.

17) Kennedy, *Freedom from Fear*, p. 765.

농장 경제에서 흑인 여성들에 관해 이야기하자면, 흑인 여성들은 백인들의 고정관념, 즉 여성은 허약하고 무력하며 무능하다는 관념에 일치하는 삶을 살 수 없었다.

> 먼동이 트자, 그녀는 가족을 위해 아침을 했고, 이후에 남편, 밭에서 자라는 아이들과 합류하여 목화 농사일을 했다. 그녀는 오전에 저녁 요리를 하고 청소를 하기 위해 오두막으로 돌아와야 했다. 그리고 이른 오후에 밭으로 돌아가서 해가 질 때까지 일해야 했다. 또한 저녁에는 저녁을 준비하기 전에 소의 젖을 짜고 닭에게 먹이를 주어야만 한다. 이후에 그녀는 수선·만드는 일·세탁·옷 다림질·마루 닦기와 같은 집안 허드렛일을 했다. 노스캐롤라이나의 한 여성은 다음처럼 말했다. "그 많은 시간, 나는 서너 시가 되어야 자러 들어갔고, 새벽 다섯 시에 가장 먼저 일어났다."[18]

제2차 세계대전 동안 육군은 인종차별적이었다. 모든 흑인 부대는 백인 장교들이 지휘하였고, 종전이 거의 가까워질 때까지 많은 흑인 부대는 비천한 임무만을 수행했다. 전쟁 후에 전쟁에서 돌아온 남부 출신 아프리카계 미국 군인들은 온전한 시민 신분의 권리를 획득할 것이라고 확신했지만, 그들의 희생과 영웅적 행위는 아무 의미가 없음을 발견했을 뿐이다.

반면에 격리를 근본으로 했던 연방 주택 정책은 속임수를 써서 북부 도시들에 아프리카계 미국인들을 위한 소수 집단 거주지를 만들었다. 공공사업국의 주택 구획은 분리된 공공주택을 짓는다. 즉 백인은 백인끼리 이웃해 살고, 흑인은 흑인끼리 이웃해 살도록 한 것이다. 수백만 사람들에게 저금리 주택담보대출을 끝냈던 연방주택관리국은 그렇게 함으로써 교외의 끝없는 팽창을 조장하고, 결과적으로 도심 공동화에 기여했다. 즉 주로 백인에게 자금을 빌려 줌으로써 아프리카계 미국인을 차별했다. 이는 흑인들이 그들 자신의 집을 소유하거나 근교로 이사를 가지 못하게 하여 도심에 그들을 가두어 버렸다. 가관인 것은 "초만원인 곳에 사는 수상한 특권 때문에 시카고의 흑인들은 물건도 부족한 시장을 활용하면서 안락한 거주지의 백인들이 지불했던 것보다 10% 내지 25% 높게 책정되어 있는 방세에 직면해 있다."[19]는 것이다. 시카고만의 일은 아니다. 북부 지역에서 발생한 폭력은 아프리카계 미국인에게 폐쇄

---

18) Litwack, *Trouble in Mind*, p. 126.

19) James T. Patterson, *Grand Expectation: The United States, 1945-1974* (Oxford, England: Oxford University Press, 1966), p. 27.

된 함정의 문을 계속 지켜 나가는 데 도움을 주었다. 예컨대 1947년 시카고에서 35명의 아프리카계 미국인에게 상해를 입혔던 인종 폭동이 있었다. 어떤 백인 폭도는 흑인들이 모든 백인 공공주택 사업의 혜택을 받지 못하도록 하기 위해 흑인들을 공격했다.[20]

북부의 아프리카계 미국인은 그들을 가난에 휩싸이도록 했던 차별의 또 다른 형태에 직면했다. 1940년대부터 1950년대 대부분을 거치면서 조합원들의 임금과 근로조건이 개선되도록 노력해 왔던 많은 조합들이 흑인들에게는 더 좋은 임금을 받는 직업을 가지지 못하도록 하기 위해 흑인들의 가입을 거절했다. 백인 폭력만큼 연방 대행 기관과 사채업자들에 의해 조장되었던 주택차별 정책은 대부분의 학교를 격리시켜 버렸고, 백인 학교보다 대단히 열악하도록 만들었다. 1954년에 대법원은 **브라운 대 교육위원회**(Brown v. Board of Education) 판결에서 학교에서의 인종차별을 금지했다. 그러나 아이젠하워 대통령은 그 결정에 위축되지 않았고, 그것을 강행하기 위해 거의 아무 일도 하지 않았다. 남부 백인들은 필요하다면 폭력을 쓰더라도 학교 인종차별 철폐에 저항하겠다는 점을 명확하게 했다. 브라운 판결은 그것의 준수를 위한 시간표를 제시한 것도 아니고 인종차별 폐지의 수용 수준을 명확히 규정한 것도 아니었기 때문에 모호하게 되어 버렸다.[21] 사실상 10년이 지난 1964년에 “2%도 채 안 되는 흑인들이 옛 남부 연방의 11개 주에서 다민족 학교에 다녔다. 많은 남부 대학들은 1960년대까지 흑인들을 배제하거나 혹은 극히 상징적인 소수만 받아들였다. 아주 소수의 흑인 교사들만 백인 학교나 인종차별 철폐 학교에서 근무하는 것이 허락되었다.[22] 브라운 법안은 학교차별을 요구하는 법을 비난했을 뿐, 학교차별 자체를 비난했던 것은 아니다. 학교차별은 오늘날까지 계속된다. 많은 유색인 학생들이 다니는 공립학교에서 백인 학생의 수는 손가락을 꼽을 정도이다.

남부의 아프리카계 미국인은 1950년대에 이르러 조직화하기 시작하여 자신들의 권리를 요구했다. 예컨대 1950년대 중반에 앨라배마 주의 몽고메리에서 버스 보이콧 사건이 일어났다. “몽고메리의 버스 회사는 흑인 버스 기사를 한 명도 고용하지 않았다. 백인 기사들은 흑인들에게 버스 앞쪽에서 버스비를 지불하고 가장 뒤편 자리에 가서 앉아야 한다는 규칙을 흑인들에게 강요했다. 기사들은 종종 흑인 승객들을 모욕

---

20) Ibid., p. 29.

21) Ibid., pp. 393-394.

22) Ibid., pp. 398-399.

하고 품위를 손상시켰다."[23] 1955년 12월 1일 로사 파크스는 버스 기사가 지시했는데도 뒷자리로 가는 것을 거부한 죄로 체포되었다. 마틴 루터 킹 목사 및 풀먼차[역자 주 : 쾌적한 설비가 있는 침대차]의 짐꾼인 E. D. 닉슨, 영어 교사인 로빈슨과 같은 사람들의 지도 아래 아프리카계 미국인들은 1년 넘게 지속했던 버스 보이콧을 조직화했다. 보이콧으로 인해 흑인 지도자들은 감옥에 갔으며, 그들 중 몇몇의 집은 폭파되었다. 보이콧은 대법원이 버스 착석법은 미국 헌법 제14 수정 조항을 위반했다고 판결한 1956년 11월에 끝났다. 그것은 매우 구체적인 판결이었다.

아프리카계 미국인들은 일반적으로 미국 인종차별주의 역사에 대한 많은 백인들의 반응에 화가 났고 당혹해했다. 몇몇의 백인들은 다음처럼 말한다. "많은 사람들은 미국에 왔을 때 아일랜드인·이탈리아인·폴란드인·러시아인 등 백인들조차 차별을 당했다. 그들은 한두 세대 안에 그것을 극복했다. 왜 흑인들은 할 수 없는가?" 미국 북부의 아프리카계 미국인에 대한 인종차별주의적 태도와 차별적 행동은 약 15세대에 걸쳐 있다. 그것은 문화에 너무 뿌리 깊어서 근절하기가 매우 어렵다. 둘째로, 2세대 혹은 3세대 이탈리아계 미국인이나 아일랜드계 미국인보다도 "흑인"인 미국인을 확인하기가 더 쉽다. 그래서 검은 피부색과 곱슬머리 같은 두세 가지 특성에 근거해서 완고한 차별을 강행하기가 더 쉽다. 셋째로, 그들 생활의 모든 측면은 그들 인종에 의해 결정되었다. 마지막으로, 아프리카계 미국인들을 종속된 위치에 두기 위해서 사용된 폭력의 강도와 범위는 원주민 미국인들에게 일어났던 것을 제외하고는 유례가 없는 것이었다. 미국에 있는 아일랜드인이나 이탈리아인들에 대해 공적인 고문과 린치가 가해진 예는 찾기 어렵다.

앞 장에서부터의 경제 관련 자료를 비교·검토해 보면, 우리는 대부분의 수치에서 인종이 그 사람의 삶의 기회에 여전히 영향을 미친다는 것을 알 수 있다. 검은 피부를 가진 사람은 흰 피부를 가진 사람보다 성공할 수 있는 길이 매우 적은 것 같다. 많은 관찰자들은 피부색에 근거해서 과거에 지속되었던 차별이 근절되지 않고 있는 결과 때문에 그리고 현재 진행되고 있는 (아마 더 미묘한) 차별 때문에 그렇게 되었다고 말한다.

아프리카계 미국인(그리고 히스패닉계 미국인)이 백인들만큼 잘살지 못하고 있다는 것은 의심의 여지가 없다. 우리는 아직 인종적 평등과 인종에 영향받지 않는 진정한 기회 균등을 이루지 못하고 있다. 윤리적 문제는 그것에 대해 어떤 일이 특히 정

23) Ibid., p. 400.

부에 의해 행해져야 하는가의 여부, 그리고 행해져야 한다면 어떤 일이 행해져야 하는가이다. 여러 가능성들이 있다.

III. 인종차별주의에 대한 해결책

1. 차별 금지

미국 정부는 학교 교육·고용·주택 매입·임대·대출과 같은 영역에서의 인종차별을 금지하는 다양한 법률을 통과시켰다. 정부는 인종 중립 기준에 근거해서 판결해 줄 것을 요구한다. 많은 사람들은 우리가 만약 인종차별을 금지하는 법들을 엄격하게 시행하기만 하면 우리 사회는 인종적 정의를 실현할 수 있고, 아프리카계 미국인은 정치적·사회적·경제적 평등을 획득할 수 있다고 주장한다.

다른 사람들은 그 이상의 것이 필요하다고 믿는다. 그들은 인종차별을 금지하는 법의 필요성은 인정하지만, 더 나아가 인종적 평등과 기회 균등을 이룰 수 있어야 한다고 주장한다. 우리 사회는 양질의 교육·좋은 직업·버젓한 주택·적절한 의료 등에 대한 경쟁에 기초하고 있다. 간단하게 말해 삶에 있어서 골고루 나눌 수 있을 만큼 양질의 것 그리고 최선의 것이 많지 않다. 아무나 아이비리그 대학교에 들어가고, 포춘지에서 선정한 500대 회사 CEO가 되며, 의사가 되고, 변호사가 될 수는 없는 것이다.

많은 사람들은 과거와 현재 인종차별 때문에 아프리카계 미국인은 경제적·사회적 재화의 경쟁에서 그들의 발목을 잡는 다양한 불이익을 받았다고 주장한다. 경쟁은 참가자들이 대등하게 경쟁하지 않기 때문에 공정하지 않다. 몇몇 백인들 또한 불이익을 받거나 가난하지만, 그들의 불이익이나 가난은 인종차별 때문에 생긴 것이 아니며, 게다가 그들은 작은 이익인지는 모르겠지만 아마 인종차별로부터 어쨌든 이익을 얻었다. 아프리카계 미국인들은 백인들보다 훨씬 더 가난·아동기의 영양실조·범죄와 약물로 찌든 이웃·표준 이하의 낮은 학교·낮은 자기존중감·심각한 가정 문제의 희생자가 되어 왔다.

나 자신의 상황을 생각해 보자. 백인이었던 아버지는 제2차 세계대전이 발발했을 때 고등학교를 졸업한 후에 조선소 노동자로 일을 시작했다. 전쟁이 끝났을 때 해군을 떠나서 보험 회사 사무직 직원이 되었다. 아버지는 이 일을 얻기 위해 여성이나 흑인과 경쟁하지 않아도 되었다. 왜냐하면 그들은 인종차별과 성차별로 인해 그런 일에 적합한 인물인지 고려할 만한 대상조차 되지 않았기 때문이다. 경쟁했다면 육체노동자로 머물었을지도 모른다. 아버지는 관리자가 되었고 중간 계층의 신분으로 올랐다. 다시 한 번, 아버지는 관리자의 직위를 위해 여성이나 아프리카계 미국인과 경쟁하지 않아도 되었다. 경쟁했다면 관리자의 직위에 오르지 못했을 수도 있었다. 왜냐하면 경쟁의 문이 활짝 열려 있고 공정했다면 여성이나 아프리카계 미국인이 아버지와 최선을 다해 경쟁했을 수도 있기 때문이다. 아버지는 그들과 경쟁하지 않았기 때문에 정말 그랬는지 우리는 알 길이 없다.

나는 편견에 근거한 경쟁에서 아버지의 성공으로부터 이익을 얻었다. 나의 가족들은 일류 학교들이 있는 풍요로운 교외로 이사할 수 있을 만큼 여유로웠다. 우리는 집과 누이와 나를 돌보기 위해 어머니가 집에만 있을 만큼 여유로울 수 있었다. 이웃이나 고등학교에는 범죄가 전혀 없었다. 나는 한 번도 굶주림·추위·공포를 겪으면서 잠자리에 든 적이 없었다. 나는 과밀하거나 일손이 부족한 학교에 다니지도 않았다. 늘 충분한 책·과학 실험실·도서관·또 다른 학교 기자재가 공급되었다. 학교 건물은 늘 잘 보수되어 있었다. 나는 백인이었기 때문에 내가 열등한 인물이라는 것을 교묘하거나 거친 방식으로 나에게 말하는 풍토에서 나오는 메시지로 공격받지 않았다. 나는 대통령에서부터 그 아래의 정치적 지도자를 포함해서, 교실 앞에서건 텔레비전에서건 영화에서건, 권위와 지위의 위치가 나와 비슷한 사람들을 항상 보았다. 나의 가족은 나를 대학에 보낼 만큼 여유로웠다. 그리고 나는 항상 대학에 가야 한다는 이야기를 듣고 자랐다. 나는 풍부한 자기확신에 가득 차 있었으며, 어떤 불공정한 장애물도 내가 가는 길에 없었다.

대학에 지원했을 때, 나는 고등학교를 졸업한 흑인들과 거의 경쟁하지 않았다. 내가 경쟁했다면 나는 1차 지망 대학에 합격하지 못했을지도 모른다. 대학을 졸업한 후에 나의 첫 번째 일은 보험 사업이었다. 내 아버지와 같이 나에게는 여성이나 흑인과의 경쟁이 전혀 없었다. 내가 흑인으로 태어났고 북부의 도시 빈민가나 남부의 가난한 시골 지역에서 자랐다면 나의 삶은 거의 확실하게 훨씬 달라졌을 것이다. 그렇게 되었다면 나는 현재의 모습으로 있지 않을 것이다.

내가 결코 직면할 수 없었던 또 다른 문제가 있다. 편견은 종종 무의식적으로 드러난다. 문제는, 의식적이거나 무의식적인 편견이 있는 사람이 결정권을 가진 사람인 경우, 그는 편견의 영향을 받아 일·승진·학교의 지원자를 기각하는 결정을 내렸는데도 자신이 기각 결정을 내린 것은 그 지원자의 자격이 부족했기 때문이라고 믿거나 혹은 거짓되게 주장할 수도 있다는 사실이다. 그는 그 지원자가 인터뷰에서 자신을 잘 표현하지 못했다고 말할 수도 있고, 자기가 판단하기로는 그 지원자가 조직에 "적합"한 인물이 아니라고 말할 수도 있다. 인종에 근거한 차별이 그 상황에서 일어났는지를 증명하기란 쉽지 않다. 그러므로 인종차별을 금지하는 것만으로 그것을 없앨 수 없을지도 모른다.

2. 차별철폐조처와 우대조처

어떤 사람들은 **차별철폐조처**(affirmative action)를 지지한다. 차별철폐조처는 광범위하고 다양한 정책과 프로그램을 담고 있다. 온건한 형식의 차별철폐조처는 직업이나 학교 입학에 지원하는 유색인들의 수를 단순히 늘이는 것에 목표를 둔다. 때로는 구직자 명단에서 유색인들의 수는 매우 제한되어 있는 경우도 있다. 왜 그런가? 대부분의 유색인들은 그 직업이 개방되었다는 것을 몰랐기 때문일 수도 있다. 왜냐하면 그 직업은 광고되지 않았고, 지원자들은 입에서 입으로, 아마도 그 회사의 종업원인 친구들로부터 정보를 입수했기 때문이다. 아마도 그 직업은 유색인에게 잘 알려지지 않은 곳이나 인기 없는 곳에 광고되었을 것이다. 아마도 유색인이 거의 없는 까닭은 그 회사가 흑인 지원자들을 차별한 역사를 가지고 있어서 유색인들이 주눅이 들었기 때문일 수도 있다. 아마도 심지어는 직업 공모는 광고조차 되지 않았고, 어떤 사람이 일자리를 찾았다면 그는 제대로 된 "연결고리"를 찾았기 때문에 그렇게 되었을 수도 있다.

유색 지원자의 수를 증가시키기 위해서 고용주는 먼저 어떤 자리인가에 대한 광고를 보장해야 한다. 그런 다음 회사가 광고 방법을 바꿀 수도 있다. 즉, 예컨대 유색인과 더불어 일하는 데서 전문화를 이룬 경력 자원 센터의 자리라는 것을 목록에 올리거나, 아니면 유색인들의 공동체에 폭넓게 배포되는 미디어(신문과 잡지)에 광고함으로써 그렇게 할 수 있다. 지원하는 유색인들을 장려하는 차원에서 회사가 차별을 허용하지 않는다는 것을 공개적으로 알릴 수도 있다. 이것들은 소수자 지원의 인력풀을 증가시키기 위한 차별철폐조처들이다.

마찬가지로 대학은 유색 지원자의 수를 증가시키기 위해서 유색인에게 인기 있는 미디어에 광고할 수도 있다. 혹은 대학이 지원하는 학생들에게 얼마나 많은 것을 제공하고 있는가를 보여 주기 위하여 유색인 학생들을 위한 특별 오픈 하우스나 오찬을 제공할 수도 있다. 대학은 대학이 개방적이고 다양성에 가치를 둔다는 메시지를 전달하기 위하여 입학 허가 팸플릿에 유색인 학생들과 교수진의 사진을 포함시키고자 할 수도 있다. 차별철폐조처의 이러한 유형들은 고용 계약이나 입학 허가에 대한 유색인의 우대조처를 담고 있는 것은 아니다.

차별철폐조처가 또한 우대조처의 형태를 취하는 경우도 있다. 이상적(理想的) 모델의 결정 과정에서는 결정권자들이 그 자리가 요구하는 것과 완벽하게 연관된 객관적 조건에 근거하여 가장 높은 자격을 갖추었다고 생각되는 신청자나 후보자를 뽑는다. 그러나 우대조처의 경우는 그렇지 않다. 대신에 결정권자가 가장 높은 자격을 갖추었다고 생각하지 않는 사람이 뽑히게 된다.

대학 입학을 예로 들어 보자. 이상적으로 보면 지원자는 고등학교를 졸업하고 표준화된 시험에서 점수를 얻은 것과 같은 객관적 기준에 근거해서만 판단되어야 한다. 이것은 그들이 대학 수준의 학문적 요구를 얼마나 잘 다룰 수 있는가에 대한 신뢰할 만한 지표가 될 것이다. 추천서는 큰 비중을 차지하지 못한다. 왜냐하면 다 알고 있듯이 추천서는 신뢰할 수 없기 때문이다. (아무리 학생이 시원찮더라도 나쁜 추천서를 제출하는 사람은 거의 없다.) 지금 어떤 대학에 입학하려는 두 명의 지원자가 있다고 생각해 보자. A라고 부르는 한 명은 고등학교 GPA[평점]가 3.2이고, SAT[대학진학적성검사]의 총점이 1,150점이다. 그는 또한 공동체에서 많은 자원봉사를 해 왔고, 학생회를 포함하여 몇몇 고등학교 조직에서 지도자를 역임한 적이 있다. B라고 불리는 다른 한 명은 GPA가 3.4이고, SAT의 총점이 1,200이다. A와 달리 그는 공동체나 학교에서 활동을 전혀 하지 않았다. 대학 수준의 학문적 과제를 다루기 위한 능력 문제만을 생각한다면 B가 A보다 우선권이 있어야 하지 않겠는가? B가 아니라 A가 입학 허가를 받게 된다면, 우리는 대학이 우대조처의 형태를 취하고 있다고 말해야 하지 않겠는가? 왜냐하면 결정적인 요소는 순수하게 학문적인 것이 아니기 때문이다.

비슷한 예로, 세 번째 지원자 C가 있다고 가정해 보자. C의 고교 GPA는 2.2이고 SAT의 총점은 980이지만, C는 그가 다니는 고등학교 역사상 가장 많은 득점을 한 농구 선수다. 만약 B 아닌 C가 입학 허가를 받는다면, 그것을 우대조처라고 말해야 하지 않겠는가? (만약 그렇다고 대답하면, 운동선수들에 대한 우대조처는 그것이 소수 민족들에 대한 우대조처만큼 흥분을 불러일으키지는 않지만 미국의 대학에 아주 폭넓게 퍼져 있다.) 더 나아가 네 번째 지원자 D가 있다고 가정해 보자. 그의 GPA는 3.1이고, SAT의 총점은 1,100점이다. D는 또한 그 대학을 졸업한 아버지와 숙모가 있다. 만약 D가 입학 허가를 받고 B가 거부당한다면, 그것을 동문 친척에 대한 우대조처라고 말해야 하지 않겠는가? (만약 그렇다면, 동문 친척에 대한 우대조처는 설령 그것 역시 소수 민족들에 대한 우대조처만큼의 흥분을 불러일으키지는 않지만 미국 대학에 널리 퍼져 있다.) 마지막으로, 근무처가 예를 들어 행정사무 부서인가 아니면 소방서나 경찰서인가가 주로 시험 성적을 토대로 배속된다고 가정해 보자. 만약 경험자들의 점수에 자동적으로 가산점이 부가된다면, 그것은 경험자들에 대한 우대조처가 아닌가? (경험자들은 가산점을 받는다.)

지원자들이 순수하게 관련된 업무나 학문적 기준으로 봤을 때 동등한 자격을 갖춘 것으로 생각될 때, 또는 흑인 지원자가 관련 업무나 학문적 기준의 관점에서 볼 때 백인 지원자보다 못한 것으로 판단될 때, 백인 지원자보다는 흑인 지원자를 선택하는 경우 흑인 우대조처가 된다. 그러나 흑인들에 대한 우대조처는 논란의 여지가 많이 있다. 첫째, 반대자들은 그것이 백인에 대한 역차별의 형태이고, 백인들의 기회 균등과 평등한 대우를 거부하는 것으로 백인들에게 부당하다고 말한다. 둘째, 그것은 이상적인 결정 모델에서 이탈해 있다. 이상적인 모델의 경우 결정권자는 뽑아야 하는 자리와 순수하게 관련된 객관적 기준을 토대로 해서 가장 높은 자격을 갖춘 사람을 뽑게 된다.

흑인 우대조처를 지지하는 사람들은 그것이 정당하다고 생각한다. 첫째, 그들은 실제로 모든 아프리카계 미국인들이 과거 인종차별에 의해 백인들과의 경쟁에서 손해를 보아 왔고 불리한 입장에 있었다고 주장한다. 그들은 현재의 실상을 보면 흑인들에 대한 기회 균등과 공평한 대우가 거부되고 있으며, 그런 부당함을 바로잡기 위해서는 흑인 우대조처가 필요하다고 말한다. 열악한 인종차별 학교에서부터 열악한 인종차별적 주택 공급에 이르기까지, 융자받을 방법이 없는 것에서부터 사업 자금을 확보하기 힘든 것에 이르기까지, 열악한 건강 관리에서부터 열악한 구직 전망에 이르기까지, 대부분의 아프리카계 미국인들에게는 미국의 풍성한 성찬에 접근할 기회가 없었다. 그래서 아프리카계 미국인들을 열등한 존재로 낙인 찍고 대우하는 인종차별적 사회에서 살면서 겪는 심리적 손상은 실질적으로 불가피하다. 그것은 자존심과 자신감을 떨어뜨린다. 그것은 동기부여를 약하게 만든다. 그것은 절망과 자포자기를 키운다. 그러므로 우대조처를 옹호하는 사람들이 주장하기를, 아프리카계 미국인들은 인종차별주의로 인해 해를 입고 불리한 입장에 처해 보지 않은, 아니 오히려 이득을 본 사람들보다 우대조처를 받을 만하다. 그런 우대조처는 그들로 하여금 희생된 적이 없고 억압받은 적이 없었던 사람들과 보다 더 동등한 측면에서 경쟁할 수 있게 한다.

둘째, 흑인 우대조처 지지자들은 흑인 우대조처가 제대로 평가되는 이상적인 결정 모델이란 현실 세계에 존재한 적이 없었다고 말한다. 그러므로 흑인 우대조처가 이상적인 결정 모델에 적합하지 않다는 사실은 강력한 반론이 아니다. 왜냐하면 어떤 실제 생활에서의 결정도 이상적인 결정 모델에 적합하지 않기 때문이다. 흑인 우대조처는 과거에 우리가 쭉 따랐던 더 공정한 관행들에서 벗어나는 것 같지 않다. 그것은 훨씬 덜 공정한 관행에서 벗어난다. 그것은 개선이지, 그 반대가 아니다.

셋째, 흑인 우대조처 지지자들은 불완전한 인간들이 결정권자인 한 이상적인 결정 모델에는 도달할 수 없을 것이라고 말한다. 그 모델은 누가 가장 자격을 갖춘 자인지에 대한 결정권자의 인식에 좌우된다. 이와 관련된 주관성이라는 근본적 요소가 존재할 수밖에 없고, 인간이 편견을 가지고 있는 한 그런 편견들은 가장 적합한 자격 요건들에 대한 결정권자의 판단에 영향을 미칠 것이다. 비록 흑인 지원자가 가장 높은 자격을 가졌다 하더라도, 여러 연구들을 조사해 보면 백인 결정권자들은 그 흑인을 가장 적격하다고 인식하지 않을 가능성이 높다.[24] 백인 결정권자들이 의식적·무의식적인 인종적 편견을 가지고 있을 가능성이 높다는 것을 알고 있다면, 흑인 우대조처는 왜곡된 인식들을 바로잡을 개선책으로 생각될 수도 있다.

흑인 우대조처를 반대하는 사람들은 그런 프로그램들이 결국은 직업을 구하기에 자격 미달인 자들의 고용을, 자격 미달인 자들의 승진을, 또는 자격 미달인 자들을 대학이나 직업학교에 입학시킨다고 주장한다. 그러나 지지자들은 그렇지 않다고 말한다. 지지자들은 흑인 우대조처가 어떤 지원자라도 자격 있는 사람으로 간주되기 위해서는 충족되어야 하는, 일련의 진정으로 관련된 객관적 기준의 확립을 금지하는 것도 아니고, 모든 기준을 충족시키는 사람들에 한정해서 발탁하자는 것을 금지하는 것도 아니라는 점을 지적한다. 그렇게 될 때만 우대조처가 효과를 발휘할 것이다. 결정권자는 자격을 갖춘 지원자들 중에서 다른 백인 지원자들보다 덜 높은 자격을 갖추었다고 생각되는 한 명의 흑인을 발탁할 수 있다. 그 사람은 분명히 말해서 결코 자격을 갖추지 않은 것도 아니고, 반드시 가장 낮은 자격을 갖춘 사람으로 인식될 필요도 없다. 그리고 만약 결정권자들이 백인이라서 의식적·무의식적 편견의 주관성과 가능성이 있다면, 설령 그 사람이 결정권자들에 의해 가장 높은 자격을 갖춘 사람이라고 생각되지 않는다 하더라도, 사실상 그 사람은 진정 가장 높은 자격을 갖춘 자일 수도 있다.[25]

---

24) 연구 내용을 보면 여성의 자격에 대한 남성의 인식에 대해서도 동일한 결과가 나온다.

25) 많은 조사위원회에서 일했기 때문에, "가장 자격이 있는" 한 사람을 찾아내기 위해 매우 적합한 지원자들의 지원서를 세밀하게 검토할 때 나는 그 과정이 얼마나 주관적인지를 직접 보았었다. 내 경험상, 할 수 있는 최선의 것은 매우 엇비슷한 자격을 갖춘 것으로 여겨

예를 들어, 어떤 도시가 그곳의 경찰서와 소방서의 인종차별 대우를 폐지하려 한다고 가정해 보자. 지원자가 채용되기 위해서는 분과별 공무원 시험에서 적어도 70점을 받아야 한다. 사실 90점 이하를 받은 어떤 사람도 채용된 적이 거의 없고, 또 아프리카계 미국인들에게 주어진 열악한 인종차별적 교육 때문에 이들 중 극소수만이 시험에서 90점 이상의 성적을 받는다고 생각해 보자. 만약 여러 부서들이 90점대의 점수를 받은 백인 지원자들이 아닌, 80점대의 점수를 받은 몇 명의 아프리카계 미국인 지원자들을 채용해야 한다면, 그들은 자격이 없는 사람을 채용하는 것은 아닐 것이다. 또한 흑인 우대조처 옹호자들은 우리가 적절한 자격들에 대해 너무 좁은 시각을 가지고 있을 수 있다고 말한다. 인종은 결정권자들의 목표가 설정되면 긍정적인 면에서 관련이 있는 것으로 간주될 수 있다. 만약 한 대학의 교수·직원·학생들 가운데 흑인이 극소수라면 다양화하는 것이 합법적인 교육 목표일 수 있고, 이것은 예를 들자면 재능 있는 운동선수들을 늘리는 목표보다 더 합법적이다. 학생들은 자신들과 다른 인종·종교·문화적 배경을 가진 사람들과 서로 교류하는 법을 어떻게 개선할 것인지를 배워야 한다. 만약 강의실·사무실·교정·기숙사에서 자신들과 다른 사람들을 거의 만나지 못한다면, 학생들은 교육 경험의 중요한 부분을 놓치게 된다. 대학은 역사 수업을 맡을 사람이 필요한 만큼 흑인 교수진도 필요할 수 있다. 말과 글로 하는 의사소통 기술이 일자리의 긍정적 관련 요소일 수 있는 것과 마찬가지로, 흑인이라는 사실도 일자리의 긍정적 관련 요소일 수 있다.

그러나 에조르스키(Gertrude Ezorsky)는 여기에 심각한 문제가 있다고 인식한다. 만약 자격을 덜 갖춘 아프리카계 미국인 지원자들이 그들보다 더 적격한 백인 지원자들에 우선하여 뽑힌다면 백인 지원자들은 손해를 보게 된다. 이런 백인 지원자들은 우리 사회에서 가장 특전을 받은 이들이 아닐 수도 있다. 한 도시의 경찰서와 소방서에서 인종차별 대우 폐지로 인해 높은 점수를 받은 백인 지원자들이 채용되지 않아 손해를 보았다고 가정해 보자. 아프리카계 미국인들의 과거 인종차별에 대한 모든 변상액을, 인종차별 대우 폐지의 경제적·사회적 비용을 이들 백인 지원자에게 떠넘겨야 하는가? 그들은 개인적으로 사회 내의 다른 백인들만큼 과거 인종차별에서 이득을 본 적이 없었을는지 모른다. 과거의 인종차별로부터 가장 많은 이득을 얻었을지도 모르는 사람들은 그것을 개정함으로써 발생되는 손실을 분담하려 하지 않는다. 그 결

지는 10명 내지 20명의 지원자를 확인하는 것이다. 가장 자격이 높은 사람이 선정되었다고 확실하게 믿는 어떤 심사위원도 거의 틀림없이 착각하고 있다.

과는 부당한 것 같다. 한 집단의 구성원들이 이익을 볼 때, 우리는 다른 집단의 구성원들에게 손해를 끼치고 있다.

에조르스키는 우대조처 프로그램의 백인 희생자들에게 보상해 줄 것을 주장한다. 예를 들어, 6명이 소방서에 채용되는데 3명은 백인, 3명은 아프리카계 미국인이라고 가정해 보자. 그러나 몇몇 백인 지원자들이 흑인 지원자들보다 높은 점수를 받았다. 만약 소방서에 우대조처 프로그램이 없다면 3명의 아프리카계 미국인 지원자 대신에 그들이 채용되었을 것이다. 우리는 피해를 입은 그런 백인들—즉, 만약 우대조처 프로그램이 없었더라면 분명 채용되었을지도 모를 백인들—을 확실하게 밝혀낼 수 있기 때문에, 그들에게 가해진 피해에 대한 보상을 해 줄 수 있고 또 해 주어야 한다. (만일 우대조처가 없었다면 사실 누가 일자리를 얻었을지 혹은 대학 입학 제안을 받았을지는 거의 알 수 없다.) 가장 공정한 방법은 차별철폐조처의 부담을 나누어 갖기 위해 세금을 활용하는 것이다. 만약 고용되지 않았다면 3명의 백인 지원자들은 추가 실업 보상금이나 다른 금전 보상을 받을 수도 있을 것이다.[26]

그러나 흑인 우대조처를 지지하는 사람들은 많은 백인들이 우대조처를 신화화하고 악마화하는 데 혈안이 되어 있다고 말한다. 반대하는 사람들은 일반적으로 우대조처가 백인들, 특히 백인 남성들을 실제적으로 손해를 보는 새로운 계층으로 만들고 있다고 말한다. 그들에 따르면, 흑인 우대조처는 백인들로부터 좋은 것들을 빼앗아 흑인에게 준다는 것이다. 이것은 흑인 우대조처를 지지하는 사람들의 관점에서 볼 때 두 가지 문제가 있다. 첫째, 여러 자료 정보들은 흑인들이 거의 모든 측정에서 여전히 백인보다 뒤떨어짐을 보여 준다. 만약 우대조처 프로그램에 의해 백인들이 현재 불이익을 당하고 있는 데 반해 흑인들이 이익을 얻는다면, 분명 그 자료 정보들은 그 점을 보여 줄 것이다. 둘째, 우대조처에 대한 많은 불평들은 가장 높은 자격을 갖춘 백인 지원자들이 자격을 덜 갖춘 혹은 자격을 갖추지 않은 흑인 지원자들과의 경쟁에서 지고 있다는 선동적인 이야기들에 의존한다. 그러나 이런 이야기들은 문제가 있다. 한 백인 지원자가 자기보다 자격이 없다고 말하는 흑인 지원자와의 경쟁에서 졌다고 주장한다 하자. 그는 흑인 지원자 우대조처가 없었더라면 자신이 뽑혔을 것이라고 주장한다. 그러나 어떻게 그가 모든 백인 지원자들 가운데 자신이 뽑혔으리라는 것을 알 수 있는가? 그가 결정권자들에 의해 가장 자격이 있는 백인 지원자로 생각되는지 아

26) Gertrude Ezorsky, *Racism and Justice* (New York: Cornell University Press, 1991), pp. 84-88.

니면 그렇게 생각되었는지를 어떻게 알 수 있을까? 그는 필시 알 수 없을 것이다. 둘째, 뽑힌 흑인 지원자가 자신보다 적격하지 않음을 그는 어떻게 아는가? 그는 결정권자들이 그 흑인 지원자가 가장 자격이 있다고 생각하지 않았다고 그저 추측하고 있을 뿐인지도 모른다. (왜 그는 그렇게 추측할까? 무의식적 인종차별주의가 그의 인식에 영향을 미칠 수 있을까?)

우대조처를 지지하는 사람들은 이런 프로그램 기저에 흐르고 있는 동기와 태도가 부당한 역차별과는 다르며 이 프로그램을 아주 의미 있게 해 준다고 주장한다. 차별에 깔려 있는 동기는 인종차별주의다. 아프리카계 미국인들은 멸시받았고 백인들보다 열등한 존재로 생각되었기 때문에 차별받았다. 차별이 만연했고, 사회의 모든 영역에서 그리고 모든 수준에서 일어나고 있었다. 그것은 한 명의 백인 지원자에게 좋은 일자리를 빼앗기는 아프리카계 미국인 한 명의 문제가 아니었다. 경제적·교육적 기회는 밑바닥을 제외하고는 모든 곳에서 철저하게 제한되었다.

아프리카계 미국인 한 명이 우대 프로그램 때문에 그보다 더 적격한 백인 지원자를 제치고 뽑힌다고 하더라도, 그것과 편견은 아무런 관계가 없다. 그 결정은 백인들이 야비하거나 아프리카계 미국인들보다 열등하다는 추측에 의거하지 않는다. 아프리카계 미국인을 뽑는 의도는 백인을 단지 그 사람의 인종 때문에 사회적 이익에서 배제하는 것이 아니고, 또한 그것은 인종을 근거로 한 배제의 널리 퍼져 있는 양식의 일부도 아니다. 그것은 백인 개개인이나 집단으로서의 백인들을 경제생활의 맨 밑바닥에 밀어 넣는 것도 아니고, 그들에게 돌아갈 모든 기회 균등을 그들에 대해 총체적으로 부정하는 것도 아니다. 만약 아프리카계 미국인보다 더 적격인 백인 지원자가 아프리카계 미국인을 선호하는 상황 때문에 탈락된다 하더라도, 그 사람이 반드시 다른 기회에서 제외되는 것은 아닐 것이다.

토머스 힐(Thomas E. Hill Jr.)은 차별이 자의적인 차별일 때 일반적으로 부당하게 생각된다고 주장한다. 그러나 아프리카계 미국인에게 우선권을 주는 차별은 자의적이지 않다. 그 차별은 다음과 같은 사실에 근거해 있다. 첫째, 과거에 흑인들은 백인들과는 다른 대우를 받았을 뿐 아니라 **"어떤 인간도 받아서는 안 되는"**[27] 대우를 받았다는 사실에 근거해 있다. 둘째, 몇몇 백인들이 부인하는 것이기도 한데, 인간이 받아서는 안 되는 그런 대우를 아프리카계 미국인들이 계속해서 받고 있다는 주장에 근거

27) Thomas E. Hill, Jr., "The Message of Affirmative Action," in *Autonomy and Self-Respect* (Cambridge, England: Cambridge University Press, 1991), p. 195.

해 있다. 정의는 백인들이 **자의적으로** 학교 입학·채용·승진에 차별을 두어서는 안 된다는 점을 분명히 한다. 아프리카계 미국인 우대조처를 지지하는 사람들은 이러한 프로그램이 구체적으로 표현하는 차별은 자의적이지도 않고, 정당화되지 않는 것도 아니므로 부당하지 않다고 주장한다.

힐은 "차별철폐조처에 대해 유리한 조건을 주는 가치들에는 … 모든 사람들에 대한 상호 존중·신뢰·공평한 기회라는 이상(理想)들이 포함되어 있다."[28]고 지적한다. 그는 필요한 것은 "인종차별주의가 본래부터 가지고 있는 뿌리 깊은 모욕에 반격을 가한다는 메시지"[29]라고 주장한다. 믿음을 주기 위해 그 메시지는 말과 함께 행동을 수반해야 한다. 행동으로 옮기지 않는 것 또는 수동적 태도는 우리 사회와 이 사회의 (백인) 권력 구조가 아프리카계 미국인들이 계속해서 거의 모든 최전선에서 백인들보다 많이 뒤처질 것이라는 사실에 대해 별 관심이 없다는 메시지를 전달할 것이다. 우대조처를 채택하지 않는 것은 무관심의 메시지를 전달한다. 더욱이, 그것은 우리 사회가 인종주의 차별로 지금껏 고통 받았고 아마 앞으로도 계속해서 고통을 받게 될 아프리카계 미국인들을 돕기보다는 과거에 차별로 고통 받은 적도 없는 백인들을 보호하는 데 더 관심을 가지고 있다는 메시지를 전달한다. 힐이 지적하고 있듯이 그 메시지는 다음과 같다. "그럴 만한 자격을 갖추지 못한 [수도 있는], 당신네들 중 누군가 한 명에 대해 보상을 해 주는 모험을 하느니, 차라리 우리는 다수의 백인 남성들이 불공평하기는 하지만 유리한 출발의 이익을 누릴 수 있도록 내버려 둘 것이다."[30]

반면 힐에 따르면, 만약 아프리카계 미국인들의 경제적 상황의 개선에 도움을 주기 위해 우리 사회가 우대조처 프로그램을 위시하여 다른 차별철폐조처 프로그램들을 활용한다면, 우리는 다음과 같은 메시지를 전달하고 있는 것이다.

> 우리는 당신들이 … 우리나라와 우리의 제도에 널리 퍼져 있는, 사람들을 창피 주고 허약하게 만드는 태도에 의해 억울한 일을 당해 왔다는 것을 인정한다. 우리는 이러한 태도와 그런 태도에서 비롯된 잘못을 개탄하고 고발한다. 지금껏 당신들 대부분은 삶에 있어서의 여러 기회들이 이런 태도들의 결과로 인해 축소되었고, 그래서 우리는 어떤 누구의 가능성도 부당함 때문

28) Ibid., p. 205.

29) Ibid., p. 206.

30) Ibid., p. 208.

에 축소되기를 원치 않는다.[31]

인종주의적 차별로 인해 불이익을 당해 왔던 사람들에게 보내는 차별철폐조처의 메시지는 아프리카계 미국인들이 주류에 들어올 수 있도록 관심을 가지고, 배려하며, 존경을 표하고, 환영하는 메시지다. 우리가 이런 메시지를 보내는 것은 중요하다.

차별철폐조처는 백인들에게 어떤 메시지를 전달하는가? 그것은 그들이 열등하고 존중받을 가치가 없다는 메시지를 전달하는가? 아니다. 힐은 우리가 백인들에게 아래와 같은 메시지를 전달하려고 노력해야 한다고 생각한다.

> 우리의 정책[아프리카계 미국인 우대조처]은 당신네들의 기회가 다른 이들의 기회보다 중요하지 않다는 견해를 함축하고 있는 것은 절대로 아니지만, 우리는 백인 남성으로서 당신이 오랫동안 소수 민족들 대부분이 조직적으로, 불공평하게, 그리고 모욕적으로 누릴 수 없었던 이득과 격려를 아마 받았을 것이라고 판단한다(좀 거칠게 이야기하면 그렇게 판단하지 않으면 안 된다). … 우리는 이런 정책의 근저에 깔려 있는 공평한 기회와 상호 존중의 역사적 가치를 공유하기를 당신에게 호소하고, 그 정책의 결과가 개인적으로는 당신에게 실망스럽다 하더라도 당신이 그 정책을 현재 상황에 대한 적정한 반응으로 볼 수 있기를 희망한다.[32]

아프리카계 미국인들에 대한 차별철폐조처와 우대조처에 백인들이 저항하는 것을 보면, 오늘날 이런 메시지를 받아들이는 백인들은 거의 없는 것 같다.

연습문제

1. 제퍼슨 시 인구의 40%는 백인이고 40%는 아프리카계 미국인이지만, 경찰력의 95%는 백인이다. 그 시의 지도층들은 아프리카계 미국인 경찰의 수를 늘리는 것이 중요하다고 믿는다. 아프리카계 미국인 지역에서는 백인 경찰보다 그들이 더 효과적이라고 믿기 때문이다. 자격을 갖춘 경찰을 뽑기 위해 응시자는 경찰 시험에서 적어도 70점을 받아야 한다. 실제로 경찰 당국은 시험에서 최상 점수를

31) Ibid., p. 209.

32) Ibid., p. 210.

받은 사람을 뽑는다. 최상 점수자의 95%가 백인이었다. 몇몇 백인 지도층은 백인들이 대부분의 아프리카계 미국인이 다닌 학교보다 더 좋은 학교를 다녔기 때문에 점수가 더 높다고 주장한다. 또한 그들은 이 시험의 점수를 유일한 선발 기준으로 삼는 것에 대해 의문을 제기한다. 그들은 향후 5년간 **새로** 뽑는 경찰의 부서별 인원의 50%를 아프리카계 미국인으로 충당하자고 제안한다. 목표치에 도달하기 위해 그들은 아프리카계 미국인이 비록 시험에서 낮은 점수를 받더라도 백인에 우선해서 고용하는 방식을 추천했다. 그러나 최소한의 점수 70점을 유지하는 방식은 그대로 두자고 요구했다. 그 결과 71점을 받은 아프리카계 미국인이 93점의 백인에 우선해서 뽑혔다. 이러한 우대조처 프로그램은 승인될 수 있는가?

2. 홈즈 로스쿨의 학생 중 3%만 흑인이었다. 미국 전체의 경우 14%, 홈즈가 위치해 있는 주의 12%가 흑인이었다. 교수회와 행정당국은 아프리카계 미국인 법조인이 더 많이 필요하고, 그렇게 하기 위해서 백인 학생들의 수를 제한할 필요가 있다고 믿는다. 그래서 그들은 학교가 최소한의 입학 자격—최소한 평점 3.0과 LAST의 점수가 최소한 60%에 이르는—을 충족하는 아프리카계 미국인 학생들의 입학을 허가할 것을 제안한다. 이렇게 되면 보다 높은 등급의 평점과 LAST 점수를 받은 백인 학생 응시자가 입학하지 못하게 된다. 목표는 6년 안에 학생의 10%를 아프리카계 미국인 학생들로 채우는 것이다. 이러한 우대조처 프로그램을 받아들일 수 있는가?

3. 백인 남성인 테드는 대학에서 경제학을 전공하여 졸업했다. 부전공으로 경영학 과목을 수강했으며, 3.4의 평점을 받았다. 그는 A회사의 관리 훈련 프로그램에 응모했다. 그는 고용되지 않았다. 그러나 그는 그 회사가 우대 프로그램을 포함한 차별철폐조처 제도를 선택하고 있다는 것을 알게 되었다. 왜냐하면 그 회사에는 관리 분야에 아프리카계 미국인이 거의 없었기 때문이다. 그 회사는 테드를 뽑지 않았지만, 행정 분야를 전공하고 평점 2.9를 받고서 응모한 아프리카계 미국인을 뽑았다. 테드는 자신이 백인이기 때문에 차별을 받았다고 믿는다. 그리고 그 회사의 우대조처 프로그램은 도덕적으로 받아들일 수 없다고 믿는다. 당신은 그의 생각에 동의하는가?

4. 아프리카계 미국인 여성인 세일라는 빈민가의 가난한 집에서 성장했고 등급이 떨어지는 격리된 학교에 다녔다. 그녀의 거주지는 범죄와 마약의 소굴이었다.

그녀는 가족을 돕기 위해서 일주일에 약 20시간 정도는 일해야 했다. 그녀의 가족은 대학은커녕 고등학교에 가라는 말도 하지 않았다. 그럼에도 불구하고 그녀는 평점 2.6을 획득했고, 대학진학적성검사에서 1,020점을 받았으며, XYZ대학에 응시했다. 반면에 브래드는 부유한 가정에서 태어났으며 좋은 학교에 다녔다. 그는 노동을 해 본 적이 없다. 공부에서 어려움을 느끼면 개인 교습을 받았다. 그는 대학진학적성검사 예비 과정을 다녔다. 그는 주변의 모든 사람들로부터 고등학교와 대학에 가라는 강한 권유를 받았다. 그는 고등학교에서 평점 2.9를 획득했고, 대학진학적성검사에서 1,060점을 받았다. 그도 XYZ대학에 응시했다. 세일라는 떨어졌고, 브래드는 합격했다. 세일라는 대학이 자신보다 브래드를 뽑은 것이 불공평하다고 믿는다. 당신은 이런 생각에 동의하는가?

관련 자료

Barbara Bergmann. *In Defense of Affirmative Action*. New York: Basic Books, 1996.

Bernard Boxill. *Blacks and Social Justice*. Totowa, NJ: Rowman & Littlefield, 1982.

George Curry, ed. *The Affirmative Action Debate*. Reading, MA: Addison-Wesley, 1996.

Gertrude Ezorsky. *Racism and Justice*. Ithaca, NY: Cornell University Press, 1991.

Alan Goldmann. *Justice and Reverse Discrimination*. Princeton, NJ: Princeton University Press, 1979.

Beverly Daniel Tatum. *Why Are All the Black Kids Sitting Together in the Cafeteria?* New York: Basic Books, 1997.

제 14 장

사형제도

- 사형제도에 대한 찬반 논증 이해 및 사형제도의 도덕적 허용 가능성에 대한 잘 추리된 견해 구성
- 공과(功過)의 개념 이해 및 도덕적으로 책임질 수 있고 마땅히 처벌받아야 할 기준 이해
- 마땅히 사형에 처해야 할 조건인 의사결정 능력의 개념 이해 및 응용

I. 서론

제임스 버드를 질질 끌고 가서 죽음에 이르도록 한 사람들과 약물을 희석시킴으로써 불특정 다수를 죽인 독극물 약사 로버트 코트니는 자신의 행동에 대해 확실히 처벌받아야 한다. 우리가 여기서 제기하는 질문은 어떤 형식의 처벌이 취해져야만 하는가이다. 관행을 이야기하자면 1급 살인의 경우 두 가지 대안이 있을 수 있다. 사형과 징역형이 그것이다. 징역형은 일정한 기간, 예를 들면 25년이 될 수도 있고 아니면 가석방의 기회 없이 평생의 기간이 될 수도 있다.

처벌은 다양한 목적에 이바지한다. 아마도 가장 기본적인 것은 사회보호이다. 우리는 사회를 더 안전하게 하기 위해 처벌을 원한다. 우리는 처벌의 위협이 범죄 억제 효과가 있다고 가정한다. 즉 사람들이 범죄 행각으로 체포되고 고소되어 처벌을 받게 될 가능성이 높다고 믿는다면 범죄를 덜 저지르게 될 것 같다. 그리고 우리는 이미 법을 위반한 사람들로부터 다른 사람들을 보호하기를 원한다. 즉 살인이 발생할 경우, 우리는 살인자들이 더 이상 살인을 저지르지 못하게 하는 것을 확실히 해 두기

를 원한다.

물론, 처벌이 범죄를 줄이는 유일한 방법은 아니다. 만약 범죄의 원인이 무엇인지에 대한 지식이 있다면, 우리는 범죄 예방을 위해 이러한 지식을 활용할 수도 있다. 만약 알코올 중독이나 마약 사용과 같은 물질 남용이 범죄 발생률을 증가시킨다면, 아마도 그 경우 물질 남용 프로그램은 범죄를 줄일 수 있다. 만약 빈곤이 범죄를 증가시킨다면, 가난 퇴치 프로그램이 효과적일 수도 있다. 정신 건강 문제들이 범죄를 증가시킨다면, 정신 건강 프로그램의 도움을 받을 수도 있다.

마지막으로, 처벌은 적어도 하나 이상의 목적 혹은 기능을 가진다. 종종 우리가 사람들을 처벌하는 것은 처벌이 다른 사람이 저지를 수도 있는 범죄를 억제하고 범죄로부터 사회를 보호할 것이라고 생각하기 때문이기도 하지만, 그뿐 아니라 그 사람들이 단지 처벌받아야 마땅하다고 생각하기 때문이기도 하다. 그것을 보는 방식 중 한 가지는 살인과 같은 범죄는 일종의 도덕적 불균형을 낳고, 그러한 불균형은 범죄자에게 해악을 가져다줌으로써 시정되지 않으면 안 된다는 것이다. 범죄자들은 사회에 대해 "빚"을 지고 있다고 언급되며, 그들은 이러한 빚을 갚지 않으면 안 된다. 아마도 복수에 대한 열망은 시정되지 않으면 안 되는 도덕적 불균형이라는 사상 속에서 일정한 역할을 한다. 우리는 우리를 다치게 한 사람들이 다치기를, 즉 그 사람들에게 "대갚음하기"를 원한다. 이것은 그 범죄에 맞추어서 처벌되어야 하거나 범죄에 비례해서 처벌되어야 한다는 생각, 예를 들어 눈은 눈으로 되어야 한다는 생각의 이면에 있는 이유들의 일부가 될 수도 있다. 만약 처벌이 너무 가볍거나 너무 무겁다면, 여전히 도덕적 불균형이 남아 있게 된다.

대부분의 사람들은 우리에게 생명의 권리가 있기 때문에, 우리는 증거 혹은 정당화의 부담이 사형제도를 찬성하는 사람들에게 지워진다는 가정을 가지고 출발할 것이고, 오늘날 사형을 받아야 마땅한 유일한 범죄는 사전 계획된 살인·테러·반역과 같은 범죄라고 가정할 것이다. 사형제도의 지지자들은 사형제도가 그르지 않다고 생각할 이유들을 제시해야 할 필요가 있다.

일반적으로 사형제도의 지지자들은 살인자는 그렇게 행동했기 때문에 생명에 대한 자신의 권리를 상실했다고 주장한다. 이것은 이해하기 매우 어려운 문제이다. 이러한 기본적인 질문은 다음과 같다. 생명의 권리가 상실되었다는 것을 우리가 어떻게 아는가? 그리고 당신이 범죄를 저질렀을 때 생명에 대한 당신의 권리가 상실되는지를 우리가 어떻게 아는가? 생명의 권리가 상실되었는지 그렇지 않은지를 우리에게 말해 줄 어떤 증거를 도대체 찾을 수 있을까? 이것은 생명의 권리의 본성에 대한 진리

발견 문제인가, 아니면 우리가 무엇을 수용할 것인가에 대한 결정의 문제인가? 이것은 우리 모두가 우리의 직관, 즉 우리의 이론에 앞선 강한 확신에 호소할 수 있는 그러한 문제들 가운데 하나인 것처럼 보인다. 생명의 권리가 상실되었는지, 더 구체적으로 살인으로 인해 그것이 상실되었는지의 여부에 대해 누구의 견해가 맞는지를 증명하는 방법은 본질상 없는 것처럼 보이고, 만약 그것이 결정의 문제라면 권리를 상실케 한 결정이 가장 합리적 결정이라는 것을 증명할 방법은 본질상 없는 것처럼 보인다. 아마도 이러한 질문을 이해하는 유일한 방법은 누군가에게 다음처럼 질문하는 것이다. "만약 당신이 가장 사랑하는 사람이 살인을 저질렀다면, 당신은 그의 생명의 권리가 상실되었다고 생각하는가?" 만약 대답이 예라면, 동의하지 않는 사람이 달리 이야기할 수 있는 경우를 찾아보기란 쉽지 않다.

앞에서 이야기했지만, 우선 사회보호에 대한 생각에 기초한 정당화를 검토해 보자. 요컨대 그 정당화는 사형제도의 공리주의적 정당화, 즉 좋은 결과에 기초한 정당화이다.

II. 사회보호

아마도 사형제도에 대한 기본적 정당화는 사회보호에 대한 생각에 기초한다. 사형제도는 생명을 보호한다. 지지자들은 그것이 범죄 억제를 통해 생명을 보호하는 하나의 방법이라고 말한다.

1. 억제

우리가 사람들이 범죄를 저지르지 못하도록 하고 이미 범죄를 저지른 사람들에 의해 사람들이 더 이상 해를 입지 않도록 해야 한다고 말하는 것은 확실히 합리적이다. 그러나 우리가 이러한 방식으로 사형제도를 정당화할 수 있기 위해서 사형제도가 살인율을 줄인다는 사실을 보여 주는 것만으로는 충분하지 않다는 것은 틀림없이 명백하다. 우리가 보여 주어야만 하는 것은 가석방 없는 종신형과 같은 대안적 형식의 처벌보다 사형이 살인율을 줄이는 더 좋은 방법이 된다는 것이다. 적어도, 만약 최소 위해(危害) 수단을 사용하더라도 우리의 목적이 달성될 수 있을 경우 그런 수단을 사용해야 한다는 원칙을 수용한다면, 우리는 사형이 가장 좋은 방법이라는 것을 보여 주지 않으면 안 된다. 이 원칙에 따르면, 예를 들어 우리가 어떤 사람을 죽이지 않고도 우리의 목적을 달성할 수 있다면 우리는 사람을 죽이는 수단을 사용하지 않아야 한다. 만약 우리가 한 사람을 죽임으로써 우리의 목적을 달성할 수 있다면, 두 사람을 죽이는 수단을 사용하지 않아야 한다. 이것은 사형제도의 문제를 넘어 잘 활용되는 원칙이다. 그것은 우리가 야기하는 위해를 최소화해야만 한다는 더 일반적인 원칙에 기초하고 있다. (두 가지 대안이 있을 경우, 전체를 고려한 단칭 도덕 판단에 대한 이유들에 관해 생각해 보면, A가 B보다 더 많은 해로움을 야기할 것이라는 사실은 A보다 B를 선택하는 이유이다.) 예를 들어, 세 채의 집을 파괴함으로써 길을 건설하려는 목적을 달성할 수 있다면, 우리는 네 채 혹은 다섯 채를 파괴할 계획을 따라서는 안 된다고 말할 수 있을 것이다. 그러므로 이러한 원칙을 적용하여 만약 우리가 한 생명을 죽임으로써 우리가 할 수 있는 것만큼의 억제 정도를 어떤 사람을 수감함으로써 달성할 수 있다면, 죽이는 것보다는 수감하는 것을 선택해야만 한다.

사형제도는 덜 해로운 대안들, 즉 가석방이 없는 교도소 생활보다 더 나은 억제의 방법이 되는가? 그리고 살인자들이 다시는 살인하지 못하도록 할 더 나은 방법이 되는가? 혹자는 이렇게 주장할 테지만 그것들의 진리 혹은 그럴듯함은 이용 가능한 증거와 논증이라는 측면에서 평가되어야 한다.

사형제도의 반대자들은 죽음의 위협이 장기 수감 판결의 위협보다 더 효과적인 억제 방법이 아니라고 주장한다. 많은 연구들은 사형제도가 없는 사법권에서의 살인 발생과 사형제도가 있는 비슷한 사법권에서의 살인 발생을 비교해 왔다. 만약 사형제도가 가장 효과적인 억제 방법이라면, 우리는 사형제도가 있는 사법권에서의 살인 발생이 사형제도가 없는 사법권에서의 살인 발생보다 더 적을 것이라고 기대할 것이다. 그러나 수년간의 사회과학 연구는 사형이 다른 처벌의 형태보다 더 효과적인 억제라는 많은 증거를 제공하는 데 실패해 왔다. 예를 들면, 1976년과 1987년 사이의 살인율을 연구한 저자들은 다음과 같이 결론을 내렸다.

> 우리는 사형제도의 유효성, 수많은 사형 집행, 그들이 접하는 수많은 텔레비전 보도가 … 중죄 살인의 총 유형 및 상이 유형의 비율과 상당히 밀접한 관계가 있다는 어떠한 일관된 증거도 발견하지 못한다. 이러한 조사 결과는 대다수의 사형제도의 연구와 일치한다.[1)]

---

1) Ruth Peterson and William Bailey, "Felony Murder and Capital Punishment: An Examination of the Deterrence Question," *Criminology* (August 1991), p. 388.

왜 죽음의 위협이 장기간의 교도소 수감의 위협보다 더 큰 억제의 방법이 될 수 없는가? 억제에 대한 연구는 체포·선고·처벌 가능성이 엄중 처벌보다 범죄의 억제에서 더 중요하다는 점을 시사한다. 만약 사람들이 체포되고 선고되어 처벌받게 될 가능성이 낮다고 믿는다면 범죄는 증가할 것이다. 만약 사람들이 체포되고 선고되어 처벌받게 될 가능성이 높다고 믿는다면 범죄는 줄어들 것이다.[2] 그러나 어떠한 처벌의 위협도, 그것이 아무리 엄중하다 하더라도, 그것을 피할 수 있는 높은 가능성이 있다고 믿는 사람들은 억제하지 못할 것이다. 그러나 연구들이 시사하고 있는 것처럼, 만약 사람들이 처벌을 피할 수 없을 가능성이 높다고 믿는다면, 교도소 수감과 같은 보다 덜 엄중한 형태의 처벌이 죽음과 같은 보다 엄중한 형태의 처벌만큼 효과적일 것이다. 그러므로 보호와 유죄 판결의 가능성을 높이는 것이 엄중한 처벌 위협을 증가시키는 것보다 범죄를 더 효과적으로 억제할 것이다.

설사 처벌이 죽음이라 할지라도, 살인과 같은 폭력적인 범죄를 저지를 가능성이 가장 높은 사람은 처벌의 위협에 의한 억제 가능성 또한 가장 낮다. 영국의 심리학자 앤서니 스토(Anthony Storr)는 매우 적은 소수의 개인들만이 서구 사회에서 대부분의 폭력적인 범죄에 책임이 있다고 주장한다. 유전적·환경적 영향의 결합은 어떤 사람들을 "반사회적"이게끔 만들고, 그들로 하여금 쉽게 폭력을 저지르도록 만든다. 알코올과 마약 복용은 폭력에 대한 일상적인 억제 능력을 약화시킴으로써 문제를 더 나쁘게 만든다. 스토는 평범한 사람은 상대적으로 온건한 처벌의 위협으로도 폭력 억제의 효과가 있지만, 반사회적인 사람들은 어떤 위협적인 처벌로도, 심지어 죽음의 처벌로도 쉽게 억제 효과가 나타나지 않을 것이라고 믿는다. 많은 반사회적인 사람들은 낮은 충동 통제·낮은 자기존중감·불만의 감정·가족이나 사회에 의해 그들에게 행해지는 손상에 대한 과도한 분노—엄중 처벌의 위협조차 그들의 폭력적 행동을 막을 가능성을 줄이는 특징들—를 갖고 있다. 알코올이나 마약의 영향력 아래에 있는 사람은 잠재적 처벌과 관계없이, 심지어 자기통제의 가능성이 매우 낮거나 폭력적인 행동의 있음직한 결과를 이성적으로 생각할 수 있을 가능성이 매우 낮다. 그와 같은 조건하에 있는 사람들에게는 죽음의 위협이 어떤 다른 처벌의 위협보다 더 효율적일 것 같지 않다.[3]

---

2) Peter Greenwood, "The Violent Offender in the Criminal Justice System," in *Violence: Patterns, Causes, Public Policy*, ed. Neil Weiner, Margaret Zalln, and Rita Sagi (Orlando, FL: Harcourt Brace Jovanovich, 1990), pp. 339–340.

사회과학 연구는 사형이 가석방 없이 교도소에 수감되어 사는 것과 같은 다른 대안들보다 더 범죄 억제력이 있다는 주장을 지지하는 것처럼 보이지 않는다. 그러나 사형제도는 살인자가 더 이상 살인을 저지를 수 없게 만드는 데 있어 다른 대안들보다 더 낫다는 생각에 대해서 검토해 보자. 결국 죽은 사람은 다른 사람을 죽일 수 없다. 사형제도의 반대자들도 죽음만이 살인자로 하여금 또다시 살인하지 못하도록 하는 확실한 방법이라는 것을 부인할 수 없다. 그러나 사형제도 반대자들에 따르면 100% 보장에 대한 요구는 너무 지나친 요구라는 것이다. 살펴보겠지만, 특히 무고한 사람에 대한 사형 집행의 위험이 있기 때문이다. 사형 집행에 대한 반대자들은 가석방 없이 교도소에 수감하는 것만으로는 살인자로 하여금 더 이상 살인을 저지르지 못하게 할 수 없다는 것은 인정하지만, 그것은 살인자가 더 이상 살인하지 않을 충분히 높은 가능성을 제공한다고 생각한다.

사형제도의 일부 지지자들은 사형제도가 살인자를 교도소에 살게 하는 것보다 비용이 적게 들기 때문에 받아들일 수 있다고 주장한다. 반대자들은 이것을 두 가지 이유에서 반대한다. 하나는 연구 보고서에 의하면 그것은 결코 비용이 적게 들지 않는다는 것이다. 왜냐하면 무고한 사람의 사형 집행 가능성을 줄이기 위해서 만들어진 상고 제도의 비용이 너무나 많이 들기 때문이다. 둘째, 반대자들은 심지어 살인자의 생명이라 할지라도 인간 생명의 가치는 돈의 가치와 동일한 방식으로 계산될 수 없다고 말한다. 그들의 견해로는, 설사 살인자를 교도소에 수감하는 것보다 죽이는 것이 더 비용이 적게 든다고 하더라도, 비용이 더 적게 든다는 사실은 살인자의 생명을 취할 수 있는 이유가 결코 될 수 없다. 인간 생명의 가치는 돈의 가치보다 훨씬 더 높은 차원의 문제인 것이다.

2. 무고한 사람의 처형 가능성

2005년 5월, 버지니아의 범죄 연구소가 중요 살인 사건의 DNA 검사에서 실수를 저질렀다는 것이 알려졌다. 즉 연구소는 사형수 감방의 죄수들 중 24가지 사례를 포함하여 범죄 연구소에 의해 진행된 다른 150가지 이상의 사례에 대한 조심스러운 재조사를 요구했다. 외부의 평가자들은, 다른 것들에 대한 지적도 있었지만, 그들의 결론이 그들이 실제 했던 것보다 훨씬 확실하다는 것을 입증하기 위해서 연구소 요원에

3) Anthony Storr, *Human Destructiveness* (New York: Ballantine, 1991).

대한 압력이 행사되었을는지도 모른다고 말했다. 중요한 사례 중에 1982년 19세 여성을 강간하고 살해한 것으로 기소된 약한 정신박약 남성에 관한 사례가 포함된다. 아마도 진범을 확인했던 1993년에 수행된 DNA 검사는 연구소에 의한 "실수"였다. 그는 새롭게 다시 검사한 뒤 2000년에 석방되었다. 왜냐하면 검사 결과 그의 죄에 대한 심각한 의심들이 제기되었기 때문이다.[4]

2005년 11월 25일 현재, 뉴욕 소재 예시바 대학교의 벤저민 N. 카르도조 법률학교의 무고인 프로젝트(Innocence Project), 즉 사형수의 경우 새 DNA 테스트에 대해 증거를 검토하고 비용을 지불하는 조직은 1992년 이래 사형수 감방에 있는 163명의 혐의를 벗겨 주는 새로운 증거를 발견했다. (http://www.innocenceproject.org 참조.) 이러한 일은 피고가 죄를 자백한 사례에서조차 발생하고 있다! 무고인 프로젝트에 따르면 다음과 같다.

> 이러한 사례들은 자백이나 시인이 내면적인 지식이나 죄에 의해 항상 생겨나는 것은 아니며, 오히려 외적인 영향이 그 동기가 될 수도 있다는 것을 증명한다. 많은 요인들이 심문 과정에서 나오고, 결과적으로 감금·강압·홍분·능력의 감소·법률에 대한 무지·심적 장애를 위시하여 거짓 자백으로 이어진다. (위협의 형태로 취해지거나 실행된) 폭력에 대한 공포와 사형에 대한 위협도 무고한 사람이 범하지 않았던 죄를 자백하도록 만든다. …

더 나아가서,

> 이런 요인들이 없을 때조차 성인들도 장시간에 걸친 심문·극도의 피로·자백 후에 풀려날 수 있고 후에 무죄를 증명할 수 있다는 믿음과 같은 다양한 요인들로 거짓 자백을 한다.

또 다른 충격적인 경우로, 오클라호마 시의 수석 법의학 화학자인 조이스 길크리스트(Joyce Gilchrist)는 유죄 판결을 얻기 위해 왜곡했고, 실수 투성이의 검사를 했으며, 고의적으로 거짓 증언을 했다는 증거로 2001년에 직책에서 쫓겨났다. 예를 들면, 재판에서 그녀는 실제 검사상 피고인의 DNA가 명백히 존재하지 않는 것으로 드러났는데 DNA 검사가 "확정적이 아님"이라고 증언했다. 또한 그녀는 DNA 검사에서 범죄 현장에서 발견된 머리카락을 실로 오인하는 경우가 자주 있었으며, 자신의 결론

---

4) *New York Times* (7 May 2005).

과 검사의 확실성 정도를 과장했다는 사실이 밝혀졌다. 그러나 유죄 판결을 얻는 데에는 그녀가 유용했기 때문에, 그녀의 위조 작업은 몇 년간 그녀의 상사에 의해 묵인되었다.[5]

요점은 우리에게 오류가 없을 수 없다는 것이다. 우리는 실수를 하지만 그것들 중 몇몇은 의도적인 것이다. 목격자를 신뢰할 수 없다는 것이 잘 알려져 있지만, 아직까지 배심원은 종종 목격자의 증언에만 의존해서 유죄를 선고한다. 사람들이 거짓 자백을 할지도 모르지만, 아직까지 배심원은 자백에만 근거해서 유죄를 선고하는 경우도 가끔씩 있다. 증인이 거짓말을 할 수 있다. 법의학자가 실수를 하거나 검사의 결과를 위조할 수 있다. 간단히 말해서, 무고한 사람이 유죄 판결을 받고 사형 선고를 받는 일이 너무나 쉽게 일어난다는 것이다. 사형제도 반대자들은 우리가 죄 없는 사람을 죽일 위험이 있는데도 사람을 죽음에 이르게 하는 것은 나쁘고 무책임한 일이라고 주장한다. 사형제도 지지자들은 그런 위험은 극히 희박하며, 사회에 이익이 되기 때문에 그런 위험을 감수해야 한다고 주장한다. 사형제도 반대자들은 그들이 혹은 그들이 사랑하는 사람이 무고한데도 사형이 집행되었다면, 그럼에도 여전히 위험을 감수해야 하는가에 대해 확실한 태도를 취하고 수사학적인 표현을 써가면서 물을 것이다.

3. 인종과 계층에 기초한 차별

정의는 동등하게 관련된 여러 측면에서 우리가 사람들을 평등하게 대할 것을 요구한다. 이 원칙의 귀결은 사람들이 같은 죄에 대해서 같은 벌을 받아야 한다는 것이다. 그러나 주지하다시피 살인 혐의자나 유죄 확정을 받은 살인자가 모두 평등하게 다루어지는 것은 아니다. 현실은 형사사법제도가 인종과 계층에 근거한 체계적인 편견으로 병들어 있다는 것이다. 1930년부터 1990년까지 4,002명이 미국에서 사형 집행되었다.[6] 흑인이 대략 총인구의 12%를 넘지 않는데도 그들 중 50% 이상(2,122명)이 흑인이었다. 2005년에 연합통신사는 오하이오에서 희생자가 흑인이었을 때보다 백인이었을 때 사형 선고의 가능성이 2배였다고 보도했다. 살인죄로 유죄 확정된 사람은

---

5) "Oklahoma Inquiry Focuses on Scientist Used by Prosecutors," *New York Times* (2 May 2001).

6) *American Almanac: 1992-1993* (Austin, TX: Reference Press, 1992), p. 200.

민주당이 집권하는 주에서 재판받았을 때보다 공화당이 집권하는 주에서 재판받았을 때 사형 선고를 받을 가능성이 훨씬 높았다.[7]

중류 혹은 상류 계층의 백인은 죄가 동일할 때조차도 가난한 사람—흑인·백인·히스패닉—보다 사형 선고를 받을 가능성이 훨씬 낮다. 사형제도 반대자들은 경찰·검찰·판사·배심원이 인종차별주의와 편견의 폐해를 완전히 벗어날 수는 없기 때문에 사형제도는 본래 차별적 성격을 갖고 있다고 주장한다. 아프리카계 미국인·히스패닉·가난한 사람은 일반적으로 어느 누구보다도 사형 선고를 받을 가능성이 항상 훨씬 더 높을 것이다.

수천의 살인 사건들이 해마다 미국에서 발생하지만, 살인자로 유죄 판결을 받은 사람들 중에 극히 소수만 사형 선고를 받는 것 또한 사실이다. 사형제도를 비판하는 사람들은 불행한 소수자는 행운의 다수자와 어떤 점에서도 다르지 않은데도 순전히 운 때문에 잃어버린 자가 되는 이른바 거대한 로또라고 생각한다. 이 비판가들은 죽음처럼 엄중하고 최종적인 형벌은 단순한 운이 너무 많이 포함되어 있는 로또의 결과처럼 되어서는 안 된다고 생각한다. 사형제도는 인종차별주의 및 다른 형태의 불법적 차별에 너무 큰 영향을 받기 때문에, 그리고 변덕스런 행운에 너무 지배되기 때문에, 반대자들은 사형제도가 부도덕하다고 생각한다.

다른 한편으로 사형제도의 지지자들은 차별이 부당하다는 것을 인정하지만, 형사사법제도는 사형 선고에 대한 인종차별주의와 편견의 결과를 최소화하는 방법으로 개혁될 수 있다고 주장할 수도 있다. 그들은 사형제도가 **본래적으로** 차별적인 것은 아니라고 주장할 수도 있다.

4. 공리주의의 정당화는 무고한 사람의 처벌을 합법화할 수도 있다

사형제도를 정당화하는 공리주의에서 하나 문제가 되는 것은, 그러한 주장은 문제가 되는 것이 오직 결과인 경우 범죄자와 무고한 사람을 구별할 필요가 없다는 것이다. 공리주의를 비판하는 사람들은, 비록 경찰과 검사가 그들 중 몇몇이 무고하다는 것을 알았다 하더라도, 매 살인 사건마다 누군가가 유죄 판결을 받고 사형에 처해진다는 것을 확신시킴으로써 더 효과적으로 살인을 억제할 수 있다면 어찌 하겠는가라고 묻는다. 구성원 일부의 살인을 억제하려고 노력하는 공공 기관의 관점에서 본다면, 어

---

7) *Associated Press* (7 May 2005).

느 누구도 살인을 저지르고 가볍게 처벌되어서는 안 되는 것처럼 보이고, 그렇게 하는 것이 살인을 해도 가벼운 벌을 받을 수 있다고 생각할 때보다 더 효과적인 억제책이 될 것이다. (우리는 아마도 그런 시나리오는 거의 불가능하다고 생각한다. 왜냐하면 그런 비밀은 무기한 지켜질 수 있는 것이 아니기 때문이다. 그러나 이론적으로 여지는 남아 있다.) 대부분의 사람들은 범죄자의 경우라면 실형에 처해져야만 한다고 분명히 생각한다. 범죄자는 벌을 받아야만 하고 무고한 사람은 벌을 받지 않아야 한다. 그리고 우리는 벌을 받아야 마땅한 사람들에게만 벌을 주어야 한다.

III. 공과(功過)

적어도 계획적으로 살인을 한 살인자는 죽일 만한가? 앞에서 우리는 살인자들의 생명의 권리가 상실되었는지 어떤지를 증명할 방법이 전혀 없는 것처럼 말했다. 유사한 문제가 살인자는 죽어야 마땅한지라는 주장으로 나타난다. 우리는 그것을 증명할 수 있는가? 몇 가지 어려운 문제가 있다. 이 문제들은 살인자가 죽어야 마땅한지 어떤지의 문제를 복잡하게 만들고 있다. 예를 들면, 우리는 죄책감이나 양심의 가책을 전혀 보이지 않는, 회개하지 않는 살인자는 사형 선고를 받아야 마땅하다고 확신감을 가질 수도 있겠지만, 살인자가 정말로 양심의 가책과 죄책감을 느낀다면 어떻게 해야 할까? 그리고 살인자의 성격에서 범죄를 저지를 때와 사형이 집행되기까지 통상 몇 년이 걸리는 동안 중요한 변화가 일어난 상황이라면 어떻게 해야 할까? 잔인하고 무정한 냉혈의 살인자가 친절하고 동정심을 가진 사람으로 변화했다면 어떻게 해야 할까? 어떤 의미에서는 죄를 저질렀을 때의 그와 현재의 그는 같은 사람이 아닐는지도 모른다. 변화되기 전의 인물은 죽어야 마땅하지만, 변화를 통해 새롭게 탄생한 다른 사람도 여전히 죽어야 마땅한가?

텍사스의 칼라 페이 터커의 사례를 생각해 보자. 1983년 23세인 그녀는 강도짓을 하면서 두 사람을 난도질해 죽였다. 감옥에 있는 동안 그녀는 기독교인으로 다시 태어나게 되었다. (적어도 그녀와 개인적 접촉을 했던 대부분의 사람들은 그녀가 정말로 변했다는 점을 철저히 확신하였다.) 그녀가 변한 뒤에 그녀를 만난 사람들은 그녀 자신이 저질렀던 것에 대한 양심의 가책, 그녀의 친절, 다른 사람을 도우려는 그녀의 진지한 열정에 대해 얘기했다. 그들은 그녀가 매우 사랑스러운 사람이라고 생각했다. 살인 당시에 그녀는 10대 초반부터 약물에 빠진 매춘부였다. 희망 없이 파산된 가족 때문에, 역시 매춘부인 그녀의 어머니의 영향 때문에, 그녀는 열세 살에 헤로인을 시작하였고 열네 살에 매춘부가 되었다. 놀랄 일도 아니지만, 그녀는 약물 수치가 과다한 상태에서 잔혹한 살인을 저질렀다.[8] 세상이 큰 소리로 외쳐 댔지만, 그녀는 1998년 서른여덟 살에 처형되었다. 서른여덟 살에 처형된 그 여성은 살인을 저질렀을 때인 스물세 살의 그녀와는 완전히 다른 사람이었다.

사형제도의 많은 지지자들은 "눈은 눈으로"에 관한 성경의 금지 명령에 호소한다. 그렇게 될 경우 생명에는 생명이다. 그러나 적어도 기독교인들은 이 정의의 원칙을 명백히 거부했던 예수의 말을 생각해야만 한다.

> "눈은 눈으로, 이는 이로" 하고 이르신 말씀을 너희는 들었다. 그러나 나는 너희에게 말한다. 악인에게 맞서지 마라. 오히려 누가 네 오른뺨을 치거든 다른 뺨마저 돌려 대어라. 또 너를 재판에 걸어 네 속옷을 가지려는 자에게는 겉옷까지 내주어라. 누가 너에게 천 걸음을 가자고 강요하거든, 그와 함께 이천 걸음을 가 주어라. 달라는 자에게 주고 꾸려는 자를 물리치지 마라. "네 이웃을 사랑해야 한다. 그리고 네 원수는 미워해야 한다."고 이르신 말씀을 너희는 들었다. 그러나 나는 너희에게 말한다. 너희는 원수를 사랑하여라. 그리고 너희를 박해하는 자들을 위하여 기도하여라. (마태 5장 38~44절)

예수보다 오래전에 소크라테스는 정의는 우리에게 친구는 돕고 적은 해치기를 요구한다는 고대 그리스의 상식적 견해에 의문을 가졌었다. 소크라테스는 훌륭한 사람은 친구든 적이든 어떤 이도 고의적으로 해치지 않을 것이라고 확신했다.

IV. 의사결정 능력 : 나이, 정신 건강, 지능

사람들은 도덕적으로 자신의 행위에 대해 책임을 질 수 있을 때만 처벌받아야 마땅하다. 도덕적 책임에 대한 중요한 요구는 의사결정 능력이다. 의사결정 능력은 이성적 기능이다. 그의 신념과 행위가 이성의 통제 아래에 있고, 그의 이성이 충분하게 발달되어 있을 때에만 그에게 의사결정 능력이 있는 것이다. 이것은 나이·정신 건강·지

8) Sister Helen Prejean, "Death in Texas," *New York Review of Books* (13 January 2005).

능의 기능이다. 다섯 살 아이가 그의 행위에 도덕적으로 책임이 없다는 것은 논쟁거리가 될 수 없다. 다섯 살 아이가 누군가를 죽였다 하더라도, 실제로 어떤 사람도 그 아이가 사형을 받아야 마땅하다고 생각하지 않을 것이다. 마찬가지로 누군가가 격심한 정신병으로 고통스러워하는 심각한 정신질환자인데 그가 살인을 했다면, 그에게 도덕적 책임이 있기 때문에 그를 사형에 처해야 마땅하다고 주장하는 사람은 거의 없을 것이다. 마지막으로 누군가가 IQ 50으로 심각한 정신지체가 있다면 동일한 것이 적용된다. 우리 중 대부분은 다섯 살 어린이·심각한 정신질환자·심각한 정신지체인은 의사결정 능력이 없으며, 따라서 누군가를 살해하더라도 도덕적으로 책임을 질 수 없고, 사형 선고에 처해져서는 안 된다고 생각한다.

그러나 이 모든 것은 정도의 문제이다. 열 살 아이는 일반적으로 다섯 살 아이보다 더 많이 성숙하고 의사결정 능력이 있으며, 열다섯 살은 훨씬 더 성숙하고 의사결정 능력이 있다. 살인을 저지를 경우 사형을 받아야 마땅한 나이는 몇 살인가? 10세인가, 15세인가, 16세인가, 18세인가, 21세인가? 현재 서구 대부분의 나라들은 18세 전에 살인을 한 사람은 어느 누구도 사형에 처해져서는 안 된다는 데 동의하는 것 같지만, 미국에서는 많은 사람들이 이에 동의하지 않는 것 같다. 어떤 사람은 15세나 16세의 나이도 살인을 저지를 경우 사형에 처해져야 마땅하다고 생각하는 것처럼 보인다. 마땅히 사형에 처해져야 할 최소한의 나이는 몇 살이어야 하는가? 사형에 처해지기 위해서는 어느 정도의 의사결정 능력이 있어야만 하고, 언급한 다양한 나이의 사람들은 어느 정도 의사결정 능력이 있는가?

정신 건강 역시 정도의 문제이다. 정신병에 더한 신경증의 증세 및 몇몇 정신병은 다른 정신병보다 훨씬 심각하고, 어떤 사람의 의사결정 능력을 더 많이 침식시킨다. 정신병이 생겼을 때 사형에 처할 만한 경우와 그렇지 않은 경우 가운데 어디쯤에 선이 그어져야겠는가?

마지막으로, IQ 검사에 의해서 일반적으로 측정된 "지능"의 문제가 있다. IQ 90에서 IQ 110까지는 평균이다. 살인자가 80의 IQ, 70의 IQ, 60의 IQ면 어떻게 해야 할까? 몇 이하가 되어야 살인을 저지르더라도 사형에 처해져서는 안 되는가? 즉 몇 이하가 되어야 도덕적 책임을 완전히 질 수 없을 만큼 의사결정 능력이 충분치 않다고 생각되며, 따라서 사형에 처해져서는 안 되는가?

연습문제

1. 사형제도의 반대자에게 그것이 도덕적으로 허용될 수 있다는 사실을 설득하기 위한 논증을 구성해 보라.
2. 사형제도의 찬성자에게 그것이 부도덕하다는 것을 설득하기 위한 논증을 구성해 보라.
3. 당신은 사형제도가 도덕적으로 옳다고 생각하는가?
4. 당신이 가장 사랑하는 사람이 살인을 저질렀다면, 당신은 그 사람이 죽음의 처벌을 받아야 마땅하다고 생각하는가? 당신의 대답을 칸트의 정언명법의 보편적 법칙의 정식을 적용하는 논증으로 변형시켜라.
5. 당신은 도덕적 책임을 위해 요구되는 의사결정 능력의 개념을 어떻게 정의할 것인가?
6. 당신은 어떤 살인자가 어린 시절 끔찍한 학대와 박탈로 인해 고통 받았다는 사실을 안다고 가정해 보자. 이러한 사실은 그가 마땅히 사형 선고를 받아야 하는지에 대한 당신의 견해에 영향을 줄 것인가?
7. 살인을 저지른 나이가 몇 살일 때 사형 선고를 내릴 수 있는가?

관련 자료

Hugo Adam Bedau ed. *The Death Penalty in America*, 3d ed. New York: Oxford University Press, 1982.

Joseph Dillon Davey. *The New Social Contract: America's Journey from Welfare State to Police State*. New York: Praeger, 1995.

Lawrence M. Friedman. *Crime and Punishment in American History*. New York: Basic Books, 1993.

Jonathan Glover. *Causing Death and Saving Lives*. Harmondsworth, England: Penguin, 1977. (제18장 참조)

Thomas Mappes and Jane Zembaty eds. *Social Ethics: Morality and Social Policy*, 3d ed. New York: McGraw-Hill, 1987. (제3장 참조)

Jeffrie G. Murphy ed. *Punishment and Rehabilitation*, 3d ed. Belmont, CA: Wadsworth, 1995.

Jan Narveson ed., *Moral Issues*. New York: Oxford University Press, 1983. (제111절 참조)

Neil Weiner, Margaret Zahn, and Rita Sagi eds. *Violence: Patterns, Causes, Public Policy*. Orlando, FL: Harcourt Brace Jovanovich, 1990.

인터넷 자료

Catholic Bishops of the United States, *Responsibility, Rehabilitation, and Restoration: A Catholic Perspective on Crime and Criminal Justice* (http://www.nccbuscc.org/sdwp/criminal.htm).

제 15 장

전쟁과 평화

- 평화의 개념과 평화주의자의 견해 이해
- 정당한 전쟁 이유의 개념 이해와 응용
- 합법적 당국에 의한 전쟁 권한 부여의 개념 이해와 응용
- 최후의 수단 및 상응하는 대책의 개념 이해와 응용
- 전쟁 수행에서의 정의 기준 이해와 응용
- 전쟁 결과에서의 정의 기준 이해와 응용
- 재래식 무기와 비재래식 무기 간의 차이 이해 및 비재래식 무기의 도덕적 위상에 관한 합리적 결론 도출
- 전쟁 억제력의 개념 및 그런 억제력이 취할 수 있는 형식 이해. 전쟁 억제력의 도덕적 허용 가능성과 한계에 관한 합리적 결론 도출

I. 서론

세계는 길고도 유감스러운 전쟁의 역사를 가졌다. 미국은 전쟁, 즉 미국 독립 전쟁으로 탄생했다. 유럽 식민지 팽창은 1832년의 블랙호크 전쟁[역자 주 : 미국인들이 미시시피 강을 넘어 서쪽으로 개척해 나가면서 있었던 일련의 인디언들과의 전쟁 중 하나. 소크(Sauk)족의 추장이었던 블랙호크가 주변 부족과 함께 백인의 침입에 저항했지만 결국 패배하여 더 먼 서쪽으로 쫓겨남.], 1830년대의 세미놀 전쟁[역자 주 : 미국 남북 전쟁 이전에 미국과 플로리다의 세미놀 인디언 간에 일어났던 세 차례의 싸움(1817~1818, 1835~1842, 1855~1858). 이 싸움으로 미국은 백인들이 개척하여 정착하고 싶어 했던 영토를 확보할 수 있게

됨.], 그리고 1870년대에 있었던 수 전쟁(Sioux War)[역자 주 : 수족(Sioux Indians)과 개척자 또는 미국 군대와의 사이에서 벌어졌던 일련의 작은 전투(1854~1890)]을 포함한 인디언과의 일련의 전쟁을 불러일으켰다. 1846년에 미국은 지금의 텍사스 지역을 빼앗기 위해 멕시코와 전쟁을 했다. 1861년부터 1865년까지 남부의 주들은 연합에서 탈퇴하려고 했기 때문에 그리고 북부의 주들은 이를 막으려고 했기 때문에 미국인들은 남북전쟁을 치렀다. 1898년 미국은 스페인과 싸웠다. 1917년 미국은 제1차 세계대전에 참여했고, 1941년에는 제2차 세계대전을 시작했다. 1950년대에 미국은 한국에서 싸웠고, 1960년대와 1970년대에는 인도차이나(베트남·라오스·캄보디아)에서 싸웠다. 1980년대에는 그레나다와 파나마를 침공했다. 1991년 미국은 이라크의 점령으로부터 쿠웨이트를 해방시키기 위해 중동 지역에서 싸웠다. 2001년에서 2002년까지 아프가니스탄에서 탈레반과 싸웠고, 2003년 이라크를 침공했다.

인간 역사상 얼마나 많은 전쟁이 일어났는지 아무도 모르며, 전쟁 결과 얼마나 많은 사람들이 죽었는지도 모른다. 하지만 그 수는 분명히 엄청나다. 20세기에 일어난 주요 전쟁에서 군인과 민간인을 포함하여 수천만 명의 사람들이 죽었고, 수천만 명이 부상을 입었으며, 엄청난 재산이 파손되었다. 희생자는 남녀노소를 불문한다. 어떤 사람들은 전쟁의 해악과 관련된 측면이 제거된 이미지를 공급하는 텔레비전과 영화를 보고는 전쟁을 영웅적이고 낭만적이며 흥분을 일으키는 것으로 생각한다. 패스트푸드 음식점에서 햄버거를 뒤집거나, 식료품점에서 식료품들을 자루에 넣거나, 사무용 책상 위의 서류들을 정리하는 것들과 비교해 본다면, 전쟁은 스릴 만점이고 모험적이며 평화로운 생활의 지루한 일상으로부터의 해방으로 보일지도 모른다. 그러나 어떤 사람들에게는 전쟁이 아무리 멋지고 전율을 일으키며 흥분을 일으키는 것으로 보일지라도, 대부분의 사람들에게 전쟁은 자주 거대한 규모의 죽음·파괴·상해·고통밖에 주지 않는다. 사람들은 나치가 런던을 공습할 때처럼 그리고 일본의 중국 난징(南京) 약탈 때처럼 폭발로 날아가 죽고 압사(壓死)하고 불에 타 죽고 찔려서 죽고 사살된다. 그들은 제2차 세계대전 때 드레스덴의 소이탄 공격의 경우에서처럼 때로는 산 채로 불태워지기도 하고, 화재로 인해 질식사하기도 한다. 히로시마와 나가사키에서와 같이 사람들은 원자폭탄에 의해 흔적도 남기지 않고 죽었다. 식량 공급의 차단·기간 산업의 파괴나 적군 봉쇄로 인하여 아사했다. 그들은 전쟁으로 인해 발생한 질병 그리고 병원·의약품·의료진의 파괴로 인해 악화된 질병으로 사망했다. 어떤 사람들은 순식간에 고통도 없이 사망했고, 또 어떤 사람들은 천천히 고통스럽게 죽었다. 그들은 생명을 잃지 않는다면 팔다리를 잃거나, 눈을 잃거나, 내부 장기를 잃을지도 모른다. 즉 영구히 절뚝거리거나, 불구가 되거나, 아니면 추하게 될 수도 있다. 전쟁은 사람들을 죽게 하는 것 말고도 사람들이 생존하는 데 필요한 재산을 파괴하고, 재산과 사랑하는 사람을 상실하는 데서 오는 격렬한 감정적 고통과 분노를 일으킨다.

국가들은 전투를 하고 있지 않을 때도 전쟁 준비를 하는데, 육군·해군·공군에 임금을 지불하고 군장비를 마련하는 데 막대한 경비를 쓴다. 단지 20세기 말에 국한한다 하더라도 그 액수는 놀랄 만하다. 1970년에서 1990년까지 세계는 군대에 대략 17조 달러를 썼다. 1990년까지 연간 세계 군 소비액은 대략 1조 달러이다. 세계 GNP의 약 5%는 군대에서 사용한다. 다른 목적으로 쓸 수 있는 돈인데도 말이다.[1)]

유엔에서 발간한 『인간개발보고서 2000』에 따르면, 1998년에 미국은 GDP의 3.2%를 군에 사용했는데 3,250억 달러가 넘는다. 군함·탱크·폭격기·미사일·군사 시설·군인들에게 사용된 금액은 교육·건강 관리·주택 공급·아동 보호·운송·기타 다른 시민을 위한 재화와 서비스에 쓸 수도 있었던 돈이다.

어떤 종류의 이유로도 전쟁이 발발했다. 때로는 전적으로 방어적이지만, 때로는 순전히 침략적이다. 국가들은 공격으로부터 스스로를 보호할 목적으로 전쟁을 할 수도 있지만, 또한 영토를 얻기 위해, 경제적 자원을 획득하기 위해, 세력을 확장하기 위해, 분쟁을 해결하기 위해, 중요한 이익을 보호하기 위해 다른 국가들을 침략할 수도 있다. 모든 형태의 전쟁이 가능하다. 어떤 군대는 민간인들을 공격해서 대량살상할 수 있고, 전쟁 포로들을 처형하며, 포위해서 굶겨 죽이고, 재래식 무기·화학 무기·생물학 무기·핵무기를 가지고 도시들을 폭격한다. 독을 넣은 물을 공급하고, 적국에 초목을 죽이는 고엽제를 살포한다. 적국의 지도자를 암살하기도 한다.

따라서 전쟁과 평화에 관한 두 가지 근본적인 도덕 문제가 발생한다. 첫째, 그렇다면 조직화된 전쟁의 폭력에 호소하는 것이 어떤 조건하에서 도덕적으로 허용될 수 있는가? 둘째, 전쟁 중에는 모든 것이 도덕적으로 허용될 수 있는가? 아니면 전쟁 수행 중이라도 도덕적 허용의 한계가 있는가?

이 질문들은 전쟁을 할 것인지 그리고 어떻게 전쟁을 할 것인지를 결정해야 하는 국가 지도자뿐만 아니라 일반 시민들에게도, 특히 민주주의에서는 중요한 것이다. 일반 시민들은 전쟁을 찬성하는 정치 후보자에게 찬성 투표를 할지 아니면 반대 투표를 할지 여부를 결정해야만 한다. 그리고 그들의 지도자가 시작한 혹은 시작할 우려가 있는 전쟁을 공식적으로 지지하는지 아니면 반대하는지 여부를 결정해야만 한다.

---

1) Mostafa K. Tolba, *Saving Our Planet* (London: Chapman & Hall, 1993), pp. 210-211.

그들은 전쟁 의용병으로 참여해야 할지, 징집에 동의할지, 군대에 그대로 있을지, 군수업체에서 일할지를 결정해야 할지도 모른다. 전쟁 수행 중이라면 무방비 상태의 민간인을 대량학살하라고 아니면 민간인들로 가득 찬 도시를 폭격하라고 요구하는 상관들의 명령을 따라야 할지를 결정해야만 할지도 모른다. 전쟁을 해야 하는지 그리고 어떻게 싸워야 하는지에 대한 도덕적 제한이 있다면, 그것들은 국가 지도자뿐만 아니라 일반 시민에게도 적용되어야 한다.

II. 평화

전쟁의 반대는 평화이다. 그러나 평화는 다른 형태로 온다. 한 가지 점에서 평화는 단지 전투의 부재이다. 하지만 그것은 그다지 확고한 평화의 형태는 아니다. 요컨대, "무덤의 평화"가 있다. 죽은 자는 싸우지 않는다. 또한 1945년에서 1989년까지 미국과 소련 간에 있었던 "냉전"의 평화가 있다. 그들은 "평화" 중이었지만 언제나 서로를 겨냥하는 핵무기를 보유하고 있었고, 1962년 쿠바 미사일 위기 때는 그것을 거의 사용할 뻔했다. 또한 이스라엘과 그 주변국들이 실제로 싸우지 않을 때 그들의 관계를 생각해 보라. 그것은 상당히 불안전하고 적의가 있는 평화이다. 그래서 지도자(그리고 국민)의 의도와 태도는 "진정한" 평화인지 아닌지와 관련성을 가진다.

보다 나은 유형의 평화는 단지 싸우지 않을 때가 아니라 사람들 간에 적의와 두려움이 없을 때이다. 그러나 그것조차도 대부분의 종교적 전통에서 이야기하는 평화에 대한 충분한 시각에 도달하려면 멀었다. 사람들은 평화로울 수 있지만 서로에게 전혀 무관심할 수 있다. 예컨대, 미국이 한 주변국을 침략할 의도가 없을 뿐만 아니라 심지어 그 나라에 재앙이 들이닥친다 해도 최소량의 원조도 해 줄 의도가 없다고 가정해 보자. 그것이 원한을 갖는 것보다는 낫겠지만, 여전히 "진정한" 평화의 비전을 보여 주는 것은 아니다. 평화는 적개심이나 무관심이라기보다는 형제애·우정·사랑의 정신에서 나온다. 평화는 소극적—전쟁의 부재—일 뿐 아니라 적극적—자비·동정심·정의의 행위 실천—이기도 하다.

1. 평화주의

많은 사상가들에 따르면, 국가 내적으로나 국가들 간이나 평화가 최우선 목표여야 한다. 어떤 사람들은 아무리 비극적이라 해도 평화를 유지하는 유일한 방법은 전쟁을 준비하는 것이고, 나아가 때로는 평화를 되찾는 유일한 방법도 평화를 위해 싸우는 것이라고 생각한다. 다른 한편으로, 평화주의자들은 전쟁이 두 가지 이유에서 정당화될 수 없다고 생각한다. 첫째, 아무리 목적이 합법적이라 해도 전쟁은 그 목적을 성취하기 위한 부도덕한 수단이다. 둘째, 전쟁은 궁극적으로 보면 효과가 없다. 언제나 폭력은 긴 안목으로 보면 평화보다는 더 많은 폭력을 야기할 뿐이다. 평화주의자들은 어떻든 전쟁에 참여하는 것을 거부함으로써 그들의 원칙을 실천한다. 그들은 군복무를 하지 않을 것이고, 탱크나 폭격기를 생산하는 회사와 같은 군수업체에서 일하지 않을 것이다. 많은 사람들은 전쟁을 반대하고 가장 깊이 있는 평화를 지지하면서 적극적인 사회운동을 벌인다. 어떤 사람들은 군을 지원하는 데 이바지하는 세금 납부를 거부한다.

많은 평화주의자들은 전쟁은 조직화된 살인 이외에 아무것도 아니라는 주장인 구약 성경의 율법인 "살인해서는 안 된다."와 같은 종교적 가르침에 호소한다. 그리스도교적 전통의 평화주의자들은 산상수훈에 있는 예수의 말을 지목한다.

> "눈은 눈으로, 이는 이로." 하고 이르신 말씀을 너희는 들었다. 그러나 나는 너희에게 말한다. 악인에게 맞서지 마라. 오히려 누가 네 오른뺨을 치거든 다른 뺨마저 돌려 대어라. 또 너를 재판에 걸어 네 속옷을 가지려는 자에게는 겉옷까지 내주어라. (마태 5장 38~40절)

평화주의자들은 전쟁이 무고한 사람들의 가장 근본적인 도덕적 권리, 즉 생명의 권리를 침해한다고 주장한다. 그들의 견해로는 아무리 선한 이유라 하더라도 그 이유가 전쟁의 악을 능가할 수는 없다는 것이다. 따라서 덕은 평화 쪽에 있는 것처럼 보이고, 악덕은 전쟁 편에 있는 것처럼 보인다. 친절·동정·연민·사랑 때문에 사람들은 전쟁을 개탄한다. 잔악함·냉담·무자비·고통에 대한 무관심·탐욕·거만·증오는 전쟁 쪽에 영향력을 갖는다.

또한 평화주의자들은 전쟁을 통해 평화가 지탱되고 유지되었다는 전쟁에 대한 미덥지 않은 기록을 지적한다. 예컨대, 제1차 세계대전은 제2차 세계대전의 발발 원인이 되었고, 제2차 세계대전은 미국과 소련 사이의 냉전의 원인이 되었다. 냉전 때문에 동유럽의 진압뿐만 아니라, 인도차이나·중앙아메리카·남아메리카에서 일어났던 전쟁들처럼 수많은 보다 작은 규모의 전쟁들이 발발했다. 중동 지역에서 일어났던 전쟁들로 평화가 생겨난 것은 아니었다. 그 전쟁들은 단지 더 많은 전쟁과 끊임없는 적개심·불안전을 만들어 냈다. 시리아에 대한 나토의 폭격은 코소보에서 알바니아인에 대한 세르비아인의 잔악한 행위를 증가시켰다. 이스라엘인에 대한 팔레스타인 주민의 폭력과 팔레스타인 주민에 대한 이스라엘인의 폭력은 그들 간에 평화를 이끌어 내지 못했다. 전쟁과 폭력은 혐오와 적개심을 낳지, 사랑과 우정을 낳지 않는다. 평화주의자들은 영속적인 "진정한" 행복은 폭력과 증오를 비폭력과 우정으로 대체함으로써만 성취될 수 있다고 생각한다.

신중한 평화주의자들이 악과 싸우는 것을 포기하지 않아야 한다고 강조하는 것은 중요하다. 폭정이나 대규모적인 인권 침해에 직면하여 무저항(passivity)하라고 권고하는 것은 아니다. 오히려 마하트마 간디와 마틴 루터 킹이 그랬던 것처럼, 그들은 적극적으로 투쟁하기를 주장한다. 그것은 바로 폭력적이기보다는 비폭력적인 투쟁이다.

2. 간디

간디(Mohandas K. Gandhi, 1869～1948)는 1893년부터 1914년까지 남아프리카에서 인도인들과 다른 "유색" 인종들의 평등권을 위해 투쟁하였을 때 처음으로 세계의 주목을 받았다. 그는 급진주의로 바뀌었던 당시 남아프리카에서 활동하던 훌륭한 교육을 받은 인도 출신의 변호사였다. 그는 일등석 철도 객차 티켓을 가지고 있었지만, 안내자는 그에게 "유색인"들이 타는 삼등석으로 옮기라고 지시했다. 자리 옮기기를 거절했을 때, 그는 열차에서 쫓겨났다. 이 굴욕적인 경험은 편견과 차별의 현실에 대해서 그의 눈을 뜨게 했고, 그는 인종차별법을 바꾸고자 노력하는 인도 공동체의 지도자가 되었다. 1906년에 트란스발 지역은 인도 사람과 다른 아시아계 사람들에게 당국에 등록하도록 요구하고 신분 카드를 주었다. 간디는 설사 그것이 감옥행을 의미한다 할지라도 등록하는 것을 거부하고 다른 사람들도 그렇게 하기를 독려함으로써 법에 대해 비폭력 저항 운동을 시작했다. 그는 낙담한 인도인들이 그 가증스런 법에 따르지 않도록 하기 위해 면허 당국을 감시하는 조직을 구성하였다. 그러나 그는 자신들의 수단은 비폭력이라는 것을 주장하면서 감시반들에게 등록하고자 하는 어떤 사람도 괴롭혀서는 안 된다고 경고했다. 1907년에 간디는 체포되고 고소당했으며 투옥되었다. 그는 그의 추종자들이 남아프리카의 감옥을 채우도록 독려했다. 그 법은 1911년까지 폐지되지 않았다. 간디는 자신의 비폭력 저항의 기법을 **비폭력 불복종주의**(satyagraha)라고 불렀다. 비폭력 불복종주의는 영혼의 힘, 즉 사랑과 진실의 힘을 물리적 힘과 대립시키는 것이다.

1913년 간디는 남아프리카의 부당한 이민 법안에 반대하는 또 다른 비폭력 불복종주의를 이끌었고, 또다시 그의 추종자들이 법에 저항하고 감옥을 채우도록 독려했다. 그는 체포되고 또다시 투옥되었지만 그의 운동은 성공적이었다. 혐오스런 법이 폐지되었다. 간디는 그다음 남아프리카를 떠나 인도에 있는 자신의 집으로 갔다.

그 당시 인도는 영국의 지배하에 있었다. 곧바로 간디는 인도의 유린된 가난한 사람들의 삶을 향상시키고, 불가촉천민을 혐오하는 힌두 카스트의 편견을 없애며, 힌두-이슬람 통일을 이루기 위한 지칠 줄 모르는 운동가가 되었으며, 동시에 인도의 자결권과 자유를 쟁취하기 위해서 영국의 추방을 위해 노력하는 집단의 지도자가 되었다. 그의 비폭력 불복종주의 운동은 언제나 시민 불복종에 의존하는 비폭력적 성격의 운동이었다. 때때로 그는 법을 어겼고 기꺼이 감옥에 갔다. 때때로 그는 그의 적들과 추종자들 모두의 마음과 정신을 변화시키기 위해서 생명을 잃을 가능성이 높은 단식을 하기도 하였다. 때때로 그는 예컨대 영국 옷에 대한 불매운동을 하였다. 종종 그는 성공하였고, 때로는 성공하지 못했다. 그러나 궁극적으로 그의 운동은 영국이 인도 통치를 포기하도록 압박하였다. 애석하게도 그는 힌두-이슬람 간의 폭력을 막을 수 없었다. 영국이 인도를 떠났을 때, 수백만 명의 사람들은 힌두교도와 이슬람교도로서 서로를 죽이고 죽임을 당했다. 그 땅은 쪼개져서 수백만 명의 힌두 피난민들은 힌두교 국가인 인도로 도망갔고, 수백만 명의 이슬람교 피난민들은 새롭게 만들어진 이슬람 국가인 파키스탄으로 도망쳤다.

평화인(人) 간디는 불가촉천민을 인정한 고대 힌두의 카스트 제도를 없애고자 한 그의 노력, 그리고 힌두교인과 이슬람교인 사이의 적의를 없애기 위한 그의 노력에 대해 특히 반대했던 힌두 과격 투사[역자 주 : 마하라슈트라 주의 브라만 출신인 나투람 고드세]에 의해 1948년 암살되었다. 그러나 그의 유산과 교훈은 계속 살아남아 있다.

간디는 그의 비폭력 철학을 아힘사(ahimsa, 不殺生戒)라는 힌두교의 덕(德)에 토대를 둔다. 그가 제시한 바에 따르면 다음과 같다.

> 아힘사의 소극적 형식에서 그것은 신체든 정신이든 간에 어떤 살아 있는 존재도 해치지 않는 것을 의미한다. 그러므로 나는 어떤 범죄자도 해치지 않고, 혹은 그에게 어떤 나쁜 감정을 품지 않으며, 그렇게 함으로써 그를 정신적으로 고통스럽게 하지 않을 것이다. … 아힘사는 범죄자라고 생각되는 사람들에 대한 의도적 상해를 요구하는 것이 아니라, 그 사람의 의도적인 자기 고통을 요구한다. 그것의 적극적 형식에서 아힘사는 가장 큰 사랑, 가장

> 큰 자비를 의미한다. 만약 내가 아힘사를 따르는 사람이라면, 나는 나의 적을 사랑해야만 한다. 나는 나의 범죄자 아버지나 범죄자 아들에게 적용하는 규칙과 똑같은 규칙을 나의 적인 범죄자나 나의 이방인에게 적용해야 한다. 적극적인 아힘사는 필연적으로 진실과 두려워하지 않음을 포함한다.[2)]

사랑은 아힘사의 핵심이다. 증오심과 나쁜 감정은 전혀 그것과 양립할 수 없다. 그는 "비폭력은 사랑·동정·용서"[3)]를 의미하고 "우리에게는 우리가 창조할 수 없는 생명을 파괴할 권리가 없다. …"[4)]고 말한다.

더 나아가, 간디는 "아힘사의 실천은 가장 큰 용기를 불러일으킬 것"이라고 주장하는데, 왜냐하면 그것의 실행자는 기꺼이 악·부정의와 싸우기 위해서 자신의 목숨을 내놓을 것이기 때문이다. 평화와 정의를 위한 투쟁에서의 승리는 힘을 요구하지만, 간디에 따르면 "힘은 육체적인 능력으로부터 나오지 않는다. 그것은 불굴의 의지로부터 나온다."[5)] "비폭력은 … 사악한 사람의 의지에 대한 무력한 복종을 의미하지 않고, 그것은 전제 군주의 의지에 반대하여 자신의 총체적 영혼에 저항하는 것을 의미한다."[6)] 비폭력의 힘은 또한 가장 어려운 덕인 극기(克己)를 요구한다. 우리를 다치게 한 사람들에게 복수하고자 하는 일종의 강렬한 유혹에 저항하는 것은 매우 어렵다. 보복에 대한 유혹을 이기는 것은 우리의 적을 말살시키기 위한 유혹에 굴복하는 것보다 더 많은 힘을 요구한다.

간디는 비폭력이 장기적으로 폭력보다 더 효과적이라는 것을 강하게 믿었다. 우리가 옳다면 고통을 주기보다는 고통을 수용하는 경우에 반드시 우리의 적의 마음과 정신이 변화할 것이다. 그의 목적은 "강제가 아니라 변화"[7)]였다. 1922년 인도 독립을 거부했던 영국에 대한 글에서 간디는 "어떠한 사람도 꺾이지 않는 영국인의 본성을 비난해서는 안 된다. 가장 딱딱한 '기질'은 사랑의 불로 녹여야만 한다. … 영국인이

---

2) *The Penguin Gandhi Reader*, ed. Rudrangshu Mukherjee (New York: Penguin, 1993), pp. 95–96.

3) Ibid., p. 107.

4) *The Essential Gandhi*, ed Louis Fischer (New York: Vintage, 1962), p. 211.

5) *The Penguin Gandhi Reader*, p. 99.

6) Ibid., p. 100.

7) Ibid., p. 74.

나 다른 사람의 본성이 반응하지 않을 때, 불이 있는지는 모르지만 충분히 강하게 타오르고 있지는 않다."[8]고 말했다. 만약 우리가 진정으로 아힘사를 실천하고 우리의 마음에 미움보다는 사랑이 채워진다면 적은 반응할 것이다. 우리가 적에게 다가가는 데 실패했다면, 그것은 우리의 마음을 사랑으로 충분히 채우지 못하고 증오가 마음 안으로 들어왔기 때문이다. 간디는 실제로 어떤 인간도 다른 사람을 고통스럽게 만들기보다 고통을 기꺼이 받고자 하는 비폭력 불복종주의의 용기에 의해 움직이지 않을 만큼 부패하고 타락하지는 않았다고 믿었다.

미국에서의 시민 권리 운동을 생각해 보자. 이 운동은 보복하지 않고 고통을 그대로 받아들이는 다수의 무고한 흑인을 텔레비전이 보여 주었을 때 일반 사람들의 자각으로 확대되어 나갔다. 사람들의 마음과 정신은 흑인들이 개에게 물리는 것을 보았을 때, 소화 호스의 공격을 받는 모습을 보았을 때 변화되었다. 한 해석에 따르면, 고통을 받아들이는 그들의 모습은 흑인 차별법과 권리 거부의 종결로 이어졌다. 또 다른 실제 사례는 제2차 세계대전 시 덴마크 사람들의 사례이다. 나치가 모든 유대인들에게 다윗의 노란 별을 착용하도록 명령했을 때, 덴마크 왕은 공식석상에서 코트에 다윗의 노란 별을 부착하고 나타났다. 거의 모든 덴마크 사람들이 그것을 따랐다. 유대인의 신원을 확인하고 그들을 집중 캠프로 강제 이주시키는 데 나치 당국에 협력했던 많은 프랑스 시민들과 달리, 실제로 어떠한 덴마크 시민도 협조하지 않았다. 결과적으로 많은 프랑스의 유대인들은 나치 대량학살의 희생자가 되었던 반면, 덴마크 유대인들은 거의 희생되지 않았다. 덴마크에서는 심지어 나치에 대항하는 비폭력 저항이 일어났다.

증오와 폭력은 더 많은 증오와 폭력 이외의 어떤 것도 낳지 않는다. "우리의 비폭력은 폭력·증오·악의를 낳지 않아야 한다."[9] 이것들은 평화와 정의를 위한 어떤 확고한 토대도 없다. 그러나 폭력은 또한 적에 대해 두려움을 준다. 적은 계속해서 두려움을 느끼는 한 행동을 변화시킬 것이다. 두려움이 사라지면 그는 그의 본래 행동으로 되돌아갈 것이다. 마음과 정신이 두려움에 의해 변화된 적은 없었다. "두려움에 의해 생겨난 것은 두려움이 지속되는 한에서만 유지될 수 있다."[10] 간디가 지적하고 있는 바에 따르면, 비폭력은 단지 살펴보는 정도로도 역사 전반에 걸쳐 그것이 매우

8) Ibid., p. 103.

9) Ibid., p. 105.

10) Ibid., p. 41.

효과적임을 알 수 있다. 예를 들어, 우리가 폭력을 가지고 가족 삶의 충돌을 해결하고자 한다면 그것은 결코 성공할 수 없다. 모든 당사자들이 협상이나 타협을 마땅히 받아들이는 비폭력적인 해결만이 영속적인 해결책이다. 폭력적 해결은 가족을 갈기갈기 찢어 놓는다. 그러므로 간디는 "나는 폭력에 반대한다. 왜냐하면 폭력은 선한 것을 하는 것처럼 보인다고 하더라도 그것은 단지 일시적인 것이고, 그것이 행하는 악은 영속적인 것이기 때문이다."[11]

간디는 사람들이 옳은 것과 정의로운 것에 대해 실수를 할 수 있다는 것을 인정한다. 그는 우리의 잘못된 신념 때문에 다른 사람을 고통스럽게 만드는 것은 가증스런 일이라고 생각한다. 만약 비폭력을 실천한다면, 우리의 실수 때문에 고통 받는 유일한 사람은 우리이다. 인종차별과 백인 우월주의를 지속하기 위해서 아프리카계 미국인에 폭력을 행사한 남부 백인들을 생각해 보자. 그들의 이유는 부당했다. 만약 그들이 너무 강하게 그것을 믿고 있었다면, 그들은 그것을 위해 죽이기보다는 그것을 위해 기꺼이 죽어야만 했다. 대신에 그들은 자신들의 잘못된 신념을 더 조장하기 위해서 다른 사람들을 끔찍하게 고통스럽게 만들었다. "만약 이러한 힘의 종류(비폭력 불복종주의)가 부당한 이유로 사용된다면, 그것을 사용한 사람이 고통을 받는 유일한 사람이다. 그는 자신의 실수 때문에 다른 사람을 고통스럽게 만들지 않는다."[12]

어떤 개인들과 집단들은 부당한 것 혹은 부당하다고 생각되는 것에 직면하여 아힘사와 비폭력 불복종주의의 의무를 가지고 간디를 따르고자 하는 반면, 많은 사람들은 그렇게 하지 않는다. 미국의 마틴 루터 킹 목사와 남아프리카의 투투 주교는 간디의 발자취를 따랐다. 그러나 팔레스타인 사람들과 이스라엘 유대인들, 아일랜드 사람들과 영국 사람들, 알바니아 사람들과 세르비아 사람들, 후투족과 투시족 사이의 충돌은 모두 폭력적인 것이었다. 어떠한 국가, 심지어 간디 자신의 고국 인도에서도 폭력을 쉽게 그만둘 것 같지 않다. 인도와 파키스탄은 1948년 그들의 독립 이래로 일차적으로 카슈미르 지역과 관련하여 세 번의 전쟁을 치렀다. 그들은 모두 핵무기를 보유하고 지속적으로 서로가 서로를 향해 폭력으로 위협했다. 그들은 여전히 죽음과 부상으로 이어지는 소규모 접전을 벌이고 있으며, 2002년에 두 나라는 위험스럽게도 또 한 번의 전쟁 상황에 직면하기도 했다.

국가들은 여전히 안전을 위해서 군대에 의존한다. 미국과 같은 일부 국가는 핵

---

11) *The Essential Gandhi*, p. 201.

12) *The Penguin Gandhi Reader*, p. 48.

무기에 의존한다. 많은 지도자들과 보통 사람들은 간디와 똑같은 이유로 전쟁과 폭력을 개탄하지만, 실제로 지구상의 모든 국가 지도자들은 폭력은 중요한 이익을 위해 필요할 때가 있고, 필요성 때문에 정당화된다고 믿는다. 비폭력 수단이야말로 언제나 중요한 이익을 보호하고 그들이 가장 원하는 것을 얻게 한다는 것을 믿는 지도자는 아무도 없다.

예를 들어, 간디는 제2차 세계대전 동안 나치의 유럽 침공에 저항하기 위해 폭력보다는 비폭력 불복종주의를 재촉했다. 그는 나치 군인들을 죽이는 것보다 비폭력적으로 저항하고 협력을 거절하면서 죽는 것이 더 나을 것이라고 말했다. (유명하게도, 간디는 나치 학살에 저항하거나 항의하는 방법으로서 홀로코스트 기간 동안 유럽의 유대인들이 자살하거나 자신을 죽게끔 내버려 두는 것이 좋겠다고 제안했다. 그는 그것이 폭력으로 저항하는 것이나 집중 캠프의 가스실로 갈 때 차에서 뛰어내리는 것보다 더 낫다고 생각했다.) 그러나 많은 사람들은 그것은 나치의 승리를 확실히 하고, 모든 유럽 유대인들에 대한 종말을 확실히 할 것이라고 믿는다. 그들은 인간의 마음과 사랑의 힘에 대한 간디의 믿음을 갖고 있지 않다. 그들은 나치의 마음과 정신은 고통을 기꺼이 받아들이는 모습을 본다고 해서 변화될 수 있다고 생각하지 않는다.

III. 정의로운 전쟁 전통

유엔헌장은 공격적인 전쟁을 금지한다. 공격은 힘이나 폭력을 먼저 사용하는 것이다. 제2조에 따르면, "모든 회원국은 국제 관계에 있어서 다른 국가의 영토 보전이나 정치적 독립 및 유엔의 목적과 양립하지 아니하는 어떠한 방식으로도 무력의 위협이나 무력 사용을 삼간다." 제33조에 따르면, "어떠한 분쟁도 그 계속이 국제 평화와 안전의 유지를 위태롭게 할 우려가 있는 경우, 그 분쟁의 당사자는 우선 교섭·심사·중개·조정·중재 재판·사법적 해결·지역 기관 또는 지역 약정의 이용 또는 당사자가 선택하는 다른 평화적 수단에 의한 해결을 구한다."[13] 그러나 공격을 격퇴하기 위해 방어적으로 힘과 폭력을 사용하는 것은 어떠한가?

로마 가톨릭 전통에서는 모든 전쟁이 정의롭지 않은 것은 아니다. 예를 들어, 토

---

13) *The Laws of War*, ed. W. Michael Reisman and Chris T. Antoniou (New York: Vintage, 1994), pp. 5-11.

마스 아퀴나스에 따르면, 전쟁은 (1) 합법적 권한을 가진 권위에 의해 선포되고, (2) 정당한 이유로 선포되며, (3) 정당한 의도를 가지고 싸우는 것이라면 정의롭다. 정당한 의도는 평화를 되찾거나 악으로부터 세상을 구해 내는 것이다. 그러나 다른 조건들이 요구된다. 전쟁은 성공에 대한 합리적인 가능성을 가져야만 한다. 명백하게 헛된 이유로 인해 무고한 피를 흘리는 것은 잘못된 것이다. 전쟁은 최초의 수단이 아니라 마지막 수단이 되어야만 한다. 마지막으로, 설사 원인이 정당하고 성공의 합리적인 가능성이 있다 하더라도 전쟁 수행 수단에 대한 도덕적 제한이 있다. 우리는 정당한 수단을 사용해야만 하고, 정당하지 못한 수단을 사용하지 말아야 하며, 대응은 도발에 비례해서 일어나야만 한다. 정당한 전쟁 전통은 "사랑과 전쟁에서는 모든 것이 정당하다"는 슬로건을 거부한다.

1. 합법적 권한을 가진 권위에 의한 선포

미국의 헌법에서는 대통령이 아니라 단지 국회만이 전쟁을 선포할 수 있다. 미국 대통령은 20세기에 실제로 전쟁을 선포하지 않고 전쟁을 한 것으로 알려졌다. 예를 들어, 존슨 대통령과 닉슨 대통령은 인도차이나에서의 전쟁에 군대를 파병하기 위해 군통수권자로서 자신들의 힘을 사용했지만, 북베트남이나 어떤 다른 적들과의 전쟁을 선포하기 위해 그것을 국회로 가져가지는 않았다. 2001년에 조지 W. 부시 대통령은 이슬람의 근본주의자 탈레반이 9·11 세계무역센터 테러 음모자의 일부를 분명히 보호하고 있다는 이유로 아프가니스탄에 군사 공격을 명령했고, 2003년에는 전쟁에 대한 국회의 선포 없이 이라크 침공을 명령했다. 그러나 이라크 침공 이전에 부시 대통령은 이라크를 무장 해제하기 위해 적절하다고 생각한 수단은 무엇이든지 사용할 수 있는 권한을 요구하기 위해 미 상원에 결의안을 보냈다. 침공을 하는 동안에 가장 정보에 밝은 관측자들은 사담 후세인 정권이 화학 무기와 생물학 무기를 비축하고 있었고, 핵무기를 만들기 위해 노력하고 있었다고 믿었다. 부시 정권은 이라크로 되돌아갔던 유엔의 무기 사찰단이 무기를 발견할 수 있고 그것들의 사용을 막을 수 있으리라는 것에 대한 확신이 서지 않았다. 사담 후세인의 무기 계획 증거가 확실했다는 주장을 근거로 하여 부시 정권은 유엔안전보장이사회로부터 침공에 대한 직접적인 권한을 요구했다. 안전보장이사회는 침공의 권한에 대해 투표하지 않았지만, 부시 정권은 그것이 이전의 유엔 결의안에 근거하여 충분한 권한을 가졌다고 주장하면서 어쨌든 침공했다.

이 글을 쓰고 있는 지금(2005년 12월) 어떠한 대량 파괴 무기도 발견되지 않았다. 지금은 거의 모든 식견 있는 관측자들이 이라크는 화학 무기와 생물학 무기를 비축하지 않았고, 적극적으로 핵무기 개발 프로그램에 참여하지 않았다고 결론을 내렸다. 부시 정권이 의도적으로 사담 후세인 정권의 위험성을 과장했는지, 의도적으로 증거의 확실성을 과장했는지의 여부에 대한 논쟁이 소용돌이치고 있다.

침공의 본래 이유가 사담 후세인의 대량 파괴 무기의 위협을 제거하는 것이었다는 사실에도 불구하고, 뒤에 가서 부시 정권은 "정권 교체"의 중요성, 즉 사담 후세인을 권력으로부터 추방하는 것이 중요하다는 사실을 강조했다. 그것이 중요한 까닭은 후세인은 대규모로 국민의 인권을 침해한 폭군으로서 죄가 있었기 때문이다.

미국에 대한 한 가지 의문은 대통령 단독으로 전쟁을 일으킬 권한이 있는지의 여부였고, 만약 그런 권한이 대통령에게 없다면 전쟁 선포에서 부족함을 보완하기 위하여 미 상원에 어느 정도 권한을 부여해야 하는가이다. 세계에 대한 의문은 다음과 같다. 하나의 국가가 단독으로 전쟁을 일으킬 권한을 가져야 하는가, 아니면 그것은 집단적으로 결정해야 할 사안인가? 합법적인 국제 기구의 권위, 가장 분명하게는 유엔이 어떤 전쟁에 대해 권위를 부여하는 한에서만 전쟁이 수행되어야 하는가?

일부 사상가들은 한 국가가 실제의 침공이나 군사 공격에 대해 스스로를 방어하지 못하는 경우라 하더라도, 그 국가는 국제 기구나 지역 기구로부터 권한을 부여받는 한에서만 군사적 폭력에 의존해야 한다고 주장한다. 많은 사람들은 그것이 유엔이라고 생각하지만, 다른 사람들은 기꺼이 나토·유럽연합·아프리카통일기구와 같은 더 낮은 수준의 지역 동맹을 생각하기도 한다. 그러나 만약 권한의 장소가 유엔이라면, 그것은 미국이 거부권을 가지고 있는 15개 회원국의 안전보장이사회가 되어야 하는가, 아니면 지구상의 거의 모든 국가가 투표권을 가지고 있는 유엔총회가 되어야 하는가?

만약 한 국가가 유엔 혹은 지역 기구에 폭력을 사용하기 위한 요구서를 제출한다면, 문제는 조심스럽게 검토될 수 있고 평화적 대안들이 이용될 수 있는지 여부를 포함하는 등 그 문제의 모든 측면이 검토될 수 있다. 그렇게 되면 부당한 이유 혹은 부당한 방법으로 전쟁이 일어날 가능성이 줄어든다. 지지자의 견해에서 보면, 전쟁과 평화의 문제는 국제 기구의 민주적인 협의를 위한 적정 안건이다. 그러나 다른 사상가들은 그와 같은 접근의 실행 가능성에 대해 의심을 한다. 종종 그것은 특히 권한의 장소가 유엔총회가 된다면 의견의 접근이 어려워진다. 그리고 대부분의 미국인들은 미국 정책에 대한 거부권을 국제 기구나 지역 기구에 주는 것을 매우 꺼린다. 미국 지도자들이 폭력에 의존하는 것을 원하고 미국 이외의 조직으로부터 찬성을 얻을 것이라는 확신을 가질 때, 그들은 그 문제를 제시한다. 부분적으로는 이렇게 해야 전쟁 이유가 정당하다는 미국의 의견을 확실히 할 수 있게 된다. 그러나 만약 지도자들이 인도차이나에서와 같이 폭력을 사용하기를 원한다면, 그리고 미국 이외의 조직으로부터 권한을 득할 수 없을 것이라는 의심이 들면, 그들은 일방적으로 행동하고 권한을 구하려 하지 않는다.

2. 정당한 이유, 자위, 공격

정당한 전쟁 전통에 의하면, 무고한 사람이 피해 보는 것을 막고 부당한 침략으로부터 국가나 국민을 보호하는 것이 필요하다면 그 전쟁은 정당하다. 이웃 국가를 정복하거나 예속시키기 위해 일으킨 침략 전쟁은 불법적이고 부도덕하다. 1983년 가톨릭 주교들의 전국 회의는 전쟁과 평화에 대해 다음과 같은 교서를 발표했다. "전쟁은 실제적이고 확실한 위험에 맞서기 위해서만, 즉 무고한 생명을 보호하고, 품위 있는 인간에게 필요한 조건을 유지하며, 인간의 기본권을 지키기 위해서만 허용될 수 있다."[14)]

정당한 전쟁 전통에 의하면, 국가는 개인과 마찬가지로 정당한 자위권을 가진다. 자위권은 자국 영토의 보전과 정치적 독립을 지키는 것뿐만 아니라 시민의 생명·건강·자유·재산을 지키는 것을 의미한다. 우리는 많은 경우 국가가 시민들의 안녕과 생활방식을 보호한다(그리고 국가는 보호할 수 있고 보호하는 유일한 실체이다)고 지적함으로써 자위권을 가진다는 주장을 정당화할 수 있다. 그러나 미국의 아프가니스탄과 이라크 침략의 경우 어느 국가도 미국을 침공했던 것도 아니고, 미국의 우방국이나 동맹국을 침공했던 것도 아니라는 사실을 주목해 보자.

군대의 공격과 침략에 더하여 한 국가는 다양한 비군사적 위협에 직면할 수 있다. 예컨대, 다른 국가들이 석유나 밀과 같은 생필품을 팔려고 하지 않거나 자국의 시장에 수출품의 반입을 허용하지 않아서 기본적 생활을 위협할 수도 있다. 극단적 사례로 한 국가의 주민의 생존과 건강이 위협받을 수도 있다. 예컨대 국가 X는 국민이 먹을 음식을 충분히 재배할 수 없고, 필요한 곡식과 고기를 다른 국가가 팔지 않는다면 그 국가의 국민들은 광범위한 기아와 영양실조에 직면할지도 모른다. 국가의 경제

14) National Council of Catholic Bishops, *The Challenge of Peace: God's Promise and Our Response* (Washington, DC: United States Catholic Conference, 1983), paragraph 8C.

적 안녕에 대한 비군사적 위협은 정당한 이유를 가질 수 있는가?

예컨대, 한 국가가 가뭄 때문에 광범위한 기아에 직면해 있지만 식품이 풍족한 이웃 국가가 어떤 것도 팔려고 하지 않는다고 생각해 보자. 침략하여 식품을 강탈하는 것이 나쁜가? 혹은 어떤 국가가 경제를 유지하기 위해 석유가 필요한데 다른 국가가 석유 공급을 거부한다고 생각해 보자. 필요한 석유를 얻기 위해 침략하는 것(혹은 침략한다고 위협하는 것)이 나쁜가?

탈레반 지도자들이 세계무역센터에 대한 9·11 공격을 조종한 것으로 의심되는 사람들을 넘겨 주기를 몇 주 동안 거절했던 아프가니스탄에서와 같은 사태는 어떤가? 하나의 국가가 테러리스트로 의심되는 자들에게 은신처를 제공해 주거나 혹은 어떤 방식으로라도 그들을 돕는다면, 그것이 바로 전쟁을 할 정당한 이유가 되는가?

3. 힘과 결단의 증명

베트남 전쟁 동안 닉슨 대통령은 미국이 "인정 많은 무력한 거인"으로 보이는 것을 허용하지 않겠다고 주장했다. 그렇다면 전쟁을 지속시킨 적어도 한 가지 이유는, 미국은 강한 군대가 있고 중대한 국가 이익을 지키기 위해 자신의 힘을 사용하기로 결단을 내렸다는 점을 세계에 증명하기 위한 것이었다. 유사한 사례지만, 많은 사람들은 레이건 대통령이 미국의 힘과 결단에 대한 이미지를 높이기 위해 1983년에 아주 작은 섬인 그레나다에 대한 침략을 지시했다고 믿는다. 국가의 힘과 결단을 보여 주고자 하는 욕구는 전쟁을 할 충분히 좋은 이유인가? 어떤 사람들은 국가의 힘과 결단을 증명하는 것이 전쟁의 손실을 능가할 수 없다고 주장한다. 전쟁이 제한적으로 이루어지고 통제된다 하더라도(어려운 일이지만), 사람들은 죽고 부상을 당하게 될 것이다. (도덕적 관점에서 보면, 우리는 우리 자신의 손실뿐만 아니라 적의 손실도 고려해야만 한다.) 그러나 어떤 사람들은 한 국가의 힘과 결의에 대한 이미지가 그 국가의 안녕에 중요하기 때문에, 한 국가의 힘과 결의를 증명하는 것은 적어도 몇 명의 죽음에도 불구하고 가치 있는 일이라고 주장한다. 그들은 무력함(혹은 무력함의 이미지)을 보이면 한 국가는 호전적인 이웃 국가의 경제적·정치적·군사적 위협에 취약하게 된다고 주장한다. 그들의 관점에서는 힘과 결의가 약하다는 이미지를 보여 주면 그 국가는 저항이냐 포기냐의 선택에 직면할 가능성이 높아지기 때문에 공격에 직면하게 된다는 것이다. 그러나 호전적인 이웃 국가들이 그 국가는 군사적으로 강력하고 자국의 중대한 이익을 지키기 위해 그 힘을 기꺼이 사용할 것이라고 믿는다면, 호전적인 국가가 그 국가의 이익을 위협할 가능성은 훨씬 줄어들 것이다. 따라서 한 국가의 힘과 결의를 보여 주기 위한 "소규모" 전쟁의 도발은 큰 전쟁을 막을 수 있고, 역설적이지만 많은 생명을 구하는 경우가 종종 있을 수 있다.

불행하게도, 정치 지도자(그리고 그들의 국민)들은 때때로 고의적이든 그렇지 않든, 자국의 힘과 결단의 이미지에 대한 위협 범위를 과장하는 경향이 있고, 전쟁을 통한 그 이미지의 제고 범위를 과장하는 경향이 있다. 마찬가지로, 때로 정치 지도자들은 충돌 수준을 통제하거나 제한할 수 있는 자신의 능력을 과대평가하는 경향이 있고, 전쟁이 가져올 손실(자신이나 다른 사람에게 올 손실)을 과소평가하는 경향이 있다. 그러므로 한 국가의 힘과 결의의 이미지를 제고하거나 지키기 위한 전쟁이 공격으로부터 자국을 지키기 위해 필요한지 어떤지(그리고 그렇게 하기 위해 충분한지 어떤지)를 결정하는 일은 어렵다. 종종 그런 위신을 지키는 전쟁은 외교 활동을 더 쉽게 하거나, 국가로 하여금 생활과 경제적 이익의 기준을 더 쉽게 지키거나, 국제 무대에서 하고 싶은 일을 더 빈번하게 할 수 있게 한다.

물론 한 가지 문제는 침략을 막기 위한 위신 전쟁이 공격의 위협을 하는 그런 국가와 일어나지 않고 다른 국가와 일어나는 경우가 종종 있다는 것이다. 예컨대 미국의 베트남전과 그레나다전이 위신을 위한 것이었다면, 미국 지도자들이 전달하고 싶어 했던, 힘과 결의가 쇠약하지 않다는 메시지는 작은 국가들을 향한 것이 아니라 구소련을 향한 것이었다. 다른 국가로부터의 공격을 억제하기 위하여 (비교적) 무고한 제3의 국가를 공격하는 것이 어떻게 합리적인 방어가 될 수 있는지는 상상하기가 힘들다. 국가 X가 국가 Y로부터의 공격을 억제하기 위하여 자국의 힘과 결의가 줄어들지 않았음을 국가 Y에게 보이기를 원한다면, 국가 X가 국가 Y를 공격하는 것은 허용될 수 있겠지만 국가 X가 국가 Z를 공격하는 것은 확실히 부도덕할 것이다. 국가 X가 위신을 이유로 국가 Y를 공격하는 것이 정당화될지 어떨지도 문제가 된다. 따라서 강함과 결의의 이미지를 보여 주는 것이 정당한 이유가 되는지 어떤지는 적어도 문제가 될 수 있다.

4. 선제공격

한 국가가 절박한 군사적 공격에 직면한 것처럼 보이면, 반격하기 전에 공격을 기다릴 것인지 선제공격을 할 것인지의 선택에 직면하게 된다. 선제공격은 자위 차원에서 먼저 공격하는 행동이다. 예컨대 1967년에 이스라엘은 이집트를 향해서 군사적 선제공격을 했다. 마이클 왈저(Michael Walzer)에 의하면, 이스라엘 공격에 앞선 몇 주 동안에 이집트는 거의 어떤 합리적 관찰자가 보아도 전쟁을 준비했을 법한 행동을 취했다. 이집트와 다른 아랍 국가들은 1948년 건국 이래로 이스라엘에 대해 극단적인 적개심을 나타냈으며, 이스라엘을 파괴하고 제거한다는 공식적으로 표현된 의도를 가지고 이미 이스라엘과 몇 번의 전쟁을 치룬 적이 있다. 이집트의 군사 공격이 곧 닥칠 것이고, 이스라엘은 공격을 받기 전에 공격을 하게 되면 살아남고 승리하며 사상자의 수를 줄일 가능성이 높다고 믿었기 때문에 선제공격을 했다. 이집트의 지도자들은 이스라엘을 실제적으로 공격하기보다는 오히려 굴욕을 주려 했다는 사실을 왈저는 뒤늦게 알았지만, 그는 이스라엘의 지도자들이 공격을 예상한 것은 매우 합리적이었다고 생각한다.[15)]

왈저는 선제공격은 자위권에 의해 정당화되고, "위해를 입히려는 명백한 의도, 그런 의도를 적극적인 위험으로 가져가려는 어느 정도의 실제적인 준비, 기다리거나 전쟁 이외의 행동을 하는 것이 위험을 크게 증가시키는 상황" 등이 있다면 도덕적으로 허용될 수 있다고 주장한다.[16)] 어떤 국가로 하여금 어떤 조처를 취하기 전에 공격을 기다리라고 주장하는 것은 어떤 상황에서는, 특히 대량살상 무기가 상당히 비축되어 있을 때에는 한 국가의 자기 보호 능력을 심각하게 위태롭게 할 수 있다. 우리에게 자위권이 있다면, 따라서 공격이 곧 이루어질 가능성이 높은 경우 그것은 정당한 전쟁의 이유가 된다. 그러나 선제공격을 정당화하기 위해서는 공격이 곧 있을 것이라는 매우 강한 증거와, 공격 받기를 기다리는 것이 자위에 드는 비용을 크게 늘리거나 자위를 불확실하게 할 것이라는 매우 강한 증거가 있지 않으면 안 된다. 이러한 판단들은 항상 불확실하다. 이라크의 대량살상 무기에 대한 잘못된 첩보가 적절한 예이다. 그러나 첩보가 정확했었다 하더라도, 대량살상 무기의 단순한 소유만으로 선제공격을 정당화할 만큼 충분한 위협이 될 것인지, 대량살상 무기의 소유자가 아주 가까운 장래에 그 무기를 쓸 의도가 있다고 생각할 중요한 이유가 있지 않으면 안 되는지? 대량살상 무기의 소유만으로도 선제공격을 정당화한다면, 그것은 중국이나 인도 같은 국가는 핵무기를 가졌기 때문에 무장을 해제하기 위해 미국이 침략하는 것이 정당화되고, 또 다른 국가들은 미국이 핵무기를 가졌기 때문에 미국을 침략하는 것이 정당화된다는 결론이 나오는 것처럼 보인다.

---

15) Michael Walzer, *Just and Unjust Wars* (New York: Basic Books, 1977), pp. 82–85.

16) Ibid., p. 81.

5. 혁명과 내전

1770년대에 식민지 미국은 영국으로부터의 정치적 독립을 보장받기 위해 전쟁을 일으켰다. 1861년에 남부의 주정부들은 연방연합으로부터 정치적 독립을 얻기 위해 전쟁을 일으켰다. 1950년대부터 1970년 초를 지나면서 베트남의 민족주의와 공산주의 세력은 미국이 지원하는 남부 정부를 무너뜨려서 북베트남과 남베트남을 재통일시키기 위해 싸웠다. 정치적 독립을 얻기 위하여 전쟁을 하는 것이나 그들 자국 정부에 대한 통제권을 빼앗기 위하여 전쟁을 하는 것은 도덕적으로 허용될 수 있는가?

혁명이나 내전이 결코 정당화되지 않는다고 주장하는 것이 그럴듯하다고 생각하는 사람은 거의 없다. 정부가 부당하고 억압적인 경우도 있고, 모든 국민이나 일부 국민의 기본적인 도덕적 권리를 침해한 경우도 있다. 정부가 일부 단체의 구성원들을 정치 참여에서 배제시키는 경우도 있고, 아니면 사람들을 착취하고 압박하며 고의적으로 대량학살하는 경우도 있다(예컨대 유럽의 유대인을 몰살하려는 나치 정부의 정책과 캄보디아 국민의 약 15% 내지 25%를 죽음으로 몬 1970년대 캄보디아 크메르 루주[Khmer Rouge]의 대량학살 정책). 많은 사람들에 의하면, 다수의 국가 구성원들의 기본적인 도덕적 권리를 의도적으로 침해한 정부에 대한 전쟁은 그것이 내전이든 혁명이든 국제적 개입이든지 간에 정당할 수 있다. 이런 경우에 우리는 무고한 사람들을 보호하기 위해 노력하고 있는 것이다. 정부가 더 억압적이고 부당할수록 그 정부에 저항하거나 혹은 그 정부를 무너뜨리기 위해 폭력에 의지하는 일은 더 정당화된다. 정부가 덜 억압적이고 부당할수록 폭력에 의지하는 일은 덜 정당화된다. 확실히 이것은 공리주의를 근거로 해서 정당화되는 경우도 있고, 칸트의 정언명법에 호소해서 정당화되는 경우도 있겠다.

대부분의 사람들은 또한 아마도 어떤 지역이나 사람들의 정치적 독립이나 자민족의 정치적 독립이나 자치권 혹은 사람들의 정치적 독립이나 자치권 획득을 위한 전쟁은 정당한 이유가 될 수 있다고 생각한다. 예컨대 영국으로부터 미국의 독립을 획득하기 위해 전쟁을 일으킨 미국의 혁명 지도자들을 비난하는 사람은 오늘날 거의 없다. 그러나 일부 사람들은 정치적 독립을 얻기 위하여 폭력이 용인될 수 있다고 생각하지 않는다. 우리가 보았던 것처럼 인도의 간디는 인도의 독립운동이 비폭력적이어야 한다고 주장했다. 확실하지만, 정치적 독립을 얻기 위한 전쟁이 일부의 경우에는 공리주의 원칙에 비추어 볼 때 **나쁜 것**이 될 것이다. 행복의 총량을 따져 보았을 때 전쟁의 손실이 전쟁의 이익을 넘어서는 경우도 있다. 칸트 이론을 적용해 보면 좀 덜 분명한 결과가 나온다. 그것은 한 집단이 정치적 독립의 권리를 가지는지 어떤지에 일부 달려 있을 수도 있다. 그러나 종종 그것은 쉽게 파악되지 않는다. 정치적 독립을 성취하기 위한 폭력이 때때로 정당화된다 하더라도 그것은 필요한 폭력이어야만 하고, 첫 번째 수단이 아니라 마지막 수단이어야 한다.

6. 인도주의적 개입

동맹국이나 우방국을 보호하기 위한, 혹은 한 나라에서 억압받는 소수자를 보호하기 위한 개입을 살펴보자. 한 국가가 자신이 공격받지 않는다고 하더라도, 부당한 침략으로부터 동맹국이나 우방국을 보호하기 위해 혹은 대량의 악이나 기본적 도덕 권리의 침해로부터 무고한 사람들을 보호하기 위해 싸울 수도 있는가? 냉전 기간 동안 미국의 많은 사람들은 소련이 서구를 침략했다면 소련을 공격하기 위한 마음의 준비가 되어 있었다. 미국은 북한이 미국이 아니라 남한을 침공했지만 1950년대 한국전에 참전했다. 마찬가지로 1991년 사막의 폭풍 작전은 미국 영토가 아닌 쿠웨이트 영토에서 사담 후세인의 이라크 군대를 쫓아내었다. 동맹국을 보호하는 것, 우방국을 보호하는 것, 무고한 사람들을 보호하는 것은 전쟁의 정당한 이유가 되는가?

그러한 전쟁은 때때로 자위권에 근거해서 정당화될 수 있다. 한 국가의 안전은 도울 준비가 되어 있고 기꺼이 도울 의지가 있는 우방국과 동맹국이 있느냐에 적어도 일부 달려 있다. 침략국이 어떤 나라의 우방국과 동맹국을 모두 정복했다면 그 나라의 처지는 희망이 없을 수도 있다. 그 나라는 적군의 바다에 홀로 있게 될 것이다. 그러나 앞에서 본 것과 같이 그 국가는 의도적·비의도적인 과장을 하지 않도록 조심해야만 한다. 우방국의 이유의 정당성에 대해서는 과대평가하고, 적국의 이유의 정당성에 대해서는 과소평가할 수도 있다. 또한 자국의 안전에 대한 우방 국가의 기여를 과장할 수도 있다.

일부의 개입은 자위권에 근거해서 이루어질 수도 있지만, 다른 일부의 개입은 인도주의적 고려에 근거해서 이루어질 수도 있다. 어떤 국가는 강한 국가가 자신이 정복한 국가의 국민들을 억압하고 착취하며 노예화하고 인종 청소한다는 단순한 이유만으로, 그 강하고 공격적인 국가로부터 어떤 약한 국가를 지키고 싶을 수도 있다. 어떤 국가는 동일한 이유로, 어떤 국가의 국민들을 그 정부의 압제로부터 벗어나게 하고 싶을 수도 있다. 적어도 일부 사람들은 미국이 쿠바 국민을 해방시키기 위해 카스트로 정부를 무너뜨리는 일이 도덕적으로 허용될 수 있다고 주장한다. 마찬가지로,

많은 사람들은 다른 국가들이 대량학살을 일으킨 1970년대 캄보디아의 크메르 루즈 정부를 무너뜨리기 위해 전쟁을 일으키는 것은 도덕적으로 허용될 수 있을 것이라고, 1940년대 독일에서 유대인과 다른 "인간 이하들"을 인종 청소하고자 하는 나치 정부의 정책 추구에 대항해서 전쟁을 일으키는 것은 도덕적으로 허용될 수 있을 것이라고 주장한다.

세계 지도자들은 80만에서 100만 명을 살해한 르완다에서의 대량살상을 멈추기 위해 개입하지 않은 것에 대해 거칠게 비판해 왔다. 다른 한편으로, 어떤 사람들은 부시 정부가 이라크 사람들을 그들의 정부로부터 보호하기 위해 정권 교체 정책을 추진한 것에 대해 비판했다. 그런 인도주의적 이유는 정당한가? 많은 사람들은 기본적인 인간 권리에 대한 침해가 아무리 크다 하더라도, 그것이 심지어는 대량학살일지라도, 다른 국가들이 자신의 이익이 위협받지 않는 한 비켜서 있어야 하고 아무 일도 해서는 안 된다는 주장을 합리적으로 방어하기는 힘들다고 생각한다. 그러나 어떻게 그런 주장을 정당화할 수 있겠는가? 틀림없는 일이지만, 성전에 참가하는 심성은 매우 위험할 수 있고, 나쁘다고 생각되는 모든 것을 바로잡기 위해 부단한 전쟁으로 귀착될 수 있다. 그러나 반대의 심성도 위험하기는 마찬가지인 듯하다. 고통스러움을 최소화해야 할 의무, 악에 저항하고 악을 막아야 할 의무, 약하고 무력한 사람들을 보호해야 할 의무는 국가의 경계선을 따져서는 안 되는 문제이다.

7. 정당한 전쟁의 다른 조건

(1) 최후 수단

정당한 전쟁 이론에 따르면, 전쟁은 최후 수단으로서만 정당화되지 결코 최초의 수단으로 정당화되지 않는다. 국가들은 우선 진심에서 우러난 외교·협상·교섭·타협을 통하여 평화적으로 문제를 해결하려는 성실한 노력을 기울여야 한다. 전쟁 수단은 한 국가의 (정당한) 목적을 이루는 혹은 충돌을 해결하는 모든 평화적 수단이 무위로 돌아갈 경우에 한해서만 도덕적으로 허용될 수 있다. 2003년 미국의 이라크 침공을 둘러싼 논쟁의 일부는, 이라크가 보유한 대량살상 무기에 대한 무장 해제라는 공인된 목적을 달성하기 위해 미국이 보다 평화적 수단을 행사하는 데 충분한 시간을 주었는지 여부에 집중된다. 이라크에서 대량살상 무기를 탐색하는 유엔 사찰단이 임무를 완수하는 데 주어진 시간은 몇 개월에 불과했다. 이것은 복잡한 문제이다. 사실상 "최후의 수단"은 "절대로 이루어질" 수 없다. 왜냐하면 당신이 어떤 단계를 취한다 하더라도, 설령 이전에 취했던 단계를 되풀이하는 것이라 하더라도, 항상 다른 단계를 취할 수 있기 때문이다. 충분한 시간과 너무 많은 시간, 혹은 거의 평화가 없는 단계와 너무 많은 평화로운 단계들 간의 경계선을 어디에다 그어야 하는가는 판단의 문제이다. 충분히 비폭력적 수단을 시도하고 나서 폭력에 의지해야 할 때가 언제인지를 말해 줄, 우리가 참조할 수 있는 엄밀한 규칙은 아마 없을 것이다.

(2) 합리적인 성공 가능성

정당한 전쟁 이론에 따르면, 한 국가(혹은 국민)의 전쟁 수단은 (정당한) 목적들을 이루는 합리적인 가능성이 있는 경우에만 정당화된다. 실제로 성공 가능성이 없는 이유를 위해 수천 명이나 수만 명의 무고한 사람들을 죽게 할 폭력을 일으키는 것은 부도덕하다. 예컨대 침략자에 대한 폭력적 저항이 무익하다면, 그리고 그런 저항이 저항하지 않을 때보다 더 많은 사상자를 낸다면, 폭력적 저항은 도덕적으로 허용될 수 없을 것이다. (비폭력적 저항은 다른 문제일 것이다.) 마찬가지로 혁명이 성공할 가능성이 없다면, 실패할 것이 뻔한 것을 가지고 혁명을 하면서 목숨을 바치는 것은 그른 일이 될 것이다.

(3) 합당한 대응

정당한 전쟁 이론에 따르면, 어떠한 폭력적 대응도 그 도발에 비례해야 한다. 예컨대 한 국가가 침략을 당한다면, 합법적인 반응은 그 공격을 격퇴하고 더 이상의 공격 야욕을 가지지 않을 만큼 침략자를 응징하는 것일 것이다. 그 침략국의 모든 국민을 몰살하거나, 그곳에 살고 있는 거주민 모두를 노예로 만들거나, 그 나라의 경제를 파괴하는 것은 합법적이지 않을 것이다. 자위권은 자국민의 생명과 건강을 보호하고, 영토 보전을 지켜 내며, 정치적 독립을 보전하는 것이 정말로 필요할 때만 허용된다. 위해를 최소화해야 할 의무는 국가가 그 자신을 방어하는 데 가능한 한 적은 손실로 그렇게 해야 한다는 사실을 수반한다.

IV. 교전에서의 정의

남북 전쟁 중 조지아를 초토화하고 애틀랜타를 불바다로 만든 셔먼 장군은 "전쟁은 지옥"이라고 말했는데, 그의 말은 전쟁에서 이기기 위해 혹은 전쟁을 빨리 끝내기 위해 행한 어떤 것이라도 도덕적으로 허용될 수 있다는 것을 의미했다. 정당한 전쟁 이론은 이러한 견해를 거부한다. 이 이론가들에 의하면, 어떤 전쟁 수행 방식은 정당한 이유로 싸운다 해도 부도덕하다. 이러한 이해는 너무도 참혹해서 수용하기 힘든 일부 전쟁 형태를 금지하는 제네바 협상과 같은 국제법에 반영되어 왔다. 이 국제협정은 전쟁 포로에 대한 학대, 군의 통제 아래 있는 민간 집단에 대한 횡포, 어떤 정해진 무기의 사용을 금지한다. 그리고 전쟁 지역에 사는 민간 집단을 보호하는 데에 극도로 주의할 것을 요구한다.

전쟁을 통제하는 1907년 헤이그 조약을 살펴보자.

> **제22조** : 적을 해치는 수단을 채택할 전투원의 권리는 무제한적인 것이 아니다.
>
> **제33조** : 다음은 특별히 금지된다.
> (a) 독약이나 독무기 사용. …
> (e) 불필요한 고통을 유발하도록 고안된 무기, 발사체, 재료의 사용. … [17)]

이 조약은 "사람의 몸속에서 쉽게 팽창하거나 뻗어 나가는" 탄알의 사용과 "질식시키거나 유독한 가스를 확산시키는 것이 목적인 발사체"의 사용도 금지한다.

전투원과 비전투원 간의 구별은 교전에 대한 도덕적 평가에 필수적이다. 전투원들은 정규군·비정규군·전투에 참가하는 준군사요원(예컨대, 무장한 병력·게릴라·활동하는 테러 조직원)이다. 비전투원은 전쟁에 참여하지 않는 사람들인데, 통례적으로 아이·여자·병자·노인·평범한 노동자이다. 정당한 전쟁 이론에 따르면, 전투원은 군사적 위협의 태도를 취해서 그로 말미암아 정당한 이유로 공격받을지도 모른다. 즉 비전투원은 군사적 위협을 취하지 않아서 정당한 이유에서도 공격당하지 않을 수 있는 무고한 사람이다. 그들은 공격받지 않을 뿐만 아니라 그들을 해치지 못하도록 하는 강력한 조처들을 취해야 한다.

전투원과 비전투원의 구별은 종종 무시되어 왔다. 군인들 간의 전쟁이 공간과 시간 면에서 분명히 제한될 수 있고, 그래서 양측 모두 누가 전투원이고 그렇지 않은지를 분명히 인식할 수 있을 때조차도, 승자는 포로로 잡힌 그 지역 주민들 모두를 아니면 그들 대부분을 죽였다. 예를 들어 구약 성경에 따르면, 여호수아와 이스라엘 사람들은 여리고·아이·막게다·하솔 그리고 다른 마을들의 군대를 쳐부순 후 그곳의 모든 사람들을 몰살했다. 고대 그리스와 로마 사람들 또한 종종 자신들이 정복한 마을

17) *The Laws of War*, p. 47.

의 모든 거주민들을 몰살했다. 마찬가지로, 19세기 미국 기병대는 군인만이 아니라 어린아이·여자·노인들까지 인디언 캠프의 거주자들을 닥치는 대로 살육했다.

대량살상 무기를 고안함으로써 그리고 일종의 총력전을 펼침으로써 전투원과 비전투원 간의 구별은 점점 모호해졌다. 도시에 폭탄을 투하하는 것은 흔한 전술이 되었다. 일부의 경우 군사적 가치가 있는 것은 종종 주요 도시 내부 혹은 근처에 있기 때문이다. 즉 병참 조직이나 수송 체계, 에너지원, 군사 기지와 총·탄약·탱크·폭탄·비행기·군함과 같은 전쟁과 관련된 품목들을 생산하는 공장들이 도시의 내부나 주요 도시 근처에 있다. 그렇지만 때로는 단지 적군의 사기를 저하시키기 위해 혹은 적을 위협하기 위해 한 도시가 목표로 정해지기도 한다. 예컨대 히틀러는 런던을 폭격함으로써 영국을 항복시키려 했고, 연합국은 1945년 2월 드레스덴에 폭탄을 투하해서 독일을 위협했다. 드레스덴에 가했던 소이탄 공격은 민간인 사상사를 최대화하려고 계획된 것이었다. 기습 폭격에 의한 (예견된) 대폭발은 "6만 명이 넘는 사람을 죽였고 도시 거주자 대부분의 집을 파괴했다."[18]

설령 그 목표가 비전투원을 살해하는 것이 아니라는 사실이 명백하다 할지라도, 수많은 비전투원들이 살해되리라는 것이 예상될 수 있다. 핵무기·화학 무기·생물학 무기는 이러한 문제를 더욱더 심각하게 만들었다. 그것들의 끔찍한 파괴력으로 인해 단 하나의 무기로 한 도시 전체를 완전히 파괴할 수 있고, 대부분이 비전투원인 수백만의 사람들을 살상할 수 있다.

오늘날 거의 모든 사람들은 무방비 상태인 비전투원을 의도적으로 공격하는 것이 부도덕하다는 데 동의한다. 비록 그러한 행동이 여전히 전쟁 중에 발생한다 해도, 정말로 발생하면 모든 국가들은 이를 비난한다. 그렇지만 그러한 공격이 불가피하게 비전투원 사이에 엄청난 참상을 초래한다면 군사적 목표를 공격하는 것이 도덕적으로 하용될 수 있는지 여부에 대해 첨예한 의견 차이가 있다. 그러한 경우, 목적은 비전투원을 죽이는 것이 아니라 군사적 가치가 있는 목표를 파괴하는 것이다. 즉 비전투원의 사상자들은 불가피하게 나타난 결과이다. 지금 그것은 "부수적 손상"이라고 일컬어진다.

많은 사람들은 비록 수많은 비전투원의 희생이 불가피하다 해도, 전쟁에서 이기거나 전쟁을 빨리 종결 짓는 데 대한 혹은 사상자를 줄이는 데 대한 한 국가의 관심은

18) Robert W. McElroy, *Morality and American Foreign Policy* (Princeton, NJ: Princeton University Press, 1992), p. 163.

중요한 군사적 가치가 있는 목표에 대한 공격을 정당화한다고 주장한다. 그들의 관점에서는, 자위권은 한 국가로 하여금 무고한 사람들을 해치거나 죽이는 것을 허용하고, 필요하다면 그들 자신의 손상을 줄이거나 국가 자신을 구하는 것을 허용한다. 예컨대, 한 국가가 적국의 연료 공급 저장소를 파괴하는 것 이외에 전쟁에서 승리하거나 전쟁을 상당히 빨리 종결 지을 방법이 없다면 저장소를 파괴해야 하고, 그렇게 되면 제련소와 저장 시설이 있는 도시의 대부분이 파괴될 수도 있으며, 수만 명의 비전투원들이 죽을 수도 있다.

그러나 일부 사람들은 개인이건 국가이건 간에 자신의 이익을 증진시키는 것을 제한하는 데 도덕성이 있다고 생각한다. 우리는 단지 자기에게 이익이 되기 때문에 무고한 사람들을 해칠 수는 없다. 첫째, 비판가들의 주장에 의하면, 우리는 이러한 공격이 비전투원 사상자를 발생케 할 수 있지만, 그럼에도 그것은 전쟁에서 이기거나 전쟁 기간을 상당히 단축시키기 위해 반드시 파괴되어야 할 군사적 가치가 있는 목표물을 향한 공격이라는 것을 합리적인 의심의 여지 없이 보여 주어야 한다. 둘째, 그러한 공격이 공격자들을 더 위험스럽게 만든다 하더라도, 우리는 비전투원 사상자를 최소화하기 위해 모든 노력을 기울여야 한다. 마지막으로, 비전투원 사상(死傷)이 너무 엄청날 것 같으면, 설령 충분히 적국을 쳐부술 수 있을지라도 우리는 공격을 그만두어야 한다. 그들의 견해로는, 국가나 개인의 자위권은 무고한 사람들에 대한 무제한적 위해(危害)를 가할 권리를 수반하지 않는다.

그러나 적국의 비전투원들은 무고한가? 우리 자신의 이유는 정당하고, 적들의 이유가 정당하지 않다면 어찌 되는가? 그 경우 어떤 의미에서는 적국의 모든 국민들은 무고하다기보다는 죄가 있지 않을까? 그 견해는 정당화하기 어렵다. 모든 사람들이 다 그들 정부의 정책에 영향을 끼치는 것은 아니다. 대부분의 어린아이들은 명백하게 영향을 미치지 않는다. 즉 그들은 그들의 정부가 행한 악행에 대한 책임이 없다. 어떤 사람들은 그들 정부의 정책을 지지하기보다는 그 정책이 옳지 않다고 할 수도 있고 혹은 그 정책에 대해 적극적으로 저항할 수도 있다. 그 사람들도 책임이 없다. 따라서 적국에 살고 있고, 적국의 이유가 부당하다고 하더라도, 그들에게는 죄가 없을 것이다.

V. 전쟁 이후의 정의

이제까지 우리는 전쟁을 하기 전과 전쟁을 하는 동안에 취해야 할 행동에 대해 이야기했다. 한 측이 승리하고 다른 측이 패배한 전쟁 이후는 어떤가? 고대 로마인들은 패배한 적군·남자·여자·어린아이 생존자 모두를 몰살하거나 노예로 만들곤 했다. 그리스인들이 마침내 트로이의 벽을 돌파했을 때, 도시를 완전히 불태우고, 대부분의 남자들은 살해했으며, 여자와 어린아이들은 노예로 만들었다. 제3차 포에니 전쟁에서 로마가 카르타고를 패배시켰을 때, 그들은 도시를 파괴했을 뿐 아니라 살아남은 자들을 노예로 만들었다. 또한 카르타고가 재건될 수 없도록 하기 위해 그리고 다음 세대들이 거주할 수 없도록 하기 위해 토지의 여기저기에 소금을 뿌렸다.

제2차 세계대전에서 미국과 미국의 동맹국들이 패배한 적국, 즉 독일·이탈리아·일본을 어떻게 다루었는지 대조해 보자. 미국은 이 나라들이 재건하도록 돕고 패전국들의 정치적 체제를 민주주의로 바꾸도록 도왔다. 이라크에 대한 2003년 공격과 그 결과로 일어난 이라크에 대한 점령으로 돌아가 보면, 신속한 승리와 그 후의 사담 후세인 정권의 전복은 이로 인해 유발하는 어려움을 두드러지게 한다. 미국은 이라크의 경제를 재건하고 정치 제도를 바꾸는 것을 도와준다는 의도로 이라크를 점령했다. 그러나 미군들은 정확히 말해 해방자로서 생각되지 않았다. 수백 명이 계속해서 사망했고, 지연된 점령으로 인해 수천 명의 시민들이 죽었다. 침략으로 인해 이라크 내의 여러 단체들 간에 너무나 많은 혼란과 적의가 생겨났기 때문이었다. 질서와 안정을 확립하고 유지하기 위해, 새로운 정치 제도를 만들기 위해, 그리고 산업의 회복을 촉진하기 위해 미국은 수천 억 달러의 돈을 쏟아부었다. 만약 미국이 사담 후세인을 타도한 후에 곧바로 이라크에서 철수했다면, 금전적 비용이 훨씬 경감되고 미군들의 생명도 훨씬 덜 희생되었을 것이다. 그러나 당시 미국무부 장관 콜린 파월은 책임론을 선언했다. 즉 이라크를 깨부수었기 때문에 그것을 정리할 책임도 있다는 것이다.

승자는 패자에게 어떤 의무를 져야 하는가? 오늘날의 사람들은 패배한 적들을 노예로 만들거나 완전히 몰살하는 것이 허용될 수 있다고 생각하지 않지만, 나치 지도자들에 대한 뉘른베르크 재판은 침략 전쟁이나 잔악 행위를 저지른, 죄가 있는 패전국의 지도자들이 재판을 받을 수 있고 어떤 경우에는 처형당할 수 있다는 선례를 만들어 놓았다. 승리 지역에 혼란과 참화가 있는데도 승자들은 그냥 가 버려도 되는가? 혼돈이 있는 곳에 질서를 가져오거나 파괴된 것을 재건하기 위해 승자에게 얼마만큼의 희생이 요구되는가? 우리가 지금껏 살펴본 도덕 이론들 중 어떤 이론도 대부분 어떤 나쁜 짓도 하지 않은 무고한 전쟁 생존자들의 고통을 외면하는 정책을 정당화하기 위해 이용될 수 있다고 믿기는 어렵다.

VI. 비재래식 무기

무고한 사람들에게 끼칠 위해를 최소화해야 한다는 의무는 핵무기건 화학 무기건 생물학 무기건 간에 그런 유형의 무기 사용에 대해 의문을 제기한다. 넓은 반경 안에 있는 대부분의 생물들을 파괴할 수 있는 무기들은 전투원과 비전투원을 식별해 낼 수 없다. 많은 사람들은 어떠한 비재래식 무기의 사용도 부도덕하다는 것을 확신하고 있다. 그들의 관점에서 그러한 무기에 의지하는 것은 무고한 비전투원들을 무차별적으로 죽일 뿐만 아니라, 인류를 전멸시킬 수 있는 전면적인 핵전쟁의 단계적 확대 가능성을 상당히 증가시킨다.

VII. 전쟁 억제

비재래식 무기—핵무기, 화학 무기, 생물학 무기—를 사용하는 것은 부도덕하겠지만, 그 무기들을 사용하겠다는 **위협**은 부도덕한가? 비재래식 무기를 사용하겠다는 위협은 전쟁 억제라고 일컬어지는 정책의 본질적인 요소이다. 즉 공격을 단념하도록 하기 위해 보복하겠다는 위협과 적에게 용인할 수 없는 위해를 가하겠다는 위협이 그것이다. 합리적인 적들은 침략을 하면 곧 보복을 당하기 때문에 침략은 이익을 얻기보다는 오히려 더 큰 대가를 치러야 한다는 것을 계산할 능력이 있다. 따라서 그들은 그러한 보복으로 이어질 수 있는 침략을 피할 것이다. 그래서 냉전 기간 동안 미국은 소련이 재래식 무기를 사용하건 비재래식 무기를 사용하건 서유럽이나 미국을 침략한다면 소련에 대해 핵무기를 사용할 것이라고 위협했다. 그 위협은 사형의 위협이 부분적으로는 폭력 범죄를 억제하기 위해 의도된 것과 마찬가지로, 그러한 공격을 억제하기 위해 의도된 것이다.

논의를 위해 다음과 같이 가정해 보자. 소련을 공격할 때 실제로 비재래식 무기를 사용하는 것은 엄청나게 많은 무고한 사람들이 죽임을 당할 것이기 때문에 침략에 대한 보복의 경우라 하더라도 부도덕할 것이라고 가정해 보자. 실제로 하면 부도덕하겠지만, 하겠다고 위협하는 것도 부도덕한가? 많은 사람들은 그렇게 생각하지 않는다. 공리주의적 관점에서 볼 때, 그 위협이 공격을 억제하는 데 효과적이라면 많은 생명을 구할 수 있고, 그렇게 되면 잃는 것보다는 얻는 것이 훨씬 더 많을 것이다. 그런데 전쟁 억제가 실패해서 어쨌든 한 국가가 공격을 당한다고 하더라도 위협을 실행에 옮길 필요는 없다. 그러므로 전쟁 억제는 도덕적으로 허용될 수 있다.

VIII. 고문과 심문

이라크 점유 동안, 미국은 테러 전쟁의 당사자로서 심문을 받았던 수많은 구금자를 학대했다는 비난을 받았다. 공식적으로 조사해 본 결과 여러 죄수들이 학대의 결과로 죽었다는 사실이 확인되었다. 어떤 목격자의 주장에 따르면 고문으로 인한 학대가 있었다는 것이다. 다른 목격자들은 그것을 부인했고, 학대는 단지 "잔인하고, 비인간적이며, 비열한" 처우 정도의 수준이었다고 말했다. 고문 및 "잔인하고, 비인간적이며, 비열한"(cruel, inhuman, degrading, CID) 처우는 모두 미국과 국제법이 금지하는 것이다. (예를 들어 유엔인권선언문에 따르면, 사람들은 고문을 받지 않을 권리가 있다.)

고문이나 CID 처우의 정의(定義)나 기준은 논쟁거리가 되고 있지만, 일반적으로 둘 모두에 있어 정의의 한 부분을 이루는 것은 희생자는 그것이 육체적이든 심리적이든 간에 심각한 고통을 경험한다는 것이다. 고문과 CID 처우는 고통의 강도와 심각함 때문에, 그리고 고통의 야기를 의도할 목적이 있기 때문에 특히 가증스런 것으로 생각된다. 그렇다면 고문하는 것과 CID 처우를 하는 것이 심각한 논의 주제가 되는지 어떤지가 21세기 초에 문제 되는 까닭은 무엇인가? 많은 사람들은 고문이 허용할 수 있고 존중될 수 있을 것이라는 생각이 점차 소멸되고 있다고 생각했다. 테러 전쟁은 혐의자의 심문에 대한 관심 때문에 그 문제를 상기시켰다. 고문과 CID 처우가 정당화되는 경우가 있다고 생각하는 사람들은, 어떤 죄수들은 테러리스트의 공격을 막을 수도 있는 혹은 테러리스트 체포에 도움이 될 수도 있는 중요한 정보를 가지고 있으므로 그런 사람들에 대한 그와 같은 대처가 심문 효과를 극대화할 것이며, 덜 "강한" 심문 형태를 사용하면 그 죄수들은 저항하면서 정보를 주지 않을 것이기 때문에 고문과 CID 처우는 정당화된다고 주장한다. 첫째 문제는 고문이 정당화되는지(그릇된 것이 아니라 옳은지)의 여부이다. 둘째 문제는 고문을 완전히 금지하는 법이 있어야만 하는지의 여부이다.

유명한 시한폭탄 사례는 고문이 언제나 그르지는 않다는 것을 증명하기 위해서 제시된다. 이 시나리오에서 테러리스트는 핵폭탄을 주요 도시 어딘가에 숨겨 놓았다. 그것은 수만 명의 무고한 사람들을 죽일 것이다. 그것은 한 시간 후에 폭발하도록 장치되었다. 우리는 핵폭탄을 설치하는 것을 도왔던 한 사람을 구금하고 있다. 그에게 폭탄의 정보를 얻을 수 있는 유일한 방법은 고문하는 것이다. 대부분의 사람은 아닐지라도 많은 사람들은 그를 고문하는 것이 옳다고 말한다. 그것은 비극적인 딜레마가 될 수도 있지만, 수천 명 혹은 수만 명의 무고한 생명을 잃어버리는 것과 재앙을 막을 수 있는 어떤 사람을 고통스럽게 하는 것의 비중을 따져 본다면, 심지어 고문이라는 비용을 치르더라도 우리들 대부분은 무고한 생명을 구해야만 한다고 생각한다. 만약 심문하는 사람이 반대의 선택을 내려 테러리스트를 고문하지 않기 위해서 모든 무고한 사람들이 죽도록 내버려 둔다면, 대부분의 사람들은 잘못된 선택을 했다고 생각할 것이다.

그러나 이것은 다수의 곤란한 문제들을 남겨 놓는다. 시한폭탄이 터지도록 장착되었다는 것과 우리가 고문하려고 하는 사람이 실제로 그것이 폭발되는 것을 막을 수 있는 정보를 가지고 있는지를 얼마만큼 확신할 수 있는가? 우리가 덜 잔인한 방법들을 통해서는 제때에 그 정보를 끌어 내는 데 실패한다는 것을 얼마만큼 확신할 수 있는가? 만약 단지 폭탄이 있지 않을까 **의심이 들고**, 그가 정보를 가지고 있지 않을까 **의심이 들** 경우, 고문은 정당화되는가? 일반적으로 논의된 시한폭탄 사례의 이론적 예들에서 우리는 이러한 모든 것들이 사실이라는 것을 **알고 있다**고 가정한다. 실제의 삶에서는 우리가 이러한 것들이 사실이라는 것을 알 수 있을 것 같지 않다.

사례를 약간 변형해 보기로 하자. 우리는 시한폭탄이 있다는 것을 확신하고, 우리가 붙잡고 있는 20명의 죄수 가운데 한 사람(단지 한 사람만)이 폭발을 막을 수 있는 정보를 가지고 있다는 것을 확신하지만, 어느 누가 아는지는 모른다고 가정해 보자. 우리가 찾는 정보를 가지고 있지 않은 19명이 고문을 받게 된다는 것을 안다면, 20명 모두를 고문하는 것을 정당화할 수 있는가? 그들은 테러리스트이기 때문에 단순히 무고한 방관자가 아니라는 사실을 가정한다면, 고문하는 것은 정당화된다고 말할 수도 있다. 그러나 모두 혹은 대부분이 실제로 테러리스트라는 것이 확실하지 않다면 어떻게 될까? 우리가 고문한 사람들 가운데 일부는 정보를 가지고 있지 않을 뿐만 아니라, 테러리스트와 무관한 무고한 사람이라는 사실을 알지 못한다는, 매우 위험스러운 경우에는 어떻게 될까?

이와 같은 사례는 거의 없을 것 같지만, 만약 고문받는 사람이 폭탄의 신관을 제거하는 방법에 대한 지식을 밝히기를 거부하는 테러리스트라는 사실을 우리가 **안다**면, 고문을 지지하는 것은 더욱 쉽다. 만약 미국의 심문자들이 직면하는 것처럼 보이는 실제 상황을 생각한다면, 그 사례는 시한폭탄의 사례와 유사하지 않다. 첫째, 시한폭탄이 이미 많은 무고한 사람들을 죽일 수 있는 어떤 곳에 장치되었다고 생각할 이유에 직면하는 심문자는 없는 것처럼 보였다. 오히려 그들은 테러리스트들이 지속적으로 많은 무고한 사람들을 죽일 공격을 실행할 매우 높은 가능성이 있다고 생각할 좋은 이유에 직면했고, 구금자 중 **일부**가 미국으로 하여금 그러한 공격의 일부를 막게 해 줄 정보를 가졌을 가능성이 있다고 그들은 생각했다. 수백 명의 죄수를 학대할 가능성이 보다 높은 상황이었다. 왜냐하면 그들 중의 일부는 테러 공격을 막을 정보를 가지고 있을 **가능성이 있기** 때문이다. 문제는 전통적인 시한폭탄 사례와는 동떨어진 이와 같은 상황에서 고문이 정당화될 수 있는지의 여부이다.

또 다른 문제는 CID 처우와 마찬가지로 고문은 정도의 문제라는 사실과 관계된다. 시한폭탄의 사례에서 얼마나 많은 폭력 혹은 고통이 허용되거나 정당화될 수 있는가? 아마도 죄수를 찰싹 때리는 것은 괜찮을 테지만, 죄수의 손톱 밑을 바늘로 찌르는 것은 괜찮은가? 다리를 부러뜨리는 것은? 그녀를 강간하거나 그에게 항문 성교를 하는 것은? 담뱃불로 지지는 것은? 그녀의 성기에 전기 충격을 가하는 것은? 손가락을 하나씩 잘라 내는 것은? 얼굴에 염산을 뿌리는 것은? 눈을 도려 내는 것은? 17층에서 창문 밖으로 거꾸로 매달아서 떨어뜨리겠다고 위협하는 것은? 그녀의 가족을 죽이거나 고문하겠다고 위협하는 것은? 죄수들 앞에서 가족들을 고문하는 것은? 더 이상 폭력과 위협의 수위를 높일 수 없는 경계의 수준이 있는가? 만약 확실성의 정도가 높을수록 폭력의 강도를 높인다면, 폭력의 강도가 정당화되기 이전에 죄수가 많은 무고한 생명을 구할 수 있는 정보를 가지고 있다는 사실이 어느 정도 확실한지를 물어야 한다.

두 번째 문제는 시한폭탄의 사례에서조차 고문과 CID 처우를 완전히 금지하는 법이 있어야만 하는지 혹은 예외가 있어야만 하는지 여부이다. 예외에 대해 찬성을 주장하는 사람들은 시한폭탄의 사례에서는 그것이 반드시 필요하다고 말한다. 반대자들은 단 하나의 허점으로도 시한폭탄의 사례가 아닐 때조차 고문이 보다 조직적인 심문 기술이 될 것이라고 말한다.

고문을 완전히 법적으로 금지한다면, 그것은 심지어 시한폭탄의 사례에서도—대부분의 사람들은 이 경우 아마도 고문에 찬동할 것이다—심문자들은 고문할 수 없고 고문하지 않는다는 것을 의미한다. 그것은 고문으로부터 “우리의 손을 깨끗하게 유지하기" 위해서 수백 명, 수천 명, 수만 명의 무고한 사람들이 죽도록 내버려 두는 것을 의미하는가? 완전히 법으로 금지해야 한다고 주장하는 사람들은 사람들이 법을 어긴다는 점을 지적한다. 예를 들어, 법이 살인을 금지한다 하더라도 일부 사람들은 여전히 살인을 저지른다. 만약 당신이 시한폭탄 사례의 심문자라면, 당신은 법에 복종하여 많은 무고한 사람들이 죽도록 내버려 두는 선택 아니면 법에 불복종하여 모든 무고한 생명을 구하는 선택에 직면한다. 무엇을 할 것인지를 결정하는 것은 심문자(실제로는 심문자의 감독관)에게 달려 있다. 많은 심문자들은 법에 불복종하여 무고한 생명을 살리기 위해 죄수를 고문하는 것을 선택할 것 같다. 그러므로 완전히 법으로 금지한다고 해서 반드시 우리가 언제나 우리의 손을 깨끗하게 유지하여 폭탄이 터지도록 내버려 두는 선택을 하지는 않을 것이다.

만약 심문자가 고문을 금지하는 법을 어기지만 그렇게 함으로써 많은 무고한 생명을 구한다면 그 결과는 어떻게 될까? 첫째, 검찰은 법을 위반한 사람을 기소할지의 여부를 결정해야만 한다. 기소된다면, 배심원은 그에게 죄가 있는지를 확인해야 한다. 만약 배심원이 그 사람이 유죄라고 생각한다면, 판사는 적절한 처벌이라고 생각하는 것을 그에게 부과해야 한다. 만약 심문자가 판결이 잘못되었거나 처벌이 너무 가혹하다고 생각한다면, 그는 항소할 것이다. 요점은 심문자가 비록 법을 어겼다 할지라도 가혹한 처벌을 받게 될지 여부는 확실하지 않다는 것이다. 만약 심문자가 실제로 그것이 시한폭탄의 사례이고, 덜 가혹한 심문 방법을 택하면 심문에 실패하며, 고문이 많은 무고한 생명을 살리는 결과로 이어진다는 사실을 증명할 수 있다면, 그는 아마도 처벌받지 않을 것이다. 아마 상을 받게 될지도 모른다. (철학자 헨리 슈[Henry Shue]는 이것을 시민 불복종이 다루어지는 방식에 비유했다. 사람들은 도덕적 이유로 법을 어기는 경우가 있다. 그 법은 시민 불복종에 대한 예외를 인정하지 않지만, 만약 판사와 배심원이 시민 불복종이 정당하다고 판결을 내린다면, 그 사람은 종종 무죄가 되거나 매우 관대한 선고를 받을 것이다.) 고문에 대한 완전한 법적 금지를 주장하는 일부 지지자들에게 이것은 아주 매력 있는 주장이다. 고문을 하는 사람은 누구나 사후에 그것을 정당화하지 않으면 안 되고, 이들 법적 금지의 지지자 입장에서 보면 이렇게 되면 고문하는 사람들의, 너무 무의식적으로 고문에 의거하는 관행을 억제할 것이다.

하버드 법대 교수 더쇼위츠(Alan Dershowitz)와 같은 사람들은 사실 이후에 정당화를 요구하는 완전한 법적 금지 대신에 법은 고문을 허용해야 하지만, 고문자가 사전에 법원으로부터 권한(고문 영장)을 부여받은 경우에 한해 그렇게 해야 한다고 주장한다. 이것은 사전에 수사와 도청(수색 영장)을 법원이 승인하는 방식과 유사하다. 그의 생각에 따르면, 이렇게 하면 완전한 법적 금지—이러한 금지는 고문자의 고소와 재판을 요구한다—만큼이나 부당한 고문을 금지하는 효과가 있다.

연습문제

1. 첫째 평화주의를 옹호해 보라. 그다음에 평화주의에 대한 반대 견해를 옹호해 보라. 평화주의에 대한 당신의 실제 견해는 무엇인가?
2. 당신은 방금 대통령에 당선되었다. 세계 평화 유지에 대한 당신의 계획을 국회와 국민들에게 전달할 메시지를 작성하라.
3. 당신은 방금 대통령에 당선되었다. 대량살상 무기에 대한 당신의 정책을 국회와 국민들에게 전달할 메시지를 작성하라.
4. 독일이 제2차 세계대전을 일으키지 않았다고 가정해 보자. 그 대신 국경을 폐쇄하고 유대인을 몰살하기 시작했다. 영국과 프랑스가 그런 일을 못하게 하기 위해 무력을 사용했거나 사용하겠다는 위협을 가했다면 그런 행위는 정당한가?
5. 소련이 냉전 기간 동안 서유럽을 침공했다면, 그것을 되돌리기 위한 미국의 핵폭탄 사용은 도덕적으로 허용될 수 있는가?
6. 약 800,000명의 르완다 사람들이 1990년대 중반에 대량학살되었다. 많은 사람들은 미국이 군사적 개입의 위협을 가하고 평화유지군을 배치했더라면, 미국의 권위로 인해 대량학살은 막을 수 있었다고 말한다. 그런 경우 당신은 미국이 어떤 일을 해야 한다고 생각하는가?
7. 미국은 실제로 핵무기를 사용했던 유일한 국가이다. 미국의 지도자들은 1945년 히로시마와 나가사키에 원자폭탄을 투하하는 것이 전쟁에 승리하기 위해서 반드시 필요한 일은 아니었다는 것을 알았지만, 그것이 전쟁을 단축시키고 생명을 구하는 유일한 혹은 최선의 방법이라고 (명백하게) 믿었다. 이를 비판하는 사람들은 일본의 재빠른 항복을 이끌어 낼 다른 대안들이 있었고, 실제로 이들 도시에는 군사적으로 가치 있는 표적물이 전혀 없었으며, 폭탄을 투하한 하나의 중요한 이유는 소련에 강한 인상을 남겨 소련을 위협하는 것이었다고 말한다. 일본의 이들 도시에 원자폭탄을 투하한 행위를 옹호하는 논증을 펼쳐라. 비난하는

논증도 펼쳐라. 원자폭탄 투하의 도덕적 허용 가능성에 대한 당신의 참된 견해는 무엇인가? 왜 그렇게 생각하는가?

8. 미국은 1961년 이래 쿠바와의 교역을 위한 선박 입항을 금지했다. 미국은 다른 나라들도 쿠바와 교역하는 것을 못하게 하려고 시도하였다. 쿠바가 미국보다 힘이 더 강했다면, 미국의 정책은 미국과 쿠바의 전쟁에 대한 정당한 이유가 되는가?
9. 미국의 2003년 이라크 침공은 정당한가?
10. 구금된 테러리스트가 당신의 가족들을 포함하여 많은 무고한 사람들의 죽음을 면하게 할 정보를 가지고 있고, 그 테러리스트가 일상적인 심문 방법으로는 정보를 누설하지 않지만 고문을 가하면 누설할 가능성이 매우 높다는 것을 당신이 알았다면, 당신은 그를 고문하는 것이 나쁘다고 생각하는가?
11. 고문 및 "CID(잔인하고, 비인간적이며, 비열한)" 처우에 대한 법적 금지는 절대적이어야 하는가?

관련 자료

St. Thomas Aquinas. *On Law, Morality, and Politics*. Edited by William Baumgarth and Richard Regan. Indianapolis, IN: Hackett, 1988.

Avner Cohen and Steven Lee eds. *Nuclear Weapons and the Future of Humanity*. Totowa, NJ: Rowman and Allanheld, 1986.

Marshall Cohen, Thomas Nagel, and Thomas Scanlon eds. *War and Moral Responsibility*. Princeton, NJ: Princeton University Press, 1974.

The Essential Gandhi. Edited by Louis Fischer. New York: Vintage, 1962.

David J. Garrow. *Bearing the Cross: Martin Luther King, Jr. and the Southern Christian Leadership Conference*. New York: William Morrow, 1986.

Karen J. Greenberg ed. *The Torture Debate in America*. New York: Cambridge University Press, 2006.

Martin Luther King Jr. *A Testament of Hope: The Essential Writings and Speeches of Martin Luther King, Jr.* Edited by James W. Washington. San Francisco: Harper, 1986.

Robert W. McElroy. *Morality and American Foreign Policy*. Princeton, NJ: Princeton University Press, 1992.

National Conference of Catholic Bishops. *The Challenge of Peace: God's Promise and Our Response*. Washington, DC: United Stated Catholic Conference, 1983.

The Penguin Gandhi Reader. Edited by Rudrangshu Mukherjee. New York: Penguin, 1993.

W. Michael Reisman and Chris T. Antonious eds. *The Laws of War*. New York: Vintage, 1994.

Michael Walzer. *Arguing About War*. New Haven: Yale University Press, 2004.

Michael Walzer. *Just and Unjust Wars*. New York: Basic Books, 1977.

Stanley Wolpert. *Gandhi's Passion: The Life and Legacy of Mahatma Gandhi*. Oxford: Oxford University Press, 2001.

제 16 장

윤리학과 환경

- 환경에 대한 여러 가지 위협의 심각성 이해 및 평가
- 지속 가능한 개발 개념의 이해 및 응용
- 도덕적으로 허용 가능한 환경정책에 대한 훌륭한 견해 구성
- 환경 인종차별주의의 개념 이해 및 그것의 도덕적 위상 평가
- 생명 중심 환경윤리학과 인간 중심 환경윤리학 간의 차이 이해
- 미래의 인간 및 인간이 아닌 생명체에 대해 우리가 가져야 할 의무에 대한 잘 추리된 견해 구성

I. 서론

어떤 사람들은 우리가 잠재적으로 비극이 될 정도의 환경 위기에 직면해 있다고 주장한다. 그들의 견해에 따르면, 인간의 활동이 지구를 너무나 극적으로 변화시켜서 인간의 생명을 포함한 지구의 많은 생명체들은 심각한 위기에 빠져 있다. 그들은 이러한 잠재적인 환경 재앙을 개선하기 위해서 사람들이 자신들의 삶의 방식을 상당히 변화시켜야만 한다고 주장한다. 다른 사람들은 이러한 무서운 경고는 자신들의 경제적·정치적 안건을 제안하기 위해서 그 문제를 활용하는 "환경 극단주의자들"의 의도적인 과장이라고 해서 무시해 버린다.

과학자들은 인간의 활동에 의해 궁지에 빠진 환경 위기의 정확한 본성과 범위가 무엇인지 확실히 알지 못하겠지만, 썩 좋지 못한 상황이라는 것은 알고 있다.

II. 환경 위기

생산품을 제조하고, 에너지를 생산하며, 식량을 재배하고, 사람과 물건을 운송하는 매우 산업화된 사회에서는 다양한 해로운 물질이 공기·물·토양 속으로 스며든다. 그와 같은 물질은 암·폐기종·신경 손상·뇌 결함과 같은 질병을 야기함으로써 인간의 건강에 나쁜 영향을 준다. 게다가, 어떤 물질은 환경을 변화시킴으로써 인간의 생명과 건강에 더 직접적으로 영향을 준다.

1. 온실효과와 지구 온난화

2005년 11월 26일, 뉴저지 주 러트거스 대학교의 연구 보고서는 화석 연료의 사용이 급속하게 증가하기 전인 150년 전보다 해수면이 2배나 빨리 상승하고 있다는 사실을 폭로했다. 산업혁명 시작 이전 지난 5,000년 동안 해수면은 매년 약 1mm씩 상승하였다. 연구팀은 1억 년 전으로 거슬러 올라가 해수면 변화 기록을 작성하였다.[1)]

2005년 초 지난 50년 동안의 온도가 2℃ 상승했기 때문에 남극 대륙 빙하의 녹는 속도는 더욱 빨라졌다고 보고되었다.[2)] 빙하는 30년 전 두께의 반밖에 되지 않았다.

2000년 이래로 계속된 보고서는 지구 온난화가 사실임을 보여 주는 증거를 제시했다. 대부분의 기후 전문가들은 그것은 아마도 일반적으로 사람들의 이익과 관련하여 매우 해로운 영향을 미칠 것이라고 생각한다. 그리고 대부분의 기후 전문가들은 사람들의 활동이 지구 온난화의 일차적인 원인이라고 믿는다.

온실가스(가장 중요한 것으로는 탄소이산화물이지만, 또한 메탄·오존·질소산화물·염소플루우오르화물이 있다)의 대기 수준은 지난 200년 동안 상당히 상승해 왔는데, 특히 화석 연료의 연소 때문이었다. 온실가스는 태양으로부터 나오는 적외선을 흡수하는데, 그렇게 됨으로써 지구 표면의 온도가 상승한다. 만약 그렇게 흡수하지 않는다면 적외선은 공간 속으로 빠져나간다. 적외선의 태양빛을 흡수하지 않는다면 지구의 온도는 아주 낮아져서 생명체가 살 수 없게 된다. 그러나 지금 인간의 활동은

---

1) "Rate of Oceans' Rise Doubles over 150 Years," *The Australian* (26 November 2005).

2) Fiona Harvey, "Retreat of Antarctic Ice Gathers Pace," *Financial Times*, London: (21 April 2005).

거의 일반적으로 20세기 한 세기 동안 지구의 평균 기온을 대략 0.6℃씩 상승시킨 당사자로서 비난을 받는다. 유엔이 조직한 기후 변화 관련 정부 간 협의체(IPCC)는 다음처럼 진술하고 있다. "실험 보고서에 의하면, 1861년 이래 1990년대는 가장 더운 10년이었고 1998년은 가장 더운 해였다는 것은 사실일 가능성이 매우 높다."3) 더 나아가, "새로운 분석은 … 20세기의 온도 상승의 폭은 … 지난 1,000년 동안 어떤 세기보다 가장 컸을 가능성이 있다는 점을 지적하고 있다."4) 보고서에 따르면 20세기 한 세기 동안 산악의 빙하가 상당히 움푹 들어갔고, 해수면은 계속 상승하였으며, 북극해의 빙하층은 계속 상당히 얇아졌다. 몇 가지 변수로 인한 작은 변화는 다른 변수로 인한 큰 변화로 이어질 수 있다. 가장 최근의 빙하기, 즉 많은 북미 지역이 얼음에 덮여 버린 기간 동안 지구의 평균 온도는 지금의 온도보다 단지 5℃ 낮았을 뿐이라고 하는 점을 주목할 필요가 있다.

IPCC 보고서는 또한 이산화탄소의 대기 수준은 1750년 이래로 31% 증가하였고, 그 수준은 아마도 지난 2,000만 년 동안에 더 이상 높아지지 않았다는 사실에 주목한다. 메탄 농도는 1750년 이래로 151% 증가했다. 지구 온도와 온실가스가 인간의 활동 때문에 얼마나 많이 상승했는가를 설명하기는 어렵지만, 대부분의 기후 과학자는 상당할 것이라고 믿는다. 2000년에 사용된 최고의 컴퓨터 모델링 연구는 2100년까지 CO_2 농도는 온실가스 방출을 통제하고 줄이기 위한 강력한 조치가 취해지지 않는다고 가정할 경우 1750년보다 90%에서 250% 더 높아질 것이라고 예측한다. 불길하게도 이 연구는 2100년까지 지구의 평균 온도가 1.4~5.8℃ 정도 상승할 것이라고 예측한다.

예측할 수 있는 결과에 따르면 전 지구에 걸쳐 가장 높은 온도 상승 지역과 가장 낮은 온도 상승 지역이 있을 것이고, 더운 날들이 많아지고 추운 날들이 줄어들 것이라고 한다. 게다가, 아마도 홍수를 동반하는 강한 폭우와 가뭄, 그리고 잦은 보다 강한 허리케인 등 더 극단적인 날씨 상태가 상당수 있게 될 것이다. 해수면은 0.09~0.88m(대략 3.5~35in) 상승할 것인데, 이렇게 되면 세계 인구의 다수(미국 인구의 53%)가 살고 있는 해변을 따라 엄청난 재앙의 범람이 일어날 가능성이 높다. 그것은 강수량의 변화를 가져올 수도 있다. 건조한 지역들은 더 많은 비가 오게 될 것이다.

---

3) IPCC Working Group I, *Third Assessment Report* (February 2001), p. 1. (http://www.ipcc.ch).

4) Ibid.

습한 지역은 더 가물게 될 것이다. 그다음에는 이러한 변화들이 농사에 영향을 끼쳐 아마도 세계의 식량 공급은 줄어들게 될 것이다. 식량 공급이 줄어들면 식량 가격이 오를 것이고, 결국 실제로 모든 사람의 생계 비용이 증가하고, 세계의 가난한 나라들에서 영양실조와 기아 발생이 증가할 것이다.

2001년 부시 행정부가 들어섰을 때, 이 정부는 IPCC의 활동을 재검토할 것을 전미과학아카데미(NAS)에 요구했다. 과학아카데미의 2001년 보고서, 즉 『기후변화학(Climate Change Science)』은 19세기와 20세기에 걸쳐 발생했던 지구 온난화의 대부분은 아마도 인간의 활동에 의해 야기된 것이라는 IPCC의 주장과 21세기에 계속될 지구 온난화의 범위와 있을 법한 결과들에 관한 IPCC의 예측을 지지했다. 예를 들어, NAS의 보고서는 지구의 온도가 거의 6°F 상승한다는 IPCC의 일반 개산(槪算)은 합리적인 예측이라고 설명했다. 40만 년을 거슬러 올라간 얼음 채취 샘플 보고서에 따르면, 산업혁명까지는 대기 중의 이산화탄소가 결코 280ppmv보다 높지 않았지만 산업혁명 이래로 약 370ppmv까지 상승했다. NSA는 지구 온난화는 아마도 "강우량의 상승과 반(半)건조 지역의 증가 가능성"으로 이어질 것이라는 IPCC의 주장에 동의했다.[5] 반건조 지역에 미국의 대평원이 포함된다. 게다가, "제대로 적응하지 못하면 주요 도시 지역에서 호흡기 질병을 발생시키는 열 압력과 스모그가 증가할 것이다."[6]

『유엔인간개발보고서 2000(United Nations Human Development Report 2000)』에 따르면, 1996년 대기 중에 탄소이산화물의 거의 반을 방출한 데 대한 책임은 선진국들에게 있다. 탄소이산화물의 22.2%의 방출 책임은 세계 인구의 약 4%에 불과한 미국에게 있다. 중국은 14.1%의 책임이, 인도는 4.2%의 책임이 있다.[7]

2000년 12월 클린턴 행정부는 2008년부터 2012년까지 탄소이산화물의 방출을 1990년 수준의 5% 이하로 떨어뜨려야 하는 의무를 담은 기후 변화에 관한 유엔규약의 교토 의정서(Kyoto Protocol to the United Nations Framework Convention on Climate Change)에 서명했다. 미 상원은 교토 의정서의 비준을 허용하지 않았다. 왜냐하면 상원은 다수당인 공화당이 그것을 파기하리라는 것을 알았기 때문이다. 탄소

---

5) National Academy of Sciences, *Climate Change Science* (Washington, DC: National Academy Press, 2001), p. 1.

6) Ibid., p. 4.

7) *Human Development Report 2000* (New York: Oxford University Press, 2000), pp. 231-234.

이산화물을 제한하기 위한 프로그램의 주요 내용 중 한 가지는 발전소의 방출을 규제하는 계획이었다. 2001년 3월 13일 새 부시 행정부는 화력 발전소의 이산화탄소 방출을 규제하는 조지 W. 부시의 캠페인 서약을 따르지 않을 것이라고 공포했다. 왜냐하면 그것은 국내 에너지 생산의 증가와 에너지 가격 하락을 유지하는 부시 행정부의 우선 정책에 방해가 되기 때문이었다. 정부는 탄소이산화물을 줄이라는 요구는 소비자들의 전기료 인상으로 이어지게 될 것이라고 말한다. 더 나아가, 정부는 인용을 들면서 지구 온난화의 원인과 해결책이 확실하지 않다고 주장했다. 많은 사람들은 이러한 결정을 교토 의정서에 대한 거부로 인식하였다. 신문의 해설에 따르면, 이러한 움직임에 대한 거대한 압력이 석탄에 의존하는 기업, 석탄 회사들의 로비스트들과 국회의 보수적인 공화당원으로부터 있었다는 것이다. 부시 행정부는 규제 대신에 "자발적으로 방출을 줄이도록 회사들을 독려하는 인센티브"를 선택할 것이다.[8)]

2. 오존층 파괴

태양광선은 잠재적으로 파괴적인 자외선을 포함하고 있다. 자외선은 사람들을 햇볕에 타게 만들고 피부암을 유발하는 원인이다. 너무 많은 자외선이 지구 표면에 닿는다면 식물이든 동물이든 살아 있는 많은 것들이 실제로 볕에 탈 것이다. 대부분의 태양 자외선은 지구 표면 위에 약 9마일에서 22마일까지 펼쳐진 띠 모양의, 성층권에 있는 화학 용어인 오존(O_3)에 의해 차단된다. 오존의 막이 없으면 우리가 알고 있는 생명체는 지구에 존재할 수 없다. 과학자들은 할로겐이라 불리는 염소와 취소 원자가 오존 원자를 파괴한다는 사실을 발견했다. 성층권에서 하나의 염소 원자는 10만 개에 이르는 오존 원자를 파괴할 수 있다. 하나의 취소 원자는 그보다 훨씬 많은 오존 원자를 파괴할 수 있다. 과학자들은 할로겐 원자를 포함해서 인간이 만든 어떤 화학물질들이 성층권으로 올라가서 거기에 있는 오존의 일부를 파괴시키는 것처럼 보인다는 사실을 발견했다. (과학자들은 북반구 위에서 점점 커지고 있는 "오존 구멍"을 불안한 마음으로 지켜보고 있다.) 오존층이 얇아지는 결과 더 많은 양의 자외선이 지구 표면에 닿고 있다.

예상되는 결과에는 사람들의 피부암과 백내장 발생 증가, 전염병과 질병에 대한

8) "Bush, in Reversal, Won't Seek Cut in Emissions of Carbon Dioxide," *New York Times* (14 March 2001).

저항력 약화로 연결되는 인간과 동물 모두의 면역체계 억제, 식량 공급의 감소로 연결되는 농작물 수확 감소, 대양의 먹이사슬에서 가장 바닥에 있는 작은 유기체인 바다 속 플랑크톤류의 감소—이것은 결국 먹이사슬의 모든 수준에 걸쳐 있는 바다 속 물고기의 수량을 감소시킬 것이다—등이 포함된다.

3. 공기 오염

일반적인 공기 오염 목록에는 황산화물·질소산화물·부유하는 미립자 물질·탄소일산화물·다양한 잔류 금속(예컨대 납·수은·아연)·지표면 오존(스모그)·휘발성 유기산화물 등이 포함된다(환경보호국 목록 189). 최초의 오염원은 화석 연료 에너지 자원과 공업 생산물이다.

특히 주목해야 할 공기 오염의 한 형태는 산성비이다. 일차적으로 황산화물과 질소산화물의 결과로서 비·안개·눈이 정상보다 훨씬 더 많은 산성을 포함한다. 이 산성은 다시 개울·강·호수의 산성을 증가시켜 식물과 물고기의 생명 유지 능력을 감소시킨다. 산성비는 식물·빌딩·다리 및 사람들의 건강에 손상을 가져다준다. 산성 및 다른 형태의 공기 오염이 사람들의 건강에 미치는 결과에는 폐 손상·폐에 관련된 질병(폐암·폐기종·폐렴·기관지염·천식)·선천성 결함·치명적 기관지암·신경체계 손상·면역체계 억제·심장 약화 질환 등이 포함된다.

4. 수질 오염

우리에게는 엄청난 양의 물을 만들 기술이 없다(아마 앞으로도 결코 없을 것이다). 현재 지구에 있는 물 공급량은 아마 우리가 지금까지 가지고 있었던 물 공급량과 같을 것이다. 최근 조사에 따르면 물의 94%는 바다의 소금물이다. 그래서 세계 물 공급량의 6%만 사람들이 이용할 수 있는 소금기 없는 물이다. 그 양의 27%는 빙하의 얼음이고 72%는 지하수이다. 대기·개울·강·호수에 있는 무(無)소금기의 물은 1%에 불과하다.[9] 인간은 가정용(음료·요리·목욕)·농업용·공업용으로 이런 물을 사용한다. 세계적으로 무소금기 물의 69%는 농업용, 23%는 공업용, 8%는 가정용으로 사용된

9) Mostafa K. Tolba, *Saving Our Planet* (London: Chapman & Hall, 1992), p. 46. (이 책은 톨바[Tolba]가 실무 책임을 맡았던 유엔 환경 프로그램[United Nations Environmental Programme]의 결과물이다.)

다. 오염된 물은 이러한 목적으로 사용할 수 없다.

물 오염의 주원인은 화학적 처리 과정을 거치지 않았거나 불충분하게 처리된 오수, 즉 공업에 사용한 휘발성 유기산화물·잔류 금속·질소산화물·황산화물, 농업에 사용한 비료와 농약이 흘러들어간 것 등이다. 결과적으로 사람들의 병·물 부족·수생 생명체의 감소 현상이 나타난다. 또한 동일한 오염이 바다의 소금물에 영향을 주어서 결국 사람들은 오염된 물에서의 목욕, 오염된 생선의 식용으로 인한 병과 전염병을 앓게 되고, 다양한 물고기 종들의 감소로 이어진다.

5. 에너지 과소비

세계 에너지 소비는 세계 인구가 증가함에 따라 계속 증가하고, 보다 가난한 국가가 삶의 수준을 높이려는 노력에 따라 계속 증가한다. 연평균 에너지 소비 증가율은 1900~1950년 동안 2.2%, 1950~1970년 동안 5.2%, 1971~1990년 동안 2.3%로 조사되었다. 1970년 이후 에너지 증가율의 감소는 여러 요인, 즉 에너지 가격의 상승, 여러 가지 측면에서 세계의 경제적 경기 후퇴, 에너지 보존을 위한 명백한 정책들의 결과이다. 2000년 후 예상된 연간 증가율은 선진국에서 1.9%, 러시아와 동유럽에서 3%, 개발도상국에서 4.5%이다.[10)]

1990년 세계 상업 에너지의 32%가 석탄에서 나오고 36%가 석유에서 나왔다. 화석 연료에 대한 이런 의존은 두 가지 문제를 낳는다. 첫째, 화석 연료의 고갈이다. 문제는 재생 불가능한 에너지 자원이 바닥나게 될 것인지 어떤지가 아니라 언제 바닥나게 될 것인가이다. 알려진 매장량에 기초해서 판단할 때, 1990년의 소비 수준을 유지하면 2040년경 석유가 바닥날 것이고, 2060년경 천연가스가 바닥날 것이며, 2200년경에 석탄이 바닥날 것이다.[11)] 둘째 문제는 화석 연료의 채탄·수송·산화에서 다양한 오염 물질이 방출된다는 것이다. 핵에너지의 사용은 방사능 폐기물—수만 년 동안 방사능 상태로 있을—의 안전한 처리라는 추가적 문제를 낳는다. 우리는 보다 깨끗한 에너지 자원을 발견할 수 있는가? 우리는 태양·바람·조류와 같이 "재생 가능한" 자원을 위한 기술을 완성할 수 있을까?

자연 자원의 오염과 고갈이라는 두 가지 모두의 책임은 주로 선진국에 있다. 대

10) Ibid., pp. 150-152.

11) Ibid., pp. 150-152.

부분의 오염은 미국·캐나다·서유럽·일본에 의해 발생되어 온 것이었고, 이 나라들이 세계의 상품 생산과 소비라는 가장 좋은 노른자위를 차지하고 있다. 세계 인구의 22%에 불과한 선진국이 세계 에너지의 82%를 사용하는 데 반하여, 세계 인구의 78%에 달하는 개발도상국들은 겨우 세계 에너지의 18%만을 사용한다.[12] 그렇게 많은 지표들이 보여 주듯이 미국은 거의 톱 수준이다. 예컨대 1997년 미국이 1인당 8,000kg 이상의 석유 에너지를 사용한 데 반하여, 오스트리아·스웨덴·네덜란드·일본·영국·프랑스·독일과 같은 나라들은 대략 3,500kg에서 6,000kg까지 다양하게 분포되어 있다. (캐나다는 7,930kg이다.) 이에 비하여 멕시코는 1,501kg, 코스타리카는 769kg, 터키는 1,140kg, 중국은 907kg, 인도는 479kg, 방글라데시는 197kg이었다.[13]

6. 남벌과 생물종의 감소

약 35억 년 전 생명이 나타난 이래로 지구에 지금까지 존재했던 종들 중 대략 95%는 현재 멸종 상태다. 멸종 생명체의 거의 모두는 인간의 활동에 의해 그렇게 되었다기보다 자연적 원인의 결과였다. 그러나 이제는 멸종의 속도가 대단히 빨라지고 있다. 왜냐하면 인간의 활동이 점증된 비율로 동식물의 서식지를 파괴했고, 또 파괴하고 있기 때문이다.

현재 지구상의 식물·동물 종의 반 이상이 열대우림 지역에(오직 이 지역에만) 서식하고 있다. 가난하고 인구 과잉인 나라는 직접적 궁핍을 충족하기 위하여 우림지대를 과도하게 개발하지 않을 수 없다고 느껴 왔다. 그들은 목재를 수출하고, 농사와 가축의 방목을 위해 삼림을 개간한다. 더군다나 지구 온난화와 오존층 파괴는 삼림에 대해 역작용을 할 수도 있다.

어떤 사람들은 인간의 활동이 생물종의 멸종 비율을 10,000배나 증가시켰다고 평가한다. 순전히 인간의 관점에서 보면 멸종의 가속화는 안타까운 일이다. 왜냐하면 동식물의 다양한 종들(종들 내에 변종)은 식량·에너지·약품의 중요한 자원을 이루고 있기 때문이다. 그것들은 또한 지구 유전자 풀(gene pool)의 근본적이고 둘도 없는 자원이다. NAS는 다음과 같이 지적한다. "상업적 가치가 있는 종들은 수확량, 영양의 질, 다른 흙과 기후에의 적응, 해충과 질병에 대한 저항력을 향상시키기 위하

12) Ibid., pp. 150-151.

13) *Human Development Report 2000*, pp. 227-230.

여 계속해서 야생 근사종들과 잡종 교배된다."[14] 마찬가지로 1983년 유엔이 설치한 세계환경개발위원회(World Commission on Environment and Development)의 지적에 따르면, "생물학적 다양성을 지닌 거대한 혈통은 과학이 유전공학의 발전을 통해서 유전적 변종을 개발하는 방법을 알게 되는 것에 비례해서 사라질 위기에 처하고 있다."[15]

열대우림의 파괴는 생물종의 멸종 원인이 되는 것 외에도 지구의 기후에 영향을 준다. 숲이 썩고 불타는 것에 비례해서 탄소이산화물이 방출된다. 이것이 온실효과를 가속화시킨다. 열대우림은 또한 강우 방식에 영향을 주고 토양 유실을 막는다. 숲의 상실은 광범한 지역에 가뭄과 홍수를 가져올 수 있다.

7. 야생 보존

대단히 거대한 지구 표면이 인간의 욕구 충족을 위해 인간에 의해 변형되어 왔다. 땅은 농산물 수확·동물의 방목·건물의 건축·도로의 포장 등을 위하여 개간되어 왔다. 풍경은 도시와 쇼핑몰로 가득 채워져 있다. 도시와 도시 외각을 뒤로 하고 "교외"로 잠깐 나가기 위해서도 우리는 통상 포장도로를 달리며, 우리가 둘러보는 거의 모든 곳에서 들판이나 목초지를 아주 쉽게 볼 수 있다. 가끔은 검은 연기를 뿜어 내는 거대한 굴뚝이 있는 발전소와 마주치기도 한다. 인간이 상당 부분 변형시키지 않고 휘저어 놓지 않은 곳은 거의 남아 있지 않다.

많은 사람들은 거의 남아 있지 않은 황무지를 손대지 않은 채 남겨 놓고 싶어 한다. 그들은 벌목꾼이 벌목을 하거나 개발자가 스키 리조트를 건설하는 것을 원하지 않는다. 그들은 거기에 별장이 들어서는 것을 바라지 않는다. 그들은 석탄·가스·석유를 개발하거나 귀중한 금속과 석탄을 채굴하는 회사를 원하지 않는다. 그들은 길조차 만들기를 원하지 않는다. 그들은 더럽히고 평온한 고요를 깨뜨리는 스노모빌과 모터보트가 없어지기를 원한다. 왜 그런가?

많은 사람들은 오늘날 자연의 아름다움을 음미하고 산·숲·시내·거기에 사는 꽃과 동물에 대해 깊은 감동을 느낀다. 그들은 캠핑·하이킹·등산·낚시와 같은 경험들

14) National Academy of Sciences, *One Earth*, p. 128.

15) World Commission on Environment and Development, *Our Common Future* (New York: Oxford University Press, 1987), p. 148.

을 가치 있게 생각한다. 일부 사람들은 풍경의 인위적 변경에서 가능한 멀리 떨어지는 것이 정신적으로 살찌는 것이라고 생각한다. 그들은 종교적 경험을 할 수도, 신과 가까워지는 느낌을 가질 수도, 자기 인식을 발전시키고 깊이 있게 하는 것이 더 쉽다는 것을 발견할 수도 있다. 인간의 활동으로 인한 변화가 없는 자연을 경험함으로써 사람들은 상상력과 창의성을 살찌울 수도 있고, 모든 것들과 하나 되는 느낌을 가질 수도 있다. 올슐래거(Max Oelschlaeger)는 다음과 같이 말한다. "야생의 자연은 … 사람들이 삶과 우주에 대해 반성하고, 현대 존재의 문화적으로 상대적인 범주를 넘어서 있는 의미와 의의에 대해 반성할 기회, 즉 명상적 만남의 기회를 제공한다."[16] 그런 사람들에게 야생 자연은 단지 개발되거나 재배하기 위한 자원으로서만 볼 것이 아니라, 본질적인 가치를 지닌 어떤 것 혹은 그 자체를 위한 가치를 지닌 것으로 보아야 한다.

다른 사람들은 야생에서 어떤 가치도 발견하지 못하고, 그것을 보존하는 데에 전혀 관심이 없다. 알래스카의 통가스 국립삼림지와 같은 지역에서 그들은 석유·천연가스·석탄과 같은 에너지 자원의 탐사와 추출을 허용해 줄 것을 원하고, 벌목을 허용해 줄 것을 원하며, 도로 건설을 원한다. 그들은 자연 자원이 추출될 수 있는데도 땅속에 내버려 두고, 가치 있는 목재가 땅 위에서 자연스럽게 죽어 썩게 내버려 두는 것은 어리석은 짓이라고 생각한다.

야생을 손대지 않고 그대로 남겨 두기를 바라는 사람들은 이에 대해서 야생 지역이 일단 인간들에 의해 변형된다면 최소한 수 세기 동안 야생의 모습은 사라진다고 말한다. 지구상에 남겨진 진정한 의미의 야생은 거의 없기 때문에, 우리는 남아 있는 최소한의 얼마라도 보존해야 하고 조금이라도 그것을 변형시킬 수 있는 개발을 제한해야 한다고 말한다. 그들의 견해로는 절대적 개발 금지를 하지 않는 한 야생의 일부라도 손대지 않은 채 보존하기는 어렵다는 것이다.

그러나 다른 사람들의 지적에 따르면 손대지 않고 남겨 둔다면 야생 지역은 대부분 사람들이 가까이 하기 어렵다. 예컨대 도로나 산길이 전혀 없다면, 통가스 국립삼림지 깊은 곳을 찾아가거나 지나가려 하는 사람은 거의 없을 것이다. 따라서 소수의 사람들에게만 혜택이 돌아갈 뿐이라면 야생을 보호해야 할 이유가 있겠는가?

야생 지역을 결코 찾지 않을 사람들은 그럼에도 불구하고 그것의 가치를 평가할

16) Max Oelschlaeger, *The Idea of Wilderness* (New Haven: Yale University Press, 1991), p. 2.

수도 있다. 그들은 자신의 아이들·손자들·증손자들을 위해 그것이 보존되기를 원할 수도 있다. 아마 다른 사람의 아이들·손자들·증손자들을 위해서도 그렇게 되기를 원할 수도 있다. 그들은 후대 사람들로부터 즐길 야생을 전혀 남겨 두지 않았다고 비난받고 싶어 하지 않는다. 그들은 과거 세대가 옐로스톤 국립공원 혹은 요세미티 계곡 같은 자연의 경이를 보존하기 위한 조치를 취하지 않았다면 후대 사람들이 어떻게 생각하고 느낄지를 자문한다. 그들은 단지 자연의 아름다움이 아니라 희귀성 때문에 야생의 가치를 평가한다.

일부 종교인들은 인간이 자연 세계를 창조하지 않았고 신이 창조했음을 지적한다. 그들에 의하면 신이 자연 세계를 창조했을 때 그것은 야생이었고, 신은 자연 세계가 멋지고 아름답다는 것을 보았다는 것이다. 단지 그 뒤에 신이 인간을 창조했을 뿐이다. 신은 인간으로 하여금 자연의 모든 것을 파괴하거나 타락시키려고 지구와 야생을 창조한 것이 아니었다. 신은 인간에게 재봉사로서 지구를 다룰 권리를 주지 않았다. 혹은 그 결과에 관계없이 인간이 원하는 것은 무엇이든지 할 권리를 인간에게 주지 않았다. 대신에 신은 인간에게 지구의 청지기가 될 책임을 주었다. 청지기 정신은 가치 있는 것들의 보존과 유지에 대한 관심을 요구한다. 신이 창조한 야생은 가치를 가져야만 한다. 아니면 신은 그것을 창조하지 않았을 것이고, 멋지고 아름답다고 생각하지 않았을 것이다. 그래서 우리에게는 신이 창조한 상태대로 가능한 야생을 보존해야 한다는, 신이 준 의무가 있다.

8. 인구 증가

인구는 놀라운 비율로 증가해 왔다. 대략 기원전 6000년에는 아마도 전 지구상에 약 500만 명이 있었을 것으로 추산된다. 그 후 농업혁명과 함께 인구가 급상승하기 시작했다. 증가 속도를 개산(概算)해 보면 다음과 같다.

1세기	2억 5,000만
1600년	5억
1850년	10억
1930년	20억
1960년	30억
1974년	40억
1986년	50억

2000년 61억
2005년 64억 5,000만

인구가 10억을 기록하는 데 수만 년이 걸렸다. 1930년까지 다시 10억을 추가하여 2배가 되는 데 약 1세기가 걸렸다. 그다음 10억은 불과 30년 안에 달성되었다. 네 번째 10억은 단 14년 내에 달성되었고, 다섯 번째 10억은 12년이 걸렸다. 그다음 인구 증가는 약간 느려져서 여섯 번째 10억을 추가하는 데는 대략 14년이 걸렸다. 최근 인구 증가의 많은 부분은 개발도상국에서 비롯되었는데, 인구 증가에 대한 개발도상국의 기여가 1930년 64%에서 1990년 77%로 상승했다.[17]

인구는 여전히 증가하고 있다. 2004년 현재 추산은 세계 인구가 2050년까지 91억 명으로 증가되리라는 것이다. 그 증가는 대부분 보다 낮은 그리고 가장 낮은 개발도상국에서 일어날 것이다. 유엔인구분과위원회(the United Nations Population Division)에 따르면, 인도·중국·파키스탄·나이지리아·방글라데시·인도네시아 6개국이 연간 인구 증가에 대해 절반의 책임이 있다. 이들 나라에서 출생 수를 줄이는 것은 세계 인구 증가율을 상당히 감소시킬 것이다.

지구상에 인구가 더 많아질수록 환경에 대한 부담은 더 커질 것이다. 더 많은 인구는 더 많은 에너지 소비를 뜻하고, 더 많은 공해를 방출하는 것을 뜻하며, 더 많은 물을 쓰고 더 많은 땅을 개간해야 함을 뜻한다. 세계의 가난한 국민들은 선진국의 생활수준보다 뒤떨어진 자신들의 생활수준에 대해 점점 만족하지 못한다. 그리고 부국과 빈국 사이의 엄청난 격차를 좁히는 경제 성장을 원하고 있다. 그러나 빈국과 부국 간의 불균등은 줄어들기보다는 증가하고 있다. 1960년 세계 인구의 가장 잘사는 20%는 가장 못사는 20%보다 연간 30배의 소득이 있었다. 1991년에 전자는 후자의 59배 소득을 올렸다.[18] 가난한 국민들이 중산층 미국인의 생활수준에 근접하는 정도의 높은 생활수준에 도달한다면, 그것은 더 많은 환경 악화가 있게 될 것임을 의미할 것이다.

그러나 역설적인 것처럼 보이지만, 많은 전문가들은 가난한 국민들의 생활수준이 올라가면 그들의 출산율이 감소할 것이라고 믿는다. 최근의 역사를 살펴보면 소득과 가족 수 사이에는 반비례 관계가 성립한다는 것을 알 수 있다. 한 사회가 더 유복

17) Joel E. Cohen, *How Many People Can the Earth Support?* (New York: Norton, 1995).

18) Ibid., p. 53.

해지면 가족 수는 감소한다. 따라서 경제 발전이 인구를 조절하는 하나의 방법으로 여겨진다. 게다가 전문가들은 피임을 장려하는 그리고 피임을 저렴하고 이용하기 쉽게 하는 전 지구적 캠페인을 요구한다. 또한 여자들에게 권력을 주고 남녀 모두에게 작은 가족 규모에 대한 가치를 교육시키는 것은 여자들로 하여금 자신들의 출산력에 더 많은 통제력을 얻게 하는 데 도움을 줄 것이다.

1980년대와 1990년대 초 기간 중에 레이건과 부시 행정부는 낙태 선택에 대해 여성들에게 정보를 제공했던 혹은 낙태를 지원했던 국제 가족계획기구에 대한 원조를 중단했다. 클린턴 행정부는 1992년부터 2000년까지 금융 지원을 재개했지만, 2000년에 선출된 조지 W. 부시 행정부는 직무를 시작한 첫 주에 그 금지를 원상태로 되돌렸다. 또한 미국은 가난과 싸우는 개발도상국에 대한 원조를 제공하는 데 있어 대부분의 선진국보다 덜 관대했다. 『인간개발보고서 2000』에 따르면, 1998년 덴마크가 GDP의 0.99%, 노르웨이가 0.91%, 프랑스가 0.40%, 캐나다가 0.29%, 일본이 0.28%, 영국이 0.27%, 독일이 0.26%를 공적 개발 원조에 쓴 것과 비교해 보면, 미국은 GDP의 0.10%를 공적 개발 원조에 썼다. 중앙행정부 예산의 백분율에 의하면, 그 값은 미국이 0.3%, 덴마크가 1.8%, 노르웨이가 2.0%, 프랑스가 0.9%, 캐나다가 0.7%, 일본이 0.9%, 영국이 0.7%, 독일이 0.6%였다. 미국이 제공한 공적 개발 원조 금액은 1인당 29달러였다. 반면 덴마크는 316달러, 노르웨이는 309달러, 프랑스는 103달러, 캐나다는 64달러, 일본은 82달러, 영국은 61달러, 독일은 70달러였다.[19]

III. 환경 문제에 대한 국제선언과 협정

유엔의 후원하에 환경에 관한 많은 국제협약들이 채택되었다. 일부를 발췌하면 다음과 같다.

1. 1972년 유엔인간환경협정 선언

1972년 많은 국가들의 대표자들이 유엔의 후원하에 스톡홀름에서 만나서 인간과 환경의 상호작용을 통제하는 원칙들에 관한 합의를 만들어 냈다. 결과로 나온 문서는 스톡홀름 선언(Stockholm Declaration)이라고 이름 붙여졌다.

19) *Human Development Report 2000*, p. 218.

원칙 1 : 인간은 품위 있고 행복한 생활을 가능하게 하는 환경 속에서 자유, 평등과 적당한 수준의 생활 보건을 향유할 기본적 권리를 가지며, 현 세대 및 다음 세대를 위해 환경을 보호·개선할 엄숙한 책임을 진다. 이 점에서 인권 차별, 인권 분리, 차별 대우, 식민 정책 및 그 밖의 형태의 억압이나 외국 지배를 영속화하려고 하거나 추구하는 정책은 규탄되고 배척되어야 한다.

원칙 2 : 대기·물·토양·동식물군과 특히 자연 생태계의 대표적 표본 종 등을 포함하는 지구상의 천연자원은 현재 및 장차의 세대를 위하여 세심한 계획, 적절한 관리를 통해 보호되어야 한다.

원칙 3 : 중요한 재생이 가능한 자원을 생산하는 지구의 능력은 유지되어야 하며, 가능한 한 회복 또는 개선되어야 한다.

원칙 4 : 인간은 여러 악조건의 복합 작용으로 현재 심각한 위기에 처한 야생 동물 및 그 서식지를 보호하고 현명하게 관리할 특별한 책임이 있다. 따라서 야생 생물을 포함하는 자연의 보존은 경제 개발 계획에서 중요한 위치를 정해야 한다.

원칙 5 : 지구상의 재생이 불가능한 자원은 장래 고갈의 위험에 대처할 수 있는 방법으로 활용되어야 하며, 그로부터 얻는 이익은 인류가 공유하여야 한다.

원칙 6 : 환경의 능력을 초과할 정도의 양이나 고농도의 유독 물질 또는 기타 물질의 배출 및 열의 방출은 생태계에 심각하고도 돌이킬 수 없는 피해를 끼치기 않도록 하기 위해서 지양되어야 한다. 모든 국가 국민들의 오염 방지를 위한 정당한 투쟁은 지지를 받아야 한다.

원칙 11 : 모든 국가의 환경 대책은 개발도상국의 현재와 장래의 개발 가능성을 향상시키는 것이어야 하며, 결코 이에 악영향을 미치거나 모든 사람의 보다 나은 생활 조건의 달성을 방해해서는 안 된다. 또한 국가 및 국제 기구는 환경 조치를 적용함으로써 나타날 국내 및 국제 간의 경제적 영향에 대처한 합의에 도달하기 위하여 적당한 조치를 취하지 않으면 안 된다.

원칙 21 : 모든 국가는 국제연합 헌장 및 국제법의 원칙에 의해 자국의 자원을 그 환경정책에 따라 개발할 주권을 보유함과 동시에 자국의 관할권 내의 활동이나 규제가 타국의 환경이나 자국 관할권 외의 지역에 피해를 야기하는 일이 없도록 할 책임이 있다.

원칙 26 : 인간과 그의 환경은 핵무기의 영향과 다른 모든 대량 파괴의 수단으로부터 구제되어야 한다. 모든 국가는 국제 기구의 테두리 내에서 그러한 무기의 제거와 완전 파괴에 신속한 합의가 이루어지도록 노력하지 않으면 안 된다.[20]

모든 국제선언과 협약처럼, 이 선언은 국가들 간의 서로 다른 그리고 상충하는 이익들 사이의 힘든 교섭과 타협의 결과이다. 특히 선진국과 개발도상국 간의 충돌이 계속되었다. 선진국의 많은 사람들은 개발도상국의 상당한 부분의 인구를 중산층의 생활양식을 누리게끔 할 정도의 경제 성장 수준을 환경이 감당할 수 없다고 우려한다. 다른 한편으로 개발도상국들은 자국의 국민들이 가난으로부터 벗어날 정도의 경제 성장을 원한다. 개발도상국들은 충분한 성장 수준에 도달할 수 있기 위해 선진국들에게 더 많은 재원과 기술을 이전해 달라고 요구하고 있다. 그리고 이들 국가는 선진 세계의 사람들에게 자국의 국민들이 더 많이 소비할 수 있도록 덜 소비할 것을 요청하고 있다. 어려운 과업은 경제 발전과 환경 보호 간에 균형을 맞추는 일이다.

2. 1992년 환경과 개발에 관한 리우 선언

1992년, 환경과 개발에 관한 유엔의 회의가 리우데자네이루에서 열렸고 리우 선언이라고 일컬어지는 일련의 원칙들에 동의했다. 리우 선언은 1972년 스톡홀름 선언의 뒤를 이은 것으로 간주된다. 지속 가능한 개발의 개념은 1972년에는 안출되지 않았다. 1992년에는 지속 가능한 개발이 관심의 중심이었다.

원칙 1 : 인간을 중심으로 지속 가능한 개발이 논의되어야 한다. 인간은 자연과 조화를 이룬 건강하고 생산적인 삶을 향유하여야 한다.

원칙 3 : 개발의 권리는 개발과 환경에 대한 현 세대와 차세대의 요구를 공평하게 충족할 수 있도록 실현되어야 한다.

원칙 4 : 지속 가능한 개발을 성취하기 위하여 환경 보호는 개발 과정의 중요한 일부를 구성하며 개발 과정과 분리시켜 고려되어서는 아니 된다.

원칙 5 : 모든 국가와 국민은 생활수준의 격차를 줄이고 세계 대다수 사람들의 기본 수요를 충족시키기 위하여 지속 가능한 개발의 필수 요건인 빈곤의 퇴치라는

---

20) http://www.tufts.edu/departments/fletcher/multi/texts/STOCKHOLM-DECL.txt.

중대한 과업을 위해 협력하여야 한다.

원칙 7 : 각 국가는 지구 생태계의 건강과 안전성을 보존, 보호 및 회복시키기 위하여 범세계적인 동반자 정신으로 협력해야 한다. 지구의 환경 악화에 대한 제각기 다른 책임을 고려하여 각 국가는 공통된 그러나 차별적인 책임을 가진다. 선진국들은 그들이 지구 환경에 끼친 영향과 그들이 소유하고 있는 기술 및 재정적 자원을 고려하여 지속 가능한 개발을 추구하기 위한 국제적 노력에 있어서 분담하여야 할 책임을 인식해야 한다.

원칙 24 : 전쟁은 본질적으로 지속 가능한 개발을 파괴한다. 따라서 각 국가는 무력 분쟁 시 환경 보호를 규정하는 국제법을 존중하여야 하며, 필요한 경우에는 이의 발전을 위하여 협력해야 한다.

원칙 25 : 평화, 발전, 환경 보호는 상호 의존적이며 불가분의 관계에 있다.

리우 선언은 보다 못사는 국가들의 경제 개발이 중요하다는 점을 인정한다. 지극히 가난한 사람들은 그들의 환경을 과도하게 개발한다. 그러므로 가난을 해소하기 위한 경제 개발은 환경정책의 빠뜨릴 수 없는 부분이다. 게다가 환경을 과잉 개발과 파괴로부터 보호해야 한다면, 리우 선언은 여자들이 해야 할 역할을 인정한다. 여자들이 임신을 조절할 능력을 얻지 못한다면 인구 성장률은 필경 여전히 지속할 수 없는 수준으로 남게 될 것이다. 남자들이 여자들에 대해 많은 통제권을 행사하고 있는 나라들은 출산율이 더 높다. 각종 연구가 보여 주고 있는 것처럼 여자들은 남자들보다 경제적 재원을 자신보다도 아이들과 가족들에게 이익이 되는 방식으로 통제하고 있다. 예컨대, 보통 가난한 남자들은 여자들보다 자기 자신을 위해 수입의 상당 부분을 담배와 술에 쓴다.

IV. 지속 가능한 사회의 창출

그러면 할 수 있는 일이 무엇인가? 해야 할 일이 무엇인가? 많은 환경주의자들은 우리는 지금 "지속할 수 없는" 글로벌한 경제 시스템에 직면해 있다고 말한다. 그들의 견해에 따르면, 글로벌한 산업 자본주의 시스템은 지구를 오염시키고 부족한 재생 불가능한 자원들을 고갈시키는 막대한 양의 쓰레기와 환경 파괴를 낳기 때문에, 그런 시스템은 자신의 토대를 파괴하고 있다는 것이다. 이 시스템은 수십 년간 이러한 방식으로 기능할 수 있었을 테지만, 결국 그 기능을 멈출 것이다. 현재의 지속 불가능한 시스템은 "지속 가능한" 사회—자신의 토대를 파괴하지 않고 사람들의 욕구를 예측할 수 있는 미래에 지속적으로 만족시킬 수 있는 경제 시스템—로 바뀌지 않으면 안 된다.

지속 가능한 사회를 창출하는 것은 많은 변화를 요구한다. 생산 과정은 재설계되고 더 효과적으로 만들어져서 더 적은 것을 가지고 더 많은 것을 생산할 수 있어야만 한다. 가능하다면, 재생 가능한 청정 에너지 자원은 지구를 오염시키는 재생 불가능한 화석 연료를 대체해야 한다. 그것은 또한 생산 과정에서 유해한 것이든 그렇지 않은 것이든 간에 쓰레기를 줄이거나 제거하도록 하는 변화를 계획하는 것을 의미할 것이다. 쓰레기가 생기면 재활용하기 위한—어떤 다른 생산 과정에서 쓰레기가 사용되는 방식을 찾기 위한—온갖 노력이 경주되어야 할 것이다. 유해한 쓰레기는 제거될 수 없다면 안전하게 저장되어야 할 것이다. 농업 경제 부문은 화학 농약과 비료에 대한 의존을 줄여야만 할 것이고 유기 농업에 더 많이 의존해야 할 것이다. 농약과 비료는 현재 명백하게 인정되고 있는 바이지만 여러 가지 점에서 환경에 해롭다. 농약과 비료의 사용은 최소화되어야 한다. 생산품은 더 효과적으로 작용하기 위해서 재설계되어야 하는데, 특히 에너지의 사용에서 더욱 그렇다. 예를 들어, 자동차는 더 연비 효율이 좋아지도록 재설계되어야 하고, 전기 기구는 전기를 더 적게 소모하도록 재설계되어야 할 것이다. 생산물은 또한 일회용이 아닌 재활용 혹은 재생되도록 설계되어야 한다.

소비자들은 환경에 있어 더 많은 책임감을 가지고 구매에 더 예민해져야 할 필요가 있을 것이다. 첫째, 필요하지 않은 것, 특히 에너지를 사용하는 것들은 사지 않아야 할 필요가 있을 것이다. 어떤 것들을 "유행에 뒤처지기" 때문에 폐기하는 일을 멈추어야 할 필요가 있다. 일회용품을 사지 않아야 할 필요가 있다. 둘째, 사람들은 환경 친화적인 생산품을 사고 사용할 필요가 있고, 환경 친화적이 아닌 생산품을 사지 않고 사용하지 않아야 필요가 있다. 예를 들어, 연료 소비가 많은 대형차가 아니라 연비 효율이 좋은 자동차를 살 필요가 있을 것이다. 셋째, 환경적으로 무책임하게 행동하는 회사의 생산품을 사지 않을 수 있다. 즉 우리의 돈을 가지고 우리의 의사를 표명할 수 있고, 불매운동과 공적인 비판을 조직할 수 있다. 환경적 책임감에 대한 우리의 기준을 충족시키지 못하는 회사에 투자하지 않을 수 있다.

사람들은 또한 습관을 변화시킬 필요가 있을 것이다. 대중교통이나 카풀제에 더 많이 의존하거나, 자전거를 타거나 걷는 것과 같은 대안에 더 많이 의존하며, 자가용 자동차에 덜 의존하는 것은 환경을 보존하는 데 도움이 될 것이다. 겨울에는 좀 더 시원하게, 여름에는 좀 더 따뜻하게 우리의 집을 유지할 필요가 있다. 집에는 절연재를 넣어야 하고, 집을 더 에너지 효율적으로 지어야 한다. 생산품을 재생하고 재활용해야만 하는 반면, 일회용품은 피해야만 한다.

정부는 또한 지속 가능성을 증진시키는 데 도움을 줄 수 있다. 정부는 보존을 장려하기 위해서 에너지에 대한 세금을 올릴 수 있다. 정부는 집에 절연재를 넣거나 에너지 절약 기술을 구매하는 소비자들에게 보조금을 제공할 수 있다. 정부는 대체 에너지 자원에 대한 연구와 개발에 그리고 대중교통에 돈을 제공할 수 있다. 정부는 오염 동제 기술에 투자하는 소비자들에게 세금 인센티브를 제공할 수 있고, 쓰레기와 오염 규제법을 통과시킬 수 있으며, 자동차의 연비 효율을 최소화하도록 명령할 수 있고, 국가적 차원과 전 지구적 차원에서 인구 조절을 위해 기금을 제공할 수 있다. 정부는 환경에 더 많은 책임을 가질 필요성이 있다는 것을 사람들이 더 민감하게 받아들이도록 교육시킬 수 있다. 정부는 가난한 나라들이 환경 보호에 앞장설 수 있도록 경제적 원조를 제공할 수 있다.

일부 환경주의자들은 많은 회사들이 그들이 야기한 환경 손상에 대해 완전한 비용 지불의 의무가 없는 한, 그들이 발생시킨 오염과 쓰레기를 줄이기 위한 어떤 자극도 느끼지 않는다고 주장한다. 오염시킨 회사는 오염으로 인한 인간 질병과 식물·동물군의 손상에 대해 부담을 갖지 않는다. 오염시킨 회사들이 그들의 오염에 대해 완전한 비용을 부담해야만 한다면, 그 회사들은 자신들의 행위 방식을 바꿀 큰 자극을 느낄 것이다.

1. 지속 가능성에 대한 반대

만약 지속 가능성에 비용이 들지 않는다면 그것에 대한 어떠한 저항도 없을 것이다. 그러나 사실 많은 사업체들과 개인 회사들은 그들이 방출한 오염의 양을 통제하는 경비 때문에 혹은 그들이 발생시킨 유해한 쓰레기를 안전하게 처리하는 비용 때문에 비용이 증가하게 될 것이다. 석유와 석탄 같은 에너지 오염 자원의 소유자들은 만약 대체 에너지 자원이 개발된다면 그들의 투자 가치가 하락한다는 것을 알 것이다. 회사는 만약 자기네 생산품이 덜 오염시키는 생산품에 의해 대체된다면 이익이 줄거나 사업이 한물가게 된다.

많은 사업가와 정치 지도자들은 만약 지속 가능한 경제가 이행되면 경제적 손실에 직면한다고 믿기 때문에, 지속 가능한 경제를 만들기 원하는 사람들을 "환경 극단주의자"라고 비난했다. 이들 사업가와 정치 지도자들에 의하면 지속 가능한 경제는 산업 국가들의 생활 기준을 현저하게 낮춤으로써 이들 국가에 손실을 준다는 것이다. 직장을 잃게 될 것이고, 봉급이 줄어들 것이며, 가격과 세금이 증가할 것이고, 정부 규제가 증가할 것이다.

지속 가능한 경제가 만들어지는 경우 일부 산업체·일부 개인 사업체·일부 개인들이 실로 경제적 손실에 직면할는지 모르지만, 산업화된 사회 전체가 손해를 볼지는 그렇게 분명하지 않다. 오염이 줄어든다면 일부 사람들의 삶은 보호받게 될 것이고 많은 사람들의 건강이 향상될 것이다. 마찬가지로, 만약 신기술과 자원이 개발된다면 설사 구태의연한 산업체와 회사가 경제적 손실을 본다 해도, 이들 신산업의 기업주와 노동자는 경제적 승자가 될 것이다.

2. 도덕 이론의 응용

만약 지속 가능한 경제 문제에 도덕 이론들을 적용한다면, 우리의 시선을 미국과 같은 단 하나의 국가나 하나의 사회계층에 그 도덕 이론이 미치는 결과에만 국한해서는 안 된다. 도덕적 견해란 공평한 것이다. 공평한 관점으로부터 환경정책과 지속 가능한 경제를 평가하기 위해서 우리는 지구에 있는 모든 사람들의 이익을 고려해야만 한다. (우리의 견해를 우리 인간에게만 국한해야 할지의 여부는 이 장의 뒷부분에서 논의된다.)

예를 들어, 환경정책의 문제에 공리주의를 적용한다면, 우리는 산업 국가 사람들의 이익과 손실뿐만 아니라 전 세계 사람들의 이익과 손실을 고려해야만 한다. 그러므로 공리주의자는 지속 가능한 경제로의 이행이 인류 전체 행복의 총량을 증가시킬 것이라고 주장함으로써 지속 가능한 경제의 창출을 옹호할 수 있다.

칸트의 정언명법의 보편법칙 정식을 적용한다면, 우리는 아래와 같은 준칙이 일관되게 보편법칙으로 의욕될 수 있는지의 여부를 물을 수 있다.

> 나는 나에게 이익이 되면 세계의 재생 불가능한 자원들을 다 써 버릴 것이고 환경을 오염시키기를 의욕할 것이다.

만약 이성적 행위자가 모순 없이 그와 같은 보편법칙을 의욕할 수 없다면, 그때 그와 같은 준칙과 일치하게 행동하는 것은 부도덕하다. 칸트주의자는 그때 어떤 이성적 행위자도 자신과 모순 없이 그와 같은 준칙을 의욕할 수 없을 것이라고 주장할 수 있다. 만약 정언명법의 인간 존경 정식을 적용한다면, 우리가 지속 불가능한 개발 정책을 따르는 경우 존경을 가지고 모든 사람들을 대우하고 있는지의 여부를 질문해야만 한다. 칸트주의자는 만약 우리가 오염시키고 자원을 고갈시킨다면 우리는 다른 사람을 존경으로 대우하고 있지 않다고 주장할 수도 있다. 왜냐하면 그렇게 할 경우 어떤 사람들에 대한 손실을 피할 수 있는데도 그들에게 손실을 끼치게 되기 때문이다.

3. 현재 인간 대 미래 인간

많은 환경주의자들에 따르면, 만약 우리가 우리의 삶의 방식을 변화시키지 않으면 우리의 산업 문명은 단지 몇 세대 안에 붕괴될 것이다. 그러나 왜 우리는 미래 세대에 대해 배려를 해야 하는가? 왜 우리는 아직 태어나지 않은 사람의 이익을 위해서 지금 희생해야만 하는가?

어떤 형태의 오염은 현재 존재하는 어떤 사람들에게도 영향을 미치지 않을 것이라고 가정해 보자. 예를 들어, 매우 유해한 쓰레기가 수백 년간 지속될 수 있는 콘크리트 용기에 담겨 바다에 버려질 수 있다고 가정해 보자. 콘크리트 용기가 언젠가는 붕괴되고 유해한 쓰레기가 방출될 때, 현재 존재하는 사람들은 어떠한 해도 입지 않을 것이다. 현재 존재하는 사람들은 현재 존재하는 다른 사람들에 대한 도덕적 의무만을 가지는가, 아니면 미래 사람들에 대한 의무도 가지는가? 단지 현재 존재하는 사람들만 도덕적 권리를 가지는가, 아니면 미래 사람들도 도덕적 권리를 가지는가?

우리는 도덕적 관점에서 보면 사람들이 존재하는 시간이 무관하다고 주장할 수 있다. 그들이 어떤 행동에 의해 해를 입을 수 있거나 이익을 얻을 수 있는 한, 그들의 이익은 고려되어야 한다. 그러므로 공리주의적 관점에서 보면, 미래 사람들의 이익은 현재 존재하는 사람들의 이익만큼 중요하다. 마찬가지로, 우리는 칸트주의 혹은 가상적 사회 계약의 관점으로 보더라도 아직 현존하지 않는 사람들이 해를 입게 되는 것은 당치 않다고 주장할 수 있다. 도덕적 관점을 채택할 때, 우리는 공평하게 되도록 가정된다. 공평성은 우리가 인종·성·국적·종교·성적 취향의 차이에 의해 영향을 받지 않아야만 한다는 것뿐만이 아니라, 공간과 시간에서의 우리의 위치에 의해 영향을 받지 않아야만 하는 것을 요구한다. 그러므로 현재 존재하는 사람들은 현재 존재하는 다른 사람들에 대해 가지는 것과 동일한 도덕적 의무를 미래 사람들에 대해 가진다고, 그리고 미래 사람들은 현재 존재하는 사람들과 동일한 도덕적 권리를 가진다고 주장할 수 있다.

V. 환경 인종차별주의와 정의

역설적인 것처럼 보이지만, 환경 훼손은 부담도 주지만 이익도 준다. 오염시키고, 자원을 고갈시키고, 에너지를 소비하는 산업체는 또한 그것의 소유주에게 이익을 주고, 관리자에게는 높은 임금을 제공하며, 노동자들에게는 봉급을 제공한다. 이 모두는 분명히 이익을 보는 사람들이다. 물론 부담은 오염이고 고갈된 자원이다. 환경 훼손의 부담과 이익 간에 균형을 맞추는 일은 이익과 부담이 공평하게 분배되지 않는다는 사실 때문에 복잡해진다. 가끔은 가장 많은 이익을 얻는 사람들이 부담에서 제외되는 반면, 가장 많은 부담을 지는 사람들은 어떠한 이익도 얻지 못한다.

몇몇 연구에 의하면, 미국에서 가난한 유색인 공동체, 특히 아프리카계 미국인들·라틴계 사람들·인디언들이 사는 곳에 유달리 높은 비율의 오염 산업체와 유해 쓰레기 시설이 위치해 있다. 산업체를 소유하는 사람들과 그것으로부터 이익을 얻는 대부분의 사람들은 그것이 위치해 있는 공동체에 살지 않는다. 그것들이 위치해 있는 공동체에 사는 사람들은 일반적으로 그것들로부터 그다지 이익을 얻지 못한다. 그 이유는 권력이다. 백인과 중산층이나 상류층이 주로 사는 공동체는 자신들의 공동체에 오염 물질과 유해한 쓰레기가 없기를 원하고, 게다가 그들은 그것들을 들이지 못하게 할 정치적 영향력을 가지고 있다. 흑인·라틴계 사람·인디언들이 주로 사는 공동체는 통상 동일한 종류의 정치적 영향력을 가지고 있지 못하며, 그곳을 떠날 처지도 못된다.

예를 들어, 1970년에 (텍사스) 해리스 카운티 감독원은 휴스턴 시의 일부인 노스우드매너에 고형(固形) 폐기물 매립지의 설치를 금지했다. 그 당시 노스우드매너는 백인들이 주로 사는 지역이었다. 1979년에 이르러 노스우드매너는 현저하게 흑인들이 많아졌다. 그해에 감독원은 그곳에 매립지 배치를 승인했다. 벌라드(Robert D. Bullard)는 다음과 같이 썼다.

> 휴스턴은 유색 인종 공동체, 특히 흑인들이 사는 지역에 고형 폐기물 매립지를 설치한 오랜 역사를 가진다. 1920년대 초부터 1970년대 후기까지 시 소유의 5개 위생 매립지 모두와 8개의 지방자치 고형 폐기물 소각장 가운데 6개가 흑인들이 주로 사는 지역에 위치해 있었다. 마찬가지로, 4개의 개인 소유 고형 폐기물 매립지 가운데 3개가 이 시기에 흑인들이 주로 사는 지역에 위치해 있었다. 그러나 그 시의 인구 분포에서 흑인들은 고작 28%에 불과했다.[21)]

마찬가지로, 1982년에 폴리염화비페닐(PCB)로 알려진 유해 합성물의 불법 투기의 결과로 노스캐롤라이나의 30,000 입방 야드의 토양이 오염되었다. 유해 토양을 매립하기 위해 선택된 부지는 흑인들이 주로 사는 노스캐롤라이나의 워렌 카운티였다. 반대자들은 과학적 증거가 그곳이 가장 적절한 위치였다는 것을 보여 주었기 때문에 그 부지가 선정된 것은 아니라고 주장했다. 오히려 그들은 그 결정이 순전히 정치적이었다고 주장했다. 백인이 주로 거주하였던 지역은 자신들의 지역에 그것을 들이지 못하게 할 영향력을 행사할 수 있었다.[22]

미국 정부 회계 감사원의 1983년 보고서는 "유해 쓰레기 매립지에서 떨어진 지역과 그것이 둘러싼 공동체의 인종 및 사회·경제적 지위 사이에 강한 연관관계가 있음을 발견했다."[23] 예를 들어, 앨라배마·플로리다·조지아·켄터키·미시시피·노스캐롤라이나·사우스캐롤라이나·테네시로 구성되는 환경보호국 네 지역에서, 그 지역의 흑인 인구는 불과 20%에 불과했지만 4개의 유해한 쓰레기 매립지 가운데 3개가 흑인들이 살고 있는 공동체 지역에 위치해 있었다.

마찬가지로 「국가법(National Law Journal)」의 편집자에 의한 1992년 연구의 결론에 따르면, "미국 정부가 유해한 쓰레기 부지를 정화하는 방식과 오염자의 처벌 방식에 있어 인종차별이 있다. 백인 공동체는 흑인·히스패닉·다른 소수자들이 사는 공동체보다 더 빠른 조치, 더 나은 결과, 더 터무니없는 처벌을 본다."[24] 게다가 벌라드는 "흑인과 라틴계 미국인들은 백인이 사는 곳보다 공기가 덜 청정한 지역에서 살 가능성이 훨씬 높다."고 주장한다. 그는 다음과 같은 사실을 발견한 국립 아르곤 실험실 연구자들의 말을 인용했다. "백인의 33%, 흑인의 50%, 히스패닉계의 60%가 공기 오염 기준을 2배 혹은 그 이상 초과한 136개의 카운티에 살고 있다."[25] 벌라드는 주거 프로젝트 지역인 알트겔드 가든 주위의 시카고 남동부 지구를 거론한다. 그곳에는 흑인이 70%, 라틴계가 11% 살고 있다. 그 지역은 "시 자치의 유해 쓰레기 매립지·독성

21) Robert D. Bullard, "Environmental Justice for All," in *Unequal Protection: Environmental Justice and Communities of Color*, ed. Robert D. Bullard (San Francisco: Sierra Club Books, 1994), p. 4.

22) Ibid., p. 5.

23) Ibid., p. 6.

24) Ibid., p. 9.

25) Ibid., p. 12.

쓰레기 소각장·대형 곡물 창고·하수 처리 시설·제련소·제강소·다수의 다른 오염 산업체들이 둘러싸고 있다."[26]

오스틴(Regina Austin)과 쉴(Michael Schill)은 불균형을 다음처럼 요약한다.

> 미국 전역의 유색 인종은 산업 생산의 유해한 결과에 대해 그들의 공평한 몫 이상을 받고 있다. 그들은 작동될 경우 그들을 병들게 하고 젊어서 죽게 만드는 쓰레기 더미·소각장·매립지·제련소·공장·화학 발전소·기름 정련소와 꼭 붙어서 살고 있다. 그들은 그들이 마시는 공기·그들이 마시는 물·그들이 잡는 물고기·그들이 기르는 채소와 아이들의 경우에 그들이 뛰어노는 바로 그 땅을 통해 오염된다.[27]

만약 그들과 벌라드가 옳다면, 미국은 정의롭지 못한 상황에 마주치는 셈이 된다. 미국에 사는 사람은 환경 훼손으로부터 같은 정도의 보호를 받지 못하고 있는 것이다. 그런 훼손의 짐은 우리 시민 가운데 가장 힘이 없고 가장 약한 사람들, 즉 유색 인종—정확히 말해서 경제적 관점에서 보면 환경 훼손으로부터 가장 적은 이익을 보는 사람들—의 어깨로 옮겨지고 있는 것이다. 가장 많은 이익을 보는 중산층과 상류층의 백인들이 환경 훼손의 짐을 공평하게 나누어 가질 조치가 취해질 필요가 있다. 그 문제에 대해 도덕적으로 허용될 수 있는 해결책에는 어떤 것이 있을 수 있을까?

하나의 해결책은 오염 산업체와 그 산업체가 일으키는 오염 물질을 라틴 아메리카·아프리카·아시아와 같은 제3세계로 수출하는 것이다. 예를 들어, 화학 제조 공장이 인도와 같은 국가로 가면 미국이 아니라 그러한 국가들이 오염될 것이다. 추가 이익은, 대부분의 개발도상국의 법은 그들의 환경에 대해 훨씬 덜 엄격하므로 공장은 안전 확보와 오염 통제에 보다 낮은 비용을 들일 수 있다는 것이다. (인도 보팔 시에서의 환경 재앙을 생각해 보자. 그곳에서 화학 공장이 폭발하고 매우 높은 독성 물질이 누출되어 인근에 살고 있는 수천 명의 사람이 죽고 상해를 입었다.) 또한 우리는 이러한 국가 안에 유해한 쓰레기 매립지와 소각장을 만들 수 있고, 이들 국가에 우리의 유해한 쓰레기를 보낼 수 있다. (우리는 이미 이러한 방식으로 일부 유해 쓰레기를 수출하고 있다.) 그러나 질문은 "그것이 정의로운가? 그것은 도덕적으로 허용될 수

---

26) Ibid., p. 14.

27) Regina Austin and Michael Schill, "Black, Brown, Red, and Poisoned," in Bullard, *Unequal Protection*, p. 53.

있는가?"이다. 공평성이라는 도덕적 요구가 제시된다면 대답은 명백하다.

VI. 생명 중심 환경윤리 대 인간 중심 환경윤리

지금까지 우리는 오직 인간의 행복만이 도덕적 관점의 고려 사항인 것처럼 환경윤리를 논의했다. 그러나 인간은 지구에 존재하는 수천만 중 오직 하나의 종일 뿐이라는 점을 명심하지 않으면 안 된다. 많은 환경론자들은 인간만이 도덕적 지위를 가지고 있다고 생각하는 것은 자의적이라고 주장한다. 그들은 우리 행동의 결과가 다른 사람에게뿐만 아니라 살아 있는 모든 생명체에게 영향을 준다는 사실을 고려해야 할 것이라고 생각한다.

우리는 다양한 방법으로 인간이 아닌 동물들을 이용한다. 예를 들면 우리는 소·돼지·사슴·양·토끼·물고기 등을 죽이고 먹는다. 우리는 스포츠로 그것들을 사냥하고 죽인다. 우리는 모피와 가죽을 얻기 위해 그것들을 죽인다. 우리는 새로운 약이나 새로운 수술 방식을 테스트하기 위한 의학적 실험에 그것들을 이용한다. 학교에서 학생들은 그것들을 해부하거나 관찰하고, 심리학 실험실에서는 그것들을 조건반사 시험에 활용한다. 우리는 화장품 테스트를 위해 그것들을 활용한다. 우리는 동물원·곡마단·수족관에 그들을 가두어 놓고, 때때로 그들에게 자연스럽지 않은 방법으로 행동하도록 훈련시킨다. 예컨대, 물개에게 코로 공의 균형을 잡도록 훈련시키거나 돌고래에게 그물 위로 뛰어오르도록 훈련시킨다. 우리는 그들을 애완동물처럼 가두어 놓는다. 우리는 닭싸움이나 개싸움과 같이 오락을 위해 이들이 서로 싸우고 서로 죽이게끔 한다. 우리는 그들을 신을 위한 제물로 바칠 수도 있고, 투우와 같이 오락으로 죽일 수도 있다. 인간이 아닌 동물들에 대한 우리의 대우는 도덕적으로 허용될 수 있는가? 우리가 그들의 행복을 무시하면서 우리가 원하는 어떤 방식으로든 그들을 이용할 수 있는가?

많은 환경론자들은 인간이 아닌 생명체들이 도덕적 관점에서 고려의 대상이 된다고 주장한다. 인간만이 도덕적 가치가 있고, 도덕적 고려에서 인간의 손익만 고려의 대상이 된다고 가정하는 인간 중심 윤리와 대립해서, 많은 환경론자들은 모든 생명체는 도덕적 가치를 가지며 모든 생명체의 손익을 고려해야 한다고 가정하는 생명 중심 윤리를 권한다.

피터 싱어(Peter Singer)는 우리가 도덕적 가치와 지위를 인간에 한정한다면, 그것은 백인이 다른 백인들에 도덕적 가치와 지위를 한정하는 것(인종차별주의)과 유사하고, 남자가 다른 남자들에 도덕적 가치와 지위를 한정하는 것(성차별주의)과 유사하다고 주장한다. 싱어는 그것을 "종차별주의(speciesism)"라고 부른다.[28] 그의 견해에 따르면 종차별주의는 자의적이고 부당한 차별의 다른 형식만큼이나 도덕적으로 반대할 만하다.

테일러(Paul W. Taylor)는 생명 중심 윤리의 이론적 방어를 제시했다. 그는 모든 생명체는 그가 "본래적 가치"라고 부르는 어떤 것이 있어서 존경으로 대우받아야 한다고 주장한다. 그에 따르면 인간은 인간 중심 관점에서 볼 때만 다른 생명체들보다 우위에 있다. 그러나 인간이 어떤 객관적 표준에 따르더라도 우위에 있지 않다고 한다면, 인간이 아닌 동물보다 인간을 더 잘 대우하는 것은 정당하지 않다. 그것은 우리가 동물을 대하는 것처럼 인간을 존경 없이 대우하라는 것을 권유하고 있는 것은 아니다. 오히려 그것은 우리가 인간을 대우하는 (혹은 대우해야 하는) 그만큼의 존경을 가지고 인간 아닌 동물을 대우하라고 권유하는 것이다.

왜 우리는 존경으로 인간을 대우해야 하는가? 테일러에 따르면 인간에게는 본래적인 가치가 있기 때문이다. 우리에게는 본래적인 가치가 있다. 왜냐하면 우리는 살아 있고 의식이 있으며, 또한 우리는 수십억 년 진화의 산물이기 때문이다. 그러나 우리는 우리에게 본래적 가치가 있는지 증명할 수 없다. 우리가 단지 말할 수 있는 것은 우리 본성을 분명하게 이해한다면 그렇게 가정하는 것이 합리적인 가정이라는 것이다. 마찬가지로, 테일러에 의하면 우리는 인간 아닌 동물들이 본래적 가치가 있다는 것을 증명할 수 없다. 그러나 그에 의하면 사실에 대한 명백한 이해가 있다면 그렇게 가정하는 것이 합리적인 가정이라는 것이다. 인간은 다른 모든 생명체와 연결되어 있다. 우리는 생명체 가족의 일원이다. 우리와 다른 생명체의 차이는 등급의 문제일 뿐이다. 다른 모든 생명체는 우리와 같이 살아 있다. 다른 생명체 중 많은 것들은 의식이 있다. 그것들 중 많은 것들은 우리의 것과 유사한 지능의 형태가 있다. 모든 형태의 생명은 다양한 방법으로 상호 의존하고 있다. 모든 것은 수십억 년에 걸쳐 발생한 진화의 산물이다. 결과적으로 테일러의 주장에 의하면, 모든 생명체는 본래적인 가치가 있을 뿐만 아니라 참나무든, 곤충이든, 물고기든, 소든, 코끼리든, 인간이든 모두 동등한 본래적 가치가 있다는 것이다.

---

28) Peter Singer, *Practical Ethics* (Cambridge, England: Cambridge University Press, 1979), 제2장과 제3장.

이것은 우리가 인간 아닌 것들을 이용하거나 해를 입히는 것은 결코 도덕적으로 허용될 수 없다는 것을 의미하는가? 집을 짓기 위해 나무를 자르는 것은 나쁜가? 소를 죽이고 그것을 먹는 것은? 동물들을 약물 실험하고 외과수술 실험하는 것은? 사냥하는 것은? 동물을 동물원에 가두어 두고 서커스와 로데오에 이용하는 것은? 인간에게 질병을 일으키는 박테리아와 바이러스를 옮기는 곤충을 죽이는 것은? 인간의 삶은 다른 생명체를 이용하지 않았다면 불가능했을 것이다. 이 사실을 받아들인다면 테일러는 인간의 멸종이나 대규모의 고통으로 이어질 행동을 옹호하지 않는다. 그러나 그는 모든 생명체의 동등한 본래적 가치에 대한 의무는 변화를 필요로 한다고 말한다. 그는 "다른 종들과 지구를 나누기 위하여 우리 인간은 인구·소비 습관·기술에 대해 제한을 두지 않으면 안 된다."고 말한다.[29]

테일러에 의하면 인간을 포함해서 모든 생명체는 자기방어의 권리가 있다. 그래서 "위험하거나 해로운 유기체를 죽임으로써 그들에 대해 스스로를 방어하는 것은 [인간에게] 허용될 수 있다."[30] 미친개나 사자가 당신을 공격하려 한다면, 그리고 스스로를 보호하는 유일한 방법이 개나 사자를 죽이는 것이라면, 그것은 도덕적으로 허용될 수 있다. 자기방어의 권리는 모기·벼룩·쥐와 같이 박테리아와 바이러스를 옮길 수도 있는 다른 생명체를 죽이는 것뿐 아니라 우리의 건강을 위협하는 박테리아와 바이러스를 죽이는 것을 정당화한다.

테일러는 또한 기본적인 이익과 비기본적인 이익을 다음처럼 구별한다.

> 유기체의 이익은 그것에 대한 상대적 중요성으로 인해 여러 등급으로 나뉠 수 있다. 유기체의 이익 중 하나의 발생이 그 이익의 다른 하나의 발생보다 자신에게 바람직한 것의 실현에 실질적으로 보다 많이 기여하거나, 첫째 이익의 발생이 자신의 존재 보존의 필요조건인 반면 둘째 이익의 발생이 그렇지 않다면, 첫째 이익은 둘째 다른 이익보다 더 중요하다. 우리는 첫째 이익을 성취하지 못하는 것이 둘째 이익을 성취하지 못하는 것보다 더 심각한 박탈이나 손실을 가져오는 그 정도만큼, 첫째 이익은 둘째 이익보다 더 중요하다고 말할 수 있다. 이익의 성취가 유기체가 살아남기 위해 필요한 것

29) Paul W. Taylor, *Respect for Nature* (Princeton: Princeton University Press, 1986), p. 258.

30) Ibid., pp. 264-265.

이라면 그 이익은 가장 중요한 이익이 된다.[31]

인간의 이익과 인간이 아닌 생명체의 이익이 충돌한다면 인간의 기본 이익이 우선한다. 그러나 인간의 기본적이지 않은 이익이 인간이 아닌 생명체의 기본적 이익과 충돌한다면, 인간이 아닌 유기체의 기본 이익이 우선해야 한다.

예컨대 우리 인간이 살아남기 위해서 다른 생명체를 죽이거나 먹을 필요가 있다면, 그렇게 하는 것은 도덕적으로 허용될 수 있다. 왜냐하면 생명은 가장 중요한 기본 이익이고, 다른 유기체의 생명을 보호하기 위하여 한 종으로서 우리 자신의 생명과 존재를 희생할 필요는 없기 때문이다. 우리의 자살을 도덕적으로 요구할 수는 없다. 그러나 오락에 대한 욕구는 기본적이지 않은 이익이다. 우리가 투우를 관람하고, 사슴을 사냥하고 죽임으로써 즐거워한다면, 생명의 유지라는 황소와 사슴의 기본 이익은 단순한 오락이라는 우리의 기본적이지 않은 이익보다 우선해야 한다. 테일러는 다른 사례를 든다. 여기에서 다른 생명체의 이익은 기본적인 데 반해서 인간의 이익은 기본적이지 않기 때문에 어떤 종류의 행위는 도덕적으로 허용될 수 없다.

> 상아가 여행자의 도장을 새기는 데 사용될 수 있기 때문에 코끼리를 도살하는 것, 뿔이 단도의 손잡이로 사용될 수 있기 때문에 코뿔소를 죽이는 것, 가죽과 껍질이 비싼 구두·핸드백·다른 "패션" 상품을 만드는 데 사용되기 때문에 뱀·악어·거북과 같은 파충류를 덫으로 잡거나 죽이는 것. 호화 모피 매매를 위해 표범·재규어처럼 진기한 야생 포유동물을 사냥하고 죽이는 것.[32]

그러나 일부의 기본적이지 않은 이익은 인간의 복지를 위해서 너무 중요하기 때문에, 그와 같은 인간의 기본적이지 않은 이익이 다른 방식으로는 결코 지켜질 수 없다면 다른 생명체의 기본 이익조차 인간의 이익을 위해 희생될 수도 있다. 테일러는 다음과 같은 사례를 제시한다.

> 자연 서식지가 훼손되지 않으면 안 되는 곳에 박물관이나 도서관을 짓는 것. 자연 생태계의 심각한 교란을 일으키는 공항·철도·부두·고속도로를 건설하는 것. 수력 발전소 건설을 위해 자유로이 흐르는 강에 댐을 건설하는

31) Ibid., p. 271.

32) Ibid., p. 274.

것.[33)]

이러한 건설들이 인간의 존재나 건강을 유지하기 위해 필요불가결한 것은 아니라 하더라도, 그것들은 의미 있는 삶을 보장하고 인간의 삶을 만족스럽게 하는 데 너무나 중요하기 때문에 다른 생명체의 기본 이익을 희생시키는 것이 정당하다.

그러나 테일러의 주장에 의하면, 상식상의 인간 중심 윤리가 다른 사람에게 가하는 위해를 최소화할 의무가 우리에게 있다고 가정하는 것과 마찬가지로, 생명 중심 윤리는 인간이 아닌 다른 생명체들에 가하는 위해를 최소화할 의무가 우리에게 있다고 가정한다는 것이다. 기본적이고 중요한 인간 이익이 다른 생명체의 기본 이익과 충돌한다면, 다른 생명체의 이익이 희생되는 것을 가능한 한 최소화하기 위한 구체적인 조처를 취해 나가야 한다. 우리는 생명체에 대한 위해를 가능한 한 줄여야 하고, 생태계와 서식지의 파괴와 교란을 최소화해야 하며, 유기체의 멸종을 일으키는 것을 피하기 위한 특별한 조처를 취하고 거기에 상당한 비용을 생각해야 할 것이다.

연습문제

1. 환경에 대한 위협이 심각하다고 믿는가? 당신의 대답을 논거를 통해 방어하라. 이른바 특정한 유형의 환경 위협을 제시하고, 이들 위협의 심각성에 대해 당신이 내린 평가의 근거를 제시하라.
2. 지속 가능한 개발 정책의 이행은 한 국가 안에서의 개인, (1) 부자, (2) 중간 계층, (3) 가난한 사람의 삶에 어떤 영향을 주는가? 당신의 대답을 논거를 통해 방어하라.
3. 당신이 대통령에 당선되었다고 가정하자. 당신의 첫 번째 임무 중 하나는 국내적·국제적 환경 문제들을 다루는 원칙과 상세한 정책 의제를 진술할 밑그림을 그리는 것이다. 당신의 진술에 무엇을 담을 것인가?
4. 지역의 발전을 위해 그 지역을 벌목하는 것은 딜레마에 빠진다. 그 지역 삼림 반 이상의 땅이 여러 변종의 곤충과 한 가지 변종의 새들의 자연스럽고 지속적인 서식지이다. 벌목이 허용된다면 곤충과 새는 거의 확실히 멸종하게 된다. 그러

33) Ibid., p. 276.

나 그 지역의 실업률은 높다. 벌목이 허용된다면 그 지역의 실직한 많은 노동자들이 다시 일을 하게 될 것이다. 벌목이 금지된다면 그들은 여전히 고용되지 않은 채로 있을 것이다. 벌목은 허용되어야 하나?

5. 회사 A는 고형 폐기물 소각로를 건설하기 위해 주정부에 신청서를 제출했다. 당국은 인구의 70%가 아프리카계 미국인과 라틴계 미국인이 살고 있는 공동체의 한 부지를 선택했다. 왜냐하면 그들은 우선 백인 공동체는 신청서에 대해 길고 강하며 비용이 드는 싸움을 감행할 정치적 권력이 충분히 있다고 믿었기 때문이다. 선택된 공동체는 실업률이 대단히 높고, A가 100개가 넘는 일자리를 주기로 약속했기 때문에, 그 공동체의 정치 지도자 중 다수는 신청서에 반대하지 않기로 결정했다. 그러나 환경 활동가들은 그것은 환경 인종차별주의이며 정의롭지 못한 일이라고 하면서 신청서에 반대하고 나섰다. 반대자들은 4기의 고형 폐기물 중 3기가 주정부의 인구 중 20%에 달하는 아프리카계 미국인과 라틴계 미국인 지역인 소수자 공동체들 안에 있다는 점을 지적했다. 새 소각로를 이 공동체 안에 짓는다면, 주정부의 소각로 5기 중 4기가 주로 소수자 공동체 안에 위치해 있는 셈이 된다. 이 공동체 안에 소각로가 건설되는 것을 막기 위해서 무언가가 행해져야 하는가? 왜 행해져야 하는가? 아니면 왜 행해져서는 안 되는가? 무언가가 행해져야 한다면, 정확하게 어떤 일이 행해져야 하는가?

6. 회사 B는 미국에서 제조한 농약을 제3세계에 팔고 있다. 환경보호국은 미국에서 그 농약의 사용을 금지했다. 왜냐하면 독성이 너무 강하고 오래 지속되는 것으로 판단되었기 때문이다. 그 농약은 그것이 팔리는 제3세계의 법으로는 사용이 금지된 농약이 아니다. B의 판매에는 어떤 나쁜 것이 있는가?

7. 사자·코끼리·호랑이·고래·돌고래·바다표범과 같은 동물들을 포획해서 서커스나 아쿠아리움에 활용하는 것은 도덕적으로 허용될 수 있는가?

8. 한 고등학생이 지역 교육청에다 생물 시간에 죽은 동물을 해부하는 실습을 금지시켜 달라는 청원을 제출했다. 그의 주장에 의하면 현재 학생들은 해부에 의해서 배우는 모든 것을 컴퓨터 시뮬레이션으로 배울 수 있다는 것이다. 교육청 당국자 중 한 명이라면, 당신은 그의 청원에 찬성표를 던질 것인가 반대표를 던질 것인가? 당신의 결정을 논거를 통해 방어하라.

관련 자료

National Academy of Sciences. *One Earth, One Future.* Washington, DC: National Academy Press, 1990.

National Academy of Sciences. *Climate Change Science.* Washington, DC: National Academy Press, 2001.

Max Oelschlaeger. *The Idea of Wilderness.* New Haven Press: Yale University, 1991.

Mostafa K. Tolba. *Saving Our Planet.* London: Chapman & Hall, 1992.

United Nations Human Development Report. New York: Oxford University Press, Annual Editions.

Donald VanDeVeer and Christine Pierce, eds. *The Environmental Ethics and Policy Book.* Belmont, CA: Wadsworth, 1994.

World Commission on Environment and Development. *Our Common Future.* New York: Oxford University Press, 1987.

인터넷 자료

Intergovernmental Panel on Climate Change (IPCC) (http://www.ipcc.ch).

Rio Declaration on Environment and Development (1992) (http://www.greenpeace.org/%7Eintlaw/rio1.html).

Stockholm Declaration on the Environment (1972) (http://www.tufts.edu/departments/fletcher/multi/texts/STOCKHOLM-DECL.txt).

U.N. Framework Convention on Climate Change (1992) (http://www.unfcc.de/text/resource/conv/conv.html).

U.S. Clean Air Act, Summary (http://www.epa.gov/region5/defs/html/caa.htm).

찾아보기

역자 소개

이남원

경북대학교 대학원 철학과 철학박사

박사학위논문: "칸트의 선험적 논증"(1988)

현, 부산대학교 사범대학 윤리교육과 교수

김진경

부산대학교 대학원 국민윤리학과 문학박사

박사학위논문: "의료윤리의 실천원리로서 프로네시스(Phronesis)에 관한 연구"(2006)

현, 부산대학교·동아대학교 강사

정미경

부산대학교 대학원 국민윤리학과 박사과정 수료

현, 부산대학교 강사

최성희

부산대학교 대학원 국민윤리학과 박사과정 수료

현, 부산진고등학교 윤리 교사

현대사회와 윤리, 제4판

– 이론과 쟁점 –

인 쇄 일	2009년 2월 20일 초판 인쇄
발 행 일	2009년 2월 25일 초판 발행
저 자	Emmett Barcalow 지음
역 자	이남원·김진경·정미경·최성희 옮김
발 행 인	구본하
발 행 처	도서출판 박학사
주 소	서울시 마포구 서교동 460-26 동아빌딩 2층
전 화	(02)3142-3764~5
팩 스	(02)3142-3766
E-mail	pakhaksa@kornet.net
웹사이트	www.pakhaksa.co.kr
등록번호	제10-2230호

정가 22,000원 ISBN 978-89-91633-53-7